Modern Psychology

현대 심리학의 이해

현성용 · 곽금주 · 김미리혜 · 성한기 · 신종호 · 유태용 · 윤병수 · 이영호
이재호 · 이주일 · 임선영 · 정윤경 · 조성근 · 진영선 · 한광희 공저

학지사

4판 머리말

나는(또는 저 사람은) 왜 이런 행동을 하는가? 우리는 세상에 관한 지식을 어떻게 얻는가? 내 생각과 다른 사람의 생각이 왜 다른가? 어떤 사람은 나를 좋아하고 또 다른 사람들은 나를 싫어하는데, 왜 그런가? 이와 같이 인간의 마음과 행동에 관한 탐구는 동서양을 막론하고 고대부터 있어 왔다. 그러나 19세기 후반에 들어서 비로소 인간의 마음과 행동을 과학적으로 연구하고자 하는 시도가 있었으며, 그 결과 현대 심리학이 탄생하게 되었다.

비록 심리학의 역사는 다른 학문 분야에 비해 매우 짧은 편이지만 과학의 발전과 더불어 현대 사회가 매우 복잡하고 빠르게 변화하면서 인간의 마음과 행동에 관한 관심이 급증하게 되었다. 이와 더불어 심리학적 지식 또한 급격하게 팽창하게 되었으며, 심리학의 범위도 매우 넓어지게 되었다. 그리고 이러한 복잡한 심리현상들을 이해하기 위한 분석 수준도 초기의 행동적 수준에서, 보다 미시적으로는 분자적 수준에서 거시적인 문화적 수준에 이르기까지 매우 다양하게 되었다.

심리학을 전공하고자 하는 학생들에게 현대 심리학의 이러한 변화를 제대로 소개하기 위하여 2003년『현대 심리학의 이해』를 출판하게 되었다. 그 후 두 번의 개정을 거쳐 2015년 3판이 출판된 지 벌써 5년이 지났다. 과학으로서의 심리학의 나이가 젊다는 것은 그만큼 심리학이 역동적이고 변화도 많이 일어날 수 있음을 의미한다. 따라서 5년이란 시간 동안 심리학의 여러 분야에서 많은 변화가 있었으며, 이러한 학문적 변화와 발전을 소개하기 위하여 이번 4판을 내게 되었다.

그동안 전체 분량이 너무 많다는 지적이 있어서 17개 장으로 구성되었던 3판에서 제3장 의식과 제10장 성 심리 부분을 빼고 이번 4판은 전체 15개 장으로 구성하였다. 그리고 기본적인 틀은 그대로 유지하면서 각 분야별로 새로운 내용을 추가하면서도 동시에 전체 분량은 조금 줄이는 쪽으로 집필방향을 설정하여 내용에 부분적인 수정이 있었다. 또한 세월의 흐름과 함께 그동안 저술에 참여하였던 교수님들 중 몇 분이 은퇴를 하시게 되어 다섯 분의 저자가 변경되었으며, 결과적으로 해당 장의 내용은 대폭

수정되었다.

이 책의 집필에 참여하신 교수님들은 다음과 같다.

먼저 제1장 심리학이란 무엇인가는 곽금주 교수, 제2장 행동의 신경과학 기초는 현성용 교수, 제3장 감각과 지각은 한광희 교수, 제4장 학습심리학은 윤병수 교수, 제5장 기억은 진영선 교수, 제6장 언어와 사고는 이재호 교수, 제7장 발달심리는 정윤경 교수, 제8장 동기와 정서는 신종호 교수, 제9장 성격과 개인차는 이주일 교수, 제10장 심리검사와 지능은 임선영 교수, 제11장 사회적 행동은 성한기 교수, 제12장 건강심리학은 조성근 교수, 제13장 이상행동의 심리학은 이영호 교수, 제14장 이상행동의 치료는 김미리혜 교수, 제15장 일상생활에서 심리학 응용은 유태용 교수가 각각 집필하였다.

많은 저자가 집필한 관계로 일부 내용이 중복되거나 동일한 개념이 다르게 표현되는 경우도 있을 것이다. 그리고 각 분야의 전공자들이 나름대로 최선을 다해 저술하였지만 부분적으로 부족하거나 보완해야 할 점도 많이 있으리라 생각된다. 이 책을 사용하는 분들의 충고와 조언을 바란다.

끝으로 이 책이 나오기까지 많은 분의 노고가 있었음을 밝혀 둔다. 우선 바쁜 와중에도 집필에 참여해 주신 저자들께 깊이 감사드린다. 그리고 이 책의 저술을 제안하고 많은 수고를 아끼지 않으신 학지사의 김진환 사장님, 많은 저자로부터 원고를 모아 편집하고 교정하느라 고생하신 학지사 편집부 여러분의 노고에 감사드린다.

2020년 8월
저자 대표

1판 머리말

　인간의 마음은 동서양을 막론하고 고대부터 현재까지 현인들의 사색의 대상이다. 인간이 사물을 인식하고 기억하며 느끼고 환경에 적절한 행동을 산출하는 것은 신비한 현상으로, 그러한 마음에 대한 이해는 지적 관심의 중심에 위치해 왔었다. 현재, 대부분의 과학자들이 마지막 남은 탐구의 대상으로 뇌와 마음을 지목하는 것도 같은 맥락에서 이해할 수 있겠다. 마음을 이해하고자 하는 학문의 중심에 바로 심리학이 있다.

　사색의 차원을 넘어선, 검증 가능하고 재현 가능한 과학으로서의 심리학이 출범한 지는 100여 년이 되었으며, 우리나라에 그러한 심리학이 소개된 지도 이제 50년이 훌쩍 넘었다. 그동안 사회경제적 발전과 더불어 각 분야에서 심리학적 지식에 대한 요구가 폭증하고 있다. 근년에 들어서는 일반인도 심리학을 말의 성찬이 아닌 확립된 과학으로 인식하고 있으며, 거의 모든 학문 또는 실무 분야에서 심리학적 원리는 가장 중요한 지식정보의 원천 중의 하나로 받아들여지고 있다. 그와 더불어 대학에서 심리학은 가장 인기 있는 강의 중의 하나가 되었다. 이러한 추세는 저자가 처음 심리학과에 입학했을 때 우리나라의 심리학 위상을 생각해 보면 놀라운 변화라 하지 않을 수 없다.

　하지만 다른 학문 분야들의 역사를 생각하면 현대의 심리학은 젊은 학문이다. 인생에서 젊음이 과감한 행동과 시행착오로 이루어져 있듯이, 젊은 학문으로서의 심리학의 지난 역사 역시 마찬가지였다. 심리학을 처음 접하는 독자들은 굉장히 매력적인 연구주제와 결과를 발견할 수 있는 반면, 수많은 이론이 명멸하는 심리학의 역동적 면모에 일견 혼란스러움을 느끼기도 할 것이다. 하지만 과학이란 이러한 과정을 통해서 착실히 발전하는 것이다. 독자들은 그러한 점을 잘 이해하며 현대 심리학을 접하고, 그 활력을 느끼고, 성과를 받아들여 주기 바란다.

　과거에 어떤 학자가 지식의 반감기를 50년이라고 하였으나, 정보화 시대며 과학적 지식들이 폭발적으로 증가하는 오늘에 와서는 그 반감기가 10분의 1로 줄었다고 해도 과언이 아닐 것이다. 심리학에서도 폐기되고 또 새로이 밝혀지는 심리학적 원리들은 그것을 제한된 시간 내에 모두 섭렵하기가 버거울 정도로 막대하다. 특히 근년에 들어 사회 전반에 걸쳐 뇌에 대한 관심이 증가하고, 인간의 마음을 뇌의 기능으로 이해하려는 시도가 폭넓게 받아들여지고 있다. 뿐만 아니라, 게놈 프로젝트가 완성되면서 유전과 양육에 대한 심리학의 전통적 견해에도 많은 변화가 예견되고 있다. 이는 개인적 차원뿐만 아니라 사회적 · 문화적 차원에서의 심리학에 큰 변화를 몰고 왔다. 이러한 추세를 생각할 때, 독자들에게 새로이 밝혀진 많은 심리학적 지식을 적시에 소개하고 미래에 대비케 하는 것이 심리학을 전공하는 저자들의 의무라고 생각하였다.

본 개론서에서는 이처럼 새로이 제시되는 심리학적 원리들 및 심리학 분야들을 소개하고자 노력하였다. 이러한 노력의 일환으로 심리학의 전형적 주제들에 더하여 사이버심리학, 성심리학 등이 추가되었으며 많은 장들이 재편되었다. 그리고 급속히 팽창하는 심리학적 지식들이 현장에서 응용되는 측면을 강조하였다. 이를 위해서 해당 주제와 관련된 풍부한 실례들을 포함시켰다. 또한 각 장마다 '21세기 최근 연구 동향'이라는 상자글을 마련하여 독자들에게 심리학의 트렌드를 소개하고자 하였다. 각 장의 중간중간에 '읽을 거리'를 제공하고, 특정 주제에 대해서 독자들이 인터넷을 통해서 지식을 능동적으로 습득할 수 있도록 관련 웹사이트 정보도 포함시켰다. 심리학에 대한 심도 있는 이해를 위해서 독자들이 이러한 정보를 잘 활용해 주었으면 하는 것이 저자들의 바람이다. 이 책의 집필에 참여하신 분들을 소개하면 다음과 같다.

제1장 심리학이란 무엇인가는 이순묵 교수님, 제2장 신경과학과 행동은 현성용 교수님, 제3장 의식은 이봉건 교수님, 제4장 감각과 지각은 한광희 교수님, 제5장 학습심리학은 김현택, 윤병수 교수님, 제6장 기억은 진영선 교수님, 제7장 사고와 언어는 이재호 교수님, 제8장 발달심리는 황상민 교수님, 제9장 동기와 정서는 권준모 교수님, 제10장 성심리는 채규만 교수님, 제11장 성격과 개인차는 이주일 교수님, 제12장 지능과 심리검사는 박동건 교수님, 제13장 사회심리학은 성한기 교수님, 제14장 건강심리학은 김교헌 교수님, 제15장 이상행동의 심리학은 이영호 교수님, 제16장 이상행동의 치료는 김미리혜 교수님, 제17장 사이버심리학은 이건효 선생님, 제18장 일상생활에서의 심리학 응용은 유태용 교수님이 각각 집필하셨다.

돌이켜 보니, 학지사를 통해서 『인간의 이해-심리학』이라는 개론서가 소개된 지도 벌써 7년이 지났다. 전술한 대로 현대의 급속한 심리학적 지식의 확장으로 새로운 개론서의 저술이 필요하다는 것을 여러 교수 분들이 동감하고 있었다. 그분들이 저술에 쾌히 동의해 주심으로써 본서가 세상에 나오게 되었다. 여기, 머리말을 빌려서 저자 분들에게 머리 숙여 감사드린다. 학지사의 김진환 사장님은 이 책을 디자인 개념을 도입한, 내용이 알차면서도 아름다운 개론서로 만들어 보겠다고 제의하셨다. 사장님과 편집부원들의 의욕과 수고에 감사드리며, 본서의 저자들과 출판인의 노력이 결실을 이루어 독자들이 흡족해하는 훌륭한 개론서가 되기를 간절히 바란다. 한 권의 책이 세상에 나오기까지 숨은 일꾼들의 세밀한 수고를 잊을 수 없다. 고려대학교 생물심리학 전공의 박사과정 이강희 선생을 비롯한 실험실 식구들의 헌신적 노력에도 감사의 말을 전한다.

2003. 1.

저자 대표

차례

Chapter **01**

심리학이란 무엇인가   15

Chapter **02**

행동의 신경과학 기초   47

Chapter 15

일상생활에서 심리학 응용

493

심리학이란 무엇인가

1. 심리학이 무엇인지에 대해 알아본다.
2. 심리학의 역사와 초기 학파에 대해 알아본다.
3. 심리학의 연구 방법과 연구 윤리에 대해 알아본다.
4. 현대 심리학의 여러 분야에 대해 알아본다.
5. 심리학자들이 하는 다양한 일에 대해 알아본다.

이 장에서는 심리학이 무엇인지 그리고 심리학의 과학적 성격에 대해 간단히 소개하고자 한다. 심리학이 어떤 학문인지 그리고 심리학이 학문으로 자리 잡기까지의 역사적인 과정과 그 과정에서 발생한 학파에 대해서 설명하고자 한다. 또한 심리학이 과학적 학문으로서 어떠한 연구 방법을 사용하고 있으며, 그 연구 과정에서 심리학자가 지켜야 할 윤리는 무엇인지도 알아보겠다. 나아가 현대의 심리학 분야들도 알아보겠다. 그리고 심리학자들이 어떤 분야에 진출하는지, 그래서 오늘날 심리학이 학문적 발전과 전문 직업의 측면에서 어떻게 활용되는지를 살펴보겠다.

1 ─ 심리학이란

심리학은 '인간의 행동과 마음을 이해하고자 하는 과학'이다. 그래서 타고난 속성과 환경과의 상호작용을 함께 고려해 인간의 행동과 마음을 연구한다. 심리학의 목표는 다양한 상황에서 인간의 행동을 이해하고, 설명하고, 예측하는 것이다. 마음이란 우리의 주관적인 내부의 경험으로, 기억, 지각, 사고, 감정으로 구성되어 있으며 끊임없이 일어나는 의식의 흐름이다. 한편, 행동은 외부로 표출되는 관찰 가능한 행위를 말한다 (민경환 외, 2011).

심리학 내에는 다양한 접근과 학파가 있다. 초기 심리학은 구성주의, 기능주의, 형태주의, 정신분석, 행동주의의 접근들이 있다. 한편, 현대 심리학의 관점은 더욱 다양해져 행동주의적 관점, 정신역동적 관점, 인본주의적 관점, 인지적 관점, 사회문화적 관점, 진화심리학적 관점, 긍정심리학적 관점, 생리심리학적 관점 등이 대표적이다. 이러한 관점들을 바탕으로 학습, 발달, 사회, 성격, 실험, 생리, 동물, 인지, 임상, 상담, 산업 조직, 교육, 학교, 환경, 건강, 소비자 등 다양한 심리학 분야가 있다. 최근에는 이에 더해 범죄, 법정, 스포츠, 노인, 신경과 관련된 분야들도 부상하고 있다. 심리학자들은 이런 분야에서 교육, 연구, 치료 및 평가 등과 관련해 기초연구를 활용하여 현장에서 응용하고 있다.

심리학 연구를 위한 연구 방법에는 사례연구법, 설문조사법, 자연관찰법, 상관연구법,

실험연구법 등이 있다. 심리학 연구는 과학적인 연구이며 연구 문제 선정, 가설 설정과 조작적 정의, 연구 방법 결정과 데이터 수집, 데이터 분석과 결론 도출, 연구 결과 보고의 과정을 거친다. 또한 심리학에서는 둘 또는 그 이상의 변인들 간 '관계성'을 연구하는데 이 관계성은 인과관계와 상관관계로 구분된다. 인과관계는 어떤 한 변인이 다른 변인이 변화하는 원인이 되는 관계이며, 상관관계는 어떤 변인이 변화할 때 다른 변인도 같이 변화하는 관계를 말한다.

이러한 심리학 연구를 할 때는 반드시 과학적인 윤리강령을 지켜야 한다. 미국심리학회(American Psychological Association: APA)에서 제시한 윤리적 규칙에는 동의표시, 강요배제, 유해상황 금지, 위험–수익 분석, 속임, 사후설명, 비밀보장 등이 있다. 이러한 규칙을 강제하기 위해 거의 모든 심리학 연구는 기관심사위원회(Institutional Review Board: IRB)의 심사를 거쳐야 한다(민경환 외, 2015).

2 심리학의 역사

심리학은 다른 학문에 비해 비교적 새롭게 등장한 분야라고 할 수 있지만, 그 뿌리는 오래전부터 존재했다. 소크라테스(Socrates), 플라톤(Plato), 아리스토텔레스(Aristotle)와 같은 고대 그리스 시대 철학자들은 심리학과 관련 있는 철학적 논제들에 관심을 가졌다. 예를 들어, '인간의 마음과 영혼의 본질이 무엇인가?' '마음과 몸의 관계는 무엇인가?' 등의 주제에 대해 논의하곤 했다. 플라톤은 인간이 원래 지식을 가지고 태어난다고 생각했다. 또한 그는 감각은 불완전한 것이며 실제 세계를 왜곡하는 것이라고 보았다. 그래서 그는 참된 지식은 감각이 아니라 사고와 추론으로부터 얻어진다고 주장했다. 이와 달리 플라톤의 제자였던 아리스토텔레스는 감각적 경험을 더 중요하게 생각했다. 그래서 그는 지식이 경험과 관찰로부터 얻어진다고 주장했다.

아리스토텔레스의 경험주의적 관점은 이후에 근대 경험주의 철학자들의 주장으로 이어진다. 영국의 로크(Locke)는 지식에 대한 생득론적 관점에 반대하면서 인간이 태어날 때는 백지상태와 같고 이후 그 위에 경험이 덮어 쓰이는 것이라고 주장했다. 로크 이외에도 버클리(Berkeley), 흄(Hume) 같은 경험주의자들은 인간이 세상에 대해 아는 것은 관찰과 경험에 의한 것이지, 타고난 상상이나 직관에 의한 것이 아니라고 주장했다. 이러한 경험주의는 이후 심리학자들로 하여금 과학 법칙에 따른 관찰을 통해서 행동과 정신과정에 대해 연구하게 하여, 과학적 심리학의 발전에 중요한 역할을 했다.

심리학의 발전에 기여한 것은 이러한 경험주의적 철학적 논의뿐만이 아니었다. 데카르트(Decartes)는 생득론을 지지했고 진정한 지식은 추론을 통해 얻을 수 있는 것이라고 생각한 이성주의자였다. 그는 몸과 마음의 관계에 대해서, 몸과 마음은 별개의 것이라는 이원주의를 주장하였다. 그는 몸과 마음이 서로 영향을 미친다고 보았는데, 뇌 아래 부분에 있는 송과선이라는 구조를 통해 마음이 몸에 영향을 미친다고 주장하였다. 데카르트 이후에 마음과 몸의 관계, 특히 마음과 뇌에 대한 논의들이 이어졌다. 가령 홉스(Hobbes)는 데카르트와 달리 몸과 마음이 분리될 수 없는 하나라고 보았으며 마음은 뇌의 활동 그 자체라고 보았다. 프랑스의 갈(Gall)은 뇌에 손상이 생기면 정신 능력이 감소하는 것을 관찰하여, 마음과 뇌 크기 간의 관련성을 연구했다.

이 외에도 19세기에는 뇌와 신경 체계에 대한 다양한 이론과 발견이 있었다. 갈은 뇌 크기뿐 아니라 뇌에서의 각 영역이 서로 다른 능력을 맡고 있다고 생각했다. 즉, 뇌 영역의 크기가 그 영역의 능력 정도와 관련이 있다. 그래서 그는 두개골 모양을 측정하면 각 뇌 영역의 크기를 알 수 있고 개인의 능력을 측정할 수 있다는 골상학을 주창했다. 한편, 플루랑스(Flourens)는 동물의 뇌 절개 실험을 통해서 대뇌 손상의 정도가 운동 기능의 이상 정도를 좌우한다는 것을 보여 주었다. 외과 의사 브로카(Broca)는 환자의 뇌 부검을 통해 뇌 왼쪽에 있는 특정 영역(Broca의 영역)에 손상을 입은 환자는 언어 능력에 손상이 생긴다는 것을 발견했다(오세진 외, 2015).

또한 헬름홀츠(Helmholtz)는 브로카, 플루랑스와 같은 시대의 사람이었는데, 특정 자극에 반응하기 위해 필요한 시간의 양인 반응시간을 기록했다. 그는 신체 부위 간 반응시간 차이를 이용해서 신경 자극이 뇌에 도달하는 속도를 추정했다. 이를 통해 심리학자들은 반응시간이 즉각적이지 않다는 것과, 이 반응시간이 마음과 뇌를 연구하는 유용한 수단이 될 수 있다는 것을 알게 되었다(민경환 외, 2015). 이러한 뇌와 신경 관련 연구들은 정신과정을 과학적으로 연구하는 데 중요한 영향을 주었다.

1800년대 말과 1900년대 초의 초기 심리학자들은 주로 감각을 연구하였는데, 감각은 정신적 경험에 핵심적인 것으로 생각하였다. 특히 이 당시에 독일의 심리학자들은 경험주의의 영향을 받아 시각 및 다른 감각과 지각 과정을 연구하고 있었다. 여기에 특히 중요한 영향을 끼친 것은 19세기 페히너(Fechner)의 연구였다. 페히너는 감각 자극의 변화에 대한 사람들의 반응 관찰을 통해서 우리가 정신과정을 연구할 수 있다는 것을 발견했기 때문이다. 그는 인간이 불빛의 밝기를 2배로 인식하려면 실제 불빛의 밝기가 얼마나 더 밝아져야 하는지를 알아보았다. 이러한 연구를 통해서, 페히너는 자극의 물리적 속성에서의 변화와 그에 대한 인간의 심리적 경험에서의 변화 간의 관계를 발견했다. 이러한 접근을 정신물리학이라고 부른다. 이는 다양한 연구에 영향을 미쳤다. 예를 들어, 이후에 에빙하우스(Ebbinghaus)는 마음의 감각 과정에 대한 페히너의 과학적 접근에 영향을 받아 기억을 과학적으로 연구하게 되었다.

심리학이 탄생되었다고 할 수 있는 시기는 1879년부터이다. 이때 분트(Wundt)가 독일 라이프치히 대학교에 처음으로 공식적인 심리학 연구 실험실을 설립했다. 분트 역시 감각과 지각 체계를 연구했는데, 그의 연구 초점은 의식이었다. 의식은 감각과 지각 체계로 인해 만들어진 정신적 경험이다. 의식을 과학적으로 연구하는 데 있어서, 분트는 화학자들이 물질을 원자, 분자 등 기본요소로 분해함으로써 물질의 구조를 이해하는 방식에서 영향을 받았다. 그래서 분트는 이러한 의식을 감각, 느낌 등 기본적인 구성요소들로 나누어 설명하고, 요소들이 어떻게 서로 연관되어 있는지를 설명하고자 했다. 의식 경험을 설명하기 위한 방법으로 내성법을 사용했다. 내성법은 스스로의 내부를 들여다본다는 의미로, 연구 대상자가 자신의 의식 경험을 보고하는 것이다. 분트는 연구 참여자에게 물체나 냄새를 제시하고 그러한 자극이 만들어 내는 감각이나 느낌에 대해 설명해 보라고 했다. 이를 통해 모든 감각에 있어서 질(예: 차갑다, 노랗다)과 강도(예: 밝기, 음량) 두 가지가 공통된 속성이라는 결론을 내렸다. 또한 느낌이라는 것은 쾌와 불쾌, 긴장과 이완, 흥분과 우울의 개념으로 설명할 수 있다고 보았다(Bernstein et al., 2018).

티치너(Titchener)는 분트의 제자였으며, 미국에 와서 구성주의를 명명하고 알리는 데 기여했다. 그는 분트가 말했던 의식의 기본요소들을 사용했으며, 이외에도 감각의 속성 중 하나로 명료성을 추가했다. 티치너는 자신의 접근을 구성주의라고 불렀는데, 이는 그가 의식을 구성 요소로 나누어 의식의 구조를 알아내고자 했기 때문이다. 그러나 구성주의에서 사용한 내성법은 연구실에서만 쓸 수 있다는 문제가 있었고, 언어를 능숙하게 사용하는 이성적인 성인의 의식을 연구하는 데만 적합했다. 그리고 내성법적 보고는 일관되지 않고 종종 모순되는 결과를 내곤 했다. 심지어 내성적 활동이 실제의 의식적 경험에 영향을 미쳐 관찰하고자 하는 의식이 변하는 문제도 발생했다(오세진 외, 2015).

1912년경에 다른 독일 심리학자들은 인간의 경험이나 의식을 부분적인 요소로 분리하는 것에 대해 반박한다. 이들은 형태주의 심리학자 또는 게슈탈트 심리학자로 불리는데, 이들은 의식 경험의 전체(게슈탈트)가 그 부분들의 합과 일치하지 않는다고 보았다. 베르트하이머(Wertheimer)는 착시, 즉 실제의 현실과는 다르게 주관적으로 지각하고 판단하게 되는 오류에 대한 연구를 통해서 이를 주장했다. 예를 들어, 한 쌍의 불빛이 교대로 빠르게 꺼졌다가 켜지면 우리는 그것을 분리된 불빛으로 보지 않고, 마치 앞뒤로 움직이는 하나의 불빛으로 본다. 이를 파이현상이라고 하는데 이러한 연구는 우리가 자극을 지각할 때 개별적인 감각들에 반응하는 것이 아니라 하나의 통합된 전체로 지각한다는 것을 보여 준다. 이렇게 형태주의 심리학자들은 의식을 이해하기 위해서는 전체를 연구해야지 각 부분적 요소들만 보아서는 안 된다고 주장한다. 형태주의는 코프카(Koffka)와 쾰러(Köhler)에 의해 미국에 알려졌으며, 이후 인지심리학의 발전에도 영향을 미쳤다.

한편, 분트가 독일에서 연구를 시작한지 얼마 지나지 않아 미국에서도 심리학의 과학적 연구가 시작되었다. 윌리엄 제임스(William James)는 1890년에 『심리학의 원리』를 통해 심리학의 주요 논제들을 제시하면서 미국 심리학의 창시자로 인정받았다(김문수 외, 2017). 제임스는 내성법을 사용하기는 했지만, 구성주의자들과 달리 의식의 요소에 초점을 맞추지 않았다. 형태주의자들과 마찬가지로, 제임스는 분트의 접근이나 티치너의 구성주의에서처럼 의식을 개별 요소로 나누는 것을 거부했다. 그는 의식을 스스로 작동하지 않는 개별 요소로 나누는 것이 의미 없는 일이라고 생각했기 때문이다. 대신 그는 다윈(Darwin)의 진화론의 영향을 받아, 어떻게 의식의 흐름을 만들어 내는 심상, 감각, 기억 등의 정신적 사건이 인간으로 하여금 환경에 적응할 수 있게 하는지를 알고자 했다. 이러한 접근을 기능주의라고 부르는데, 이것은 사람들이 결정을 내리고 문제를 해결하는 등의 능력에 있어서 의식의 기능에 초점을 맞춘 것이다. 또 다른 기능주의자였던 홀(Hall)은 미국에서 심리학을 전문화하는 데 공헌하였다. 그는 1883년에 존스홉킨스대학교에 미국에서 첫 심리학 연구 실험실을 만들었다. 1887년에 미국심리학회지를 만들었으며 1892년에 미국심리학회를 창립했다. 홀 역시 제임스처럼 진화론의 영향을 받아 태어난 이후 아동의 발달 단계가 인간 종이 거쳤던 진화 과정을 반영하는 것이라고 주장하면서 발달심리학의 중요성을 이미 강조하였다.

William James

19세기 후반 미국에 심리학이 새롭게 등장하면서, 다윈의 영향으로 북미의 심리학자들은 정신과정이 어떻게 사람마다 다른지에 대해서도 관심을 갖게 되었다. 그래서 일부 심리학자들은 학습, 기억, 지능 등의 정신과정에 있어서 개인차를 측정하게 되었다. 다윈의 사촌이었던 골턴(Galton)은 처음으로 인간의 개인차를 주의 깊게 관찰했다. 그는 지능이 내재된 능력이라고 주장했으며 환경보다도 유전이 중요하다고 강조했다. 골턴의 연구들은 인간 능력을 분류하고 측정하는 것의 시작이 되었다. 이는 카텔(Cattell)에 의해 미국에 소개되었고, 카텔 역시 인간 능력을 연구하면서 심리검사를 처음 만들었다. 이러한 연구 흐름 속에서 비네(Binet)는 1905년에 최초로 광범위하게 사용될 수 있는 지능검사를 개발하기도 했다.

미국의 왓슨(Watson)은 행동주의를 발전시킨 심리학자이다. 왓슨은 인간과 동물의 관찰 가능한 행동이 심리학에 대한 과학적 정보를 얻을 수 있는 중요한 원천이라고 생각했다. 그러나 그는 구조주의나 기능주의에서처럼 의식을 추론하기 위해 행동을 사용하는 것에 반대하였다. 왓슨은 소리가 자극이 되어 개의 침 분비 반응이 일어나는 것을 밝힌 러시아 생리학자인 파블로프(Pavlov)의 실험에서 영향을 받았다. 왓슨을 비롯한 행동주의자들은 자극과 반응 두 가지 개념이 인간의 행동에 주요한 것이라 생각했다. 왓슨은 1913년에 쓴 『행동주의자의 관점에서 본 심리학』에서 실제로 관찰

John B. Watson

가능한 행동이 중요한 것이며 이는 다양한 자극에 대한 반응에 기초한다고 주장했다(Bernstein et al., 2018). 왓슨의 이러한 관점은 의식이 존재한다는 것은 인정하지만 연구할 가치는 없다고 보는 것이다. 의식이라는 것은 언제나 개인적이고 유동적이기 때문에 과학적 방법을 통해 연구할 수 없다고 생각했기 때문이다. 왓슨은 그래서 관찰가능한 행동에 관심을 가지고, 파블로프가 사용한 기법을 인간 영아에게 적용하는 연구를 하기도 했다. 이러한 연구를 통해 그는 행동을 결정하는 가장 중요한 것은 환경에서의 학습이고, 학습을 통해서 인간과 동물이 환경에 적응하는 것이라고 생각했다.

또 다른 행동주의자로 스키너(Skinner)가 있다. 스키너는 보상과 처벌이 어떻게 행동을 생성, 유지하고 바꿀 수 있는지에 대해서 연구했다. 그는 스키너 상자를 만들어 쥐를 넣고 여러 행동 중 레버를 누르는 행동에 대해서만 먹이를 주는 실험을 했다. 그러자 쥐가 레버를 누르는 빈도가 증가하였다. 이러한 행동의 학습에서 핵심적인 것은 어떤 행동을 한 뒤 먹이와 같은 보상을 제공하는 강화이다. 스키너가 발견한 강화원리란 어떤 행동의 결과가 추후에 그 행동이 얼마나 더 일어날 것인지의 확률을 결정한다는

것이다. 만약 결과가 긍정적이면, 그 특정 행동은 미래에 일어날 확률이 더 높아지며 반대로 결과가 부정적이면 그 행동은 일어날 확률이 낮아진다. 그는 동물과 마찬가지로 인간의 학습에도 이러한 원리가 적용된다고 보았다.

Sigmund Freud

분트같은 심리학자들이 주로 의식에 대한 과학적인 연구를 하는 동안, 프로이트(Freud)는 오스트리아에서 무의식을 탐구하고 있었다. 정신과의사였던 프로이트는 모든 행동과 정신과정에는 신경계 어딘가에 신체적 원인이 있다고 생각했다. 그러나 1800년대 후반에 자신이 관찰한 몇몇 환자들이 뚜렷한 신체적 문제가 없음에도 마비와 같은 신체적 고통을 호소하는 것을 보고, 그 원인을 찾고자 했다. 그는 환자가 의식 밖으로 밀어낸 무의식에 깊숙하게 자리한 문제가 원인이 되어 신체적 고통을 가져옴을 알아냈다. 그는 모든 행동이 심리적 과정에 의해, 특히 무의식 수준에서 우리가 인식하지 못하는 정신적 충돌에 의해 일어난다고 생각했다. 프로이트는 이러한 생각에 기반해 정신분석을 발전시켰고, 여기에는 성격과 정신장애에 대한 이론들과 치료방법들이 포함된다. 프로이트 정신분석은 이후 융(Jung), 아들러(Adler), 호나이(Horney) 등 신 프로이트 학파에 의해 계승되고 수정 발전되었다. 이들은 무의식에서의 충돌이 인간의 행동과 사고에 영향을 미친다는 정신분석의 기본적인 이론에는 동의했다. 다만 프로이트처럼 성적 욕구나 공격성과 관련된 무의식적 충동보다는 자아와 사회적 관계에 초점을 둔 이론을 펼쳤다.

1950년대에 인본주의 심리학은 당시 가장 지배적인 관점이었던 행동주의와 프로이트 심리학에 대응하여 탄생한다. 매슬로(Maslow), 로저스(Rogers)가 주축이었으며, 제3세력이라고도 불렸다. 행동주의나 정신분석 모두는 결정론적 접근이다. 인간은 외부에서의 강화 또는 자신의 통제 밖의 무의식적인 힘에 의해 결정된다는 것이다. 이에 반해 인본주의에서는 인간이 지닌 자유의지와 그리고 어떻게 행동할지를 스스로 선택하는 인간의 능력을 중시했다. 이들은 진정한 과학적 심리학에서는 인간을 자기 자신과 세계에 대한 해석자로 보고, 행동은 개인의 주관적인 경험으로 보아야 한다고 주장했다. 매슬로는 인간의 욕구가 단계를 이룬다고 보았으며, 가장 상위에는 자아실현의 욕구가 있다. 로저스에 의하면 인간의 삶을 만들어 가는 것은 실제 외부세계가 아니라 우리가 어떻게 지각하는지에 달려있다고 설명했다. 인본주의는 프로이트와 마찬가지로 과학적으로 검증하는 데 어려움이 있다는 비판을 받았지만, 심리상담이나 치료 분야에 영향을 끼쳤다. 뿐만 아니라 스스로 앞으로 나아가고 자아실현하려는 긍정적인 잠재력을 지닌 인간을 전제로 한 점에서 의미가 있다(Gross, 2015).

인간행동에 대한 연구가 계속되는 가운데, 1950년대 컴퓨터가 등장하면서 정신과정을 정보처리 과정으로 보는 새로운 시각이 생겨났다. 기술발달로 인해 과학적 객관성과 정확성을 가지고 정신과정을 연구하는 것이 가능해지면서 또다시 정신과정이 주목받게 되었다. 그러면서 지각, 사고, 기억, 추론을 포함하는 인간의 정신과정을 컴퓨터와 비슷한 정보 처리 체계로 보고 과학적으로 연구하는 인지심리학이 등장했다. 인지심리학의 초기 선구자로는 바틀릿(Bartlett), 피아제(Piaget), 르윈(Lewin), 촘스키(Chomsky), 밀러(Miller) 등이 있다. 1980년대 후반에는 과학기술의 발전으로 뇌 영상 기술이 발전했고, 인지심리학의 하위분야로 인지과정과 뇌 활동 간의 연결을 다루는 인지 신경과학 분야가 출현하였다(민경환 외, 2011).

현재는 행동주의적, 정신역동적, 인본주의적, 생리학적, 인지적, 사회문화적 관점들이 심리학의 주요 현대적 관점으로 인식되고 있다. 초기 심리학과는 달리 이 외에도 여러 심리학 접근과 관점이 존재한다.

◆ 표 1-1 ◆ 심리학 발전에 영향을 끼친 주요사건과 저서

연도	사건과 저서
1854	신경 자극의 속도에 대한 Helmholtz 실험
1859	다윈의 『종의 기원』
1860	페히너의 『정신물리학의 요소』
1861	브로카의 환자 뇌 부검
1879	분트가 라이프치히대학교에 첫 공식적인 심리학 연구 실험실 설립
1883	홀이 존스홉킨스대학교에 첫 미국 심리학 실험실 설립
1885	에빙하우스의 『기억』
1887	홀이 「미국심리학회지(American Journal of Psychology)」 출간
1890	제임스의 『심리학의 원리』
1892	홀이 미국 심리학회(American Psychological Association) 설립
1900	프로이트의 『꿈의 해석』
1904	파블로프의 노벨상 수상
1905	비네가 최초로 지능검사를 개발

1912	베르트하이머의 파이현상 연구
1913	왓슨의 행동주의자 선언문 「행동주의자의 관점에서 본 심리학」
1920	왓슨의 리틀알버트 연구
1938	스키너의 『유기체의 행동』
1950년대	인본주의 심리학의 부상

3 심리학 연구

과학적 연구란 일반적으로 연구 문제 선정, 연구 가설 형성, 데이터 수집 및 분석, 결론 도출 그리고 해석의 단계를 거친다(Nevid, 2019). 첫째, 기존의 이론, 관찰, 경험 등으로부터 현상에 대한 의문을 가지고 연구할 문제를 생각해 낸다. 둘째, 그 연구 문제를 가설의 형태로 만든다. 이때 가설이란 변인 간 관계에 대한 예측을 말하며 연구를 통해 검증이 가능해야 한다. 셋째, 가설을 세운 뒤에는 그 가설을 검증하기 위해 적절한 연구 방법을 사용해서 증거가 되는 데이터를 수집하고 분석한다. 넷째, 수집한 데이터에 기반해서 가설에 대한 결론을 도출한다. 마지막으로 결론에 대한 해석과 논의를 하며 함의점 등을 설명한다.

이를 위한 연구 방법과 연구를 할 때 지켜야 할 윤리에 대해 알아보겠다.

1) 연구 방법

심리학자들도 다른 과학자들처럼 자신의 생각을 검증하고 그 결과로부터 심리학 이론을 제시한다. 이런 과학적인 심리연구 방법은 다양하다. 그중에서 사례연구, 설문조사, 자연관찰, 상관연구, 실험연구 등이 있다.

① 사례연구법

사례연구법은 특정한 개인, 집단, 상황에서 발생한 현상을 집중적으로 연구하는 방법이다. 이 방법에서는 검사, 면접, 관찰, 다양한 기록을 통해서 정보를 얻을 수 있다. 심리학 역사 속에서 사례연구는 심리학의 발전에 중요한 기여를 했다. 가령 프로이트의 정신분석 이론들은 신경증 환자들에 대한 사례연구를 기반으로 발달할 수 있었다. 피아제도 초기에 아동에 대한 깊이 있는 사례연구를 통해서 인지발달 이론을 제시할 수 있었다. 사례연구법은 뇌 활동과 인간의 사고 및 행동 간 관계를 알아보는 신경심리학에서 특정 뇌 손상이나 질병에 대해 연구할 때도 사용된다. 조직심리학에서는 사례연구를 통해 어떻게 회사의 직원들이 사내 갈등이나 회사 방침의 변화 등에 대응하는지 알 수 있다. 또한 사례연구는 연구 대상이 되는 현상이 복잡하거나 희귀한 경우일수록 더욱 유용하다. 심리학자들은 희귀병에 대해서 사례사(case report)를 작성하기도 하는데, 사례사는 특정한 개인에 대해 능력, 장애, 생활 등 의미 있는 정보를 전부 포함하는 기록과 설명이다(김문수 외, 2017).

사례연구는 풍부한 데이터를 제공하며 또한 이 방법을 통해 심리학자들은 검증 가능한 가설을 얻을 수 있다. 그러나 실험에서처럼 통제가 엄격하지 않다는 약점이 있다. 가령 연구 참여자가 왜곡된 기억을 말하거나 기억하지 못하는 부분이 있을 때, 혹은 의도적으로 중요한 정보를 말하지 않을 경우에 문제가 생길 수 있다. 그리고 조사한 사례가 반드시 전체 집단을 대표한다고 할 수 없고 하나의 특수한 경우에 그칠 가능성이 있다는 것도 염두에 두어야 한다.

② 설문조사법

설문조사법은 연구하고자 하는 집단에 대한 정보를 얻기 위해서 주로 질문지나 구조화된 면접을 사용하는 연구 방법이다. 질문지는 사람들이 행동이나 생각 등에 대해 응답할 수 있도록 질문을 써 놓은 것을 말하며, 구조화된 면접은 이미 만들어진 질문들을 참여자에게 순서대로 질문하는 것이다.

설문조사법에서 모집단은 연구하고자 하는 대상들의 전체 집단을 말하며, 표본은 모집단의 하위집단이다. 대부분의 설문조사는 이 표본을 대상으로 이루어진다. 이때 표본을 대상으로 한 조사 결과를 모집단에 대해서도 일반화하려면 표본이 모집단을 대표할 수 있어야 한다. 이를 위해서 설문조사 참여자를 선발할 때 무선표집을 하는데, 무선표집은 모집단의 모든 사람이 표본에 포함될 확률이 동일하도록 참여자를 선발하는 것이다. 이러한 무선표집은 다른 연구 방법에서도 연구에 참여할 표본을 선정할 때 필요하다.

설문조사법에서는 사회적 바람직성에 의한 편향이나 자발적 참여자 편향이 나타날 수 있다. 사회적 바람직성에 의한 편향은 자신의 실제 행동이나 생각이 아니라 사회적으로 바람직한 방향으로 응답하려 하는 경향을 말한다. 자발적 참여자 편향은 연구에 자발적으로 참여하겠다고 한 사람들이 전체 모집단을 대표하지 않는 경우를 말한다 (신성만 외, 2019). 또한 설문조사법에서 질문을 이용할 때는 어떤 질문과 선택지를 제시할지, 그리고 질문을 어떤 방식으로 명료하게 표현할지에 대해서 주의해야 한다. 이러한 표현들이 참여자의 응답에 영향을 미칠 수 있기 때문이다.

설문조사법은 비교적 적은 비용을 가지고 단시간 내에 수많은 사람의 행동과 태도에 대한 정보를 얻을 수 있는 장점이 있다. 또한 설문조사를 먼저 실시하여 그 결과에 근거해 추가적인 실험 및 조사를 실시할 수도 있다.

③ 자연관찰법

자연관찰법은 자연스러운 환경에서 행동을 관찰하는 연구 방법이다. 이는 다른 연구 방법이 자연스러운 현상이나 연구 대상의 행동을 방해할 우려가 있을 때 사용하기 좋은 방법이다. 예를 들어, 실험실 상황에서는 실제 자연환경이 동물의 행동에 어떤 영향을 미치는지 보기 힘들다. 구달(Goodall)은 수 년간 야생에서 침팬지를 관찰하면서 이들의 생활패턴, 사회적 상호작용 등에 대한 유용한 정보를 얻을 수 있었다. 또한 로렌츠(Lorenz)는 자연관찰법을 통해 새끼거위들이 생후 초기에 노출된 대상을 어미처럼 따르게 된다는 것을 발견하였다. 자연관찰법은 동물뿐만 아니라 인간에게도 적용되며, 행동에 대한 중요한 정보를 제공한다. 또한 아동을 연구할 때도 유용하다.

다만 자연관찰법은 설문조사 등 다른 연구 방법에 비해 상대적으로 시간과 비용이 많이 들 수 있고, 실험연구에서처럼 변인의 엄격한 통제가 힘들다는 약점이 있다. 게다가 사람들은 자기가 관찰되고 있다는 것을 알면 실제와 다르게 행동할 수 있다. 이러한 문제는 주로 관찰 대상들이 그 상황에 익숙해지고 더 자연스럽게 행동할 때까지 기다려서 측정함으로 해결한다.

관찰 시 주의해야 하는 것은, 관찰자의 기대나 편견이 대상의 행동에 영향을 미치지 않도록 해야 한다는 것이다. 정확한 결과를 위해 관찰자는 자신이 관찰하고 있다는 것을 모르게 하거나 관찰자들끼리 각자 관찰한 결과를 비교해 보기도 한다. 또한 관찰자는 환경에서의 모든 행동을 관찰할 수는 없기 때문에 자신이 관찰할 행동을 구체적으로 명료하게 정해 두어야 한다.

④ 실험연구법

두 변인 간에 관계가 있는지 없는지의 여부만을 알아보는 상관연구와 달리, 실험연구는 한 변인의 변화가 다른 변인의 변화를 '야기'하는지 알아본다. 이 때문에 실험연구법은 대부분의 심리학 연구에서 인과관계를 알아볼 때 가장 많이 사용되는 연구 방법이다.

실험에서는 특정 변인을 조작하는 실험적 처치를 가한다. 이렇게 조작한 변인을 독립변인이라고 하고, 독립변인에 의한 실험에서의 효과나 반응을 종속변인이라고 한다. 이러한 실험적 처치가 불러일으키는 효과를 알아보기 위해 실험에서는 일반적으로 처치 여부를 가지고 참여자를 두 집단으로 나눈다. 처치를 가한 집단은 실험집단이고, 처치를 가하지 않은 집단은 통제집단이다. 실험집단과 통제집단에서의 종속변인, 즉 결과를 비교해 보면 실험에서 가한 처치의 효과를 알아볼 수 있다. 즉, 조작된 독립변인이 종속변인에 영향을 미친 것인지 설명하는 방법이다. 이때 각 집단에 대해 독립변인 이외의 조건들은 처음부터 끝까지 모두 동일하게 통제해 독립변인 이외의 다른 변인들이 종속변인에 영향을 미치는 것을 방지한다. 통제의 한 예로 참여자를 통제집단과 실험집단으로 나눌 때 무선할당을 한다. 이는 참여자들을 실험집단이나 통제집단에 무작위 배정함으로써 통제되지 않은 변인들의 영향을 없애기 위해서다. 보고자 하는 독립변인 외 변인들이 결과를 왜곡할 가능성을 최소화하고자 하는 것이다.

실험에서는 실험자의 기대가 결과에 영향을 미치는 실험자 편향이 일어날 수 있다. 이러한 기대는 처치가 결과에 미치는 영향을 방해할 수 있으므로 실험에서 주의해야 하는 부분이다. 실험자 편향을 통제하기 위해서는 연구를 설계한 실험자가 실험을 실시하거나 관찰하지 않고 다른 심사 실험자를 따로 두는 것이 좋다. 실험처치를 모르게(blind) 실험이 실시되는 것이다. 이와 관련해 단순맹목연구는 관찰자와 참여자 둘 중 한 쪽만이 어느 참여자가 어떤 처치를 받았는지 모르게 하는 연구 방법이고, 이중맹목연구는 관찰자와 참여자 모두가 어느 참여자가 어떤 처치를 받았는지 모르게 하는 연구 방법이다.

2) 연구 윤리

심리학자들은 자신의 연구에 있어서 진실해야 하며, 연구에 참여하는 인간과 동물을 존중해야 한다. 그래서 인간이나 동물을 대상으로 심리학 연구를 수행하기 전 기관의 기관심사위원회로부터 연구계획서에 대한 승인을 먼저 받는다. 기관심사위원회(IRB)는 보통 전문가 및 비전문가로 구성되어 있으며, 위원회에서는 계획서를 검토해 연구가 윤리적 규정을 따르고 있는지 확인한다. 만약 제안된 연구가 수용할 수 없을 정도로 유해하다고 판단될 경우 연구를 승인하지 않는다(민경환 외, 2015).

미국심리학회(APA)에서는 연구 수행 과정 중에 지켜야 할 구체적인 윤리 규정을 제시하고 있다. 이를 바탕으로 심리학자가 준수해야 하는 것은 다음과 같다. 첫째, 연구 참여자로부터 참여에 대한 동의를 얻어야 한다. 동의를 얻을 때에는 참여 의사에 영향을 줄 수 있는 모든 위험이나 수익 등의 정보에 대해 사전에 설명해 주어야 하며, 이 과정에서 강요가 있어서는 안 된다. 또한 연구 참여자의 의사 결정이 존중되어야 하므로, 동의를 한 이후에도 참여자는 원한다면 언제든지 참여를 그만둘 수 있다.

둘째, 연구는 참여자에 대해서 위험을 최소화하고 이익을 극대화해야 한다. 따라서 연구 참여자를 가능한 유해함으로부터 최대한 보호할 수 있는 방법을 사용해 연구가 진행되어야 한다. 그러나 연구에서는 가령 어쩔 수 없이 연구 참여자를 속여야 하는 상황이 있을 수 있다. 속임수는 기본적으로 비윤리적인 것인데, 참여자가 모든 정보를 알고 있는 상태에서 동의하는 것을 불가능하게 하고 참여자가 이로 인해 정신적 고통을 받을 수도 있기 때문이다. 이 때문에 속임수는 그 이외에 다른 방법이 가능하지 않을 때, 그리고 연구가 갖는 과학적, 교육적, 실용적 가치가 충분히 정당할 때만 사용할 수 있다. 이러한 속임수를 썼을 경우에는 반드시 연구가 끝난 뒤에 연구 목적과 과정에 대한 사후설명을 해 주어야 한다. 사후설명은 가능한 정신적 고통으로부터 연구 참여자를 보호하는 하나의 방법이다.

셋째, 연구에서는 연구 참여자의 개인 정보를 포함한 기록에 대해 비밀을 보장해야 한다. 데이터를 신중하게 관리해 참여자의 프라이버시가 침해받는 일이 없도록 한다. 예를 들어, 응답한 설문지나 실험결과지에 개인 정보가 유출되지 않도록 하고 또한 이후 폐기도 철저히 이루어져야 한다.

인간이 아닌 동물을 대상으로 하는 연구에서도 연구 윤리를 지켜야 하는데, 속임수와 마찬가지로 이를 대신할 수 있는 다른 방법이 없을 경우에만 동물을 사용하게 된다. 동물을 대상으로 연구를 진행하기 전에는 동물을 다루는 것에 대한 전문적인 훈련이 선행되어야 한다. 또한 연구의 과학적, 교육적, 실용적 가치가 충분히 정당할 때만 동물에게 위해를 가하는 실험 절차를 포함할 수 있는데, 이때도 동물에게 가해지는 위해가 최소화되도록 해야 한다(오세진 외, 2015; 신성만 외, 2019).

4 ─ 심리학의 분야들

　　인간을 연구하는 심리학의 분야는 많은 영역으로 구성된다. 미국의 경우 1892년에 윌리엄 제임스를 포함한 7명의 학자가 전문직으로서 심리학을 대표하는 기관을 만들자고 제안하여 미국심리학회(American Psychological Association: APA)가 만들어졌고 31명의 회원이 생겼다. 현재는 150,000명이 넘는 회원들을 보유하고 있다. APA 이외에는 1988년에 과학적 연구를 수행하는 심리학자들의 욕구에 초점을 둔, 학문지향적인 심리학자들에 의해 미국심리학연구회(American Psychological Society: APS)가 만들어지기도 했다(민경환 외, 2011). APA에는 현재(2020년) 54개의 심리학 분과가 있다(APA, 2020). 분과에 어떤 것이 있는지 그리고 각 분과에서 연구하는 것이 무엇인지 간단하게 알아보도록 한다.

◆ 표 1-2 ◆ APA 54개 분과

1	Society for General Psychology
2	Society for the Teaching of Psychology
3	Society for Experimental Psychology and Cognitive Science
5	Quantitative and Qualitative Methods
6	Society for Behavioral Neuroscience and Comparative Psychology
7	Developmental Psychology
8	Society for Personality and Social Psychology
9	Society for the Psychological Study of Social Issues (SPSSI)
10	Society for the Psychology of Aesthetics, Creativity and the Arts
12	Society of Clinical Psychology
13	Society of Consulting Psychology
14	Society for Industrial and Organizational Psychology
15	Educational Psychology
16	School Psychology
17	Society of Counseling Psychology
18	Psychologists in Public Service

19	Society for Military Psychology
20	Adult Development and Aging
21	Applied Experimental and Engineering Psychology
22	Rehabilitation Psychology
23	Society for Consumer Psychology
24	Society for Theoretical and Philosophical Psychology
25	Behavior Analysis
26	Society for the History of Psychology
27	Society for Community Research and Action: Division of Community Psychology
28	Psychopharmacology and Substance Abuse
29	Society for the Advancement of Psychotherapy
30	Society of Psychological Hypnosis
31	State, Provincial and Territorial Psychological Association Affairs
32	Society for Humanistic Psychology
33	Intellectual and Developmental Disabilities/Autism Spectrum Disorder
34	Society for Environmental, Population and Conservation Psychology
35	Society for the Psychology of Women
36	Society for the Psychology of Religion and Spirituality
37	Society for Child and Family Policy and Practice
38	Society for Health Psychology
39	Society for Psychoanalysis and Psychoanalytic Psychology
40	Society for Clinical Neuropsychology
41	American Psychology-Law Society
42	Psychologists in Independent Practice
43	Society for Couple and Family Psychology
44	Society for the Psychology of Sexual Orientation and Gender Diversity
45	Society for the Psychological Study of Culture, Ethnicity and Race
46	Society for Media Psychology and Technology
47	Society for Sport, Exercise and Performance Psychology
48	Society for the Study of Peace, Conflict and Violence: Peace Psychology Division

49	Society of Group Psychology and Group Psychotherapy
50	Society of Addiction Psychology
51	Society for the Psychological Study of Men and Masculinities
52	International Psychology
53	Society of Clinical Child and Adolescent Psychology
54	Society of Pediatric Psychology
55	American Society for the Advancement of Pharmacotherapy
56	Trauma Psychology

출처: APA Divisions (2020. 1. 23.). Retrieved from: https://www.apa.org/about/division

1분과. 일반심리학(Society for General Psychology): 심리학 전반에 걸친 분과이다. 심리학의 하위 분야들의 다양한 관점을 연구, 이론, 실습 등에 포함시키도록 독려함으로써 심리학의 다양한 분야의 통합을 촉진한다.

2분과. 심리학교육(Society for the Teaching of Psychology): 심리학 교육 및 학습에 종사해 심리학 분야에 대한 이해를 증진시킨다. 전문적인 교육을 위해 자원, 서비스, 통합 커뮤니티 등을 제공하는 분과이다.

3분과. 실험심리학과 인지과학(Society for Experimental Psychology and Cognitive Science): 인간의 행동과 마음의 관계를 깊게 연구하기 위해 과학적 연구와 실험에 초점을 두는 분과이다. 인지(cognition)란 인간이 정보를 받아들이고, 걸러 내고, 저장하고, 판단하고, 의사를 결정하는 것을 포함한 모든 정신과정을 의미한다. 인지과학 분과는 이러한 정신과정과 뇌를 비롯한 신경계의 작용 및 원리를 실험과 가설검증을 통해 밝히고자 한다.

5분과. 양적 연구와 질적 연구(Quantitative and Qualitative Methods): 평가, 질적 방법, 그리고 측정과 통계의 세 가지 분야로 나눌 수 있다. 이 분과에서는 평가, 측정과 통계 및 질적 방법에 대한 연구와 실용적 적용에 관심을 가진다.

6분과. 행동신경과학과 비교심리학(Society for Behavioral Neuroscience and Comparative Psychology): 행동의 생리학을 다루는 분과이다. 행동뿐만 아니라 행동이 지각, 학습, 기억, 인지, 동기, 감정과 가지는 관계에 대해서 초점을 맞춘다. 행동 신경과학자들은 뇌를 행동과 관련지어 연구하고, 뇌의 진화, 기능, 장애, 회복과 더불어 면역계, 심혈관계, 에너지 조절 체계들과 뇌의 상호작용을 연구하기도 한다. 비교심리학자들은 인간과 다른 동물의 행동을 연구하며, 이들의 공통점과 차이점에 주목한다. 종간 공통점과 차이점에 대한 연구는 진화적, 발달적 과정에 대한 단서를 제공할 수 있기 때문이다.

7분과. 발달심리학(Developmental Psychology): 전 생애 동안의 성장, 변화 그리고 지속성에 대해 알아보고 또 그 원인에 대해 연구하는 분과이다. 이 분과에서는 생리, 사회, 감정, 인지과정 등 다양한 범위의 이론적 분야를 연구한다. 인간 생애에서 가장 중요한 변화가 일어나는 때가 주로 아동기이기 때문에 이 시기에 초점을 맞춘 연구들이 대부분이다. 이들의 목표는 발달을 학문적으로 설명하며 실생활에서 활용하는 것이다. 발달심리학에서는 신체 운동능력, 언어능력, 인지능력, 기질과 성격, 사회성과 도덕성, 자아개념, 마음이론, 공격성, 발달 저해 요소 등을 주요 연구주제로 삼는다.

8분과. 성격심리학과 사회심리학(Society for Personality and Social Psychology): 성격이란 한 개인이 갖는 감정, 사고, 행동과 관련된 안정적인 특질을 말하고, 성격심리학은 이러한 특질이 어떻게 형성되는지, 각 개인의 성격이 왜 다르고 어떤 점에서 다른지에 대해 관심을 가지는 분야이다. 성격심리학에서는 또한 다양한 성격이론을 바탕으로 인간의 본성에 대해 연구하기도 하며 인간을 어떻게 이해해야 하는지에 대해 주목한다.

사회심리학에서는 사회적인 상황 속에서 나타나는 인간행동의 본질에 관심을 가진다. 제도 및 시스템이나 집단 자체보다는, 그런 제도 속의 상황적 요인과 사회적 상호관계가 인간의 감정, 태도, 사고 등에 미치는 영향을 탐구한다.

9분과. 사회적 문제에 대한 심리학 연구(Society for the Psychological Study of Social Issues): 이 분과에서는 중요한 사회 및 정책문제에 대해 심리적인 측면에서 연구하고 이에 대한 관심을 공유한다.

10분과. 미학, 창의성, 예술심리학(Society for the Psychology of Aesthetics, Creativity and the Arts): 이 분과에서는 크게 세 가지의 주제를 연구하는데, 창의성, 미술 그리고 예술에 대한 감상자의 반응이다. 창의성 관련해서 창의성의 발달, 동기, 감정 그리고 인지적 처리과정을 포함하며 미술 관련해서 미적 콘텐츠, 형태, 기능 등을 다룬다. 그리고 예술에 대한 감상자의 반응 관련해서 감상자의 선호와 평가 등을 다룬다. 이 분과에서는 성격, 임상, 인지, 지각, 문화, 포스트모던 심리학 등을 다양한 예술과 스타일에 적용시켜 학제 간 연구를 하고 있다.

12분과. 임상심리학(Society of Clinical Psychology): 임상심리학은 사람들이 겪는 다양한 부적응 문제와 심리장애를 연구, 평가, 치료하는 분야이다. 임상심리학은 건강심리학, 상담심리학, 사회복지학 등의 분야들과 인간 마음의 문제를 다룬다는 점에서 비슷하지만, 병의 원인에 대한 과학적인 원리를 탐구하는 것 외에 치료적 개입을 한다는 점에서 구분된다. 임상심리학자들이 수행하는 연구는 임상현장에서 환자를 이해하고 치료하는 데 직접적인 도움이 된다.

13분과. 컨설팅심리학(Society of Consulting Psychology): 컨설팅심리학 분과는 심리학에 대한 교육을 받고 조언, 코칭, 멘토링, 트레이닝 등 컨설팅 서비스를 제공하는 심리학자들을 포함하고 있다. 이들은 개인, 집단, 조직의 성공과 목표 충족을 위하며 컨설팅에 있어 심리학적 통찰을 적용하고자 한다.

14분과. 산업 및 조직심리학(Society for Industrial and Organizational Psychology): 일, 사람, 조직에 대해 과학적으로 연구하는 심리학 분야이다. 직장에서 일을 할 때 인간이 나타내는 행동과 정서에 관심을 가지며, 이에 대한 연구를 바탕으로 조직과 직원의 복리를 향상시키고자 한다. 즉, 조직이 인적자원들을 효율적으로 관리하고 개발하는 데도 도움을 제공하고, 일하는 사람 각자가 맡은 일에 만족하고 자기 일의 의미를 찾을 수 있도록 돕는다.

15분과. 교육심리학(Educational Psychology): 교육심리학에서는 심리학적 이론을 교육에 적용하며, 이 분야는 발달심리학, 행동심리학, 인지심리학 분야와 연결되어 있다. 이 분과에서는 학생들의 정신과 학습에 있어서의 개인차, 영재와 학습 장애 학생 등을 포함해 다양한 사람이 어떻게 새로운 정보를 배우고 유지하는지에 관심을 둔다. 이 분야에서는 아동기나 청소년기의 학습과정을 다룰 뿐만 아니라 학습과 관련하여 전 생애에 걸친 사회적, 감정적, 인지적 처리과정 또한 다룬다.

16분과. 학교심리학(School Psychology): 학교심리학은 중요한 성장기에 있는 아동, 청소년의 발달과 적응에 기여하는 분야이다. 이 분야는 주로 학생, 부모, 교사, 학교 교육 전문가에게 심리학적 도움을 제공하며 이를 통해 정신, 행동, 학업과 관련된 문제를 효과적으로 해결하거나 사전에 예방하고자 한다. 이 분야에서는 문제를 겪고 있는 학생을 포함해 모든 아동, 청소년의 적응을 돕고자 하며 심리평가, 예방교육, 학교시스템에 대한 자문과 프로그램 개발 등을 하기도 한다.

17분과. 상담심리학(Society of Counseling Psychology): 전문적 상담이란 도움을 필요로 하는 내담자가 전문적인 훈련을 받은 상담자와 상호작용하는 과정을 말한다. 상담심리학에서는 이러한 상담 과정을 통해 도움을 필요로 하는 사람들이 자신의 문제를 극복하고 성장할 수 있도록 돕는다.

18분과. 공공서비스의 심리학자(Psychologists in Public Service): 심리학의 현장 실습,

연구, 훈련, 정책 형성 등을 다룬다. 이 분과는 주로 다섯 가지의 세부 분야로 이루어져 있으며, 각 분야에서는 커뮤니티와 주의 병원 심리학자들, 범죄자 정의, 경찰과 공공안전, 미국 원주민 심리학자들, 참전용사 등 다양한 환경을 다루고 있다.

19분과. 군대심리학(Society for Military Psychology): 군대 내에서의 다양한 문제에 대해 연구하고 그 연구 결과의 적용을 장려한다. 이 분과에 속한 심리학자들은 연구 활동, 매니지먼트, 정신건강 서비스 제공, 교육과 컨설팅, 고위 간부들에 대한 조언 등을 수행한다.

20분과. 성인발달과 노화(Adult Development and Aging): 이 분과에서는 성인기 동안 일어나는 심리적 발달과 변화를 연구한다. 그래서 사람들에게 성공적인 노화를 위한 도움을 제시하고 있다.

21분과. 응용실험심리학과 엔지니어링심리학(Applied Experimental and Engineering Psychology): 기술 사회에서 인간들이 더 효율적으로 행동할 수 있도록 하기 위해 심리학적 지식과 과학적 연구를 적용하는 분야이다. 일터, 에너지와 운송 시스템, 주거 환경 등 다양한 주제를 다루고 있으며, 이 분과에서는 사용자의 필요와 수행능력에 대한 이해를 증진시킴으로써 더 효과적이고 신뢰성 있는 시스템을 만들고자 한다.

22분과. 재활심리학(Rehabilitation Psychology): 재활심리학에서는 신체 및 인지장애나 만성질병이 있는 개인들의 건강, 복지, 독립, 선택, 기능적 능력과 사회적 참여를 극대화하고자 하며 이들이 겪을 수 있는 합병증을 최소화하고자 한다. 장애가 있거나 만성적인 질병을 가진 사람들을 위한 심리적 지식과 기술을 연구하고 적용하는 데 초점을 맞춘다.

23분과. 소비자심리학(Society for Consumer Psychology): 인간의 소비활동 기저에 있는 심리학적인 원리를 이해하고, 이를 바탕으로 소비자들의 행동을 예측하는 분과이다. 소비자심리학에서는 소비자의 동기, 지각, 학습 태도, 가치와 같은 개인의 심리적 요인과 소비자 주변의 타인, 집단과 같은 환경적 요인 그리고 이 요인들 간 상호작용에 주목한다.

24분과. 이론 및 철학 심리학(Society for Theoretical and Philosophical Psychology): 과학적 차원과 철학적 차원 모두에서 심리학적인 이슈와 심리학 이론들을 연구하고 논의하고자 하는 분과이다.

25분과. 행동 분석(Behavior Analysis): 이 분과는 행동주의 전통에 뿌리를 두고 있으며, 인간과 동물의 행동을 분석하고 그 결과를 생활에 응용한다. 인지과정에 대한 이해보다는 행동 그 자체에 더 초점을 두고 있다. 새로운 행동을 배우거나 문제행동을 줄이는 데 어려움을 겪는 아동과 성인을 대상으로 정신건강 치료나 행동 분석에 활용하기도 한다.

26분과. 심리학의 역사(Society for the History of Psychology): 이 분과에서는 심리학의 역사에 대한 의식과 존중을 확장시키고자 노력한다. 이는 심리학 역사에 대한 이해를 통해 현대의 심리학을 이해하고, 심리학이 다른 과학적 분야들과 가지는 관계 그리고 사회에서 심리학이 하는 역할을 이해하는 데 도움을 주기 위함이다.

27분과. 공동체연구와 행동: 공동체심리학의 분과(Society for Community Research and Action: Division of Community Psychology): 이 분과에서는 공동체를 구성하는 개인과 사회 시스템 간 상호관계에 대한 연구와 응용을 하고 있다. 이들은 연구를 통해서 개인과 사회 시스템 수준에서의 긍정적인 변화, 건강, 강화를 촉진하고자 한다.

28분과. 정신약리학과 약물남용(Psychopharmacology and Substance Abuse): 이 분과에서는 약물이 행동에 미치는 영향을 다룬다. 또한 이 분과에서는 인간과 동물에 있어서 행동, 약물 그리고 다른 환경적인 요인들의 상호작용을 연구하기 위해 심리학과 약리학에서의 연구 방법을 조합하여 사용한다. 주로 다루는 주제는 동물연구, 신경행동학적 독성학, 정신약리학적 훈련 프로그램, 약물 중독에 대한 새로운 치료의 개발, 약물 규제 및 중독과 관련된 공공정책 등이다.

29분과. 정신치료의 발전(Society for the Advancement of Psychotherapy): 이 분과는 정신치료의 연구, 교육, 시행을 발전시키고자 한다. 정신치료를 보존하고 확장하기 위해 정신치료의 과학적 증거가 되는 연구들을 하고 있으며, 또 이러한 정신치료의 혜택을 모두가 받을 수 있도록 힘쓰고 있다.

30분과. 심리 최면(Society of Psychological Hypnosis): 심리 최면 관련 연구와 교육을 하고 있다. 이 분과에서는 마음과 몸의 연결과 분리, 여성, 아이, 청소년에 있어서의 최면 등을 포함한 주제에 관심을 가진다. 최근 행동 의학 분야에서의 최면의 적용, 신뢰성 있는 수단으로서의 임상 최면의 설립 등을 위해 힘쓰고 있다.

31분과. 주, 지방, 지역 심리학 연합(State, Provincial and Territorial Psychological Association Affairs): 이 분과의 경우는 심리학자 개개인에게 유용한 자원, 서비스를 제공하는 동시에 APA 내에서 자기 의견을 낼 수 있도록 장려한다. 이 분과에서는 APA 거버넌스 활동과 관련된 가이드북이나 멘토링 프로그램을 제시하기도 하고 주, 지방, 지역에 걸쳐서 존재하는 다른 심리 연합분과들은 어떤 일을 하고 있는지 알려 주는 정보원의 역할을 한다.

32분과. 인본주의 심리학(Society for Humanistic Psychology): 인본주의 심리학은 철학적 인본주의, 실존주의, 현상학 등을 기반으로 한다. 인간을 온전한 개인으로 보고, 자유의지, 자기효능감, 자아실현 등의 개념들을 강조한다. 기능 장애보다, 이 분과는 사람들이 자신의 잠재력을 충족시키고 행복을 극대화시키는 것을 돕는 데 집중하며 관련된 치료, 교육, 연구 등을 수행하고 있다.

33분과. 지적장애와 발달장애/자폐 스펙트럼 장애(Intellectual and Developmental Disabilities/Autism Spectrum Disorder): 이 분과에서는 지적장애와 발달장애에 대해 과학적 연구를 진행하고 해당 장애에 대한 질 높은 심리치료를 주고자 한다. 세부적으로 행동 조정과 기술, 이중 진단, 초기 개입, 노화와 성인 발달, 그리고 성인기로의 전환의 5개 분야로 구성된다.

34분과. 환경, 인구, 보존심리학(Society for Environmental, Population and Conservation Psychology): 이 분과에서는 인간과 자연 환경 혹은 인위적으로 개발된 환경 간 상호작용을 향상시키기 위해 심리학적 지식을 적용한다. 자연 환경이나 공간의 디자인과 관련된 인간의 행동과 행복, 야생 환경과 다른 종들의 보존, 인간의 정신건강과 자연의 생태 간 시너지, 그리고 높은 인구 밀도의 심리학적 결과 등이 포함된다.

35분과. 여성심리학(Society for the Psychology of Women): 여성심리학은 기존에 남성의 관점에서 여성을 바라보았던 불합리한 시각에서 벗어나, 양성평등의 관점에서 여성의 삶과 심리적 문제를 인식하고 연구한다. 이를 통해 여성들이 사회적 편견으로부터 자유롭게 살아가며 주체적으로 자신을 정의할 수 있도록 하는 것이 여성심리학에서 목표하는 바이다.

36분과. 종교와 영성의 심리학(Society for the Psychology of Religion and Spirituality): 이 분과는 다양한 형태의 종교와 영성에 대해 연구하고 심리학적으로 해석한다. 연구 결과를 다른 연구나 임상장면에 적용하기도 한다.

37분과. 아동 및 가족정책과 실행(Society for Child and Family Policy and Practice): 아동과 가족에 영향을 미치는 공공정책, 이들에게 제공되는 서비스, 사회적 정의 등에 대해 심리학적 지식을 적용하는 분과이다. 이 분과에서는 소외된 취약계층의 정신건강 형평성을 촉진하고자 하는 증거기반 정책에도 관심을 둔다. 케어 시스템, 아동 정신건강과 이를 위한 서비스, 아동학대 방지, 노숙자 관리 등이 포함된다.

38분과. 건강심리학(Society for Health Psychology): 이 분과에서는 정신적 병리와 신체적 병리 모두에 관심을 기울이며, 질병의 치료와 건강 회복뿐만 아니라 건강 유지 및 증진, 질병 예방까지 강조한다. 질병의 원인과 건강에 대한 통합적인 이해를 바탕으로 건강증진과 질병예방을 위해 심리학적 지식을 활용한다.

39분과. 정신분석과 정신분석심리학(Society for Psychoanalysis and Psychoanalytic Psychology): 이 분과에서는 현대 정신분석 이론, 연구, 임상 등을 다룬다. 정신분석은 마음이 어떻게 작동하는지에 대한 이론이기도 하고 치료기법이기도 하다. 이 분야의 기원인 프로이트는 정신분석 치료에 대한 틀을 마련했으며, 무의식 중에 있는 생각과 기억 등을 열린 대화를 통해 드러내게 하는 치료법이다.

40분과. 임상신경심리학(Society for Clinical Neuropsychology): 임상신경심리학은 임상 심리학의 하위 분과이며 뇌 손상 및 질환이 인간의 정서, 행동, 고등인지기능 등에 어떤 영향을 미치는지를 알아내고자 하는 학문이다. 임상신경심리학자들은 뇌 손상 환자들의 신경심리학적 평가, 인지재활 및 연구에 종사하며, 이 분과에서 중심적으로 다루어지는 주제는 뇌 손상으로 발생한 각종 행동장애이다.

41분과. 심리학-법(American Psychology-Law Society): 이 분과는 법과 심리학을 연결하는 역할을 하며, 법심리학자들뿐만 아니라 심리학을 법에 적용하는 것에 관심이 있는 일반 심리학자들을 위한 분과이다. 법과 법률기관에 관한 기초심리학과 응용심리학 연구를 진행한다.

42분과. 독립적 현장 실습의 심리학자들(Psychologists in Independent Practice): 이 분과에서는 과학적 그리고 전문적 측면에서 심리학의 독립적인 현장 실습을 장려한다. 이들은 심리학 학생, 전문가 등을 대상으로 전문적인 기술 습득이나 심리치료, 측정과 평가, 훈련 등을 포함한 임상적 실습과 학습에 필요한 도구와 교육 기회를 제공한다.

43분과. 부부 및 가족심리학(Society for Couple and Family Psychology): 가족심리학은 개인, 부부, 가족의 감정, 사고, 행동에 초점을 맞추는 분야이다. 이 분야에서 전제하는 것은 가족 역학관계가 가족 구성원들의 심리적 기능에 있어 중요한 역할을 한다는 것이다. 가족심리학은 가족사와 현재 가족이 처한 환경에 대해서도 관심을 둔다. 가족심리학자들은 부부간 관계 문제, 아이들의 학교에서의 행동 문제, 양육 문제 등의 이슈들을 다룬다.

44분과. 성적 지향과 젠더다양성의 심리학(Society for the Psychology of Sexual Orientation and Gender Diversity): 이 분과에서는 성적 지향, 젠더 다양성 등과 관련된 주제의 연구와 교육을 다룬다. 사회 정의를 증진하고자 하며, 성적 지향과 젠더 다양성의 분야에 대해 심리학적으로 기여하는 것을 목표로 한다. 성소수자들에게 제공하는 지지적인 심리 서비스의 개발, 성적 지향 등에 대한 교육과 훈련을 하기도 하며 성소수자들에게 영향을 미치는 다양한 시스템과 요인을 이해하기 위한 연구도 한다.

45분과. 문화, 민족, 인종의 심리학적 연구(Society for the Psychological Study of Culture, Ethnicity and Race): 이 분과에서는 소수 인종 문제에 대해 조사하고 심리학 연구 결과를 적용해 관련 문제를 해결한다. 문화, 민족, 인종에 대한 심리학적 연구를 통해 공공복지를 촉진시키는 것을 목표로 한다.

46분과. 미디어 심리학과 기술(Society for Media Psychology and Technology): 이 분과에서는 미디어 커뮤니케이션과 기술에 대해 심리학적으로 연구한다. 미디어가 인간 행동에 미치는 영향을 위주로 탐구하며, 커뮤니케이션학이나 사회심리학과의 학제 간 연구를 하기도 한다. 사람들이 미디어를 통해 추구하는 것, 미디어의 각 장르별 특성 등에 대해 심리학적 이론을 적용하고 분석한다. 또한 장르 간 융합, 소셜 미디어, 미디어 아트 등의 주제에 대해서도 다룬다.

47분과. 스포츠, 운동과 수행 심리학(Society for Sport, Exercise and Performance Psychology): 이 분과는 심리학, 스포츠 과학, 약리학의 영역을 아우른다. 선수들의 최적의 수행을 위한 심리적 기술의 사용, 선수들의 행복, 스포츠 환경 및 조직과 관련된 시스템적 이슈, 스포츠 관련 발달적 그리고 사회적 주제에 대한 연구와 교육 등을 진행한다.

48분과. 평화, 갈등, 폭력: 평화심리학 분과(Society for the Study of Peace, Conflict and Violence: Peace Psychology Division): 이 분과는 크게는 세계, 국가, 공동체, 작게는 가족 내에서의 평화를 촉진시키는 것에 관여한다. 주로 평화, 비폭력적 갈등 해결, 회복, 폭력 및 파괴적인 갈등의 결과와 예방 등의 이슈에 대한 심리학적인 연구, 교육, 훈련을 장려한다. 해당 주제에 대해서 다양한 영역 간에 학제 간 연구가 이루어지고 있다.

49분과. 집단심리학과 집단심리치료(Society of Group Psychology and Group Psychotherapy): 집단에서의 역학관계, 집단이 스스로를 조정하는 방식, 집단치료 등의 주제를 다루는 분과이다. 집단의 리더가 집단 전체뿐만 아니라 각 구성원이 가지는 발달적이고 치유적인 가능성을 식별하고 주목할 수 있도록 돕는다. 이들이 초점을 두는 것은 집단 구성원 개개인을 돕거나 치료하기 위해 집단 역학관계를 활용하는 것이다.

50분과. 중독심리학(Society of Addiction Psychology): 알코올, 니코틴과 같은 약물의 남용, 도박, 섭식, 성적 행동, 소비 등과 관련된 장애를 포함해 넓은 범위의 중독 행동

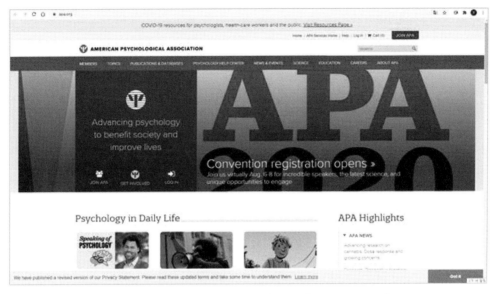

[그림1-1] 미국심리학회 홈페이지(https://www.apa.org/).

에 대해 연구하고 임상적 실습을 하는 분과이다. 심리평가를 통해 내담자의 중독 여부를 검사하기도 하고, 동기강화면담, 가족상담, 인지행동치료 등을 통해 중독과 관련된 문제를 해결하는 데 도움을 주기도 한다.

51분과. 남성과 남성성의 심리학적 연구(Society for the Psychological Study of Men and Masculinities): 연구, 교육, 훈련, 임상적 서비스 등을 통해 남성에 대한 이해를 높인다. 남성들이 건강하고 긍정적인 삶을 살 수 있는 방법에 대해 연구하기도 하고, 또한 제한적이고 규제적인 남성성이 미치는 영향에 대해 연구하고 재조명한다.

52분과. 국제 심리학(International Psychology): 국제 심리학에서는 커뮤니케이션과 네트워크, 문화 간 비교 등을 다룬다. 이를 통해 언어 맥락과 뉘앙스, 문화적 차이, 학습과 교육 등을 이해하기도 한다. 이 분과에서는 전 세계적으로 적용될 수 있는 공통의 문화적 메시지나 기계 언어 번역 등에 관심을 갖기도 한다.

53분과. 아동 청소년 임상심리학(Society of Clinical Child and Adolescent Psychology): 이 분과에서는 아동, 청소년, 가족의 정신건강과 행복을 향상시키는 데 목적을 둔다. 이들과 관련된 과학적 연구, 훈련, 전문적인 임상현장에서의 수행, 아동 및 청소년을 위한 공공정책 등을 촉진한다.

54분과. 소아심리학(Society of Pediatric Psychology): 이 분야에서는 소아청소년의 건강 행동을 촉진시키고자 하며 질병, 부상, 그리고 발달적 장애에 수반되는 행동적 또는 감정적 문제에 대한 평가와 치료를 다루기도 한다. 전 생애 건강에 미치는 소아청소년기 건강관리의 중요성이 입증되면서 소아청소년의 건강과 소아심리학이 새롭게 관심받고 있다.

55분과. 약물요법의 발전(American Society for the Advancement of Pharmacotherapy): 약물요법을 포함한 정신건강 관련 심리 치료를 발달시키고자 하는 분과이다. 이 분과에서는 심리 케어에 대한 규제적인 기준과 규칙을 만듦으로써 공익을 촉진시킨다. 또한 심리적, 약리적인 치료에 대해 다른 건강 관련 분야와의 협동을 장려한다.

56분과. 트라우마 심리학(Trauma Psychology): 트라우마는 스트레스 사건에 의해 마음에 발생하는 손상이며, 개인이 대처할 수 있는 능력 이상의 스트레스를 받았을 때 발생한다. 트라우마 심리학 분과에서는 이와 관련된 연구, 교육 등을 담당한다.

이와 같이 미국심리학회에는 여러 분과가 있다. 한국에도 한국심리학회가 있다. 조선심리학회에서 대한심리학회로, 거기서 다시 한국심리학회로 1953년에 개칭해 점점 분과회를 하나둘 창립하기 시작했다. 이는 회원들에게 학술정보 교류와 친목의 장을 제공해 심리학의 발전을 도모하는 것을 목적으로 한다. 또한 이러한 학회를 통해 심리학적 전문지식과 기술을 사회에 보급하여 공익에 기여할 수도 있다. 분과는 15개로 미국에 비해서는 아직 적은 편이다. 한국심리학회의 분과에는 1. 임상심리학, 2. 상담심리학, 3. 산업 및 조직심리학, 4. 사회 및 성격심리학, 5. 발달심리학, 6. 인지 및 생물심리학, 7. 문화 및 사회문제심리학, 8. 건강심리학, 9. 여성심리학, 10. 소비자광고심리학, 11. 학교심리학, 12. 법심리학, 13. 중독심리학, 14. 코칭심리학, 15. 심리측정평가학회 이렇게 총 15개가 있다.

한국심리학회의 15개 분과는 앞서 소개한 APA에서의 분과와 겹치는 경우가 많다. 가령, 임상심리학은 APA에서의 12분과, 상담심리학은 17분과, 산업 및 조직심리학은 14분과, 사회 및 성격심리학은 8분과, 발달심리학은 7분과, 건강심리학은 38분과, 여성심리학은 35분과, 학교심리학은 16분과, 중독심리학은 50분과와 동일한 내용을 다루고 있다.

이 외에 한국심리학회에서 6분과에 해당하는 인지 및 생물심리학에서는 인간의 행동과 정신과정을 실험적 방법으로 연구한다. 초기에는 감각, 지각, 학습, 조건형성 등의 분야를 위주로 연구하였고 현재는 인지, 생리, 언어와 관련된 연구도 진행한다.

7분과에 해당하는 문화 및 사회문제심리학에서는 문화와 사회에 관련된 다양한 이슈에 관심을 가진다. 문화심리학은 인간의 생득적 요소와 문화적, 환경적 요소가 서로 어떤 영향을 미치는지, 그리고 문화가 인간의 마음과 행동에 미치는 영향은 무엇인지에 주목한다. 또한 이 분야는 문화권과 상관없이 공통적이고 보편적인 주제들 혹은 특정한 문화권에서만 나타나는 주제들에 대해 연구한다. 사회문제심리학에서는 사회 구조상의 모순과 결함으로 인해 발생하는 다양한 사회적인 이슈에 주목하여 해당 주제에 대해 연구하거나 의견을 표출한다.

10분과에 해당하는 소비자광고심리학은 앞서의 소비자심리학과 밀접하게 관련되어 있다. 광고심리학에서는 광고 자체가 가지는 특성보다는 그 광고에 대해 반응하는 소비자에 초점을 둔다. 이들 소비자에 대한 이해를 바탕으로 광고심리학은 보다 효과적인 광고 기획과 전략 수립 등에 기여한다.

12분과에 해당하는 법심리학에서는 법정 장면에서 벌어지는 인간행위 전반을 다룬다. 법정 장면과 관계되는 모든 개인의 능력, 관점, 가치관, 경험, 태도 등에 초점을 맞추고, 이들의 행동에 영향을 주는 요인들을 파악하여 형사사법체계와 재판과정에 기여한다. 이 분과에서는 심리학자들이 법적 문제들을 보다 잘 이해하고, 법조계에서도 심리학적 문제들을 잘 이해할 수 있도록 양측에서의 교육을 증진시키기도 한다.

14분과에 해당하는 코칭심리학은 상담심리학이나 컨설팅심리학과 관련이 있다. 코칭이란 달성목표와 문제해결 방안에 대해서 코칭 대상이 스스로 선택하고 계획할 수

[그림 1-2] 한국심리학회 홈페이지(http://www.koreanpsychology.or.kr/).

있도록 코치가 돕는 활동을 의미하는데, 코칭심리학에서는 이러한 코칭 관계의 설정과 개입과정에 심리학 이론과 모델을 적용한다. 이 분야에서는 코칭 대상이 자신의 욕구와 동기를 탐색하도록 돕고, 수동성에서 벗어나게끔 유도해 행동변화와 성장을 촉진한다.

15분과에 해당하는 심리측정평가학회에서는 심리측정, 심리검사, 심리평가를 포함한 심리학의 양적, 질적인 연구 방법에 대해서 교육, 연구하며 학제 간 연구를 지원하기도 한다.

5 ┅ 심리학 관련 직업

이와 같은 다양한 분야에 기초한 심리학 전공자들이 갖게 되는 직업이나 진로에 대해서 알아보겠다. 대학 졸업 후 특정 심리학 영역의 석사, 박사학위를 받기 위해 대학원에 진학할 수 있다. 대학원 기간 동안 학생들은 강의를 들으며 심리학의 분야를 경험하고, 교수들과 함께 협동해 연구를 수행하는 것을 배운다. 연구 경력을 준비하고 박사 졸업 이후에는 보다 전문화된 연구 훈련을 받거나 대학의 교수직 혹은 정부나 산업체의 연구직 등 다양한 길을 갈 수 있다.

심리학자 중 어떤 이들은 기초 연구(basic research)를 한다. 기초 연구는 심리적 현상에 대한 이해를 확장시키기 위해 이루어지며, 주로 심리학적 지식 습득에 초점을 맞춘다. 이러한 지식은 실용적인 적용으로는 직접 이어지지 않을 수도 있다. 기초 심리학 연구를 수행하는 심리학자 중에는 대학이나 정부기관에서 일하는 사람들이 많다. 또 한편 심리학자들은 응용 연구(applied research)를 한다. 응용 연구는 실제 현장에서 일어나는 문제에 대한 해결책을 찾기 위해 이루어지는 연구이며, 이 분야에서 일하는 심리학자들은 개인이나 단체에 서비스를 제공하기도 한다. 이런 응용 연구를 통해 심리학자들은 임상 장면, 학교, 산업체를 포함한 다양한 응용 분야에서 일한다(신성만 외, 2019).

연구 분야를 나누었지만 물론 기초 연구를 하는 심리학자도 응용 분야에서 활동할 수 있으며 응용 분야에서 서비스를 제공하는 심리학자도 이론적 연구를 할 수 있다. 구체적으로 심리학의 전문 분야 중에서 기초 연구를 주로 하는 분야를 몇 가지 소개하면 다음과 같다. 우선 발달심리학자는 전 생애 동안 인간의 신체적, 정서적, 성격적 측면에서의 발달을 연구하며, 아동심리학자는 발달심리학자 중에서도 아동발달에 초점을 맞춘다. 성격심리학자는 각 개인을 고유한 사람으로 특징짓게끔 하는 성격적인 특성이 어떤 구조로 이루어져 있는지, 이러한 성격을 어떻게 측정할 수 있는지, 그리고 이런 성격의 변화과정에 대해 연구한다. 사회심리학자는 사회적 환경이나 집단이 사람들의 행동 및 태도에 어떻게 영향을 미치는지를 다룬다. 실험심리학자는 실험연구법을 주로 이용해 학습, 인지, 지각 등의 주제와 관련하여 인간의 행동과 정신과정을 연구한다.

　심리학자들은 이런 각 분야에 고용되어 일반 수요자에게 서비스를 직접 제공하기도 한다. 심리학의 다양한 전문 분야로, 우선 병원에서의 임상심리학자는 심리학적 기술을 사용해 심리적 장애를 가진 사람을 평가 및 치료한다. 임상심리학자는 정부나 개인 임상센터에서 다른 심리학자나 정신의학자와 협동해서 일을 한다. 상담심리학자는 대학 내 상담센터나 지역사회 상담센터 등에서 일하며 사람들의 적응 문제를 다룬다. 이들은 이혼, 실업 등 삶의 다양한 영역에서의 결정과 위기의 극복을 돕는 서비스를 제공한다. 학교 및 관련 기관에서 일하는 학교심리학자는 학습장애 등 다른 특수한 문제를 가진 아동을 돕고 평가하는 일을 한다. 학생들의 학습과 관련하여 교육심리학자는 교육이나 학업적 성취과정에 대한 검사를 개발하거나 교수법 개선에 기여한다. 이들은 정신지체 학생들부터 영재 학생들까지 학생들의 특성에 맞추어 효과적인 교육방법과 학습동기를 개발하기 위해 노력한다. 환경심리학자는 소음이나 대기오염 등 다양한 물리적 환경이 인간의 행동 패턴에 어떠한 영향을 미치는지를 연구하며 인간이 최적의 환경에서 생활하는 데 기여한다. 건강심리학자는 심리적인 요인들이 신체적인 건강에 미치는 영향에 대해 연구하고 환자의 삶의 질을 높이기 위해 노력한다.

　심리학의 연구와 응용에 있어서 전문 분야는 증가하고 있고, 이 외에도 다양한 분야가 등장하고 있다. 스포츠심리학자는 운동 조직에서 효과적인 훈련방안을 개발하거나 운동선수의 수행능력을 향상시키는 데 심리학을 적용한다. 법정심리학자는 법 제도와 관련된 분야에서 심리학을 적용하는데, 재판에서 피고에 대한 정신감정 및 평가를 하기도 하며, 심리적 프로파일을 작성하거나 법정에서 전문적인 견해를 증언하기도 한다. 그러나 외국에 비해 우리나라에서는 아직 법정에서의 활동이 크지 않다. 노인심리학자는 노화에 관련된 심리적 과정에 주목하여 연구를 진행하고, 노인이 노년에 겪을 수 있는 다양한 스트레스에 대처할 수 있게 돕는다. 신경심리학자는 뇌의 기능과 역할 및 뇌와 행동의 관계에 대해 연구한다. 이들 중 임상신경심리학자는 뇌 손상이 미치는 인지적 영향에 대해 검사하고, 뇌 손상 환자의 재활을 돕는 프로그램을 만들기도 한다.

심리학의 응용을 기반으로 해 다학문적 직업에 종사하는 경우도 있다. 다학문적 직업은 주로 산업 내 관련 분야의 업무수행에 심리학이 중요한 도구로 사용되는 경우를 의미한다. 이러한 진로로는 기업이나 회사 내에서의 광고 및 신제품 기획, 소비자 조사, 인사선발 및 평가, 조직역량모형개발 등이 있다. 이 외에도 어떤 조직에 고용되지 않고 자기고용을 통해 개인 컨설턴트로 활동하는 심리학자들도 존재한다. 주로 상담이나 검사제작 및 타당화, 문화 관련 심리학적 평론 등에 대해서 개인 활동을 하는 경우가 있다.

심리학자들의 진로는 이렇듯 다양하여 과거에 비해서 최근 심리학 관련 직업과 영역이 점점 증가하고 있다. 최근 우리 사회에도 경제 수준 및 기술과 산업이 발전하면서 궁극적인 서비스 대상인 인간 마음의 이해에 대한 요구가 증가하고 있다. 과학적인 기초 연구에서 사회에 실용적인 도움을 주는 학문으로써 심리학은 앞으로 더욱 발전할 것이다.

1. 심리학은 마음과 행동의 과학이라고 정의할 수 있으며, 심리학자들이 하는 일은 인간 생활의 모든 분야와 관련이 있다. 심리학은 이론과 가정을 검증하기 위해 과학적인 연구 방법을 통하여 증거를 수집한다는 면에서 과학적인 학문이다.

2. 역사 속에서 심리학은 철학적, 과학적 근원을 두고 있다. 이를 기반으로 19세기 후반 분트가 첫 심리학 실험실을 설립하면서 심리학은 독립적 학문 분야로 거듭났다.

3. 분트는 심리학의 접근 방법으로 구성주의를 선택했는데, 구성주의에서는 마음을 구성하는 기본요소를 분석하고자 한다.

4. 제임스는 미국에서 기능주의 학파를 만들었다. 기능주의는 마음의 요소 자체보다는 마음의 적응적 기능에 관심을 두며, 자연선택에 대한 다윈의 이론을 마음에 적용한다.

5. 프로이트는 환자들에 대한 관찰을 기반으로 정신분석 학파를 만들었고, 감정, 사고, 행동의 형성에 있어 무의식의 영향을 강조하였다.

6. 행동주의는 왓슨에 의해 발전했다. 행동주의에서는 관찰 가능한 행동과 반응을 설명하고자 하며 학습의 역할을 강조한다. 1920년대에 행동주의는 주류가 되고, 이때 스키너는 행동의 결과가 다시 그 행동을 증가시킬지를 결정한다는 강화원리를 주장했다.

7. 베르트하이머는 형태주의를 창립하였다. 형태주의에서는 지각에 초점을 두고, 인간의 마음이 부분의 합이 아닌 전체를 지각한다는 것을 강조한다.

8. 인본주의 심리학은 당시 주류인 행동주의와 프로이트 심리학에 대응해 매슬로, 로저스 등에 의해 주창되었다. 이들은 인간의 자유의지와 의식적 선택을 강조하며 인간에 대해 보다 긍정적인 관점을 취한다.

9. 인지심리학은 지각, 사고, 기억, 추론을 포함하는 정신과정을 과학적으로 연구하는 데 초점을 둔다.

10. 심리학의 연구 방법에는 사례연구법, 설문조사법, 자연관찰법, 상관연구법, 실험연구법 등이 있다. 또한 심리학자들이 연구를 수행하려면 기관심사위원회로부터 승인을 받아야 하며, 연구 시에는 참여자를 존중하는 윤리 규정들을 따라야 한다.

11. 1892년 제임스와 동료들에 의해 심리학을 대표하는 기관으로 미국심리학회(APA)가 만들어졌다. 이는 심리학 지식의 발전과 사람들의 삶의 질 향상을 위해 노력하는 전문가들의 커뮤니티이며, 현재 54개 분과로 구성되어 있다. 한국에도 한국심리학회가 만들어졌으며, 임상, 상담, 산업 및 조직, 사회 및 성격, 발달, 인지 및 생물, 문화 및 사회문제, 건강, 여성, 소비자광고, 학교, 법정, 중독, 코칭, 심리측정평가의 15개 분야로 이루어져 있다.

12. 심리학자들은 대학원과 박사 후 과정을 통해 연구 경력을 준비하기도 한다. 또한 기초 연구를 하거나 학교, 임상 장면, 산업조직 등에서 응용 연구를 하기도 한다. 관련 전문 분야에 고용되어 직접 서비스

를 제공하거나 다학문적 직업에 종사, 혹은 개인 컨설턴트로 일하는 등 심리학 전공자의 진로는 다양
하다.

학습과제

1. 심리학이라는 학문의 정의 및 심리학이 가지는 과학적 측면을 기술하시오.

2. 초기 심리학 학파 중 구조주의, 기능주의, 형태주의, 정신분석, 행동주의의 입장과 특징을 기술하시오.

3. 심리학의 대표적인 연구 방법들과 각 방법의 특징을 설명하시오.

4. 현대 심리학의 분야 중 인본주의 심리학과 인지심리학에 대해 기술하시오.

5. 심리학자들이 응용 장면에서 어떤 식으로 기여할 수 있는지 간단히 예를 들어 설명하시오.

행동의 신경과학 기초

1. 신경계의 기본 단위인 뉴런에서 처리하는 신경신호의 본질과 전달과정을 이해한다.
2. 신경계의 기본적인 구성과 기능에 대해 이해한다.
3. 뇌의 주요 구조물과 그 기능에 대해 이해한다.
4. 행동에 대한 화학적 통제에 대해 이해한다.
5. 신경과학적 연구 결과를 토대로 다양한 심리적 현상에 대한 생물학적 설명을 시도해 본다.

모든 심리적 현상은 바로 생물학적인 것이다. 우리의 생각이나 감정, 충동 등이 모두 생물학적인 사건이다. 우리는 몸으로 생각하고 느끼고 행동한다. 우리의 신체—유전자, 뇌, 신체 내의 화학물질들, 내부기관, 외모 등—가 없다면 우리는 실제로 존재하지 않는 것이다. 편의상 행동에 대한 생물학적 영향과 심리학적 영향을 분리하여 설명하지만, 사실 신체가 없이 생각하고 느끼고 행동한다는 것은 상상할 수조차 없다.

우리의 마음이 어디에 있는가에 대한 관심은 매우 오래전부터 있어 왔다. 하지만 20세기에 들어와서야 비로소 신체가 세포로 구성되어 있으며, 이들 세포 중에는 전기적 신호를 보내고, 화학적 메시지를 전달함으로써 다른 세포와 의사소통을 할 수 있는 신경세포들이 있다는 것을 알게 되었다. 최근에 과학자들은 우리 신체 중 가장 놀라운 부분인 신경계, 특히 뇌에 관심을 집중하고 있다. 우리의 뇌가 어떻게 구조화되어 있으며, 뇌를 구성하는 신경세포들이 어떻게 서로 의사소통을 하는가? 뇌가 어떻게 행동과 정신과정을 통제하는가?

이 장에서는 신경계를 구성하는 가장 기본 단위인 뉴런의 정보전달과정, 신경계의 구성, 뇌의 주요 부분과 기능, 행동에 대한 화학적 통제 등에 대한 신경과학적 연구를 다루게 된다. 이 장을 통하여 여러분은 심리적 현상이 어떻게 생물학적인 것인가를 이해하게 될 것이다.

1 ━ 신경계의 정보전달

우리가 피아노를 연주하거나 자동차를 운전하거나 테니스공을 칠 수 있는 것은 단순하게는 근육운동의 조정에 달려 있다. 그러나 근육들이 어떻게 하여 그러한 활동을 할 수 있는지 생각해 보면 보다 근본적인 과정이 개입되어 있음을 알 수 있다. 근육들이 그러한 활동을 성공적으로 수행하기 위해서 신경계는 감각정보들을 분석하고, 근육에 운동정보를 보내야만 하며, 또한 그러한 정보들을 조정해야만 한다. 우리가 생각하고, 기억하고, 감정을 느낄 수 있는 것은 그런 정보가 신경세포인 뉴런이라는 특수한 세포를 통해 처리되기 때문이다.

신경계가 어떻게 행동을 통제할 수 있는가를 이해하기 위해서는 먼저 신경계의 기본 단위인 뉴런과 신경계에서 처리되는 신경신호인 신경충동의 본질, 그리고 뉴런이 뇌와 신체 간에 신경신호를 어떻게 전달하는지를 알아야 한다.

1) 뉴런: 신경계의 기본 단위

신경계의 기본 단위는 뉴런(neuron)이다. 뉴런은 여러 가지 유형이 있지만 뉴런의 기본적인 구조는 모두 동일하며, [그림 2-1]과 같다. 뉴런은 세포체와 세포체에서 뻗어 나온 돌기들로 구성되어 있다.

세포체(cell body)는 원형질로 채워져 있으며, 그 속에 세포핵과 기타 여러 소기관이 있다. 뉴런의 세포체는 다른 체세포들과 마찬가지로 세포의 생명을 유지하는 역할을 한다. 그러나 일반 세포들과 달리 뉴런은 다른 세포들과 의사소통하고 정보를 전달할 수 있는 독특한 특징을 가지고 있다. 뉴런의 세포체는 감각 수용기 또는 다른 뉴런들로부터 입력되는 정보를 통합하고 그러한 정보를 처리하거나 전달하는 데 필요한 화학물질을 생산하는 중요한 기능을 수행한다.

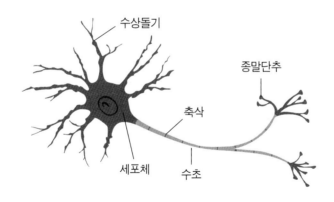

[그림 2-1] 뉴런의 구조

뉴런의 한쪽 끝에는 나뭇가지 모양의 수상돌기(dendrite)라는 돌기들이 있어 다른 뉴런들로부터 정보를 받아들인다. 그리고 반대쪽 끝에는 하나의 가늘고 긴 튜브 모양의 돌기가 있는데, 이것을 축삭(axon)이라 하며, 축삭은 다른 뉴런에게 정보를 보내는 역할을 한다. 대부분의 축삭은 길이가 몇 mm 정도지만 어떤 축삭은 길이가 90cm 정도

되는 것도 있다. 축삭의 끝 부분은 약간 부풀어 있는데, 이를 종말단추(terminal button)라 하고, 여기서 다른 뉴런에게 정보가 전달된다.

대부분의 축삭은 수초(myelin sheath)라는 절연물질로 덮여 있다. 수초는 뉴런의 에너지 효율성을 증가시키며, 축삭에서의 정보전달 속도를 빠르게 해 준다. 신경계의 자가면역질환 가운데 하나인 다발성 경화증(multiple sclerosis)은 면역계의 공격으로 신경계의 수초들이 죽어 가는 질환이다. 이렇게 축삭에서 수초가 없어지면 신경계의 정보전달에 심각한 영향을 미치게 되어 운동장애, 감각장애, 인지기능장애 등 다양한 행동적 결함이 나타나게 된다.

2) 신경신호의 본질

신경신호의 본질은 전기적 현상이다. 신경신호의 본질을 규명하기 위한 과정에서 신경과학자들이 자연에서 오징어의 거대축삭을 구할 수 있었던 것은 커다란 행운이었다. 오징어의 거대축삭을 몸에서 분리하여 바닷물이 담긴 접시에 넣은 다음, 끝이 아주 가는 미세전극을 축삭의 내부에 삽입하여 전선을 연결하고 다른 한 전선을 축삭의 바깥쪽 바닷물 속에 넣는다. 그리고 이 두 전선을 전압측정기에 연결하면, 축삭의 내부가 바깥쪽에 비해 −70mV 정도의 전압 차이를 보이게 된다([그림 2-2] 참조). 이러한 전위차를 안정막전위(resting membrane potential) 또는 안정전위라 한다. 즉, 안정전위란 아무런 자극도 가하지 않은 상태에서 축삭의 내부와 바깥쪽 간에 존재하는 전위차를 말한다.

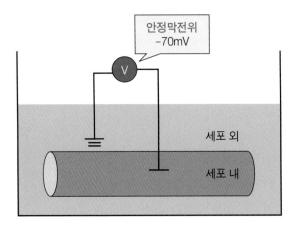

[그림 2-2] 안정막전위의 측정

신경세포의 세포막 안쪽과 바깥쪽에 이런 전위차가 발생하는 이유는 세포막의 안과 밖에 존재하는 이온들의 농도 차이와 각 이온들이 드나드는 이온통로의 특성 때문이다. 뉴런의 안쪽에는 음이온인 단백질 분자들이 많이 있으나 이 물질은 분자구조가 커서 세포막을 통과하지 못한다. 양이온인 칼륨(K+)은 세포 안쪽이 바깥쪽보다 농도가 아주 높기 때문에 확산의 힘에 의해 세포 안쪽의 칼륨 이온이 자신의 이온통로를 통해 세포 밖으로 움직이게 된다. 나트륨 이온(Na+)은 세포 바깥쪽이 안쪽 보다 농도가 아주 높기 때문에 확산의 힘은 세포 바깥쪽의 나트륨 이온을 세포 안으로 움직이게 작용하지만 안정상태의 뉴런 세포막의 나트륨 이온 통로는 대부분 폐쇄된 상태라 실제 나트륨 이온은 거의 움직이지 못한다. 따라서 세포 안쪽의 양이온인 칼륨 이온이 밖으로 나간 결과 뉴런 안쪽은 바깥쪽에 비해 −전위를 띠게 된다. 음이온인 염소 이온(Cl−)은 세포 바깥쪽이 안쪽보다 농도가 아주 높기 때문에 확산의 힘은 세포 바깥쪽의 염소 이온을 세포 안으로 움직이게 작용하지만 이미 칼륨 이온의 이동으로 세포 안쪽이 −상태로 되어 있어서 음이온인 염소 이온이 세포 안으로 들어오는 것을 막아 내는 정전압의 힘 때문에 실제 염소 이온은 움직이지 못한다([그림 2-3] 참조).

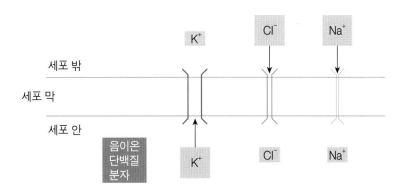

[그림 2-3] 신경 세포막의 이온통로와 세포 안쪽과 바깥쪽의 이온들의 분포

이제 축삭의 한쪽 끝에서 안정전위를 측정하면서 다른 한쪽 끝의 축삭 내부에 또 하나의 전극을 삽입하고 전기자극장치를 통해 전류를 흘려 보내면 막전위가 변화하게 된다. 이때 막전위의 변화 방향은 축삭 내부에 가해진 전류의 특성에 따라 달라진다. 축삭 내부에 양(+) 전하를 가해 주면 음수 값인 안정전위는 그 크기가 감소하며, 이를 감분극(depolarization)이라 한다. 반면에 음(−) 전하를 가해 주면 축삭 내부는 더 큰

음수 값의 막전위를 가지게 되는데, 이를 과분극(hyperpolarization)이라 한다([그림 2-4] 참조).

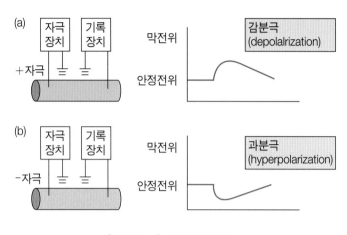

[그림 2-4] 막전위의 변화

감분극과 과분극의 정도는 축삭 내부에 가해진 자극의 크기에 비례하며, 시간이 지남에 따라 막전위는 점차 원래의 안정전위로 돌아온다. 그러나 감분극 자극을 어느 정도(흥분역치, threshold of excitation) 이상 증가시키면 막전위는 갑자기 역전되어 축삭의 내부가 바깥에 비해 양전기를 띠게 된다. 그리고 약 1000분의 1초가 지나면 막전위는 다시 본래의 상태로 돌아갔다가 얼마 동안 안정막전위를 넘어 약간의 과분극 상태를 보인 후 원래의 안정상태로 돌아가게 된다([그림 2-5] 참조). 이처럼 흥분역치 이상의 감분극 자극에 의해 막전위가 급속히 역전되는 현상을 **활동전위**(action potential)라 한다. 활동전위가 발생하는 기전은 다음과 같다. 막전위가 감분극하여 흥분의 역치를 넘어서는 순간 그동안 닫혀 있던 나트륨 이온통로가 순간적으로 열리면서 세포 밖의 나트륨 이온이 막 안쪽으로 밀려들어 오기 때문에 이제 막전위는 안쪽이 바깥쪽 보다 더 +상태가 된다. 나트륨 통로가 열린 후 약 1ms 정도 지나면 나트륨 통로는 순간적으로 다시 닫히면서 막전위는 다시 안정막전위 상태를 향해 하강하게 된다. 이 활동전위가 바로 신경충동(neural impulse)으로서 신경계에서 처리되는 신경신호의 본질이다.

실제의 뉴런은 다소 복잡한 계산을 할 수 있는 소형 의사결정 장치다. 하나의 뉴런은 다른 수천 개의 뉴런으로부터 수상돌기와 세포체를 통해 신호를 받게 된다. 이들 중 어떤 신호는 자동차의 가속 페달을 밟는 것처럼 흥분성(감분극)이고, 다른 신호는

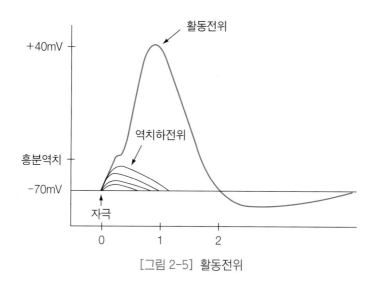

[그림 2-5] 활동전위

브레이크를 밟는 것처럼 억제성(과분극)이다. 흥분성 신호에서 억제성 신호를 뺀 결과가 흥분역치를 넘어설 때 신경충동이 일어난다.

　활동전위는 실무율(all or non principle)을 따른다. 자극의 강도가 막전위를 흥분역치 이상으로 감분극시킬 수 있을 정도 이상이면 아무리 더 큰 자극을 주어도 활동전위의 크기는 증가하지 않는다. 총을 쏠 때 방아쇠를 일정 강도(역치) 이상으로 당기면 총알이 발사되고 그 이하이면 총알이 발사되지 않는 두 가지 경우밖에는 없다. 그리고 방아쇠를 더 강하게 당긴다고 해서 총알이 더 빠르게 날아가지 않는다. 이와 마찬가지로 자극의 강도는 신경충동의 크기나 속도에 전혀 영향을 주지 않는다.

　그렇다면 우리는 자극의 강도를 어떻게 탐지할 수 있는가? 신경계는 시간적 부호화(temporal coding)와 공간적 부호화(spatial coding)를 사용한다. 시간적 부호화란 단위시간당 하나의 뉴런에서 발생하는 신경충동의 빈도로써 자극의 강도를 부호화하는 방식인데, 자극이 강할수록 신경충동의 횟수가 증가한다. 반면에 공간적 부호화란 자극에 대해 반응하는 뉴런의 개수로써 자극강도를 부호화하는데, 자극이 강해질수록 반응하는 뉴런의 수가 증가한다.

3) 활동전위의 전도

　축삭은 전선과 같이 전기적 신호를 양방향으로 전달할 수 있다. 그러나 뉴런에서 발생하는 전기적 신호는 세포막 안팎의 이온이 이동하기 때문에 생기는 현상이다. 또한 뉴런에서 최초의 활동전위가 발생하는 곳이 세포체와 축삭이 연결되는 지점이기 때문에 실제 뉴런에서의 활동전위는 세포체에서 축삭종말을 향해 일방적으로 전달된다.

축삭은 수초의 유무에 따라 무수축삭과 유수축삭으로 구분할 수 있다. 무수축삭 (unmyelinated axon)은 말 그대로 수초가 없는 축삭으로서, 축삭의 세포막은 세포 외 액에 그대로 노출되어 있다. 따라서 무수축삭에서 활동전위의 전도는 마치 도화선이 타 들어가는 것과 같은 방식으로 전도된다. 도화선의 끝에 불을 붙이면 맨 끝부분이 타면서 열을 발생시키고, 그 열이 인접해 있는 다음 부분을 다시 태워 열을 발생시키는 방식으로 끝까지 타게 된다([그림 2-6 ⓐ] 참조). 이와 마찬가지로 무수축삭에서는 세포체와 축삭이 결합되어 있는 부분에서 처음 활동전위가 발생하면 그로 인해 바로 인접한 부분의 막전위가 흥분역치 이상으로 감분극되고, 그 결과 그곳에서 다시 활동전위가 발생하여 다음 부분을 다시 감분극시키는 방식으로 축삭종말까지 전도된다.

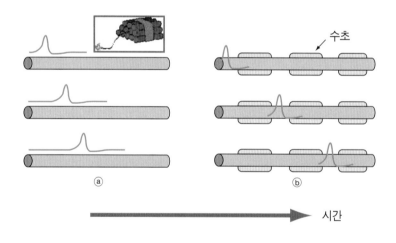

[그림 2-6] 축삭에서의 활동전위 전도

하지만 유수축삭(myelinated axon)에서는 분절로 된 수초가 축삭 주변을 단단히 둘러싸고 있어서 수초가 있는 부분은 축삭의 막이 세포외액과 직접 접촉하지 않으며, 따라서 이 부분에서는 세포 안팎의 이온 이동이 불가능하다. 유수축삭의 수초와 수초 마디 사이에 수초가 없는 부분이 있는데, 이를 랑비에 결절(node of Ranvier)이라 한다. 이러한 유수축삭에서 최초의 활동전위가 일어나면 수초가 덮여 있는 부분은 마치 전선에 전기가 흐르는 것과 마찬가지로 신호가 통과하고, 그러한 막전위는 다음 랑비에 결절에 흥분역치 이상의 감분극을 일으킬 수 있을 정도로 충분히 크다. 따라서 그곳에서 다음 활동전위가 발생하며, 또다시 축삭의 케이블 특성에 의해 다음 랑비에 결절로 전달된다([그림 2-6 ⓑ] 참조). 이는 마치 개울에 놓인 징검다리를 건너뛰는 것과 같기 때문에 이러한 유수축삭에서의 활동전위 전도방식을 도약전도(saltatory conduction)라 한다. 도약전도의 장점은 일정한 길이의 축삭에서 신경신호의 전도과정 동안 활동전위의 발생 횟수를 줄일 수 있다는 것이다. 그런데 뉴런이 하나의 활동전위를 일으키고 다시 원래의 안정전위 상태로 돌아오는 데는 상당한 에너지가 필요하기 때문에 활동전위의 발생 횟수가 줄어들면 그만큼 에너지를 절약할 수 있다. 그리고 수초가 절연체의 역할을 하여 유수축삭의 전기저항은 작아진다. 따라서 유수축삭은 에너지 사용 효율성이 매우 높으며, 또한 활동전위의 전도속도가 매우 빠르다.

4) 시냅스 전달

개개의 뉴런은 물리적으로 서로 분리되어 있으며, 이들 간의 정보전달은 시냅스(synapse)를 통해 이루어진다. 축삭종말과 다른 뉴런 간에는 약 100만 분의 1mm 이하의 간격이 있는데, 이를 시냅스 간격 혹은 시냅스 틈이라 하며, 시냅스 전 요소인 축삭종말과 시냅스 후 요소인 다른 뉴런의 수상돌기 또는 세포체의 일부 막을 합쳐 시냅스라고 한다([그림 2-7] 참조). 전기적 신호인 신경충동이 어떻게 시냅스 간격이라는 물리적인 공간을 통과할 수 있는가?

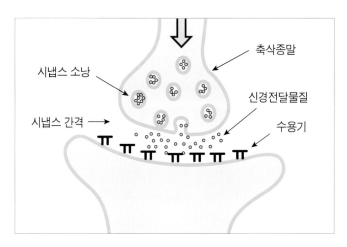

[그림 2-7] 시냅스의 구조

활동전위가 축삭종말에 도달하면 신경전달물질(neurotransmitter)이라는 화학물질이 방출된다. 방출된 전달물질은 시냅스 후 뉴런에 있는 수용기와 아주 짧은 시간 동안 결합하게 되는데, 이것은 마치 열쇠와 자물쇠의 관계와 같다. 전달물질과 수용기가 결합하면 시냅스 후 세포의 막에 있는 이온통로에 변화가 일어나 특정 이온이 세포막 안팎으로 이동하게 된다. 그 결과 시냅스 후 막에서는 감분극 또는 과분극이 일어나게 되는데, 이를 시냅스 후 전위라 한다. 시냅스 후 막의 나트륨 통로가 일시적으로 열리면 세포막은 감분극하게 되고, 결과적으로 그 뉴런은 보다 쉽게 활동전위를 일으킬 수 있기 때문에 이를 흥분성 시냅스 후 전위라 한다. 반대로 시냅스 후 막의 칼륨 통로나 염소통로가 일시적으로 열리게 되면 세포막은 과분극하게 되고, 결과적으로 그 뉴런은 활동전위를 일으키기가 더 어려워지게 되기 때문에 이를 억제성 시냅스 후 전위라 한다. 이러한 신경전달물질의 작용은 시냅스 후 막에 있는 분해효소가 전달물질을 분해하거나 축삭종말이 방출된 전달물질을 다시 재흡수함으로써 종료된다. 신경계에 작용하는 대부분의 약물이 이러한 시냅스 전달과정의 특정 단계에 영향을 줌으로써 신경계의 특정 화학적 회로를 활성화하거나 억제하여 약물의 행동적 효과를 나타낸다.

2 신경계의 구성

인간의 신경계는 약 1,000억 개 이상의 뉴런으로 구성되어 있다고 추정한다. 그리고 하나의 뉴런은 적게는 수십 개에서 많게는 수만 개의 다른 뉴런들과 연결되어 있다. 따라서 우리 신경계 내의 가능한 신경연결의 수는 가히 천문학적이라 할 수 있다. 실제 신경연결의 수가 얼마가 되든지 인간의 신경계는 매우 논리적이며, 또한 아주 매력적이다. 이제 인간의 신경계가 어떻게 구성되어 있는지에 대해 살펴보자.

1) 신경계의 진화

인간의 신경계가 왜 그렇게 복잡한가는 진화과정을 고려해 볼 때만 이해가 가능하다. 신경계를 최초로 갖게 된 동물은 해파리나 말미잘 같은 강장동물이었다. 어떤 다세포 동물이 운동하려면 근육조직들이 필요하며, 또한 이 근육들이 무질서하게 움직이는 것이 아니라 서로 협동적으로 움직여야만 하며, 그러기 위해서는 어떠한 방식으로든 그들 세포 간에 의사소통이 가능해야 한다. 세포들 간의 의사소통은 전기화학적 작용이라 생각되며, 이와 동일한 기제가 뉴런에서 분화·발달하였다. 나아가 뉴런은 보다 장거리 통신이 가능한 특성을 지니게 되었다. 이런 뉴런들의 집단이 보다 큰 체계를 이룬 것이 바로 해파리의 신경망이다.

세포들 간의 정보전달과 의사소통을 위한 뉴런의 전기화학적 기제는 해파리에서부터 인간에 이르기까지 모두 동일하다. 즉, 해파리에서 나타난 뉴런의 전기화학적 기제가 매우 훌륭했기 때문에 자연은 뉴런의 이러한 기제를 선택하였으며, 이후 진화과정은 뉴런의 개수를 증가시키고 그 배열을 복잡하게 하는 방향으로 진행되었다. 그 결과 신경계가 많이 진화된 동물일수록 보다 복잡하고 순응적인 행동을 할 수 있게 되었다.

많은 무척추동물의 신경계는 단순한 입출력 장치였다. 예를 들어, 그런 동물의 피부를 건드려 척수를 자극하면 움츠러드는 것과 같은 단순반응을 하게 된다. 그 후 수백만 년에 걸친 진화과정을 통해 뉴런의 수가 급증하면서 척수의 앞부분은 점점 더 전문화되었으며, 그 결과 동물들은 점차 다양한 종류의 자극을 구별하고, 그 자극에 대해 적절한 반응을 할 수 있게 되었다. 마침내 척수의 맨 앞부분은 원시적인 뇌로 진화하였다.

초기의 원시적인 뇌는 세 부분, 즉 체감각과 냄새 같은 근접자극을 처리하는 부분, 빛과 소리와 같은 원거리 자극을 처리하는 부분, 신체의 균형을 유지하고 운동을 조정하는 부분으로 되어 있었다. 사실 어류와 같은 동물은 오늘날까지도 대체로 이와 비슷한 구조의 신경계를 가지고 있다. 그러나 인간의 뇌는 이들 세 부분에서부터 훨씬 더 복잡하고 분화된 기관으로 진화하였다.

더욱이 신경계는 위계적으로 조직화되어 있어서 진화적 관점에서 볼 때 더 새롭고 정교한 부분들이 더 오래되고 원시적인 부분을 통제한다. 그래서 척수에서 뇌로 올라갈수록 신경계의 여러 부분이 통제하고 있는 기능은 점차 더 진보된 것들이다.

왜 우리는 인간 신경계의 진화적 배경에 관심을 가져야 하는가? 진화의 과정은 신경계의 구조와 기능에 반영되어 있으며, 신경계가 우리의 모든 행동을 통제하기 때문에 결과적으로 진화적 요인이 오늘날 우리의 행동에 중요한 영향을 미칠 수 있다. 진화적 유산은 신경계의 구조와 기능뿐만 아니라 행동으로도 나타난다. 연구자들은 인지적 능력, 성격 특성, 동성애, 정신질환 등 행동의 다양한 측면이 어느 정도 유전적 요인에 의해 영향을 받는다는 증거를 제시하였다. 현재 과학자들은 약 2만 개 이상의 유전자를 확인하였으며, 최근에는 이들 유전자의 지도를 작성하는 데 성공하였다. 앞으로 인간 유전자 지도가 완성되면 인간의 행동 및 정신과정의 생물학적 바탕에 대한 우리의 이해 폭이 훨씬 더 넓어질 것이다.

2) 말초신경계

우리가 환경으로부터 자극을 받아 적절한 반응을 보이게 되는 일반적인 정보전달의 과정은 다음과 같다. 우선 환경자극이 감각기관에 들어오면, 그에 대한 신경신호가 감각신경을 통해 척수를 경유하든 아니면 직접적이든 결국 뇌에 전달되며, 뇌는 그 신호를 분석하고 통합한 후 최종 정보처리의 결과를 운동신경을 통해 근육이나 분비선으로 보내게 된다. 여기서 뇌와 척수를 중추신경계(central nervous system)라 하고, 신체의 각 부분을 중추신경계와 연결해 주는 뉴런들을 말초신경계(peripheral nervous system)라 한다([그림 2-8] 참조).

[그림 2-8] 신경계의 구분

말초신경계는 해부학적으로는 척수신경과 뇌신경으로 구분할 수 있으며, 기능적으로는 체성신경계와 자율신경계라는 두 부분으로 구분된다([그림 2-9] 참조). 척수신경은 척수와 신체 각 부분을 연결시켜 주는 감각신경과 운동신경들로서, 인간의 경우 31쌍의 척수신경이 있다. 뇌신경은 얼굴과 머리 부분의 피부감각과 시각, 청각, 전정감각, 후각, 미각 등의 정보를 뇌로 전달하는 감각신경과 얼굴 근육의 운동과 얼굴 부분에 있는 분비선의 분비를 통제하는 운동신경, 그리고 내장기관을 직접 뇌로 연결시켜 주는 신경들로서, 인간의 뇌신경은 모두 12쌍으로 되어 있다.

한편, 기능적으로 체성신경계(somatic nervous system)는 감각기관에서 정보를 받아들이는 감각신경과 골격근의 운동을 통제하는 운동신경으로 구성되어 있다. 말초신경

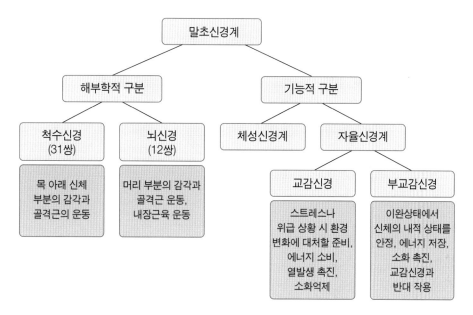

[그림 2-9] 말초신경계

계의 나머지 부분은 자율신경계(autonomic nervous system)로서, 내장의 평활근과 심장근육의 운동 그리고 분비선의 분비를 조절한다. 자율신경계는 다시 해부학적으로나 기능적으로 서로 다른 두 개의 신경계로 구분된다([그림 2-10] 참조). 하나는 교감신경계(sympathetic nervous system)로서, 이것은 우리가 유해자극이나 스트레스를 받을 때 그런 환경 변화에 대처할 수 있도록 해 주는 기능을 담당한다. 예를 들어, 어떤 일로 공포를 느끼거나 화가 나게 되면, 교감신경계는 우리의 심장박동을 빠르게 하고, 소화 작용을 늦추게 되며, 혈당을 높이고 동맥을 확장시키며, 땀을 분비하여 몸을 식혀 주고, 경계심을 일깨워 주며, 행동할 준비 태세를 갖추도록 한다. 다른 하나는 부교감신경계(parasympathetic nervous system)로서 일반적으로 교감신경계와 반대되는 기능을 담당한다. 예를 들어, 스트레스가 진정되면, 부교감신경계는 심장박동을 느리게 하고, 혈당을 낮추는 등 에너지를 보존하는 기능을 한다. 건강한 사람의 경우 이러한 교감신경계와 부교감신경계가 서로 균형을 이루고 있어 신체가 내적으로 안정 상태를 유지하게 된다. 그러나 만약 우리가 장기적인 스트레스를 받게 되면, 교감신경계가 과도하게 활성화되면서 이들의 균형이 깨어지고, 그 결과 소화기 궤양, 고혈압, 편두통 등 다양한 스트레스성 질환들이 나타난다.

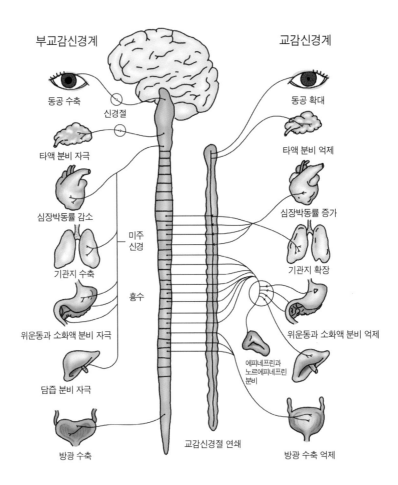

부교감신경		교감신경
억제	심장박동	촉진
확장	혈관	수축
강하	혈압	상승
수축	기관지	확장
증가	침분비	감소
촉진	소화관	억제
축소	동공	확대
감소	혈당량	증가
촉진	생식선	억제
수축	방광	확장

[그림 2-10] 자율신경계

3) 중추신경계

중추신경계는 뇌와 척수로 구성되어 있다([그림 2-11] 참조). 인간의 척수(spinal cord)는 새끼손가락 정도 굵기의 원추형 구조물로서, 성인의 경우 길이가 40~45cm 정도다. 척수의 바깥쪽은 백질(white matter)로서 말초에서 뇌로 올라가는 감각신경과 뇌에서 척수로 내려오는 운동신경의 다발로 구성되어 있다. 척수의 내부는 회백질(gray matter)로서 뇌에서 내려온 출력을 받아 근육이나 분비선을 통제하는 운동신경의 세포체와 척수 내의 정보처리를 위한 개재뉴런(interneuron)으로 구성되어 있다. 척수의 일차적인 기능은 체감각 정보를 뇌로 전달해 주고, 뇌의 명령을 받아 분비선이나 근육에 운동신경을 보내는 것이다. 하지만 척수는 뇌의 통제 없이 그 자체로 반사와 같은 단순한 행동을 통제할 수 있다. 예를 들어, 여러분의 손이 뾰족한 물체에 찔리거나 뜨거운 물체를 만지게 되면, 그때 발생한 통각 정보가 감각뉴런을 통하여 척수로 들어간다. 그리고 나서 그곳에 있는 개재뉴런을 경유하여 팔 근육의 운동을 통제하는 운동뉴런을 활성화시켜 손을 떼게 된다([그림 2-12] 참조). 반사통로는 감각정보가 척수로 들어가서 바로 그곳에 있는 운동신경을 흥분시키기 때문에 뇌가 관여하지 않으며, 따라서 우리는 고통을 인식하기 전에 뾰족한 물체로부터 손을 뗄 수 있는 것이다.

뇌는 척수와 뇌신경을 통해 환경자극을 받아들이며, 이러한 감각정보가 뇌의 여러 영역에서 처리과정을 거친 다음 비로소 우리는 감각이나 감정을 느끼게 된다. 나아가 뇌는 이들 감각정보를 서로 통합하고, 신체 내부의 상태에 관한 정보들, 과거 경험에 의해 기억에 저장되어 있는 정보들, 우리의 기대 등을 바탕으로 행동계획을 수립한다. 이러한 매우 복잡한 정보처리의 최종 결과가 운동중추에 전달되면 그 정보가 척수를 통해 근육이나 분비선으로 전달되어 외적 행동이 나타난다.

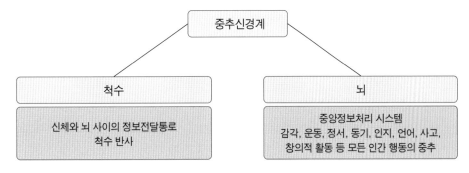

[그림 2-11] 중추신경계

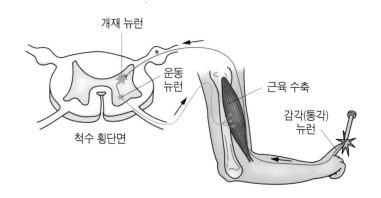

개재 뉴런

운동
뉴런

근육 수축

감각(통각)
뉴런

척수 횡단면

[그림 2-12] 척수반사

뇌는 매우 복잡한 구조로 되어 있으며, 인간이 생각하고 느끼고 행동하는 모든 활동
이 바로 뇌의 여러 영역이 활성화된 결과이기 때문에 뇌의 각 하위 영역의 기능 또한
매우 복잡하고 다양하다. 이제부터 뇌의 각 하위 영역과 그 기능을 살펴보자.

3 ☞ 뇌의 구조와 기능

인간의 뇌를 외견상으로 볼 때는 핑크빛이 도는 회색에 스펀지처럼 말랑하고 주글
주글한 주름이 많이 잡혀 있는 모습이 별로 볼품이 없지만, 그 자체가 가지고 있는 기
능적 측면에서 볼 때 우리가 아는 한 가장 아름답고 정교한 보석이다. 인간의 뇌는 우
리의 가장 원시적인 충동에서부터 위대한 사고능력에 이르기까지 인간의 모든 활동을
담당하며, 복잡 미묘한 신체의 모든 작동을 통제 · 감독한다. 인간의 모든 뇌 기능을
모방할 수 있는 컴퓨터를 만든다는 것은 거의 불가능한 일이며, 인간 뇌에 근접한 컴퓨
터를 만드는 것조차 아주 어려운 일이다.

1) 뇌의 주요 구분

뇌의 주요 구조물에 대한 해부학적 구분은 〈표 2-1〉과 같다. 그리고 뇌의 정중시상단
면이 [그림 2-13]에 제시되어 있다. 그 단면에서 종뇌와 간뇌 그리고 뇌간의 일부 구조
물들을 볼 수 있다.

주요 부위	하위 부위	주요 구조물
전뇌	종뇌	대뇌피질 기저핵 변연계
전뇌	간뇌	시상 시상하부
중뇌	중뇌	중뇌개 중뇌피개
후뇌	후뇌	교, 소뇌
후뇌	수뇌	연수

◆ 표 2-1 ◆ 뇌의 해부학적 구분

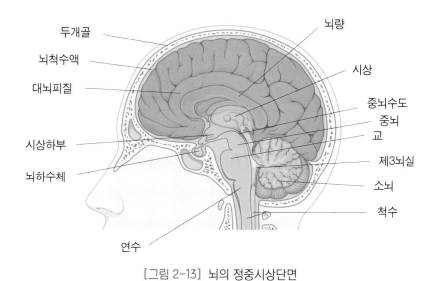

[그림 2-13] 뇌의 정중시상단면

뇌와 척수의 내부에는 뇌실(ventricle)이라는 공간이 있으며, 그 속은 뇌척수액(cerebrospinal fluid: CSF)이라는 무색의 투명한 액체로 채워져 있다. 그리고 뇌와 척수의 바깥은 세 겹의 수막(meninges)으로 완전히 둘러싸여 있으며, 그 막 사이의 공간인 지주막(거미막)하강 속에도 뇌척수액이 채워져 있다. 그래서 뇌와 척수는 액체 속에 떠 있는 상태로 있다. 이러한 장치들이 우리 신체 중 가장 중요한 기관인 뇌와 척수를 외부의 충격으로부터 어느 정도 보호해 준다.

2) 수뇌: 연수

연수(medulla oblongata)는 뇌의 가장 아래쪽 부분에 있는 것으로 척수와 연결되어 있다. 연수에는 체감각 정보를 시상으로 중계하는 핵들이 있으며, 나머지 대부분의 뉴런은 망상체(reticular formation)를 형성하고 있다. 망상체는 뉴런들이 산만하게 상호 연결되어 그물 같은 망을 이루고 있는 구조물로서, 연수에서 중뇌에 이르기까지 뇌간의 중심부를 차지하고 있다. 연수 망상체는 골격근의 근 긴장도를 조절하고, 심장박동과 호흡을 통제하는 등 생명유지에 필수적인 기능을 담당한다. 이러한 역할 때문에 연수를 숨뇌라고도 한다.

3) 후뇌(metencephalon): 교와 소뇌

교(pons)는 소뇌의 아래쪽 연수와 중뇌 사이에 있는 부위로서, 대뇌의 정보를 소뇌로 중계해 주는 역할을 한다. 그래서 이 부분을 다리 뇌로 부르기도 한다. 그리고 교 망상체에는 수면과 각성을 조절하는 핵들이 있다. 만일 교 망상체를 손상시키거나 기능을 정지시키면 의식을 상실하게 되며, 반대로 이곳을 자극하면 각성이 유발된다.

소뇌(cerebellum)는 외형상 대뇌의 축소판과 비슷하여, 바깥은 주름이 많은 소뇌피질로 덮여 있다. 소뇌의 일차적 기능은 자세를 유지하고, 빠르고 협응적인 운동을 조절하는 것이다. 피아노나 바이올린 등 연주자들의 연주, 체조선수나 무용가들의 환상적인 동작들은 소뇌의 활동에 많이 의존한다.

또한 소뇌피질 아래 부분에 위치해 있는 중간핵이 고전적 조건화의 한 유형인 토끼의 순막조건화 학습 및 기억에 결정적인 역할을 담당하는 것으로 밝혀졌다(김기석, 1990; 조선영, 백은하, 김현택, 현성용, 1997; Thompson, 1986).

4) 중뇌

중뇌(중간 뇌, midbrain)는 교와 간뇌 사이에 위치한 부위로, 위쪽은 덮개라는 의미의 중뇌개이고 아래쪽은 중뇌개에 의해 덮여 있다는 의미의 중뇌피개이다. 중뇌개(tectum)는 다시 상소구(위 둔덕)와 하소구(아래 둔덕)로 구분된다. 상소구(superior colliculus)는 시각계의 일부로, 주로 시각반사와 움직이는 자극에 대한 반응에 관여하며, 하소구(inferior colliculus)는 청각정보를 청각피질로 전달하는 중계센터의 기능을 담당한다.

중뇌피개(tegmentum)는 여러 하위 핵과 신경섬유 다발로 구성되어 있다. 중뇌수도 주변회백질(periaquiductal graymatter)은 싸움이나 교미와 같은 종 특유 행동의 순서를 통제하며, 모르핀과 같은 아편제 수용기가 있어 유해자극에 대한 통증민감성을 조절한다. 적핵(red nucleus)과 흑질(substance nigra)은 운동계의 중요한 구성요소로, 골격근의 근 긴장도를 조절하며, 운동조절에 관여한다. 흑질의 뉴런들이 변성되면 무기력함, 팔다리의 떨림, 자세 잡기 곤란, 운동 개시의 어려움 등을 보이는 파킨슨병이 야기된다.

중뇌 망상체는 수면과 각성, 주의, 근 긴장도 등에서 매우 중요한 역할을 담당한다.

5) 간뇌

간뇌(사이 뇌, diencephalon)는 중뇌의 윗부분으로 종뇌에 의해 덮여 있는 부위인데, 위쪽은 시상이고 아래쪽은 시상하부다.

시상(thalamus)은 후각을 제외한 모든 감각정보의 중계센터라 할 수 있다. 이러한 시상은 여러 하위 핵으로 이루어져 있는데, 이 핵의 뉴런들은 특정 감각정보를 대뇌피질의 특정 감각 투사 영역으로 중계한다. 예를 들어, 시상의 외측슬상핵(lateral geniculate nucleus)은 시각정보를 후두엽의 일차시각피질로 투사하며, 내측슬상핵(medial geniculate nucleus)은 청각정보를 측두엽의 일차청각피질로 중계해 주며, 복후측핵(ventral posterior nucleus)은 체감각정보를 두정엽의 일차체감각피질로 전달해 준다. 그리고 시상의 어떤 핵들은 운동을 조절하는 기능을 담당한다. 끝으로 시상의 일부 핵은 변연계의 한 구성요소를 이루어 정서정보의 처리에 관여한다.

시상하부(hypothalamus)는 시상의 아랫부분으로 뇌의 기저부에 위치하고, 크기는 비교적 작지만 여러 하위 핵으로 구성된 매우 복잡한 구조물이며, 그 기능도 매우 중요하다. 전체적으로 시상하부는 자율신경계와 내분비계를 통제하며, 종의 생존과 관련된 행동(먹고 마시기, 교미, 싸움, 도주, 체온조절 등)을 조직화한다. 다양한 정서자극에 대한 신체반응들은 자율신경계와 내분비계에 대한 시상하부의 통제에 의해 조절된다. 예를 들어, 스트레스를 받게 되면 시상하부는 한편으로는 교감신경계를 활성화하고, 또 한편으로는 내분비계에 대한 통제를 통해 다양한 스트레스 관련 호르몬의 분비를 조절하여 신체가 스트레스에 대처할 수 있도록 해 준다. 내분비계에 대한 시상하부의 통제에 대해서는 다음 절에서 다룰 것이다.

6) 종뇌

종뇌(끝뇌, telencephalon)는 대뇌를 구성하는 두 개의 대칭적인 대뇌반구와 그 아래에 있는 기저핵과 변연계로 구성되어 있다.

기저핵(바닥핵, basal ganglia)은 대뇌피질 아래쪽에 있는 커다란 뇌 구조로서, 미상핵(꼬리핵, caudate nucleus), 피각(조가비핵, putamen), 담창구(창백핵, globus pallidus)라는 부분들로 이루어져 있다. 일반적으로 기저핵은 걷기와 같이 부드럽고 순차적인 운동이나 운동의 개시 및 종료, 그리고 반복 학습에 의해 자동화된 행동을 수행하는 데 관여한다. 중뇌의 흑질에서 기저핵으로 연결되는 도파민성 뉴런들이 변성되어 기저핵의 기능장애가 생기면 무기력함, 팔다리의 떨림, 자세 잡기 곤란, 운동 개시의 어려움 등을 보이는 파킨슨병이 야기된다.

변연계(limbic system)는 대뇌피질의 안쪽 둘레를 따라 간뇌를 바깥쪽에서 둘러싸고 있는 구조물로서, 대상회(띠이랑, cingulate gyrus), 해마(hippocampus), 중격(septum), 편도체(amygdala) 등의 전뇌 구조물들과 유두체(mammillary body), 시상의 일부 핵 등 간뇌 구조물들이 포함된다([그림 2-14] 참조). 변연계는 정서반응의 조절과 학습, 기억, 동기 등의 중요한 기능에 관여한다. 예를 들어, 변연계의 한 구성요소인 편도체는 정서반응이나 공격행동에 중요한 역할을 담당한다. 편도체가 손상되면 아주 난폭한 동물도 매우 온순해지며, 편도체가 자극되면 공격행동이 유발된다. 그리고 정서반응의 학습에도 편도체가 매우 중요한 역할을 담당하는데, 이 핵이 손상되면 동물은 정서반응을 학습하지 못한다(LeDoux, 1992).

변연계의 가장 유명한 구조물인 해마는 학습과 기억과정에 결정적인 역할을 담당한다. 학습 및 기억과정에서 해마의 중요성은 1953년 간질발작을 치료하기 위해 양측 해마를 제거하는 수술을 받았던 H. M.이라는 환자의 사례에서 드러났다. H. M.은 수술 후 지적 능력이 정상이었으며, 대화하는 데 불편이 없었고, 암산도 가능하고, 수술하기 전의 과거 기억들도 잘 회상하였으며, 성격도 변하지 않았다. 그러나 수술 후 새로 경험한 사실들을 기억하는 데 심각한 문제가 발생하였다. 즉, 새로 만난 사람들을 알아보지 못하고, 똑같은 잡지를 끝없이 되풀이해서 재미있게 읽을 뿐 아니라, 심지어 아침

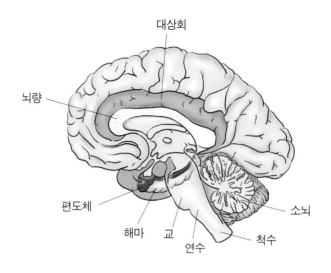

대상회

뇌량

편도체

해마   교

연수

소뇌

척수

[그림 2-14] 변연계

식사 후 조금만 시간이 경과하면 자신이 아침 식사를 했다는 사실조차도 기억하지 못하였다. 이러한 증상을 순행성 기억상실증이라 한다. 이러한 H. M.의 사례가 알려진후 해마의 기능에 관한 연구들이 집중적으로 이루어졌으며, 그 결과 해마가 다양한 형태의 공간 학습과제나 형태화 학습과제의 학습 그리고 기억에 매우 중요한 역할을 담당하는 것으로 알려졌다(Morris, Garrud, Rawlins, & O'Keefe, 1982; O'Keefe & Dostrvsky, 1971; Sutherland & Rudy, 1989).

대뇌피질(대뇌결질, cerebral cortex)은 뇌의 바깥쪽 표면으로서 두께가 3mm 정도이고, 굴곡이 매우 심하며, 피질을 펼쳤을 때 전체 표면적은 $0.25m^2$ 정도다. 뇌의 중앙을따라 앞에서 뒤까지 깊게 패인 홈에 의해 대뇌피질은 독립된 두 개의 반구로 분리되며, 각 반구는 뇌량(corpus callosum)에 의해 연결되어 있다. 그리고 각각의 대뇌피질은 특징적인 구나 열(고랑, sulcus or fissure)에 의해 네 개의 엽—전두엽, 두정엽, 측두엽, 후두엽—으로 구분된다([그림 2-15] 참조).

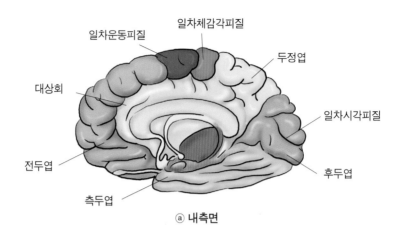

ⓐ 내측면

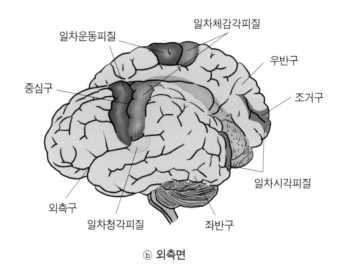

ⓑ 외측면

[그림 2-15] 대뇌피질

후두엽(뒤통수 엽, occipital lobe)은 망막에서 들어오는 시각정보를 받아 분석하는 일차시각피질과 시각정보에 대한 추가적인 분석을 하는 시각 연합피질로 구성되어 있다. 일차 시각피질은 시각자극의 요소적인 측면, 즉 망막상의 특정 영역에 들어온 빛의 밝기, 파장 등을 분석하고, 이런 정보를 바탕으로 시각 자극의 세부 특징들을 분석한다. 이렇게 처리된 정보들은 일차시각피질을 둘러싸고 있는 시각 연합피질로 전달되면서 대상의 형태, 크기, 입체, 위치, 운동 등 다양한 시각 경험을 할 수 있게 해 준다. 따라서 이 영역이 손상되면 안구가 정상적인 기능을 하더라도 손상된 영역에 따라 시력을 완전히 상실하거나 또는 특정 시 지각 기능의 결함이 나타난다.

　두정엽(마루엽, parietal lobe)은 일차체감각피질과 연합피질로 구성되어 있다. 일차체감각피질의 특정 뉴런들은 신체의 특정 부위로부터 감각정보를 받는다. 체감각피질의 위치별로 담당하고 있는 신체부위들을 피질상에 그림으로 나타낼 수 있는데, 이것을 체감각 뇌지도(sensory homunculus)라 한다([그림 2-16 ⓐ] 참조). 그림에서 보듯이 실제 신체부위의 크기와 해당 부위를 담당하는 피질 영역의 크기는 비례하지 않는다. 이는 신체 각 부위별 감각의 민감도를 반영해 주는 것으로, 신체부위에 비해 피질 영역의 크기가 상대적으로 크다는 것은 그 신체부위의 자극을 더욱 민감하게 탐지할 수 있음을 나타낸다. 일차체감각피질을 제외한 나머지 두정엽 부분은 연합피질로서, 감각정보를 통합하는 역할을 한다. 그래서 두정엽의 기능은 단순한 체감각뿐만 아니라 공간 내에서 신체의 위치판단이나 운동지각 등의 중요한 역할을 한다.

　측두엽(관자엽, temporal lobe)은 외측구를 경계로 그 아래에 위치하며, 일차청각피질과 연합피질로 구성되어 있다. 일차청각피질은 귀 속의 달팽이관에서 들어오는 청각정보를 받아 청각자극의 요소적인 측면, 즉 소리의 크기, 높낮이 등을 분석하고, 이 정보들을 그 옆의 연합피질로 보낸다. 이런 정보를 바탕으로 청각 연합피질은 소리의 정체나 방향 등을 분석한다. 특히 대부분 사람의 좌반구 청각 연합피질은 구어를 인식하는 데 중추적인 역할을 하는 언어회로의 한 부분이다. 측두엽의 아랫 부분은 실제 시각연합피질의 일부로서 다양한 시각정보를 받아 복잡한 시각적 형태를 지각할 수 있게 한다. 만일 이 영역이 손상되면 시력의 손상은 없지만 복잡한 형태의 지각이나 변별에 어려움을 겪는다. 그리고 측두엽은 그 안쪽에 위치한 변연계와 광범위한 신경연결을 맺고 있어서 정서적 경험이나 기억에 중요한 역할을 담당한다. 우리가 시·청각자극에 의해 분노나 공포, 욕망 등의 정서를 느낄 수 있는 것은 이러한 신경연결 때문이다.

　뇌의 가장 앞부분인 전두엽(이마엽, frontal lobe)에는 골격근의 운동을 통제하는 일차 운동피질이 있다. 일차운동피질은 체감각피질과 마찬가지로 특정 신체부위의 운동을 지배하는 피질상의 위치를 그림으로 나타낼 수 있는데, 이를 운동 뇌지도(motor homunculus)라 한다([그림 2-16 ⓑ] 참조). 이는 체감각의 경우와 마찬가지로 신체부위에 대응하는 피질 영역의 크기에 따라 각 신체부위가 얼마나 정교하게 움직이는가를 나타내는 것이다. 일차운동피질을 제외한 나머지 영역이 전두 연합피질이다. 특히 전두엽의 앞쪽 넓은 영역을 전전두피질(prefrontal cortex)이라 하는데, 이 부위는 대뇌피질의 다른 영역으로부터 모든 감각과 운동에 관한 정보를 받으며, 이러한 정보를 바탕으로 현재의 상황을 판단하고, 상황에 적절하게 행동을 계획하고, 부적절한 행동을 억제하는 등 전반적으로 행동을 관리하는 역할을 한다. 그래서 전두엽이 손상된 사람은 목표지향적인 행동을 조직화하는 데 어려움을 보이거나, 사회적 맥락에 적절하지 못한 행동을 하게 된다. 또한 정서 기능과도 관련이 있어서 전두엽 손상 환자는 성격이 변하게 되는데, 예전에 조용했던 사람이 논쟁적이고 난폭해지며, 양심적이고 성실했던 사람이 무책임하고 게으른 사람이 되며, 친절하고 배려심이 많은 사람이 이기적인 사람으로 변하게 된다.

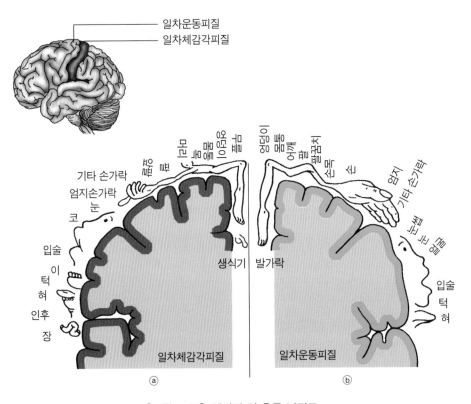

[그림 2-16] 체감각 및 운동 뇌지도

4 ⬝⬝ 분리 뇌

앞에서 이야기한 것처럼 대뇌피질은 독립된 두 개의 반구로 이루어져 있으며, 각 반구는 뇌량을 통해 연결되어 있다. 그리고 뇌의 두 반구가 서로 다른 기능을 담당한다는 증거들이 지난 1세기 동안에 걸쳐 꾸준히 제시되었다. 사고나 충격 혹은 종양으로 인하여 좌반구가 손상되면 읽기, 쓰기, 말하기, 수학적 추리 및 이해 등에 결함이 나타나지만, 우반구에 유사한 형태의 손상이 일어나면 비언어적인 과제를 수행하는 데 결함이 나타난다. 이러한 좌우반구의 기능적 비대칭성에 대한 발견은 심리학사에서 매우 중대한 사건이었다.

1) 분리 뇌

1961년 신경외과의사인 포겔(Vogel)과 보겐(Bogen)은 비정상적으로 강한 뇌 활동이 대뇌피질 전체에 확산되기 때문에 간질발작이 발생한다고 생각하였다. 그래서 그들은 좌우반구의 연결통로인 뇌량을 절단할 경우, 간질이 심한 환자의 발작을 줄일 수 있을 것으로 생각하고 인간을 대상으로 이러한 수술을 시행하였다. 대뇌반구를 분리한 후 어떠한 현상이 나타났을까? 수술 결과 환자들의 발작은 거의 사라졌으며, 그들의 성격과 지적 능력도 거의 영향을 받지 않는 등 놀라울 정도로 정상적이었다.

이후 스페리(Sperry, 1966)와 가자니가(Gazzaniga, 1970)는 이들 분리 뇌(split-brain) 환자들을 대상으로 좌우반구의 기능에 대한 연구를 수행하였다. 인간의 시각경로는 한쪽 시야의 정보를 반대쪽 반구로만 전달한다. 즉, 왼쪽 시야의 정보는 우반구로, 오른쪽 시야의 정보는 좌반구로만 전달된다. 정상인의 경우 각 반구의 정보는 다시 뇌량을 통해 반대쪽 반구로 보내진다. 그러나 뇌량이 절단된 사람의 경우에는 어떠한 현상이 일어나게 될까? 이것을 밝혀내기 위해 분리 뇌 환자에게 시야의 한 점을 응시하도록 하고, 응시점의 오른쪽과 왼쪽에 서로 다른 정보를 순간적으로 제시한다. 이렇게 하면 시야의 좌우에 있는 각 정보는 어느 한쪽 반구에만 전달된다. 마지막으로 분리된 각각의 대뇌반구에 대해 검사를 실시한다([그림 2-17] 참조).

예를 들어, 왼쪽 시야에는 연필, 오른쪽 시야에는 사과 그림을 순간적으로 제시한다. 그리고 방금 본 것이 무엇인가를 이야기하게 하거나, 스크린 뒤에 숨겨진 물건들 속에서 방금 본 것을 찾도록 한다. 이렇게 할 경우 환자들은 무엇을 보았다고 이야기하겠는가? 그들이 본 것을 왼손으로 찾아보라고 하면 무엇을 선택하겠는가? 환자들은 사과를 보았다고 이야기하지만, 왼손으로 선택할 때에는 연필을 찾게 된다. 그리고 환자들은 연필을 좌측 시야에만 순간적으로 비추어 주고 우측 시야에는 아무런 자극도 주지 않으면 그들이 본 것을 이야기하지 못하지만, 왼손으로 스크린 뒤에 숨겨진 물건

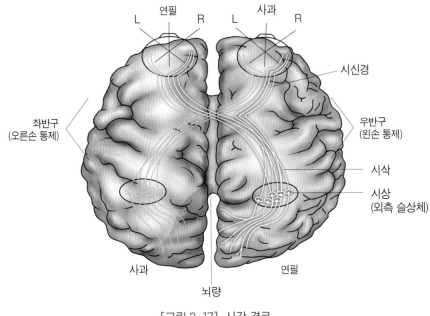

[그림 2-17] 시각 경로

들 속에서 본 것을 찾으라고 하면 즉시 연필을 선택하게 된다. 즉, 오른쪽 반구는 자신이 본 것을 말로 표현할 수는 없지만 무엇을 보았는지는 알고 있다는 것이다.

2) 대뇌반구의 기능적 전문화

과학자들은 여러 가지 다양한 유형의 연구를 통해 인간의 대뇌반구가 기능적으로 전문화되어 있음을 밝혔다. 일반적으로 좌반구가 언어처리에 지배적인 반면에 우반구는 시각-공간 정보의 처리에서 우세한 것 같다.

소리를 들을 수 없는 청각장애인의 경우 어떤 대뇌피질이 수화를 담당하는가? 시각-공간 지각에 많이 관여하는 우반구가 담당하겠는가, 아니며 언어를 처리하는 좌반구가 담당하겠는가? 몇몇 연구 결과, 말을 들을 수 있는 사람들이 언어정보를 처리하는 데 좌반구를 사용하는 것처럼 청각장애인들도 수화를 읽어 내기 위해 좌반구를 사용하는 것으로 나타났다(Hickok, Bellugi, & Klima, 2001). 좌반구가 손상되면 들을 수 있는 사람들이 말을 하는 데 결함을 보이는 것처럼 청각장애자는 수화에 결함을 보이게 된다. 브로카 영역(Broca's area)은 구어나 수화 모두에 관여하고 있다(Corina, 1998). 뇌의 입장에서는 말이 구어의 형태건 아니면 수화의 형태건 상관없이 모두 언어에 해당하는 것이다.

비록 좌반구가 언어정보의 처리에 중요한 역할을 담당하지만 우반구도 미묘한 역할을 담당하는 것으로 알려졌다. 좌반구는 언어를 빠르게 문자 형태로 해석하지만, 우반구는 미묘한 추론을 하는 데 뛰어난 역할을 담당한다(Beeman & Chiarello, 1998; Bowden & Beeman, 1998). 예를 들어, 점화과제에서 '발'이라는 단어를 점화자극으로 제시하면 좌반구는 그 단어와 연합강도가 높은 '다리'라는 단어를 매우 빨리 재인한다. 그러나 '발' '고함' 또는 '잔'이라는 단어를 점화자극으로 제시하면, 우반구는 '자르다'와 같이 점화단어와 전혀 관련이 없는 단어를 매우 빨리 재인한다. 그리고 통찰이 필요한 문제—예를 들어, '고등' '집' '학군'과 관련이 있는 단어는 무엇인가 등의 문제—를 제시하면 우반구가 답(학교)을 더 빨리 찾아낼 것이다. 뇌졸중으로 우반구가 손상된 어떤 환자의 경우 "나는 단어를 이해하지만 세부적인 것은 놓치게 됩니다."라고 이야기하였다. 따라서 우반구는 말의 의미가 분명하도록 만들어 주는 데 도움을 주는 역할을 하는 것 같다.

나아가 언어에는 의미적 요소와 문법적 요소 이외에도 부가적인 요소가 있는데, 특히 구어의 경우 말의 운율이나 억양 등이 중요한 요소가 된다. 예를 들어, '정말 잘났어'와 같은 말은 상황에 따라 여러 가지 의미로 쓰이는데, 우리는 이 말이 칭찬하는 말인지 아니면 비꼬는 말인지 금방 알아차릴 수 있다. 우반구에 손상을 입은 사람들은 구어 속에 숨어 있는 이러한 말의 뉘앙스를 알아차리지 못한다. 정상인들 사이에도 이러한 언어의 미묘한 측면을 다루는 데 상당한 개인차가 있다. 농담을 이해하지 못해 웃음거리가 되는 사람도 있고, 억양의 차이를 이용하여 익살을 떠는 재담가도 있다. 우반구는 평범한 말에 색깔을 입혀 주며, 기쁨, 슬픔, 정열, 실망 등을 표현하게 해 준다.

정서반응에 있어서도 좌우반구의 기능 차이가 존재한다. 화난 사람의 얼굴을 자세히 살펴보면 우반구의 통제하에 있는 왼쪽 얼굴의 표정이 더 강렬함을 볼 수 있다. 우리가 아무런 이유도 없이 슬프거나 통곡하는 것은 우반구의 과도한 흥분 때문이다.

이처럼 두 대뇌반구의 기능적 전문화를 개략적으로 볼 때 두 개의 대뇌반구가 너무나 달라서 조화를 이룰 수 있다고 생각하기 어렵다. 그러나 대뇌반구는 뇌량에 의해서, 그리고 피질하 구조물에 의해서 수많은 신경연결을 맺고 있기 때문에 우리는 '두 개의 뇌'를 느끼지 않는다. 우리는 단일한 '나'를 느끼며, 그것은 바로 우리의 '뇌'인 것이다(김현택, 류재욱, 이강준, 1994).

5 행동에 대한 화학적 조절

우리의 신체는 수많은 종류의 화학물질을 합성·분해하는 거대한 화학공장이며, 이러한 다양한 화학물질이 유기체의 내부에서, 그리고 유기체 간의 정보전달에 영향을 준다. 이들 화학물질—신경전달물질, 신경조절물질, 호르몬, 페로몬—은 세포나 기관 또는 개체의 행동을 통제하는 역할을 한다. 신경전달물질(neurotransmitter)은 개개의 시냅스에서의 정보전달에 관여하며, 신경조절물질은 더 멀리, 더 넓게 퍼져 나가 특정 뇌 부위에 있는 많은 뉴런의 활동을 조절한다. 호르몬은 내분비선이라는 특수한 기관의 분비세포에서 생산·방출되어 혈액을 통해 신체 각 부위로 퍼져 나가 수용기가 있는 표적세포에 작용하여 신체의 생리적·행동적 기능에 영향을 미친다. 페로몬은 땀이나 소변과 같이 신체 외부로 방출되는 분비물로서 다른 개체의 후각 수용기를 자극하며, 그 결과 다른 동물의 생리적 과정이나 행동에 영향을 준다. 이 절에서는 특히 인간의 신경계에서 사용되고 있는 신경전달물질의 종류와 행동적 기능, 그리고 각종 호르몬의 작용 등을 다룰 것이다.

1) 신경전달물질

신경계가 처리하는 정보의 본질은 전기신호다. 그러나 이러한 전기적 신호의 전달은 화학물질들에 의해 매개된다. 앞서 시냅스 전달에서 보았듯이 신경충동이 축삭종말에 도달하면, 축삭종말에서 신경전달물질이 방출된다. 이 전달물질은 시냅스 후 세포의 막에 있는 특수한 단백질 분자인 수용기와 결합하게 되며, 그 결과 시냅스 후 세포의 막전위가 변화하게 된다.

(1) 아세틸콜린

아세틸콜린(acetylcholine: ACh)은 운동신경과 골격근 사이의 시냅스, 자율신경계의 신경절, 부교감신경과 표적기관 사이의 시냅스 등 말초신경계뿐만 아니라 뇌의 여러 영역에서 신경전달물질로 사용되고 있다. 아세틸콜린은 말초신경계에서 골격근과 내장근육의 운동을 조절하며, 뇌에서는 경계와 주의과정, 학습 및 기억과정, 그리고 REM 수면을 통제하는 역할을 한다. 특히 최근에 신경과학자들뿐만 아니라 일반인에게도 관심을 끌고 있는 알츠하이머성 치매는 바로 뇌의 아세틸콜린성 뉴런이 점차 죽어 가는 진행성 신경학적 질환이다. 과학자들은 이 질환이 해마와 대뇌피질로 투사되는 아세틸콜린성 뉴런이 변성되면서 뇌의 아세틸콜린이 고갈되기 때문에 일어난다고 본다. 실제로 이 병에 걸린 환자들의 뇌에는 아세틸콜린의 양이 현저히 적으며, 그들의 뇌 MRI 사진에서 해마와 대뇌피질이 위축되고 변형되어 있음을 관찰할 수 있다. 그리고 정상인에게도 아세틸콜린의 작용을 차단하는 약물을 투여하면 최근의 기억만 선택적으로 상실되는데, 이는 알츠하이머병 초기에 나타나는 증상과 같다.

(2) 모노아민

모노아민은 도파민, 노르에피네프린, 에피네프린, 세로토닌이라는 네 가지 화학물질을 통칭하는 것이다. 시상하부와 중뇌에 있는 많은 뉴런이 도파민(dopamine: DA)을 신경전달물질로 사용하고 있다. 특히 중뇌의 도파민성 뉴런들의 역할이 운동 및 정신 과정에 중요한 역할을 한다. 중뇌의 흑질에서 기저핵으로 가는 도파민성 뉴런은 운동 조절에 중요한 역할을 하는데, 운동장애가 주 증상인 파킨슨병은 이 뉴런들이 변성되는 질환이다. 이 환자들에게 도파민의 화학적 선구물질인 L-도파를 투여하면 증상이 상당히 호전된다.

한편, 중뇌의 복측피개 영역(ventral tegmental area)에서 대뇌피질과 변연계로 투사하는 도파민성 뉴런들은 보상이나 즐거움과 같은 경험에 중요한 역할을 한다. 배고픈 동물이 먹이를 먹거나 코카인과 암페타민과 같은 중추 흥분제를 주입하면 이 회로의 도파민성 뉴런들이 활성화된다. 또한 사고장애, 망상, 환각과 같은 정신분열증의 양성증상도 이 회로와 관련이 있다. 정신분열증의 치료제인 클로르프로마진은 도파민성 뉴런의 활동을 억제함으로써 양성증상을 완화시키며, 도파민성 뉴런의 활동을 증가시키는 약물들은 양성증상을 유발하는 것으로 알려져 있다. 정상적인 행동이 위축되거나 정서반응이 단조롭고 사회적 철수와 같은 정신분열증의 음성증상과 인지적 결함은 중뇌-피질계 도파민성 회로, 특히 전두피질의 도파민성 뉴런의 활성화가 정상적인 수준보다 낮기 때문인 것으로 알려져 있다.

노르에피네프린(norepinephrine: NE)은 말초신경계와 중추신경계 모두에서 발견된다. 말초신경계의 노르에피네프린은 교감신경의 신경전달물질로 사용된다. 뇌의 노르에피네프린성 회로는 경계나 각성, 주의 과정, 수면, 기분상태 등을 조절하는 데 관여한다. 뇌의 노르에피네프린성 회로의 활동이 정상적인 수준보다 떨어지면 우울상태가 나타나며, 심하면 기분장애로 우울증이 된다.

세로토닌(serotonin)은 각성, 기분조절, 공격, 섭식, 수면, 기억 등 다양한 행동에 관여한다. 예를 들어, 뇌의 세로토닌을 고갈시키는 약물을 주입하면 불면증이 나타난다. 그리고 세로토닌성 회로나 노르에피네프린성 회로의 활동을 증가시키는 약물은 우울증을 치료하는 데 효과적이다. 또한 세로토닌은 기억, 특히 새로운 정보를 장기기억으로 전환시키는데 매우 중요한 역할을 한다.

(3) 아미노산

아미노산(amino acid)은 신체조직 전반에서 정상적인 대사과정의 산물로 생성되는 물질로서, 그중 몇 가지가 중추신경계에서 신경전달물질로 사용된다.

글루타메이트(glutamate)는 대표적인 흥분성 전달물질이다. 뇌에는 여러 가지 형태의 글루타메이트 수용기가 있는데, 그중 NMDA 수용기는 특별한 성질을 지니기 때문에 발달과 학습에서 중요한 역할을 담당한다.

감마아미노뷰트릭산(gamma-aminobutyric acid: GABA)은 대표적인 억제성 전달물질로서 뇌와 척수에 광범위하게 분포하고 있으며, 운동조절이나 불안, 발작 등과 관련이 있다. 유전성 질환의 하나로서 불수의적 운동과 우울, 진행성 정신피폐 등이 주 증상인 헌팅턴 무도병은 기저핵에 있는 GABA성 뉴런의 변성에 기인한다. 한편, 뇌는 전체적으로 흥분성 활동과 억제성 활동이 균형을 이루고 있다. 그런데 억제성 회로인 GABA 체계의 억제성 활동이 비정상적으로 감소하면 이 균형이 깨어지면서 뇌의 흥분성 활동이 지나치게 많아지고 급기야는 뇌 전체가 통제할 수 없을 정도로 과잉흥분을 하게 되며, 이것이 행동적으로 발작을 일으킨다. 반면에 GABA성 회로의 활동을 증가시키는 발륨(valium)과 같은 약물은 불안을 감소시킨다.

(4) 펩타이드

펩타이드(peptide)는 아미노산의 사슬이다. 다양한 종류의 펩타이드가 뉴런에서 방출되는데, 이들 중 일부는 전달물질로 작용하고, 다른 일부는 신경조절물질로 작용한다. 가장 잘 알려진 신경 펩타이드는 내인성 아편제 물질들(endogeneous opiates, 또는 통칭하여 엔도르핀)로서, 뇌와 척수에서 자체 생산되는 모르핀과 유사한 물질들이다. 엔도르핀의 기능은 스트레스 상황에서 통증을 감소시키고 대응행동을 증가시키는 것이다. 한편, 모르핀과 같은 아편제는 통증 감소 효과뿐만 아니라 강렬한 쾌감을 일으

키는데, 엔도르핀도 역시 같은 효과를 일으킬 수 있다. 예를 들어, 마라톤과 같은 운동
은 엔도르핀이 방출될 정도의 충분한 스트레스이기 때문에 마라톤을 하면 엔도르핀의
분비가 증가하여 통증이 감소하고 쾌감을 느낄 수 있다.

　이 외에도 어떤 펩타이드는 종 특유의 방어행동을 조절하며, 또 다른 펩타이드는 먹
고 마시는 행동을 조절하는 데 중요한 역할을 한다.

2) 내분비계

　내분비계(endocrine system)란 신경계 이외에 우리 신체에 있는 두 번째 정보전달 시
스템으로서 신경계와 연결되어 있다. 내분비계의 분비세포는 호르몬이라는 화학물질
을 분비한다. 호르몬은 혈류를 따라 전신을 순환하면서 특정 호르몬과 결합할 수 있는
수용기가 존재하는 표적세포에 작용하여 특정한 기능을 수행한다. 우리 신체의 주요
내분비선의 위치와 기능 [그림 2-18]에 제시해 놓았다.

　내분비계와 신경계는 상호 보완적인 정보전달 시스템으로, 모두 다른 곳에 있는 수
용기를 활성화하는 물질을 분비한다는 점은 동일하다. 하지만 신경계는 감각기관에

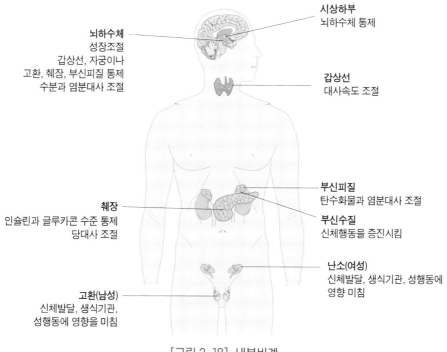

시상하부
뇌하수체 통제

뇌하수체
성장조절
갑상선, 자궁이나
고환, 췌장, 부신피질 통제
수분과 염분대사 조절

갑상선
대사속도 조절

부신피질
탄수화물과 염분대사 조절

췌장
인슐린과 글루카곤 수준 통제
당대사 조절

부신수질
신체행동을 증진시킴

난소(여성)
신체발달, 생식기관, 성행동에
영향 미침

고환(남성)
신체발달, 생식기관,
성행동에 영향을 미침

[그림 2-18] 내분비계

들어온 정보를 수 분의 1초 이내에 뇌로 전달하지만, 내분비계의 정보전달 속도는 매우 느리다. 신경계의 정보전달을 이메일에 비유한다면, 내분비계의 정보전달은 일반 우편물로 볼 수 있다. 그렇지만 내분비계의 메시지는 신경 메시지보다 더 오랫동안 지속되기 때문에 시간이 다소 걸리더라도 기다릴 만한 가치가 있다.

내분비계 호르몬은 신체의 내적 상태를 균형 있게 유지해 줌으로써 우리의 성장, 생식, 신진대사, 기분 등의 여러 측면에 영향을 준다. 가장 영향력이 있는 내분비선은 뇌하수체이지만, 뇌하수체도 시상하부에 의해 통제를 받는다. 뇌하수체에서는 다른 분비선을 자극하는 여러 가지 자극 호르몬을 방출하며, 이 호르몬은 다른 내분비선의 호르몬 방출에 영향을 주게 된다. 따라서 뇌하수체는 내분비선 중에서 지휘관에 해당된다. 하지만 뇌하수체를 지휘하는 것은 시상하부다. 예를 들어, 우리가 위험에 처하게 되거나 스트레스를 느끼게 되면 시상하부는 부신피질자극방출 호르몬(corticotropin-releasing hormone: CRH)을 분비하고, 이 호르몬은 뇌하수체에 작용하여 뇌하수체에서 부신피질자극 호르몬(adrenocorticotropic hormone: ACTH)을 분비한다. 부신피질자극 호르몬은 부신피질에 작용하여 그곳에서 부신피질 호르몬인 코티솔(cortisol)을 분비하게 한다. 부신피질에서 방출된 코티솔이 바로 스트레스 호르몬이다. 이 호르몬은 신체에 작용하여 당 대사와 지방 대사를 촉진시켜서 에너지 생산을 증가시키고, 심박을 빠르게 하며, 혈압을 증가시키고, 위산 분비를 촉진하며, 성호르몬의 분비를 억제시킨다. 이 호르몬의 작용으로 단기적으로는 우리가 스트레스 상황에 적절히 대처할 수 있도록 해 준다. 그러나 스트레스 호르몬의 분비가 장기간 지속하게 되면 다양한 신체 질환이 발생한다.

그리고 이 호르몬은 다시 뇌의 활동에 영향을 주며, 그 결과 행동에도 영향을 준다. 이러한 피드백 시스템(뇌 → 뇌하수체 → 다른 분비선 → 호르몬 → 뇌)은 신경계와 내분비계의 밀접한 연결 상태를 보여 준다. 신경계가 내분비계에게 분비물을 분비하도록 지시하고, 분비물이 신경계에 영향을 주게 된다. 이렇게 전체적인 전기 화학적 오케스트라를 연주하고 조정하는 것이 뇌이기 때문에, 뇌를 명연주자라고 부르기도 한다.

이제까지 우리는 인간의 사고, 감정 및 행동이 어떻게 뇌를 통해 일어나게 되는지 살펴보았다. 20세기 이후 신경과학 분야는 눈부신 발전을 이루어 왔다. 그러나 아직까지 알려져 있지 않은 부분이 알려져 있는 부분보다 훨씬 더 많다. 우리는 뇌를 기술할 수 있다. 우리는 뇌의 하위 부분들의 기능을 학습할 수 있다. 우리는 그러한 뇌 조직들이 어떻게 의사소통하는지 연구할 수 있다. 그러나 양배추 크기 정도의 뇌에서 발생하는 전기 화학적 신호가 어떻게 첫사랑에 대한 기억, 창의적인 생각, 미래에 대한 계획 등과 같은 것들을 일으킬 수 있는가?

아직도 풀리지 않은 의문이 남아 있다. 어떻게 물질적인 뇌가 의식을 일으킬 수 있는가? 물질인 뇌가 어느 정도까지 자신(뇌)을 이해할 수 있을까? 뇌를 이해하기 위해 노력하는 마음, 그것이야말로 현대 과학의 궁극적인 도전과제다.

요약

1. 신경계의 기본 단위는 뉴런이며, 뉴런이 처리하는 정보의 본질은 활동전위라는 전기적 현상이다.

2. 뉴런 간의 정보전달은 시냅스를 통해 이루어진다. 활동전위가 종말단추에 도달하면 신경전달물질이 방출되고, 전달물질은 시냅스 후 막에 있는 수용기와 결합하여 흥분성 또는 억제성 시냅스 후 전위를 일으킨다. 이들 시냅스 후 전위의 합이 흥분역치를 넘으면 그 뉴런은 다시 활동전위를 일으킨다.

3. 말초신경계는 체성신경계와 자율신경계로 이루어져 있다. 자율신경계는 다시 교감신경계와 부교감신경계로 나뉜다. 체성신경계는 모든 감각과 골격근의 운동에 관한 정보를 처리하며, 자율신경계는 내장근육, 심장근육, 분비선을 통제한다.

4. 중추신경계는 척수와 뇌로 구분된다. 척수는 신체 각 기관과 뇌를 연결해 주며, 단순한 반사기능을 수행한다. 뇌는 최종 정보처리 기관으로 모든 행동과 정신과정을 통제한다.

5. 연수는 생명유지와 관련된 기능, 교는 대뇌와 소뇌를 연결시켜 주는 기능, 소뇌는 자세 유지와 운동조절 기능을 한다. 중뇌개는 시각반사와 청각정보의 중계기능을 하며, 중뇌피개는 운동조절, 보상적 자극들의 강화 효과를 매개하며, 일부는 정신질환과도 관련된다. 연수에서 중뇌에 이르기까지의 뇌간 망상체는 수면, 각성, 주의 등을 조절한다. 시상은 감각정보들의 중계센터이며, 시상하부는 신체의 내적 균형을 유지하고 종 특유의 행동을 통제한다.

6. 종뇌의 기저핵은 운동조절에 관여하며, 변연계는 정서행동과 학습 및 기억에 관여한다. 대뇌피질의 뒷부분인 두정엽, 측두엽, 후두엽은 각각 체감각, 청각, 시각정보를 처리하고, 이들 정보를 통합한다. 전두엽은 뇌의 뒷부분에서 처리된 모든 정보를 받아 적절한 행동계획을 수립하고, 관리하고, 마지막으로 구체적인 운동을 집행하는 역할을 한다.

7. 대뇌피질은 두 개의 독립된 반구로 나뉘어 있으며, 이들은 뇌량에 의해 연결되어 있다. 뇌량이 절단된 분리 뇌 환자들에 대한 연구나 대뇌반구의 기능적 비대칭에 대한 연구 결과를 종합해 보면, 좌반구는 주로 언어적·분석적 기능, 우반구는 공간적·직관적 기능이 우세하다.

8. 여러 종류의 화학물질이 신경전달물질로 사용된다. 아세틸콜린은 운동통제와 기억과정에 관여한다. 도파민계는 운동통제와 고등 인지활동에 관여하며, 도파민계에 이상이 생기면 파킨슨병이나 정신분열증이 유발될 수 있다. 노르에피네프린과 세로토닌은 수면과 각성, 기분조절과 관계가 있다. 글루타민산은 대표적인 흥분성 전달물질이고, GABA는 억제성 전달물질이다. GABA의 억제적 작용이 저하되면 불안이나 간질발작이 유발된다. 엔도르핀은 통각경로에 영향을 미쳐 통증을 제거해 주고 즐거움을 느끼게 해 준다.

9. 내분비계는 여러 분비선에서 호르몬을 분비하여 기본적 신체기능을 조절한다. 호르몬은 혈류로 방출되어 멀리 떨어져 있는 여러 표적기관에 신호를 전달할 수 있다. 내분비계의 중추는 뇌하수체이지만, 이것을 통제하는 것은 시상하부이다.

학습과제

1. 뉴런의 세포막에 안정막전위가 발생하는 이유에 대해 설명하시오.

2. 활동전위가 발생하는 기제와 활동전위가 전도되는 기제에 대해 설명하시오.

3. 시냅스 전달의 과정에 대해 설명하시오.

4. 자율신경계에 대해 설명하시오.

5. 종뇌, 간뇌, 중뇌, 후뇌, 수뇌에 속하는 뇌 구조들에 대해 설명하시오.

6. 중추신경계의 주요 신경전달물질의 종류와 기능에 대해 설명하시오.

감각과 지각

🔍 | **학습목표**

1. 감각강도를 측정할 때 역이 의미하는 바를 이해한다.
2. 빛의 특성과 시각의 작용기제를 알아본다.
3. 두 가지 유형의 시각수용기의 기능을 이해하고, 두 종류의 감각수용기가 필요한 이유를 이해한다.
4. 공기의 진동정보가 청신경을 통해 대뇌로 전달되는 과정을 알아본다.
5. 감각의 순응이란 무엇이며, 왜 필요한가를 이해한다.
6. 색채경험을 일으키는 원리와 색과 관련된 심리적 차원, 그리고 색지각과 관련된 생리적 기초를 이해한다.
7. 깊이지각이 가능하도록 하기 위해서 이용되는 여러 가지 단서를 이해한다.
8. 크기와 거리지각의 관계를 파악하고 관계되는 요인을 알아본다.
9. 대상을 파악하기 위한 지각적 집단화의 원리를 이해한다.
10. 주의의 기능과 특성을 알아본다.
11. 지각항등성이란 무엇이며, 왜 필요한 기능인지를 이해한다.

우리가 세상에 대하여 알고 있는 것은 어떠한 형태로든지 머릿속에 표상이 되어야한다. 그러나 인간의 뇌는 뼈와 피부 등으로 둘러싸여 있기 때문에 외부 세계에 대한지식은 특정한 체계를 통해서 대뇌로 전달된다. 세상을 머릿속에 표상하기 위하여 우리는 환경으로부터 물리적인 에너지를 탐지하여 그것을 신경신호로 변환시키는데, 이러한 과정을 감각(sensation)이라고 부른다. 그리고 우리는 감각자료를 선택하고 조직화하고 해석해야 하는데, 이러한 과정을 지각(perception)이라고 부른다. 우리의 일상경험에서 감각과 지각은 자동적으로 하나의 연속적인 과정을 이룬다. 우리는 이 장에서 외부세계의 정보를 받아들이는 감각과 지각과정을 개괄적으로 살펴볼 것이다.

1 ━ 감각과정

우리의 감각체계는 환경의 에너지에 대응하여 빛, 소리, 맛과 같은 주관적인 감각을일으킨다. 이 절에서는 각 감각체계에 의해서 어떻게 이러한 감각이 발생하는가를 고찰한다.

감각은 개인적이고 주관적인 경험이다. 당신은 자신의 감각경험을 다른 사람에게설명할 수 있을지는 모르지만 어느 누구도 당신의 감각을 직접적으로 경험할 수는 없다. 그럼에도 불구하고 물리적 환경의 어떤 변화가 많은 다른 사람에게 비슷한 보고를 하도록 만들었다면, 그들이 유사한 감각경험을 했다고 보는 것이 합리적일 것이다.예를 들어, 라디오의 볼륨을 크게 하여 대부분의 사람이 소리가 커졌다고 보고하게 하는 것이 가능하다. 이것은 스피커에서 나오는 에너지와 같은 물리적인 자극과 듣는 사람의 감각 간에 일관된 관계가 있음을 보여 준다. 이러한 관계는 물리적인 변화와 심리적인 반응의 관계를 나타내기 때문에 정신물리학적인 관계(psychophysical relations)라고 한다. 이 절에서는 이러한 관계를 연구하는 방법과 시각과 청각을 중심으로 하여감각이 발생하는 과정을 살펴보고자 한다.

1) 감각의 필요성

유기체는 감각체계를 통하여 그들이 생존해 가는 데 필요한 정보를 획득한다. 날아다니는 곤충을 먹고 사는 개구리의 눈에는 작고 희미한, 움직이는 물체에 반응하는 감각기가 존재한다(Barlow, 1953). 만약에 개구리가 움직이지 않는 파리만을 잡아먹으려 한다면 굶어 죽을 것이다. 누에의 수놈은 암놈의 냄새에 매우 민감한 감각기를 가지고 있는데, 암놈은 초당 약 1억 분의 3g의 냄새를 이용하여 약 1.5km 내의 모든 수컷을 유인할 수 있다. 이러한 이유로 인해 누에가 멸종하지 않고 존재하는 것이다. 마찬가지로 인간들도 주변 환경에서 생존에 도움이 되는 중요한 정보를 탐지하도록 고안되어 있다. 예를 들어, 우리의 귀는 인간 목소리의 주파수에 가장 민감하다. 자연이 준 감각기는 각 종(種)의 요구에 부합하도록 구성되어 있다.

2) 감각의 측정

우리는 언어적인 보고에 근거해서 감각에 관해 추론을 할 때 매우 주의해야 한다. 그러한 보고는 경험자의 언어구사력에 의해서 제한을 받을 뿐만 아니라 경험자가 경험하기를 기대하는 것으로부터 쉽게 영향을 받는다. 마법사들은 종종 실제로 일어나지 않은 일을 보거나 듣거나 느낀다고 믿도록 하는 데 관객들의 기대를 이용한다. 그러한 판단적 편견과 기대는 마술사의 착각뿐만 아니라 일상적인 경험에도 영향을 주며, 대부분의 경우 지각에 도움을 준다. 다양한 지각체계의 활동은 상호 관계가 상당히 깊으며 중복적이다. 예를 들어, 어떤 사람이 당신에게 이야기할 때 그 사람의 입술 움직임은 그 사람의 말소리와 깊이 연관되어 있다. 여러 상황에서 장면과 소리의 자동적인 연관성은 매우 유용하다. 예를 들어, 혼잡한 파티에서 상대방의 소리가 부분적으로 들리지 않아도 시각을 이용하여 대화를 계속하는 것이 가능하다. 실제로 많은 청각장애자들은 입술의 움직임만을 보고 언어를 이해하는 것을 배운다.

정상적인 지각과정에 이용되는 중복성은 어떤 한 감각과 관련된 판단을 연구할 때는 방해가 된다. 자극의 중복성을 주의 깊게 통제하고 경험자에게 감각에 관한 매우 간단한 질문을 함으로써 우리 감각체계의 본질에 대한 통찰을 얻을 수 있는데, 이러한 방법을 이용하여 물리적 에너지와 감각의 관계를 밝히는 분야를 정신물리학(psychophysics)이라고 한다. 또한 자극의 물리적 에너지뿐만 아니라 결정기준과 민감도에 의하여 자극의 탐지 유무를 설명하는 분야가 있는데 이를 신호탐지론(signal detection theory)이라 한다.

우리는 에너지의 바다에서 살고 있다. 지금 이 순간에도 우리는 가시광선뿐 아니라 적외선, 자외선, 다양한 주파수의 소리를 접하고 있다. 그러나 우리는 이러한 모든 에너지를 탐지할 수는 없다. 감각기관을 이용하여 매우 제한된 좁은 범위의 에너지만을 탐지하고 의식할 수 있을 뿐이다. 우리는 어떤 자극을 탐지할 수 있는가? 우리는 자극의 변화에 얼마나 민감한가?

(1) 정신물리학

정신물리학에서는 자극과 감각의 관련성을 절대역과 차이역을 이용하여 설명하려 한다.

① 절대역

우리는 어떤 종류의 자극에 대하여 매우 민감하다. 정상적인 감각을 가지고 있는 사람이라면 칠흑 같은 어둠 속에 있는 산의 정상에서 48km 떨어진 곳에 있는 촛불을 볼 수 있다. 고요한 방에서 우리는 약 6m 떨어진 곳에 있는 시계 초침 소리를 들을 수 있다. 또한 우리 뺨에 떨어진 벌의 날개를 느낄 수 있고, 약 100㎡ 아파트에서 한 방울의 향수 냄새를 맡을 수 있다(Galanter, 1962).

이와 같이 우리가 감지할 수 있는 미세한 자극을 절대역(absolute thresholds)이라 한다. 다시 말하면, 이것은 어떤 자극(빛, 소리, 압력, 맛, 냄새 등)을 탐지하는 데 필요한 최소한의 자극강도라고 할 수 있다. 심리학자들은 보통 50%를 탐지할 수 있는 자극의 강도를 절대역으로 규정한다([그림 3-1] 참조). 예를 들어, 한 소리를 100번 들려준다고 하면, 50번은 듣지 못하는 자극의 강도를 절대역으로 볼 수 있다.

② 역하자극

20세기 중반에, 뉴저지 극장의 관객을 대상으로 하여 코카콜라를 마시고 팝콘을 먹으라는 메시지를 지각하지 못하도록 영화 장면의 사이에 끼워 넣을 경우, 관객들이 은연중에 그 메시지에 영향을 받는다는 보고서에 대한 논란이 있었다(Pratkanis, 1992). 그리고 약 35년 후에 광고대행사들은 과자에 성적인 단어를 지각하지 못할 정도로 인쇄해 넣고, 술광고에 에로틱한 영상을 끼워 넣음으로써 소비자를 조종할 수 있을 것이

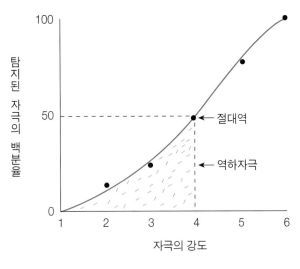

[그림 3-1] 절대역

절대역은 시행의 50%를 탐지할 수 있는 자극의 강도다. 이러한 정의에 따르면 시행의 50% 이하에서 탐지되는 자극은 역하자극이 된다.

라는 주장을 하였다. 이처럼 우리가 감지할 수 없는 역하자극(subliminal stimulation)이 암시적인 힘을 발휘하여 우리의 행동에 강력한 영향을 준다는 주장이 있었다.

사실상 절대역이라는 것은 자극을 50% 탐지하는 자극강도이기 때문에([그림 3-1] 참조) 우리는 역하에서 때때로 자극을 탐지한다. 또한 특정 조건하에서는 역하자극의 효과가 있는 것처럼 보인다. 한 실험에서는 얼굴 슬라이드를 보여 주며 각 슬라이드 앞에 긍정적인 장면(애완동물이나 로맨틱한 장면)이나 부정적인 장면(늑대인간이나 시체)을 알아채지 못할 정도로 짧은 시간 동안 명멸시켰다(Krosnick et al., 1992). 실험참가자들은 역하자극을 감지하지 못했지만 부정적인 장면 후의 얼굴보다는 긍정적인 장면 후의 얼굴에 호의적으로 반응하였다.

그러나 심리학 실험에서 발견된 효과들은 행동에 지속적으로 영향을 미칠 만큼 강력한 것이 아니었다. 무어(Moore, 1988), 프랫커니스와 그린월드(Pratkanis & Greenwald, 1988)는 모든 증거를 고려해 볼 때 역하자극 절차가 판매시장을 넓히려는 사람에게 아무런 유용성도 없다고 결론을 지었다.

③ 차이역

감각이 효과적으로 기능하기 위해서는 자극의 존재를 지각할 뿐 아니라 두 자극의 차이를 지각할 수 있어야 한다. 차이역(difference threshold)이란 사람이 두 자극 간에 차이가 있음을 탐지할 수 있는 최소한의 자극강도 차이를 말한다. 최소식별차이(Just Noticeable Difference: JND)라고도 한다. 차이역의 측정에서 절대역과 같이 두 자극 간의 차이를 인간이 탐지할 수 있는 확률이 50%인 지점을 차이역으로 정한다.

차이역은 자극의 강도에 따라 변화한다. 예를 들어, 300g에서 30g이 추가되면 인간은 대체로 그 차이를 탐지할 수 있지만 30kg에 30g이 추가되면 차이를 탐지하기 어렵다. 이것은 300g의 차이역과 30kg의 차이역이 다르기 때문이다. 베버(Weber)에 의하면 차이역은 강도 차가 아니라 두 자극의 강도 비율에 따라 변화한다. 이 원리를 베버의 법칙(Weber's law)이라고 한다. 정확한 비율은 자극에 따라 다르지만 보통 사람의 경우에 자극의 차이를 인식하려면 빛은 8%의 강도 차이가 나야 하고, 소리는 0.3%의 빈도 차이가 나야 한다(Teghtsoonian, 1971).

④ 감각순응

자극에 대한 절대역이나 차이역이 항상 고정된 것이 아니라 변화되기도 한다.

당신이 수영장에 가서 처음 물에 뛰어들면 춥다고 불평을 할 것이다. 그러나 잠시 후에 당신의 친구가 도착하면 당신은 물이 차갑지 않으니 들어오라고 이야기할 것이다. 이러한 예는 일정한 자극에 지속적으로 노출되면 자극에 대한 민감도가 약해지는 감각순응(sensory adaptation) 때문에 발생한다. 일정한 자극에 지속적으로 노출되면 우리의 신경세포는 발화속도가 늦어진다.

(2) 신호탐지이론

신호탐지의 유무는 자극의 강도(듣기검사에서 소리의 크기처럼)뿐만 아니라 우리의 경험, 동기, 기대 그리고 피로 등의 심리적 상태에 따라서도 변화된다. 신생아의 어머니는 다른 소리보다 요람에서 아기가 칭얼거리는 소리에 훨씬 민감하다. 전쟁 상황의 경계병은 평상시에 비해 거의 지각하기 힘든 소리에도 민감하게 반응하게 된다. 이러한 경우에는 관심 있는 소리의 강도가 약하더라도 탐지할 가능성이 증가하며 이를 적중(hit)이라 한다. 동시에 다른 소리를 아기의 소리나 적의 소리로 판단할 가능성도 커지게 되는데 이를 오경보(false alarm)라고 한다. 이때 자극이 있을 때 없다고 판단하는 탈루(miss), 자극이 없을 때 없다고 판단하는 정기각(correct rejection)의 상황도 발생할 수 있다([그림 3-2] 참조). 자극 탐지와 관련하여 적중과 정기각의 발생 가능성을 높이는 것이 바람직한 상황으로 판단된다. 그러나 적중의 확률을 높이면 오경보의 확률도

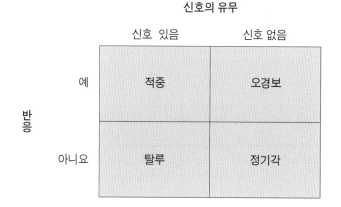

신호의 유무

[그림 3-2] 신호탐지이론의 네 가지 상황

적중의 확률을 높이기 위해 '예' 반응을 많이 하게 되면 오경보의 확률도 함께 증가하며, 정기
각 확률을 높이기 위해 '아니요' 반응을 많이 하게 되면 탈루의 확률도 함께 증가한다. 이와 같
은 판단 경향은 결정기준에 따라 변화된다.

증가하며, 정기각의 확률을 높이면 탈루의 가능성도 함께 증가하게 되는데 이와 같이 신호탐지의 유무가 자극의 강도뿐만 아니라 우리의 결정기준과 민감도에 따라 변화된다고 설명하는 입장을 **신호탐지이론**(signal detection theory)이라고 한다(Macmillan & Creelman, 2005).

3) 시각

우리는 당연하다고 생각하고 있지만 우리의 감각기관은 한 종류의 에너지를 다른 종류의 에너지로 변환시키는 복잡한 능력을 가지고 있다. 감각변환(transduction)이란 우리의 감각체계가 자극 에너지를 신경정보로 변환시키는 과정이다. 예를 들어, 당신의 눈은 빛 에너지를 받아서 신경정보로 변환시킨다. 신경정보는 종국적으로 우리가 의식적으로 보는 것으로 처리된다. 어떻게 이러한 과정이 일어나는가?

(1) 빛의 본질

과학적으로 보면 우리의 눈에 들어오는 것은 색채가 아니라 우리의 시각체계가 색채로 경험할 수 있는 전자기 에너지(electromagnetic energy)의 파형이다. 우리가 보는 가시광선은 전자기 스펙트럼의 극히 작은 부분에 불과하다. [그림 3-3]에서 볼 수 있는 것처럼 이러한 전자기 스펙트럼은 파장이 아주 짧은 감마선에서부터 가시 스펙트럼과 파장이 아주 긴 라디오 방송파까지로 이루어져 있다. 사람이 아닌 다른 종은 이러한 스펙트럼에서 다른 부분의 파장에 민감하다. 예를 들어, 꿀벌은 가시광선의 붉은색은 볼 수 없으나 자외선은 볼 수 있는 것으로 알려져 있다.

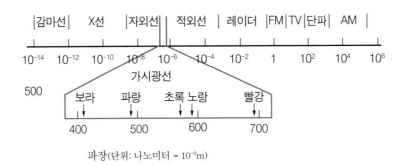

[그림 3-3] 전자기 스펙트럼과 가시광선

가시광선은 그림에서 보듯 전기장파의 극히 적은 일부분으로, 파장의 크기에 따라 다른 색감으로 인식된다.

빛의 파장과 진폭이라는 두 가지 속성은 우리의 감각경험을 결정하는 데 도움이 된다. 파의 한 정상에서 다른 정상까지의 거리인 파장(wavelength)은 색채(hue)를 결정하며, 파의 크기 또는 높이에 의해서 결정되는 에너지의 양인 진폭은 밝기를 결정한다([그림 3-4] 참조). 우리가 빛이라는 물리적인 에너지를 어떻게 색으로 변환시키는가를 이해하기 위해서 우리는 먼저 눈을 이해할 필요가 있다.

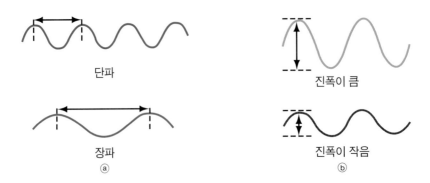

[그림 3-4] 장파와 단파

ⓐ 단파는 고주파이고 파란색이나 고음을 나타내며, 장파는 저주파이고 붉은색이나 저음을 나타낸다.

ⓑ 진폭이 큰 경우는 밝은 색이나 큰 소리를 나타내고, 진폭이 작은 경우는 어두운 색이나 작은 소리를 나타낸다.

(2) 눈의 구조와 기능

빛은 동공을 통하여 눈으로 들어온다. 동공 주위의 홍채는 눈으로 들어오는 빛의 양을 조절한다. 홍채 뒤의 수정체는 조절(accommodation)이라는 작용을 통해 두께를 변화시켜 빛을 작은 점으로 수렴시킨다. 빛의 초점이 모아지는, 빛에 민감한 표면을 망막(retina)이라고 하는데, 이는 안구의 뒤쪽 전면에 여러 층으로 구성되어 있다.

① 눈의 구조

안구를 통과한 영상은 상하좌우가 반전되어 맺힌다([그림 3-5] 참조). 이러한 사실은 학자들을 당황하게 하였다. 레오나르도 다빈치는 아마도 눈의 유리체가 빛을 굴절시켜서 망막에 도달하는 빛을 다시 거꾸로 만든다는 가능성을 생각하였다. 그러나 1604년 케플러(Kepler)는 세상의 거꾸로 된 이미지가 망막에 맺힌다는 것을 보여 주었다(Crombie, 1964). 그러면 우리는 어떻게 그런 세상을 이해하는가? 나중에 심리학자들이 포함된 자연철학자들이 망막은 영상을 전체적으로 파악하지 않는다는 것을 발견하였다. 대신에 수백만 개의 감각세포는 빛 에너지를 신경충동으로 전환시킨다. 이러한 충격은 대뇌로 전달되어 거기에서 우리가 지각하는 똑바로 된 영상으로 생성된다.

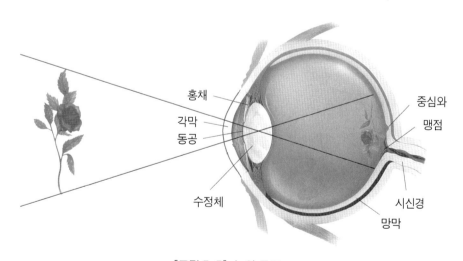

홍채
각막
동공
수정체
중심와
맹점
시신경
망막

[그림 3-5] 눈의 구조

② 망막

망막에는 간상체와 추상체라는 두 종류의 감각세포가 존재한다([그림 3-6] 참조). 간상체나 추상체에 빛이 떨어지면 화학적인 변화가 발생하여 주변의 양극세포를 흥분시키

는 신경신호가 생성되고, 양극세포는 다시 신경절세포를 흥분시킨다. 신경절세포에서
나오는 축삭들은 대뇌로 정보를 전달하는 시신경을 이룬다. 한쪽 눈에 거의 백만 개의
신경섬유가 있으므로 시신경에 의해서 한 번에 전달되는 정보의 수는 거의 백만 개에
가깝다. 눈에서 신경섬유가 안구의 뒤편으로 전달되는 신경 다발 부위에는 감각세포
가 없어서 이 부분에 빛이 떨어지면 보이지 않는다. 이를 맹점(blind spot)이라고 한다
([그림 3-5] 참조).

　　대부분의 추상체는 망막의 중심부인 중심와(fovea)에 모여 있다. 사실 중심와에는 간
상체가 없고 추상체만이 존재한다. 간상체와는 달리 많은 추상체에는 자신의 정보를
시각피질로 전달하기 위한 전용 양극세포들이 할당되어 있는데, 이 시각피질의 많은
부분은 중심와로부터의 정보를 처리하기 위한 영역이다. 따라서 추상체는 세밀한 것
을 탐지할 수 있는 반면 간상체는 밀도가 낮고 전용 회선이 없기 때문에 세밀하게 볼

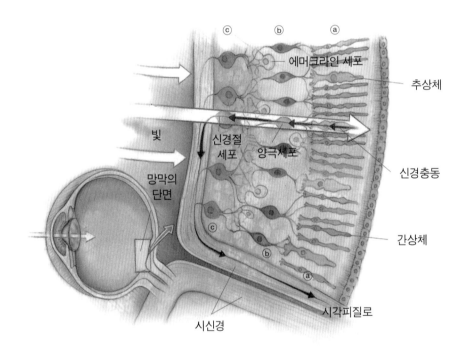

[그림 3-6] 눈에서 발생하는 빛 정보의 이동 경로

눈으로 유입된 빛은 망막의 뒤쪽에 있는 간상체와 추상체의 광색소를 탈색시킴으로써 인접 양
극세포에 신경충동을 유발한다.

ⓐ 망막 뒤에 있는 외신경층으로 간상체와 추상체가 분포되어 있다. 여기에서 발생하는 화학적
　　인 반응이 양극세포의 반응을 일으킨다.

ⓑ 양극세포가 신경절세포를 흥분시킨다.

ⓒ 신경절세포의 축삭이 시신경을 이루어 시각피질로 정보를 전달한다.

수 없다. 망막의 주변부에는 간상체가 훨씬 많기 때문에 책을 읽을 때 우리가 응시하는 지점에서 몇 cm 떨어진 곳의 글씨는 흐릿하게 지각된다(〈표 3-1〉 참조).

간상체는 색을 탐지하지 못하지만 추상체는 색을 볼 수 있도록 한다. 조명이 어두워지면 추상체는 제대로 기능하지 못하지만 간상체는 희미한 불빛 아래서도 민감하다. 이것은 몇 개의 간상체가 약한 빛의 희미한 에너지를 모아서 단일 양극세포에 전달하기 때문이다. 어두운 극장에 들어가거나 밤에 불을 끄면 동공이 확대되어 망막의 주변부에 있는 간상체에 더 많은 빛이 도달되도록 한다. 눈이 어둠에 충분히 적응하기까지는 보통 20분 이상 소요되는데, 이를 암순응이라 한다.

▪ 표 3-1 ▪ 인간 망막의 간상체와 추상체의 특성

구분	추상체	간상체
숫자	6백만	1억 2천만
망막에서의 위치	중심	말초
약한 빛에 대한 민감도	낮음	높음
색채반응	있음	없음

(3) 시각정보의 처리

우리는 시각정보를 점차적으로 추상적인 수준에서 처리한다. 초기 수준에서 망막은 시각피질로 전달되기 전의 정보를 처리하는데, 실제로 망막은 뇌의 일부로서 발생의 초기에 눈으로 발달한다. 망막의 신경층은 신경충동을 단순히 이동만 시키는 것이 아니라 감각정보를 부호화하고 분석하는 데 도움을 준다. 실제로 시각정보 처리의 중요한 부분이 망막의 신경층에서 발생한다([그림 3-6] 참조). 예를 들어, 개구리의 눈에 있는 세 번째 신경층에는 움직이는 파리와 같은 자극에만 반응을 보이는 벌레탐지기(bug detector) 세포가 존재한다(Barlow, 1953).

인간의 눈은 약 1억 3천만 개의 간상체와 추상체로부터 정보가 수용되어 약 백만 개의 신경절세포로 전달되며, 신경절섬유들이 모여서 시신경을 이룬다. 전형적인 신경절세포는 명암의 대비에 반응한다. 이것은 뇌가 모서리나 세상의 다른 중요한 특징을 탐지하는 데 도움을 준다는 것을 의미한다. 그러나 대부분의 정보처리는 뇌에서 이루어지며, 망막의 부분들은 자신의 정보를 뇌의 뒤쪽에 있는 시각피질인 후두엽의 대응 위치로 보낸다([그림 3-7] 참조).

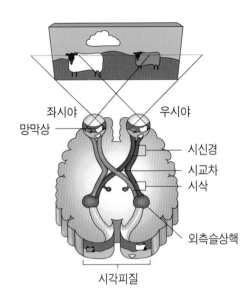

[그림 3-7] 눈에서 대뇌피질까지 시각정보의 전달과정

① 특징 탐지

하나의 신경절세포는 자신의 시각장에 정보가 주어지면 그 신호를 시각피질로 전달한다. 노벨상 수상자인 허블과 비셀(Hubel & Wiesel, 1979)은 **특징 탐지기**(feature detector)라고 불리는 시각피질세포가 이러한 정보를 받으면 특정한 모서리, 선분 그리고 각도와 같은 장면의 일정한 특징에 반응한다는 것을 증명하였다.

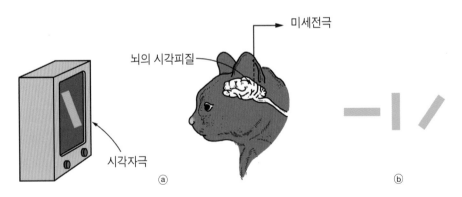

[그림 3-8] 고양이의 시각피질에 있는 세포들의 반응 특성

ⓐ 허블과 비셀은 그림과 같은 장치를 통하여 여러 방위의 선분자극을 제시하였다.

ⓑ 고양이의 시각피질에 있는 세포들은 특정 방위의 선분에는 선별적으로 예민하게 반응하지만, 다른 방위의 선분에는 잘 반응하지 않는 것으로 나타났다. 즉, 한 세포가 그림 왼쪽의 수평선분에 예민하게 반응한다면, 그 세포는 오른쪽의 수직 또는 대각방위의 선분에는 잘 반응하지 않는다는 것이 발견되었다. 이것은 고양이의 시각피질에 있는 세포 각각이 선분의 방위를 탐지 또는 분석하는 역할을 한다는 것을 의미한다.

예를 들어, 그들은 어떤 한 뇌세포가 특정한 기울기를 가진 선에 최대로 반응한다는 것을 보여 주었다([그림 3-8] 참조). 만약에 선분이 2시 방향에서 1시나 3시 방향으로 기울어지면 그 세포의 반응은 감소한다. 따라서 특징 탐지기는 눈에 떨어진 정보 중에서 놀랍도록 구체적인 정보를 기록한다. 특징 탐지기 세포들은 이러한 정보를 더 복잡한 패턴에만 반응하는 세포들에 전달한다. 여기에서 우리는 지각과정이 단순한 과제를 수행하는 많은 신경의 상호작용에서 생긴다는 것을 알 수 있다.

② 병렬처리

신경충동은 컴퓨터 칩보다 약 백만 배 느리다. 그렇지만 뇌는 친숙한 얼굴을 금방 인식한다. 한 단계 한 단계 순차적으로 처리하는 대부분의 컴퓨터와는 달리, 우리는 병렬처리(parallel processing)를 한다. 우리의 뇌는 시각장면을 색, 깊이, 운동, 형태 등의 하위 차원으로 분할하여 각 차원을 동시에 처리한다(Livingstone & Hubel, 1988). 즉, 룸멜하르트(Rumelhart, 1989)가 설명하는 것처럼 일을 전문화된 신경망에 나누어 줌으로써 뇌의 정보처리 속도를 높여 준다.

따라서 망막은 시각피질의 한 부분에만 정보를 보내는 것이 아니라 동시에 여러 부위로 정보를 보낸다. 이러한 시각정보가 통합되면 다른 대뇌피질인 측두엽에서 추가로 처리하여 영상을 인식할 수 있다. 얼굴 인식의 경우 대뇌피질의 30%가 관여하는 것으로 알려져 있다. 감각-운동 협응에 필요한 계산은 추리에 관여하는 계산보다 훨씬 많은 계산능력을 필요로 한다.

다른 감각들도 비슷한 속도와 비슷하게 복잡한 과정을 거쳐 정보를 처리한다. 부엌 문을 열면 들어가기도 전에 부엌에서 나는 냄새를 인식한다. 전화를 받을 때 상대방이 '여보세요.' 하는 소리를 듣고 나면 그가 누구인지를 금방 알아차린다. 그러한 사건이 감각을 자극하면 몇 분의 1초 내에 수백만 개의 신경들이 동시에 조화를 이루어 필수적인 특징을 추출하고, 과거의 경험과 비교하여 자극을 확인한다(Freeman, 1991).

(4) 색채시각

사람들은 대상이 색채를 가지고 있는 것처럼 이야기한다. 그러나 "아무도 사과를 볼 수 없다면, 그것이 붉은 것인가?" 물론 그렇지 않다. 우선, 사과는 절대 빨갛지 않다. 그것은 붉은 색감을 일으키는 장파장을 주로 반사할 뿐으로, 붉은색이라는 색감은 우리 뇌의 색채 인식과정에 의한 것이다.

우리는 약 7백만 개의 서로 다른 색을 구별할 수 있다(Geldard, 1972). 우리의 뇌는 어떻게 색 경험을 일으키고 또 그렇게 다양한 색을 경험하도록 하는가?

19세기에 헤르만 폰 헬름홀츠(Hermann von Helmholtz)와 영국 물리학자인 토머스 영(Thomas Young)은 빨강, 초록, 파랑이라는 세 가지 색을 혼합하면 어떠한 색채도 만들어 낼 수 있다는 사실을 인식하였다([그림 3-9] 참조). 그들은 눈에 각 기본색에 해당하는 세 종류의 수용기가 있어야 한다고 추론하였다.

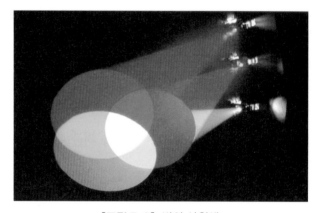

[그림 3-9] 빛의 삼원색

삼원색설에 의하면 망막에는 세 가지 유형의 색채수용기가 있고, 각 수용기는 세 가지 기본색 중 하나에 민감하다. 그리고 놀랍게도 이 색들은 실제로 빨강, 초록, 파랑이었다. 이러한 수용기가 어떤 조합으로 반응하는가에 따라 우리는 다른 색을 경험하게 된다.

이후 생리학자인 헤링(Hering)은 삼원색설로는 설명하기 곤란한 색채경험을 지적하였다. 예를 들어, 우리는 빨강과 초록을 혼합하면 노랑을 본다. 그러나 빨강과 초록을 볼 수 없는 사람들이 어떻게 노랑을 볼 수 있는가? 또한 보라가 빨강과 초록의 혼합으로 느껴지는 것과는 달리 노랑은 순색으로 보이며 빨강과 초록의 혼합으로 경험되지 않는다. 헤링은 잔상(afterimage)현상에서 단서를 발견하였다. 만약 초록색 사각형을 한동안 응시한 후에 백지를 보면 당신은 초록의 보색인 빨강을 보게 된다. 노란색 사각형을 한동안 응시하면 당신은 잠시 후에 백지에서 노랑의 보색인 파랑을 보게 될 것이다([그림 3-10] 참조). 그는 빨강과 초록 지각을 맡는 하나의 과정과 파랑과 노랑을 맡는 또 하나의 과정, 이 두 가지 추가적인 색채처리과정이 있을 것으로 추측하였다.

　한 세기 후에 연구자들은 헤링의 **대립과정설**(opponent process theory)을 지지하는 증거를 발견하였다. 시각정보는 수용기를 떠난 후에 빨강과 초록, 파랑과 노랑 그리고 검정과 흰색이라는 대립색으로 분석된다. 망막의 신경정보가 대뇌로 이동하는 중간정거장이라고 할 수 있는 시상에는 빨강에는 흥분하고 초록에는 억제되는 신경세포들이 있다. 또 다른 세포들은 초록에는 흥분하고 빨강에는 억제된다(DeValois & DeValois, 1975). 따라서 망막의 특정 부위에서 이러한 색을 탐지한다면, 당신은 동일한 위치에서 동시에 보색을 탐지할 수는 없다. 결과적으로 당신은 초록색을 띤 빨강을 볼 수 없을 것이다.

　[그림 3-10]에서 본 것처럼 대립과정설은 잔상을 설명할 수 있다. 초록색을 응시함으로써 초록색에 대한 반응이 피로해지면, 백색(백색은 빨강을 포함한 모든 색을 포함하고 있음)을 응시하였을 때 초록-노랑 짝에서 빨강 부분만이 정상적으로 흥분할 것이다. 삼원색설과 대립색설은 양립할 수 없는 이론처럼 보인다. 그러나 제임슨과 허비치(Hurvich & Jameson, 1974; Jameson, 1985)는 색채지각에 관한 두 가지 이론을 조합하여 망막에 있는 세 종류의 추상체에서 시상하부에 있는 빨강-초록, 파랑-노랑, 검정-흰색의 세 가지 대립세포로 이어지는 신경배선모형을 제시하였다([그림 3-11] 참조). 이 이론에 의하면 망막 수준의 처리는 삼원색설과 같이 이루어지나 측면슬상핵 단계에서 대립과정이 일어나 각 이론이 지지하는 현상을 가능하게 한다는 것이다. 이러한 모형은 여러 연구에서 타당한 것으로 지지되었다(정찬섭, 한광희, 1990; 한광희, 정찬섭, 1991; Chung & Han, 1990).

[그림 3-10] 잔상현상

왼쪽 도형의 중앙을 몇 분간 응시한 뒤, 오른쪽에 있는 점을 응시하여 본다. 그 후 백지를 응시하면 각 색의 보색을 경험할 수 있을 것이다.

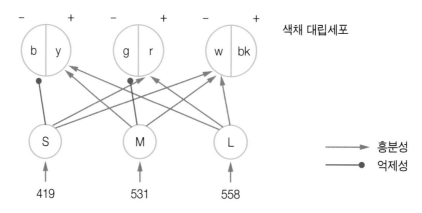

[그림 3-11] 제임슨과 허비치(1974)의 신경배선모형

◆ 색채항등성

　　우리의 색채경험은 세 가지 감각기의 반응이나 시상의 대립과정으로 전해지는 빛의 파장정보에 의해서만 전적으로 결정되는 것이 아니며, 주변의 맥락에 의해서도 영향을 받는다. 물리적으로 날씨의 변화나 조명의 변화에 따라 동일한 사물에서 반사되는 파장은 달라진다. 그럼에도 불구하고 우리는 다양한 조명하에서 사물의 색을 일정하게 인식하는데, 이러한 우리의 시각기능을 색채항등성(color constancy)이라 한다. 만일 사과의 일부분만을 보이게 하여 그것이 사과인지 알 수 없게 한 뒤 조명을 다양하게 변화시키면 우리는 붉은색으로 지각하지 못할 것이다. 우리는 이러한 색채항등성을 당연한 것으로 받아들이지만 이 현상은 대단한 것이다. 우리의 색채경험은 그 대상에 의해서만 결정되는 것이 아니라 그 주변에 있는 것들에 의해서 함께 결정된다. 우리는 어떤 대상이 그 주변에 있는 것들에 비해서 상대적으로 어떤 빛을 반사하는가를 계산함으로써 색을 볼 수 있다. 따라서 주변색의 변화에 따라 동일한 색이 다르게 지각되기도 한다([그림 3-12] 참조).

[그림 3-12]
맥락에 따른 색채변화

4) 청각

　　청각은 공기의 압력변화를 신경부호로 변환시켜 대뇌에서 그것을 의미 있는 소리로

해석하는 과정이다. 그럼 어떻게 그런 일이 일어나는지에 대해 살펴보자.

(1) 소리의 본질

피아노의 건반을 두드리면 그 결과로 나타나는 자극 에너지가 소리파(sound wave)다. 현의 떨림이 공기 입자를 밀면 그것이 그다음의 입자를 미는 것과 같은 형태로 생겨난다. 마치 호수에 돌을 던지면 생겨나는 동심원의 물결 파형처럼 퍼져 나간다. 소리 파형의 강도나 크기는 소리의 크기를 결정하고, 소리파의 주파수(혹은 파장의 길이)는 음의 고저를 나타낸다. 우리 귀에는 주파수가 높으면 고음으로, 낮으면 저음으로 들린다.

소리 에너지를 측정하는 단위는 데시벨(decibel)이다. 소리에 대한 절대역은 임의적으로 0데시벨로 규정하며, 10데시벨마다 소리가 10배 증가한다. 따라서 60데시벨인 일상 대화는 20데시벨의 속삭이는 소리보다 1만 배 더 크다([그림 3-13] 참조).

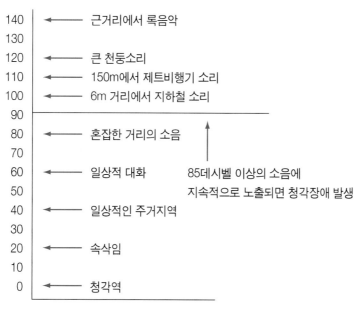

[그림 3-13] 소리의 강도

(2) 귀의 구조와 기능

듣기 위해서 우리는 소리 파형을 신경활동으로 전환시켜야 한다. 인간의 귀는 복잡한 기계적인 과정을 통해서 이러한 과제를 수행한다([그림 3-14] 참조). 공기의 파형이

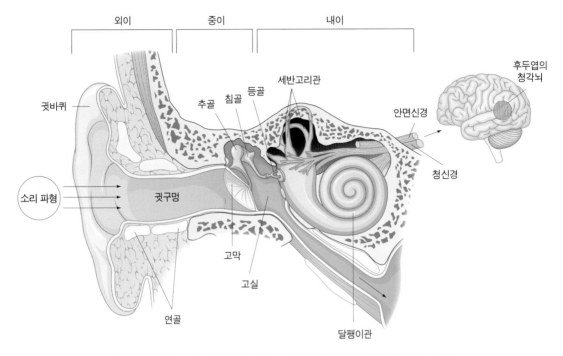

[그림 3-14] 소리 파형이 신경정보로 변환되어 대뇌에서 해석되는 과정

귓바퀴에 도달하면 외이는 소리파를 귓구멍을 통하여 고막으로 전달하는데, 고막은 파형에 따라 진동하는 얇은 막이다. 고막의 진동은 중이에 있는 3청소골(추골, 침골, 등골)을 통하여 내이에 있는 달팽이관에 전달된다. 이 진동은 달팽이관에 있는 난원창을 진동하도록 하여 달팽이관 내에 있는 액체를 진동하게 하고, 달팽이관의 아래쪽에 위치한 원창에 의해 흡수된다. 이때 달팽이관 내에 있는 액체의 움직임이 유모세포가 나 있는 기저막에 파문을 일으킨다. 이렇게 되면 물 흐름에 따라서 물풀이 움직이듯이 기저막의 파문에 따라 유모세포들이 휘어진다. 유모세포의 움직임은 자신과 연결되어 있는 신경에 충격을 일으키며, 이러한 신경들이 모여서 청신경을 이룬다. 이러한 연쇄적인 과정을 거쳐 소리 파형은 내이에 있는 유모세포로 하여금 측두엽에 있는 청각피질로 신경정보를 보내도록 한다. 공기의 진동으로부터 액체 파형을 거쳐 신경충동이 대뇌에 이르면 우리는 소리를 듣는다.

① 음의 고저지각

우리는 어떻게 높은 소리와 낮은 소리를 구별하는가? 이것은 다음 두 이론으로 설명할 수 있다. 즉, 서로 다른 소리 파형은 기저막의 서로 다른 위치에 있는 세포들을 활성화함으로써 음의 고저를 결정한다고 설명하는 이론이 있는데, 이를 장소이론(place theory)이라고 한다. 따라서 대뇌는 신경신호를 보내는 기저막의 위치를 확인함으로써 음의 고저를 결정한다는 것이다. 게오르그 폰 베케시(Georg von Békésy, 1957)는 모르모트와 인간 시체에서 채취한 달팽이관에 구멍을 뚫어 현미경으로 관찰한 결과, 고주파일수록 기저막의 초입에 활동을 일으킨다는 것을 발견하여 1961년에 노벨상을 받았다.

  장소이론은 비록 우리가 고음을 어떻게 지각하는가를 잘 설명하기는 하지만 저음 지각은 잘 설명할 수 없다. 저음에 의해서 생기는 신경신호는 기저막의 위치를 제대로 알 수 없기 때문이다. 주파수이론(frequency theory)을 이용하면 음의 고저 판별에 대한 대안적인 설명을 제공할 수 있다. 기저막은 소리 파형에 따라 진동을 한다. 이러한 진동은 소리 파형과 같은 비율로 대뇌로 가는 신경충동을 일으킨다. 만약 소리의 파형이 초당 100개의 파형을 갖는 주파수이면 초당 100개의 신경충동이 청신경을 통해 전달된다는 것이다. 따라서 대뇌는 신경충동의 주파수를 파악함으로써 음의 고저를 판단할 수 있다.

  주파수이론은 우리가 저음을 지각하는 과정을 설명할 수 있다. 그러나 하나의 신경세포가 초당 1,000번 이상 발화할 수는 없다. 그렇다면 우리가 초당 1,000개의 파형이 넘는 주파수의 소리를 들을 수 있다는 것을 어떻게 설명할 수 있는가? 피아노 건반에서 고음을 내는 대략 1/3의 건반은 주파수의 파형이 1,000개 이상이다. 연발의 원리(volley principle)에 따르면 다른 병사가 장전을 하는 동안 사격을 하는 병사들이 있는 것과 마찬가지로 신경세포들도 교대로 발화함으로써 초당 1,000번 이상의 주파수를 나타낼 수 있다는 것이다.

  요약하면, 장소이론은 우리가 고음을 지각하는 원리를 잘 설명해 주고 주파수이론은 저음을 지각하는 원리를 잘 설명해 준다. 이 두 처리과정을 잘 조합하면 중간음에 대한 지각도 설명할 수 있다.

  신경정보로 전환된 소리의 신호는 청신경을 따라 시상을 경유하여 대뇌의 측두엽으로 향하는데 이를 일차청각피질(A1 영역)이라고 한다. 일차청각피질은 소리의 주파수에 따라 위상적으로 조직화되어 있다. 일차청각피질의 세포들은 단순한 음에 주로 반응하며 복잡한 소리는 고차 청각 영역에서 처리하는 것으로 알려져 있다(Schreinder, Read, & Sutter, 2000).

② 소리의 위치 확인

두 개의 마이크로폰을 이용해서 소리를 스테레오로 녹음하는 것은 우리의 두 귀에 약간 다른 소리가 들리는 것을 모방한 것이다. 두 눈의 위치가 다르기 때문에 깊이를 지각할 수 있는 것처럼 두 귀의 위치가 다르기 때문에 우리는 소리를 스테레오로 들을 수 있다.

소리는 초당 340m를 이동하고, 우리의 귀는 약 15cm 떨어져 있기 때문에 우리의 청각체계는 두 귀에 도달하는 소리의 크기와 시간 차를 탐지하여 음원의 위치를 판별한다(Brown & Deffenbacher, 1979; Middlebrooks & Green, 1991). 두 소리의 방향을 구별할 수 있는 시간 차의 차이역은 단지 0.000027초다.

그런데 정확하게 앞뒤, 위아래처럼 두 귀로부터 동일한 거리에서 들리는 소리의 위치는 두 귀에 동시에 도달하기 때문에 확인하기가 어렵다. 그러나 우리는 소리의 위치를 알고자 할 때 머리를 움직임으로써 두 귀가 서로 다른 소리를 듣도록 하기 때문에 쉽게 위치를 파악할 수 있는 것이다.

(3) 청각장애

귀는 복잡하고 민감한 구조이기 때문에 손상을 입을 가능성이 많다. 소리 파형을 달팽이관으로 전달하는 기계적 체계에 문제가 생기면 전도성 청각장애(conduction deafness)가 된다. 만약에 고막에 구멍이 나거나 중이에 있는 뼈가 진동하는 기능을 상실하면 소리를 전달하는 귀의 능력이 감소한다. 이런 경우에는 보청기를 이용하여 소리의 진동을 증폭시킴으로써 소리를 이전처럼 듣도록 만들 수 있다.

달팽이관의 유모세포 수용기나 그와 연결된 신경이 손상되면 신경성 청각장애(nerve deafness)가 된다. 때때로 질병에 의하여 신경성 청각장애가 발생하기도 하지만 대부분은 연령에 따른 생물학적인 변화([그림 3-15] 참조) 또는 시끄러운 소음이나 음악에 지속적으로 노출됨으로써 발생한다. 일단 손상이 되고 나면 다른 유모세포를 자극하기 위해서 소리를 증폭시키는 보청기를 이용하더라도 죽은 조직을 살려 낼 수는 없다. 상어나 새와 같은 다른 동물들은 유모세포가 다시 재생될 수 있다. 과학자들은 모르모트와 쥐의 경우에 화학적으로 유모세포를 재생시키는 방법을 발견하였다(Forge, Corwin, & Nevill, 1993; Warchol et al., 1993). 이러한 발견은 언젠가 인간의 달팽이관 내에 있는 유모세포도 재생시킴으로써 신경성 청각장애로 인하여 듣지 못하는 사람들도 들을 수 있게 되리라는 희망을 준다.

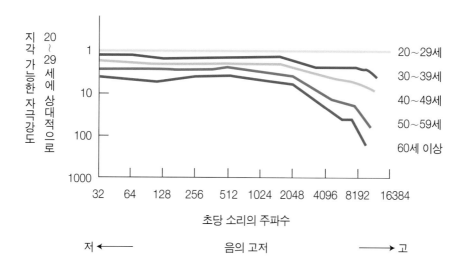

[그림 3-15] 상대적으로 지각 가능한 강도

연령이 증가함에 따라서 저음은 잘 듣게 되지만 고음은 잘 듣지 못하게 된다(Wever, 1949).

이 절에서는 감각기관이 물리적인 에너지를 신경정보로 전환하여 대뇌로 전달하는 상향적인 처리과정을 살펴보았다. 우리는 또한 마음이 경험을 결정하는 하향적 과정을 살펴볼 필요가 있다. 예를 들어, 통증은 척수를 통한 상향적 정보와 우리의 마음이 주의를 기울이고 있는 하향적 정보에 대한 반응으로 나타난다. 우리의 경험은 뇌 속에 있고 뇌는 신경의 활동을 어떻게 해석할 것인가를 결정하며, 외부 자극이 없는 경우에도 영상, 소리, 통증 등을 지각하게 할 수 있다. 감각과 지각은 우리가 세상을 어떻게 경험하는가 하는 문제에 대하여 서로 다른 측면을 설명한다.

2 지각과정

약 2,400년 전에 플라톤은 우리가 마음을 가지고 감각을 통하여 대상을 지각한다는 것을 인식하였다. 앞 절에서 살펴본 것처럼 우리의 머릿속에 세상을 구성하기 위해서는 환경의 물리적 에너지를 탐지하여 신경정보로 부호화하여야 한다. 이러한 과정을 전통적으로 감각이라 한다. 그리고 우리는 감각을 선택하고 조직화하고 해석하여야 하는데, 이러한 과정을 전통적으로 지각이라고 한다. 우리는 빛, 소리, 맛, 냄새 등을 감각할 뿐만 아니라 지각해야 한다. 우리는 단순히 여러 음과 박자를 혼합하여 들는 것이 아니라 아이의 울음소리, 자동차 소리 또는 교향곡을 듣는다. 간단히 이야기하면, 우리는 의미가 파악되지 않은 감각을 의미 있는 지각으로 변환시킨다.

1) 선택적 주의

우리는 순간순간마다 지각을 하며, 하나를 지각할 때는 이전의 지각은 사라진다. 넥커 큐브(Necker cube)([그림 3-16] 참조)를 오랫동안 보고 있으면 여러 가지 방향으로 지각됨을 알 수 있다. 이 그림은 여러 가지로 해석될 수 있지만 한순간에는 한 가지로만 경험할 수 있는 것이다. 이것은 우리의 의식적 주의가 선택적이라는 것을 나타낸다.

선택적 주의(selective attention)는 우리가 경험할 수 있는 모든 것 중에서 한순간에 의식할 수 있는 것은 매우 제한되어 있다는 것을 의미한다. 글을 읽는 동안 주변의 새소리를 의식하지 못한다. 의식적으로 새소리에 주의를 돌리면 그제야 의식할 수 있다.

선택적 주의의 극적인 예는 칵테일파티 효과(cocktail party effect)다. 칵테일파티에서 수많은 목소리가 시끄럽게 떠들어 대지만 당신은 이야기하고 있는 사람의 목소리만 선별하여 들을 수 있다.

많은 양의 시각자극이 주어져도 우리는 처리하기 위한 자극으로서 단지 조금만을

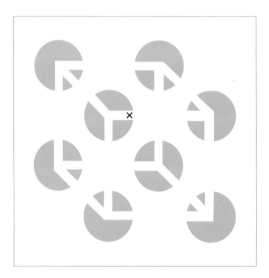

[그림 3-16] 선택적 주의

당신은 선이 포함된 원들을 보는가, 아니면 정육면체를 보는가? 만약 당신이 정육면체를 본다면 당신은 상태가 변화됨을 볼 것이다. 즉, 중앙에 있는 작은 x는 앞 모서리나 뒤 모서리로 보일 것이다. 그러나 선택적 주의로 인하여 당신은 두 가지 상태를 동시에 경험할 수는 없다.

선택할 수 있다(Neisser, 1979). 시몬스와 채브리스(Simons & Chabris, 1999)는 사람들에게 검은 옷을 입은 세 사람과 흰 옷을 입은 세 사람이 농구를 하고 있는 수분짜리 비디오테이프를 보여 주었다. 그들은 관찰자에게 흰 옷을 입은 사람이 공을 패스하는 수를 세라고 지시하였다. 비디오 상영 중간에 검은 고릴라가 스크린을 가로질러 걸어갔다([그림 3-17] 참조). 대부분의 관찰자가 흰 옷을 입은 경기자들에게 그들의 주의를 완전히 주었기 때문에 고릴라가 지나가는 것을 보지 못하였다. 연구자가 그들에게 테이프를 다시 보여 주었을 때 관찰자들은 고릴라를 보고 놀랐다. 이와 같은 주의 실패를 무주의맹(inattention blindness)이라 한다(Mack & Rock, 1998).

　우리가 알아차리지 못한 자극들도 우리에게 영향을 주는가? 실제로 영향을 준다는 실험결과가 있다. 한 실험에서 어떤 학생이 헤드폰을 통해서 한쪽 귀로 시를 낭송하는 것을 들었다. 그들의 과제는 그 시를 소리 내어 따라 읽고 쓰인 것과 동일한지를 검사하는 것이었다(Wilson, 1979). 그 사이에 단순하고 새로운 소리를 다른 쪽 귀에 들려주었다. 그 소리는 역하자극이 아니어서 쉽게 들을 수 있었다. 그러나 그들의 주의는 선택적으로 시에 쏠려 있었기 때문에 그 소리를 의식하지 못하였다. 따라서 나중에 이 소리를 다른 시들 사이에 들려주어도 그들은, 사람들이 자기가 주의를 주지 않은 대화를 회상할 수 없는 것처럼 알아차리지 못하였다. 그럼에도 불구하고 각 소리 중에서 어떤 것이 좋은지를 평정하라고 하면 그들은 이전에 들었던 소리를 선택하였다. 그들은 의식적으로 기억할 수는 없었지만 주의를 받지 못한 그 정보를 처음 듣는 정보보다

[그림 3-17] 선택적 주의(Simons & Chabris, 1999)

더 선호하였음을 보여 준다.

또 다른 실험에서는 청자에게 '우리는 은행(둑) 옆에 서 있었다.'와 같은 소리를 한쪽 귀에 들려주고 주의를 기울이게 하였다. 이때 강이나 돈과 같은 관련 단어가 주의를 기울이지 않은 귀에 동시에 주어지면 청자는 그 단어들을 의식적으로 지각하지는 못하였지만 모호한 문장을 관련 단어의 의미와 연관 지어 해석하였다(Baars & McGovern, 1994). 따라서 지각은 주의를 필요로 하지만 주의가 주어지지 않은 자극들도 때때로 미묘한 효과를 주는 것 같다.

2) 지각적 착각

우리는 일단 어떤 자극에 주의를 하고 나면 어떻게 그것을 의미 있는 지각체로 구성하는가? 착각은 우리의 감각을 조직화하고 해석하는 정상적인 방법을 밝혀 주기 때문에 아직도 관심을 끌고 있다. 다음과 같은 지각적 착각(perceptual illusion)을 생각해보자.

[그림 3-18]에는 1889년에 밀러-라이어(Müller-Lyer)가 구성한 전형적인 자극이있다.

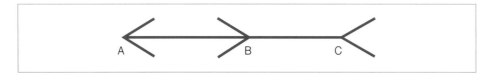

[그림 3-18] 밀러-라이어(Müller-Lyer) 착시

선분 AB와 BC 중 어떤 것이 더 길어 보이는가? 대부분의 사람에게는 두 선분의 길이가 거의 같은 것으로 지각된다. 그렇지만 당신이 자를 이용하여 그 길이를 재 보면 AB가 BC보다 약 1/3이 더 길다. 왜 우리의 눈이 우리를 속이는가?

비행기 조종사나 선장 그리고 자동차 운전자는 다양한 시계에서 주변을 지각한다. 그들의 지각이나 반응에서 오류가 발생하면 그 결과가 대참사로 이어지기도 한다. 거리에 대한 판단을 알아보기 위하여 심리학자인 로스(Ross, 1975)는 헐(Hull) 대학의 잔디에 흰 원판들을 세워 놓고 거리를 판단하게 하였다([그림 3-19] 참조). 그 결과 아침에 안개가 낀 상태에서 거리를 판단하는 경우가 정오의 햇살 아래서 판단하는 것보다 더

아침에 안개가 낀 상태

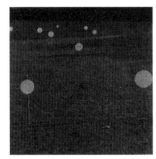

정오에 햇살이 비치는 상태

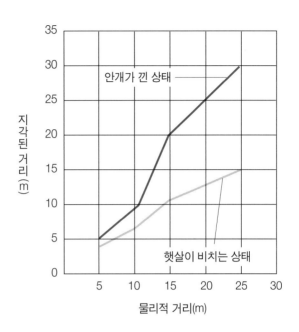

[그림 3-19] 자극의 선명도에 따른 거리지각(Ross, 1975)

먼 것으로 판단되었다. 이것은 우리가 거리를 어떻게 판단한다는 것인가?

3) 지각적 조직화

감각자극을 의미 있는 지각체로 변환시키기 위해서 우리는 그것들을 조직화해야 한다. 우리는 대상을 배경에서 분리하여야 하고, 그것을 의미 있고 일정한 형태를 가진 것으로 파악하여 그 거리와 움직임을 판단해야 하는 것이다. 뇌가 지각하는 원리를 이해하면 착각이 왜 발생하는지를 설명할 수 있다.

20세기 초에 일단의 독일 심리학자들은 어떻게 마음이 감각을 지각으로 조직화하는가에 관심을 가졌다. 감각질이 주어지면 사람들은 그것들을 조직화하여 게슈탈트(Gestalt)를 구성한다. 게슈탈트는 독일어로 형태나 전체를 의미한다. 게슈탈트 심리학자들은 자신들의 주장을 뒷받침하는 여러 가지 예를 제시하였다. 앞에 제시된 [그림 3-16]을 보면 그림의 구성요소들은 세 개의 직선이 포함된 여덟 개의 원형에 지나지 않는다. 그러나 우리는 그것들을 종합하여 넥커 큐브로 보게 된다.

　　게슈탈트 심리학자들은 "전체는 부분의 합 이상이다."라고 말하기를 좋아한다. 부식성 금속인 나트륨과 유독가스인 염소를 조합하면 먹을 수 있는 소금과 같은 전혀 다른 물질이 생겨난다. 마찬가지로 대상의 구성요소로부터 고유한 지각된 전체가 출현한다(Rock & Palmer, 1990). 지각은 감각이 단순히 모인 것 이상의 어떤 것이 있다. 게슈탈트 심리학자들은 여러 가지 사례를 이용해서 우리가 감각을 조직하여 지각하는 원리를 제안하였다. 우리의 뇌는 세상에 대한 정보를 단순히 저장하는 일보다 더 많은 일을 한다. 지각은 단순히 창을 열어서 영상이 대뇌로 전달되도록 하기만 하는 것은 아니다. 우리는 감각정보를 여과하고 우리에게 의미 있는 방향으로 지각적 추론을 한다.

　　시각적 특징을 완전한 형태로 구성하려는 경향성은 입력자극의 감각적 분석에서 시작되는 하상처리(bottom-up processing)와 이러한 감각질을 해석하기 위하여 경험과 기대를 사용하는 상하처리(top-down processing)를 통해서 이루어진다.

　　원숭이의 뇌에는 [그림 3-20]에 제시된 것과 같은 착각적 윤곽(illusory contour)에 반응하는 세포들이 있다(Wenderoth, 1992; Winckelgren, 1992). 게슈탈트의 원리에는 마음이 해석을 한다는 명백한 예들이 많이 있다. 감각과 지각은 하나의 연속적인 처리로 혼합되어 있으며, 특정한 탐지세포에서 얻은 하상 정보와 경험을 통해서 가지고 있는 상하 정보가 혼합된 것이다.

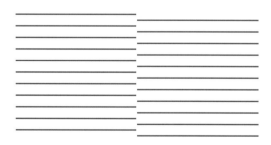

[그림 3-20] 착각적 윤곽

(1) 형태지각

　　인간의 눈과 두뇌체계를 갖추고 손으로 쓴 글씨를 읽고 얼굴을 알아보는 컴퓨터 시스템을 만들려 한다고 가정해 보자. 사실 미국의 우체국에서는 그러한 스캐너를 개발하기 위해서 수백만 달러를 투자하였다. 이러한 시스템에 어떤 능력들이 필요한지 생각해 보자.

① 전경과 배경

지각에서 우리의 첫 번째 과제는 배경(ground)이라고 하는 주변으로부터 전경(figure)이라고 하는 대상을 분리해서 보는 것이다. [그림 3-21]에서는 전경-배경이 연속적으로 반전된다. 그러나 우리는 언제나 주어진 자극에서 배경을 뒤로 한 전경을 조직화한다. 그림은 꽃병인가? 아니면 마주보는 두 개의 얼굴인가? 이러한 전경-배경 반전도형은 동일한 자극이 한 가지 이상으로 지각될 수 있다는 것을 보여 준다.

[그림 3-21] 전경-배경 반전도형

② 지각집단화

전경과 배경을 분리하고 나면 우리는 전경을 의미 있는 형태로 조직화하여야 한다. 우리는 색채, 운동, 명암대비와 같은 장면의 기초적인 특징을 즉각적이고 자동적으로 처리한다(Treisman, 1987). 이러한 기본적인 감각에 순서나 형태를 부여하기 위해서 우리의 마음은 다음과 같이 자극을 집단화(grouping)하는 어떤 규칙을 따른다([그림 3-22] 참조).

• **근접성**(proximity): 우리는 가까이 있는 것들을 함께 집단화한다. 즉, 여섯 개의 구분된 선을 보는 것이 아니라 두 줄로 된 세 개를 본다.

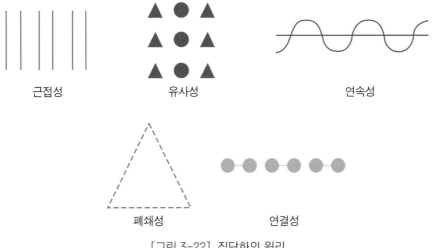

[그림 3-22] 집단화의 원리

- 유사성(similarity): 만약 생김새가 유사하면 우리는 유사한 것들끼리 집단화한다. 우리는 여러 형태로 구성된 수평선을 보는 것이 아니라 삼각형과 원으로 된 수직선을 본다.
- 연속성(continuity): 우린 불연속적인 것보다는 부드럽게 연속된 패턴을 지각한다. 이러한 패턴은 반원들의 모임일 수도 있으나 우리는 정현파인 곡선과 직선으로 지각한다.
- 폐쇄성(closure): 그림에 틈이 있으면 우리는 그것의 빈 곳을 채워서 완전한 전체적인 대상으로 지각한다. 우리는 자연스럽게 이 틈을 메워 완전한 삼각형을 본다.
- 연결성(connectedness): 우리는 동일한 것이 연결되어 있으면 점과 선과 그 영역을 하나의 단위로 지각한다.

집단화의 원리는 일반적으로 우리가 세상을 지각하는 데 도움을 주지만 때때로 [그림 3-23]과 같은 그림을 볼 때 우리를 혼란스럽게 한다.

[그림 3-23] 3차원에서 불가능한 도형

(2) 깊이지각

우리는 망막에 비친 2차원적인 영상을 이용하여 3차원적인 지각을 해야 한다. 3차원적으로 대상을 지각하는 것을 깊이지각(depth perception)이라 한다.

우리는 어떻게 2차원적인 망막의 영상을 3차원적인 지각으로 전환하는가? 어떤 깊이지각의 단서들은 두 눈이 있음으로써 가능한데, 이를 양안단서(binocular cue)라고 한다. 어떤 단서들은 각 눈에 따로 작용하는데, 이를 단안단서(monocular cue)라고 한다.

① 양안단서

우리의 눈은 약 6cm 떨어져 있기 때문에 두 눈에 맺힌 영상은 약간 다르다. 뇌가 두 영상을 비교할 때, 두 영상의 차이인 양안부등(binocular disparity)은 대상의 상대적인 거리를 판단하는 데 중요한 단서가 된다. 자신의 코앞에 손가락을 가져다 놓고 보면 자신의 두 망막에 맺힌 상은 매우 다르다는 것을 알 수 있다. 그러나 거리가 멀어짐에 따라서 두 망막상의 차이는 적어지게 된다.

거리에 대한 또 다른 양안단서는 시선수렴(convergence)이다. 이것은 가까운 대상을 볼 때 눈동자가 코 쪽으로 돌아가는 신경근육 단서다. 시선수렴의 각도를 알아냄으로써 뇌는 당신이 가까이 있는 책을 응시하는지 아니면 방의 저쪽에 있는 사람을 응시하는지를 계산할 수 있다.

② 단안단서

우리는 쉽고 정확하게 손에 잡은 연필의 끝을 만질 수 있다. 그러나 한 눈을 감으면 이러한 과제가 어렵게 느껴진다. 양안단서는 이러한 경우 유용하지만 사람이 30m 떨어져 있는지 100m 떨어져 있는지 판단하는 경우, 혹은 심지어 한쪽 눈만을 사용할 수 있는 경우 양안단서보다는 단안단서가 사용된다. 이때 우리는 다음과 같은 단안단서를 이용한다([그림 3-24] 참조).

• 상대적 크기: 우리가 두 물체의 크기가 비슷하다고 가정할 때 망막에 맺힌 영상의 크기가 작을수록 멀리 있는 것으로 판단한다.

(a) 중첩　　　　　　　(b) 결의 밀도 변화　　　　　(c) 상대적 높이

[그림 3-24] 거리지각의 단안단서

[그림 3-25] 상대적 운동

[그림 3-26] 선형조망

- **중첩**: 한 물체가 다른 것을 부분적으로 가리고 있으면 가려진 것이 더 멀리 있는 것으로 지각한다.
- **상대적 명확성**: 윤곽이 뚜렷한 물체보다는 윤곽이 흐린 물체를 더 멀리 있는 것으로 지각한다.
- **결의 밀도 변화**: 간격이 넓고 구별되는 결의 밀도가 점진적으로 좁고 구별 안 되는 결의 밀도로 변화되면 거리가 멀어지는 것으로 판단한다.
- **상대적 높이**: 우리는 두 대상이 지평선 아래에 있을 때 시야에서 위쪽에 있는 대상을 더 멀리 있는 것으로 지각한다.
- **상대적 운동**: 우리가 이동할 때 고정된 물체도 상대적인 움직임이 있는 것으로 지각된다. 기차를 타고 갈 때 가까이 있는 나무들은 멀리 있는 나무들보다 더 빨리 뒤로 움직이는 것처럼 느껴진다([그림 3-25] 참조).
- **선형조망**: 기차선로와 같은 평행한 선들은 거리가 멀어질수록 한 점으로 수렴된다. 선들이 가깝게 모일수록 거리는 더 먼 것으로 지각된다([그림 3-26] 참조).

(3) 운동지각

영화를 볼 때처럼 약간 다른 영상을 연속적으로 보여 주면 대뇌는 그것을 움직임으로 지각한다. 이를 스트로보스코픽 운동(strovoscopic movement)이라고 한다. 초당 24장의 영상을 보여 주면 영화필름은 운동지각을 일으킨다. 우리가 보는 운동은 필름에 있는 것이 아니라 우리의 뇌에서 구성되는 것이다. 극장이나 식당 등은 **파이현상**(phi phenomenon)을 이용하여 다른 형태의 운동착각을 만들어 낸다. 근접한 두 개의 전구가 연속적으로 켜졌다 꺼지면 우리는 그것들 사이에 불빛이 이동하는 것으로 지

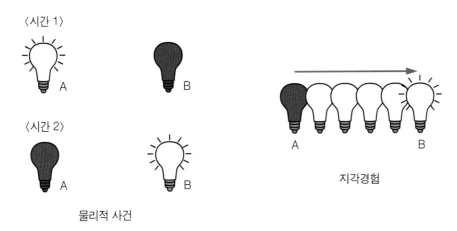

<시간 1>

A   B

<시간 2>

A   B

물리적 사건

지각경험

A   B

[그림 3-27] 파이현상

시간 1에서 A전구가 켜지고 시간 2에서 A전구는 꺼지고 B전구가 켜진다. 그러면 우리는 A에서 B로 운동이 발생한 것으로 지각한다.

각한다([그림 3-27] 참조). 이 현상을 이용하여 움직이는 화살표 등을 구성할 수 있다.

(4) 지각항등성

지금까지 살펴본 것처럼 우리가 만들고자 하는 컴퓨터 시스템은 구별된 형태와 위치 그리고 운동까지 우리가 하는 것처럼 대상을 지각해야만 한다. 해결해야 할 다음 과제는 더욱 어렵다. 그것은 바로 대상의 크기, 형태, 밝기, 색채가 변화하여도 대상을 일관성 있게 인식하는 것이다. 지각항등성(perceptual constancy)은 대상자극이 변화하여도 불변하는 대상을 지각하는 것을 말한다. 따라서 우리는 보는 각도, 거리, 조명과는 상관없이 대상을 알아볼 수 있다. 이러한 지각항등성은 어떠한 것들이 있으며, 어떻게 이루어질까?

① 모양항등성과 크기항등성

모양항등성(shape constancy)은 대상의 움직임에 의해 모양이 바뀌어도 대상을 지각할 수 있는 능력을 의미한다. 문이 열릴 때 문이 열린 각도에 따라서 우리의 망막에 맺힌 영상의 형태는 변화되지만 우리는 문이 일정한 형태를 가지고 있는 것으로 지각한다([그림 3-28] 참조).

또한 크기항등성(size constancy) 덕분에 대상까지의 거리가 변화되어도 우리는 그 대상이 일정한 크기를 가지고 있는 것으로 지각한다. 멀리 있는 자동차가 장난감이라

[그림 3-28] 모양항등성

고 착각하지 않는 이유는 지각항등성 때문이다. 일반적인 크기를 알고 있는 경우 이것은 거리의 단서로 활용된다.

② 크기와 거리의 관계

대상의 거리와 망막영상의 크기가 지각되고 나면 우리는 즉각적이고 무의식적으로 대상의 크기를 추론한다. [그림 3-29]에 제시된 선분들은 위쪽에 있는 선분이 더 긴 것처럼 보이지만 실제 그림의 크기는 같다. 이것은 우리의 뇌가 주변의 맥락에 의해 뒤의 선분이 멀리 있는 것으로 무의식적인 추론을 수행하기 때문이다.

지평선에 걸려 있는 달은 중천에 떠 있는 경우보다 약 50% 정도 커 보인다. 그 이유에 대한 만족할 만한 설명은 없지만(Hershenson, 1989), 유력한 한 가지 설명에 의하면

[그림 3-29] 지각된 크기와 거리의 관계(폰조 착시)

지평선에는 거리에 대한 단서가 많아서 그 단서보다 멀리 있는 달을 더욱 멀리 있는 것으로 지각한다는 것이다(Kaufman & Rock, 1962). 종이를 말아서 작은 구멍을 통해서 달을 관찰함으로써 거리단서를 사라지게 하면 달은 갑자기 작게 보인다.

크기와 거리의 관계를 이용하면 앞에 제시되었던 뮐러-라이어(Müller-Lyer) 착시를 이해하는 데 도움이 될 수 있다. 이 착시에 관련된 논문은 1,000편이 넘지만 아직도 심리학자들은 만족할 만한 설명을 할 수가 없다. 한 가지 설명은 [그림 3-30]에 제시되어 있는 것처럼 표를 파는 곳의 수직선은 가까이 있어서 짧은 것으로 지각되지만, 문 쪽에 있는 수직선은 멀리 있는 것으로 해석되어 더 긴 것으로 지각된다는 것이다.

이러한 설명을 지지해 주는 한 예로 아프리카의 밀림에서 네모 반듯한 건물을 볼 기회가 없었던 원주민은 현대문명의 도시인에 비하여 뮐러-라이어 착시가 적게 일어난다는 것을 들 수 있다(Segall et al., 1990). 이러한 현상은 종족의 차이가 아닌 문화의 차이인데, 아프리카에서도 수직과 수평의 건물들로 이루어진 집에서 생활하는 사람들은 밀림에서 생활하는 사람들보다 뮐러-라이어 착시가 더 크다. 우리의 경험은 상하 처리 과정을 통하여 지각에 영향을 주는 것 같다.

인류학자인 턴불(Turnbull, 1961)은 아프리카 밀림 속에서만 생활하는 피그미족을 통해서 경험의 또 다른 효과를 관찰하였다. 그들이 넓은 초원에 나왔을 때 몇 마일 떨어진 곳에 들소가 보였다. 그들은 그러한 거리에서 크기를 판단해 보지 않았기 때문에

[그림 3-30] 뮐러-라이어(Müller-Lyer) 착시의 설명

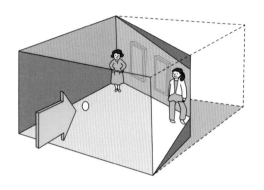 

[그림 3-31] 거리단서의 왜곡으로 인한 착각

어떤 곤충이냐고 물어보았다. 턴불이 그것은 들소라고 이야기하였을 때 피그미족은 웃으면서 그런 바보 같은 소리하지 말라고 하였다. 그래서 그들이 들소 쪽으로 차를 몰고 가자 피그미족은 들소가 점점 커지는 것을 보고 매우 당황해하였다.

크기와 거리의 관계를 이용하여 [그림 3-31]에 제시된 것과 같은 현상을 설명할 수 있다. 그림에서 볼 수 있는 것처럼 방은 직사각형이 아니다. 그러나 작은 구멍을 통해서 한 눈으로 보면 사다리꼴로 생긴 방이, 두 눈으로 볼 때는 정상적인 직사각형의 방과 동일하게 보인다. 카메라의 한쪽 렌즈를 통해서 보면 뇌는 방이 정상적으로 생겼다고 가정을 하게 되고, 따라서 사람의 키가 다른 것으로 지각한다.

③ 밝기항등성

우리는 조명의 변화에도 불구하고 대상의 밝기를 일정하게 지각하는데, 이것을 밝기항등성(brightness constancy)이라 한다. 지각된 밝기는 대상에서 반사되는 빛과 주변에서 반사되는 빛의 상대적 강도에 의해서 영향을 받는다. 주변 상황이 변화되지 않을 때 지각된 밝기가 비교적 일정하게 유지될 때 주변 상황이 변화되면 어떻게 될 것인가? [그림 3-32]에 제시되어 있는 것처럼 우리의 뇌는 대상 주변과 비교하여 밝기와

[그림 3-32] 밝기 대비

색을 계산한다. 따라서 지각된 밝기는 상황맥락에 따라 변화된다.

4) 자극의 해석

우리는 어느 정도까지 지각하는 것을 배우는가? 만약에 우리가 생후 초기에 정상적인 시각경험을 하지 못하였다면 나중에 정상적으로 지각할 수 있는가? 우리의 가정과 신념은 우리의 지각과 해석에 얼마만큼 영향을 미치는가?

(1) 감각 박탈과 시각 회복

출생 시 장님이었던 사람이 성인이 되어 치료를 받으면 정상적인 시각능력을 갖추게 되는가? 백내장을 가지고 태어나 희뿌연 빛만을 볼 수 있는 사람을 대상으로 한 연구에서 나중에 백내장을 제거하였을 때 전경과 배경을 구분하고 색채를 볼 수 있었지만, 출생 시부터 사물을 보지 못했던 사람들은 사물의 형태를 시각적으로 인식할 수 없었다(Gregory, 1978).

어린 고양이와 원숭이의 눈에 희미하게만 볼 수 있는 안경을 끼워서 자라게 한 경우(Wiesel, 1982), 유아기가 지나 안경을 제거한 후 색채와 밝기는 구별할 수 있었지만 원과 사각형을 구별할 수는 없었다. 눈이 퇴화된 것이 아니라 자극의 결핍으로 인하여 시각피질세포가 정상적으로 발달하지 못하였다. 어린 고양이, 원숭이, 사람에 대한 시각경험의 효과를 살펴보면 정상적인 감각 지각발달에 결정적 시기(critical period)가 있는 것으로 추정된다. 적절한 시기에 적절한 경험을 통해서 뇌가 정상적으로 발달해야 한다. 그러므로 생후 초기의 정상적인 시각경험은 시각발달에 매우 중요하다.

(2) 지각순응

우리가 만약에 시각상을 약간 찌그러져 보이도록 하는 안경을 썼다고 하면 2~3일 내로 적응할 수 있다. 만약에 좌우가 바뀌고 위아래가 거꾸로 보이는 안경을 착용하게 되면 어떻게 될 것인가? 처음에는 공도 반대로 던지고 길을 걷거나 음식을 먹기도 어려워서 불편해하고 우울해하지만 8일 정도 지나게 되면 편안하게 사물을 잡을 수도 있고 넘어지지 않고 걸어갈 수도 있었다(Dolezal, 1982; Köhler, 1962; Stratton, 1896). 그러한 안경을 제거하고 나서 그 사람은 또다시 신속하게 재적응을 하였다. 스페리(Sperry, 1956)에 따르면 상하좌우가 바뀌었을 때 물고기, 개구리, 도마뱀 등은 엉뚱한 방향으로 이동하여 제대로 적응하지 못했지만 고양이, 원숭이, 사람은 거꾸로 된 세상에 적응할 수 있었다.

(3) 지각적 갖춤새

일반적으로 모든 사람은 보이는 대로 믿는다. 또한 많은 사람이 알고 있는 다른 한 가지는 믿는 대로 본다는 것이다. 우리는 경험, 가정 그리고 기대를 통해서 **지각적 갖춤새**(perceptual set) 또는 마음의 갖춤새를 형성하게 되는데, 이는 지각에 영향을 준다. 예를 들어, 배고픈 사람에게는 식탁에 놓여 있는 스펀지가 **빵**으로 보일 수 있다.

그러면 지각적 갖춤새를 결정하는 요인은 무엇인가? 우리는 경험을 통해서 개념 또는 도식(schema)을 형성하게 되는데, 이것이 친숙하지 않은 정보를 조직화하고 해석하는 데 도움을 준다. 우리는 이미 가지고 있는 도식을 이용하여 모호한 감각을 해석한다. 하늘에서 움직이는 모호한 물체를 보게 되면 사람에 따라 다른 도식을 이용하여 새, 비행기 또는 슈퍼맨으로 보게 된다.

주어진 자극은 서로 다른 도식 때문에 다른 것으로 지각되기도 하지만, 즉각적인 맥락에 따라서도 영향을 받는다. [그림 3-33]에 제시된 상자는 왼쪽 아래를 향하고 있는가 아니면 오른쪽 위를 향하고 있는가? 우리가 어떻게 지각하는가는 동물에 의해서 규정되는 맥락에 따라 달라진다.

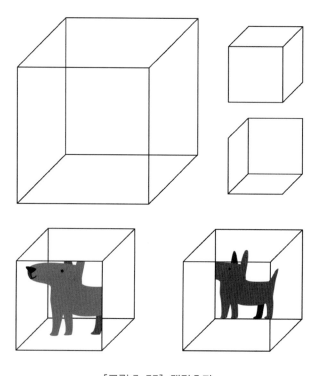

[그림 3-33] 맥락효과

　지각적 갖춤새와 맥락효과를 보면 경험이 어떻게 지각에 영향을 주는지를 알 수 있다. 이러한 관점에서 보면 우리는 어느 정도 알고 있는 것을 듣거나 이해하는 것이다. 지각은 감각과 인지에 따라서 결정된다. 그러면 지각은 생래적인 것인가 아니면 획득되는 것인가? 우리는 두 가지 모두 관여한다고 답할 수 있다.

　지금까지 감각입력을 받아서 의미 있는 지각을 구성하기까지의 정보처리를 살펴보았다. 그러나 우리의 뇌는 더 많은 일을 한다. 잠, 최면 또는 약물의 영향을 받아서 외부 세계에는 없는 영상을 만들어 내기도 하고, 경험을 통해서 배우고, 배운 것을 나중에 기억해 내기도 한다. 뇌는 사고하고 지능적인 계획을 세운다. 우리의 감각과 행동 사이에는 상상하기 힘들 만큼 복잡한 처리가 일어나고 있는 것이다.

요약

1. 우리가 감각기관을 이용하여 환경으로부터의 에너지를 탐지하여 신경정보로 전환하는 과정을 감각이라 하고, 감각을 선택 · 조직화 · 해석하는 과정을 지각이라 한다.

2. 모든 종은 생존하기 위해서 감각기를 가지고 있는데, 이러한 감각기는 모든 범위의 에너지를 탐지하지는 못하며, 보통은 생존과 관련된 범위의 에너지를 탐지한다. 또한 일정한 에너지에 지속적으로 노출되면 감각이 둔화되며, 변화되는 자극에 주의를 주게 된다.

3. 빛은 망막을 통하여 신경정보로 전환되는데, 색채, 운동, 형태, 깊이 등의 시각정보는 병렬적으로 처리되어 최종적으로 종합된다.

4. 우리가 소리로 지각하는 공기의 진동은 주파수와 크기의 특징이 있는데, 이는 음의 고저와 크기로 지각된다.

5. 감각정보는 그 자체로는 아직 의미가 파악되지 않은 상태지만 세상 지식이나 기대 등의 하향적 과정이 개입되어 의미를 갖게 된다.

6. 우리는 지각적 착각이 발생하는 상황을 검토하는 것을 통하여 지각과정에 대한 통찰을 얻을 수 있다.

7. 지각적 능력은 선천적인 요인과 후천적인 요인이 조합되어 형성된다.

학습과제

1. 정신물리학과 신호탐지이론의 차이를 설명하시오.

2. 망막에 있는 두 종류 감각세포의 기능 차이를 설명하시오.

3. 색채 경험이 발생하는 원리를 설명하시오.

4. 깊이를 지각하는 데 이용되는 단서를 설명하시오.

5. 지각항등성이 생존에 도움이 되는 이유를 설명하시오.

04

학습심리학

🔍 | 학습목표

1. 각 학습유형의 기본원리, 즉 학습법칙을 이해한다.
2. 실험적으로 밝혀진 학습원리를 이용하여 설명할 수 있는 인간의 행동에는 어떤 것이 있는가를 알아본다.
3. 동물 또는 인간의 행동을 변화시키려 할 때 학습원리를 어떻게 응용할 수 있는가를 알아본다.
4. 유기체가 주어진 환경에 적응하는 과정에서 학습이 하는 역할이 무엇인지를 알아본다.

인간을 비롯한 동물들은 환경에 적절하게 적응해야 생존을 유지할 수 있다. 그런데 동물들이 살아가는 주변의 환경조건은 일정한 상태로 머물러 있는 것이 아니라 끊임없이 바뀐다. 계속적으로 변화되는 환경에 적응하는 데에는 두 가지 적응기제가 사용된다. 하나는 조상으로부터 유전적으로 이어받은 행동양식이다. 이것은 오랜 진화과정을 거치면서 형성된 것으로 후천적인 경험을 필요로 하지 않는다. 진화적 적응기제는 적응을 위한 행동변화가 너무 느린 문제가 있다. 다른 하나는 변화하는 환경에 좀더 신속하게 적응할 수 있는 적응기제가 있는데 이것을 학습(learning)이라고 한다.

이 장에서는 어떤 대상이나 사건과 같은 특정 자극에 대해 새로운 반응을 형성하는 연합학습(association learning)인 고전적 조건화와 조작적 조건화에 대해 먼저 살펴보고 이어서 간접적인 경험을 통한 사회학습과 환경에 대한 내적 정보처리를 중요시하는 인지학습도 다룰 것이다.

1 ─ 고전적 조건화

인적이 드문 어두운 골목길을 걸어 가고 있을 때 뒤에서 갑자기 발자국 소리가 들려오면 어떤 반응이 일어날까? 아마도 겁이 나고 심장박동이 빨라져서 가슴이 두근거릴 것이다. 전쟁에서 충격적인 사건을 경험한 사람들이 일상생활 속에서도 비행기 소리 같은 큰 소리를 듣고 공포에 떠는 장면을 묘사한 소설이나 영화를 본 적이 있는가?

이들 두 가지 상황에서 나타나는 반응들, 즉 가슴이 두근거리거나 공포에 떠는 반응은 생득적인 것이 아니다. 이러한 반응은 어떤 상황에서 경험하였던 자극 또는 사건 간의 관계성에 대해서 무언가를 학습하였기 때문에 나타난다. 이런 경우 학습된 관계성을 연합(association)이라고 한다. 이것을 실험적으로 입증한 최초의 과학자는 파블로프(I. P. Pavlov, 1849~1936)였다. 그래서 고전적 조건화를 파블로프 조건화(Pavlovian conditioning)라고도 한다.

1) 파블로프의 발견: 정신반사

파블로프는 심리학, 특히 학습심리학 분야에서 가장 유명한 인물 가운데 한 사람이다. 그러나 그는 심리학자가 아닌 생리학자였고, 개의 소화기계 생리에 관한 연구로 1904년에 이미 노벨 생리학상을 수상하였다. 실험 도중, 그는 음식물을 주지 않았는데도 평소에 음식물을 가져다주는 실험자를 보고 개가 침을 흘리는 현상을 발견하였다.

Ivan P. Pavlov

파블로프는 음식물이 없는데도 어떻게 타액이 분비되는가를 알아보기 위해서 간단한 실험을 고안하였다. 먼저 그는 개의 타액선에 가는 튜브를 연결하는 수술을 하였다. 이 튜브를 통해 타액이 바깥으로 흘러나오면 분비된 타액의 양을 기계적으로 정확하게 측정할 수 있게 하였다. 수술한 개를 실험장치에 고정시킨 상태에서 실험이 실시되었다([그림 4-1]).

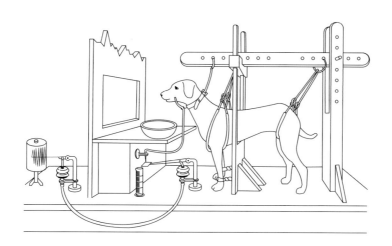

[그림 4-1] 파블로프가 사용했던 실험장치
타액선에 연결된 가는 튜브를 통해 타액이 흘러나오면 기계장치에 의해 타액분비량이 기록된다.

실험의 첫 단계에서 파블로프는 개의 입에 음식물을 넣어 주면 타액이 분비되고, 종소리를 들려주면 타액이 분비되지 않는다는 것을 확인하였다. 음식물을 입에 넣어 줄 때 나타나는 타액분비는 선천적이고 자동적으로 유발되는 반사다. 그러나 종소리는 개의 타액분비와 무관한, 즉 타액분비를 촉진하거나 억제하는 작용을 하지 못하는 중성자극이다. 종소리만 들릴 때 개는 침을 흘리는 것이 아니라 귀를 쫑긋 세우고 소리가 들려오는 쪽으로 머리를 돌리는 행동을 하는데, 이를 정위반사(orienting reflex)라고 한다.

두 번째 단계에서 파블로프는 종소리를 들려준 직후 개의 입에 음식물을 넣어 주었다. 이렇게 하면 음식물이 제시되기 때문에 개는 당연히 침을 흘린다. 종소리와 음식물을 짧은 시간 간격으로 함께 제시하는 짝지움을 어느 정도 반복한 후, 실험은 세 번째 단계로 들어간다. 이 세 번째 단계는 음식물 없이 종소리만 제시된다. 파블로프는 음식물이 제시되지 않는 이 단계에서도 개가 침을 흘린다는 것을 관찰하였다. 즉, 종소리만으로 타액분비를 유발했는데 파블로프는 이를 정신반사(psychic reflex)라고 하였다.

[그림 4-2]는 파블로프가 수행한 실험을 단계별로 도식화하여 보여 준다. 그림에서 볼 수 있듯이 음식물은 아무런 조건 없이 자연스럽게 타액을 분비시킨다. 따라서 이때의 음식물을 무조건자극(Unconditioned Stimulus: US)이라 하고, 이 자극에 의해 유발되는 반응을 무조건반응(Unconditioned Response: UR)이라 한다. 이와 달리 종소리는 자연상태에서 타액분비와는 무관한 중성자극이었다. 그러나 2단계의 짝지움을 통해 타액분비 반응을 이끌어 낼 수 있는 특성을 갖게 되었기 때문에 3단계의 종소리를 조건자극(Conditioned Stimulus: CS)이라고 한다. 그리고 이 조건자극에 의해 유발된 타액분비를

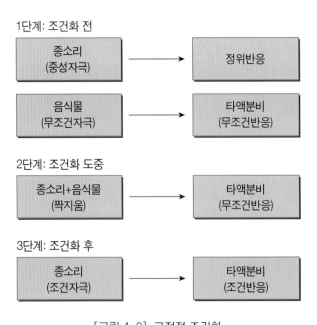

[그림 4-2] 고전적 조건화

중성자극이 무조건자극과 짝지어짐으로써 조건자극이 된다.

조건반응(Conditioned Response: CR)이라 한다.

지금까지 보았던 바와 같이 고전적 조건화는 아주 단순한 것처럼 보인다. 그래서 많은 심리학자들은 고전적 조건화를 사고과정이 개입되지 않고 이루어지는 자동적인 것으로 생각하였다. 이들은 파블로프의 피험동물인 개가 종소리가 나면 다음에는 음식물이 짝지어지는 동안에 뇌 속에 두 자극 사이를 연합하는 간단한 신경연결(neural connection)이 형성되었을 것이라고 믿었다. 그러나 레스콜라(Rescorla, 1987, 1988)를 비롯한 인지심리학적 입장의 연구자들(Clark & Squire, 1998; Woodruff-Pak, 1999)은 이와 다른 견해를 제시하였다. 그의 주장은 파블로프의 개는 CS와 US의 단순 연합을 형성하는 것이 아니라 CS(종소리)가 US(음식물)에 대한 신호라는 관계를 학습한다는 것이다.

2) 고전적 조건화와 관련된 현상

앞서 언급하였던 파블로프의 실험과정과 결과는 아주 간단한 것이었다. 그래서 고전적 조건화를 기계적인 과정으로 간주하는 사람들도 있다. 그러나 이처럼 단순한 견해로 고전적 조건화를 조망할 때는 이 학습현상을 제대로 이해할 수 없을 것이다. 왜냐하면 단순하고 기계적인 과정인 것처럼 보이는 고전적 조건화에도 많은 요인이 관련되어 있기 때문이다. 이제 고전적 조건화를 더 깊이 이해하기 위해서 이에 관련된 여러 현상을 살펴보자.

(1) 습득

이미 살펴본 파블로프의 실험에서 우리는 습득(acquisition)이라는 특정 용어를 사용하지는 않았으나 그 현상은 기술하였다. 습득이란 새로운 조건반응이 형성 또는 확립되는 과정을 가리킨다([그림 4-4 ⓐ]). 파블로프는 조건반응이 습득되는 정도가 조건자극과 무조건자극을 어느 정도의 시간 간격으로 제시하는가 하는 자극의 근접성(contiguity)에 따른다고 하였다. 즉, 두 자극 사이의 제시 간격이 짧을수록 조건반응은 더 잘 습득된다는 것이다.

자극 근접성은 중요한 변인이지만 이 조건만 충족된다고 해서 조건화가 자동적으로 이루어지는 것은 아니다. 우리는 생활 속에서 시간적으로 근접해서 또는 짝지어져서 나타나는 무수히 많은 자극을 경험하지만, 이들 가운데 일부만이 고전적 조건화를 일으킨다. 그렇다면 무엇 때문에 많은 자극의 짝지움 중에서 일부분만이 조건화되고

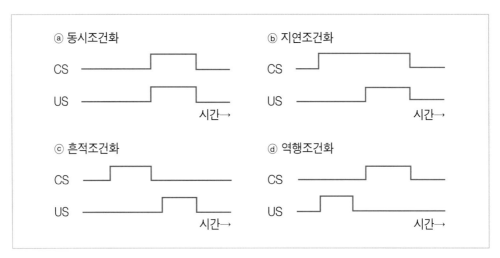

[그림 4-3] 고전적 조건화에서 CS와 US를 제시하는 시간적 관계성

나머지는 그렇지 못한가? 이에 대한 해답은 다양한 측면에서 찾아볼 수 있겠지만 US
와 CS가 제시되는 순서와 시간적 관계성이 특히 중요하다(Rescorla, 1988; Wasserman &
Miller, 1997). [그림 4-3]에는 조건자극과 무조건자극을 제시하는 네 가지 방법이 도식
화되어 있다.

그림에 제시된 네 가지 조건화 가운데 어느 것이 가장 효과적인 짝짓기가 될 것인
가? 이를 탐구한 실험결과에 의하면 CS가 US보다 약 0.5초 먼저 제시되는 지연조건화
(delayed conditioning)가 가장 효과적이라고 한다(Heth & Rescorla, 1973; Kamin, 1965).
역행조건화(backward conditioning)의 경우 CS가 US를 전혀 예측해 주지 못하므로 가
장 비효과적인 짝짓기다. 동시조건화(simultaneous conditioning)와 흔적조건화(trace
conditioning)는 역행조건화보다는 낮지만 지연조건화와 비교할 때 효과적인 짝짓기는
되지 못한다.

(2) 소거와 자발적 회복

토끼에게 부저소리(CS)와 함께 안구에 공기분사(US)를 반복해서 제시한 후 부저소
리만 들려주어도 토끼는 눈꺼풀을 감는 반응을 한다. 그러면 학습이 완료되어서 눈꺼
풀 조건반응을 잘하게 된 후에 공기분사 없이 계속해서 부저소리만 들려주면 어떤 일
이 일어날까? 이 예처럼 무조건자극 없이 조건자극만을 계속적으로 제시하면 이미 습
득되었던 조건반응의 강도가 점차 약화되고 결국에는 완전히 사라지는데, 이를 소거
(extinction)라 한다([그림 4-4 ⓑ]).

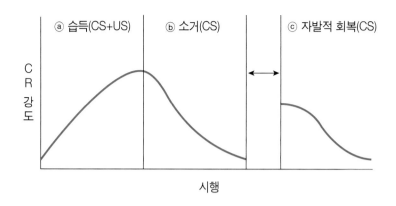

[그림 4-4] 습득, 소거 그리고 자발적 회복을 나타내는 학습곡선

습득 동안에 조건반응의 강도는 최고수준까지 증가하고(ⓐ), CS만 제시되는 소거 동안에 감소
하여 거의 반응이 나타나지 않게 된다(ⓑ). 아무 자극 없이 일정기간이 지난 후 다시 CS만 제시
하고 검사해 보면 소거되었던 반응이 일시적으로 다시 나타난다(ⓒ).

조건자극과 무조건자극 간의 연합을 제거하면 과거에 습득되었던 조건반응이 약화
되는 소거도 일종의 학습과정이다. 소거시행 동안에 동물은 습득에서와는 달리 조건
자극에 뒤이어 아무런 결과도 수반되지 않는다는 것을 학습하는 것이다. 학습된 반응
이 약화되는 현상에는 망각(forgetting)도 있다. 과거에 습득된 반응의 강도가 약화된다
는 점에서는 소거와 망각이 비슷한 것처럼 보이지만 둘 사이에는 중요한 차이가 있다.
소거의 원인은 조건자극에 뒤이어 무조건자극이 제시되지 않는 새로운 경험을 하는
것이지만, 망각의 원인은 단지 오랫동안 반응을 수행할 기회를 갖지 못하는 것이다.

[그림 4-4]에서 볼 수 있듯이 조건반응을 소거시킨 후 몇 시간 또는 며칠이 지나 조
건자극을 다시 제시하면 동물은 어떤 반응을 할까? 대부분의 경우 동물은 다시 반응을
할 것이다. 이처럼 추가적인 훈련 없이 어느 정도의 휴식 후에 소거되었던 반응이 다
시 나타나는 현상을 학습심리학자들은 **자발적 회복**(spontaneous recovery)이라고 부른
다([그림 4-4 ⓒ]). 물론 이때 나타나는 반응의 크기는 처음 습득되었던 최고수준에는 미
치지 못하고 지속기간도 일시적이다. 소거되었던 조건반응이 다시 나타나는 자발적
회복은 소거에 의해 학습된 반응이 무효화 또는 폐지되는 것이 아니라 일시적으로 차
단되는 것임을 보여 준다.

자발적 회복은 마약 중독을 극복하는 것이 왜 그리도 어려운지를 이해하는 데 도움
을 준다. 예를 들어, 중독에서 회복되었다고 생각하는 코카인 중독자가 흰색 파우더와
같이 마약과 강한 연합을 이루고 있는 자극을 갑자기 접한다면, 마약을 다시 사용하고

자 하는 극심한 충동을 경험할 것이다(Drummond et al., 1995).

(3) 자극일반화와 변별

조건화가 일어난 후에 유기체는 조건화 과정에서 경험하였던 조건자극이 아닌 그것과 유사한 자극에 대해서도 반응을 나타내는 경향이 있다. 예를 들어, 파블로프의 개는 조건자극인 종소리가 아닌 부저소리에 대해서도 침을 흘리고, 토끼는 다른 부저소리를 듣고도 눈꺼풀을 깜박이는 반응을 나타낸다. 이와 같이 특정 자극에 대해서 반응하는 것을 학습한 유기체는 원래의 자극과 유사한 새로운 자극에 대해서도 비슷한 방식으로 반응하는데, 이를 자극일반화(stimulus generalization)라 한다.

[그림 4-5] 소음자극에 대한 반응관찰 실험

행동주의 창시자인 존 왓슨(John Watson)은 일반화에 대한 아주 인상 깊은 연구를 하였다. 그 실험의 피험자는 11개월 된 앨버트(Albert)라는 유아였다. 앨버트도 다른 아이들과 마찬가지로 처음에는 흰쥐를 무서워하지 않았다. 왓슨과 레이너(Watson & Rayner, 1920)는 놀라움을 일으키는 큰 소리와 짝지어 흰쥐를 제시하였다. 앨버트는 큰 소리에 대해서 공포반응을 하였고, 여러 번의 짝지음으로 인해 흰쥐는 공포반응을 이끌어 내는 조건자극이 되었다. 5일 후에 왓슨과 레이너는 앨버트가 흰쥐와 비슷한 흰털을 가지고 있는 토끼, 개, 털 코트, 산타클로스 마스크, 그리고 왓슨의 흰 머리털과 같은 자극에 대해서도 공포반응을 나타낸다는 사실을 발견하였다. 앨버트의 이런 반응성향은 "자라 보고 놀란 가슴 솥뚜껑 보고 놀란다."는 우리 속담의 맥락과 동일하지

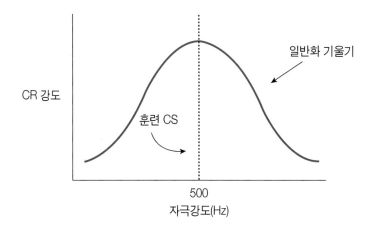

[그림 4-6] 자극일반화

새로운 자극에 대한 반응의 강도는 그 자극과 훈련 CS 간의 유사성에 비례한다.

않은가? 자극일반화를 지배하는 기본법칙은 새로운 자극이 원래의 조건자극과 유사할수록 일반화의 가능성도 높아진다는 것이다([그림 4-6]).

[그림 4-6]에서 유사한 두 자극에 대해서 유기체가 유사한 방식으로 반응한다는 것을 알았다. 그러나 유기체가 두 가지 자극에 대해 상이한 경험을 하면 원래의 조건자극과 유사한 새로운 자극에 대해서 점차 상이하게 반응할 것이다. 학습심리학에서는 이와 같이 유사한 두 자극의 차이를 식별하여 각각의 자극에 대해 서로 다르게 반응하는 현상을 자극변별(stimulus discrimination)이라고 한다.

예를 들어, 500Hz의 부저소리에 대해서 눈꺼풀 반응을 하도록 훈련받은 토끼는 유사한 자극, 즉 600Hz의 부저소리가 제시될 때도 자극일반화 때문에 원래의 자극에 대한 반응과 유사하게 반응할 것이다. 그러나 실험조건을 변화시켜 500Hz의 소리는 공기분사와 짝을 지우고 600Hz의 소리는 무조건자극 없이 제시하는 훈련을 시키면 결과는 달라진다. 이렇게 훈련받은 토끼는 500Hz의 부저소리에 대해서는 눈꺼풀 반응을 하지만, 600Hz의 소리가 제시되는 경우에는 눈꺼풀 반응을 보여 주지 않게 된다. 자극일반화와 반대로 자극변별에서는 새로운 자극과 원래의 조건자극 사이에 유사성이 적을수록 변별이 더 잘 이루어진다.

(4) 고차조건화

다음과 같은 실험을 가정해 보자. 먼저 종소리와 음식을 짝지어 개의 타액분비 반응을 조건화한다. 훈련을 통해 종소리가 조건자극의 역할을 하게 되면, 이 종소리를 기존의 무조건자극 대신 사용하고 다른 자극(예: 불빛)을 새로운 조건자극으로 사용하여 반복해서 짝지어 제시한다. 그 후 종소리 없이 불빛만 제시하면 개의 타액분비 반응은 어떻게 될까?

이와 같은 조건에서 개는 불빛에 대해서 타액분비 반응을 나타낸다. 불빛은 음식물과 짝지어진 적이 전혀 없는데도 종소리와 짝지어져 타액분비 반응을 일으키는 속성을 갖게 되는데, 이 과정을 2차조건화라고 한다. 한 단계 더 나아가서 다른 조건자극, 예컨대 특정 색상(파란색)과 불빛을 반복해서 짝을 지어 제시하면 나중에 파란색만 제시되어도 타액분비 반응이 나타난다. 이 과정을 3차조건화라고 한다. 이와 같이 반복적으로 새로운 조건자극을 제시하여 새로운 조건화를 반복해 나가는 과정들을 고차조건화(higher-order conditioning)라고 한다. 고차조건화는 고전적 조건화가 반드시 자연적인 무조건자극이 존재할 때만 형성되는 것이 아님을 보여 준다. 이 조건화에서는 새로운 조건반응이 이미 확립된 조건반응(더 정확하게는 조건자극)을 기초로 형성되는 것이고, 이로 인해 고전적 조건화를 통해 습득되는 행동의 범위가 크게 확장될 수 있다. 레스콜라(1980)와 같은 학습심리학자는 인간의 경우 많은 조건반응이 고차조건화의 산물이라고 하였다.

3) 인지적 요인

파블로프를 비롯한 여러 연구자는 CS와 US가 시간적으로 근접하여 출현하는 것이 고전적 조건화의 충분조건이라고 생각했다. 이들은 자극 간의 관계에 대한 유기체의 인지적 이해에 대해서는 무시를 하였다. 그러한 내적 사건들은 관찰 가능한 것이 아닌 것으로 생각했기 때문이다. 그러나 앞의 습득과정에서 살펴본 바와 같이 지연조건화와 흔적조건화가 상대적으로 조건형성에 유리했던 것은 CS가 US를 예언할 수 있었기 때문이다. 이러한 경우에 US가 CS에 수반적(contingent)이라고 말하게 된다. 몇몇 연구자들은 고전적 조건화에서 결정적 요인은 유기체가 알고 있는 것이라고 주장하였다(Bolles, 1972; Tolman, 1932). 이러한 인지적 관점은 고전적 조건화에 새로운 지식을 제공하게 되었다(Rescorla, 1968). 레스콜라는 근접성과 수반성을 대비시킨 정교한 연구를 통해 CS가 US의 신뢰성 있는 예언자가 되어야 조건화가 될 수 있음을 보여 주었다([그림 4-7]).

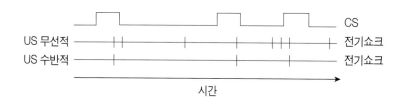

[그림 4-7] 레스콜라 실험에서 CS와 US의 제시방법을 보여 준다. US 수반적 조건에서 US는 항상 CS가 제시된 이후에 나타나게 되어 있다. US 무선적 조건에서는 수반적 조건과 동일하게 세 번의 수반적 제시가 있고 추가적으로 CS의 제시와 상관없이 US가 다섯 번 제시된다. 수반적 조건은 CS가 US 출현에 대한 예언력을 갖는 반면에 무선적 조건에서는 CS가 예언력을 갖지 못함에 따라 수반적 조건에서 조건화가 더 쉽게 일어난다.

　그림에서 볼 수 있듯이 US 수반적 조건이나 US 무선적 조건 모두에서 CS인 종소리와 US인 전기쇼크가 시간적으로 근접한 짝의 수는 동일하였다. 만일 시간적 근접성(temporal contiguity)이 조건화에 결정적이라면 이 두 조건에서는 동일한 정도의 조건화를 보여 주어야 했다. 그러나 결과는 상이하게 나타났는데 수반적 조건에서 무선적 조건보다 공포조건화가 더 쉽게 나타났다. 이것은 소리가 전기쇼크를 더 잘 예언해 주는 수반성(contingency)이 조건화에 결정적임을 보여 주는 것이다.

4) 생활 속의 고전적 조건화

　실험실에서 이루어지는 고전적 조건화 실험에서는 아주 단순한 반응을 대상으로 하는 것이 보통이다. 그러나 왓슨과 같은 행동주의자들은 모든 행동을 조건화의 원리로 설명할 수 있다고 주장하였다. 이 주장이 모두 맞는 것은 아니지만 고전적 조건화의 원리는 인간과 동물의 행동 가운데 많은 부분에 적용될 수 있고, 실제로 정서반응의 고전적 조건화에 관한 연구는 많은 연구자에 의해 광범위하게 이루어지고 있다. 여기에서는 정서와 건강이라는 문제에 적용될 수 있는 고전적 조건화에 대해 살펴보기로 한다.

(1) 공포와 불안

　고전적 조건화는 공포와 불안과 같은 정서반응을 형성하는 데 중요한 영향을 미친다. 공포증(phobia)이 이에 대한 좋은 보기인데, 이것은 객관적으로 위험하지 않은 대상이나 상황에 대해서 강한 공포를 느끼는 것을 말한다. 많은 공포는 고전적 조건화의 결과로 형성된 것이다(Kalish, 1981). 예를 들어, 덩치가 크고 사납게 생긴 개를 보고 놀란 경험이 있는 어린이는 아주 강력하고 일반화된 개 공포증을 학습할 것이고, 어떤 개에게도 접근하기를 두려워할 것이다. 위험한 실제상황에서 일어난 고전적 조건화는 장기간 지속되는 조건공포를 일으킬 수 있다. 한 연구(Edwards & Acker, 1972)에서는 전쟁이 끝난 지 15년 후까지도 그 전쟁에 참여하였던 사람이 전쟁상황을 묘사하는 소리자극에 대해 강한 피부전기반응(Galvanic Skin Response: GSR)을 보였다고 하였는데, 이 반응은 땀 분비 수준과 관련된 것으로 정서적으로 각성될 때 나타나는 전형적인 생리적 반응이다.

　고전적 조건화에 의해서 불안이나 더 심각한 심리적 장애가 유발될 수 있는가? 파블로프는 이것이 가능하다고 생각하였다. 그는 개를 사용하여 원을 보여 준 후에 음식을 제공하여 침을 분비하도록 하고 타원에 대해서는 침을 분비하지 않도록 하는 변별훈련을 실시하였다. 훈련이 진행되면서 변별과제는 점점 어려워졌다. 즉, 타원의 모양을 원에 점점 더 가깝게 하였다. 과제가 어느 정도 이상 어려워졌을 때 개는 실수를 하기 시작하였고, 개의 행동이 이상하게 변화하였다. 조용하던 개가 낑낑거리며 짖었고, 계속 서성거렸으며, 주변에 있는 물건을 물어뜯는 등 이전에는 전혀 하지 않던 행동을 하였던 것이다.

　파블로프는 개의 이런 행동을 관찰하고는 신경증 환자가 보여 주는 행동유형과 유사하다고 생각하여 이를 실험적 신경증(experimental neurosis)이라고 불렀다. 이 실험적 신경증은 동물이 갈등상황에 처할 때 나타나는 결과일 것인데, 이처럼 동물이 장기간 갈등상황에 노출되면 수명 또한 짧아진다고 한다(Liddell, 1950). 이런 상황이 인간에게도 적용될 수 있는 가능성은 높다. 인간의 경우 과중한 업무나 내적 갈등에 장기간 시달리거나 스스로 통제할 수 없이 많은 스트레스를 받으면 심신의 건강에 유해한 결과가 유발된다는 것은 이미 잘 알려진 사실이다.

(2) 면역 반응

　고전적 조건화는 정서반응과 같은 행동뿐 아니라 생리적 과정에도 영향을 미친다. 신체의 면역기능을 예로 들어 보자. 감염물질이 신체로 들어오면 면역계(immune system)는 항체(antibody)라는 특수한 단백질을 만들어 감염요인을 무력화한다. 에이더와 코헨(Ader & Cohen, 1981, 1984)의 연구에서는 고전적 조건화 절차가 항체의 생성을 감소시키는 면역억압(immunosuppression)을 일으킨다는 것이 밝혀졌다. 전형적인 절차는 다음과 같다.

동물이 특정 맛이 나는 액체(CS)를 마실 때 화학적으로 면역억압을 일으키는 약물(US)을 주사한다. 며칠이 지나 약물에 의한 화학적인 면역억압 효과가 사라진 후 동물들에게 그 특정 맛이 나는 액체를 다시 제공하고, 이 조건자극에 노출된 동물들의 항체를 측정해 보면 면역반응의 감소를 관찰할 수 있다.

면역억압은 고전적 조건화에 의해 영향을 받을 수 있는 생리적 반응의 한 예일 뿐이다. 연구에 의하면 고전적 조건화는 알레르기 반응(MacQueen et al., 1989)과 엔도르핀 분비(Fanselow & Baackes, 1982)를 유발할 수 있다.

(3) 약물 내성 반응

코카인과 헤로인 같은 마약류를 반복적으로 복용하면 약물의 효과가 감소된다. 이 상태는 약물에 대한 내성이 일어난 것이다. 약물이나 주사기 또는 주입하는 장소와 같은 단서는 CS로 작용하고 그 약물은 US로 작용하여 처음에는 약물효과가 있지만 반복되면 CS에 의한 CR은 약물의 효과를 감소시키는 반응이 나타나는데 이것은 신체의 보정반응(compensatory response) 때문이다. 즉, 신체는 일탈되는 것을 막고 일정한 상태를 유지하려는 항상성(homeostasis) 기제가 있어 약물에 의한 신체적 반응의 일탈을 막고자 CS에 의해 사전에 약물의 효과를 상쇄시키기 위한 약물효과와 상반되는 반응(CR)을 일으키는 것이다. 이때 약물(US)을 복용하게 되면 사전에 약물효과 상쇄반응(CR)에 의해 약물의 효과가 없어지는 것이다. 마약 중독자들 중에 평소의 복용량을 먹었더라도 사망하게 되는 일이 있는데 이러한 현상은 약물의 과잉복용에 의한 것이 아니고 이례적인 상황(상이한 CS)에 대한 보정반응이 사전에 나타나지 않기 때문이다(Siegel, 2001). 이런 연구들이 보고됨에 따라 관련 전문가들은 건강, 통각 그리고 심리적 요인이 중요한 영향을 미치는 질병에 대한 전통적인 이론을 새로운 각도에서 검토하고 있다.

2　　조작적 조건화

고전적으로 조건화되는 반응은 불수의적인 것이다. 파블로프의 개는 타액분비를 스스로 조절할 수 없다. 그리고 우리는 일반적으로 손바닥에 땀이 나는 것이나 부끄러울 때 얼굴이 붉어지는 것을 마음대로 조절하지 못한다. 그러나 대부분의 인간행동은 수의적인 것이다. 우리는 좋은 결과를 가져다주는 것을 추구하고, 반대로 나쁜 결과를 가져다주는 것은 피한다. 또한 우리의 이러한 행동성향은 그 결과가 변경될 때 그에 따라 적절하게 변화한다. 이와 같이 결과를 바탕으로 행동을 변화시키는 능력은 조작적 조건화 원리로 설명할 수 있다.

조작적 조건화의 기본원리는 유기체가 어떤 행동을 한 후에 강화물(유쾌한 사건 또는 결과)이 주어지면 그 행동을 더 빈번히 하게 되고, 처벌(불쾌한 사건 또는 결과)이 주어지면 그 행동을 더 이상 수행하지 않는다는 것이다.

Edward L. Thorndike

파블로프가 러시아에서 그의 혁신적인 실험을 수행하기 직전에 하버드 대학교의 대학원생이었던 손다이크(Edward Thorndike, 1911~1970)는 동물지능(animal intelligence)이라는 것이 존재하는가를 알아보기 위해서 문제상자(puzzle box)를 사용하여 실험을 실시하였다([그림 4-8]). 손다이크는 고양이를 문제상자에 집어넣고 고양이가 지렛대를 밟고 밖으로 나올 때까지 소요된 반응잠재기(response latency)를 측정하였다.

문제상자 속의 고양이는 상자에서 벗어나 바깥에 놓인 음식물을 얻기 위해서 다양한 행동 중에 지렛대를 밟아야 밖으로 나올 수 있었다. 고양이는 시행이 반복됨에 따라 고양이가 지렛대를 밟고 바깥으로 나오는 반응잠재기는 짧아지지만 잠재기가 감소되는 형태는 점진적이고 다소 불규칙적인 것이었다. [그림 4-8]의 곡선은 고양이가 보여 준 전형적인 학습곡선이다.

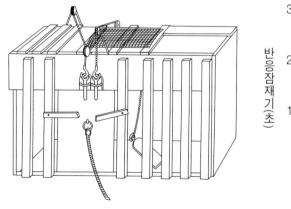
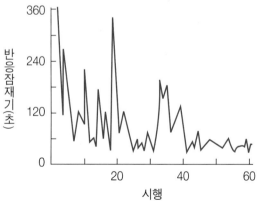

[그림 4-8] 손다이크가 사용했던 문제상자와 고양이가 보여 준 학습곡선

반응잠재기가 점진적이고 불규칙적으로 감소되었다. 이는 고양이의 학습이 시행착오과정임을 의미하는 것이다.

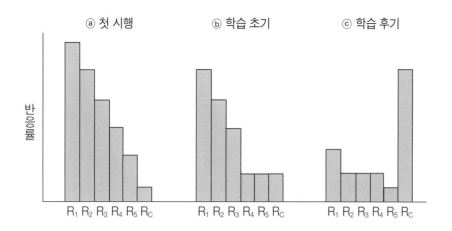

ⓐ 첫 시행   ⓑ 학습 초기   ⓒ 학습 후기

반응률

R₁ R₂ R₃ R₄ R₅ R_C   R₁ R₂ R₃ R₄ R₅ R_C   R₁ R₂ R₃ R₄ R₅ R_C

[그림 4-9] 문제상자에서의 행동변화 양상

정확반응(R_c)에 대해 보상이 주어진다면, 학습이 진행되면서 다른 반응들(R₁~R₅)의 비율은 감소
하는 데 반해 R_c의 반응률은 계속적으로 증가한다.

손다이크의 실험에서 강화(reinforcement)는 강화가 있기 직전에 하였던 반응이 미래
에 또 나타날 가능성을 증가시키는 사건이다. 즉, 강화는 정확반응을 점차 많이 나타
나게 한다([그림 4-9]). 손다이크는 이 실험결과를 시행착오(trial-and-error)에 의한 효
과의 법칙(law of effect)으로 요약하여 설명하였다. 효과의 법칙이란 반응 후에 수반되
는 결과가 바람직한 것이면(즉, 효과가 있으면) 그 반응이 나타날 확률이 증가하고, 그
결과가 바람직하지 않으면 그 확률이 감소한다는 것이다. 이 법칙에서 중요한 것은 고
양이가 문제해결을 위해 생각하거나 그 문제를 이해해야 한다고 가정할 필요가 없다
는 것이다. 손다이크가 마련한 조작적 조건화 원리의 기초 위에 스키너는 획기적인 연
구를 시작하였다.

1) 스키너의 실험

스키너(Skinner, 1904~1990)는 엄격한 행동주의자였고, 학습심
리학의 역사상 가장 많은 영향을 끼친 연구자 중 한 사람일 것이
다. 그는 뛰어난 연구자인 동시에 작가이며 사상가였다. 또한 그는
컴퓨터가 발달하기 전인 1930~1940년대에 이미 여러 가지 기계부
품과 타이머를 사용하여 스스로 실험장치를 제작하였던 뛰어난 재
능을 가지고 있었다. 스키너는 매 시행마다 실험자가 개입하지 않

B. F. Skinner

고 자동적으로 먹이가 공급되는 효율적인 실험장비를 개발하였는데 이것이 바로 스키너 상자(Skinner box)다([그림 4-10]).

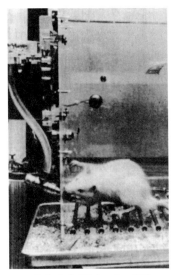

쥐가 지렛대를 누르는 장면   비둘기가 원판을 쪼는 장면

[그림 4-10] 스키너 상자

(1) 습득과 소거

고전적 조건화의 습득은 CS와 US 간의 관계에서 나타났다. 조작적 조건화에서는 반응 후에 오는 보상과의 관계에서 습득이 이루어진다. 즉, 스키너의 상자에서 레버를 누르는 반응과 그 뒤에 따라오는 먹이와의 관계에서 조작적 조건화가 나타나는데, 먹이는 레버를 누르는 반응을 강화하기 때문에 레버를 누르는 반응이 증가하게 된다. 여기에서 먹이는 반응률을 높이는 강화물이 된다. 고전적 조건화와 마찬가지로 조작적 조건화에서도 소거가 일어난다. 고전적 조건화에서는 CS 다음에 US가 동반되지 않음에 의해 소거가 나타나지만 조작적 조건화에서는 흰쥐가 레버를 눌렀을 때 먹이를 생략함으로써 소거를 일으킬 수 있다.

(2) 자극통제: 일반화와 변별

조작적 반응이 반응의 결과에 따라 통제되지만 그 반응에 선행하는 자극 또한 조작적 행동에 영향을 미칠 수 있다. 한 피험동물이 특정 자극이 있을 때 어떤 반응을 수행한 결과로 강화를 받았다면, 그 피험동물은 유사한 자극조건하에서도 동일한 반응을 할 것이다. 이 현상을 자극일반화라고 하고, 일반화의 정도는 원래 자극과 새로운 자극 간의 유사성의 정도에 비례한다. 한편, 한 자극에 대한 반응결과로 강화를 받고 다른 자극에 대해서는 반응을 하여도 강화를 받지 못하거나 훨씬 적은 강화를 받는다면, 학습자는 두 자극 사이를 구분하여 상이한 반응률을 나타낼 것이다. 이것이 바로 변별이라는 현상이다. 조작적 조건화에서 이와 같이 반응에 선행하는 자극에 의해 그 반응이 변하게 되는 것을 자극통제(stimulus control)라고 한다.

(3) 행동조형

스키너 상자에서 쥐가 음식물을 얻기 위해서는 벽에 장치된 지렛대를 눌러야 하고, 이 반응이 어려움 없이 수행될 수 있어야 연구자는 학습 시험을 할 수 있다. 그러나 스키너 상자 속에 쥐를 넣어 놓고 마냥 기다리면 쥐는 지렛대를 누르지 않을지도 모른다. 쥐가 반응을 할 때까지 무한히 기다리는 것을 피하기 위해 스키너는 조형(shaping)이라는 절차를 고안하였는데, 이것은 연속적 접근법(successive approximation)을 사용하여 연구자가 원하는 새로운 반응을 만들어 내는 절차다.

이 절차는 단번에 지렛대 누르기를 훈련시키는 것이 아니라 동물의 행동을 점차적으로 지렛대 누르기 반응으로 접근시키는 것이다. 처음에는 스키너 상자에서 쥐가 흔히 나타내는 행동인 일어서기를 강화시킨다. 몇 차례 강화 후 쥐는 일어서는 반응을 빈번히 하게 될 것이다. 그다음에는 강화규칙을 변경시켜 쥐가 지렛대가 있는 곳을 향하여 일어서는 행동만 강화시키고, 다음으로는 지렛대 가까이에서 일어서기를 할 때만 강화물을 제공한다. 다음 단계에서는 앞발이 지렛대에 접촉하였을 때 강화물을 제공하고, 마지막으로 앞발이 지렛대를 누르면 강화물인 먹이가 음식 접시로 자동적으로 떨어진다.

(4) 행동연쇄화

스키너 상자에서 지렛대를 누르는 것과 같은 간단한 반응은 조형에 의해 확립되지만 보다 복잡한 행동을 만들어 내기 위해서는 연쇄화(chaining)라는 기법을 사용해야 한다. 동물에게 훈련시키려고 하는 행동이 여러 반응이 순차적으로 연결된 것이라고 가정하자. 우리는 동물의 반응연쇄에서 그다음 반응을 수행할 기회를 부여하여 각각의 반응을 강화시킬 수 있다. 그리고 연쇄의 마지막 반응은 실제로 강화시킨다.

예를 들어, [그림 4-11]과 같은 과제를 해결하는 일련의 반응을 훈련시킨다고 생각해 보자. 처음에는 쥐를 맨 위층에 올려놓고 먹이를 준다. 그다음에는 두 번째의 중간층에 쥐를 올려놓고, 맨 위층으로 올라갈 수 있게 사다리를 설치한다. 이 상황에서 쥐는 사다리를 타고 위층으로 올라가는 것을 학습할 것이다. 중간층에서 위층으로 사다리를 타고 올라가는 반응이 반복적으로 나타난 후에 사다리를 제거한다. 이제 쥐는 그림에서 볼 수 있듯이 사다리와 연결된 줄을 당겨 사다리를 올린 후 위층으로 올라가는 것을 학습해야 한다. 마지막 단계로 쥐를 맨 아래층에 올려놓는다. 이제 쥐는 앞서 학습한 행동을 적용하여 사다리를 타고 중간층에 올라가서, 그곳에서 줄을 당겨 사다리를

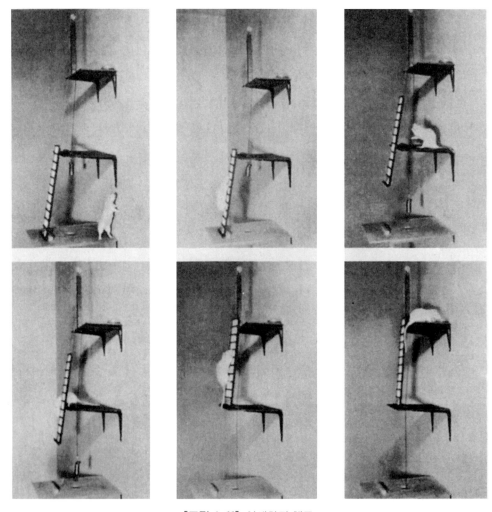

[그림 4-11] 연쇄화된 행동

맨 위층에 있는 먹이를 먹기 위해서 쥐는 사다리를 타고 2층으로 올라가서, 줄을 당겨 사다리를 올린 후, 그것을 통해 맨 위층으로 올라가야 한다. 이것보다 더 복잡한 행동연쇄도 마지막 반응에 한 번 강화물을 제시하는 것으로 확립할 수 있다.

올려놓고, 그것을 타고 올라가서 음식을 먹을 것이다. 이 과정에서 일차강화물인 먹이는 마지막 반응 후에만 제공된다. 연쇄의 나머지 반응들은 그다음 반응을 수행할 기회를 부여받는 것으로 강화된다.

2) 강화는 반응률을 증가시키고, 처벌은 반응률을 감소시킨다

우리의 활동은 그 결과에 따라 달라지는 경우가 많다. 즉, 우리는 좋은 결과를 증가시키고 나쁜 결과는 감소시키는 어떤 활동을 하는 경향이 있다. 그러므로 조작적 조건화를 연구하는 학습심리학자들은 좋은 결과 또는 나쁜 결과가 어떻게 우리의 행동을 변화시키는지를 밝히려고 한다.

(1) 강화와 처벌

이미 설명하였듯이 강화는 그에 선행하는 반응이 미래에 반복해서 나타날 가능성을 증가시키는 사건이라고 정의할 수 있다. 학습심리학에서는 강화를 두 가지로 구분하는데, 하나는 정적 강화(positive reinforcement)이고, 다른 하나는 부적 강화(negative reinforcement)다. 두 가지 종류의 강화 모두 그에 짝지어지는 반응을 증가시킨다. 정적 강화는 음식, 물 또는 성적 대상과 같은 호의적인 대상을 제공하는 것이고, 부적 강화는 비호의적 또는 혐오적인 것을 제거하는 것이다. 예를 들어, 음식물은 정적 강화물이고 전기충격을 중지시키는 것은 부적 강화물이다. 한밤중에 수돗물이 떨어지는 소리가 귀에 거슬려서 수도꼭지를 잠근다면 수돗물이 떨어지는 소리의 중지가 바로 부적 강화가 되는 것이다.

처벌은 강화와 반대로 그에 선행하는 반응이 반복되어 나타날 가능성을 감소시키는 사건을 가리킨다. 반응자가 싫어하는 어떤 사건을 제시함으로써 그에 앞서 나타났던 반응을 감소시킬 수 있는데, 이런 과정을 정적 처벌(positive punishment)이라고 한다. 반면에, 반응자가 선호하는 어떤 대상을 주지 않음으로써 반응을 약화시킬 수도 있다. 부모의 말을 잘 듣지 않는 어린이에게 용돈을 줄임으로써 말을 잘 듣지 않는 행동을 줄이거나 친구들과 싸움을 많이 하는 어린이에게 친구들과 어울려 놀 수 있는 기회를 제한함으로써 싸우는 행동을 약화시킬 수 있을 것이다. 이처럼 어린이들이 갖고 싶어 하거나 참여하고 싶어 하는 것을 제한함으로써 바람직하지 않은 행동을 감소시키는 것을 부적 처벌(negative punishment)이라고 한다.

〈표 4-1〉은 강화와 처벌을 이해하기 쉽도록 정리하여 제시한 것이다. 요약하면, 반응의 빈도를 증가시키는 사건은 강화이고, 반대로 감소시키는 사건은 처벌이다. 그리고 반응자가 좋아하는 것이든 싫어하는 것이든 자극을 제시하는 것은 정적인 것이고, 제거하는 것은 부적인 것이다.

◆ 표 4-1 ◆ 강화와 처벌의 종류

구분	선호자극	혐오자극
제시	정적 강화(+)	정적 처벌(−)
제거	부적 처벌(−)	부적 강화(+)

※ 괄호 속의 '+' 기호는 반응의 빈도를 증가시킨다는 의미고, '−' 기호는 반응의 빈도를 감소시킨다는 것을 의미한다.

(2) 일차강화물과 이차강화물

생존을 유지하기 위해서 우리 모두는 음식물을 먹고 물을 마셔야 함으로 음식물이나 물이 왜 강화물이 되는지를 쉽게 알 수 있다. 그러나 우리는 돈을 벌거나 학위를 받기 위해서도 열심히 노력한다. 음식물이나 물과 같이 생물학적 욕구(need)를 충족하는 것을 일차강화물(primary reinforcer)이라 하고, 돈과 같이 과거에 일차강화물과 연합되었기 때문에 강화효과를 가지는 것을 이차강화물(secondary reinforcer)이라고 한다. 돈을 사용한 경험이 없는 사람에게는 돈이 이차강화물이 되지 못한다. 그러나 돈을 음식물과 같은 일차강화물과 교환할 수 있다는 것을 경험하고 나면 돈의 의미가 달라질 것이다. 학생들은 좋은 성적을 받으면 부모나 교사가 칭찬해 준다는 것을 학습하고, 사회조직 성원은 뛰어난 성적을 올리면 상사의 인정을 받는다는 것을 학습한다. 이처럼 인간의 경우에는 이차강화물을 받기 위해 대부분의 시간을 보낸다고 할 수 있다. 이차강화물은 일차강화물과 연합되는 조건에서 효과를 갖기 때문에 이차강화물을 조건강화물이라고도 한다.

(3) 인위적 강화물과 자연적 강화물

실험연구에서 사용되는 강화물들은 대부분 일차강화물 또는 이차강화물인데 이것들은 자연적으로 발생하는 것들이 아니다. 연구자들은 자연적인 상황에서 학습이 어떻게 일어나는지를 이해하는 데 도움이 되는 근본적인 학습원리를 규명하기 위해 인위적인 조건에서 강화물을 인위적으로 제공하는 것이다. 교과서에서는 대개 이러한 인위적인 강화물에 초점을 맞추기 때문에 학생들은 학습연구가 일상생활에 대해서 말해 주는 것이 별로 없다고 생각하는 경우가 있다. 실생활에서는 인위적인 강화물이 없어도 학습이 잘 일어나기도 하는데 한 가지 예가 게임이다. 게임을 할 때 게임 행동 이후에 인위적으로 먹는 것, 돈 또는 칭찬 등이 주어지지 않아도 게임하는 행동률은 높게 나타난다. 그 이유는 그 행동의 결과로 자연적으로 주어지는 재미 또는 성취감 같은 강화물이 존재하기 때문이다.

인위적 강화물(contrived reinforcer)은 대개 행동을 수정하게 할 목적으로 누군가로부터 주어지는 사건들이다. 반면에, 자연적 강화물(natural reinforcer)은 특정 행동을 하면 자동적으로 자연스럽게 생겨나는 사건들이다. 예컨대, 아동이 이를 닦으면 그 결과로 입안이 상쾌해지는데, 이 상쾌함은 이를 닦은 결과로 자연스럽게 나타난 것이기에 자연적 강화물이 된다. 한편, 아동이 이를 닦을 때 이 닦는 행동을 높이기 위해 칭찬을 한다면 이것은 인위적 강화물이 된다. 공부를 할 때 재미가 있고 즐겁다면 재미와 즐거움은 자연적 강화물이 된다. 자연적 강화물은 행위 자체의 결과로 오기 때문에 일관된 강화효과를 가질 수가 있다. 밴듀라(Bandura, 1986)는 "행동은 그 자체로 보상은 아니지만 그 자체로 보상을 제공할 수는 있다."라고 했다.

3) 강화계획

조작적 조건화 가운데 가장 간단한 절차는 바라는 반응이 나타날 때마다 강화시키는 것인데, 이런 강화절차를 계속적 강화(continuous reinforcement)라 한다. 실제상황에서는 모든 반응이 강화되는 경우는 많지 않다. 동일한 반응일지라도 어떤 때는 강화물이 주어지고 다른 때는 강화물이 주어지지 않는 것이 보통인데, 이런 형태의 강화를 부분강화(partial reinforcement)라고 한다. 강화물이 어떤 형식으로 제시되는가를 알 때 우리의 행동양식은 달라질 것이다. 심리학자들은 강화물을 제공하는 규칙, 즉 강화계획의 효과를 연구하였다. 여기에서는 가장 기본적인 네 가지의 강화계획에 관하여 언급하려고 한다.

(1) 고정비율계획

고정비율계획(fixed-ratio schedule)은 일정한 수의 정확반응이 나타난 후에 강화시키는 절차다. 수백 번의 반응을 해야 하는 고정비율계획하에서도 동물은 강화물을 받을 때까지 계속해서 반응을 한다. 자신들이 일한 실적에 따라 임금을 받는 영업사원의 경우 이와 유사한 행동유형을 관찰할 수 있다. 고정비율계획에서의 반응은 빠르고 안정적으로 나타난다. 그러나 한 번의 강화물을 얻기 위해서는 많은 수의 반응을 해야 하는 경우 강화물을 받은 직후에 반응을 멈추는 휴식기간이 관찰된다([그림 4-12 ⓐ]). 이 휴식기간은 강화를 얻기 전에 수행해야 하는 반응 수가 많을수록 길어진다.

(2) 고정간격계획

고정간격계획(fixed-interval schedule)은 반응 수에 관계없이 일정기간이 경과한 후 처음 나타나는 반응을 강화시키는 절차다. 예를 들어, 1분 간격으로 강화시키는 계획에서 동물은 한 번의 강화물을 받은 후 그다음의 강화물을 받기 위해서는 1분이 지난 후에 반응을 해야 한다. 두 강화 사이에 수행되는 반응의 수는 강화물 획득에 아무런 영향을 미치지 않는다. 따라서 이 계획하에서 학습자는 강화물을 받은 후에 휴식을 취하고 정해진 시간 간격이 끝날 무렵에 빈번히 반응을 하는 특징을 보여 준다. 만약 매달 5일경에 부모님으로부터 온라인으로 용돈을 송금받는 학생이 있다면 5일에 가까워질수록 확인하는 횟수가 증가할 것이다. 이와 같이 고정간격계획하에서 한 번의 강화물을 받은 직후에는 거의 반응이 나타나지 않다가 정해진 간격이 종료될 무렵에 반응률이 갑자기 증가하는 특성을 반응곡선으로 나타내면 곡선 모양이 가리비의 부채꼴과

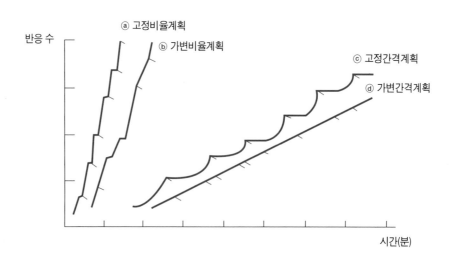

[그림 4-12] 강화계획별 반응 특성

짧은 빗금은 강화를 나타내고, 그래프의 수평선은 휴식을 나타낸다. 반응률이 높을수록 그래프의 경사는 가파르다.

닭게 된다. 따라서 이를 부채꼴 현상(scallop)이라 한다([그림 4-12 ⓒ]).

(3) 가변비율계획

강화물을 받기 위해 요구되는 반응 수가 시행에 따라 변화된다는 것을 제외하면 고정비율계획과 동일하다. 강화물은 시행에 따라 1회 반응 후에 받을 수도 있고, 10회 반응 후에 받을 수도 있으며, 15회 반응 후에 받을 수도 있다. 따라서 강화물을 제공받는 비율은 이들 반응 수의 합을 강화의 수로 나눈 평균값이 된다. 가변비율계획(variable-ratio schedule)에서는 반응률이 안정적이고 휴식기간이 없어진다([그림 4-12 ⓑ]). 도박은 가변비율계획의 좋은 예다. 왜냐하면 도박사들이 어느 판에서 돈을 딸 것인가는 유동적이기 때문이다.

(4) 가변간격계획

가변간격계획(variable-interval schedule)에서는 한 번의 강화와 그다음 강화 간의 시간 간격이 시행에 따라 변화한다. 이 계획에서는 시간이 얼마나 지난 후에 수행하는 반응이 강화될지 전혀 알 수 없다. 그러므로 가변간격계획에서 동물은 안정적인 반응을 하지만 반응의 속도는 느리게 나타난다([그림 4-12 ⓓ]). 만약 회사의 사장이 순회하는 바로 그 순간에 일하고 있는 사람에게 보너스를 준다면 사장의 방문이 불규칙적인 경우 사원들은 장기간에 걸쳐 꾸준히 일할 것이다. 그렇다고 해서 열심히 일을 하지는 않을 것이다.

(5) 소거와 강화계획

부분강화에 의해 학습된 반응은 계속적으로 강화된 반응보다 소거가 느리게 이루어진다. 이렇게 소거가 느리게 나타날 때 우리는 '소거에 대한 저항이 강하다'고 표현하고 이를 부분강화효과(partial reinforcement effect)라고 한다. 만약 반응을 할 때마다 강화물을 받는 데 익숙해졌다면 소거 시행에서 반응 후에 강화물이 주어지지 않는 것은 아주 놀라운 사건이 될 것이고, 몇 번의 강화물 부재의 경험은 소거를 급격히 일어나게 할 것이다. 그러나 반응의 일부분만 강화되는 경우, 반응 후에 강화물이 제공되지 않는 것은 과거에 많이 경험하였던 사건이고, 그 결과로 반응이 계속해서 수행될 것이기 때문에 소거가 느리게 나타날 것이다.

4) 혐오조건화

혐오조건화는 조작적 조건화에서 특정 반응 뒤에 전기쇼크나 큰 소리와 같은 혐오적 사건이 수반되면 특정 반응을 감소시키는 것을 말한다. 특정 반응 후에 혐오적 사건이 주어지는 것을 처벌이라고 한다. 이러한 혐오적 사건들은 새로운 반응을 학습하는 데 사용할 수 있다. 유기체가 현재 진행 중인 혐오적 사건을 종료시키는 반응을 학습할 수 있는데 이것을 도피학습(escape learning)이라고 한다. 예를 들어, 게임을 하고 있을 때 부모님이 꾸중하기 시작하면 그 게임을 중지함으로써 꾸중소리에서 벗어나는 경우다. 한편, 유기체가 혐오적 사건이 시작되는 것 자체를 차단하는 반응을 학습할 수 있다. 이것을 회피학습(avoidance learning)이라고 한다. 회피학습이 되기 위해서는 도피학습이 먼저 선행되어야 한다. 회피학습의 예로 게임을 하고 있을 때 부모님의 인기척이 있으면 게임을 중지하는 것이다.

도피학습과 회피학습은 처벌을 피하기 위해서 형성되는 학습인데 인간의 경우 처벌은 과연 효과가 있을까? 학생들에게 체벌을 가해야 하는가? 심리학자들은 아직 이러한 문제에 대해 완전히 일치된 결론을 내리지 못하고 있다. 처벌에는 몇 가지 단점이 있기 때문이다. 첫째, 처벌은 보상만큼 정보적이지 않기 때문인데, 보상은 어떤 행동을 계속하라는 것을 알려 주지만 처벌은 그 행동을 그만둘 것에 대한 정보가 있을 뿐 대안을 제시해 주지 않는다는 것이다. 둘째, 처벌하는 사람과 상황에 대해 회피적으로 만든다는 것이다. 셋째, 처벌은 부정적 정서를 갖게 하고 무력감에 빠지게 할 수 있다는 것이다. 마지막으로, 처벌은 처음의 바람직하지 않는 행동보다 더 심각한 공격적 행동을 유발할 수 있다는 것이다. 그러나 오늘날 심리학자들은 반응 직후에 적절하게 그리고 일관성 있게 처벌이 부여되고, 학생들이 다른 대안적 반응을 할 수 있을 때 처벌은 효과적이라고 생각한다(Walters & Grusec, 1977). 그리고 어린이들은, 부모나 교사가 처벌을 하는 이유를 설명하고 적절한 강도의 처벌을 가할 때 설명 없이 처벌을 할 때보다 그 처벌에 선행하였던 행동을 더 많이 감소시킬 것이다. 한편, 위험한 물건을 만지지 못하도록 하기 위해서는 가벼운 체벌이나 언어적인 경고가 효과적일 수 있지만, 공손하지 못한 태도를 없애려고 할 때는 공손하지 못한 태도에 대해 벌을 주는 것보다 공손한 태도를 할 때 칭찬을 해 주는 강화가 더 효과적일 것이다. 그러므로 중요한 것은 처벌이 효과적인가 하는 것이 아니고 바람직한 결과를 얻는 데 어떤 방법이 최상인가 하는 것이다.

5) 인지적 요인

인지적 요인은 조작적 조건화에도 영향을 미친다. 예를 들어, 복권에 당첨된 사람이 구두, 양말, 바지 또는 자동차와 같은 다른 것은 무시하고 그날 입었던 셔츠가 행운을 가져다준 것이라고 생각한다면 그 이유는 무엇일까? 이 물음에 대한 대답은 부분적으로 주의, 기억 그리고 기대와 같은 인지적 요인에서 찾을 수 있다. 아마도 그 사람이 그날 경험한 많은 사건 중에서 그 셔츠가 색깔이나 디자인에서 가장 독특했기 때문에 많은 주의를 끌었고, 그 결과 기억이 더 잘되었을 것이라고 추측할 수 있다. 만약 그 사람이 독특한 넥타이나 스카프를 매고 있었다면 그것이 행운의 대상이 되었을지도 모른다고 생각할 수 있다. 자동차는 행운의 대상이 되기 어려울 것이다. 왜냐하면 사람들은 그들이 소유하고 있는 것이 아니라 그때 선택한 것이 좋은 사건 또는 나쁜 사건과 관련될 것이라고 기대하는 경향이 있기 때문이다(자동차는 항상 타고 다니는 것이고 셔츠는 바로 그날 외출하기 전에 선택하여 입은 것이다). 또한 사람들은 보상이 아무런 일도 일어나지 않을 때 주어지는 것보다는 자신이 행한 어떤 행동에 수반될 때 주의 집중을 더 많이 한다. 요약하면, 인지적 요인이 강화의 영향력을 변화시키는 데 중요한 경우도 있다.

6) 생활 속의 조작적 조건화

조작적 조건화의 원리는 원래 실험실에서 동물을 대상으로 연구된 것이었으나 다양한 인간의 행동을 이해하는 데도 많은 도움을 준다. 인간생활에서 조작적 조건화가 가장 많이 적용되는 상황은 부모나 교사 또는 동료에 의해 부과되는 보상 또는 처벌일 것이다. 우리는 상호작용하는 다른 사람들의 정적 또는 부적 반응을 통해 사회적으로 어떻게 행동해야 하는가를 배운다. 또한 조작적 조건화에 대한 체계적인 연구 결과는 특정 행동을 발달시키거나 교정시키기 위한 특수한 기법을 제공한다.

(1) 행동수정

학교, 정신병원 또는 교도소 등에서는 바람직하지 못한 인간의 행동을 변화시키려는 많은 노력을 한다. 조작적 조건화의 원리는 이런 목적에도 유용하게 적용될 수 있음이 입증되었다. 행동수정(behavior modification)을 위해 심리학자들은 먼저 어떤 행동 목표를 설정하고 그 행동에 점차 가까워지도록 내담자의 반응을 강화시킨다. 한 임상연구(Whaley & Mallot, 1971)에 보고된 9세 꼬마는 다른 사람들이 이야기할 기회를 주지 않고 10분 이상 계속해서 빠르고 큰 소리로 떠들어 댔다고 한다. 당연히 꼬마의 부모와 교사 그리고 친지들은 그 행동을 고치고 싶어 하였다. 이런 행동을 고치기 위해서 심리학자들은 먼저 꼬마가 말하기보다 더 좋아하는 것이 무엇인지를 탐색한 결과 그것이 장난감 딱총 쏘기라는 것을 알아냈다. 심리학자는 꼬마가 3초 이상 말을 하지 않을 때마다 몇 개의 딱총알을 주었다. 첫 훈련회기에서 꼬마는 90분 동안 20회의 강화밖에 받지 못하였으나 훈련이 반복됨에 따라 더 많은 강화를 받을 수 있었다. 그렇게 되었을 때 심리학자는 다섯 번 말을 멈출 때마다 딱총알을 제공하는 고정비율계획으로 절차를 변경하였다. 여섯 번째 훈련회기에서 꼬마는 거의 1분에 한 번씩 말을 멈추게 되었다. 꼬마의 수다는 여전하였으나 다른 사람이 말을 할 수 있는 최소한의 기회를 가질 수 있게 되었다. 이 예는 선호성이 높은 활동이 낮은 활동에 대해 강화물이 될 수 있다는 프리맥(Premack) 원리(1965)를 이용한 것이다.

이번에는 수정대상이 되는 행동과 관련된 자극을 통제함으로써 행동을 수정하게 하는 방법을 살펴보자. 과식하는 사람들이 음식물의 유혹을 뿌리치는 것은 아주 어려운 일이다. 그러나 그들도 과식을 촉진하는 환경의 변별자극을 변화시킬 수 있다. 과식을 하는 대부분의 사람은 식사 후에도 식탁에 오랫동안 남아 있는 경향이 있다. 그동안에 이들은 후식이나 과자와 같은 것을 먹는다. 그러므로 식사가 끝나자마자 식탁을 떠나 산책을 하거나 음악을 듣는다면 음식 섭취량이 현저히 감소할 것이다. 금연을 하려고 하는 경우에도 흡연과 밀접하게 관련된 술 좌석과 같은 장소를 피한다면 목표달성이 훨씬 쉬워질 것이다.

(2) 학습된 무기력

우리는 환경을 적절하게 변경시키면 바람직하지 않은 행동을 긍정적으로 수정할 수 있음을 보았다. 이와는 반대로 환경을 능동적으로 통제할 수 없는 경우에는 비정상적인 행동이 유발된다는 사실이 밝혀졌다. 개를 대상으로 한 연구(Mineka & Henderson, 1985)에서 한 집단의 개는 신호가 제시될 때 코로 버튼을 누르면 전기충격을 피할 수 있게 하였고, 다른 집단의 개는 어떤 반응을 하여도 전기충격을 피할 수 없도록 하였다. 충격을 피할 수 있었던 동물들은 코로 버튼을 누르는 회피반응을 재빨리 학습하였으나, 충격을 피할 수 없었던 동물들은 짖고 낑낑대다가 충격이 가해져도 가만히 서서 충격을 받고 있었다. 그리고 그 후 이 동물들은 충격을 피할 수 있는 조건에서도 회피 반응을 전혀 시도하지 않았다. 이런 현상은 인간의 경우에도 적용되는 것 같다. 아무리 노력하여도 해답을 찾을 수 없는 문제를 풀다가 계속적으로 좌절을 경험한 피험자들은 그 후에 쉽게 해결할 수 있는 문제에 대해서도 해결하려는 시도를 하지 않는다는 것이다(Kofta & Sedak, 1989). 이 두 실험에서 개와 인간 피험자는 스스로 환경을 통제할 수 없는 경험을 한 결과로 무기력을 학습한 것이다. 앞에서 볼 수 있듯이 일단 학습된 무기력(learned helplessness)이 형성되면 환경을 통제하려고 하는 어떤 노력도 포기하게 되는데(Seligman, 1975), 인간의 경우 이런 경험에 의해 심한 우울증이나 스트레스 환경문제가 야기될 수도 있다(Abramson, Metalsky, & Alloy, 1989).

(3) 미신행동

2002년 한일 월드컵 중 유명했던 징크스 중 하나는 아마도 '골대를 맞추는 팀은 그 경기에 패한다'는 것이었을 것이다. 이를 가장 확실하게 보여 준 팀은 프랑스였다. 1998년 대회 우승팀 프랑스는 조별 리그 세 경기에서 무려 5번이나 골대를 맞힌 끝에 16강에 들지 못하고 탈락하고 말았다. 한국과 싸운 포르투갈과 스페인 역시 골대 징크스에 울었다. 한국과 스페인의 8강 경기를 보던 우리나라 관중들은 스페인 선수가 한국의 골대를 맞추자 안도의 한숨을 쉬며 동시에 경기에 이길 수 있다는 확신을 갖기도 하였다.

학습심리학자들에게 이러한 의식은 미신행동(superstitious behavior)의 한 예다. 미신행동은 특별한 생각이나 어떤 대상 혹은 행동이 어떤 사건을 일으킨다는 잘못된 신념을 가리키며, 행동 및 그로 인한 강화 간에 생긴 우연한 연합에 기초한 학습결과다. 앞서 보았듯이 강화물이 뒤따라 제공되는 행동은 더욱 증가하게 된다. 하지만 때때로 강화에 앞서 발생한 행동이 인과관계 없이 시간적으로 정확히 일치하기도 한다. 그에 따라 행동과 강화에 대한 연합이 형성된다.

7) 보상의 생물학적 기초

일반 사람들은 정적 강화의 동의어로 보상이라는 용어를 자주 사용할지라도 스키너와 다른 전통적인 행동주의자들은 행동을 증가시키는지 아닌지로 보상을 엄격히 정의하였다. 그들은 보상이 행동을 증가시키는 이유에 대해서는 비교적 관심이 적었다. 실제로 그들은 주관적인 경험이 행동에 어떤 영향을 미칠 수 있는가에 대한 생각을 회피하였다. 왜냐하면 그들은 정신적 상태는 경험적으로 연구하는 것이 불가능하다고 생각하였기 때문이다. 그러나 생물학의 혁명은 우리가 어떻게 학습하는가에 대한 새로운 통찰을 갖도록 하였다. 여기에서 우리는 강화의 생물학적 기초와 조건화를 이해하기 위한 그 적용을 살펴볼 것이다.

(1) 보상의 모형으로서의 자기자극

1950년대 초, 피터 밀너(Peter Milner)와 제임스 올즈(James Olds)는 뇌의 특정 영역에 대한 전기자극이 학습을 촉진하는지를 알아보고 있었다. 그 학습이 뇌의 활성화 때문인지 아니면 혐오적인 전기자극의 양 때문인지를 알아보기 위해 그들은 쥐가 상자의 특정 위치에 있을 때만 쥐의 뇌에 전기자극을 주었다. 이들의 논리는 전기처치가 혐오적이라면 그 쥐들은 그 위치를 선택적으로 회피할 것이라는 것이다. 그런데 그들은 실수로 다른 뇌 부위에 전기자극을 주게 되었는데, 쥐들은 전기자극과 연합된 상자의 특정 영역을 회피하는 대신에 더 많은 전기자극을 받기 위해 신속하게 그 자리로 돌아왔다. 그래서 그들은 쥐들이 그들 뇌의 특정 영역에 자극을 받기 위해 스스로 레버를 누르는지를 확인하는 실험을 시작하였다. 이후 이러한 절차를 두개 내 자기자극(Intracranial Self-Stimulation: ICSS)이라고 불렀다([그림 4-13]). 그 쥐들은 그들 뇌를 스스로 자극하기 위해 열심히 레버를 눌렀는데, 그 횟수는 시간당 수백 번에 달했다(Olds

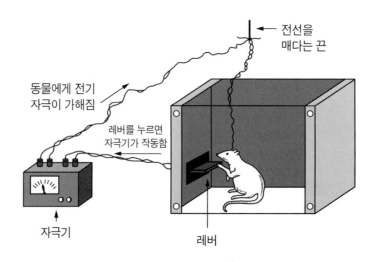

[그림 4-13] 두개 내 자기-자극 장치

& Milner, 1954). 올즈와 밀너는 두개 내 자기자극이 공급되는 뇌 영역을 쾌락 중추라고 하였으며, 이 영역은 신경전달물질인 도파민이 사용되는 곳이었다. 행동주의자들은 '쾌'라는 용어를 거부했지만 두개 내 자기자극은 강력한 강화물임은 분명했다.

(2) 보상을 신호하는 도파민

신경전달물질인 도파민은 동기와 정서에 관여한다. 또한 이것은 정적 강화에 중요한 것으로 나타났다. 지난 50년 이상의 연구는 보상경험에서 도파민이 중요한 역할을 한다는 것을 보여 주었다(Wise & Rompre, 1989). 예를 들어, 두개 내 자기자극은 도파민 수용기를 활성화하고 도파민의 억제는 자기자극뿐만 아니라 먹기, 마시기 및 짝짓기와 같은 자연적으로 동기화된 행동을 감소시킨다.

측핵(nucleus accumbens)은 변연계의 일부로 피질하 뇌 영역에 있다. 쾌 경험은 측핵에 있는 도파민성 뉴런의 활성화 결과다. 먹이를 즐기는 것은 도파민의 활성화에 달려 있다. 먹이가 제시되었을 때 배고픈 쥐들은 측핵에서 도파민의 분비가 증가되는데, 배고픔이 크면 클수록 도파민의 분비는 더 증가한다(Rolls et al., 1986). 당신이 배가 고플 때 음식의 맛이 더욱 좋고 당신이 목마를 때 물은 더욱 보상적이다. 왜냐하면 음식이나 물이 박탈되지 않았을 때보다 박탈되었을 때 더 많은 도파민이 분비되기 때문이다. 만화를 재미있게 보는 행위도 측핵을 활성화한다(Mobbs et al., 2003).

자연적인 강화물은 측핵에 있는 도파민 수용기의 활성화를 통해 직접적으로 보상 신호를 보내는 것으로 나타났다. 이차강화물에 대한 효과도 동일한데 대표적인 예인 돈의 경우, 금전 보상에 대한 예상은 도파민 체계를 활성화하는 것으로 밝혀졌다(Knutson et al., 2001). 한편, 도파민 효과를 차단하는 약물들은 대부분의 활동에 따른 보상 특성을 차단하는 것으로 나타났다. 운동통제의 장애인 투렛증후군(Tourett's syndrome)을 가진 사람들은 불수의적 신체 움직임을 통제하기 위해 도파민 차단제를 복용한다. 이들은 지속적인 약물 복용에 어려움을 자주 겪는데, 그 약물이 그들 인생의 즐거움을 빼앗는 것으로 느끼기 때문이다.

어떤 사람들은 즐거움을 위해 약을 먹는다. 이러한 약물은 대부분 도파민 수용기를 활성화하는 것들이다. 알코올, 니코틴, 헤로인 및 코카인과 같은 약물은 측핵의 도파민 활성 증가와 연관이 있다. 오랜 기간 동안의 지속적인 약물 사용은 중독을 일으키는데, 대부분의 연구자는 강화와 약물 중독에 도파민의 분비는 필수조건이라고 결론 짓고 있다(Koob, 1999).

8) 고전적 조건화와 조작적 조건화의 대비

고전적 조건화와 조작적 조건화 모두 연합학습의 유형이다. 고전적 조건화는 조건자극과 무조건자극 간의 연합에서 나타나고 조작적 조건화는 반응과 보상 간의 연합에 의해 나타난다. 이 두 조건화는 습득, 소거, 일반화 및 변별 현상 모두를 수반하여 유사성이 매우 높다. 그러나 이 두 조건화는 절차적 차이가 있다. 고전적 조건화에서는 학습자의 반응이 결과에 영향을 미치지 않지만 조작적 조건화에서는 학습자의 반응이 뒤따를 결과를 결정한다는 절차상의 차이가 있다. 또한 두 조건화 사이의 차이는 고전적 조건화가 타액분비와 같은 내장 반응(visceral response)에 적용되는 반면에 도구적 조건화는 골격근 반응(skeletal response)에 적용된다는 점이다. 〈표 4-2〉에서 두 조건화를 항목별로 비교하였다.

◆ 표 4-2 ◆ 고전적 조건화와 조작적 조건화의 비교

구분	고전적 조건화	조작적 조건화
용어	CS, US, CR, UR	반응, 강화
행동의 효과	US를 통제하지 못함	강화를 통제함
습득 절차	CS와 US를 짝지움	특정 자극하에서 반응과 결과를 짝지움
학습되는 반응	주로 내장 반응	주로 골격근 반응
소거 절차	US 없이 CS만 제시	반응 후에 강화 생략
일반화	CS와 유사한 자극이 CR과 유사한 반응 유발	강화를 받았을 때와 유사한 자극이 제시되면 유사한 반응률이 나타남
변별	한 자극에는 US가 뒤따르고, 유사한 자극에는 US가 뒤따르지 않음	한 자극이 있을 때 수행한 반응은 강화되고 다른 자극이 있을 때 수행한 반응은 강화되지 않음

3 ┅ 조건화에서 생물학적 영향

연합에 의한 학습을 강조하는 행동주의자들은 모든 행동이 조건화의 원리들에 의해 설명될 수 있다고 믿었다. 특히 스키너는 자신의 저서인 『월든 투(Walden Two)』에서 모든 사회적 문제가 조작적 조건화 원리로 해결되는 유토피아를 기술하였다. 그러나 몇몇 연구자들에 의해 조건화로 모든 행동을 설명하려는 것은 문제가 있음을 알게 되었다(Bailey & Bailey, 1993). 진화론에 의하면 종들 간의 행동 차이는 환경의 요구에 대한 순응의 결과다. 이러한 진화적 관점은 종의 학습능력에도 적용될 수 있는데, 종들 간의 유전적 차이는 특정 종의 학습에 제한을 줄 수 있다. 여기서 조건화에 대한 생물학적 영향을 두 가지 연구 영역을 통해 알아보자.

1) 맛 혐오 학습

동물에게 미각은 매우 중요하다. 동물들은 새로운 맛의 먹이를 먹고 나서 배탈이 나지 않으면 그 먹이를 안심하고 먹게 되지만, 반대로 배탈이 나면 그 먹이를 절대로 먹지 않는다. 이러한 현상을 맛 혐오 학습이라고 한다. 맛에 대한 혐오 학습을 잘하는 동물은 생존가가 높을 수밖에 없다. 맛 혐오 학습은 강력한 기제로 다른 고전적 조건화의 예와는 달리 한 번의 경험으로 학습이 될 뿐만 아니라 조건자극(맛)과 무조건자극(배탈)이 시간적으로 멀리 떨어져 있어도 학습이 일어나며, 소거도 잘 되지 않는다.

맛 혐오 학습을 최초로 증명한 심리학자 존 가르시아(John Garcia)와 로버트 쾰링(Robert Koelling)은 이 학습을 통해 동물들은 일반적으로 특정 연합을 학습하도록 생물학적으로 준비되어 있음을 보여 주었다. 이들은 물과 혐오적 자극을 연합시키는 고전적 조건화 실험을 수행하였다. 실험에서 쥐들이 밝고 소리가 나는 물 또는 단맛이 나

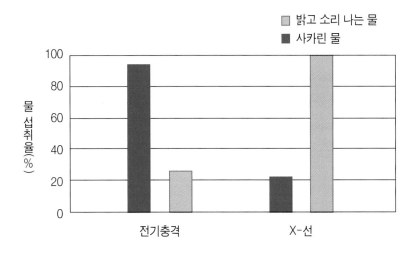

[그림 4-14] 밝고 소리 나는 물 또는 단맛이 나는 사카린 물을 마시고 난 후에 X-선에 노출되어 복통을 경험한 집단은 밝고 소리 나는 물을 선호하는 반면에 전기충격을 받은 집단은 사카린 물을 선호한다.

는 사카린 물을 마신 후에 X-선에 노출시켜 복통이 유발되도록 하였고, 다른 실험에서는 밝고 소리가 나는 물 또는 단맛의 사카린 물을 마신 후에 전기충격을 주었다. 이후 이들은 쥐들에게 밝고 소리 나는 맹물과 사카린 물 중에 선택하도록 했다. 그 결과 복통이 났던 쥐들은 사카린 물을 회피하는 경향이 더 많았고 전기충격을 받은 쥐들은 밝고 소리 나는 물을 회피하는 경향이 더 많았다([그림 4-14] 참조). 이것은 쥐들이 특정 자극을 특정 결과와 연합시키도록 선천적으로 편향되어 있음을 시사한다(Garcia & Koelling, 1966).

결론적으로 조건화는 조건자극과 무조건자극 사이의 관계(고전적 조건화) 또는 반응과 보상 사이의 관계(조작적 조건화)만이 아니라 유기체가 그 환경 속의 자극에 대하여 어떻게 반응하도록 생물학적 경향성을 타고났는가에 의해서도 좌우된다는 것이다.

2) 본능 표류

행동주의자들이 모든 행동은 강화를 통해 조성될 수 있다고 믿을지라도 동물들은 자신들의 진화적 적응과 상반된 행동의 학습을 어려워한다. 생물학적 제한의 좋은 예는 브릴랜드 부부의 연구(Breland & Breland, 1961)에서 찾아볼 수 있다. 이들은 그들 동물 중 많은 동물이 이미 학습한 과제수행을 종종 거부한다는 사실을 발견하였다. 예를 들어, 그들은 너구리가 동전을 돼지 저금통에 넣도록 훈련을 시켰지만 너구리들이 처음에 그것을 학습했을지라도 궁극적으로 그 동전 넣는 것을 거부했다. 반면에 너구리들은 돼지 저금통 위에 서서 그들의 발로 그 동전을 열심히 비볐다. 이러한 동전을 비비는 행동은 강화되지도 않았고 실제로는 강화를 지연시켰지만 그런 반응은 자주 나타났다. 브릴랜드 부부는 이 너구리가 조작적 반응을 획득한 후에도 시간이 지나면 학습된 행동이 본능적 행동을 향해 표류해 간다는 것을 알게 되었고, 이를 **본능 표류**(instinctual drift)라고 하였다.

이러한 너구리의 행동에 대한 한 가지 설명은 이 과제가 선천적인 적응행동과 맞지 않다는 것이다. 이 너구리는 동전과 먹이를 서로 연합해서 동전을 먹이처럼 다루었다. 발로 먹이를 비비는 것은 너구리에게 이미 선천적으로 확립된 행동이다. 이와 비슷하게 비둘기들은 먹이나 이차적 강화를 얻기 위해 키를 쪼도록 훈련될 수 있으나 전기충격을 회피하기 위해 키를 쪼는 행동을 훈련받는 것은 어렵다. 그러나 그들은 전기충격을 회피하기 위해 그들의 날개를 퍼덕이는 것을 학습할 수 있다. 왜냐하면 날개를 퍼덕이는 것은 그들의 자연스러운 도피의 수단이기 때문이다. 이러한 결과는 조건화가 행동반응과 그 강화 사이의 연합이 이미 형성된 동물의 성향과 유사할 때 가장 효과적임을 시사한다.

4 사회 및 인지학습

지금까지 우리는 고전적 조건화와 조작적 조건화에 대해서 공부하였다. 이 두 가지 조건화로 인간의 모든 행동을 설명할 수 있을까? 이 물음에 대한 대답은 분명히 '아니요'이다. 조건화는 유기체가 실제로 자극을 경험하거나 어떤 반응을 수행하고 그 결과를 경험함으로써 이루어지는 학습이다. 그러므로 고전적 또는 조작적 조건화만을 인정할 때 우리는 직접경험 없이는 어떤 행동이나 지식을 습득할 수 없을 것이다. 그러나 실제 인간의 행동과 지식 가운데 많은 부분은 간접적으로 습득된 것이다.

사람은 다른 사람의 행동관찰을 통해 많은 것을 학습한다. 그래서 많은 심리학자는 학습에서 인지의 역할을 중요하게 여긴다. 인지(cognition)란 정보를 습득하고 조직화하는 과정, 즉 우리가 주변의 세상을 알고 이해하는 방법이다. 우리는 강화 또는 처벌이 수반되지 않아도 정보를 습득하고 저장하고 조직화할 수 있다. 관찰 또는 인지를 통한 학습을 수용할 때 우리는 인간과 동물의 더 광범위한 학습현상을 다룰 수 있고, 특히 인간의 행동을 더 깊이 이해할 수 있을 것이다. 따라서 이 절에서는 사회학습(관찰학습)과 인지학습에 대해서 살펴보려고 한다.

1) 사회학습

사회학습(social learning) 이론가들은 인간의 학습은 주로 여러 사람이 함께 있을 때 일어나고, 사람들은 다른 사람들의 경험을 통해 학습할 수 있음을 강조한다. 다시 말해서 한 개체의 행동이 다른 개체(모델)를 관찰함으로써 영향을 받을 때 우리는 관찰학습이 일어났다고 하며, 이 관찰학습(observational learning)을 사회학습 또는 대리학습이라고도 한다. 이 학습은 앨버트 밴듀라(Albert Bandura)에 의하여 광범위하게 연구되었다.

Albert Bandura

(1) 모델링과 모방

우리는 새로운 단체나 다른 문화권을 처음 접할 때 그 단체나 문화권에 독특한 관습이 있음을 알게 된다. 이런 새로운 상황에서 우리는 다른 사람을 관찰하는 것에서 아주 많은 것을 학습하게 된다. 이때 관찰의 대상이 되는 사람은 모델의 역할을 하고, 우리는 그의 행동을 모델링(modelling) 또는 모방하게 된다.

우리는 선택적으로 모방할 대상을 선정한다. 주로 그 대상은 우리가 성공했다고 여기는 사람 또는 동일시하려고 하는 사람일 것이다. 광고업자들은 사람들의 이러한 성향을 잘 알고 있다. 그들은 자신들의 상품을 가장 잘 사 줄 소비자를 찾아내고, 그 소비자들이 가장 존경하고 모방할 것으로 추측되는 사람을 선정하여 광고모델로 등장시킨다. 예컨대, 화장품 광고에는 최고의 미인이라는 평가를 받는 여배우를, 가전제품 광고에는 주부들에게 인기가 있는 30, 40대의 연예인을, 그리고 고급 자동차 광고에는 사회적으로 저명한 특정 분야 전문가를 모델로 출연시키는 것을 흔히 볼 수 있다.

밴듀라와 동료들(Bandura, Ross, & Ross, 1963)은 모방이 공격행동의 학습에 미치는 영향을 연구하였다. 그들은 두 집단의 어린이들 중 한 집단에게는 성인 또는 만화 주인공이 인형을 격렬하게 공격하는 필름을 보여 주었고 다른 한 집단의 어린이들에게는 인형을 공격하지 않는 필름을 보여 주었다. 그 후 인형이 있는 방에서 어린이들을 놀게 하고 행동을 관찰한 결과, 공격적인 필름을 본 아이들만이 인형을 격렬하게 공격하였고, 많은 공격행동 유형은 필름에서 관찰했던 것과 동일하였다. 아이들의 모방은 이성의 성인보다는 동성의 성인을 모방하는 경향이 있다(Perry & Bussey, 1979).

(2) 대리강화와 대리처벌

새로 개발된 자동차를 구입하려고 할 때 어떻게 할지를 생각해 보자. 아마도 제일 먼저 당신은 잘 알고 있는 사람 중에서 그 자동차를 어떻게 평가하는지, 그리고 얼마나 만족하는지를 알아보려고 할 것이다. 당신의 구매결정은 여기에서 얻은 자료를 바탕으로 이루어질 것이다. 즉, 동료의 구매행동을 무조건 모방하는 것이 아니라 동료가 그 자동차 구입에 대해서 만족한다면 당신도 구입하게 될 것이고, 그가 구입을 후회한다면 당신은 다른 자동차를 고려할 것이다. 이처럼 자신의 경험 대신에 다른 사람의 경험을 통해 학습하는 것을 대리강화(vicarious reinforcement) 또는 대리처벌(vicarious punishment)을 통한 학습이라고 한다.

대리처벌은 대리강화보다 행동으로 미치는 영향이 적은 것 같다. 예를 들어, 자동차의 안전띠를 매지 않으면, 사고가 났을 때 더 심각한 결과가 초래되거나 단속에 적발될 때 처벌을 받는다는 것을 알면서도 안전띠를 매지 않는 사람이 많다. 또한 중독성 약물이나 문란한 성행위의 결과가 어떤 것인지 잘 알려져 있는데도 많은 사람은 그 위험을 무시하며, 극단적인 대리처벌인 사형제도가 존재함에도 불구하고 사회의 살인사건 발생률은 나날이 증가하고 있다.

(3) 모방과 거울뉴런

인간의 학습은 단순히 연합에 의한 조건화를 넘어서는 간접적 경험에 의해 일어날 수 있다. 그 대표적인 것이 앞에서 언급한 관찰학습이다. 관찰학습은 모델의 행동을 모방하면서 나타나는데 이러한 과정을 지지할 수 있는 신경학적 근거가 짧은꼬리원숭이에서 발견되었다. 그것은 거울뉴런(mirror neuron)이다. 동물이 어떤 행동을 할 때 그리고 동물이 그 동작을 하는 다른 누군가를 관찰할 때 모두 똑같이 이 거울뉴런이 흥분한다. 거울뉴런은 연구자가 원숭이의 손 움직임을 관장하는 대뇌 운동피질의 개별 뉴런 활동을 기록하다가 우연히 발견되었다. 이 뉴런은 원숭이가 음식에 손을 뻗을 때뿐만 아니라 실험자가 그 음식에 손을 뻗는 것을 볼 때도 흥분하였다(Di Pellegrino, Fadiga, Gallese, & Rizzolatti, 1992). 이후 뇌영상기법을 통해 인간의 뇌에서도 유사하게 작용하는 영역을 확인하였는데 이 영역은 개인이 그 행동을 하거나 같은 동작을 하는 사람을 볼 때도 모두 활성화되었다(Rizzolatti, Craighero, & Fadiga, 2002).

거울뉴런은 우리가 행동할 때 그리고 다른 사람들이 행동하는 것을 볼 때 모두 반응하기 때문에 다른 사람의 행동, 의도, 감정을 이해하는데 도움을 준다. 거울뉴런은 정상적인 사회적 상호작용과 소통에 중요하다(Oberman & Ramachandran, 2009). 자폐증 아동과 성인의 거울뉴런 반응은 정상인의 반응과 상이하다(Bernier & Dawson, 2009). 이러한 사실은 자폐증의 사람이 타인의 의도를 이해하고 소통하는 데 어려움을 겪는 이유를 설명할 수 있게 한다.

2) 인지학습

조건화를 지지하는 연구자들은 모든 학습을 사고가 필요 없는 단순연합으로 설명하려고 하였다. 앞에서 살펴본 관찰학습은 조건화 연구자들의 이와 같은 견해를 약화시켰다. 언어학습이라는 또 다른 경우를 생각해 보자. 언어를 배울 때 아동들은 연합의 연쇄 그 이상의 것을 학습한다. 왜냐하면 그들은 한 번도 경험한 적이 없는 새로운 문장을 구성할 수 있기 때문이다. 더구나 언어를 배우기 위해서는 언어의 구조와 관련된 추상적인 규칙까지도 학습해야 한다. 이런 종류의 학습을 하려면 상징을 사용해야 하고, 그렇게 하기 위해서는 사고, 관념, 심상 그리고 다른 형태의 정신적 표상이 필요하다. 다시 말해서 인지과정이 학습에서 중요한 역할을 한다. 여기에서는 몇 가지 인지학습의 유형을 살펴보겠다.

(1) 잠재학습과 인지도

Edward C. Tolman

　미로학습을 하는 쥐의 능력을 연구한 에드워드 톨먼(Edward Tolman)도 학습의 인지적 요인을 강조하였다. 톨먼이 연구를 시작하였던 1920년대에는 미로를 사용하여 쥐의 학습을 실험한 연구가 많이 실시되었다. 미로에서 쥐가 출발상자를 떠나 목표상자로 들어가면 음식물이나 물을 보상으로 받는다. 이 과정에서 쥐는 잘못된 방향으로 회전하는 오류를 많이 범하지만 시행이 반복됨에 따라 이 오류는 감소한다. 이러한 쥐의 학습에 대해서 쥐가 먹이에 의해서 강화되는 학습을 했다고 해석할 수 있을 것이다. 그러나 톨먼은 이런 해석을 거부하고 다른 해석을 할 수 있는 증거를 제시하였다.

　톨먼은 세 집단의 쥐를 매일 한 번씩 12일간 연속해서 미로에 넣어 놓았다(Tolman & Honzik, 1930). 집단 A의 쥐들에게는 시행마다 목표상자에 먹이를 넣어 주었다. 이 쥐들은 점진적으로 학습하여 실험이 종료될 무렵에는 1~2개 정도의 오류만을 범하고 목표상자로 들어갔다. 집단 B의 경우에는 매일 미로를 달렸지만 목표상자에서 먹이를 한 번도 제공받지 못했다. 이 동물들은 실험이 끝날 때까지 계속해서 많은 오류를 보여 주었다. 이 두 가지 실험결과는 너무 당연한 것이고, 강화를 통해 학습이 이루어진다는 견해와 일치된다. 그러나 집단 C에서 나온 결과가 중요한 것이다. 이 동물들은 처음 10일간 강화 없이 미로를 돌아다녔고 많은 오류를 범하였다. 11일째 처음으로 목표상자에 먹이를 넣어 주었고, 놀라운 사건이 발생하였다. 그다음 날인 12일째에 이 동물들은 거의 실수를 하지 않았다. 실제로 이 동물들의 수행은 매일 강화를 받았던 동물들과 비슷한 수준이었다. 다시 말해서 11일째에 제시한 단 한 번의 강화가 그다음 날의 수행을 극적으로 변화시켰다([그림 4-15]).

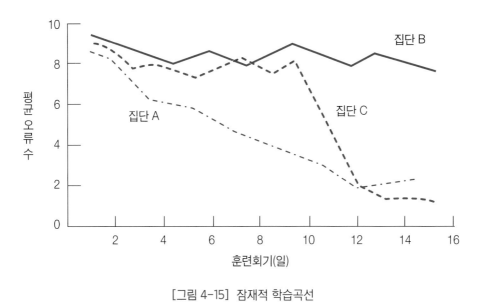

[그림 4-15] 잠재적 학습곡선

11일째에 한 번 강화를 받은 집단 C의 학습수행이 강화 이후에는 매일 강화를 받은 집단 A의 수행과 거의 같다.

톨먼의 주장에 의하면 이 실험결과에서 두 가지 결론을 내릴 수 있다. 첫째, C집단의 수행은 강화를 한 번 받은 후에 크게 향상되었다. 이것은 11일째에 제시한 한 번의 강화가 쥐의 미로학습 그 자체에 영향을 미친 것이 아니라, 단지 그 후의 수행을 변화시켰을 뿐이다. 강화를 받기 전에 동물들이 이미 학습하고 있었던 것이 틀림없다. 톨먼은 이를 잠재학습(latent learning)이라고 하였다. 둘째, 쥐의 수행은 첫 번째 강화시행 직후에 변화되었다. 톨먼은 쥐가 이미 미로의 공간배열에 대한 정신적 표상, 즉 인지도(cognitive map)를 발달시켰기 때문에 이러한 결과가 나타난 것이라고 설명하였다. 톨먼은 어떤 반응이나 강화가 없어도 인지도는 자연적으로 발달된다고 결론을 내렸다. 자연환경에서 실시된 학습연구는 이 견해를 지지한다.

인간도 역시 주로 지표가 될 만한 건물이나 랜드마크에 기초해서 그가 위치한 환경에 대한 인지도를 발달시킨다. 어떤 사람이 처음으로 어떤 지역에 도착했을 때 그의 인지도는 특정 도로를 기반으로 하는 경향이 있다. 하지만 그 지역에 친숙해질수록 그는 추상적 인지도라 불리는 그 지역에 대한 전반적인 개념을 발달시킨다. 이 지도를 이용해 그는 그 지역에 대하여 완전히 이해하며, 지름길을 찾아다닐 수 있게 된다(Gale et al., 1990; Garling, 1989; Plumert et al., 1995). 인간은 아무런 보상을 받지 않는 경우에도 쇼핑센터나 도로에 대한 정신적인 지도를 발달시킨다고 한다(Chase, 1986).

(2) 통찰

Wolfgang Köhler

볼프강 쾰러(Wolfgang Köhler, 1887~1968)는 돌연히 일어나는 학습을 연구한 형태주의 심리학자였다. 그가 테네리페(Tenerife)라는 섬을 방문하고 있었을 때 독일이 제1차 세계대전을 일으켰다. 영국은 쾰러를 그 섬에서 나오지 못하게 하였기 때문에 그는 전쟁 동안에 그곳에서 침팬지를 연구하면서 시간을 보냈다. 1925년에 그는 연구 결과를 『유인원의 지성(Mentality of Apes)』이라는 책으로 출판하였고, 이 책은 인지학습 분야의 고전적 보고서가 되었다.

그는 볼 수는 있어도 손이 닿지 않는 높은 곳에 과일을 매달아 놓거나 먼 곳에 과일을 둔 실험장면에 침팬지를 노출시켰다. 실험 결과 많은 침팬지가 이 문제를 쉽게 해결할 수 있었음이 관찰되었다. 예를 들어, 침팬지가 손을 내밀어 멀리 있는 과일을 잡으려 했을 때 오히려 과일은 더 멀리 밀려 나가 실패하였다. 실패 후 침팬지는 주변을 둘러보고는 과일을 끌어들이는 데 사용할 수 있는 막대기를 발견하였다. 쾰러는 침팬지가 이 문제를 쉽게 해결하는 데 놀랐고, 막대를 연결해서 사용해야 하는 더 복잡한 과제를 부여하였으나 침팬지는 그 문제도 곧 해결하였다([그림 4-16], [그림 4-17]).

쾰러는 이 실험에서 침팬지가 이전에 형성된 연합을 사용하여 문제를 해결한 것이 아니라고 생각하였는데, 실험에서 관찰된 세 가지 사실이 그의 견해를 뒷받침해 주었다. 첫째, 한 마리의 침팬지는 유사한 상황에서 그와 같은 경험을 해 본 것처럼 바로 문제를 해결하였다. 둘째, 쾰러의 침팬지들은 효과가 없는 해결방안을 거의 시도하지 않았다. 셋째, 침팬지들은 갑자기 문제를 해결하였다. 높은 곳에 과일이 매달려 있는 경우, 한 침팬지는 몇 차례 뛰어올라 과일을 따려는 시도를 하다가 멈추고는 주변을 살펴보았다. 마침내 침팬지는 과일 바로 밑에 나무상자를 쌓아올리고 그 위에 올라가서 과일을 따 먹었다. 주변에 이용할 수 있는 대상이 없는 경우에 침팬지는 쾰러에게로 가서 그의 팔을 끌어당겨 과일 아래로 데리고 간 후 등을 타고 올라갔다. 쾰러는 침팬지들의 이러한 문제해결 행동은

[그림 4-16] 여러 개의 막대를 연결해야 하는 복잡한 문제를 침팬지는 쉽게 해결한다.

[그림 4-17] 막대와 상자를 이용하여 높은 곳에 있는 과일을 따 먹는 침팬지

과거에 전혀 학습한 적이 없는 새로운 관계를 갑자기 파악했기 때문이라고 설명하였다. 즉, 침팬지들은 자극-반응 연합을 형성한 것이 아니라 문제상황 전체에 대한 **통찰**(insight)을 획득하였던 것이다. 쾰러의 발견을 고려할 때 학습이 항상 시행착오에 의해 힘들고 느리게 이루어지는 것은 아님을 알 수 있다.

5 ─ 학습에 대한 신경학적 설명

생물학적 관점을 가진 과학자들은 학습이 환경적 사건에 대한 노출의 결과며, 뇌에서의 비교적 영구적인 변화를 일으킨다고 오랫동안 믿어 왔다. 1948년 캐나다의 심리학자인 도널드 헵(Donald Hebb)은 학습이 시냅스 연결의 변경에서 기인한다고 제안했다. 그에 따르면 하나의 뉴런이 다른 뉴런을 자극할 때 두 뉴런의 시냅스가 강화되는 변화가 나타난다. 결과적으로 한 뉴런의 흥분은 다른 뉴런 흥분의 원인이 된다. 헵의 가정에 대한 상이한 해석이 많을지라도 해석의 대부분은 '같이 발화하는 세포들은 하나로 연결된다'로 귀결될 수 있다. 헵은 그 당시 그의 가설이 사실인지 아닌지를 확인할 기술을 갖고 있지 못했지만 오늘날 그의 기본 이론이 옳았음이 밝혀졌다.

1) 학습의 단순한 모형인 습관화와 민감화

학습을 유도하는 시냅스에서는 무슨 일이 일어나는 것일까? 하나의 해답은 해초

[그림 4-18] 군소

군소는 적은 수의 큰 뉴런을 가지고 있어 학습에 대한 신경학적 연구에 적절한 종이다.

를 먹고 사는 작은 바다 달팽이인 군소(aplysia) 같은 단순한 무척추동물을 사용한 연구에서 찾을 수 있다([그림 4-18]). 이 군소는 학습을 연구하기에 좋은 종인데, 상대적으로 적은 수의 뉴런을 가지고 있을 뿐만 아니라 그 뉴런은 현미경 없이도 볼 수 있을 정도로 크기 때문이다(Kandel, Schwartz, & Jessell, 1995). 신경생물학자인 에릭 캔들(Eric Kandel)과 동료들은 단순한 학습의 두 유형인 습관화(habituation)와 민감화(sensitization)의 신경적 근거를 연구하기 위해 군소를 사용해 왔다. 이러한 연구 결과로 캔들은 2000년에 노벨 의학상을 받았다.

습관화는 위협적이지 않은 자극에 대한 반복 노출에 따른 행동반응의 감소를 의미한다. 동물이 낯선 자극을 받으면 그 자극으로 주의를 기울이는데, 이러한 행동을 정위반응이라고 한다. 만약 그 자극이 위험하지도 않고 보상적이지 않다면 그 동물은 그것을 무시하도록 학습된다.

군소에서 습관화는 쉽게 확인될 수 있는데, 단순히 그것을 반복적으로 건드리면 된다. 처음 몇 번의 건드림은 군소로 하여금 아가미를 수축하게 만들지만 약 10번의 건드림 후에는 그 반응이 사라지고 이러한 반응의 감소는 두 시간에서 세 시간 동안 지속된다. 이러한 습관화의 시행을 반복하면 습관화 상태가 몇 주 동안 지속되게 된다.

민감화는 위협적인 자극에 노출됨에 따라 행동반응이 증가함을 의미한다. 일반적으로 민감화는 다른 자극에 대한 높은 반응성을 유도한다. 군소의 꼬리에 강한 전기충격을 제시하면 민감화가 유도된다. 이러한 충격 후에 그 신체의 어느 부위든 상관없이 부드러운 접촉은 군소로 하여금 아가미를 크게 위축시킨다.

　　군소에 대한 캔들의 연구는 시냅스 기능에서의 변경이 습관화와 민감화를 유도함을
보여 주었다. 단순한 두 유형의 이 학습에서 시냅스전 뉴런은 신경전달물질의 분비를
변경시켰다. 신경전달물질 분비의 감소는 습관화를 유도하고 증가는 민감화를 유도한
다. 단순한 학습의 신경적 기초에 대한 지식은 더 복잡한 학습과정을 이해하는 데 디
딤돌이 된다.

2) 세포 수준에서 학습의 기초

　　복잡한 포유류 뇌에서의 학습을 이해하기 위해서 연구자들은 장기 증강(Long-Term
Potentiation: LTP)이라는 현상을 연구해 왔다([그림 4-19]). 장기 증강은 시냅스 연결을
강하게 하여 시냅스후 뉴런이 더 쉽게 활성화되도록 한다. 장기 증강을 증명하기 위
해 연구자들은 처음에는 전기자극에 의해 하나의 뉴런이 두 번째 뉴런에서 활동전위
를 유도하는 범위를 확인한다. 그 후에 첫 번째 뉴런에 강한 전기자극을 주는데 아마

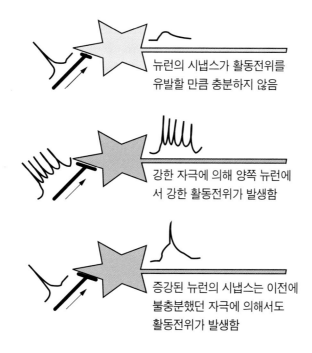

[그림 4-19] 장기 증강의 발생과정

처음 한 뉴런의 시냅스가 시냅스후 뉴런의 활동전위를 발생시키는 데 충분하지 않지만 시냅스전·후 뉴런의 강
한 반응 후에 장기 증강이 나타난 후에는 이전에 활동전위를 유발하지 못한 강도의 시냅스가 시냅스후 뉴런의 활
동전위를 유발한다.

도 5초 동안 수백 번의 전기펄스가 주어질 것이다. 마지막으로 두 번째 뉴런의 활성화 범위를 알기 위해 한 번의 전기펄스로 첫 번째 뉴런을 자극한다. 강한 전기자극에 의해 첫 번째 뉴런 자극이 두 번째 뉴런에 활동전위를 유도할 가능성이 증가될 때 장기 증강이 나타난 것이다. 군소에서 습관화와 민감화가 시냅스전 뉴런에서 신경전달물질 분비의 변화에 기인하는 반면에 장기 증강은 시냅스후 뉴런이 더욱 쉽게 활성화될 수 있도록 한 시냅스후 뉴런의 변화에 기인된다. 이와 유사한 과정이 시냅스 연결을 약화시킬 수 있음을 보여 준 증거들이 있는데, 이러한 상태를 장기 저하(Long-Term Depression: LTD)라고 한다. 장기 저하는 전기자극이 주어지더라도 그 펄스가 초당 1~4회의 낮은 빈도로 제시될 때 나타난다.

많은 증거는 장기 증강이 세포 수준에서 학습과 기억의 기초가 될 수 있음을 지지한다(Beggs et al., 1999). 예를 들어, 장기 증강 효과들은 해마와 같이 학습과 기억에 관여하는 뇌 영역에서 쉽게 관찰될 수 있다. 나아가 기억을 증진시키는 약물들은 장기 증강의 증가를 유도하고 기억을 차단하는 약물들은 장기 증강을 차단한다. 마지막으로 행동적 조건화는 장기 증강과 거의 동일한 신경화학적 효과들을 일으킨다.

장기 증강과정은 학습이 함께 발화하는 시냅스 연결의 강화에서 비롯된다는 헵의 주장을 또한 지지한다. 헵의 법칙은 고전적 조건형성을 포함한 다양한 학습현상을 설명하는 데 사용될 수 있다. 무조건자극을 신호화하는 뉴런은 조건자극을 신호화하는 뉴런과 동시에 활성화된다. 반복된 시행에서 이 두 사건을 연결 짓는 시냅스가 강화되어 한 뉴런이 발화할 때 자동적으로 다른 뉴런이 발화하여 조건반응을 일으킨다.

요약

1. 학습은 경험을 통한 행동의 변화로 정의된다.

2. 중성자극이 무조건자극과 반복적으로 짝지어짐으로써 반응을 이끌어 내는 능력을 가질 때, 중성자극을 조건자극이라 하고, 이렇게 되는 과정을 고전적 조건화라 한다.

3. 공포나 불안과 같은 정서반응은 고전적 조건화에 의해 습득된다. 그러므로 공포증 치료 또는 광고 등에 고전적 조건화의 원리를 응용할 수 있다.

4. 손다이크는 강화가 학습을 높이는 이유를 효과의 법칙으로 설명했다.

5. 스키너는 행동조성과 행동연쇄화라는 기법을 사용하면 다양한 행동을 만들어 낼 수 있음을 보여 주었다.

6. 강화계획에 따라 조작적 반응의 특성은 달라진다. 강화계획에는 강화가 반응 수에 따라 주어지는 비율계획과 시간 간격에 따라 주어지는 간격계획이 있다.

7. 조건화는 생물학적 준비성에 의해 좌우될 수도 있다.

8. 사회학습(관찰학습)이란 반응과 강화를 직접 경험하는 것이 아니라 모델을 관찰함으로써 이루어지는 것이다. 이에 대한 신경학적 근거는 거울뉴런이다.

9. 문제해결 방안이 갑자기 나타나는 통찰, 강화 없이도 학습이 이루어지는 잠재학습 그리고 인지도가 형성되는 실험들은 인지학습을 지지하는 증거들이다.

10. 신경학적 관점에서의 학습은 신경전달물질의 분비 수준에 따른 시냅스의 활성화와 신경세포에서의 장기 증강에 의해 나타난다.

학습과제

1. 고전적 조건화와 조작적 조건화의 차이를 설명하시오.

2. 네 가지 부분강화계획에 대한 생활 속의 예시들을 기술하시오.

3. 처벌의 금지와 허용에 대한 자신의 관점과 그 근거를 기술하시오.

4. 학습에서 거울뉴런이 갖는 의미를 설명하시오.

5. 폭력물의 영상 노출이 인간에 미칠 수 있는 영향에 대해 기술하시오.

chapter

05

기억

| 학습목표

1. 정보처리적 접근에서 기억의 세 과정의 특성을 이해한다.
2. 장기기억과 단기기억 과정의 특성을 이해한다.
3. 기억 오류의 종류와 그 원인을 이해한다.
4. 기억 향상을 위한 전략을 이해한다.

인간에게 기억이 없다면 과거와 현재 및 가장 기본적인 일상생활을 할 수 있는 능력이 사라질 것이다. 즉, 시간의 흐름 속에서 오직 지금 이 순간만이 존재하며, 다른 사람을 알아보거나 생활에 필요한 기술을 사용할 수도 없게 될 것이다. 우리는 흔히 기억을, 경험한 사실을 그대로 저장하고 또 나중에 사용하는 정신적 능력이라 생각한다. 하지만 기억은 단순히 정보를 받아들이고 저장하는 과정뿐만이 아니라 기존의 정보나 지식을 문제해결에 잘 사용할 수 있도록 조직화하거나 재구성하는 매우 적극적인 정신과정이기도 하다. 사실 기억이란 학습이 일어났다는 것을 보여 주는 증거이기도 하다. 인간은 학습 없이는 생존할 수 없으나, 기억하는 능력이 없다면 학습하는 것 자체가 무의미할 것이다.

한편, 기억에 실패하는 것 또한 중요한 가치를 지니고 있다. 경험이나 사람 또는 사건에 대한 별로 중요하지 않은 정보를 잊을 수 있는 능력은 우리의 일상생활 속에서 엄청난 양의 무의미한 정보로 인해 기억에 과부하가 일어나거나 주의가 분산되는 것을 막아 준다. 또한 우리는 매 순간 변하는 사물의 특징을 망각하는 것을 통해 훨씬 더 효율적으로 기억할 수 있다.

이 장에서 우리는 외부의 정보가 어떻게 유입·유지·인출되는지를 살펴볼 것이다. 다시 말하면, 이는 기억과정의 세 가지 단계인 부호화, 저장 및 인출에 관한 문제다. 그리고 기억의 또 다른 측면인 망각과 기억의 오류에 관해서도 논의하고, 마지막으로 기억력 향상을 위한 여러 가지 전략도 살펴볼 것이다.

1 ┅ 기억과정

대부분의 사람들은 알고 있는 어떤 사람의 이름이 가끔 기억나지 않거나, 헤어진 지 30초도 지나지 않았는데 그 사람의 이름이 기억나지 않는 경우를 경험한 적이 있을 것이다. 이와 같은 망각은 기억부호를 만드는 데 실패했기 때문에 발생했을 수 있다. 어떤 사람을 처음 만났을 때 무슨 말을 해야 할지 깊이 생각하게 되면 주의가 다른 방향에 집중되어 만난 사람의 이름을 한 귀로 듣고 다른 귀로 흘려 버릴 수 있다. 즉, 부호화되지 않았기 때문에 기억나지 않는 것이다. 이러한 문제는 능동적인 부호화가 중요하다는 것을 시사한다. **부호화**(encoding)는 기억부호를 형성하는 것을 의미한다. 예를 들어, 한 단어의 기억부호를 형성하고자 할 때는 그 단어의 철자 모양, 발음, 의미에 초점을 두어야 한다. 흔히 부호화 과정에는 주의가 필요하다. 앞으로 이 장에서 살펴볼 내용과 같이, 기억은 적극적이고 능동적인 과정이다. 의식적인 노력을 기울이지 않는다면 기억하기가 어려울 것이다.

반면에, 비록 우리가 어떤 역사적 사건 속에 등장하는 인물의 이름을 학습하였거나, 어떤 도시의 이름을 부호화하였다 하더라도 파지과정에 실패할 경우 시험을 칠 때 그 정보를 회상하지 못할 수도 있다. 기억연구에서는 이를 **저장**(storage)의 문제로 본다. 즉, 이전의 정보와 올바로 연결되지 않아서 제대로 저장되지 못한 정보나 지식은 회상되지 않는다.

기억의 세 번째 단계인 **인출**(retrieval) 단계에서, 특정한 정보가 저장된 장소가 확인되고, 정보는 의식적으로 처리된다. 다시 말해서, 우리는 가끔 특정한 정보가 저장된 것이 분명하다고 느끼나, 그 정보를 사용하지는 못하는 경험을 한다. 인출을 연구하는 심리학자들은 사람들이 어떻게 기억을 탐색하는지, 어떤 인출전략이 효과적인지를 연구한다.

기억을 연구하는 심리학자들은 정보가 기억에 입력되고 유지되며 인출되는 방식에 대해 탐구했다. 선행 연구의 중요한 연구 문제는 기억의 부호화, 저장, 인출이라는 세 가지 주요 과정으로 설명할 수 있다(〈표 5-1〉 참조).

◆ 표 5-1 ◆ 기억의 세 가지 주요 과정

과정	부호화	저장	인출
정의	기억부호 형성	부호화된 정보를 기억 속에 유지	기억저장고에서 정보 재생
컴퓨터의 정보처리에 비유	키보드로 자료 입력	하드디스크에 파일로 저장	파일을 열어 화면에 자료 표시

◆ 중다기억 시스템

일상생활에서 요구되는 다양한 기억활동은 모두 동일한 방식으로 진행되지 않는다. 즉, 우리는 어떤 경우에는 기억 정보를 일시적으로 머릿속에 담아 두거나 처리하고 지워 버리지만, 다른 경우에는 추후에 문제를 해결하는 데 사용하기 위해 장기간 동안 정

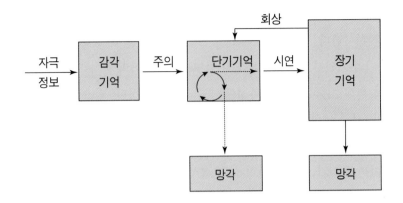

[그림 5-1] 중다기억 모델

기억은 세 가지 정보저장고로 구성되어 있다. 감각기억은 수많은 정보를 받아들일 수 있으나 정보 중 일부만이 유지된다. 단기기억은 용량이 제한적이지만 시연될 수 있고, 지속기간이 짧은 것이 특징이다. 장기기억은 정보를 무제한적으로 저장할 수 있다.

보를 기억저장고에 보관해 두기도 한다. 정보처리적 접근에서 가장 대표적인 기억이론에 의하면, 인간의 기억은 그 기능이나 정보의 보유기간이 서로 다른 세 가지의 기억체계로 구성되어 있다(Atkinson & Shiffrin, 1968). 이 모델에 따르면 유입되는 정보는 장기기억에 전이되기 전에 짧은 시간 동안 감각기억저장고와 단기기억저장고를 거쳐야 한다([그림 5-1] 참조).

1) 감각기억

번갯불의 번쩍임이나 뾰족한 침이 손가락 끝을 순간적으로 찌르는 것과 같은 감각기억(sensory memory)의 정보는 아주 짧은 기간 동안 원래의 감각양식으로 유지된다. 감각기억은 시각적, 청각적 또는 촉각적인 형태로 지속될 수 있다. 기억의 종류와 무관하게, 이러한 정보는 단기기억으로 전이되지 않는 경우 순식간에 사라진다. 이를 입증한 스펄링(Sperling, 1960)의 실험([그림 5-2] 참조)에서, 실험 참가자들은 50msec 동안 제시되는 철자행렬을 보고, 곧이어 고음, 중음, 저음 중 하나의 청각적 자극을 들었다. 청각 자극은 실험 참가자들에게 행렬의 맨 위, 중간, 맨 아래 중 어느 한 열의 철자를 보고하라는 단서 역할을 했다. 연구 결과, 철자행렬을 제시한 직후 신호를 주었을 때 실험 참가자의 수행이 가장 정확했다. 그러나 청각 자극을 지연시킬 경우, 지연시간에 비례하여 철자를 정확하게 보고할 확률이 감소했다. 이러한 현상은 영상기억(iconic

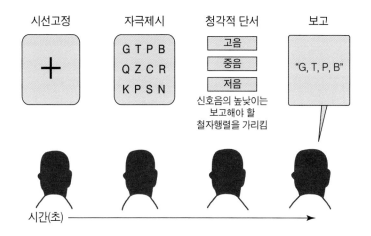

[그림 5-2] 스펄링의 부분보고법

memory) 저장고의 기억흔적이 아주 짧은 시간 내에 소멸되기 때문에 나타난다. 그러나 감각기억에 저장된 정보의 양이 항상 동일한 것은 아니다. 또한, 시각뿐만 아니라 청각이나 촉각과 같은 다른 감각양식과 관련된, 앞서 설명한 것과 유사한 특징을 지닌 감각기억이 존재한다.

2) 단기기억

단기기억(short-term memory)은 저장용량이 비교적 제한적이며, 정보를 20~30초 동안 유지할 수 있다. 그러나 시연(rehearsal)을 하면 단기기억의 정보를 그 이상 유지할 수 있다. 예를 들어, 어떤 사람의 전화번호를 기억하려면 그 번호를 몇 번 암송하면 될 것이다. 시연은 단기기억의 정보를 재순환시키는 역할도 한다. 이론적으로 재순환 과정은 무한히 반복될 수 있으나, 실제로는 방해자극 때문에 시연과정이 차단된다. 단기기억저장고 내에서 이루어지는 시연의 유형 또한 단기기억에서 장기기억으로의 정보가 성공적으로 전이될 가능성을 좌우한다. 앞서 언급한 재순환과정은 기계적 혹은 유지 시연(maintenance rehearsal)이라고 불리며, 이러한 절차를 사용할 경우 장기기억으로 정보가 전이될 가능성은 매우 낮다. 그러나 정교화 시연(elaborative rehearsal)을 사용할 경우 성공적으로 정보가 전이될 가능성은 높아진다. 정교화 시연 과정에서 정보는 체계화되고, 이전의 정보와 논리적·체계적으로 연결되거나 심상을 구성하는 것과 같은 매우 풍부한 정보 간 연결고리를 만들게 된다. 이와 같은 기억 전략은 장기기억에서 정보의 파지기간을 획기적으로 연장시킬 수 있는 기억술(mnemonics)과 밀접하게 관련되어 있다.

(1) 저장의 지속성

단기기억에 들어온 정보는 시연하지 않으면 시간 경과에 따라 빠르게 소멸된다. 피터슨과 피터슨(Peterson & Peterson, 1959)은 'GJT'와 같은 세 자음을 짧은 시간 동안 실험 참가자들에게 제시한 후, '547'과 같은 숫자를 들려주고 회상단서가 제시될 때까지

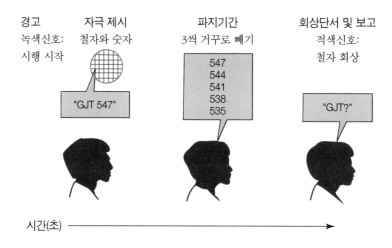

[그림 5-3] 피터슨과 피터슨의 단기기억연구(1959)

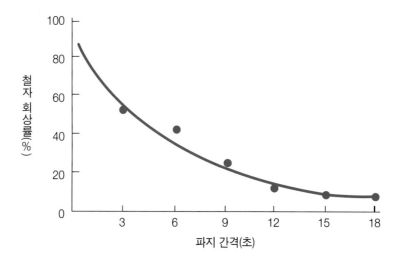

[그림 5-4] 단기기억의 망각률(Peterson & Peterson, 1959)

그 숫자에서 계속 3을 빼도록 지시하였다([그림 5-3] 참조). 회상단서가 제시되면 실험 참가자는 셈을 멈추고 제시된 세 개의 자음을 회상해야 했다. 자음이 제시된 이후부터 회상을 하기까지의 시간, 즉 파지기간을 3, 6, 9, 12, 15, 18초로 설정하여 회상 수행을 검사한 결과, 시간 경과에 따라 철자의 파지율은 감소하였고, 실험 참가자는 18초 후에 거의 모든 철자를 회상할 수 없었다([그림 5-4] 참조). 따라서 시연하지 않을 경우 단기기억이 지속될 수 있는 기간은 20~30초이다.

(2) 저장용량

단기기억의 용량은 제한되어 있다. 밀러(Miller, 1956)는 자신의 논문인 「마법의 수, 7±2: 정보처리 용량의 몇 가지 한계」에서 단기기억의 용량은 한정되어 있다고 주장했다. 그는 사람들이 평균 일곱 개의 수, 문자 또는 간단한 단어를 기억할 수 있다고 보았다. 그는 기억 용량에 개인차가 있고, 기억 용량이 자극의 종류에 따라 달라질 수 있다는 점을 고려하여, 처음 사용한 '마법의 수, 7'이라는 표현을 '마법의 수, 7±2'로 수정했다. 자신의 경험을 기초로 한 에빙하우스(Ebbinghaus)의 증언과 문화나 인종에 상관없이 단기기억 용량은 동일하다는 것을 확인한 연구들(Yu et al., 1985) 또한 단기기억 용량의 한계에 대한 주장을 뒷받침한다.

단기기억저장고가 꽉 차 있는 상태에서 새로운 정보가 들어오면 단기기억에서 처리 중인 정보는 새로운 정보로 치환된다. 예를 들어, 10개의 화학성분을 기억하려고 한다면 8, 9, 10번째 항목은 이전 항목과 충돌을 일으키기 시작할 것이다. 마찬가지로 피자집의 전화번호를 기억하고 있는데 누군가가 "피자의 가격은 얼마입니까?" 하고 물으면 피자의 가격정보가 단기기억 속에 있는 전화번호와 충돌하게 된다. 이처럼 단기기억 용량이 제한되어 있기 때문에 사람들의 과제수행 능력 역시 제한될 수밖에 없다 (Baddeley & Hitch, 1974).

청킹을 통해 보다 많은 정보를 기억할 수 있고 단기기억의 용량도 증가시킬 수 있다(Simon, 1974). 청킹(chunking)이란 친숙한 자극을 하나의 단위로 묶는 것을 말한다. FB-ITW-AC-IAIB-M과 같은 12개의 철자를 생각해 보자. 보통은 제시된 순서대로 이 철자를 외우려고 할 것이다. 철자가 12개나 되기 때문에 한꺼번에 외우기는 어렵다. 그러나 이 철자를 FBI-TWA-CIA-IBM과 같

[그림 5-5] 화가는 그림을 완성할 때까지 모델을 여러 번 쳐다본다. 이는 단기기억의 좋은 예다.

이 재배열하면 쉽게 기억할 수 있을 것이다. 이처럼 철자를 학습자에게 익숙한 네 개의 군으로 만들면 기억하기가 아주 쉬워진다.

철자를 자신에게 친숙한 단위로 조직하면 청킹이 쉬워진다. 이미 장기기억에 저장되어 있는 친숙성이 청킹을 도와주기 때문이다. 따라서 이런 경우 장기기억의 정보가 단기기억으로 전이되었다고 볼 수 있다. 일상적으로 사람들은 장기기억에 이미 저장되어 있는 정보를 끄집어내어서 단기기억의 정보를 평가하고 이해하는 데 사용한다. 우리는 언어적 자료뿐만 아니라 공간적인 정보 또한 청킹할 수 있다. 예를 들어, 숙련된 전자기술자는 복잡한 회로판을 잘 기억한다. 이는 이들이 회로판을 의미 있는 단위로 묶을 수 있기 때문이다(Egan & Schwartz, 1979).

3) 장기기억

장기기억(long-term memory)의 정보는 비교적 오랫동안 유지되고 기억용량에 거의 제한이 없다. 장기기억은 감각기억이나 단기기억과 달리 정보를 무한정 저장할 수 있다. 또 장기기억에 저장된 정보는 오래 지속되기 때문에 어떤 정보는 죽을 때까지 지속된다. 장기기억이 단기기억과는 구별되는 독립적인 기억저장고임을 보여 주는 증거는 여러 가지가 있다.

(1) 정보전이
아트킨슨과 쉬프린(Atkinson & Shiffrin, 1971)은 단기기억의 정보가 시연을 통해 장기기억으로 전이된다고 주장했다. 런더스(Rundus, 1971)는 이를 검증하기 위해 대학생들에게 20개의 단어쌍을 제시하고 큰 소리로 시연하게 한 직후에 회상검사를 실시했다. 그 결과 각 단어의 회상률은 목록의 위치에 따라 달랐으며, U자형의 계열위치곡선(serial position curve) 형태로 나타났다([그림 5-6] 참조). 즉, 피험자들은 목록의 중간보다 처음과 끝에 위치한 단어를 가장 잘 기억했다. 이를 계열위치효과(serial position effect)라 한다. 계열위치효과는 다시 처음 항목이 더 잘 회상되는 초두효과(primary effect)와 끝부분에 있는 항목이 더 잘 회상되는 최신효과(recency effect)로 구분할 수 있다.

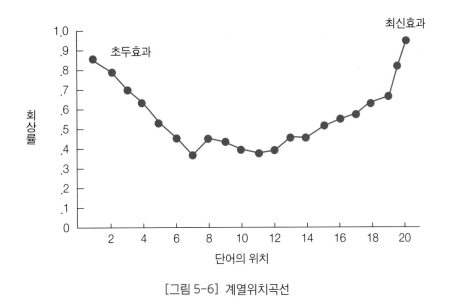

[그림 5-6] 계열위치곡선

대부분의 이론가는 단기기억저장고와 장기기억저장고가 독자적으로 기능을 하기 때문에 계열위치효과가 나타난다고 보고 있다. 초두효과는 장기기억을 반영하는 반면에 최신효과는 단기기억을 반영하는 것으로 간주된다. 즉, 목록의 앞부분에 있는 단어는 다른 단어들보다 더 많이 시연되었기 때문에 장기기억으로 전이될 가능성이 높고 목록 뒷부분의 단어는 단기기억저장고에서 처리되고 있어서 회상이 잘 된다는 것이다. 최근의 뇌 영상 연구 결과 또한 이와 같은 주장을 뒷받침한다.

예를 들어, 초당 단어를 하나씩 제시한 조건보다 2초 조건의 경우 초두효과가 뚜렷하게 나타났다. 이는 늦은 제시조건에서 각각의 항목에 주의를 더 기울일 수 있어 정보가 장기기억으로 전이되기 유리할 것이라는 가정과 일치하는 연구 결과이다. 더욱 흥미로운 것은 목록의 앞부분에 위치한 단어를 인출할 때, 즉, 장기기억으로부터 인출을 하는 경우 해마(hippocampus) 영역이 활성화되는 반면, 단기기억에서 인출하는 경우에는 전두엽 영역이 활성화되었다는 점이다.

(2) 의미의 표상과 연결고리

친구와의 대화나 혹은 인터넷에서 얻는 방대한 양의 언어 정보를 시각적 혹은 청각적 부호의 형태로 머릿속에 저장한다는 것은 상상할 수조차 없는 일이다. 어떤 문장을 읽거나 들은 뒤 몇 분만 지나더라도 우리는 문장을 있는 그대로 다시 기억해 내지 못하지만, 그 문장의 요점은 쉽게 기억한다. 즉, 의미의 표상은 많은 양의 정보를 축약하는

데 효과적이며, 이는 장기기억의 중요한 특징이다. 또 다른 특징 중 하나는 기억저장고 내의 항목들 간에 고리를 형성하는 것이다. 의미부호를 기초로 한 항목 간의 연결망은 정보들을 조직화할 수 있게 해 주며 이는 적절한 정보나 지식을 인출하여 문제를 해결해야 하는 상황에서 매우 유용하다. 이와 관련하여, 일상생활에서 기억을 증진하기 위한 사례들을 이 장의 마지막 부분에서 살펴볼 것이다.

(3) 지속성

장기기억고에 저장되어 있는 정보는 거의 영구적이라는 견해가 있다. 이 견해에 따르면 망각이 일어나는 유일한 원인은 장기기억에서 정보를 인출할 수 없기 때문이다. 장기기억이 거의 영구적이라는 주장에는 몇 가지 증거가 있다. 중요한 사건들이 자세하고 생생하게 되살아나는 섬광기억(flashbulb memory)이 그 증거일 수 있다(Brown & Kulik, 1977). 예를 들어, 대부분의 성인은 숭례문 화재 시 자신이 어디에 있었고, 어떤 일을 하고 있었고, 어떤 느낌이었는지 정확하게 기억할 수 있다. 또 다른 증거는 최면을 통한 기억이다. 최면에 걸린 실험 참가자들은 자신이 잊고 있었던 초기 아동기의 기억을 아주 자세하게 기술할 수 있다. 최면을 통해 망각되었던 기억이 회복될 수 있다는 사실은 장기기억의 정보가 영구적이라는 사실을 뒷받침한다.

마지막으로 캐나다의 신경학자인 펜필드와 페롯(Penfield & Perot, 1963)은 간질환자들의 뇌를 수술하는 동안 측두엽을 전기로 자극했을 때, 환자들이 자신이 경험한 아주 오래된 사건을 생생하게 기술할 수 있다는 것을 확인했다.

2 ⟶ 기억연구의 새로운 접근: 작업기억, 기억모듈 및 연합모델

지금까지 살펴본 전통적 기억모델에서는 정보가 세 단계의 기억저장고를 계열적으로 거친다고 보고 있다. 즉, 감각기억 내의 정보 중 일부분만이 선택되어 단기기억저장고로 들어가게 되고, 여기서 시연된 정보만이 영속적인 저장고인 장기기억으로 전이된다. 그러나 후속 연구를 통해 구성된 새로운 기억 모델은 기존의 기억 모델이 인간의 기억을 지나치게 수동적인 시스템으로 간주하고 있기 때문에 그 특징을 제대로 설명하지 못한다고 주장한다. 예를 들어, 우리는 정보를 순차적으로 처리할 수 있을 뿐만 아니라, 여러 개의 기억모듈을 동시에 사용하여 병렬적으로 정보를 처리할 수 있는 능력을 가지고 있다.

1) 작업기억

단기기억에서는 음운적 부호화만이 일어나는 것이 아니다. 단기기억에 저장된 정보는 소멸과 치환 이외의 다른 기제에 의해서도 잊혀지므로 단기기억은 단순한 시연 버퍼로 볼 수 없다. 배들리(Baddeley, 1986)는 기존의 단기기억 모형 보다 더 능동적인 특성을 지닌 '작업기억(working memory)'모형을 제안하였다. 작업 기억을 구성하는 요소 중 하나인 음운고리(phonological loop)는 발화, 어휘, 숫자 정보 등을 청각적으로 부호화하고 유지하는 기능을 수행한다. 다른 요소는 시공간 잡기장(visuospatial sketchpad)으로 시각적 심상과 공간 정보를 유지하고 조정하며, 침실의 가구를 재배치하는 상상을 할 때 이 요소가 작동한다. 마지막 요소는 중앙집행기(central executive)로 정보를 한 번에 처리할 수 있도록 정보량을 제한하고, 추리와 의사결정에 관여하며, 하위 영역(음운고리와 시공간 잡기장)에 명령을 내리고 통제하는 역할을 한다. 예를 들어, 이 요소는 우리가 어떤 차를 살 것인지 심사숙고할 때 작동한다([그림 5-7] 참조).

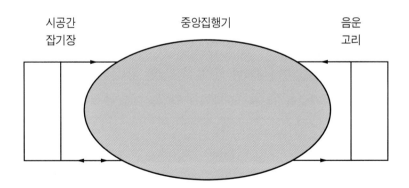

[그림 5-7] 작업기억모형

2) 장기기억 모듈

단기기억을 작업기억의 관점에서 새롭게 이해할 수 있는 것처럼, 오늘날의 기억연구에서는 장기기억도 몇 개의 하위 단위 혹은 모듈로 구성되어 있다고 본다.

(1) 외현기억과 암묵기억

외현기억(explicit memory)과 암묵기억(implicit memory)은 뇌 손상환자들을 대상으로 한 연구에서 최초로 구분되었다. 해마와 주변 영역에 손상을 입은 순행성 기억상실증 (anterograde amnesia) 환자는 장기기억을 형성하지 못한다. 순행성 기억상실증은 뇌염이나 뇌졸중 혹은 만성적 영양실조에 의한 코르사코프 증후군 환자에게서 흔하게 나타나는 기억장애이다. 이 환자는 단어목록을 본 뒤 곧바로 파지검사를 실시해도 수행이 아주 저조하다. 그러나 기억을 간접적으로 측정하기 위해 '위장 기법'을 사용하면 다른 결과가 나타난다. 예를 들어, 파지를 측정한다고 말하지 않고 재인검사를 실시할 수 있다. 이러한 재인검사에서 실험 참가자는 미완성된 단어 조각을 보고 난 뒤에 떠오르는 단어를 완성하게 된다(답이 assassin일 때 _ss_ss_n을 제시). 단어 조각이 이전에 보았던 단어와 일치할 경우 기억상실증 환자들도 대조군만큼 단어를 회상할 수 있었다. 즉, 기억상실증 환자는 목록의 단서들을 기억할 수 있었다. 그러나 단어 조각 없이 단어를 기억해야 하는 경우에, 환자는 단어를 전혀 기억하지 못했다.

워링턴과 와이즈크란츠(Warrington & Weiskrantz, 1970)의 연구 결과, 장기기억을 형성할 수 없었다고 믿었던 기억상실증 환자가 장기기억 파지능력이 있다는 사실은 그 당시의 기억연구자에게는 충격적이었다. 최근의 기억 연구에서 이러한 현상을 암묵기억이라고 부른다. 즉, 의도적으로 기억할 필요가 없는 과제에서 파지가 나타날 때 이를 암묵기억이라고 한다. 암묵기억은 이전의 기억을 의도적으로 회상하는 외현기억과는 다르다([그림 5-8] 참조).

암묵기억은 기억상실증 환자에게만 나타나는 것은 아니다. 기억 능력이 손상되지 않은 참가자에게 기억재료를 제시하고 파지를 간접적으로 측정해도 암묵기억이 나타

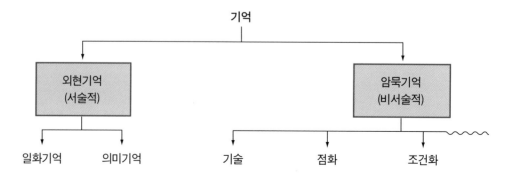

[그림 5-8] 외현기억과 암묵기억

난다(Schacter, 1987). 일상생활에서의 암묵기억은 의도와 무관하게 우연히 발생한다. 흔히 사람들은 자신이 의도적으로 저장하지 않은 정보도 기억한다.

외현기억은 의식적이어서 회상검사나 재인검사로 직접 측정할 수 있다. 반면에 암묵기억은 무의식적이어서 간접적으로 평가할 수 있고 재학습법(절약법)으로 측정할 수 있다. 암묵기억은 기억상실증, 연령, 약물(예: 알코올), 파지 간격의 길이, 간섭 조작과 같은 변인의 영향을 받지 않는다. 그러나 외현기억은 이들 요인의 영향을 많이 받는다. 이런 차이가 생기는 이유는 암묵기억과 외현기억의 부호화 및 인출과정과 관련된 인지과정이 서로 다르기 때문이다(Roediger, 1990). 암묵기억과 외현기억 간의 구분은 〈표 5-2〉에 제시되어 있다.

● 표 5-2 ● 외현기억과 암묵기억의 비교

구분	외현기억	암묵기억
용어	직접적 의도적 의식적 수의적	간접적 우연적 무의식적 불수의적
정보처리방식	개념주도적 처리	자료주도적 처리
정보의 내용	의미적	지각적
정보의 인출	의식적	무의식적
기억 검사	직접기억 검사 자유회상 단서회상 재인	간접기억 검사 단어완성 검사 단어부분 채우기 단어식별 검사
측정치	정확률	점화 점수 절약 점수
관련된 기억	서술기억	절차기억
연령의 영향	강함	약함
간섭의 영향	강함	약함
감각양태의 영향	약함	강함

(2) 중다기억체계

많은 이론가는 정보유형의 상이한 기억체계를 상정하고 있다([그림 5-9] 참조). 이들 기억체계를 우선 서술기억과 절차기억으로 구분해 볼 수 있다(Winograd, 1975). 서술기

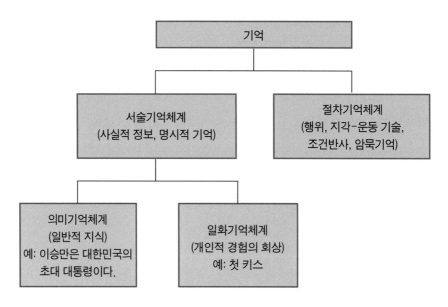

[그림 5-9] 독립적 기억체계이론(Squire, 1987)

억체계(declarative memory system)는 사실적 정보를 다루기 때문에 단어, 정의, 이름, 날짜, 얼굴, 개념 및 사상에 대한 기억을 포함하고 있다. 절차기억체계(procedural memory system)는 행위, 기술 및 조작에 관한 기억을 포함하고 있다. 따라서 자전거를 타는 것, 타이핑하는 것과 같은 실행방법에 관한 기억은 절차기억체계와 관련되어 있다. 예를 들어, 테니스 경기 규칙(게임 수, 채점방법 등)을 알고 있다면 이런 사실적 정보는 서술기억 속에 저장되어 있고, 공을 어떻게 서브하고, 백핸드를 어떻게 하는가에 관한 기술은 지각-운동 기술로 절차기억 속에 저장되어 있다.

암묵기억체계와 절차기억체계는 관련이 있다. 왜냐하면 기술에 관한 기억은 다분히 무의식적이기 때문이다. 사람들은 의식적인 인식 없이도 피아노 연주나 타이핑과 같은 지각-운동 과제를 수행할 수 있다. 암묵기억과 마찬가지로 기술에 관한 이러한 기억은 파지기간이 아무리 길어도 감퇴하지 않는다. 따라서 절차기억체계는 암묵기억을 처리하고 서술기억체계는 외현기억을 처리한다고 볼 수 있다.

(3) 의미기억과 일화기억

툴빙(Tulving, 1986)은 서술기억을 의미기억과 일화기억으로 다시 구분하였다. 일화기억과 의미기억은 사실적인 정보를 포함하고 있다. 그러나 일화기억은 개인적인 사실을 포함하고 있는 반면에 의미기억은 일반적인 사실을 포함하고 있다. 일화기억체계

(episodic memory system)는 특정한 시간이나 장소와 관련된 사실에 대한 정보로 이루어져 있다. 일화기억은 특정한 시간과 장소에서 일어난 사건들과 관련된 개인의 경험들의 집합체이다. 즉, 일화기억은 우리가 언제, 어디서, 무엇을 보고, 듣고, 행동했는지에 관한 정보를 포함하고 있다.

의미기억체계(semantic memory system)는 정보를 학습한 시간과는 무관한 일반적인 지식을 포함하고 있다. 크리스마스는 12월 25일이고, 개의 다리는 네 개라고 하는 사실은 의미기억에 속한다. 이런 사실은 학습하지 않았다면 기억할 수도 없다. 또 이런 정보는 시간이나 날짜와 관계없이 저장되어 있다. 비유적으로 설명하면 일화기억은 자서전적 성격이 강하고 의미기억은 백과사전적 성격이 강하다.

(4) 연합주의적 모델

세부정보도 훌륭히 회상할 수 있는 우리의 기억능력은 아마도 많은 양의 정보가 조화롭게 서로 잘 조직되어 있기 때문일 것이다. 연합주의적 모델은 기억을 일련의 연결된 정보 단위의 표상체계로 간주한다(Collins & Loftus, 1975: Collins & Quillian, 1969).

① 조직화

조직화(organization)는 장기기억에서 아주 중요하다. 비록 장기기억이 영구적이라고 단언할 수는 없지만, 장기기억이 많은 정보를 포함하고 있다는 사실은 부인할 수 없다. 어떤 식으로든 조직화되어 있지 않다면 장기기억에 있는 거대한 정보는 쓸모가 없을 것이다. 불행하게도 장기기억 저장고는 잘 설계된 도서관만큼 체계적으로 조직화되어 있지 않다. 연구 결과에 따르면 장기기억은 많은 조직망이 서로 중첩되어 뒤섞여 있는 것으로 보인다.

② 청킹의 개념적 위계

〈표 5-3〉에 있는 60개 단어를 기억하고자 한다면 단어를 조직화하여 저장해야 한다. 우선 네 개의 목록, 즉 동물, 식물, 사람의 이름, 직업에 따라 단어들을 분류할 수 있다. 정보를 조직화하는 한 방법인 청킹(clustering)은 유사하거나 서로 관련 있는 항목끼리 기억하려는 경향을 말한다. 단어를 조직화하여 제시하지 않더라도 같은 범주끼리 묶어서 기억하려고 한다.

범주화할 수 없는 항목을 기억할 때도 청킹을 사용할 수 있다. 이런 경우에는 주관

표 5-3 청킹(Bousfield, 1953)			
기린	배관공	Owen	상추
방풍나물	Otto	Parsley	당나귀
얼룩말	Noah	수달	대장장이
무	줄무늬다람쥐	식료품장수	가지
잠수부	Adam	오소리	마늘
브로커	화학자	낙타	살쾡이
시금치	순무	비비	Jason
제빵업자	Simon	꽃장수	표범
북미산 모르모트	Howard	대황	인쇄업자
댄서	우유배달부	멜론	Bernard
족제비	Gerard	Wallace	당근
호박	흑표범	치과의사	Sherman
Amos	Oswald	사향쥐	웨이터
타자수	약사	버섯	모세
Byron	순록	겨자	양배추

적 조직화를 활용하여 자신의 개인적인 의미를 부가해서 집단화할 수 있다(Tulving, 1962).

③ 의미 네트워크

모든 정보에 대해서 개념적 위계를 설정할 수 있는 것은 물론 아니다. 콜린스와 로프터스(Collins & Loftus, 1975)는 그들의 개선된 모형에서 정보의 표상을 망으로 구현하였다. 의미 네트워크(semantic network)는 개념을 나타내는 노드(node)와 개념을 연결 짓는 경로(pathway)로 구성되어 있다. [그림 5-10]은 의미 네트워크의 한 예다. 그림에서 타원형은 노드이고, 단어들은 상호 연결되는 개념이다. 그리고 노드를 연결하고 있는 선은 경로다. 경로는 어떤 개념과 다른 개념의 연결을 나타낸다. 예를 들어, 소방차는 붉은색이기 때문에 적색과 연결되어 있고, 일종의 차이기 때문에 차량과 연결되어 있고, 가정집의 화재에 출동하기 때문에 집과 연결되어 있다. 각 경로의 길이는 두 개념의 연합 수준을 나타낸다. 경로의 길이가 짧을수록 연합의 강도가 더 강하다.

의미 네트워크 모형은 한 단어를 처리할 때 그 단어와 밀접하게 관련된 단어가 먼저 처리되었을 경우 처리속도가 빨라지는 현상을 잘 설명할 수 있다. 어휘결정 과제에서 실험 참가자들은 일련의 철자를 보고 철자가 단어인지 아닌지를 빠르게 판단해야 한

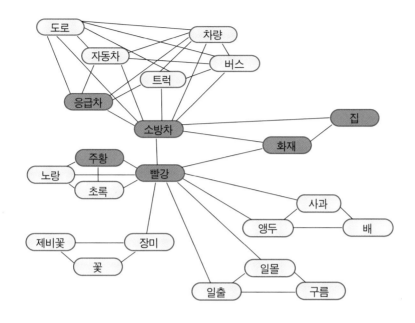

[그림 5-10] 의미 네트워크 모형

다. 철자들은 단어인 경우도 있고 단어가 아닌 경우도 있다. 먼저 처리한 단어가 나중에 처리하려는 단어와 밀접한 관련이 있을 때 피험자는 더 빠르게 판단을 내릴 수 있다 (Meyer & Schvaneveldt, 1976). 예를 들어, 버터가 단어인지 판단하는 데 걸린 시간은 간호사라는 단어가 먼저 제시되었을 때보다 빵이라는 단어가 먼저 제시되었을 때 더 빨랐다.

콜린스와 로프터스는 사람이 어떤 단어를 생각하면 자연히 이와 관련된 단어까지 떠오르는 현상을 활성화 확산(spreading activation)이라고 주장했다. 즉, 의미 네트워크에서 단어와 연결된 경로를 따라 활성화가 퍼져나간다는 것이다. 그러나 활성화는 망의 바깥쪽으로 갈수록 줄어든다. [그림 5-10]의 의미 네트워크에서 빨강이라는 단어를 보면 이와 가깝게 연결되어 있는 단어(주황)가 멀리 연결되어 있는 단어(일출)보다 더 빨리 회상된다.

3 장기기억으로부터의 회상

우리는 장기기억에 저장된 정보를 큰 어려움 없이 회상할 수 있지만, 때로는 회상을 하기 위해 계획적인 탐색 과정이 필요하다. 브레이너드와 동료들(Brainerd et al., 1990)은 기억강도와 인출순서 간의 관계를 연구하였다. 실험 참가자들에게 단어나 사진목록을 기억하게 한 뒤 여러 번에 걸쳐 순서에 관계없이 회상하도록 하였다. 시행별 오류와 성공을 통해 각 항목의 기억 강도를 추정하였다.

상식적으로 생각하면 기억강도가 약한 자극보다 강한 자극이 먼저 인출될 것이다. 따라서 기억 강도가 강한 자극이 먼저, 기억 강도가 약한 자극이 나중에 인출될 것이다. 그러나 연구자들이 연속적으로 실시한 열한 번의 실험 결과는 예상과 불일치했다. 실험 참가자들은 오히려 기억 강도가 약한 자극을 먼저 회상하고, 그다음에 기억 강도가 강한 자극을 회상하였으며, 마지막으로 기억강도가 약한 자극을 회상하였다. 이와 같은 약-강-약의 회상순서는 성인뿐만 아니라 아동에게서도 나타났다. 이 연구 결과의 이론적 근거는 아직 분명하지 않지만, 연구 결과는 기억인출이 무선적인 과정이 아니라는 것을 시사한다.

1) 인출단서의 사용

설단현상(tip-of-the-tongue phenomenon)이란 알고 있는 것을 일시적으로 기억하지 못하거나, 저장된 정보에 접근할 수 없는 경우를 말한다. 이런 설단현상은 확실히 인출 실패로 볼 수 있다. 그러나 저장된 정보에 접근할 수 있게 도와주는 인출단서가 있으면 정보를 회상할 수 있게 된다. 예를 들어, 어떤 단어가 혀끝에 맴돌지만 표현하지 못할 경우 그 단어의 철자 수나 비슷하게 발음되는 단어 또는 유의어가 생각나면 회상이 가능하다. 이렇게 알고 있는 단서가 있을 경우 인출이 가능하다는 사실은 단어가 철자 수, 첫 문자, 발음과 같은 물리적 속성은 물론이고 의미를 결합하는 형태 또는 부호로 저장된다는 것을 의미한다. 따라서 정보의 인출은 의미를 탐색하는 과정으로 볼 수 있다.

2) 맥락

맥락단서는 정보의 인출을 촉진한다. 맥락(context)이란 학습대상이 되는 항목 외에 부호화될 수 있는 모든 정보를 말한다. 우리는 어떤 사건을 회상하거나 재인할 때, 그 사건과 관련된 맥락이 많이 제시될수록 기억을 더 잘 할 수 있다. 예를 들어, 초등학교 때의 친구들의 이름을 기억해 내는 것은 다니던 학교의 교정에 서 있을 때 가장 쉽다. 즉, 인출맥락과 학습맥락이 유사할수록 기억이 잘 되는 것이다. 그 이유는 바로 어떤 사건의 부호화가 진행된 맥락이 바로 가장 강력한 인출 단서가 되기 때문이다.

학습맥락과 인출맥락 간의 관계를 잘 보여 주는 것이 고든과 배들리(Godden & Baddeley, 1975)의 연구다. 이들은 수중 다이버에게 40개의 단어를 해변이나 6m 정도의 수중에서 학습하도록 하였다. 다이버들은 학습한 목록을 동일한 환경이나 상이한 환경에서 회상해 내야 했다. 이 연구 결과는 [그림 5-11]에 나와 있다. 실험 참가자들의 기억수행은 학습한 것과 동일한 맥락에서 회상하였을 때 약 50% 정도 향상되었다.

사건이 일어났던 맥락을 상상하게 하는 것은 법정에서 목격자의 회상을 증진시키기 위해서 많이 사용되는 방법이다. 목격자는 사건의 흐름을 재연(reinstating)함으로써 범죄 당시의 정보를 인출해 낼 수 있다. 또는 최면을 통해 목격자에게 범죄장면을 상상하도록 해서 맥락을 재연하게 할 수 있다. 그러나 법정에서 최면을 유도하는 방법을 사용할 경우, 목격자가 최면상태에서 부정확한 정보를 보고할 가능성을 고려해야 한다.

이러한 문제를 해결하기 위해 실험 참가자에게 모의범죄 상황에 대한 정보를 보고하도록 한 실험연구가 있다(Fisher, Geiselman, & Amador, 1989). 실험 참가자들에게 폭력범죄를 다룬 4분짜리 영화를 보여 주고 이틀 후에 경찰관과 면담하도록 하였다. '표준면담'에서는 경찰관이 보통 이용하는 질문을 사용하였고, '최면면담'에서는 최면상태에 있는 실험 참가자들에게 영화에서 본 것을 재진술하도록 하였다. 그리고 '인지적

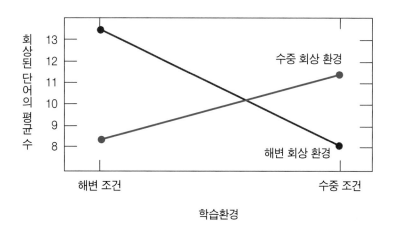

[그림 5-11] 학습맥락과 인출맥락에 따른 평균 회상 단어 수

면담'에서는 실험 참가자에게 사건의 맥락을 재연하고, 모든 것을 보고하도록 하였으며, 관련 사건을 다른 순서와 각도에서 재생해 보도록 하였다.

실험 참가자들은 표준면담보다 인지적 면담과 최면면담에서 더 많은 정보를 정확하게 보고하였다. 이 연구 결과는 최면이 목격자의 회상을 촉진해 주고, 맥락 재연이 중요한 회상촉진 요인이라는 사실을 입증해 준다.

3) 정서와 인출

맥락을 재연하는 것이 회상에 도움이 되는 바와 같이 원래 사건이 일어났던 당시에 경험하였던 기분을 재연하는 것도 회상에 도움이 된다. 이러한 현상을 상태의존적 기억(state-dependent memory)이라고 한다. 다시 말하면 부호화 과정의 정서와 인출 시의 정서상태가 동일한 경우 회상이 증가한다. 바우어(Bower, 1981)는 단어목록을 학습하고 회상하는 동안 실험 참가자의 기분을 조작하였다. 학습할 때 기분이 좋았다면 기분이 좋은 상태에서 더 잘 회상할 것이고, 슬플 때 정보를 학습했다면 기쁠 때보다 슬플 때 더 잘 회상할 것이다. 상태의존적 기억을 연구할 때는 약물을 투여해서 정서상태를 조작하기도 한다(Eich, 1980). 이처럼 학습 시의 정서상태와 인출 시의 정서상태가 일치할 때 더 잘 회상되는 이유는 정서상태가 효과적인 인출단서의 역할을 하기 때문이다.

최근에 연구자들은 정서일치효과에 대해 많은 관심을 기울이고 있다. 정서일치효과(mood-congruence effect)란 기억이 현재의 정서와 일치하는 정보에 대해 더 우세하다는 것이다. 예를 들어, 현재 행복하다고 느끼고 있다면 이전에 경험한 사건들과 연관해서 불쾌한 정보보다는 유쾌한 정보를 더 잘 회상한다. 마찬가지로 슬프거나 침울할 때는 유쾌한 정보보다 불쾌한 정보가 더 잘 회상되는 경향이 있다(Blaney, 1986).

4) 처리수준

기억과정을 중시하는 이론가들은 부호화의 다양성과 깊이에 초점을 둔 정보처리 전략을 강조하는 지각이론에 비추어 기억과정을 이해한다. 크레이크와 록하트(Craik & Lockhart, 1972)에 따르면 지각적 분석은 여러 수준에 걸친 정보처리과정을 포함하며, 자극정보의 구조적 · 물리적 속성을 분석하는 얕은 수준(shallow level)에서 의미적 속성을 분석하는 깊은 수준(deep level)에 이르게 된다. 이러한 분석단계의 처리수준 깊이가 기억이 얼마나 오래 지속될지를 좌우한다. 따라서 피상적 수준에서 처리된 정보는 쉽게 망각되나, 의미적 수준에서 처리된 정보는 오래 지속된다([그림 5-12] 참조).

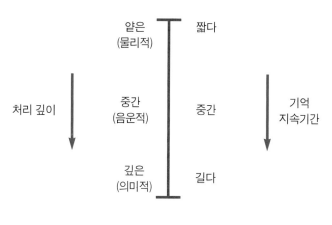

[그림 5-12] 처리수준모형

5) 도식과 스크립트

도식(schema)은 특정 대상이나 연속적인 사건에 대한 지식의 조직화다. 예를 들어, 대학생은 교수의 연구실에 대한 도식을 가지고 있다. 사람은 자신의 도식과 일치하지 않는 것보다 일치하는 것을 더 잘 기억한다. 브루어와 트리엔스(Brewer & Treyens,

[그림 5-13] 브루어와 트리엔스(1981)의 연구에 사용된 연구실 모습

1981)가 실험한 결과, 교수의 연구실에 있는 의자와 책상은 잘 회상했지만 와인병이나 야외용 바구니를 회상한 사람은 별로 없었다. 기억 속에 저장되어 있는 정보는 도식을 위주로 조직화되어 있다. 따라서 대상이나 사건의 회상은 개인이 관찰한 실제와 개인이 가지고 있는 도식의 영향을 받는다([그림 5-13] 참조).

스크립트(script, 혹은 각본)는 도식의 한 종류다. 예를 들어, '극장 가기' '등산 가기' '찻집 가기' 등 일상생활에서 친숙한 상황에 대한 도식적 지식이 스크립트다. 스크립트는 사람들이 일상적인 활동에 대해 알고 있는 것을 조직화해 준다(Schank & Abelson, 1977). 스크립트는 표준적인 역할, 대상, 사건의 계열, 활동의 결과가 명시된 일종의 개요와 비슷하다. 레스토랑 스크립트를 예로 들어 보자. 이 스크립트에는 표준적인 역할(손님, 요리사, 웨이터), 대상(테이블, 접시, 메뉴), 사건의 계열(메뉴를 보고, 음식을 주문하고, 먹고, 음식값을 지불) 및 결과(배고픔의 충족)가 포함되어 있다(〈표 5-4〉 참조). 여러 활동에 대해 사람들이 지니고 있는 스크립트는 상당히 일치한다. 예를 들어, 병원 가기나 쇼핑하기에 관한 스크립트는 일치성이 아주 높다(Bower, Black, & Turner, 1979).

표 5-4 식당 스크립트

구분	장면 1	장면 2	장면 3	장면 4
스크립트 제목	들어가기	주문하기	먹기	나가기
식당에 가기	안으로 들어간다. 빈자리를 찾는다. 자리에 앉는다.	메뉴를 본다. 음식을 주문한다.	음식이 나온다. 음식을 먹는다. 입을 닦는다.	자리에서 일어선다. 음식값을 지불한다. 밖으로 나간다.

6) 기억의 재구성

장기기억에서 어떤 정보를 인출할 때 과거를 고스란히 그대로 회상할 수 있는 것은 아니다. 어느 정도는 과거를 재구성하여 회상한다. 바틀릿(Bartlett, 1932)은 실험 참가자들이 자신의 기대와 신념이라는 도식에 맞추어 기억을 재구성하기 때문에 이러한 왜곡현상이 나타난다고 보았다. 그의 연구에서 실험 참가자들은 단순히 자신이 읽은 것을 베껴 내듯이 인출하는 것이 아니라 오히려 자신이 가지고 있는 일반적 지식과 기대를 단편적인 사실과 결합시켜서 하나의 새로운 이야기로 재구성하여 기억해 내었다.

도식이론들도 기억이 재구성된다는 사실을 강조하고 있다(Brewer & Nakamura, 1984). 이 이론들에 따르면 회상 내용에는 실제 사건의 세부사항도 포함되지만 부분적으로는 실험 참가자 자신이 기존에 가지고 있는 도식에 근거해서 재구성한 것도 포함된다. 이러한 결과는 도식적 지식이 일종의 인지적 틀의 역할을 하여 어떤 정보는 회상에 포함시키고 어떤 것은 새롭게 각색할 것인지를 결정한다는 것을 의미한다.

　기억의 재구성에 관한 연구는 기억이 과거경험의 완전한 복사판이 아니라는 사실을 입증하였다. 그러나 이런 재구성 모형의 근본적인 문제점은 재구성적 오류와 구성적 오류를 구분하기 어렵다는 것이다(Kintsch, 1994). 재구성적 오류는 인출단계에서 자신의 도식 및 스크립트와 일치시키려는 왜곡이지만 구성적 오류는 부호화와 저장단계에서 일어나는 왜곡이다. 따라서 인출단계의 재구성만으로 기억왜곡 현상이 나타난다고는 볼 수 없다.

7) 법정에서의 기억: 목격자 진술

　기억이 재구성된다는 사실은 법률적인 문제에도 큰 함의를 가진다. 로프터스(Loftus, 1979)는 기억의 재구성적 오류가 목격자 증언에서 흔히 일어난다는 점을 지적하였다. 로프터스와 팔머(Loftus & Palmer, 1974)는 실험 참가자들에게 자동차 사고에 관한 비디오테이프를 보여 주고 나서 마치 법정에서 증언을 하는 것처럼 엄격한 질문을 던졌다. 어떤 집단에는 "두 차가 서로 부딪쳤을 때 어느 정도의 속도로 달리고 있었나?"라고 질문하고, 또 다른 집단에는 "두 차가 서로 충돌했을 때 어느 정도의 속도로 달리고 있었나?"라고 물었다. 이 실험에서 '충돌하다'라는 동사가 사용된 질문을 받은 집단의 사람들이 대답한 자동차의 속력이 더 빨랐다. 일주일 후 동일한 집단을 대상으로 사고현장에서 깨진 유리조각을 보았느냐는 질문을 하였다(실제 비디오테이프에 깨진 유리는 나오지 않았다). 그 결과 역시 '충돌하다'라는 동사가 사용된 질문을 받은 집단의 실험 참가자들이 더 높은 비율로 깨진 유리를 보았다고 진술하였다. 이처럼 목격자 증언은 검사나 경찰이 던진 질문의 형태에 따라 달라질 수도 있다. 기억의 신뢰도 문제는 그 대상이 아동 목격자인 경우에 더욱 심각하다. 왜냐하면 기억연구들에 의하면 아동의 기억은 다른 사람들에 의해 영향을 더 많이 받을 수 있고, 특히 정서적으로 매우 불안정하거나 스트레스 상황에서는 더욱 그러하기 때문이다(Loftus, 1993).

4 ━ 회상 실패와 기억 오류

1) 망각

Herman Ebbinghaus

1880년대에 독일의 심리학자인 에빙하우스(Ebbinghaus)는 망각 과정에 관심을 가졌다. 우리가 시간 경과에 따라 학습했던 정보를 잊어버리는 이유는 무엇일까? 그는 이런 의문의 해답을 구하는 첫 단계가 기억과 망각의 과정을 정밀하게 기술하는 자료를 구하는 것이고, 그런 자료를 얻을 수 있는 방법은 정신과정을 수적으로 측정하는 것이라고 생각하였다. 즉, 정신과정을 수량화(quantify)하는 방법을 찾고자 하였다.

그는 기억자료의 의미가 기억에 영향을 준다고 보고 단어가 될 수 없는 자음과 모음의 배열을 고안해서 사용하였다. [그림 5-14]는 그가 제시한 망각곡선으로 시간의 경과에 따른 파지량과 망각량을 나타낸 것이다. 이 그래프에서 한 가지 특이한 것은 무의미 철자를 학습한 몇 분 뒤에 망각이 급격하게 일어난다는 점이다. 즉, 이 곡선에서 학습한 내용은 학습 이후 19분 만에 약 42%나 망각되었다. 그래서 에빙하우스는 학습 직후에 망각이 가장 빨리 일어난다고 하였다.

이후의 연구에서 밝혀진 대부분의 망각곡선도 에빙하우스의 곡선 형태와 비슷하였다. 그런데 한 가지 문제점은 에빙하우스가 의미 없는 자료(예: QEH와 같은 무의미 철

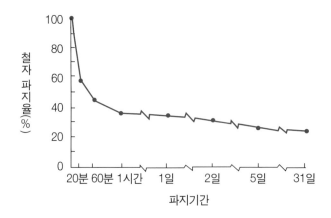

[그림 5-14] 에빙하우스의 망각곡선

자들)를 사용했다는 사실이다. 실험 참가자들에게 시나 산문과 같은 의미 있는 자료를 기억하라고 했을 때 망각곡선은 그렇게 가파르지 않았다. 고등학교 동창생들을 얼마나 잘 회상하고 있는지를 알아보는 연구에서 자서전적 정보의 망각곡선은 더 완만했다(Bahrick, Bahrick, & Wittlinger, 1975). 또한 망각 속도의 추정치는 망각을 측정하는 방법에 따라 다르게 나타났다.

(1) 망각의 측정

망각을 경험적으로 연구하기 위해서는 망각을 정확히 측정할 수 있는 방법이 필요하다. 망각측정법은 망각량과 동시에 파지량도 측정해야 한다. 파지(retention)란 자료가 유지되는(기억되는) 것을 말한다. 망각연구는 대부분 망각량과 파지량을 보고하고 있다. 그리고 파지 간격은 자극제시와 망각측정 간의 시간 간격이다. 망각을 측정하기 위해 흔히 사용하는 세 가지 방법은 회상(recall), 재인(recognition) 및 재학습(relearning)이다.

현재 우리나라의 교육부 장관은 누구인가? 작년에 대종상을 받은 영화의 제목은 무엇인가? 이와 같은 질문에 대해 실험 참가자가 아무런 단서도 없이 정답을 기억하도록 하는 것이 회상이다. 예를 들어, 25개 단어로 구성되어 있는 단어목록을 학습하게 한 뒤에 기억한 항목을 모두 기록하도록 하는 것이 회상검사다. 반면에 재인검사는 선택지에서 이미 학습한 정보를 선택하도록 하여 파지량을 측정한다. 예를 들어, 100개 정도의 단어를 제시하고 그중에서 이미 학습한 단어 25개를 선택하도록 하는 것이 재인검사다. 이처럼 재인검사에는 단서가 제시되며, 주로 선다형, 진위형, 줄잇기 등의 검사유형이 사용된다.

회상검사와 재인검사의 수행 차이를 설명하는 데는 두 가지 견해가 있다. 하나는 재인검사가 파지측정에 민감한 방법이라는 것이고, 다른 하나는 재인검사가 아주 쉬운 측정방법이라는 것이다. 실제로 회상검사보다 재인검사가 더 쉬울 것이라는 보장은 없다. 왜냐하면 재인검사에서 제시되는 선택지의 수가 많고 유사성이 높을수록 더 어렵기 때문이다.

재학습법이란 실험 참가자가 어떤 정보를 두 번째로 학습하는 데 필요한 시간이나 노력이 얼마나 절약되었느냐를 측정하는 것이다. 이 방법을 사용하기 위해서는 실험 참가자가 기억자료를 학습하는 데 걸린 시간이나 시행횟수를 측정해 두어야 한다. 그리고 같은 기억자료의 재학습에 필요한 시간이나 시행횟수를 측정한다. 최초 학습에 필요한 시간이나 시행 수에서 재학습에 걸린 시간이나 시행 수를 빼면 절약점수가 산출된다. 이것을 파지 추정치로 볼 수 있다. 예를 들어, 목록을 최초로 기억하는 데 걸린 시간이 20분이고, 일주일 후에 두 번째로 기억하는 데 걸린 시간이 5분이라면 파지율이 75%이고 망각률이 25%라는 뜻이다.

$$절약률 = \frac{최초\ 학습에\ 걸린\ 시간 - 재학습에\ 걸린\ 시간}{최초\ 학습에\ 걸린\ 시간} \times 100$$

(2) 망각의 원인

① 비효율적인 부호화

정보를 부호화하지 못했기 때문에 나타나는 의사망각(pseudo-forgetting)은 주의결함 때문에 생긴다. 새로운 정보가 기억부호를 형성하였는데도 망각이 일어나는 것은 비효율적인 부호화 때문이다. 처리수준에 관한 연구는 부호화 과정에서 망각이 일어나기 쉽다고 한다(Craik & Tulving, 1975). 예를 들어, 책을 읽고 있는데 주의가 분산되었다면 단순히 책 내용을 큰 소리로 읽는 것에 불과하다. 이런 음운적 부호화는 의미적 부호화보다 파지가 저조하다. 읽었던 정보를 기억할 수 없다면 비효율적인 부호화 때문에 망각이 일어난 것으로 볼 수 있다.

② 소멸

소멸이론(decay theory)은 기억이 비영구적이기 때문에 망각이 일어난다고 보는 이론이다. 즉, 시간 경과에 따라 기억흔적이 쇠퇴하기 때문에 망각이 일어난다는 것이다. 또 이 이론은 생리적 기제를 통해서 소멸이 일어난다고 잠정적으로 가정하고 있다. 소멸이론에 따르면 망각을 유발하는 것은 시간의 흐름 자체이다.

소멸이론이 맞다면 주된 망각 원인은 시간의 경과일 것이다. 그러나 장기기억에 관한 연구에 따르면 시간 경과가 그렇게 영향력 있는 망각의 원인은 아니었다. 젠킨스와 달렌바크(Jenkins & Dallenbach, 1924)는 실험 참가자들에게 무의미 철자를 기억하게 하고 1, 2, 4, 8시간 뒤에 회상량을 검사하였다. 실험 참가자 중 반은 잠을 잤고, 나머지 반은 깨어 있었다. 만약 망각이 시간 경과 때문에 일어난다면, 잠을 잔 실험 참가자와 깨어 있었던 실험 참가자의 망각량은 동일해야 할 것이다. 그런데 잠을 잔 실험 참가자보다 깨어 있었던 실험 참가자의 망각량이 더 컸다. 정상적인 활동을 한 실험 참가자가 망각량이 더 많았는데, 이는 깨어 있는 동안 처리해야 할 정보들이 서로 경합을 일으켜서 간섭현상이 나타났기 때문이라고 볼 수 있다. 간섭(interference)이란 정보의 경합이 파지에 미치는 부정적 효과를 말한다. 이후의 연구에 따르면 망각은 시간뿐만 아니라 실험 참가자가 기억해야 하는 정보의 양, 복잡성 및 유형의 영향을 받는다.

③ 간섭

간섭이론(interference theory)은 정보가 서로 경합을 벌이기 때문에 망각이 일어난다는 주장이다. 장기기억의 소멸을 검증하는 것은 어렵지만, 여러 연구 결과는 간섭이 망각에 영향을 준다는 사실을 확인했다. 운동선수들에게 자신들과 맞붙은 상대팀 이름을 기억하도록 한 연구에서 배들리와 힛치(Baddeley & Hitch, 1977)는 실제 시합 이후 시간이 많이 경과한 경우보다 동일한 구간 동안 선수들이 치른 경기 수가 많을수록 수행이 더 저조하였음을 확인하였다.

간섭효과에 관심이 있는 연구는 주로 검사자극과 간섭자극의 유사성을 통제한다. 간섭자극과 검사자극이 유사할수록 간섭이 더 많이 일어날 것이지만, 유사성을 감소시키면 간섭도 감소할 것이다. 맥지오크와 맥도널드(McGeoch & McDonald, 1931)는 실험 참가자에게 2음절의 형용사 목록을 기억하도록 한 후 다시 실험 참가자에게 검사자극의 동의어, 반의어, 무관련 형용사, 무의미 철자, 숫자들을 추가로 제시하였다. 그 결과, 검사자극과 간섭자극의 유사성이 감소할수록 망각량도 감소하였다.

간섭에는 역행간섭과 순행간섭이 있다. 역행간섭(retroactive interference)은 새로

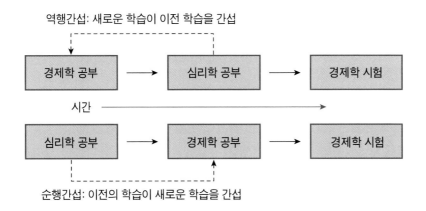

[그림 5-15] 역행간섭과 순행간섭

운 정보가 이전에 학습한 정보의 파지를 방해하는 것을 말하고, 순행간섭(proactive interference)은 이전에 학습한 정보가 새로운 정보의 파지를 방해하는 것을 말한다.

순행간섭과 역행간섭의 차이를 이해하기 위해서 다음 예를 살펴보자. 내일 있을 경제학 시험을 위해서 많은 양의 내용을 기억해야 한다고 가정해 보자. 경제학을 공부하고 심리학을 공부한다면 심리학 공부가 역행간섭을 일으킬 수 있다. 반대로 심리학을 먼저 공부하고 경제학을 공부한다면 심리학이 순행간섭을 일으킬 수 있다([그림 5-15] 참조).

④ 인출실패

인출과정의 와해로 인해 망각이 일어날 수 있는데, 그 대표적인 예가 설단현상이다. 그런데 어떤 때는 인출에 성공하고 어떤 때는 실패하는 이유를 밝히는 것은 아주 어려운 문제다. 툴빙과 톰슨(Tulving & Thompson, 1973)에 따르면 부호화 당시의 단서와 일치하는 인출단서가 기억에 도움이 된다. 즉, 부호화할 때 단어의 음이나 음운적 성질이 강조되었다면 효과적인 인출단서는 단어의 음을 강조하는 것이다. 만약 부호화할 때 단어의 의미를 강조하였다면 의미적 단서가 가장 좋은 인출단서가 될 것이다.

부호화할 당시의 처리유형과 인출 당시의 처리유형이 일치하면 기억이 향상된다는 연구 결과도 있다. 이를 전이적합형 처리(transfer-appropriate processing)라고 한다. 모리스, 브랜스퍼드와 프랭크스(Morris, Bransford, & Franks, 1977)는 실험 참가자들에게 단어목록을 제시하고 의미적 혹은 음운적 처리를 하도록 하였다. 파지량을 측정할 때에도 단어의 의미나 음을 강조하였다. 부호화할 당시에 의미적 처리가 이루어졌을 경우 의미적 요인을 강조하였을 때 파지량이 증가하였다. 마찬가지로 부호화할 당시 음운적 처리가 이루어졌을 경우 음운적 요인을 강조하였을 때 파지량이 증가하였다. 반대로 부호화 당시의 처리유형과 파지방법이 요구하는 처리유형이 서로 일치하지 않으면 인출에 실패할 가능성이 높다.

그런데 프로이트(Freud, 1901)는 이러한 연구자들보다 앞서서 인출실패를 설명하였다. 그는 사람이 불쾌하고 고통스러운 기억은 무의식 속에 파묻어 둔다고 보았다. 생각하고 싶지도 않은 사상과 관련된 기억을 망각하려는 경향을 동기화된 망각(motivated forgetting)이라고 한다. 동기화된 망각은 의도적으로 기억을 억압한 결과이다. 통제된 실험상황에서 동기화된 망각을 입증하기란 매우 어려운 일이다. 그럼에도 불구하고 몇몇 실험에 따르면 사람들은 정서적으로 중성적인 자극을 회상하는 것과 비슷한 수준으로 불안을 유발하는 자극을 회상하지 못한다. 따라서 치과예약 시간이나 보고서 기한과 같은 불쾌한 일을 잊어버렸다고 할 때 동기화된 망각이 작용하였다고 볼 수 있다.

2) 출처기억

장기기억에 저장된 많은 경험은 단편적이기보다는 연합적 기억이다. 즉, 일상에서 경험하거나 습득한 정보는 우리가 어디서 혹은 언제 또는 누구와 연관된 것인지가 함께 기억된다. 예를 들어, 지난 주말에 관람한 영화에 관한 기억은 등장인물이 착용한 의상의 색상은 물론이고, 내가 누구랑 어느 영화관에서 그 영화를 보았는지에 대한 정보도 포함될 것이다. 즉, 우리의 기억이나, 지식 혹은 신념의 근원이 어디에서 온 것인지에 대한 기억이 **출처기억**(source memory)이다. 만약에 이러한 기억의 근원을 정확히 인출해 내지 못하게 되는 것을 출처 모니터링 오류(source monitoring error) 혹은 출처 오귀인(source misattribution)이라고 한다. 자코비와 동료들(Jacoby, Kelley, Brown, & Jaseckko, 1989)의 "하룻밤 사이에 유명해지기" 연구에서, 실험 참가자들은 24시간 전에 제공된 일반인의 이름을 실존한 유명인의 이름과 구분하는 데 어려움을 겪었다. 참가자들은 "Sebastian Weisdorf"가 비록 일반인이었지만 단순히 친숙하다는 이유만으로 그가 유명인의 목록에 등장하였을 것으로 그 출처를 잘못 기억한 것이다.

3) 오정보 효과

기억의 흔적과 형태는 의외로 쉽게 왜곡되거나 변한다. 그 중요한 이유 중 하나는 바로 우리의 경험에 뒤이은 새로운 정보가 기억 속에 침투하기 때문이다. 예를 들어, 법정에 선 목격자의 경우 최초로 자신이 목격한 범죄사건과 관련된 신문보도를 읽거나 수사관이 던진 여러 가지 질문에 답한 뒤에 기억하고 있는 내용에 변화가 일어나게 된다. 즉, 새롭게 유입된 정보들이 기억의 왜곡을 유발하며 이는 곧 증언의 신빙성을 떨어뜨린다. 이를 **오정보 효과**(misinformation effect)라고 한다. 실험실적 연구에서, 피암시성이 높은 질문을 받은 참가자들 중 25%는 실제 일어나지 않은 사건들을 진실이라고 믿었다(Hyman, Husband, & Billings, 1995). 사실 우리는 어릴 적에 일어난 어떤 사건에 대한 가족구성원들의 되풀이되는 경험담을 듣는 과정에서 사실과는 다른 왜곡된 기억을 가지게 된 사례들을 흔히 경험한다.

5 기억향상법

기억술(mnemonics)은 기억을 증진하기 위한 전략이다. 사실, 기억술은 오늘날보다 고대사회에서 더 중요한 것으로 간주되었다. 왜냐하면 고대 그리스 시대에는 필기도구인 연필과 종이를 쉽게 구할 수 없어 많은 사상을 기억하기 위해 기억술에 의존하였기 때문이다. 기억을 향상시키기 위해 사용되는 몇 가지 원리를 살펴보자.

1) 충분한 시연

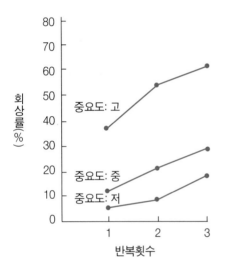

[그림 5-16] 반복과 정보의 중요도가 기억에 미치는 효과

"배우기보다 익혀라(Practice makes perfect)."라는 속담이 있다. 실제로 연습했다고 해서 완벽하게 되는 것은 아니지만 연습하면 파지가 증가하는 것은 사실이다. 연구 결과에 따르면 시연이 많을수록 파지도 증가한다. 시연이 장기기억으로 정보가 전이되는 것을 도와주기 때문에 파지가 증가하는 것으로 생각된다. 계속해서 시연하면 자료에 대한 이해도 증가한다. [그림 5-16]에 제시되어 있는 바와 같이 모든 수준에서 반복효과가 나타났다. 그런데 정보의 중요도가 가장 높을 때 반복효과가 가장 크게 나타났다. 따라서 시연을 반복할수록 그 정보에 대한 친숙성이 증가할 뿐 아니라 중요한 부분에 대해서 선택적으로 초점을 둘 수 있게 된다.

자료를 과잉학습하는 것도 중요하다. 과잉학습(overlearning)이란 처음에 자료를 완전히 숙달한 후에도 계속해서 그 자료를 시연하는 것을 말한다. 과잉학습 혹은 잉여학습의 정도는 보통 퍼센트로 나타낸다. 단어목록을 학습하는 데 열 번의 시행이 걸리는데, 다섯 번 더 시행했다면 50% 과잉학습을 한 셈이다. 한 연구에서 실험 참가자들에게 명사목록을 학습시킨 후에(목록을 오류 없이 완전히 암송시킨 후에) 50%, 100% 과잉학습시켰다(Krueger, 1929). 그러고 나서 1, 2, 4, 7, 14, 28일 후에 회상검사를 실시하였다. 그 결과는 [그림 5-17]과 같다.

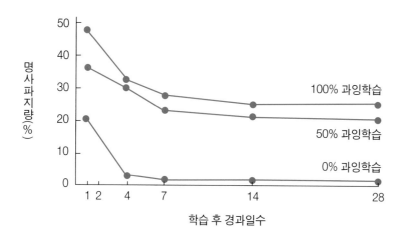

[그림 5-17] 과잉학습이 파지에 미치는 효과

　이런 결과는 세 가지 측면에서 아주 흥미롭다. 첫째, 50%와 100% 과잉학습은 분명히 회상률을 증가시켰다. 둘째, 50% 과잉학습은 회상량을 상당히 증가시키나, 100% 과잉학습은 회상량을 더 이상 증가시키지는 않는다. 명사목록을 학습할 경우 100% 이상의 학습은 경제적인 학습법이 아니다. 왜냐하면 과잉학습에 걸리는 초과시간에 비례해서 회상이 증가하지 않기 때문이다. 셋째, 그대신 마지막으로 학습한 뒤 시간이 경과하여도 과잉학습의 파지효과는 오랫동안 유지된다. 즉, 14일 그리고 심지어 28일 후까지도 파지효과는 지속된다. 실제로는 이 사실이 가장 중요하다. 과잉학습은 장기간의 기억이 필요한 경우 가장 큰 도움이 된다.

2) 분산학습

　어떤 과목을 시험치기 위해 9시간 정도 공부해야 한다고 가정해 보자. 이때 9시간 동안 계속해서 공부할 것인가 아니면 세 시간씩 나누어 3일 동안 공부할 것인가 하는 것을 생각해 볼 수 있다. 연구 결과에 따르면 집중학습(massed practice)보다 분산학습(distributed practice)이 효과적이라고 한다. 특히 연습기간이 상당히 길 때 분산학습이 더 효과적이라고 한다(Zechmeister & Nyberg, 1982). 예를 들어, 아동(9~14세)에게 연습시행의 수를 달리해서 단어목록을 학습시킨 결과, 집중학습보다 분산학습이 회상을 더 많이 증가시켰다([그림 5-18] 참조). 분산학습이 효과적이라는 사실은 주입식(cramming) 학습법이 비효과적이라는 사실을 입증해 준다.

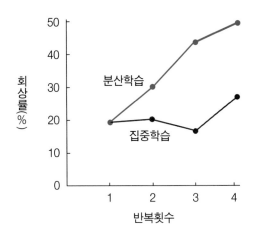

[그림 5-18] 집중학습과 분산학습이 파지에 미치는 효과

3) 간섭의 최소화

간섭이 중요한 망각 원인이기 때문에 간섭을 최소화하는 방법이 기억에 도움이 된다. 손다이크와 헤이스-로크(Thorndyke & Hayes-Roch, 1979)는 유사한 자료라고 하더라도 날짜를 달리해서 학습하면 간섭이 덜 일어난다고 보았다. 따라서 가능하다면 시험 전날에는 시험 보는 과목을 공부해야 한다. 만약 시험 전날 다른 과목 공부도 해야 한다면 내일 시험 칠 과목을 마지막으로 공부해야 한다. 물론 다른 과목의 공부가 유일한 간섭원은 아니다. 다른 정상적인 활동도 간섭을 일으킬 수 있다. 따라서 시험 직전에 그 과목을 훑어보는 것이 좋다. 왜냐하면 중간의 다른 활동에서 비롯된 간섭을 방지할 수 있기 때문이다.

4) 깊은 처리

처리수준론적 접근에 따르면 단순히 자료를 반복하는 것보다는 깊게 처리하는 것이 기억에 도움이 된다(Craik & Tulving, 1975). 읽었던 것을 기억하려면 그 자료의 의미를 충분히 파악해야 한다. 따라서 기억을 향상시키기 위해서는 기계적 반복에 시간을 허비하지 말고 자료의 의미에 관심을 두고 분석하는 데 더 많은 시간을 할애해야 한다. 특히 자료에 개인적인 의미를 부여하는 것이 도움이 된다. 교재를 읽을 때 교재 속의 정보를 자신의 생활 및 경험과 관련시키려고 해야 한다. 예를 들어, 고전적 조건형성

에 대한 내용을 읽고 있을 때 자신의 행동에서 고전적 조건형성으로 획득된 행동을 생
각해 보는 것이 좋다.

5) 전이적합형 처리

학생들이 문제를 해결해야 할 때는 사실지향적 처리보다 문제지향적 처리가 더 효
과적이다(Adams et al., 1988). 그래서 자신에게 주어질 검사유형에 따라 학습방법을 달
리해야 한다. 예를 들어, 만약 치러야 할 시험이 논리적 사고과정의 전개를 필요로 하
는 문제해결식이라면 그런 유형의 문제 풀이를 연습하는 것이 최선의 방법일 것이다.

6) 언어적 부호화

주어진 정보에 개인적인 의미를 부여하는 것이 기억에 도움이 되기는 하지만 항상
의미를 부여할 수 있는 것은 아니다. 예를 들어, 화학을 공부할 때 화학식에 개인적 의
미를 부여하기란 상당히 어려운 일이다. 따라서 추상적인 자료를 보다 의미 있는 자료
로 전환하는 기억술이 필요하다.

(1) 이합법과 두문자법

이합법(acrostics)은 각 단어의 머리말을 단서로 사용하여 정보를 기억하는 방법이
다. 예를 들어, 계이름의 순서를 기억하기 위해서 'Every Good Boy Does Fine.'과 같
은 문장을 사용할 수 있다. 이와 비슷한 것이 두문자법(acronym)이다. 이 방법은 단어
의 머리말을 사용해서 단어를 만드는 방법이다. 즉, red, orange, yellow, green, blue,
indigo와 violet의 색을 순서대로 기억하기 위해 'Roy G. Biv'라는 이름으로 저장할 수
있다. 이 두문자법은 청킹의 원리를 적용한 예다.

(2) 이야기 구성

기억할 단어를 적절히 배열해서 이야기 형태로 바꾸면 효과적일 수 있다. 이야기를
구성하면 단어의 의미가 증가하고 기억해야 하는 단어를 이야기 속에 순서대로 배열
할 수도 있다. 예를 들어, [그림 5-19]에 제시된 바와 같이 무관련 단어를 사용하여 이
야기를 작성하면 기억이 향상된다(Bower & Clark, 1969). 이 실험에서 연구자들은 학생

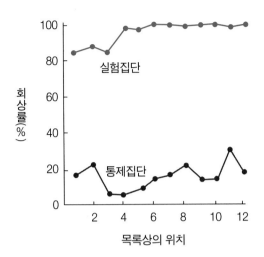

[그림 5-19] 이야기 구성

실험집단에는 <표 5-5>에 제시된 보기와 같이 10개씩의 단어를 이용해서 이야기를 작성하라고 하였다. 그러나 통제집단에게는 이 지시를 주지 않았다. 이야기를 구성하였을 때 회상이 극적으로 증가했다.

표 5-5 이야기 구성의 예

주요 단어	이야기
lumberjack(나무꾼) dart(뛰어나오다) hedge(산기슭) ducks(오리) colony(서식지) skate(썰매) mistress(부인) pillow(베개) furniture(가구) socks(양말)	나무꾼이 삼림에서 뛰어나와 산기슭을 돌아 오리 서식지를 지나 썰매를 타고 갔다. 그는 부인이 누워 있는 베개 쪽으로 가다가 가구에 걸려 양말이 찢어졌다.
vegetable(채소) college(대학) instrument(도구) fence(울타리) basin(물동이) nail(못) queen(여왕) merchant(상인) scale(재다) goat(면양)	채소는 대학생들에게 유용한 도구다. 홍당무는 여러분의 울타리나 물동이에 박는 못이 될 수 있다. 그러나 여왕의 상인이 울타리의 길이를 재고 면양에게 홍당무를 먹인다.

들에게 12개 단어목록을 학습하게 했다. 실험집단의 학생들에게는 목록을 이야기 형태로 꾸미도록 지시한 반면에 통제집단의 실험 참가자들에게는 특별한 지시를 주지 않고 단어목록을 기억하라고 하였다. 각 목록을 학습한 직후의 자유회상검사에서는 두 집단 간의 차이가 통계적으로 유의하지 않은 것으로 나타났다. 그러나 단어를 가지고 이야기를 꾸민 학생은 단어를 순서대로 더 잘 기억할 수 있었으나(93%), 통제집단의 실험 참가자들의 기억은 매우 저조하였다(13%).

일반적으로 10개의 단어목록을 학습하게 되면 역행간섭이나 순행간섭이 일어난다. 그러나 이야기를 구성하면 목록이 구분되고 간섭이 줄어든다. 또 이야기를 구성하게 되면 각 단어가 정교화되어 회상량이 증가한다.

7) 시각적 심상 형성

시각적 심상을 사용하면 기억이 향상된다. 파이비오(Paivio, 1986)는 시각적 심상이 두 번째 기억부호를 만들어 주기 때문에 부호가 하나일 때보다 회상이 향상된다고 보았다. 시각적 심상을 활용하는 기억술로는 연결법, 장소법, 핵심단어법이 있다.

(1) 연결법
연결법(link method)이란 기억해야 할 항목들이 서로 연결될 수 있도록 심상을 형성하는 것이다. 예를 들어, 일용품점의 항목을 기억해야 하는 경우를 생각해 보자. 잡지, 면도용 크림, 필름, 연필 등을 기억하기 위해서 어떤 인물이 펜과 면도용 크림을 손에 들고 있는 잡지의 표지를 상상할 수 있다. 특이하게 심상을 형성할수록 기억에 더 도움이 된다(McDaniel & Einstein, 1986).

(2) 장소법
낯익은 공간이나 장소를 이용하면 많은 항목을 기억하는 데 도움이 된다. 잘 알고 있는 장소에 대해 심상을 형성하고, 이 장면에 기억해야 할 항목을 여러 장소에 배치시켜 가면서 상상하는 것이 장소법(method of loci)이다. 예를 들어, 시장에서 살 물건을 기억하기 위해 집에서 학교까지 가는 길을 상상하며 물건을 하나하나 배치할 수 있다. 핫도그, 고양이 먹이, 토마토, 바나나, 위스키를 시장에서 사 와야 한다면, 차도에 뒹굴고 있는 핫도그, 문 앞에서 먹이를 먹고 있는 고양이, 저택의 손잡이에 달린 토마토, 옷장 속에 다발로 걸려 있는 바나나, 배수구에 처박혀 있는 위스키 병을 상상할 수 있다. 이렇게 하면 자신에게 익숙한 장면이 일종의 인출단서 역할을 해서 기억이 증진된다.

(3) 핵심단어법

원래 제2외국어의 어휘학습을 촉진하기 위해 고안된 핵심단어법(key-word method)은 구체적인 단어와 추상적인 단어를 연결하고, 그 구체적인 단어에 대해서 심상을 형성하는 방법이다.

어떤 단어를 기억하기 위해 핵심단어법을 사용한다고 가정해 보자(Morris, Jones, & Hampson, 1978). 첫 번째 단계는 그 단어와 운이 같은 단어를 결합하는 것이다. 만약 제시된 단어가 영어의 'duck(오리)'에 해당하는 스페인어인 'pato'라면 핵심어로 'pot(연못)'을 사용할 수 있다. 'pato'와 'pot'을 결합시키고 난 뒤, 영어로 번역한 항목과 상호작용하는 핵심어의 심상을 형성하게 된다. 예를 들어, 연못에서 헤엄치고 있는 오리를 상상할 수 있다. 이처럼 핵심단어법은 어떤 단어를 동운(同韻)의 단어와 연관 짓고 그 단어와 핵심어가 상호작용하는 심상을 형성한다.

8) 정보의 조직화

정보를 조직화(organization)하면 파지가 훨씬 증가한다. 에릭슨과 폴슨(Ericsson & Polson, 1988)은 필기를 하지 않고 스무 가지나 되는 식사 주문을 기억할 수 있는 J. C.라는 사람을 연구하였다. 보통 사람은 손님이 주문한 순서대로 기억하려고 하지만, J. C.는 음식에 들어가는 성분(샐러드, 야채 등)에 따라서 주문을 조직화했다. 또 음식성분의 두문자(頭文字)를 사용해서 주문하는 음식을 기억하기도 했다. 읽어야 할 내용의 개요를 파악하면 자료를 위계적으로 조직화하는 데 도움이 된다. 또 개요 파악은 정보의 의미를 이해하는 데도 도움이 된다.

요약

1. 기억과정의 첫 단계인 부호화는 주의에 의해 시작되며, 주의가 가지고 있는 선택적 속성은 흔히 여과기에 비유되곤 한다.

2. 처리수준이론에 따르면 기억부호는 강조되는 자극의 특성에 따라 다르게 형성되며, 깊은 처리가 이루어질수록 정보를 더 잘 기억해 낼 수 있다.

3. 기억의 정보처리이론에서는 인간이 감각기억, 단기기억, 장기기억이라는 세 가지 기억저장고를 가지고 있는 것으로 본다.

4. 기억에서 정보를 인출할 때 맥락과 같은 단서가 회상을 촉진한다.

5. 기억은 단순히 지나간 경험의 반복이 아니라 도식이나 각본 등의 사전 지식의 영향을 받아 재구성되는 과정이다.

6. 망각은 시간 경과뿐만 아니라 간섭이나 인출실패, 동기에 의해 설명될 수 있다.

7. 기억 오류는 단순히 망각뿐 아니라 기억흔적의 변형이나 왜곡을 유발하는 외적 사건들에 의해서도 일어 난다.

8. 기억은 신경과정상의 변화, 뇌 구조상의 위치, 기억응고화와 같은 생리학적인 접근으로도 연구되고 있다.

9. 장기기억은 동일한 시스템이 아닌 모듈화된 복수의 시스템이 보유한 각기 다른 규칙에 따라 운용된다.

10. 기억에 관한 연구를 바탕으로 한, 실생활에 응용할 수 있는 기억술이 많이 있다.

학습과제

1. 중다기억 모델의 기억을 구성하는 정보저장고 중, 시연이 가능한 저장고의 특성에 대해 기술하시오.

2. 기존의 단기기억 모델과 작업기억 모델의 차이에 대해 설명하고, 작업기억 모델을 구성하는 요소를 열거하시오.

3. 스키마와 도식에 대해 간단하게 설명하고, 일상적인 예를 각각 2개 이상 기술하시오.

4. 순행간섭과 역행간섭이 학습한 정보에 각각 어떤 방식으로 영향을 미치는지 설명하시오.

5. 적어도 세 가지 이상의 기억술을 열거하고, 각 기억술에 대한 설명 및 실생활에서의 예를 기술하시오.

chapter

06

언어와 사고

🔍 학습목표

1. 사고는 어떤 유형이 있으며, 어떤 과정으로 처리되는지를 이해한다.
2. 언어는 어떤 구조를 지니며, 어떤 과정으로 이해·산출되는지를 이해한다.
3. 언어와 사고는 서로 어떤 영향을 주고받는지를 이해한다.

'인간에게 영향을 미친 역대의 발명품은 무엇인가?' 하는 질문을 하면 '불' '컴퓨터' '스마트폰' '인공지능' '아스피린'이라고 대답할 가능성이 높다. 인간이 만든 발명품은 인간의 생각이 없었다면 탄생하지 못했을 것이다. 불은 온도를 변화시키고자 하는 인간의 동기에서 출발했으며 불을 만들기 위해서는 불씨를 만들기 위한 나무토막이 있어야 했다. 인간이 새로운 생각을 하기 위해서는 불이 무엇이며 어떤 필요성이 있는가를 생각할 수 있어야 했다. 인간이 불이라는 명칭을 부여하고, 불을 만들기 위해서 불을 일으키게 하는 도구가 있어야 하며, 불을 피우는 방법을 알아야 하고, 불이 정말 인간에게 도움을 주는지를 판단해야 하며, 그래서 불을 만들어야 하는가 하는 결정을 해야 한다. 인간의 생각은 앞 장에서 논의된 지각, 학습, 기억의 기반이 되는 인지가 전제되어야 한다. 인간의 일상에서 사용하는 생각을 심리학에서는 사고(thinking)라고 부른다([그림 6-1] 참조).

인간의 사고는 불을 피우기 위해서 나무가 있어야 하듯이 그 자체로는 사용이 불가능하다. 사고를 하는 목적이나 목표가 있어야 하며 그보다 더 중요한 요소가 사고의 내용이다. 불을 처음부터 불이라고 명명하진 않았을 것이다. 우리는 불이라는 대상의 의미를 안다. 대상에 대한 의미를 기억에 저장한 형상을 표상이라 하며 표상의 대표적인 형상을 심상(image, 혹은 mental imagery)이라고 한다. 심상은 불을 눈으로 본 불에 대한 시각적인 기억 저장의 형상이다. 아마 원시시대에는 불을 피우기 위해서 나무를 찾고 나무와 나무를 열심히 마찰을 시키는 행동을 했을 것이다. 현대에 불은 새로운 개념의 의미로 발전되었다. 부탄가스나 인덕션이 더욱 보편화되었으며 그보다 한 걸음 나아가 '불'이라는 말만 해도 불이 켜지는 시대로 변하였다. 불에 대한 사고와 행동은 불에 대한 심상적 표상에 많은 변화를 야기하였다.

인간의 생각 혹은 사고는 행동으로 직접 표현되기도 하지만 인간이 필요에 의해서 만든 또 다른 심적 도구가 있다. 언어(language)가 심상과 함께 사고를 작동하게 하는 도구로 사용된 것이다. 이세돌을 이긴 알파고, 컴퓨터나 스마트폰, 인공지능은 언어가 없이는 생존 불가능하다. 심지어 인공지능이 구현 가능한 컴퓨터도 그 자체에 언어를 지니고 있다. 인간의 언어는 불이란 발명품보다 더 진화된 도구이다. 특히 언어는 두 가지 정신적 기능을 수행한다. 불의 의미를 기억에 저장하고 생각하는 표상

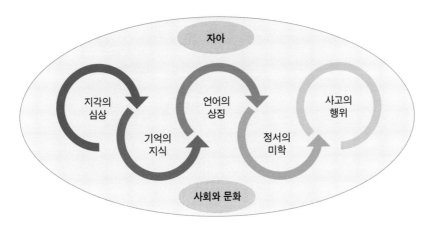

[그림 6-1] 마음의 역동적 구조

인간의 마음은 매우 다른 마음의 요소들이 역동적으로 단계를 구성하고 있다고 가정한다. 환경 정보가 지각되면 기억에 저장하고 언어로 표현하며 소통하고, 그 과정에서 감정과 정서가 발현하며 사고의 행위를 일으키게 된다. 이들 모든 과정은 자아 혹은 자신에서 인지적으로 구현되면 다른 사람과의 소통을 형성하고 문화의 영향을 통하여 자유로운 행동을 수행한다.

(representation)의 기능과 그 표상을 다른 사람에게 전달하는 기능(commnunication function)이다. 인간은 비로소 언어를 사용하여 유연한 사고와 소통을 하게 되었다. 인간이 생각의 도구로 만든 언어는 다른 사고에도 심각한 영향을 미친다. '불'이란 단어는 '불'이란 심상을 형성하게 한다. 언어와 사고는 매우 밀접한 관계를 지니게 되었으며 생각의 풍부함을 제공하게 되었다. 이 장은 '사고의 유형이 무엇인가? 언어는 어떻게 이해되는가? 그리고 언어와 사고는 어떤 관계가 있는가?' 하는 물음에 대한 해답을 제공할 것이다.

1 　사고의 유형과 과정

　사고(thinking 혹은 thought)는 흔히 말하는 생각이다. 생각은 모든 인지를 포괄하는 일상적 표현이기도 한다. 심리학은 생각을 사고라는 보다 정형화된 용어를 사용한다. 이 장은 사고를 기억에 저장된 지식 정보를 이용하는 마음의 역동적 인지 과정으로 정의한다. 부언하면 사고의 과정에는 심상이나 언어 등의 인지 표상이 사용된다. 이들 심적 표상을 변환, 조작, 조합하는 심적 변화의 과정이 사고 과정인 것이다. 사고의 세부 유형은 개념과 범주, 문제해결, 추리, 및 판단과 결정 등이 포함된다([그림 6-2] 참조).

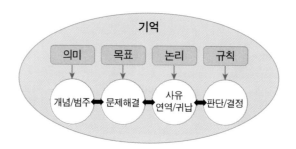

[그림 6-2] 사고의 유형들

사고는 기억에서 수행되며 심상과 언어를 사용하여 개념과 범주를 구성하고 생존에 필요한 목표 행동을 성취하는 문제해결의 과정을 수행하고, 보다 합리적인 사고를 위해서 하향적 연역과 상향적 귀납 사고를 수행하며, 행위에 대한 최적의 결과를 위한 판단과 결정 사고를 수행한다.

1) 개념과 범주

우리는 세상에 대한 의미를 개념과 범주를 사용하여 보다 명확한 표상을 형성한다. 만약 개념이나 범주가 없다면 복잡한 세상 정보를 효율적으로 분류하지 못하고 혼란에 빠지게 될 것이다. 예를 들어, '사과'라는 단어를 보게 되면 나는 그것이 무엇인지를 안다는 느낌을 갖게 된다. 사과의 개념(concept)을 표상하고 있다는 증거이다. 언어적으로 사과는 실제 먹는 사과와는 아무 관련이 없지만, 사과 모양(심상)이나 단어가 제시되면 기억에서 인출되는 표상들이 있다. 사과는 과일의 한 종류며, 사과에는 부사나 홍옥 같은 하위 종류를 포함하고 있다는 생각들의 표상들이 인출되어 작업기억에 유지된다. 사과의 정보가 기억의 사과를 기억에서 의식하는 과정들이 순식간에 수행된다. 사과의 개념적 표상을 구성하게 된다([그림 6-3] 참조). 사과의 개념적 사고 과정은 인형의 개념적 과정에 비교하면 매우 다른 대상임을 의식하게 된다. 사과는 과일의 범주(category)에서 인출되지만 인형은 장난감의 범주에서 인출되기 때문에 기억의 저장소가 다르다는 의식도 느끼게 된다.

개념과 범주는 어떤 차원에 근거하여 분류되는가? 대상이나 행위의 개념은 속성(attribute)정보로 구성되며 사물의 속성이나 범주의 연결 관계를 의미적 표상(semantic representation)이라 한다. 사물의 속성도 지각적 차원, 기능적 차원 및 공간적 차원이 복합적으로 적용된다(Medin, Lynch, & Solomon, 2000). 예를 들어, 사과와 인형을 비교하면 색상, 크기, 모양 등의 지각적 속성이 다르며, 사과는 음식이지만 인형은 장난감

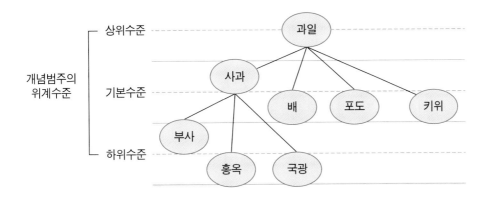

[그림 6-3] 개념 범주의 위계적 구조

이라는 기능적 속성에서 차이가 있고, 사과와 인형은 서로 위치하는 물리적 공간도 차이가 있다. 개념과 범주는 대상과 행위를 지각적·기능적·공간적 차원에서 얼마나 유사한지에 따라서 표상된다. 사과와 같은 대상을 생선과 부사와 비교하여 분류하라고 하면 당연히 사과와 부사를 유사한 대상으로 판단하게 될 것이다. 우리는 수많은 대상과 행위에 대한 개념을 범주화하여 표상하고 있기 때문에 유사한 대상과 그렇지 않은 대상을 체계적으로 분류할 수 있다(이정모, 이재호, 2000).

(1) 위계성과 전형성 차원

대상이나 행위 등의 개념은 속성 차원의 범주에 근거하여 위계적 구조(hierarchical structure)로 표상되어 있다. 즉, 사과의 개념은 상위 개념인 과일과 하위 개념인 부사로 기억에 의미적으로 표상된다. 사과는 상위 개념과 하위 개념의 중간에 위치하기에 기본 수준(basic level)의 개념이라 한다. 사람들이 가장 보편적으로 사용하는 언어 표현이기도 하다. 기본 수준은 우리가 흔히 표현하는 개념이기에 친숙도가 높으며, 하위 위계의 개념은 구체적인 대상이기에 보다 세부 속성을 표상하고, 상위 위계의 개념은 보다 많은 대상을 포함하기 때문에 대상들의 공통적인 속성을 추상화(abstraction)하여 표상한다(이정모, 이재호, 2000).

개념들은 위계적 구조를 적용하여 단계적으로 구성되어 있지만 각 위계가 모두 동등한 심적 거리인 친숙성을 지니고 있지 않다. 상위 범주와 범주의 하위 구성원은 전형성(typicality)이란 차원으로 표상된다. 예를 들어, 과일에는 사과, 복숭아, 키위 등이 있지만 일반적으로 과일의 범주를 인출하라고 하면 사과가 가장 먼저 인출되며 반면에 키위는 인출되는 속도가 사과에 비해서 느릴 것이다. 이는 사과가 다른 과일의 속성을 가장 많이 공유하고 있기 때문이다. 한 범주에서 다른 구성원의 특성을 가장 많이 보유하는 대상을 전형적인 대상이라 하며 사람들은 공통적인 속성을 추상화하여 원형(prototype)이란 추상적인 표상을 형성한다.

개념의 위계성과 전형성은 고정된 표상이 아니다. 과일의 전문가는 초보자에 비해서 구체적인 개념을 사용한다. 문화에 따른 차이도 있다. 우리 문화에서는 사과가 전형적인 과일이지만 열대지방에서는 키위가 전형적인 과일이 된다. 또한 상황맥락에 따라서도 달라진다. 일반적인 조건에서는 사과가 전형적이지만, 열대 과일에서는 키위가 전형적인 과일이 된다. 개념의 표상적 특성은 개인의 지식, 상황적 맥락, 문화적 특성 등에 따라 역동적으로 변화하지만 그 변화는 범주의 표상 내용이지 범주의 표상 구조는 아닌 것이다. 즉, 범주의 위계성과 전형성 그 자체는 인지 표상의 중요한 차원이다(Barsalou, 1992).

(2) 고정관념

개념의 범주화는 사고과정에서 복잡한 대상이나 행위의 개념을 단순화하며, 유사한 대상이나 행위를 경제적으로 유목화하는 역할을 한다. 이러한 단순성과 경제성에 의한 사고가 긍정적인 결과만을 초래하지는 않는다. 대표적인 사례가 사회적 범주의 고정관념 혹은 편견(stereotype)이다. 사회적 범주는 사물(object)에 대한 개념이 아니라 인간에 대한 사회적 개념(social concept)이다. 즉, 성별, 인종, 직업, 경제 수준 등의 사회적 차원에 대한 추상적 개념이며, 평가적 개념(evaluative concept)이다. 평가적 개념은 긍정적인지 부정적인지에 대한 감정적 평가 속성의 개념을 의미하며 사회적 개념의 매우 중요한 차원이다. 예를 들어, 남자의 경우는 강인한, 잘난 척, 여자의 경우는 감성적, 수다스러운 등의 속성이 성별 범주를 구분하는 전형적인 속성에 해당한다(이재호, 조혜자, 방희정, 2001). 남자든 여자든 어떤 성별의 대상에 대해서 몇 가지 단순화된 속성에 근거하여 개념적 범주화를 하게 된다. 사회적 개념과 평가적 개념의 차원이 통합되면 태도(attitude)로 추상화되고 태도의 강도는 믿음으로 발전하게 된다. 사회적 태도는 인지적 처리 속도에 영향을 미친다. 백인과 흑인의 인종 편견에 대한 연구에서 보면 흑인에 대해서는 부정적인 속성이 긍정적인 속성에 비해서 점화반응이 빠르며, 백인은 그 반대 현상을 보인다는 연구가 있었다. 특히 고정관념이나 편견은 의식적으로 판단하는 경우에도 작용하지만 대부분 자동적이고 암묵적으로 처리된다(Kunda, 1999). 즉, 자신이 의식하지 못하는 태도나 믿음이 행동으로 표현된다는 의미이다.

2) 문제해결

사고는 일반적으로 목적 지향적이다. 일반적으로 목표대상이 존재하고, 몇 가지 제약이 가해지며, 그 목표대상에 대한 문제를 해결해야 하는 경우에 일어나는 심적 과정이다. 사고의 한 유형인 **문제해결**은 목표를 성취하기 위한 전략을 구성하고 다양한 전략 중에서 목표에 적절한 전략을 선택하는 심적 과정이다.

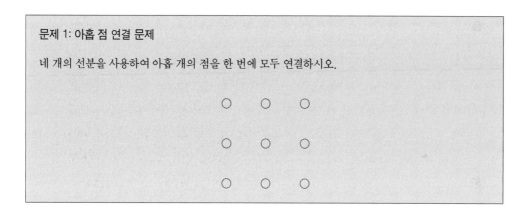

문제 1: 아홉 점 연결 문제

네 개의 선분을 사용하여 아홉 개의 점을 한 번에 모두 연결하시오.

예를 들어, 문제 1의 아홉 점 연결 문제를 살펴보자. 이 문제는 네 개의 선분을 사용하여 아홉 개의 점 모두를 연결하는 것이며, 연결 선분을 연속적으로 그려야 한다는 것이다. 이 문제의 목표는 떨어진 아홉 개의 점을 선분으로 연결하는 것이다. 그런데 문제의 제약은 네 개의 선분을 사용하고, 그것이 연속적인 선분이어야 한다는 것이다.

사람들은 어떻게 문제를 해결하는 것인가? 헤이스(Hayes, 1989)에 따르면 문제를 해결하는 과정은 일반적으로 6단계로 구성된다. 먼저 이 문제가 어떤 문제인지를 확인하는 과정(예: 아홉 점 문제의 지시 이해), 문제를 표상하는 과정(기억에 아홉 점 문제 공간을 표상), 해결 계획을 수립하는 과정(어느 점에서부터 선분을 시작하며, 어떤 점을 지나게 하며 등), 계획을 평가하는 과정(그런 방법으로 연결하면 모든 점을 연결할 수 있을까?), 해결을 평가하는 과정(아홉 개의 점이 네 개의 연속적인 선분으로 연결되었는가?)으로 일어난다는 것이다.

이 과정에서 가장 중요한 단계는 문제를 표상하는 과정이다. 이 표상 과정은 현재의

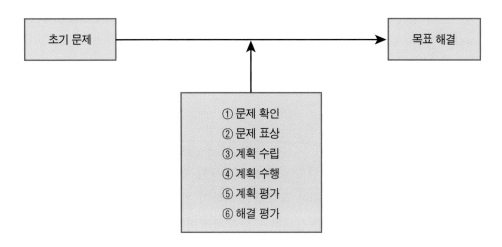

[그림 6-4] 헤이스의 문제해결 단계

문제 상황을 심적 공간에 구성하는 것이며, 목표의 해결 상황을 현재 상황과 비교하는 과정을 수행하는 것이다. 이 과정에는 문제해결자의 관련 지식이나 문제해결 전략이 작용하여야 하며, 문제해결의 표상이 명료하게 구성되었을 경우에는 문제해결의 과정이 수월해질 수 있다. 문제의 지식은 문제해결에 필요한 것이지만 문제에 적절한 지식을 적용하기란 쉬운 것은 아니다.

> 문제 2: 방사선 문제(Duncker, 1945)
>
> 한 환자가 병원에 입원을 하였고, 진찰 결과 악성종양이 발견되었다. 악성종양을 치료하기 위해서는 방사선 치료를 하여야 한다. 방사선의 강도가 너무 강하면 종양 세포뿐 아니라 건강한 세포도 손상시킬 위험이 있다. 그러나 방사선의 강도가 너무 약하면 종양 세포를 제거할 수 없다.

예를 들어, 문제 2의 던커의 방사선 문제는 적절한 지식을 적용하는 방략이 문제의 표상과 해결에 얼마나 중요한지를 보여 준다. 방사선이 위험하다면 다른 치료법을 제안할 수 있지만 이는 문제에서 요구되는 해결책이 아니다. 이 문제의 핵심은 방사선을 한 방향에서만 쏘이지 않고 약한 방사선을 여러 방향에서 종양이 있는 위치에 쏘이는 것이다. 이 해결책을 읽는 순간 그렇다고 생각할 수 있다. 일상생활에서 우리는 문제해결에 필요한 관련된 지식을 분명히 가지고 있지만 적절하게 적용하지 못하는 경우가 많다.

(1) 기능적 고착

일상에서 흔히 경험하는 문제의 대부분은 문제해결의 지식이 결여되기보다는 기존의 지식을 적절하게 적용하지 못하거나 기존의 지식을 고집스럽게 한 방향으로만 적용하려는 문제해결 전략에서 발생하는 경우가 흔하다. 우리는 세상에 대한 다양한 지식을 지니고 있지만 기억은 도식의 형태로 구성되어 있다(제5장 기억 참조). 그러나 실제의 문제해결 상황은 도식화된 지식과 일치하는 경우가 많지 않다.

문제 3: 던커의 양초 문제

문제 3은 던커의 양초 문제를 보여 주고 있다. 그림에 있듯이 탁자 위에 성냥, 압정상자, 압정 등이 놓여 있다. 여기서 문제는 벽면에 촛불이 켜지게 하는 것이다. 즉, 양초를 벽에 붙이는 문제다. 참가자는 양초를 벽에 붙이는 방법을 생각해 내어야 한다. 문제의 핵심은 각 소품들의 기능적 특성에 있는 것이다. 압정 상자는 압정을 담을 수 있는 기능을 한다는 것이 도식적 지식을 적용한 해결이다. 그 해결책으로는 문제를 풀수 없다. 압정 상자를 촛대의 받침으로 사용해야 문제를 풀 수 있다. 던커의 실험에서는 참가자의 43%만이 정확하게 문제를 해결하였다.

던커의 양초 문제의 해결이 어려운 경우는 우리의 도식화된 지식을 있는 그대로 적용하여 문제해결을 시도하기 때문에 발생하는 것이다. 이는 대상의 일반적 지식에 고정된 해결방식의 결과며, 기능적 고착(functional fixedness)이라 한다. 던커는 양초 문제의 조건을 변화시켜, 압정 상자와 압정을 분리시킨 다음 동일한 실험을 실시하였다. 이 실험에서는 참가자 100%가 성공적으로 문제해결을 하였다.

유사한 문제를 하나 더 풀어 보자. 과연 기능적 고착의 현상을 경험하는가? 다음의 그림은 여섯 개의 컵이며 왼쪽 세 개는 물이 담겨 있고, 나머지 세 개의 컵은 비어 있다. 문제는 컵 한 개만 움직여 물컵과 빈 컵이 교차되게 하는 것이다. 즉, 물컵-빈 컵-물컵-빈 컵-물컵-빈 컵으로 배열되도록 하면 된다.

[그림 6-5] 물컵 문제

[그림 6-6]에 답이 있다. 여기서 기능적 고착은 물컵을 움직이는 방법에 있다. 물컵을 옮기려 하였지 물컵을 부으려고 하지는 않았을 것이다. 아홉 점 문제의 공간 내 제약, 양초 문제의 상자의 기능 제약이 물컵의 이동 행위의 제약은 매우 유사한 기능적 고착 현상을 반영하고 있다. 개인이 지니는 지식의 다양한 관점으로 융통적 사용이 세상의 다양한 문제해결을 쉽게 해결하는 열쇠가 된다.

[그림 6-6] 물컵 문제의 해답

(2) 창조적 문제해결

문제해결의 기능적 고착은 사회적 인지의 편견과 유사하며 창의성(creativity)의 문제에도 연결된다. 우리는 다른 사람이 생각하지 못하는 새로운 발견을 하는 경우가 있다. 흔히 이러한 문제해결을 창조적 문제해결이라고 부른다. 월러스(Wallas, 1926)는 창조적 문제해결이 4단계로 일어난다고 하였다. 준비단계에서는 문제를 구성하고 초기 해결 시도를 하게 된다. 보존단계에서는 목표 문제를 떠나 다른 문제에 전념하게 된다. 조명단계에서는 성취하고자 하는 목표 문제를 해결한다. 마지막 검증단계는 해결된 문제를 검증하고 최종 해결이 결정된다.

월러스의 창조적 문제해결 단계는 경험적 자료에 근거한 것은 아니다. 그러나 이런 과정을 적용할 수 있는 유명한 실례가 있다. 우리는 물리학자 뉴턴이 사과나무 아래에서 만유인력의 법칙을 발견하였다는 일화를 알고 있다. 월러스의 창조적 문제해결 단계에 근거하여 추정해 보자. 뉴턴은 연구실에서 물리적 법칙을 찾기 위해서 가능한 해결책을 시도하였을 것이고, 뉴턴은 물리학에 대한 많은 지식을 축적하였을 것이다. 그렇지만 많은 지식을 기억에 보유하는 것만으로는 새로운 사고를 성공적으로 수행할 수 없다(준비단계). 뉴턴은 실험실을 떠나 휴식을 취하기 위해서 적당한 휴식처를 찾았을 것이다. 그곳이 마침 사과나무가 있는 곳이었고, 그 아래에서 책을 보면서 다른 생각들을 하였을 것이다(보존단계). 그 순간 사과가 나무에서 떨어지는 것을 관찰하였고, 그 사건이 물리학의 법칙에 관한 지식을 활성화하는 단서가 되었고, 갑자기 새로운 생각을 구성하게 되었을 것이다(조명단계). 그는 급하게 실험실로 돌아와서 그 사건에 대해 물리학적 해석을 하였을 것이며, 만유인력에 관한 실험을 하였을 것이다(검증단계).

[그림 6-7] 월러스의 창조적 문제해결 단계

일반적으로 우리가, 뉴턴이 만유인력 법칙을 발견한 것과 같은 창조적 사고를 하기란 쉽지가 않다. 그 이유는 무엇인가? 창조적 사고란 일반 사람이 생각하지 못하는 문제해결인 것이며, 창조적 사고를 하는 사람은 새롭지만 흔치 않는 관계성을 찾아내어야 하기 때문이다. 스턴버그와 루버트(Sternberg & Lubart, 1996)는 창조성의 이론을 발전시키면서 여섯 가지 측면을 제시하였다. 지적 과정, 지적 스타일, 지식, 성격, 동기 및 환경 맥락이 그것이다. 일반인의 경우에 이들 조건을 모두 충족하기란 쉽지 않다. 더욱이 일반인이 창조적 사고를 하는 데 가장 큰 장애는 기능적 고착에 빠져 자신의 도식적 사고만을 적용하려는 경향이 높다는 점이다. 우리는 세상에 대한 일반화된 도식이나 개념을 지니고 있다. 그러나 문제 상황은 매우 다양하기 때문에 일반화된 도식이나 개념이 기능적 고착에서 보인 것처럼 창조적 사고를 방해할 가능성이 높다.

3) 추리

개념을 형성하는 과정이나 문제를 해결하는 과정에는 논리적이고 합리적인 과정이 요구되는 사고가 있다. 추리는 일반적으로 주어진 전제의 가정에 근거하여 어떤 결론을 얻고자 하는 경우에 발생하는 사고의 과정이다. 추리는 연역 추리(deductive reasoning)와 귀납 추리(inductive reasoning)로 구분된다. 연역 추리는 일반적 혹은 보편적 전제 사실에 근거하여 결론을 도출하는 사고며, 귀납 추리는 확증되지 않은 전제 사실에서 결론을 유도해 내는 일종의 가설검증의 사고다. 연역 추리는 보편적 전제에 근거하기 때문에 하향적 추리로 불리며, 귀납 추리는 관찰된 사실에 근거하여 보편적 결론을 유도하기 때문에 상향적 추리로 분류된다.

(1) 연역 추리

연역 추리에는 조건 추리, 삼단 추리 등이 있다. 그중에서 조건 추리의 예를 중심으로 추리의 과정과 추리의 합리성에 대해서 알아보기로 한다. 웨이슨(Wason, 1966)의 카드 선택과제가 대표적인 실험의 예다([그림 6-8] 참조). 웨이슨은 이 실험과제를 사용하여 사람들이 추리를 하는 과정에서 어떤 오류를 범하는지를 명확하게 밝혀 주었다. 이 카드의 문제는 '만약 앞면이 모음이면 뒷면은 짝수다. 이 논법이 참인지 논리적 타당성을 확인하기 위해서 [그림 6-8]의 카드 중에서 어떤 카드를 선택해야 하는가?'이다.

[그림 6-8] 논리형 카드

이 선택과제의 논법을 논리적으로 표현하면, '만약 P이면 Q이다.'로 표현할 수 있다. 여기서 P는 전건이라 하며 Q는 후건이라 한다. 전건과 후건의 논법과 긍정과 부정 논법을 조합하면 네 가지 논법을 구성할 수 있지만, 타당한 결론은 전건 긍정 논법과 후건 부정 논법이다. 전건 긍정인 '만약 P이면 Q이다. P이다. 따라서 Q이다.'의 논법이나 후건 부정인 '만약 P이면 Q이다. Q가 아니다. 따라서 P가 아니다.'는 타당한 결론을 내리게 하는 논법이다.

논리적으로는 사람들이 두 논법이 타당하다고 결론을 내릴 확률은 동일하여야 한다. 그러나 사람들의 일상적 논리 추리는 그런 예측이 빗나가는 경우가 많다. 전건 긍정의 논법은 타당한 결론을 쉽게 내리는 경향이 높지만, 후건 부정의 논법은 타당한 결론에 도달하는 확률이 낮다. 웨이슨의 실험에서도 동일한 결과를 얻었다. 이 실험에서

구분	타당한 논법	타당하지 못한 논법
전건 긍정 논법	만약 P이면 Q이다. P이다. 따라서 Q이다.	만약 P이면 Q이다. Q이다. 따라서 P이다.
후건 부정 논법	만약 P이면 Q이다. Q가 아니다. 따라서 P가 아니다.	만약 P이면 Q이다. P가 아니다. 따라서 Q가 아니다.

표 6-1 ● 타당한 논법과 타당하지 못한 논법

128명의 참가자 중에서 5명만이 정답인 E와 7을 선택하였고, 대부분의 참가자는 E와 4를 선택하였다. E를 선택한 것은 전건 긍정의 논법에 근거한 선택이었다. 그러나 7을 선택하지 않고 4를 선택한 것은 후건 부정의 논법을 적용하지 못한 결과인 것이다. 여러분은 논리적으로 타당한 카드를 선택하였는가? 여러분이 카드를 잘못 선택했다 하더라도 실망하지 않아도 된다.

다음은 동일한 카드의 선택과제이지만 문제를 논리적으로 제시하지 않고, 일상적인 실례를 적용하는 방식을 취해 보자([그림 6-9] 참조). 앞면이 맥주이면 뒷면은 18세 이상이어야 한다. 이 논리가 타당한지를 검증하기 위해서 다음 카드 중에서 어떤 카드를 선택해야 하는가? 다시 한번 카드를 선택하여 보라. 앞의 논리형 문제와 어떤 차이가 있는가?

[그림 6-9] 실례형 카드

여러분은 앞의 논리형 카드에 비해서 매우 쉽게 답할 수 있을 것이다. 즉, 맥주와 16세 카드를 쉽게 선택하였을 것이다. 웨이슨의 실험에서도 카드를 정확하게 선택한 비율이 92%에 달하였다. 앞면이 맥주인 경우에는 뒷면이 22세인지 아니면 16세인지에 따라 결론의 타당성이 달라진다. 반면에, 뒷면이 16세인 경우에는 앞면이 맥주인지 콜라인지에 따라서 결론의 타당성이 달라진다. 즉, '앞면이 맥주이면 뒷면이 22세다.'인 전건 긍정 논법과 '뒷면이 16세이면 앞면은 맥주가 아니다.'인 후건 부정의 논법이 타당한지를 검증하면 된다.

논리형 논법의 실험에서 볼 수 있듯이 사람들은 긍정적인 논법을 부정적인 논법보다 선호하며, 이를 통해 타당한 결론을 추리한다는 것이다. 즉, 결론이 틀린 것을 반증하기보다는 맞다고 확증하는 경향이 높다. 웨이슨의 논리형 과제에서는 전건 긍정인 E와 4 카드를 선택하는 경향이 전건 긍정과 후건 부정인 E와 7 카드를 선택하는 경향보다 높았다. 이는 사람들이 전건 긍정에 대한 확증 논법을 후건 부정의 반증 논법보다 선호한다는 증거인 것이다. 그러나 실례형 논법으로 전환하면 그 양상은 달라진다. 논법의 내용에 대한 경험 지식이 작용하면 쉽게 추리를 할 수 있다.

(2) 귀납 추리

연역 추리에 반하여 귀납 추리는 관찰된 경험이나 확증된 전제가 아닌 경우에 지식을 확장하거나 불확실한 상황을 예측할 때 적용되는 추리다. 예를 들어, 어떤 부인이 첫째 아이를 아들을, 둘째도 아들, 셋째도 아들을 낳았을 때, 그다음 아기의 성별은 무엇일까 하는 질문을 받았다면 아들 혹은 딸 중 어떤 아기가 태어날 확률이 높은가, 아들을 계속 낳을 것인가, 아니면 지금까지 아들을 낳았으니 이번에는 딸을 낳을 것인가 등을 추리해 볼 수 있다.

주관적 확률에 따르면 아들과 딸이 태어날 확률은 50 : 50이므로, 이번에는 딸이 태어날 것이라고 답할 것이다. 반면에 그 부인은 이전에 아들을 낳았기 때문에 이번에도 아들을 낳을 것이라고 판단할 수도 있다. 그러나 실제는 다르다. 다음에 낳을 아기의 성별은 결정할 수 없다. 한 번 아기를 낳을 때마다 특정 성별의 아기가 나올 확률은 50 : 50인 것이다. 매번 독립 시행이기 때문이다.

이러한 유형의 추리가 귀납 추리인 것이다. 과거와 현재의 사건을 관찰하여 앞으로 일어날 불확실한 사건에 대한 추리를 해야 하는 경우다. 귀납 추리에는 인과 추리, 범주 추리, 유추 추리, 가설 검증 등의 사고과정이 포함된다. 이들 사고는 앞으로 일어날 사건에 대한 추리를 해야 하기 때문에 판단과 결정의 과정이 많은 영향을 미치게 된다 (이정모, 2001).

4) 판단과 결정

우리는 선택해야 하는 대안들이 하나인 경우에는 선택 여부를 결정해야 하며, 대안이 많은 경우에는 여러 대안을 모두 선택할 수 없고 하나의 대안만 선택해야 하는 수가 있다. 두 가지 경우 모두 대안의 선택을 판단하고 결정해야 하는 사고의 과정이 발생하게 된다. 예를 들어, '지금 현시점에서 아파트를 구입해야 하는가? 구입한다면 어떤 아파트를 구입해야 하는가? 어떤 자동차를 구입해야 하는가?' 등에 대한 사고를 해야 하는 경우가 흔하게 발생한다. 과연 어떤 과정으로 판단과 결정을 하는 것인가?

판단과 결정의 과정에는 다양한 사고의 전략을 사용하게 된다. 이들 전략의 사용이 성공적인 판단과 결정을 초래할 수 있지만 많은 경우 오류를 범하게 된다는 것이다. 판단과 결정이 과연 논리적이고 합리적인 방식으로만 일어나는 것인가? 우리는 다른 심적 요인이 함께 작용한다는 사실을 확인하게 될 것이다.

- 도박자 오류: 과거에 일어난 사건의 확률을 알고 있는 경우에 미래에 일어날 확률 판단에 오류를 범하는 경우다. 도박자는 슬롯머신에 계속 코인을 집어넣게 되는데, 이전에 코인을 많이 넣었기 때문에 다음에는 이길 확률이 높다고 판단한다. 도박의 경우 대부분 무선적인 경우가 많지만 도박자는 계속적인 시행을 거치면서 주관적인 확률 규칙을 만들게 된다. 그러나 도박자가 코인을 넣을 때마다 이길 수 있는 확률은 매 시행에서 거의 동일하다고 보아야 한다.
- 적은 관찰 오류: 자신이 다니는 학과에 강원도 출신이 10명이고, 경기도 출신이 5명이라고 하면 강원도민의 수가 경기도민의 수보다 많다고 생각하게 된다. 이는 자신이 경험한 제한된 표집에 근거하여 전체 모집단의 성향을 판단하는 오류인 것이다. 이를 가용성(availability) 오류라고도 한다. 이는 자신이 경험한 한정된 표집 빈도의 기억에 근거하여 전체 사건 빈도를 추정하는 오류인 것이다.
- 과신 오류: 자신이 믿는 방향으로 판단을 결정하는 오류다. 다음의 두 논법을 비교해 보라. 두 논법 모두 논리적으로 타당한 논법이다. 그러나 소크라테스 논법은 쉽게 타당하다고 판단하지만 히틀러 논법은 판단을 하는 데 시간이 걸리거나 틀렸다는 답변을 하게 된다. 이는 논리적 판단은 논리적 오류가 있는 경우에만 틀렸다는 판단을 해야 하지만 자신의 지식이나 신념과 일치하는지에 따라서 논리적 타당성에 대한 판단을 내리는 경향이 높기 때문이다(이정모, 2001).

우리는 판단과 결정의 과정이 논리적이고 합리적인 기준에 근거하여야 한다고 생각하지만 실제 판단과 결정 상황에서는 그렇지 않다는 것이다. 자신의 기억, 태도, 믿음

믿을 만한 논법	믿을 만하지 않은 논법
모든 사람은 죽는다. 소크라테스는 사람이다. 고로 소크라테스는 죽는다.	모든 사람은 도덕적이다. 히틀러는 사람이다. 고로 히틀러는 도덕적이다.

혹은 경험 등이 판단과 결정에 많은 영향을 미치는 경우가 흔하다. 이는 일반적인 사람의 판단과 결정과정이 객관화된 논리적 합리성에 근거하기보다는 주관적인 편향에 근거한다는 증거다. 이 또한 기능적 고착의 현상의 연장선에서 이해될 수 있다. 자신의 개인적 지식이나 믿음이 모든 세계의 현상에 일관적으로 적용될 수 있다는 믿음의 과잉 일반화 현상이다.

2 ⬤— 언어의 이해와 산출

인간에게 언어가 제공하는 가장 중요한 기능은 자신의 생각이나 의도를 타인에게 전달하고, 전달받는 의사소통 기능일 것이며, 자신이나 타인의 생각이나 의도를 언어의 형태로 표상하는 기능일 것이다(Solso, 2005). 우리는 일상에서 언어를 사용하고 있지만 소통의 어려움을 느끼지 못한다. 더욱이 문법 규칙을 외현적으로 설명하는 행위는 매우 어렵지만 언어의 미묘한 차이는 매우 쉽게 파악할 수 있다(Pinker, 1994).

언어는 태어나면서부터 자연스럽게 습득되어 간다. 울음을 통해 언어를 준비하고 옹알이를 통해 발성을 시작하고, 생후 6개월이 되면 '마' '맘' 등의 말소리 언어가 나타

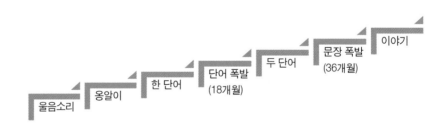

[그림 6-10] 언어의 발달 단계

언어의 발달은 매우 체계적이고 순서가 있다. 신체의 구강 구조가 먼저 발달하고 언어의 음운-단어-문장-담화의 순서로 발달이 일어난다. 비록 단계가 중요하지만 어휘 폭발이나 문장 폭발처럼 발달의 변곡점도 관찰된다.

나서 1년이 지나면 '엄마' '가가' 등의 단어가 표현되며, 2년 이후에는 '엄마 밥 줘.'의 문장을 사용하게 된다. 생후 3~4년을 넘어서면 정상적인 문장의 표현이 가능해진다. 언어 습득과정에서 나타나는 흥미로운 현상은 언어 습득이 일정한 단계를 거쳐서 일어난다는 점이다. 옹알이―단어―단어 조합―문장의 순으로 언어가 습득된다는 것이다. 언어 습득이 경험적인지 본능적인지, 아니면 사회적인지, 인지적인지의 논란이 계속되고 있지만, 분명한 사실은 언어가 체계적인 구조를 지니고 있다는 것이다.

1) 언어 구조

언어의 구조는 일반적으로 언어학에서 중요하게 다루고 있는 주제다. 즉, 언어가 지니고 있는 구조 혹은 체계는 무엇인가에 대한 해답을 얻고자 하는 것이다. 언어는 문법(grammar)에 의해서 구성된 규칙체계를 지니고 있다. 문법은 위계적으로 구성된 체계인데, 여기에는 음운 및 철자, 통사, 의미의 세 수준이 있다. 음운과 철자는 감각 양상에 따라 그 체계의 적용이 다르다. 청각 언어에서는 음운 구조가 적용되며 시각 언어에서는 철자 구조가 적용된다. 두 구조는 모두 단어 혹은 어휘를 구성하는 하위 요소가 된다. 단어들이 어떤 규칙에 따라 연결되어 제시되면 문장이 된다. 문장은 통사

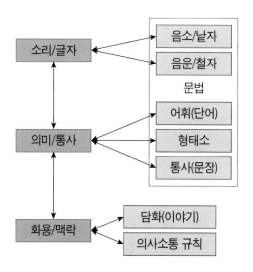

[그림 6-11] 언어의 구조

언어학의 언어는 소리 및 글자 수준, 소리나 글자의 조합으로 구성되는 형태소의 단어 수준, 단어들의 조합 규칙인 문법(통사) 수준으로 구성된다. 언어의 사회적 맥락과 언어의 사용에 작용하는 규칙 수준이 있다. 화용론이 그것이다.

규칙에 근거하여 분석되고 해석된다. 단어나 문장은 모두 세상을 지칭하는 의미를 표상하게 한다(Carroll, 2004). 이러한 언어의 구조를 설명하기 위해서 언어학에는 음운론(phonology), 통사론(syntax), 의미론(semantics), 화용론(pragmatics)의 네 영역이 형성되었다.

(1) 음운과 철자

언어가 청각적 혹은 시각적으로 소통되기 위해서 구성된 문법 규칙이 음운과 철자체계다. 청각 언어의 경우, 말소리의 가장 작은 단위는 음소(phoneme)다. 이 음소는 자음과 모음으로 구분되며, 자음과 모음의 수는 언어에 따라 차이가 있다. 인간이 언어의 형태로 발성할 수 있는 음운(음소의 소리 표상)의 수는 100여 개 정도지만 실제 언어에 사용되는 음운의 수는 그보다 적다고 알려져 있다. 국어는 24개의 기본 자모로 구성되었는데, 이 중 자음은 14개이고 모음은 10개다. 발음이 가능한 음운은 자음 19개(5개 이중자음)와 모음 21개(10개 단모음과 11개 이중모음)로 모두 40개의 음운으로 구성된다(〈표 6-2〉 〈표 6-3〉 참조). 유사하게 영어는 자모 수가 28개이며, 음운 수도 약 40개로 구성된다. 이들 자모가 조합되면 음절(syllable)이 되며(예: '해' '요' 'ba' 'ca'), 이

표 6-2 국어의 자음체계

구분		두입술 (입술소리)	윗잇몸, 혓몸 (혀끝소리)	경구개, 혓바닥 (구개음)	연구개, 혀뿌리 (연구개음)	후두 (목청소리)
안울림	파열음	ㅂ, ㅃ, ㅍ	ㄷ, ㄸ, ㅌ		ㄱ, ㄲ, ㅋ	
	파찰음			ㅈ, ㅉ, ㅊ		
	마찰음		ㅅ, ㅆ			ㅎ
울림	비음	ㅁ	ㄴ		ㅇ	
	유음		ㄹ			

표 6-3 국어의 단모음체계

구분	윗잇몸, 혓몸		중설모음		후설모음	
	평순모음	원순모음	평순모음	원순모음	평순모음	원순모음
고모음	ㅣ	ㅟ			ㅡ	ㅜ
중모음	ㅔ	ㅚ	ㅓ			ㅗ
저모음	ㅐ		ㅏ			

들 음절이 조합되면 형태소(morpheme)가 된다(예: '해변' '요일' 'bat' 'car'). 언어학에서는 형태소를 언어에 의미가 나타나는 가장 작은 단위로 취급한다(Carroll, 2004).

(2) 문장 구조

통사(syntax)는 문장의 단어들이 계열적으로 입력되면 각 단어의 품사, 즉 문법 범주를 파악하고, 파악된 범주의 단어를 분석하는 언어 규칙을 의미한다. 통사의 규칙들이 나열된 단어에 적용되면 문장의 의미적 해석이 가능해진다. 촘스키(Chomsky, 1957)는 언어의 문법이론을 제안하면서, 언어는 다양하지만 언어에 내포된 문법인 통사체계는 동일하다는 주장을 하였다. 즉, 언어의 보편적 문법체계가 존재한다는 것이다. 촘스키의 언어이론은 행동주의적 관점에 대한 경험주의적 접근을 비판하였고, 언어는 본능적이며 마음에 내재화되어 있다는 주장을 함의하고 있다(Pinker, 1994). 예를 들어, 'The patio resembles a junkyard'라는 문장이 입력되면 통사 규칙을 적용하여 문장을 분해하는 과정이 일어난다. 문장의 분해 과정은 통사 규칙을 순환적으로 적용하여 문장의 단위들이 더 이상 분해될 수 없는 수준까지 분해하는 방식으로 일어난다는 것이다. 이 과정에서 동일한 규칙이 반복적으로 적용되는데, 이 규칙을 다시쓰기 규칙(rewrite rules)이라고 하였다([그림 6-12] 참조). 통사 규칙을 적용하여 최종 단위에 단어를 삽입하면 나무구조(tree diagram)의 표상이 구성된다. 이 표상이 문장의 통사 처리를 거친 출력이 된다. 유사하게 문장의 통사 처리는 상위의 문장(S)을 다음 수준의 통사 단위(NP+VP), 다음 수준의 하위 단위(D+N)로 분석한다. 문장을 더 이상 분해할 수 없게 되면 하위 단위에 단어가 삽입되는 과정으로 진행된다([그림 6-13] 참조).

촘스키의 문법이론은 심리학에 많은 영향을 주었으며, 인지심리학의 초기 언어연구는 촘스키의 문법이론의 심리적 실제를 찾으려는 연구가 대부분이었다. 그렇지만 많

규칙 1	S	(문장)	→	NP + VP
규칙 2	NP	(명사구)	→	D + N
규칙 3	VP	(동사구)	→	V + NP
규칙 4	N	(명사)	→	patio, junkyard …… 등
규칙 5	V	(동사)	→	resembles …… 등
규칙 6	D	(관사)	→	the, a, …… 등

[그림 6-12] 다시쓰기 규칙

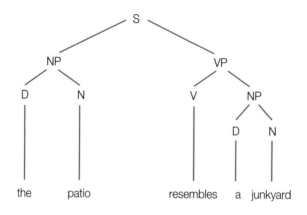

[그림 6-13] 문장의 나무구조

은 연구자는 촘스키 이론이 심적 과정을 설명하는 데는 적절하지 못하다고 비판하였다(이정모, 이재호, 1998). 그리고 영어는 문장의 단어들이 나열된 순서가 통사 의미적 규칙에 중요한 단서를 제공하지만 국어는 조사가 통사적 단서를 제공하기 때문에 단어의 나열 순서는 영어에 비해서 자유롭다. 이는 국어와 영어의 언어 구조 차이가 문장 처리와 어휘 처리에 영향을 미칠 가능성을 시사하며, 언어의 보편적 문법에 대한 촘스키의 주장과도 일치하지 않는다(예: 이재호, 이정모, 김성일, 박태진, 2002).

2) 언어 이해

심리학은 언어의 구조보다는 언어가 자극의 정보로서 이해되고 산출되는 과정에 관심을 둔다. 언어가 처리되는 동안에 어떤 지식이나 제약들이 작용하여 언어의 이해와 산출이 일어나는지를 밝히고자 하였다. 언어의 처리는 언어가 인지체계에 입력되면서 발생하는 심적 변화의 과정을 의미하는 것이다. 언어학에서는 언어의 구조를 음운(혹은 철자), 통사, 의미 수준으로 분류하고 있다. 그에 상응하는 언어 단위는 음절 혹은 단어, 문장, 글말의 담화(discourse) 수준이 된다(이정모, 이재호, 1998). 이들 수준의 언어가 어떻게 인지체계에서 처리되는지를 밝히는 것이 심리학, 특히 언어심리학에서의 주요 관심사다([그림 6-14] 참조). 이 장에서는 단어나 형태소 수준의 어휘 처리와 여러 문장으로 구성된 담화글의 처리에 대해서 살펴본다.

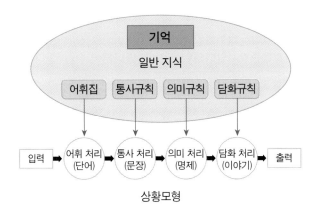

[그림 6-14] 언어의 이해와 산출 과정

언어는 심상과 함께 사고의 다양한 과정에 함께 관여한다. 언어는 그 자체로 기억에 저장되는 지식이며 그 지식
은 다른 지식을 사고하고 표현하는 수단으로 사용된다. 기억의 지식이 언어에 의해서 표현되는 수준은 어휘, 명
제, 의미, 담화 수준이 있다.

(1) 어휘 이해

모든 언어에서 언어의 의미는 단어 수준에서 완전하게 나타난다. 심리학에서는 단
어라는 용어보다는 어휘라는 용어를 즐겨 사용한다. 어휘(lexical)는 단어가 기억에 표
상된 상태를 의미한다. 단어가 언어적 단위이면, 어휘는 심적 단위인 것이다. 물리적
단어가 심적 단어로 전환되어 기억에 표상되기 위해서는 다양한 제약이 영향을 미치
게 된다. 첫째, 단어의 빈도다. 사용 빈도가 높은 단어가 낮은 단어에 비해서 단어의
지각이 빠르며 기억도 잘 된다. 둘째, 단어 우월성 효과(word superiority effect)다. 단
어로 제시되면 단어에 포함된 낱자나 음절의 지각이나 기억이 촉진된다는 것이다. 예
를 들어, WORK 단어에서 K를 재인하는 속도가 K만 제시하고 K에 대한 재인을 하는
속도보다 빠르다는 것이다. 셋째, 글자의 친숙성이 지각에 영향을 미친다. 예를 들어,
KBS와 kbs를 비교해 보고, SBS와 sbs를 비교해 보면, 전자들이 후자들에 비해서 지각
이 빠르다는 것이다. 단어의 길이가 짧은 단어가 긴 단어보다 이해가 빠르며, 발음이
쉬운 단어가 어려운 단어보다 이해가 빠르고, 단어의 의미가 단순한 단어가 복잡한 단
어보다 이해가 빠르다는 것이다(Just & Carpenter, 1987).

단어는 단독으로 제시되는 경우보다는 문장이나 글 속에 제시되는 경우가 더욱 빈
번하다. 단어 우월성 효과에서 단어가 낱자의 지각에 영향을 미치는 것처럼 다른 단
어, 문장 및 글말의 맥락(context)이 어휘 처리에 영향을 미치게 된다. 단어 간의 의미
적 관계도 어휘 처리에 영향을 미친다. 예를 들어, 사과를 본 다음의 과일에 대한 반응

[국어]

신문지가잡지보다는더좋다길거리보다는해변이나들판이낫다어린아이라
할지라도이것을즐길수있다일단성공하면별다른어려움이없다.

[영어]

Iwillwanttoconsidersomeofthevanguardpracticesthatrelievethecons
picuousnormalizationofculture.

[그림 6-15] 언어와 이해

국어와 영어를 읽는 동안 차이가 무엇인가? 국어는 단어나 문장의 구분이 없어도 어휘적 통사적 분절이 쉽게 일
어나지만 영어는 보다 주의가 요구되며 한 단어나 한 문장을 분절하는 위치를 결정하기가 어려울 것이다.

시간이 인형을 본 다음의 과일에 대한 반응시간과 다르다는 것이다. 사과 → 과일에서
과일이 인형 → 과일에서 과일보다 반응시간이 빠르다는 것이다. 이를 의미 점화 효과
(semantic priming effect)라 한다. 의미 점화 효과는 단어 제시 맥락이 어휘 처리에 영향
을 미친다는 증거이며, 어휘 정보가 기억에 저장된 지식을 활성화하는 단서를 제공한
다(제5장 기억 참조).

언어의 단위 정보, 즉 낱자(음운과 철자), 단어, 문장, 글말을 정보 단위로 본다면 맥
락효과(context effect)는 언어의 단위들 간의 처리방식에 대한 주요한 시사점을 제공한
다. 낱자의 처리에 단어가 영향을 미치고, 단어의 처리에 문장의 구조가 영향을 미치
고, 문장 처리에 글말의 맥락이 영향을 미친다면 언어의 처리가 상호작용적 과정 또는
하향적인 과정으로 일어난다는 증거가 된다(Just & Carpenter, 1987). 상위의 언어 처리
(예: 담화, 글말)가 일어나는 동안에는 하위의 언어 처리(예: 낱자, 단어)는 쉬워진다는 것
이다. 예를 들어, 소설을 읽는 동안에 개별 단어의 낱자나 철자를 구체적으로 탐색하
면서 읽는가? 모국어의 경우는 거의 암묵적이며 자동적으로 읽혀 간다.

(2) 담화 이해

언어는 단어나 문장의 기본 단위로 표현되기도 하지만 일반적으로 복잡한 사고나
대화는 많은 단어와 문장을 복합적으로 사용하게 된다. 예를 들어, 텍스트, 신문, 웹페
이지, 소설, 만화 등은 단순히 단어나 문장을 넘어서 단락이나 텍스트의 단위를 사용
하게 된다. 하나 이상의 문장으로 구성된 글말을 담화(discourse) 혹은 텍스트(text)라
고 한다. 이러한 복잡한 언어는 어떻게 이해되는가? 글말 이해나 기억의 보편적 현상
은 그 담화의 모든 단어나 문장을 제시된 그대로 기억하는 것이 아니라는 것이다(Just

& Carpenter, 1987).

담화 혹은 글말의 이해는 문장과 문장의 연결 의미를 파악하는 과정이 우선이다. 글말이 복잡해지면 모든 글말의 단어나 문장을 기억하기가 어렵다. 그래서 많은 문장이나 단어는 기억에서 사라지게 되고 소수의 단어나 문장만이 기억에 남게 된다. 그 단어나 문장 또한 글말에 있었던 그대로가 아니라 다른 형상으로 기억된다. 글말의 의미적 내용을 압축하여 전체적 의미를 대표하는 명제를 만들어 낸다. 이 명제는 글말에서 의미를 만드는 역할을 하고 있다는 데 주목해야 한다. 이들 명제의 위계적 조합이 글말의 대형 명제인 주제(theme)인 것이다(van Dijk & Kintsch, 1983).

> 문장 1: 등산을 하던 영희는 나무에 걸려 넘어졌다.
> 문장 2: 그녀는 오른쪽 무릎을 심하게 다쳤다.

예를 들어, 앞에 제시한 두 문장을 읽으면서 글말 이해가 일어나는 과정을 살펴보자. 각 문장은 단어로 구성되며, 문장의 문법에 따라 통사적 처리를 하게 된다. 사람들은 개별 문장을 이해하는 동안에 두 문장의 전체적 의미를 파악하는 과정을 수행한다. 문장 1과 문장 2는 '영희'라는 주인공이 두 가지 행위를 하였다는 의미를 담고 있다. '영희—그녀는'의 연결 관계와 '넘어졌다—다쳤다'의 연결 관계는 두 문장의 이해를 촉진한다. 전자의 연결 관계는 참조관계라고 하며, 담화이해의 맥락에서는 참조 처리(reference process)라 한다. 후자의 연결 관계는 인과 관계라고 하며, 담화이해의 맥락에서는 인과 처리(causal process)라고 한다.

참조 처리는 먼저 제시된 문장의 행위자(예: 영희)가 계속적으로 제시됨으로써 문장은 다르지만 동일한 행위자로 연결하게 한다. 문장 2의 경우는 대명사라는 대용어를 사용하여 이전 문장의 행위자를 나타내고 있다. 두 문장의 주인공이 동일하다는 단서는 두 문장을 연결하여 통합하는 과정을 쉽게 만들어 준다(이재호, 1993). 인과 처리는 먼저 제시된 문장의 행위동사와 다음 문장의 행위동사의 연결을 의미한다. '넘어졌다'와 '다쳤다'는 '넘어졌기 때문에 다쳤다.'라는 인과적 연결이 가능하다. 두 행위 간의 인과적 연결은 처리자의 인과 지식이 작용되며, 글말의 주제에 대한 이해가 가능하다(이정모, 이재호, 1998).

그러나 담화글에 제시된 연결 단서만으로는 글말의 이해를 잘하기 어려운 경우가 종종 있다. 다음의 글을 읽어 보자.

창호지가 잡지보다는 더 좋으며, 길거리보다는 해변이나 들판이 좋다. …… (중략) …… 어린아이도 즐길 수 있는 놀이다. 그리고 일단 성공하면 별다른 어려움이 없다. …… (중략) …… 만약 일부분이 떨어져 나가면 다시는 할 수 없다(최보라, 1986).

이 글은 어려운 단어나 복잡한 문장으로 구성되지는 않았지만 전체 담화가 어떤 주제인지 파악하기가 어렵다. 그런데 '연날리기'라는 제목을 제시하였다면 어떤 변화가 나타날까? 한 연구에서 주제 제목을 글을 읽기 전에 제시하는 조건이 글을 읽은 다음 제시하거나 제목을 제시하지 않는 조건에 비해서 글에 대한 기억이 많이 이루어졌다(최보라, 1986). 이 연구는 이해자 지식(knowledge) 적용이 글 이해에 얼마나 중요한 작용을 하는지를 보여 주었다. 단지 이해자가 연날리기 지식을 알고 있는 것만으로는 담화글을 성공적으로 이해할 수 없다.

담화의 이해는 단어나 문장의 이해나 의미를 넘어서 문장 간의 연결 이해, 요약에 의한 주제 파악, 이해자의 지식 적용 등의 보다 복잡한 조화(beyound given linguistic information)가 잘 이루어야 한다. 이런 관계의 조화를 글의 응집성(coherence)이라 한다. 어쩌면 언어, 담화의 이해는 응집적인 표상을 기억에 형성하는 것으로 개념화해야 할 것이다(이정모, 이재호, 1998).

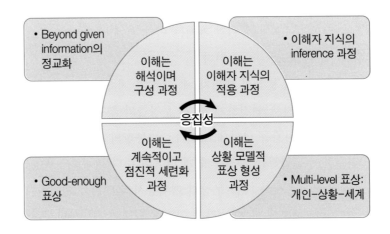

[그림 6-16] 이정모(2001)의 언어 이해의 인지과학적 원리

언어의 이해는 언어 정보에 이해자의 지식이 작용하면서 정교화되어, 언어의 의미, 언어의 참조, 상황 및 개인의 경험이 함께 작용한 점진적 구성 과정이다.

3) 언어 산출

지금까지 언어의 구조와 이해과정에 대한 논의를 살펴보았다. 말하는 사람의 발화는 듣는 사람에 의해서 이해되는 과정을 거치게 되며, 상대방에게 다시 표현을 생성하게 한다. 이를 산출과정이라 한다. 두 사람은 이해와 산출의 순환적 과정을 통해서 언어의 의사소통이 가능해진다. 대화를 하는 두 사람의 언어를 통한 의사소통은 서로가 생각하는 의도와 의미를 전달하는 과정으로 볼 수 있다([그림 6-14] 참조).

글 산출은 이해된 언어 표상이나 발화의 목표에 따라 기억의 내용을 언어로 표현하는 매우 복잡한 사고과정이다. 헤이스와 플라워(Hayes & Flower, 1980)는 산출과정을 기술하는 이론을 제안하였다. 이 이론에 따르면 글 산출은 계획과정(planning), 변환과정(translating) 그리고 개관과정(reviewing)으로 구성된다(Haberlandt, 1997). 각 단계의 특성을 살펴보면 다음과 같다.

- 계획과정: '무엇을 어떻게 쓸 것인가?'에 대한 계획을 수립하는 단계다. 계획을 수립하는 데는 다양한 지식이 포함된다. 지식을 응집하여 글의 구조와 계획을 구성한다. 일반적으로 아동이나 초보자는 지식을 나열하는 전략을 사용하지만, 전문가는 어떻게 하면 좀 더 쉽게 쓸 수 있을까 하는 질문을 추가한다. 좋은 글은 일차적으로 풍부한 지식이 필요하지만 이보다는 목표를 위계적으로 구성하고, 목표를 세분화하는 기술이 있어야 한다.
- 변환과정: 이 과정이 글쓰기의 가장 중요한 부분이 된다. 변환하기에는 의미 만들기와 의미 표현하기의 과정이 포함되며, 이 과정은 기억의 내용을 구체적 문장으로 표현하는 과정이다. 글의 의미를 만들기 위해서는 사고를 융통성 있게 수행하여야 한다. 이를 위해서는 다양한 관점에서 접근해야 하는데, 이 과정에는 유추가 유용한 전략이 될 수 있다. 전문가와 초심자는 이 과정의 차이가 크다. 전문가는 한 문장이 평균 11.2단어지만 초보자는 7.3단어에 불과하다.
- 개관과정: 이 단계는 문장으로 표현된 글을 교정하는 과정이다. 개관하기의 목표는 자신의 글이 얼마나 잘되었는지, 문제는 없는지 등을 살펴보는 것이다. 전문가는 교정 비율이 34%이지만 초보자는 12%에 불과하며 글의 문제점을 찾아내는 비율도 전문가는 74%, 초보자는 42% 정도에 불과하다. 그리고 교정에서 전문가는 글 전체의 논의 명료성이나 구조에 초점을 두지만, 초보자는 개별 단어나 구 수준

에서 교정한다(Haberlandt, 1997).

4) 의사소통

언어의 구조, 언어의 이해와 산출의 과정에 대한 논의만으로는 언어를 모두 알았다고 하기에는 아직도 미흡한 부분이 있다. 언어의 의사소통(communication)은 언어의 기억 표상과 함께 언어가 지니는 가장 중요한 목적이며 수단이 된다. 언어는 행위이며 언어를 사용하는 행위에는 여러 가지 규칙적인 제약이 있다. 그래서 언어의 사용은 개인적 행위를 넘어서는 사회적 행위라는 주장도 제기되는데, 언어의 사용과 관련된 규칙을 화용론(pragmatics)이라 한다(Green, 1996). 이 화용론은 언어를 사용하는 과정과 언어가 사용되는 상황 등이 언어의 의미와 표상에 작용하는 규칙이다.

그리스(Grice, 1975)는 화용적 규칙에 근거하여 원활한 의사소통을 위해서 청자와 화자 간의 협동원리(cooperative principle)가 필요하다는 주장을 하였다. 이 원리는 네 가지 규칙에 의해서 구현되는데, 양(quantity), 질(quality), 관계(relation), 예절(manners)이 그것이다.

- 양의 규칙: 화자가 청자에게 필요한 만큼의 정보를 제공하여야 한다는 것이다. 필요한 정보의 양은 대화의 맥락이나 상호 간의 지식 공유에 의존한다. 예를 들어, '나는 죽었다.'라는 문장을 들었을 때 이 문장만으로는 의미를 파악하기가 어렵다. 만약 두 사람이 게임을 하는 상황이라는 정보가 있다면 이 문장의 의미를 이해하는 데 어려움이 없다.
- 질의 규칙: 화자가 청자에게 진실된 정보만을 말해야 한다는 것이다. 화자가 발화하는 정보는 사실적인 정보만을 담고 있어야 한다. 만약 사실이 아닌 거짓 정보를 청자에게 제공한다면 협동원리를 위배하게 되며 원활한 의사소통을 방해하게 된다.
- 관계의 규칙: 화자가 청자에게 현재 진행 중인 대화에 적절한 정보만을 제공해야 한다는 것이다. 오락 게임의 상황에서는 모든 담화가 게임과 관련된 정보만을 교환해야 한다. 만약 이 상황에서 "우리 집 강아지가 집을 나갔다."라고 발화한다면, "무슨 말이야?"라는 반응을 할 것이며, 그다음의 대화는 지속되기 어렵다.
- 예절의 규칙: 화자가 청자에게 명확하게 말해야 한다는 것이다. 모호한 정보를 말해서는 안 되며, 발화의 내용에 사용되는 언어의 표현을 명확하게 사용해야 한다.

[그림 6-17] 언어의 힘

언어의 표현방식은 옛 속담처럼 사람의 마음을 움직이게 한다. 왼쪽의 '나는 맹인입니다.'와 오른쪽 '봄이 오지만 그 봄을 볼 수 없다.'에서 어떤 차이가 느껴지는가? 언어가 행인의 마음을 움직이게 하였다. 실제 프랑스 시인인 앙드레 불튼의 실화이다. 오른쪽 사진에서 음식점의 휴식시간 중에 '휴식 중'과 '준비 중'이라는 표현은 손님에게 어떤 느낌의 차이를 주는가? 언어의 적절한 사용은 언어의 의미뿐 아니라 감정과 태도를 변화하는 데 작용한다.

　　과연 우리는 의사소통의 대화 장면에서 네 가지 원칙을 의식적으로 생각하는가? 이들 원칙은 우리가 의사소통을 하는 과정에서 자동적이고 자연적으로 사용되고 있는 원칙들이다. 그리고 그리스의 협동원리는 언어가 지니는 언어 자체의 특성이기보다는 언어의 사용 맥락에서 적용되는 실용적 혹은 화용적 규칙인 것이다(Harley, 2001). 언어의 의사소통은 언어가 지니는 구조, 즉 문법 지식, 언어가 지칭하는 의미 지식, 그리고 언어가 사용되는 사회적이고 문화적인 화용적 맥락이 적절하게 통합적으로 적용되었을 때 성공적이며 응집적인 이해와 산출이 가능하다(이정모, 이재호, 1998). 언어의 의사소통은 개인을 넘어서 사회나 문화의 집합을 형성하는 과정에 필연적이다. 특히 언어의 정서적 속성은 마음의 감정을 변화시키기도 한다.

3　　언어와 사고의 상호작용

　　우리는 흔히 서양인과 동양인의 사고방식이 다르다는 말을 자주 듣는다. 과연 사고방식이 다르다는 의미는 무엇인가? 지구상에는 6,000여 개의 언어가 있다. 이들 언어는 발음이나 철자, 문법 구조, 참조 의미 등에서 매우 다르다. 예를 들어, 한국어의 '나는 사과를 먹었다.'의 언어 표현은 영어로는 'I ate an apple.'로 표현된다. 두 언어는 동일한 행위를 전혀 다르게 표현하고 있다.

　　언어 표현의 차이만 있는 것이 아니다. 언어에 따라 어휘적 세분화도 매우 다르다.

예를 들어, 영어에는 '눈(snow)'에 대한 어휘가 한 개지만 에스키모인은 그 어휘 수가 네 개 정도 되며, 한국어에도 함박눈, 진눈개비, 싸락눈 등의 눈에 대한 다양한 명칭이 있다. 또한 영어는 '쌀(rice)'을 기술하는 어휘가 한 개지만 필리핀인은 쌀과 관련된 어휘가 무려 13개나 된다고 한다. 언어의 표현방식, 동일 대상에 대한 어휘의 수, 언어의 통사 구조 등의 차이가 인간의 사고, 즉 인지 구조와 어떤 관계를 지니는 것인가?

1) 언어 상대성 가설

워프와 사피어(Whorf & Sapir)는 언어와 인지(혹은 사고)의 관계에 대한 유명한 가설을 제안하였다(Whorf, 1956). 워프는 화학을 전공한 보험회사 직원이었으며, 사피어는 문화 언어학자, 특히 인디언 언어를 연구하는 학자였다. 워프가 사고와 언어의 관계에 관심을 갖게 되어 사피어에게 언어에 대한 지식을 전수받았다. 그들은 언어가 인간의 인지, 즉 사고를 결정한다는 언어 결정론과 사용되는 언어에 따라서 인간의 사고도 달라진다는 언어 상대성 가설을 제안하였다. 인간이 사용하는 언어에 따라서 인간의 사고가 결정된다는 가설이다. 이를 입증하는 증거로 한 언어의 의미를 다른 언어로 완전하게 번역하기가 불가능 함을 증거로 제시하였다(Eysenck & Keane, 2005; Hunt & Agnoli, 1991).

밀러와 맥닐(Miller & McNeill, 1969)은 언어 상대성 가설을 세 가지 수준으로 분류하였다. 즉, 언어 → 사고, 언어 → 지각, 언어 → 기억으로, 언어가 사고를 결정한다는 입장은 강한 입장으로 볼 수 있으며, 언어가 지각을 결정한다는 입장은 중간 수준으로 볼 수 있고, 언어가 기억에만 영향을 미친다면 약한 입장으로 볼 수 있다. 언어 상대성 가설은 언어와 인지의 관계에 대한 강한 입장에 해당한다. 과연 어떤 입장이 타당한 것인가?

뉴기니아 원주민인 다니족은 색상을 구분하는 데 두 가지 어휘만을 사용하고 있다. 즉, 밝고 따뜻한 색(mola)과 어둡고 차가운 색(mili)을 나타내는 어휘만을 사용한다는 것이다. 예를 들어, 노랑, 연두, 검정, 보라를 본다고 하면, 다니족의 사람들은 노랑과 연두색은 몰라라는 어휘로 표현하며, 검정과 보라색은 밀리라는 어휘로 표현할 것이다. 워프와 사피어의 언어 상대성 가설에 따르면 이들의 색 표현 어휘가 두 가지뿐이기 때문에 그들이 색상에 대한 사고를 할 때 두 유형의 색상에 대한 사고만이 가능하다.

2) 어휘 차이

색상은 크게 초점색(focal color, 흰색, 검정, 노랑, 빨강 등의 11개 기본색)과 비초점색으로 분류된다. 초점색은 사람들이 자주 접하고 사용하는 대표적인 색이며, 비초점색은 초점색의 사이에 위치하는 사용 빈도가 낮은 색이다. 영어권의 사람들은 초점색을 비초점색에 비해서 정확하게 재인할 수 있다(Berlin & Kay, 1969). 만약 언어가 색채의 지각을 결정한다면, 색채에 대한 어휘를 다양하게 가진 사람이 빈약한 언어를 가진 사람에 비해서 색상 지각이 달라야 한다. 다니족의 사람들은 모든 색을 몰라와 밀리로만 지각하여야 한다는 것이며, 영어권의 사람들과 달리 초점색과 비초점색의 재인 정확도에 차이가 없어야 한다.

로슈(Rosch, 1973; Solso, MacLin, & MacLin, 2005)는 다니족과 미국인을 직접 비교하였다. 각각의 참가자에게 색상을 제시하고 나중에 그 색상과 일치하는 색상을 재인하도록 하였다. 실험 결과, 색상의 재인율에서 다니족과 미국인의 차이는 나타나지 않았다. 두 민족 모두 색상에 대한 재인이 매우 우수하였다. 또한 다니족 사람에게 초점색과 비초점색을 보여 준 다음 재인하게 하였을 때 비초점색보다 초점색에 대한 재인도 잘하였다. 이는 색상 어휘가 풍부한 미국인이나 둘뿐인 다니족이나 색상지각에서 차이가 없음을 보여 준 연구다. 이는 언어 상대성 가설의 강한 입장을 지지하는 증거는 아니다.

엘리스(Ellis, 1973)는 자연색을 사용하지 않고 생소한 시각적 자극에 임의적 명칭을 부여하는 방법을 사용하여 그 가설을 검증하였다. 첫째 집단은 시각자극에 고유한 명칭을 부여하고, 둘째 집단은 모든 자극에 동일한 명칭을 부여하고, 셋째 집단은 시각자극에 명칭을 부여하지 않고 시각자극만을 제시하였다(통제집단). 실험은 각각 다른 참가자를 세 집단의 조건에 참가시키는 것이었다. 참가자에게 시각자극을 제시한 후, 그 자극에 대한 재인기억을 실시하였다. 그 결과, 고유명칭의 참가자가 동일 명칭 참가자에 비해서 시각자극의 정확한 재인율이 높았다. 그런데 고유명칭 집단과 시각자극 집단의 재인기억의 차이는 없었다. 이는 역시 시각자극이 지각에는 영향을 미치지 않지만 시각자극의 기억에는 영향을 미친다는 증거가 된다. 언어 상대성 가설의 약한 입장이 타당할 가능성을 시사한다.

어휘는 색상 어휘만 있는 것이 아니다. 시간이나 공간의 어휘, 품사에 따른 어휘 유형이 있다. 과연 이들 다양한 유형의 어휘에서도 동일한 연구 결과를 얻을 수 있는가?

한국어와 영어의 공간 범주의 어휘에서 나타나는 흥미로운 연구 결과가 있었다. 바우어먼과 최순자(Bowerman & Choi, 2001; [그림 6-18] 참조)는 언어 간에는 유사성도 있지만 미묘한 차이도 존재한다는 증거를 제시하였다. 영어는 'put in'과 'put on'으로 가능한 대상 간의 관계를 기술하고 있지만 한국어는 그것만으로는 부족하다는 것이다. 즉, 더 세분화된 범주를 지니고 있다는 것이다. 예를 들어, 한국어에서 바구니에 물건을 놓을 때는 '넣다'라고 표현하지만 반지를 손가락에 넣을 때는 '끼다'라는 표현을 쓴다. 그리고 물건을 놓을 때도 그 공간의 위치가 수평인지 수직인지에 따라 다르다. 탁자 위에 물건을 놓을 때는 '놓다'라고 하고 벽에 물건을 놓을 때는 '붙이다'라고 표현한다. 그렇지만 영어는 그 차이가 없다. 이는 한국어가 영어에 비해서 공간적 표현에 대한 어휘의 범주를 보다 세분화하고 있다는 증거다.

언어의 어휘가 시각자극의 기억에 영향을 미칠 수 있다는 또 다른 증거가 있다. 어휘가 기억을 과장시키기도 한다. 즉, 기억색(memory color)의 효과다. 우리는 사과색, 포도색 등의 어휘를 지니고 있다. 붉은 색상을 기억할 때 이것을 사과색으로 기억하면 나중에 실제 지각된 색상보다 더 붉은색을 보았다고 반응할 가능성이 있다. 이는 어휘가 색상의 기억에 영향을 미칠 수 있다는 증거가 된다(Hunt & Agnoli, 1991).

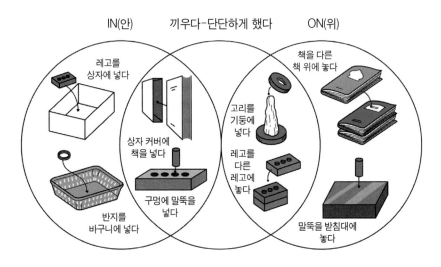

[그림 6-18] 한국어와 영어의 공간적 범주화의 차이(Bowerman & Choi, 2001)

한국어와 영어의 공간 범주 동사의 차이: 국어의 '끼우다'와 영어의 'in(안)/on(위)'의 비교

3) 문법 차이

언어와 사고의 관계를 엿볼 수 있는 또 다른 증거는 어순(word order)에서 찾아볼 수 있다. 언어의 표현방법인 문장의 어순이 한 예다. 언어는 특정한 대상을 상징하는 의미적 기호로도 사용되지만 세상을 기술하기 위해서는 어휘만으로는 제한이 있다. 지구상에는 수천 가지 이상의 다양한 언어가 존재하지만 이들이 표현하는 언어의 형식적 구조는 몇 가지로 분류될 수 있다. 예를 들어, 한국어는 '주어—목적어—동사'의 어순을 지니고 있으며, 영어는 '주어—동사—목적어'의 어순을 지니고 있다. 언어의 종류는 많지만 언어에 사용되는 어순은 네 가지에 불과하며, 특정한 어순이 사용되는 비율은 〈표 6-4〉와 같다(Greenberg, 1963).

표 6-4	언어에 사용되는 어순의 유형		
SOV	주어—목적어—동사	44%	한국어, 일본어, 터키어
SVO	주어—동사—목적어	35%	영어, 중국어, 독일어
VSO	동사—주어—목적어	19%	히브리어, 마오리어
VOS	동사—목적어—주어	2%	
OVS	목적어—동사—주어	0%	
OSV	목적어—주어—동사	0%	

지구상 언어의 약 80%는 주어가 문장의 처음에 위치한다. 그 이유는 무엇일까? 일반적으로 대부분의 행위는 행위자에 의해서 시작되며 피행위자에게 작용하게 된다. 의사소통을 효율적으로 하기 위해서는 행위의 순서에 근거하여 어순을 결정하는 것이 보다 자연스럽다는 인지적 사고가 작용한 것이다(김성일, 이재호, 1995). 그렇지만 주어를 제외한 동사와 목적어의 순서는 언어 간에 차이가 크다. 또한 품사의 유형도 언어에 따른 차이가 크다. 영어에는 전치사, 접속사, 관사가 있지만 국어에는 조사, 관형사 등이 있다. 이는 언어의 문법적 구조의 차이를 반영하는 제약들로 볼 수 있다. 아직 이들 제약이 사고에 어떤 차이를 반영하는지에 대한 명확한 결론을 내릴 수 있는 증거는 확보되어 있지 않다. 그렇지만 언어 상대성 가설에 따르면, 언어의 문법 구조의 차이가 사고의 차이를 반영할 여지를 함의하고 있다.

4) 문화와 인지

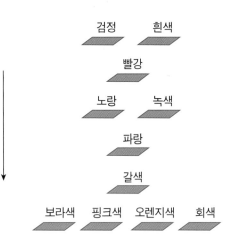

[그림 6-19] 색채 명칭 사용의 위계

색상의 명칭이나 수는 언어에 따라 매우 다르지만 색명을 사용하는 데는 일정한 규칙이 있다는 것이다. 즉, 사용되는 언어체계에 무관하게 색에 대한 인지체계가 존재한다. 그 체계는 [그림 6-19]와 같은 위계적 구조를 지니고 있다(Berlin & Kay, 1969). 언어에 따라서 사용되는 색명은 다르지만 사용되는 색상 언어의 인지체계가 위계적으로 구성되어 있다는 것이다. 이는 언어가 인지를 결정하기보다는 인지가 언어에 영향을 미친다는 증거가 된다. 문화나 산업의 발달로 인해서 세상에 대한 어휘적 명칭이 세분화되면 우리는 지각된 정보를 개념화하거나 범주화하는 과정, 정보의 인지적 표상과정, 논리적 추리나 판단과 결정을 하는 과정 등의 인지과정에 효율성을 높일 가능성이 있다(Barsalou, 1992; Boroditsky, 2003; Hunt & Agnoli, 1991).

언어와 사고의 관계는 쉽게 결론을 내리기 어려운 문제다. 촘스키는 언어와 사고가 서로 독립적인 관계를 유지한다는 주장을 하였지만, 인지의 발달이 시작되면서 언어 발달의 측면에서 보면 분명히 사고는 언어를 선행하여 나타난다는 주장도 있었다. 인지 발달을 대표하는 피아제(Piaget, 1952)는 사고가 언어를 선행해야 한다는 주장을 하였다. 비고츠키(Vygotsky, 1978)는 언어와 사고가 발달상에서 처음에는 독립적이지만 점차 두 체계가 상호 관련적인 체계로 변화되어 간다는 주장을 하였다(제7장 발달심리 참조). 이론가들 사이에 많은 논란이 계속되고 있지만 두 체계의 관계가 상호작용적이라는 점은 분명하다고 볼 수 있다. 언어 상대성 가설의 가장 큰 약점은 그들이 주장하는 강한 입장의 증거를 확보하지 못하였다는 점도 있지만 무엇보다 그들은 사고가 무엇인지에 대한 정의를 명확하게 제시하지 못하였고, 언어에 대한 사고의 영향력에 대한 증거도 없었다(이재호, 김소영, 2007). 그렇지만 언어가 사고나 인지에 영향을 미친다고 보고하는 연구는 점차 그 수가 늘고 있다(Eysenck & Keane, 2005).

BOX 1 　다음 도형은 '아령'인가? '안경'인가?

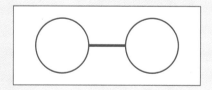

　위의 도형 그림은 단순히 두 개의 원에 직선이 연결된 애매한 그림이다. 언어는 지각대상을 추상화하는 기능을 가지고 있으며, 개념적 표상을 표현하는 기능을 지니고 있다. 언어의 개념적 명칭이 지각대상의 그림에 어떤 영향을 미치는가? 지각된 그림이 언어로 된 명칭에 영향을 받지 않는다면 지각된 그림의 기억과 언어의 사고가 독립적이고 별개의 인지라고 볼 수 있다.

　이 도형 그림을 실제로 사람들에게 제시하면서, 한 집단의 사람들에게는 이것은 "아령입니다."라고 말하였으며, 다른 집단의 사람에게는 "안경입니다."라고 말하였다. 일정한 시간이 지난 다음에 각 집단의 사람들에게 자신이 본 도형을 그리게 하였다. 그 결과는 어떻게 나타났을까? 사람들이 지각정보를 그대로 기억하고, 기억된 정보가 다른 인지의 영향을 받지 않는다면 기억된 도형과 지각한 도형은 일치해야 한다.

　실험의 결과는 다음과 같았다.

　아령으로 지시한 집단의 사람은 아령의 형태로 그렸으며,

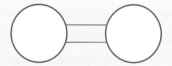

　안경으로 지시한 집단의 사람은 안경의 형태로 그렸다.

　이는 지각대상이 동일하더라도 어떤 언어로 지각대상을 개념화하는지에 따라서 기억의 저장과 인출에 변화가 일어난 결과다. 지각대상에 대한 언어적 의미 해석이 지각정보의 기억에 영향을 미쳤으며, 기억 표상이나 기억 인출 시에 언어의 개념에 일치하는 방향으로 기억의 왜곡현상이 발생한 것이다. 이는 지각정보가 언어와 사고의 과정에 영향을 받는다는 증거다.

┤ 문제의 해답 ├

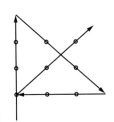

문제 1의 답 :
아홉 점 연결 문제

문제 2의 답 :
던커의 방사선 문제

문제 3의 답 :
던커의 양초 문제

요약

1. 사고는 개념과 범주, 문제해결, 추리 및 판단과 결정 등의 심적 과정으로 세분할 수 있고, 언어는 언어 이해와 언어 산출의 과정으로 세분되며, 각 과정에는 어휘하 처리(음운과 철자), 어휘 처리, 문장 처리 및 글말 처리 등의 심적 과정이 포함된다.

2. 개념과 범주는 대상이나 행위의 의미적 속성을 구성하지만, 대상이나 행위 등의 개념은 무선적으로 나열되기보다는 속성 차원의 범주에 근거하여 위계적 구조로 표상되어 있다. 또한 개념은 위계적 구조와 더불어 전형성에 따라 표상되어 있다.

3. 사고는 일반적으로 목적 지향적이다. 일반적으로 목표 대상이 존재하며, 몇 가지 제약이 가해지고, 그 목표 대상에 대한 문제를 해결해야 하는 경우에 일어나는 심적 과정이 있다는 것이다.

4. 개념을 형성하는 과정이나 문제를 해결하는 과정에는 논리적이고 합리적인 과정이 요구되는 사고가 있다. 추리는 일반적으로 주어진 전제의 가정에 근거하여 어떤 결론을 얻고자 하는 경우에 발생하는 사고의 과정이다.

5. 선택해야 하는 대안이 하나인 경우에는 선택 여부를 결정해야 하며, 대안이 많은 경우에는 여러 대안을 모두 선택할 수 없고 하나의 대안만 선택해야 하는 경우에 판단과 결정이 발생할 수 있다.

6. 인간에게 언어의 가장 중요한 기능은 자신의 생각이나 의도를 타인에게 전달하고 전달받는 기능인 의사소통 기능이다.

7. 언어의 구조는 언어학에서 주로 다루고 있다. 언어는 문법에 의해서 구성된 체계적인 규칙체계다. 문법은 우리가 표현하고자 하는 사고를 체계적으로 구성하게 하는 규칙체계다.

8. 심리학에서는 언어의 구조보다는 언어가 하나의 정보로서 이해되고 산출되는 과정에 관심이 있고, 언어가 처리되는 동안에 어떤 지식이나 제약이 작용하여 언어의 이해나 산출이 일어나는지를 밝히고자 하였다.

9. 워프와 사피어는 언어와 인지의 관계에 대한 유명한 가설을 제안하였다. 그들은 언어가 인간의 인지, 즉 사고를 결정한다는 언어 결정론과 사용되는 언어에 따라서 인간의 사고도 달라진다는 언어 상대성 가설을 제안하였다.

10. 언어, 사고, 언어와 사고의 관계는 인간의 인지를 구성하는 중요한 심적 구조이며 과정이다. 세상의 지각과 기억의 과정이 함께 작용하는 복합적인 심적 과정이 인지적 마음인 것이다.

1. 사고에는 어떤 유형의 과정들이 있는가? 각 사고 유형을 나열하고 그 특징을 간략하게 서술하시오.

2. 사고의 문제해결은 항상 수월하지 않다. 기능적 고착이 가장 큰 걸림돌이다. 이 현상을 증명하는 실험을 기술하시오.

3. 사고의 판단과 결정에 영향을 미치는 여러 심리적 요인이 있다. 그 요인들을 기술하시오.

4. 언어를 이해하는 과정에는 여러 하위 과정이 포함된다. 그중에서 단어, 즉 어휘 이해를 하는 데 작용하는 요인들을 기술하시오.

5. 사람들은 언어를 사용한 의사소통을 매우 자연스럽게 수행한다. 그리스의 협동원리에 포함되는 규칙들을 기술하시오.

6. 언어는 다양한 어순을 사용하지만 그 유형은 몇 개로 제한된다. 어순의 유형에는 어떤 종류가 있는지 기술하시오.

chapter

07

발달심리

1. 발달의 의미를 이해하고 발달을 연구하는 방법을 알아본다.
2. 아동 사고의 발달과정을 이해하고 이를 설명하는 이론들을 살펴본다.
3. 사회정서 발달의 핵심적 문제들을 인식하고 이해한다.
4. 발달의 주요 환경적 맥락을 살펴본다.

태어난 지 하루도 안 된 신생아를 상상해 보자. 스스로 할 수 있는 것은 아무것도 없으며 원하는 것을 얻기 위한 신호는 울음뿐이다. 이 무기력한 존재를 어떻게 이해하고 지원해야 하는지 기가 막힌다. 그런데 몇 개월이 지나면 이 아이는 다른 사람과 눈을 마주치고 옹알이를 하며 끊임없이 떠든다. 미소를 짓고 다양한 표정을 지으며 정서적 교류도 한다. 몇 년 후 아이는 말하고 읽고 쓸 수 있게 되며 세상의 규칙을 이해하여 혼자서도 원하는 것을 얻을 수 있게 된다. 언젠가는 지금 당신 수준의 능력과 인성을 갖추게 된다.

어떻게 이런 일이 가능할까? 그렇게 자라도록 프로그램되어 있어 시간이 지나면서 능력이 나타나는 것일까, 아니면 주변 환경 자극에 의해 새롭게 학습되는 것일까? 그 과정에서 개인차는 어떻게 생기는가? 발달심리학은 이러한 질문에 대하여 과학적 연구 방법을 통해 답하고자 하는 심리학의 기초 분야이다. 인간 심리의 모든 영역은 시간을 통해 변화한다. 인간은 요람에서 무덤에 갈 때까지 변화하며 이는 상승이든 하강이든 발달을 의미한다는 것이다.

이 장에서는 인간 심리의 발달적 측면을 연구하는 분야의 고유한 방법과 이슈들을 살펴보고 발달을 크게 인지와 사회정서 분야로 나누어 기술하고 이를 설명하는 다양한 이론과 연구를 살펴보며 가정과 미디어를 중심으로 발달의 환경적 맥락을 알아볼 것이다.

1 ☞ 발달심리: 심리학의 소우주

1) 발달의 정의

발달심리학은 신체, 신경 생리, 인지, 정서, 사회성을 포함한 인간 심리의 모든 영역에서 변화 과정을 과학적으로 탐색하는 심리학의 소우주이다. 발달을 정의할 때 학문적으로 체계성과 연속성을 강조한다. '체계성'이란 변화가 일정한 순서와 패턴을 가지는 것을 의미하며 '연속적'이라 함은 초기의 변화가 후기의 변화에 영향을 미치며 누적적 변화가 나타남을 의미한다. 예컨대, 청년기 자기정체성을 확립하지 못한 경우 이후 친밀한 관계를 형성하기 어려울 뿐 아니라 자녀를 출산하여 바람직한 부모역할을 하는 데 한계가 있을 수 있다. 과거 전통적 발달심리학에서는 연구의 대상이 아동기나 청소년기까지로 제한되는 경향이 있었으나 전 생애 발달이론(Baltes, 1979, 1987, 1997; Baltes, Linderberger, & Staunger, 1998)이 대두되면서 발달은 전 생애에 걸쳐 일어난다고 여겨진다. 태어나 청년기까지는 대체로 성장과 분화에 의해 상승적 변화가 나타나지만 그 이후의 생애 주기에는 성장과 분화보다 유지 및 감퇴가 일어난다. 따라서 발달심리학은 상승적 변화뿐 아니라 하강적 변화도 포함하여 연구의 대상을 성인기와 노년기까지로 확장하였다.

발달의 영역은 크게 신체적, 인지적, 그리고 사회정서적 영역으로 나눌 수 있으며 발달심리학은 이들 영역의 세부 주제에 대해 기술(description)하고 설명(explanation)한다. 신체적 영역은 신체와 뇌의 발달, 감각과 운동 기술 발달 그리고 호르몬의 변화에 따른 발달의 측면들이다. 인지적 영역은 주의, 지각, 사고, 지능, 그리고 언어발달을 다룬다. 사회정서적 영역은 정서와 기질, 자기와 타인의 마음을 이해하는 사회인지, 애착을 포함한 인간관계, 성취동기, 성차, 공격성, 도덕성의 발달을 다룬다. 무엇보다 이 세 영역은 서로 독립적이기보다 상호관련되어 있다. 예를 들어, 건강한 뇌 발달, 인지능력, 그리고 양육자와의 정상적인 상호작용이 뒷받침되어야 언어능력이 발달하며, 언어의 발달은 다시 인지적 유능성뿐 아니라 사회적 유능성을 발달시키는 데 중요한 역할을 한다.

2) 발달을 연구하는 기법

시간에 따라 마음이 발달하는 것을 연구하는 기법에는 크게 두 가지 접근법이 있다. 연령이 다른 사람의 집단을 동시에 연구하여 연령에 따른 차이를 밝히는 횡단적 기법과 한 집단의 사람들을 반복적으로 연구하여 연령에 따른 변화를 확인하는 종단적 기법이다. 두 기법 모두 강점과 약점을 지니고 있지만 각각 연령에 따른 차이와 변화를 직접 관찰할 수 있는 특별한 방법들이다.

횡단 연구(cross-sectional study)는 연령이 다른 집단들을 동시에 비교한다. 예컨대 기억 발달을 조사하기 위해 4세, 6세, 8세, 10세 아동의 기억 수행을 검사할 수 있다. 횡단 연구는 연령에 따른 차이를 나타낼 수 있지만 때로는 그 차이가 진정 연령의 차이인지 불분명할 경우가 있다. 가령, 2020년에 연령에 따른 스마트 기기 활용 능력을 알아보기 위해 30세에서 70세까지 10살 간격으로 차이를 조사한다면, 연령이 증가할수록 그 능력이 감소하는 결과를 얻을 것이다. 이러한 결과가 연령에 따른 순수한 차이로 볼 수 없다는 것을 쉽게 알 수 있다. 1950년대에 태어난 사람(70세)의 어린 시절은 오늘날과 매우 달랐을 것이다. 인터넷, 컴퓨터, 스마트폰, 스마트 패드도 없을 뿐만 아니라 TV 대신 라디오를 들었을 것이다. 어려서 이런 경험을 한 사람들이 새로운 미디어에 쉽게 적응하고 사용법을 익히는 것은 현 시대의 젊은이들에 비해 훨씬 어려울 것이다. 이처럼 태어난 시기가 다른 사람들 간에는 사회 문화적인 측면에서 서로 다른 점이 있는데 이를 **동시대 효과**(cohort effects)라 하며 횡단적 연구는 이러한 동시대 효과를 통제하지 못하는 약점을 지닌다.

종단 연구(longitudinal study)는 한 집단의 사람이 발달해 가는 과정을 추적하는 연구 기법으로 특정 영역의 능력을 반복적으로 측정하여 발달적 변화를 체계적으로 연구할 수 있는 강점이 있다. 가령, 2020년에 2015년에 출생한 5세 아동 집단을 대상으로 5년 동안 기억 수행을 검사하여 기억의 발달적 변화를 연구할 수 있다. 종단 연구는 횡단 연구에 비하여 많은 시간과 비용을 요구하지만 반드시 필요한 주제라면 연구자는 시간과 비용을 아끼지 않고 이를 실시할 것이다. 종단 연구의 문제는 참가자들이 건강, 이주, 관심의 상실 등 여러 가지 이유로 연구 도중 탈락하는 경향이 있다는 것이다. 특히 **선택적 탈락**(selective attrition)은 종단적 연구의 골칫거리인데, 연구에 계속해서 참여하는 사람과 중도에 탈락하는 사람 간에 체계적인 차이가 있어 연구의 결과를 해석하는 데 어려움을 줄 수 있기 때문이다. 가령, 아동의 기억 발달을 연구하는 과정에서 지능이 낮아 흥미를 느끼지 못해 많은 사람이 연구에서 탈락하는 경우, 시간이 지남에 따라 기억이 증가하는 결과가 연령에 따른 변화인지 참여한 집단의 체계적 차이인지 구별하기 어렵다. 다행히도 최근 통계 기법은 탈락자들의 자료를 활용하여 선별적 탈락에 따른 문제를 해결하기도 한다. 또한 어떤 연구문제는 종단 연구만이 해결할 수 있는 것이다. 가령, 부모의 이혼이 아동 발달에 미치는 영향을 연구하기 위해서 연구자는 같은 아동이 이혼 초기와 후기 어떻게 반응하는지 비교해야 한다.

3) 발달심리의 주요 문제

천성과 육성   발달심리학은 인간의 심리에 대하여 몇 가지 고유한 논쟁점을 갖는

데, 가장 기본적이며 오랜 관심을 받는 이슈는 천성(nature)과 육성(nurture)의 영향력에 관한 것이다. 천성이란 생물학적 자질로 부모에게 물려받은 유전적 특징을 말한다. 육성은 물리적, 사회적 환경을 의미하는데, 태아기 자궁 내 환경에서부터 가정 내 부모 양육태도, 학교, 지역, 문화적 특성 등 인간이 상호작용하는 모든 관계를 의미한다. 초기 심리학의 논쟁은 발달이 유전에 의한 것인지 경험에 의해 결정되는지와 같은 이분법적 형태를 띠었으나 최근 연구자들은 유전과 환경은 인간발달에 모두 필요하며 어느 하나만으로는 인간의 발달이 일어나는 것은 불가능함을 인정한다. 영역에 따라 천성과 육성의 상대적 중요성이 다르며 유전과 환경의 영향력이 서로 독립적이지 않은 것도 주요 특성이다. 태어나는 순간부터 양자 간 서로 영향을 주고받으면서 유기체는 발달한다. 가령, 대표적인 유전적 특징인 아동의 기질은 육성의 가장 큰 특징인 부모의 양육방식에 영향을 줄 수 있는데, 기질적으로 까다로운 아동은 부모에게 양육 스트레스를 증가시켜 민감한 양육을 어렵게 만들 수 있으며 이러한 양육태도는 자녀의 성격 형성에 부정적 영향을 줄 수 있다는 것이다. 요컨대, 인간의 모든 특성은 천성과 육성의 합작품으로 보며 최근 발달 심리학은 유전적, 생물학적, 사회 환경적 그리고 사회 문화적 관계망의 수준에서 천성과 양육이 어떻게 상호작용하는지를 연구한다(Gottlieb, 2007).

　　연속성과 비연속성　　나무가 키가 조금씩 자라나듯 인간 심리도 작은 연속적인 변화로 이루어질까, 아니면 애벌레가 고치를 거쳐 나비가 되듯 급작스러운 단계적 변화 과정을 통해 발달이 이루어질까? 아동 발달 과정에서 연속적인 변화는 흔히 관찰할 수 있다. 기억력의 증가나 만 2세 아동의 어휘량이 하루하루 증가하는 것을 보면 발달에서 양적 변화는 실재하는 현상임을 알 수 있다. 그러나 사춘기에 이차 성징이 나타나는 것과 같이 아동기에는 없었던 특징이 새롭게 출현한다든가 유아기에는 다른 사람의 관점을 취하지 못하다가 성인이 된 이후 나만의 관점을 생각하는 것 자체가 불가능하다는 것은 질적인 변화도 분명히 존재함을 시사한다. 발달의 다양한 이론은 이러한 변화의 측면을 각자 다르게 기술하는데, 학습이론은 경험의 반복에 따라 특정 기술이나 능력이 꾸준히 증진되는 것을 발달로 본다는 점에서 연속적 발달이론이며, 프로이트나 피아제의 발달단계이론은 단계가 진행함에 따라 사고, 감정, 행동의 질적 변화가 일어난다고 설명한다는 점에서 비연속적 이론이다.

　　안정성과 불안정성　　안정성(stability)과 불안정성(unstability) 논쟁은 개인 특성의 상대적 위치가 시간이 흐름에 따라 변화하는지 안정적으로 유지되는지에 관한 것이다.

예를 들어, 영아기 부모와 애착을 맺지 못한 아동은 이후 친구를 사귀거나 이성 관계를 포함한 친밀한 관계에 어려움을 갖는지 그리고 자신의 자녀와의 안정 애착을 맺는 데 실패하는지를 질문할 수 있다. 수많은 연구 결과는 영아기 안정 애착은 이후 관계에 큰 영향을 미치는 것을 증명하고 있지만 영유아기 안정적 애착을 맺지 못한 사람들도 지지적 사회관계를 통해 다른 사람과 친밀하고 신뢰로운 관계를 맺을 수 있음을 증명하고 있다. 따라서 모든 사람이 성장해 가면서 애착 수준의 상대적 위치를 계속적으로 유지하는 것은 아니다. 특정 영역에 따라 집단 내에서 상대적 위치가 변하는 사례가 적다면 안정성이 있다고 볼 수 있고 상대적 위치가 변화하는 사례가 빈번하다면 그 특성은 불안정성이 있다고 볼 수 있다.

　　발달의 민감기　　14년 동안 아버지에 의해 갇혀 지낸 지니의 이야기는 우리를 경악하게 한다. 지니의 아버지는 생존을 위한 것을 제외하고 아무런 지원을 주지 않았으며 아이에게 아무 말도 건네지 않았다고 한다. 발견된 이후, 수많은 학자는 지니의 언어 학습을 시도했지만 그 노력은 결코 성공적이지 못했다. 이처럼 발달에는 시기를 놓치면 결코 학습할 수 없는 영역이 존재할까? 가령, 어려서 외국어를 배우지 못하면 어른이 되어 아무리 연습해도 완벽하게 학습하는 것이 가능하지 않을까? 이러한 질문에 발달심리학자들은 답하고자 노력해 왔지만, 이 또한 발달의 영역과 시기에 따라 복잡하게 얽혀 있다. 가령, 성인기 외국어를 익히는 과정에서 음소를 듣거나 발성하는 데는 큰 어려움이 있지만 어휘를 습득해 의미를 익히는 데는 거의 한계가 없다. 최근 연구들은 민감기를 설명하는 뇌의 발달 기전을 설명하고 있으며, 뇌 가소성에 대한 연구는 발달이 최적화되는 시기가 존재하지만 인간의 뇌는 언제든 새로운 학습이 가능함을 증명하고 있다.

2　인지발달

1) 피아제의 인지발달이론

　　아무리 애를 써도 우리는 어린아이처럼 생각할 수 없으며, 어렸을 때 내가 어떻게 세상을 지각하고 인식했는지 기억할 수도 없다. 지금은 그때와는 전혀 다른 방식으로 사고하고 있기 때문이다. 이러한 사고의 질적 차이와 변화의 과정이 어떠한지에 대하여 가장 영향력 있는 답을 준 이론가는 바로 장 피아제(Jean Piaget, 1896~1980)이다. 그가 이런 관심을 갖게 된 직접적 계기는 프랑스에서 아동의 지능 검사를 계발하면서 시작되었다. 그는 지능 검사에서 아동의 성공적 수행보다는 오반응에 관심을 갖게 되는데, 같은 연령대 아동의 오답이 서로 유사하며 연령이 높은 아동과 체계적으로 다름을 발견했다. 이를 근거로 피아제는 지적 발달이 단순히 지식의 양적 축적을 말하는 것이 아니라 질적으로 다른 단계를 거친다는 주장을 하며 다음과 같은 인지발달의 단계 이론을 제안한다.

(1) 피아제 이론의 구성 원리

피아제에 의하면 모든 사고와 행동은 도식(scheme)이라는 구조에 근거한다. 도식은 세상을 이해하고 상호작용하기 위한 조직화된 사고의 틀이다. 처음 영아는 잡기와 빨기와 같은 감각운동 도식을 활용하여 자극을 인식하고 행동하지만 시간이 지나면서 아동은 자신의 세계를 해석하며 쌓은 기초 지식을 통해 도식을 획득하고 이를 계속 정교화하고 추가한다. 이러한 도식의 기능은 아동이 외부 대상을 동화하고 조절하는 방식을 통해 이루어진다. 동화(assimilation)는 기존의 도식에 새로운 대상이나 사건을 적용하는 것을 의미한다. 가령, 날아다니는 것이 새라는 것을 알고 있는 아동은 하늘을 날아가는 비행기를 새라고 부르며 기존 도식에 이를 동화할 것이다. 새로운 자극을 친숙한 것으로 해석함으로써 그것에 적응하려고 하는 것이다. 그러나 아동은 좀 더 자세히 비행기를 관찰하고 그것이 새와는 다르다는 것을 발견한다. 크기도 엄청나게 클 뿐 아니라 새에서는 들리지 않는 엄청난 굉음을 경험한 아동은 이 새로운 대상이 기존의 도식에 맞지 않음을 깨닫고 더 잘 이해하려고 노력할 것이다. 즉, 조절(accommodation)이라는 과정을 통해 기존의 구조를 수정한다. 새로운 대상에게 아동은 새로운 이름을 지어주거나 어른에게 "저게 뭐야?"라고 물어서 얻은 답을 활용할 것이다. 아동은 이제 하늘을 나는 대상에는 새와 같이 살아 있는 동물도 있지만 비행기라는 큰 기계도 있음을 알게 되며 기존의 도식을 확장하고 정교화한다. 더불어 피아제는 이러한 지적 활동은 궁극적으로 인지적 평형(equilibrium)을 이루려는 목표를 갖는다고 제안한다. 만약 주변의 사물이나 사건이 현재 자신의 도식으로 이해되지 않을 때 인지적 불균형(disequilibrium)이 생기고 이를 평형 상태로 돌이키기 위해 인지 활동이 촉발된다. 즉, 현재의 도식으로 새로운 자극이 동화되지 않을 때 아동은 인지적 불균형을 경험하며 조절을 통해 더 높은 수준의 인지적 평형을 이룬다는 것이다. 피아제는 이러한 지적 발달이 감각운동기, 전조작기, 구체적 조작기, 그리고 형식적 조작기의 4단계를 통해 펼쳐진다고 주장한다.

(2) 피아제의 인지발달 단계

① 감각운동기(영아기)

피아제는 출생부터 만 2세까지를 포함하는 첫 단계를 감각운동기(Sensorimotor stage)로 명명하였는데, 이는 영아가 자극을 정신적으로 표상하기보다는 보고, 듣고, 잡고, 만지는 등 감각과 운동 반응으로 느끼고 기억하기 때문이다. 가령, 영아들은 사물을 보면 바로 잡아 입에 넣고 빠는 것을 통해 쉽게 발견할 수 있다. 이는 입안의 혀와 입술의 감각과 반응을 통해 사물을 기억하고 학습하기 때문이다. 성인이 사물을 인식하는 것과는 다른 방식으로 세상을 이해한다는 것이다.

피아제는 또한 감각운동기의 발달적 변화를 대상영속성(object Permance), 즉, 사물이 눈앞에서 사라져 보이지 않아도 계속 존재한다는 개념을 통해 설명하고자 하였다. 피아제에 의하면 태어난 지 몇 달 안 된 영아는 현재 경험할 수 있는 대상만을 인식한다고 주장한다. 가령, 4개월이 되기 전 영아는 물건이 눈앞에서 사라져 보이지 않으면 마치 그 대상이 존재하지 않는 것처럼 행동한다. 8~9개월 이전의 영아들도 대상영속성이 없거나 부족함을 주장했는데, 이는 다음과 같은 관찰을 통해 알 수 있다. 6개월 영아 앞에 장난감을 놓고 영아가 장난감을 잡으려고 하는 순간에 투명한 유리컵으로 덮자 영아는 컵을 치우고 장난감을 잡았다. 다음 단계에서 피아제는 투명한 유리컵 대신 불투명한 컵을 사용했다. 영아는 장난감이 컵에 가려지는 것을 보았지만 이를 치우고 장난감을 집으려고 시도하지 않았다(Piaget, 1937/1954). 이러한 결과는 영아가 숨겨진 장난감이 계속해서 존재한다는 사실을 인지하지 못함을 제안한다. 9개월경 영아는 불투명 컵 속에 숨겨진 장난감을 찾아내지만 여전히 완벽한 대상 영속성을 보이지는 않으며, 감각운동기가 거의 끝나갈 무렵 18개월에서 24개월 사이 영아들은 대상영속성을 완벽하게 획득한다.

하지만 최근의 연구들은 이러한 결과는 상황에 따라 다르게 나타날 수 있음을 증명하고 있다. 가령, 장난감을 보여 준 후 불을 껐을 때, 만일 장난감이 영아에게 친숙한 것이라면 7개월 된 영아도 그 장난감을 향해 손을 뻗었다(Shinskey & Munakata, 2005). 또한 르네 바이아쟝(Renee Baillargeon, 1986)은 아주 새로운 방식으로 영아 실험을 실

시하여 대상영속성에 대한 이해가 5개월 이전의 영아에게서도 나타남을 증명하였다
(BOX ①).

BOX 1 ▷ 대상연속성 이해에 대한 최근 접근

미국의 심리학자 르네 바이아쟝(Renee Baillargeon)과 동료들은 생후 3개월 반과 4개월 반
사이의 영아의 대상 개념을 연구하기 위하여 기대위반(violation of expectation technique)
을 활용하였다(Baillargeon & De Voss, 1991). 이는 영아가 지닌 개념이나 지식에 의해 기대
하는 사건을 일부러 위반한 후 영아들이 흥미와 놀라움을 표현하는지 여부에 따라 영아의 숨은
능력을 알아내는 기법이다. 대상영속성의 개념을 검증하기 위해서는 다음과 같은 절차가 진행
된다. 먼저 영아 앞에 스크린이 눕혀져 있다가 뒤로 180°까지 넘어가는 광경을 반복해서 보여
준다(그림 a). 이러한 사건에 친숙해진 다음 영아에게 나무 상자(대상)을 스크린 뒤에 놓고 보여
준다(그림 b). 다음 스크린을 180° 회전시켜 가능한 결과(스크린이 상자에 걸려 서 있는 모습:
그림 c)와 불가능한 결과(스크린이 상자를 통과해 180° 회전하는 모습: 그림 d)를 보여 준다. 만
약 영아가 상자가 스크린에 가려 있더라도 여전히 존재한다고 생각한다면 스크린이 딱딱한 상
자에 막혀 더 이상 회전하지 않는 장면(가능한 결과)보다 스크린이 상자를 통과하는 장면(불가
능한 결과)에 더 놀라워하면서 오랫동안 바라볼 것이라고 예상할 수 있다. 실험 결과 바이아쟝
은 예상대로 생후 4개월 반 된 영아의 대부분과 생후 3개월 반 영아의 상당수는 불가능한 결과
를 더 오래 응시하였다. 이는 4개월경 영아는 대상영속성 개념을 지니고 있으며 이에 근거하여
추론할 수 있음을 증명하는 것이다.

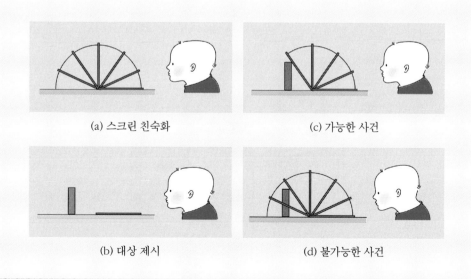

(a) 스크린 친숙화   (c) 가능한 사건

(b) 대상 제시   (d) 불가능한 사건

② 전조작기(2~6세 유아기)

2세 이후 아동은 보거나 들은 것을 기억하여 눈앞에 보이지 않는 것을 머릿속에 그릴 수 있게 된다. 그리고 그림, 단어, 몸짓 등의 상징을 사용하여 생각하고 의사소통하는 큰 발전을 이룬다. 이 시기 상징적 표상 능력은 상징놀이의 발달을 통해서도 알 수 있다. 초기 단계에서는 상징물(예: 장난감 전화기)이 나타내고자 하는 대상(예: 진짜 전화기)과 외양이 비슷해야 한다. 그러나 나이가 들면서 겉으로 닮지 않은 상징물(예: 블록)도 사용할 수 있고 나중에는 상징물이 없이도 손에 들고 있다고 상상하여 전화를 거는 시늉을 할 수 있다. 그렇지만 이 시기 아동 인지는 여전히 미성숙하며 심리적 조작이 부족하여 피아제는 이 시기를 **전조작기**(pre-operational stage)라고 명명하며 다음과 같은 한계점을 제안한다.

피아제에 따르면 어린 아동의 사고는 **자기중심적**(egocentric)이다. 이는 아동이 이기적이라는 뜻이 아니라 아동이 세상을 자기를 중심으로 인식하고 다른 사람의 관점을 잘 이해할 수 없다는 것을 의미한다. 피아제는 이를 세 산 실험을 통해 이를 보여 주었다(Piaget & Inhelder, 1956). 세 산 실험에서는 4세 아동을 서로 다른 크기의 세 개의 산 모형이 놓인 테이블에 앉게 하고 반대편에 앉은 인형에게는 산들이 어떻게 보일지를 고르도록 한다. 조망수용과제(perspective taking task)라고도 불리는 이 과제에서 성공하기 위해서 아동은 우선 인형이 자신과는 다른 조망을 가진다는 것을 알고 머릿속으로 반대편의 시점을 추론해야 한다. 피아제의 실험 결과 대부분의 4세 아동들은 타인의 관점을 선택하지 못하고 자기가 앉은 자리에서 보이는 산의 사진을 골랐다. 반대편에 앉은 인형도 자신과 같은 조망을 가진다고 생각한다는 것이다. 타인의 관점이나 입

[그림 7-1] 세 산 실험

전조작기 아동의 자아중심성을 보여 준다.

장을 고려하지 못하는 전조작기 아동들의 자아중심성은 일상의 다양한 맥락 속에서도 나타난다. 예컨대, 숨바꼭질을 할 때, 이불 속에 얼굴만 감추고도 친구가 자신을 찾지 못할 것으로 생각하는 것을 볼 수 있다.

BOX 2 ▷ 마음 이론의 측정

마음 이론(theory of mind)의 핵심은 내 마음과 다른 사람의 마음이 서로 독립적이며 인간은 마음에 따라 행동한다는 것이다. 이러한 이해를 들어내는 가장 강력한 과제로 발달심리학자들은 틀린 믿음 과제를 사용한다. 즉, 비록 사람이 틀린 믿음(실제와는 다른 생각)을 가지고 있어도 이에 따라 행동하는 것을 예측하는 능력을 검사하는 과제이다. 과제는 아동에게 다음과 같은 이야기와 그림을 제공하면서 진행된다. 샐리와 애니가 같은 방에 있고(1) 샐리는 왼쪽 상자에 공을 넣고 방을 나간다(2, 3). 혼자 남은 애니는 왼쪽 상자에 있는 공을 오른쪽 상자에 옮겨 놓고 자기 자리로 돌아간다(4, 5, 6, 7). 샐리가 다시 방으로 돌아왔을 때, 샐리는 어느 상자에서 공을 찾으려 하는지를 추론하는 것이 아동의 과제이다. 이 과제에서 3세 아동은 성공하지 못한다. 4세 아동의 절반 정도 그리고 5세 아동의 경우 대부분은 성공한다. 4세가 되기 전 아동은 인간이 실제 사실보다 자신의 믿음에 따라 행동한다는 것을 추론하지 못한다.

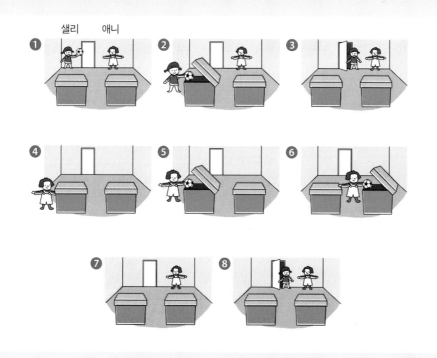

더불어 전조작기 아동들은 사물의 외양 대 실재(appearance vs. reality)의 구분을 하지 못한다. 3세 유아들은 고양이에게 강아지 마스크를 씌우고 이것이 무엇인지 물으면 강아지라고 말한다(DeVries, 1969). 분명히 고양이 얼굴을 확인했지만 외양이 강아지처럼 보이는 것을 억제하지 못하는 것이다. 한 대상에 두 가지 측면(외양과 실재)을 동시에 표상하고 이해하지 못한다. 전조작기 아동의 이러한 특성은 앞의 세 산 실험에서도 나타난다. 타인과 자신의 관점을 동시에 취하고 비교하기보다는 자신의 관점만을 고려하는 것이다. 이와 같은 전조작이 아동의 인지적 한계는 한 번에 한 가지 측면만 생각하는 경향과 관련된 것이며, 이러한 특징은 다음의 보존개념 과제 수행에서 더욱 분명하게 나타난다.

보존개념(concept of conservation)이란 대상의 모양이나 배열이 달라져도 수, 길이, 부피, 면적, 질량과 같은 대상의 특성이 보존된다는 이해를 의미한다. 피아제는 다음과 같은 과제를 통해 전조작기 아동에게는 아직 보존개념이 없음을 주장한다. 같은 양의 물이 들어 있는 두 개의 유리컵을 보여 준 후, 그중 한 컵의 물을 원래 컵보다 얇지만 길이가 더 긴 다른 컵으로 옮긴 후 아동에게 둘 중 어느 컵에 물이 더 많은지 아니면 같은지를 물으면, 긴 컵에 있는 물이 더 많다고 반응한다. 이 시기 아동은 아직 자극의 다양한 측면을 동시에 생각하지 못하고 길이나 넓이를 포함하는 변형을 이해하기 위해 필요한 정신적 조작을 할 수 없기 때문에 과제에서 실패하는 것이다. 〈표 7-1〉은 다양한 영역의 보존개념 측정 과제에서 전조작기 아동의 반응을 예시한다.

표 7-1 보존개념 측정 과제

대상	내용
	수의 보존(conservation of number) 전조작기 아동은 두 열의 동전의 개수가 같다고 말하지만 아래 열을 넓게 벌려 놓으면 아래 열에 더 많은 동전이 있다고 말한다.
	부피의 보존(conservation of volum) 전조작기 아동은 같은 두 컵의 물 중 하나를 길고 얇은 컵에 부으면 길고 얇은 컵에 더 많은 물이 있다고 말한다.
	질량의 보존(conservation of mass) 전조작기 아동은 같은 크기의 찰흙 공 중 하나를 짓눌러 넓게 퍼뜨리면 넓게 퍼진 공의 찰흙이 더 많다고 말한다.

③ 구체적 조작기(7~10세, 아동기)

구체적 조작기(stage of concrete operations)에 들어선 아동들은 전조작기 아동이 실패했던 과제에서 모두 성공한다. 대상과 사건에 대한 정신적 조작이 가능해지기 때문이다. 가령, 양의 보존개념 과제에서 아동은 '물을 다시 원래 유리컵에 부으면 두 잔에서 물의 높이가 같아질 것이에요.'라고 말하며 가역성에 근거한 조작 능력을 나타내거나, '이 컵은 길지만 폭이 좁고 저 컵은 짧지만 폭이 넓어요.'라고 말하면서 상보성 원리에 근거하여 조작을 할 수 있게 된다. 구체적 조작기 아동들은 과제에 대해서 논리적으로 생각하고 동시에 두 가지 이상의 특징들을 고려할 수 있지만 아직 성인과 같은 방식으로 사고하지는 않는다. 단계의 명칭에서도 추측할 수 있듯이 구체적 조작기 아동은 구체적으로 경험할 수 있는 대상에 대한 심리적 조작은 잘하지만 추상적이고 가설적 생각에 대한 심리적 조작은 불가능하다. 예컨대, 아동에게 서로 다른 색의 액체가 들어 있는 다섯 개의 유리병(A, B, C, D, E)을 제시하고 이 중 몇 가지를 혼합하면 파란색 액체를 만들 수 있다고 설명한 다음 어떻게 혼합해야 하는지를 알아내라고 한다. 구체적 조작기에 있는 아동은 아무런 계획 없이 바로 과제를 수행한다. 이들은 A, B, C, D를 섞다가 A, C, E로 섞어 본다. 이전에 시도한 혼합 방식과 순서를 잊어버리기도 한다. 아직은 경험하지 못한 것에 대하여 가설을 세우고 체계적이고 논리적으로 추론하는 능력이 부족한 것이다.

④ 형식적 조작기(청소년기)

피아제에 따르면 11세경 아동은 형식적 조작기에 이른다. 이들은 구체적으로 사물을 조작하는 데 머무르지 않고 추상적이고 가설연역적인 사고를 통해 머릿속으로 행위의 결과를 상상할 수 있다. 예컨대, 앞서 제시된 혼합 액체 문제에서 형식적 조작기의 청소년들은 보다 체계적인 방식으로 접근한다. 그들은 먼저 AB, AC, AD, AE, BC 등의 순으로 두 병을 혼합해 보고 이것이 실패하면 세 병을 혼합한다. ABC, ABD, ABE, ACD 등의 모든 조합의 가능성을 한 번씩 시도하여 결국 과제에 성공한다. 이러한 사고의 발전은 청소년들은 정의와 진리 같은 추상적 개념들을 이해할 수 있게 하며 자신이 속한 사회의 체제나 법, 가치에 대해서 의심을 품기도 한다. 때로는 현실보다 더 이상적인 사회를 상상하면서 불만족을 표현하거나 반항스러운 모습을 보이기도 한다.

(3) 피아제 이론의 공헌과 한계

피아제는 능동적이고 적극적으로 지식을 구성하는 아동의 능력을 제안하여 지능의 발달을 설명하는 관점을 새롭게 제시하여 인지발달이란 분야를 개척하였으며 수십 년에 걸쳐 수많은 경험적 연구를 자극하였다. 후속 연구의 결과는 피아제 이론의 제한점을 발견하여 새로운 이론의 출현을 촉진하였지만 여전히 그의 이론은 발달심리학 기초 연구뿐 아니라 교육과 학습의 응용 분야에 미치는 영향이 크다.

그럼에도 불구하고 피아제의 이론은 몇 가지 한계를 지닌다. 피아제의 이론은 아동 초기 능력을 과소평가했다는 비판을 받아왔다. 예를 들어, 피아제는 감각운동기에는 대상영속성이 없거나 부족함을 주장하지만 이후 연구자들은 5개월 된 영아도 눈앞에서 사라진 대상을 기억하고 이에 따라 반응함을 증명하였다(Baillargeon, 1987). 이는 피아제가 사용했던 과제가 아동이 지닌 능력을 드러내기에 과도하게 어려운 기준을 요구하였기 때문이다. 전조작기 자아중심성을 보여 주었던 세 산 실험은 타인이 자신과는 다른 조망을 가질 수 있다는 점을 이해해야 할 뿐 아니라 세 산의 배열 모양을 머릿속에서 회전하는 지각적 추론 능력을 요구한다. 심적 회전 과정을 제외한 간단한 절차로 타인의 조망을 검사한 과제에서는 3세 아동도 성공한다(Masangkay et al., 1974). 아동 초기능력에 대한 피아제 이론의 한계는 이후 연구자들이 제시한 이론-이론(Wellman & Gelman, 1998)을 통해 보완된다.

피아제의 단계설 또한 비판의 대상이 되는데, 같은 단계에 있는 아동들은 단계 내에서는 일관된 수행을 나타내야 하지만 실제로 과제의 난이도에 따라 수행의 차이가 분명히 나타난다. 예컨대, 수 보존 과제에서 연구자가 일곱 개의 물건을 조작하여 보존 개념을 물었을 때, 실패하였지만 물건의 수를 세 개로 줄였을 때 3~4세의 어린 아동도 양 쪽 물건의 개수가 같다고 대답하였다(Gelman, 1982). 아동이 분명하게 구분된 단계로 점프를 하듯이 이동한다는 피아제의 믿음과는 달리 최근 대부분의 심리학자는 발달은 점차적이고 연속적으로 이루어진다고 생각한다(Courage & Howe, 2002).

무엇보다 피아제의 인지발달 이론은 사회 문화적 측면의 영향력에 대한 논의가 부족하다. 피아제가 사회 환경적 영향을 적극적으로 배제한 것은 아니지만 아동 스스로 세상을 이해하고 지식을 구성해 나가는 과정에 초점을 맞추다 보니 그 중요성을 간과했던 것이다(Rogoff, 1998). 다행히 이러한 관점은 피아제와 동시대에 살았던 러시아 학자 비고츠키의 사회문화적 이론에서 깊이 다루어졌다.

2) 비고츠키의 사회문화적 이론

비고츠키(Vygotsky)는 아동 스스로 지식을 얻고 원리를 발견할 때까지 무조건 기다려서는 안된다고 한다. 비고츠키에 따르면 발달은 부모나 형제자매, 교사, 또래와 같은 아동보다 유능한 타인과의 직접적인 상호작용을 통해 일어난다(Vygotsky, 1978). 모든 발달은 **근접발달 영역**(zone of proximal development), 즉, 아동 혼자는 할 수 없지만 유능한 성인이 이끌어 주면 도달할 수 있는 영역을 활용하여 일어난다는 것이다. 가령, 우리는 3~4세 아동에게는 보존개념을 가르칠 필요가 없다. 아직 보존개념은 3~4세의 아동의 근접발달영역과는 멀리 떨어져 있다. 하지만 6세 아동은 혼자는 보존을 이해하지 못하지만 어른의 도움과 지도가 조금만 더해지면 이를 쉽게 배울 수 있다. 보존개념이 이들의 근접발달 영역에 들어와 있기 때문이다. 이때 어른이 아이를 지원하는 것을 비고츠키는 비계화(scaffolding), 즉 건물을 지을 때 임시적으로 사용하는 받침대로 비유하여 발달을 설명하였다. 보존개념 과제에서 여전히 오류를 보이지만 자신의 반응이 올바르지 않음을 인식하듯 혼란을 보이는 아동에게 성인의 지도와 도움(가령, 머릿속으로 물을 원래 컵에 붓는 것을 상상해 보도록 하는 지시)은 아동이 성공적인 결론에 도달하도록 할 것이다.

더불어 비고츠키는 아동의 인지발달에서 **문화적 도구**(cultural tools)의 사용을 강조하였다. 문화적 도구란 언어를 포함하여 문자, 지도, 그림, 숫자, 악보, 아이콘과 같은 한 상징체계뿐 아니라 인지적 처리의 효율성을 높이는 주판, 계산기, 컴퓨터, 스마트 미디어와 같이 인간이 발명한 인공물도 포함한다. 이러한 문화적 도구들은 아동이 발달하는 시대와 사화 문화적 특성을 반영한다. 예를 들어, 미국과 중국 아동의 십진법 체계의 이해를 비교했을 때, 자릿수를 분명하게 표시한 언어체계를 지닌 중국 아동이 미국의 아동보다 발달이 빨랐다(Miller & Stigler, 1987). 문화적 도구는 시대적 차이도 반영한다. 가령, 주판을 사용하여 계산하던 시기와 온갖 스마트 기기에 둘러싸인 최근의 아동 발달 간에는 큰 차이가 존재할 것이다.

요컨대, 비고츠키는 모든 아동이 세상을 경험하면서 지식을 구성해 간다는 구성주의적 관점을 가지고 있다는 점에서 피아제와 일맥상통한다. 다만 피아제가 아동의 능동적 측면을 강조하여 스스로 지식을 구성하는 인지적 구성주의자라면 비고츠키는 발달과 학습이 일어나는 사회적 맥락이나 효과적인 상호작용을 강조한 사회적 구성주의자로 인지발달에서 사회문화적 요인의 중요성에 눈을 돌리게 한 것이다. 이러한 비고츠키의 이론은 교육에 대하여 중요한 시사점을 갖는다. 아동이 지식을 전수받고 이를 구성하기 위해 가장 효율적인 상호작용과 가장 좋은 환경은 무엇인지에 대한 정보를 제공하여 교육에 그대로 적용할 수 있기 때문이다.

3) 이론-이론

지난 이 30년간의 수많은 연구는 영아와 유아가 가진 놀라운 능력들을 밝히고 있다. 가령, 생후 일주일이 된 신생아도 엄마의 소리, 냄새 등을 기억하고 구별하며, 4개월 이후에는 대상영속성, 수리, 시공간, 사람의 마음에 대한 개념과 추론 능력을 드러낸다. 어린 영유아의 능력을 설명하기 위해 구성된 새로운 시도는 타고난 특징에 주목하는데 이러한 접근을 이론-이론(theory-theory), 또는 핵심지식이론(core knowledge theory)이라 한다.

겔만(Gelman & Williams, 1998)은 인간의 신체 기관이 진화의 산물인 것처럼 아동의 인지구조도 생존과 적응에 핵심적인 정보들에 선택적으로 주의하고 신속하게 학습할 수 있도록 구성되었다고 주장한다. 예를 들어, 영아는 인간의 얼굴을 지각적으로 선호하며 우선적으로 처리하는 편향을 가지고 있는데, 이는 양육자를 재빨리 알아보는 것이 자신의 생존과 적응에 반드시 필요한 조건이기 때문이다. 이론-이론에 따르면 아동은 일반적 학습 능력뿐 아니라 특정 개념이나 정보를 빠르게 학습할 수 있는 '영역별로 특화된' 인지적 틀을 가지고 태어난다는 것이다. 즉, 물리, 수리, 시공간, 그리고 사람의 마음과 같이 생존에 핵심적인 영역들에 대해서 특별히 준비되어 있으며 타당한 이론에 근접할 때까지 발달함을 수많은 실험을 통해 증명하고 있다.

이론-이론은 아동의 인지발달이 마치 과학자가 세상을 연구하여 지식을 얻고 이론을 확립하는 절차와 유사한 과정으로 일어난다고 설명한다. 가령, 물리학 원리를 확립하기 위해 아동은 사물이 위에서 아래로 떨어지는 현상을 수없이 관찰한 후, 실제로 공을 굴리거나 장난감을 떨어뜨리는 다양한 실험을 통해 이를 검증하고 중력이라는 물리적 원리를 획득할 수 있다는 것이다. 아동이 가진 초기 이론은 불완전하고 직관적이지만 아동의 적극적인 탐색과 관찰 그리고 실험을 통하여 발달한다는 것이다.

3 ─ 사회성 및 정서 발달

　사회적 발달 단계 이론을 확립한 에릭 에릭슨(Erik Erikson)은 인간의 전 생애를 여덟 개의 단계로 나누고 단계별 발달 과업의 성공과 실패에 따라 어떤 결과로 이어지는지를 제안한다(〈표 7-2〉 참조). 에릭슨에 따르면 단계별 발달적 과제를 성공적으로 완수한 다음에야 다음 단계로 안전하게 이행할 수 있다. 이러한 의미에서 에릭슨의 모든 발달 단계는 위기와 기회를 포함한다고 말할 수 있다. 가령, 영아기 애정 어린 양육환경에서 자란 경우 부모와 안정적인 관계를 형성하여 기본적 신뢰를 획득하지만(Erikson, 1963), 학대를 경험한 영아는 인간관계의 불신을 깊이 경험하여 이후에도 타인과 친밀한 관계를 형성하는데 어려움을 겪는다. 물론 빠른 속도로 변하며 초고령 사

◆ 표 7-2 Erikson의 인간발달 단계

단계	발달 과업	발달과 관련된 주된 문제
영아기	기본적 신뢰 대 불신	세상은 예측가능하며 나에게 지지적이면서 자신의 욕구가 충족됨을 느끼면 기본적 신뢰를 형성하지만 그렇지 못하면 불신을 갖게 된다.
걸음마기	자율성 대 수치심, 의심	스스로 움직이려 하지만 실패하는 경우라고 지지적인 분위기를 제공하면 아동은 자율성을 얻지만 이를 처벌하고 비난하게 되는 경우 수치심을 느끼며 자신의 능력을 의심하게 된다.
학령전기	주도성 대 죄책감	스스로 계획을 실행에 옮겨 실행하면서 주도성이 발달하지만 실행의 실패가 거듭되면 죄책감을 느낀다.
학령기	근면성 대 열등감	사회문화적으로 중요한 능력이나 기술을 숙달하는 시기이다. 성실히 학습하는 경우 근면성이 발달하지만 그렇지 못한 경우 열등감을 가질 수 있다.
청소년기	정체성확립 대 역할혼란	다양한 역할을 시연해 봄으로써 나는 누구인지에 관한 의문을 해결하거나 자신의 정체성에 대해 혼란을 갖게 된다.
성인기	친밀성 대 고립감	나의 삶을 다른 이와 공유할 수 있는 누군가와 친밀한 관계를 형성하려고 노력하고 사랑을 얻기 위해 노력한다. 그렇지 않으면 사회적으로 고립되었다고 느낀다.
중년기	생산성 대 침체	가족과 일을 통해 세상에 기여했다는 느낌을 찾는다. 그렇지 않으면 목적이 상실되고 침체되는 느낌을 받는다.
노인기	자아통합 대 절망	자신의 지나온 삶을 비춰 보면서 충만한 삶을 살았는지, 혹은 실패한 삶을 살았는가에 따라 통합이나 절망을 경험한다.

회로 진입하는 현시대의 사회적 발달 단계가 에릭슨이 주장한 것과는 다를 수 있다고
생각할 수 있지만 단계별로 고유한 과업이 있다는 점과 그것의 성공 여부가 이후 발달
에 영향을 미친다는 그의 관점은 타당해 보인다. 이 장에서는 사회성 발달의 핵심 과
제인 영아기 애착과 유아기 정서조절, 청소년기 자아 정체성 발달을 중심으로 사회정
서의 발달 과정을 살펴보도록 하겠다.

1) 애착

애착이란 특별한 사람과 형성되는 정서적 유대감으로 영아기부터 그 발달이 시작된
다(Bowlby, 1973). 영아는 자신의 생존을 위해서 또는 정서적 안정감을 위해서 양육자
와의 근접성을 추구한다. 따라서 양육자가 옆에 없거나 반응이 신속하게 나타나지 않
을 경우 울음으로 신호를 보내 양육자의 관심과 반응을 불러일으키고 옹알이나 미소
와 같은 긍정적 행동을 통해 이를 강화하고 연장시킨다. 이러한 애착의 기본 이론을
확립한 보울비(Bowlby)에 의하면 영아의 애착 행동은 양육자를 안전기지(secure base)
로 생각하고 있음을 의미한다. 영아는 양육자를 언제든지 의존할 수 있으며 필요할 때
안정을 찾을 수 있는 대상으로 믿고 환경을 탐색한다는 것이다. 예컨대 영아는 새로운
놀이터에서 신나게 놀다가 에너지가 고갈되거나 불안해질 때 양육자를 바라보거나 다
가와 위로를 구한다. 처음에는 양육자가 가까이 존재하거나 눈에 보일 때만 안정을 경
험하지만 신뢰를 쌓으며 애착을 형성한 경우, 점차 양육자가 눈에 보이지 않더라도 마
음속 신뢰를 근거로 환경을 탐색하여 세상에 대한 지식을 쌓는다.

이와 같은 보울비의 애착이론은 메리 에인스워드(Mary Ainsworth)의 경험적 연구자
료에 힘입어 확고한 체계를 갖춘다. 에인스워드는 애착의 주요 측면을 드러내는 낯선
상황 실험(strange situation experiment)을 고안하여 그 개인차를 측정하였다. 이 실험에
서 영아는 장난감이 있는 낯선 방에 양육자와 함께 들어와 양육자와의 격리, 재회 그리
고 낯선 사람과의 상호작용을 경험하고 연구자는 양육자와의 근접성 추구, 탐색, 격리
에 대한 저항, 재회 시 태도, 낯선 사람과의 상호작용 행동을 관찰한다. 그 결과 에인스
워드는 다음의 애착유형을 발견하였다.

안정 애착(secure attachment)을 형성한 영아는 양육자를 안전기지로 삼아 환경을 탐
색한다. 양육자에게 장난감을 보여 주며 이야기하고 눈을 맞추며 긍정적인 상호작용
이 나타난다. 양육자가 떠났을 때 영아는 스트레스를 받고 잠시 울지만, 곧 안정을 찾

고 다시 장난감을 가지고 논다. 어머니가 돌아왔을 때 영아는 어머니를 반갑게 맞이하고 다시 환경을 탐색한다.

저항/양가적 애착(resistant/ambivalent attachment) 유형에 해당되는 영아는 양육자를 안전기지로 여기지 못하므로 떨어져 있기를 거부하고 환경을 탐색하지 못한다. 양육자가 떠나지 않을까 불안하여 양육자에게서 눈을 떼지 못하고 놀이에 집중하지 못하는 것이다. 양육자가 떠날 때 가장 높은 수준의 불안과 분노를 표현하고 양육자가 돌아왔을 때 품에 안겨 위로받으려고 하지만 심하게 울거나 몸부림친다. 다시 내려놓으면 불안해하고 울면서 떨어지지 않으려 더 큰 저항을 보인다. 이들은 양육자와 함께 있어도 위로가 되지 않지만 떨어지지 않으려고 저항하는 양가적 특성을 갖는다.

회피 애착(avoidant attachment) 유형에 해당되는 영아는 겉으로는 안정되고 순한 아이로 보일 수 있다. 양육자가 있을 때에도 영아는 양육자 곁에 있지 않고 상호작용도 거의 나타나지 않는다. 양육자가 방을 떠났을 때나 돌아왔을 때 별로 큰 감정의 변화를 경험하지 않는 것 같아 보이며 장난감에만 집중한다. 하지만 연구자들은 혼자 남겨졌을 때 이들도 다른 유형의 영아 못지않은 수준의 스트레스를 경험하고 있음을 발견하였다. 어린 아동이 자신이 경험한 감정을 그대로 표현하지 않고 억제함을 의미하는 것이다.

혼란 애착(disorganized attachment)은 에인스워드 이후의 연구자들이 위의 세 가지 유형에 해당되지 않으면서 극도로 불안정적인 영아를 분류하기 위하여 정의한 유형이다. 이들은 심각한 심리 상태를 드러내는 행동을 보인다. 가령, 영아는 양육자의 눈을 피하고 자신의 표정을 숨기고 바닥에 누워 있으면서 마치 양육자가 존재하지 않는 것처럼 행동하기도 하며 극심한 불안과 두려움을 절박하게 표현하기도 한다. 이러한 유형의 영아는 학대의 경험이 있거나 양육자가 심리적 문제를 가지고 있는 경우가 많다(van IJzendoorn et al., 1999).

후속 연구들은 가장 많은 아동이 안정 애착유형에 해당되며(Ainsworth, Blehar, Waters, & Wall, 1978), 대부분의 경우 영아기 애착유형은 시간이 흘러도 안정적임을 드러낸다(Moss, Cyr, Bureau, Tarabulsy, & Dubois-Comtois, 2005). 예컨대, 어머니와 안정 애착을 맺은 아동은 성인기 때 친밀한 상대와 낭만적 관계를 형성할 가능성이 높으며(Roisman, Collins, Sroufe, & Egeland, 2005), 행복한 부부 관계를 누릴 가능성이 높았다(Elicker, Englund, & Sroufe, 1992; Erel & Burman, 1995). 또한 영아기에 안정 애착을 형성한 사람은 타인과의 갈등도 신속하게 해결하며 자신이 양육자가 되었을 때 자녀와 안정 애착을 형성할 확률이 더욱 높았다(Salvatore, Kuo, Steele, Simpson, & Collins, 2011).

그렇다면 왜 어떤 아동은 다른 아동보다 더 안정적 애착을 발달시키는가? 이를 설명하는 한 가지는 아동이 서로 다른 기질(temperament)을 타고났기 때문이라는 것이다. 기질은 인간이 새로운 환경에 반응하는 경향성을 말한다(Bouchard, Lykken, McGue, Segal, & Tellegen, 1990; Matheny, 1989). 어떤 영아는 사람들에게 우호적이며 다루고 쉬운 특징을 지닌 반면, 어떤 영아는 새로운 환경에 적응하기 어려워하며 짜증을 잘 내고 달래기 어려운 특성을 지닌다. 이러한 생애 초기의 생물학적 특성은 아동이 양육자와 맺는 애착에도 영향을 미칠 수 있다. 영아의 까다로운 기질은 주 양육의 스트레스를 가중시켜 양육에 좌절을 느끼게 하고 아이의 신호에 민감하게 반응하지 못하도록 하여 불안정 애착을 형성하는 원인으로 작용할 수 있다(Kagan, Reznick, & Snidman, 1988; Kagan & Snidman, 1991; Schwartz, Wright, Shin, Kagan, & Rauch, 2003).

하지만 이후 연구자들은 애착의 질은 양육자의 반응에 의해 결정되는 것으로 기질의 영향력은 아주 미미하다고 주장한다(Seifer, Schiller, Sameroff, Resnick, & Riordan, 1996; van Ijzendoorn et al., 2004). 이들이 애착의 발달에서 가장 중요하게 여겨지는 요인은 부모의 민감성(parental sensitivity)이다. 즉, 양육자가 영아가 보내는 신호에 얼마나 빠르고 정확하고 긍정적으로 반응하는지가 애착의 질에 결정적 역할을 한다는 것이다. 실제로 베이츠와 그의 동료들(Bates, Maslin, & Frankel, 1985)은 기질과 낯선 상황에서 측정된 영아 애착유형과 관련성이 없음을 밝혔으며 부모가 양육 훈련을 받아 민감한 반응을 보였을 때 아동의 애착 행동이 더욱 증가함을 증명하였다(van den Boom, 1995). 까다로운 영아라도 부모가 이에 민감하게 반응하고 적응이 느리고 행동이 빠르지 않은 영아도 다그치지 않고 기다려 주며 필요한 도움을 주는 경우 아이는 유능하게 환경에 적응할 뿐 아니라 양육자와 안정 애착을 형성한다(Seifer & Schiller, 1995; van den Boom, 1995).

2) 정서조절의 발달

정서조절은 개인의 목표를 달성하기 위하여 정서적 자극을 처리하는 모든 절차를 감독하고 수정하는 매우 복잡하고 역동적인 과정으로 정의되며(Thompson, 1994), 이후 개인적 성취나 사회적 기능 그리고 건강하고 행복한 삶에 중요한 역할을 하는 유능성이다. 정서조절의 발달은 매우 길고 느린 과정이지만 그 발달의 기본적 틀은 취학 전 유아기에 대부분 완성된다. 이는 기질적으로 갖추어진 개인적 특성과 앞 절에서 논의한 영아기 양육자와의 애착을 기반으로 하여 이루어진다.

신생아기 영아의 정서조절 능력은 거의 없다고 해도 과언이 아니다. 영아는 큰 소음이나 배고픔, 낯선 상황과 같은 고통에서 스스로 벗어나지 못하고 양육자에게서 위로를 찾아야 한다. 부모는 어린 영아가 고통스러워하거나 두려워하면 아기를 끌어안고 달래 주거나 이들의 주의를 다른 곳으로 전환시켜 고통에서 벗어나도록 해 준다. 생후 6개월 정도 되어야 영아는 정서조절의 첫 번째 사인을 드러낸다(Mayes & Carter, 1990). 영아는 두렵거나 과도한 흥분을 일으키는 상황에서 시선을 피함으로써 자신의 고통을 감소시킨다. 하지만 이는 아동기보다 덜 의식적이고 능동적이며 이후 학령기가 될 때까지 유능한 타인의 적극적인 도움이 계속 필요하다.

정서조절에서 주요한 발달적 양상 중 하나는 행동을 중심으로 한 전략에서 인지적 과정을 중심으로 한 전략으로 이행하는 것이다. 실제로 아동 초기에는 행동을 위주로 한 전략이 나타나지만 점차 인지적 전략을 사용하는 발달적 전환이 일어난다. 가령, 열심히 쌓아 올린 탑을 친구가 발을 헛디뎌 무너뜨렸을 때 화가 난 어린 아동은 그것이 의도적이라고 생각하기 때문에 분노를 느끼고 공격적 행동을 나타내기 쉽다. 만일 아동이 그것을 친구가 나를 도와주려고 한 행동이 사고나 실수로 잘못되어 나타난 것이라고 해석하는 인지적 전략을 사용한다면, 분노의 감정은 줄어들고 공격적 행동을 조절하기가 더 쉬울 것이다(Coie & Dodge, 1998; Dodge, Murphy, & Buchsbaum, 1984). 아동을 양육하거나 교육하는 성인은 아동의 정서적 경험을 바람직한 방식으로 해석하도록 이끌어 정서적 위기를 극복하도록 도움을 주어야 한다.

정서조절이 긴 발달의 과정을 포함하는 이유는 정서조절이 단순히 규정된 행동 양식을 획득하는 것이 아니라 정서가 발생하는 순간 사회적 맥락과 개인의 목적에 맞게 적절한 반응을 선택하는 유연성을 요구하기 때문이다. 가령, 친구에게서 부당한 대접을 받아 유감스러운 기분이 들 때 이에 맞서기 위해서 때로는 분노의 각성 수준을 높이는 전략을 사용하여 자기주장의 용기를 유지할 수 있다. 또한 원하는 것을 얻지 못해 슬픔을 경험할 때도 슬픔의 강한 표현을 통해 타인으로부터 위로와 지지를 얻을 수 있다. 이처럼 정서조절은 반응억제뿐 아니라 각성의 수준을 유지하거나 더 높이는 것도 포함하는 유연한 의사결정 과정을 포함한다. 상황의 통제 가능성을 구별하는 능력 또한 적절한 조절전략을 선택하는 데 도움이 된다. 가령, 실패의 상황에서 쉽게 포기하고 슬픔에 잠기기보다는 목표를 달성하기 위한 대안적 방법을 찾을 수 있다는 해석은 아동이 다시 노력하도록 행동을 동기화할 것이다. 반면, 예방주사를 맞아야 하는 것같이 자신이 바꿀 수 없는 상황에서는 이를 변화시키려 시도하기보다는 주사를 맞는 동안 다른 생각을 하여 주의를 분산시키거나 병에 걸리지 않기 위해 반드시 필요한 것으로 재해석하면서 상황에 적응하는 것이 보다 나은 전략일 것이다. 이처럼 맥락과 상황적 요인에 따라 적절한 전략을 선택하는 능력은 상황의 특성과 자신의 목표에 대한 인식과 행동의 적절성을 지각할 수 있도록 하는 인지적 성숙에 근거한다. 무엇보다 이러한 유능성은 유아기 성인의 적절한 가르침과 보살핌을 통해 가능하게 되는 것이다. 특히 주양육자의 아동 정서와 관련된 신념과 양육태도는 정서 발달의 핵심적 요인이 된다(Eisenberg, Cumberland, & Spinard, 1998; 신주혜, 정윤경, 2013).

3) 자아정체성의 발달

에릭슨은 전 생애 발달 단계 중 특히 청소년기를 중요하게 여겼는데 그는 이 시기 핵심적 발달과제로 자아정체성 확립을 제안한다. 청소년기와 청년기의 급격한 신체와 신경계의 변화 그리고 성적인 성숙은 심리적으로 강한 역동을 불러일으키며 정서적으로 강한 에너지를 느끼게 하고 모든 자극에 예민하게 반응하도록 한다. 이러한 내적 역동은 자신에 대한 불균형을 일으키고 '도대체 나는 누구인가?'라는 깊은 고민에 빠지게 한다. 인간이 처음으로 자신이 어떻게 살지를 생각하며 일관성 있는 "삶의 이야기"를 구성하는 시기인 것이다(Habermas & Bluck, 2000).

그렇다면 정체성은 어떻게 형성되는가? 제임스 마르시아(James Marcia)는 에릭슨의 주장을 보다 구체적으로 발전시켜 정체성 지위 이론을 제안한다. 마르시아는 청년들을 대상으로 직업에 대한 신념, 정치적 가치관, 성적 지향에 관한 면접을 실시하여 정체성의 발달 정도를 탐색하고 이에 근거하여 네 개의 정체성 발달의 지위(status)를 제안하였다. 특히 그는 '위기'와 '개입'이라는 두 차원에 근거하여 정체성 발달을 다음의

➤ 표 7-3 ➤ 정체성 발달의 지위

구분		위기 경험	
		있음	없음
개입 여부	개입함	정체성 성취	정체성 유실
	개입하지 않음	정체성 유예	정체성 혼미

네 지위로 구분하였다. 여기서 '위기(crisis)'란 자신에 대해서 심각하게 고민하고 갈등과 방황을 경험하였는지 여부를 의미하며 '개입(commitment)'이란 직업 선택, 가치관이나 이념 등에 대한 방향을 설정하였는지의 여부를 의미한다.

- 정체성 혼미: 이 단계에 속한 사람은 위기를 경험해 본 적이 없으며 어떤 선택에도 관여하고 있지 않은 경우이다. 이들은 직업, 가치관, 결혼, 삶의 방향 등 다양한 문제에 대해서도 고민과 갈등 없고, 결정과 선택을 위해서 어떠한 탐색 활동도 하고 있지 않은 상태에 있다.
- 정체성 유실: 이 단계에 속한 사람은 자기 탐색을 위한 위기를 경험하지 않았지만, 이미 어떤 대안을 설정해서 관여하고 있는 경우이다. 이들은 직업이나 가치관, 종교에서 확실한 선택과 우선순위가 결정되어 있으나 심각한 고민이나 갈등을 경험하지 않았다. 대부분 부모나 타인의 권유에 따른 것이기 때문에 현재 상태가 안정된 것으로 보일 수 있으나, 언제라도 정체성 혼미 상태에 빠져들 수 있는 불안정한 상태로도 볼 수 있다. 가령, 아버지로부터 가업을 물려받아 이어 갈 것이라는 기대를 받는 청년이나 결혼을 하고 아이를 낳아 기르게 될 것이라는 사회적 통념을 지켜 온 여성의 경우를 생각해 볼 수 있다.
- 정체성 유예: 이 범주에 있는 사람은 에릭슨이 말한 위기를 경험하고 있다. 즉, 이들은 자신에 대해 적극적으로 의문을 제시하고 그 답을 찾기 위해 고군분투하는 과정에 있으나 아직 결정을 내리지는 않은 상태이다. 이들은 결정하기 전에 다양한 역할을 상상해 보거나 그들의 가능성을 실험해 본다.
- 정체성 성취: 이 지위에 다다른 사람들은 정체성을 적극적으로 탐색하여 위기를 극복하고 자신이 전념할 수 있는 목표, 신념, 가치에 대해 문제해결을 하였다.

앞의 네 범주(지위)에 해당되는 청소년들은 적응적 측면에서 각기 다른 양상을 보인다. 정체성 성취에 속한 청소년들은 높은 자기존중감을 가지며 스트레스에 대한 적응 수준이 높았으며 권위에 무조건적으로 복종하지 않는다. 유예의 범주에 있는 청소년들은 위기를 경험하고 있지만 스트레스에 대처하는 능력도 높으며 자발적으로 문제해결을 하는 것으로 나타난다. 이에 반해 유실의 범주에 있는 청소년들은 권위에 높이 의존하며 자신에 대한 부정적 평가에 대하여 아주 취약한 반응을 나타낸다. 이들은 언제든지 정체성 위기를 경험할 수 있다. 유예의 지위로 이행하여 정체성 성취로 향해 갈 수도 있지만 때로는 정체성 혼미의 범주에도 빠져들 수 있다. 심리적 적응이 가장 낮은 집단은 정체성 혼란에 있는 청소년들이다. 이들은 성취에 관심이 없고, 알코올이나 약물 등의 물질 남용의 문제에도 노출되었다.

4   발달의 맥락

1) 가정

(1) 양육방식

어린 시절 부모와 친척은 아동의 삶에서 가장 중요한 사람들이다. 특히 초기 가족 경험이 어떻게 아동의 발달에 영향을 주는지는 심리학자들의 주요 연구 주제 중 하나이다. 부모가 자녀를 온정적으로 보살피고 사랑과 애정으로 따뜻하게 대할 것인가, 아니면 엄격하게 훈육하고 통제할 것인가와 같은 문제는 아동의 인지, 언어, 사회, 정서 발달에 영향을 미치는 중요한 요인이기 때문이다. 실제로 연구자들은 부모의 양육방식에 따른 자녀의 행동 및 성격을 비교하기 위해 수많은 연구를 진행해 왔으며 대부분은 다이아나 보움린드(Diana Baumrind, 1971)가 기술한 다음의 네 가지 방식에 기초한다.

권위적 부모(authoritative parents)   이 유형은 높은 기준이 있어 적절한 수준에서 자녀를 통제하지만 따뜻하게 대하며 자녀의 요구에 수용이 높고 민감하게 반응하는 가장 바람직한 양육태도이다. 권위적 부모는 자녀의 자율성을 인정하며 자신의 목표를 향해 노력할 수 있도록 격려해 준다. 이들은 자녀와 협동적인 태도를 보이며 자녀의 관심에 대하여 대화를 나누고 의사를 존중하면서 독단적인 의사결정을 하지 않는다.

권위주의적 부모(authoritarian parents)   권위주의적 부모는 강한 통제를 하면서 아동과 정서적 거리를 두며 애정적으로 자녀를 수용하지 않는다. 규칙에 대하여 자녀에게 합리적인 이유를 제시하지 않으며 자녀가 부모의 지시에 복종하지 않으면 강압적인 태도를 보이기 쉽다. 부모는 자녀에게 일방적으로 명령하며 자녀에게 의견을 제시하거나 반대할 여지를 주지 않는다.

허용적 부모(permissive parents)   허용적 양육태도는 자녀에게 애정을 주지만 자녀의 요구에 대해 지나치게 관대하여 통제와 제재가 거의 이루어지지 않는다. 자녀가 자신을 조절하거나 적합한 방식으로 행동할 것을 요구하지 않는 것이다. 이런 경우 자녀는 충동적이고 자기 조절력과 학업성취가 낮으며 외현화 문제가 나타날 수 있다.

방임적 부모(indifferent or uninvolved parents)   방임적인 부모는 자녀에게 무관심한 특징을 보이며 자녀양육에 대한 참여 의지가 거의 없어 자녀를 통제하지도 따듯하게 보살피지도 않는다. 아동의 신체적, 정서적 욕구에 대한 기본적 수용 수준이 낮으며, 소극적 형태의 아동 학대로 볼 수 있는 가장 바람직하지 않은 양육방식이다.

물론 모든 부모가 위의 유형 중 하나에 완전히 부합되는 것은 아니지만, 부모의 양육방식과 자녀의 발달과 관련성을 본 연구는 일관된 결과를 보인다. 가령, 권위적 부모의 아동은 대부분 자립적이고 협동적이고 학교생활이 성공적이지만 권위주의적 부모의 아동은 법을 준수하려는 경향성이 있으나 의심이 많고 독립적이지 못하다. 허용적인 부모의 아동은 자기 조절력이 떨어져 사회적으로 무책임하며 무관심한 부모의 자녀는 충동적이고 우울한 경향이 있다.

더불어 연구자들은 "가장 최상의" 양육방식은 아동의 특징에 따라 다르다고 말한다. 예를 들어, 두려움이 높은 기질을 가진 자녀에게는 덜 통제적이고 부드러운 훈육도 강한 책임감을 발달시킨다. 반면, 두려움이 없는 기질의 아동에게는 어떤 유형의 훈육도 효과가 없다. 대신 이들은 바람직한 행동에 보상을 주는 방식에 반응한다(Kochanska, Aksan, & Joy, 2007). 기질을 연구하는 전문가들은 무조건적으로 좋은 양육 방법을 의존하기보다는 시행착오를 겪으며 스스로 자녀의 특성에 맞는 '최선의' 양육방식을 찾아야 할 것을 권유한다.

(2) 비전형적 가정: 부모의 이혼

전통적 가족은 아버지, 어머니, 아동(들)으로 구성된다. 그러나 부모의 사망 또는 이혼이나 별거로 인해 한 부모에 의해서 길러지는 경우가 있으며 이러한 비전형적인 가족의 형태는 분명히 아동의 발달에 영향을 준다. 특히 이혼은 자녀의 생활에 많은 변화를 초래한다. 경제적으로 어려워질 수 있으며, 이사를 해야 하는 경우도 있다. 이런 변화에 따른 스트레스는 자녀에게 직접적 영향을 줄 뿐 아니라 양육을 책임지는 부모가 바람직한 양육 행동을 보이기 어렵게 만들어 아동의 발달에 부정적 영향을 줄 수 있다. 실제로 전문가들은 이혼 자녀 아동들이 학업성취가 낮아지며(Lansford et al., 2006), 우울과 슬픔, 낮은 자존감과 낮은 유능감을 경험함을 밝히고 있다(Hetherington, 1989). 또한 남자 청소년의 경우, 이혼 직후 그리고 몇 년 후까지 공격 행동이나 반사회적 행동을 포함한 문제 행동을 일으키는 경향도 발견하였다(Potter, 2010). 그럼에도 불구하고 이혼의 영향은 절대적이지 않다(Lansford, 2009). 어떤 아동은 지속적으로 괴로워하지만 어떤 아동은 빠르게 회복한다. 처음에는 괜찮아 보이지만 훗날 더 힘들어하는 경우도 있다. 부모의 이혼과 그 이후의 상황을 겪으며 탄력성이 더 늘어나는 아동도 있다. 이들은 친구들과 좋은 관계를 유지하며 학교생활도 잘하고 양쪽 부모 모두와 좋은 관계를 유지한다(Hetherington, Stanley-Hagan, & Anderson, 1989).

또한 이혼은 긍정적인 결과를 가져올 수도 있는데, 부모가 지속적으로 높은 수준의 갈등과 폭력을 자녀에게 노출한 경우가 그렇다. 부모가 항상 싸우는 것을 지켜본 아동은 항상 긴장되고 쉽게 잠들지 못하며(El-Sheikh, Buckhalt, Mize, & Acebo, 2006), 자신도 폭력적이고 파괴적인 행동을 하는 경향성도 나타난다(Sternberg, Baradaran, Abbott, Lamb, & Guterman, 2006). 이런 경우 부모가 그대로 함께 사는 것보다 이혼한 경우의 아동이 더 잘 적응하며 긍정적 변화가 나타난다(Amato et al., 1995). 어떤 연구 결과도 아동을 위해 부모가 무조건 함께 살아야 한다고 말하지 않는다.

2) 대중 매체와 스마트 미디어

디지털 미디어, 인터넷, 컴퓨터, 스마트기기 및 인공지능 디바이스를 포함한 기술적 혁신은 아동이 발달하는 환경적 맥락에 큰 변화를 가져왔다. 대량의 정보를 신속하게 많은 사람에게 전달할 수 있는 멀티미디어 프로그램은 급속도로 교육 현장에서 활용되고 있으며 이에 대한 연구들은 아동 초기, 미디어 노출에 대하여 부정적 측면을 밝히고 있다. 멀티미디어에 대한 초기 연구는 과도한 TV 시청이 아동의 주의력, 학습능력에 영향을 주어 청소년기까지 학업성취에 영향을 주며, 폭력성과 공격적 행동을 유발함을 밝히고 있다(Huesmann, 1986). 최근 스마트기기 사용에 대한 연구는 영유아기 과도한 사용이 중독경향성, 주의 및 정서조절의 어려움, 그리고 다양한 문제행동과 관련이 있는 것을 밝히고 있다(Novotney, 2016; Steiner-Adair, 2013). 동영상이나 게임의 과도한 노출은 심각한 뇌 손상과 정서 문제를 가져오기도 한다(Comstock & Scharrer,

2006). 부모와의 신체적 접촉과 눈 맞춤 등 정서적 교감이 중요한 어린 시기, 강하고 빠른 시각적 자극이 주가 되는 멀티미디어는 아동의 주의를 사로잡고 조절능력을 발달시킬 기회를 박탈할 수 있기 때문이다.

그러나 현대 사회, 발달적 맥락에서 새로운 미디어나 스마트 기술의 편의성을 배제하기란 현실적으로 불가능하다. 오히려 그것을 능숙하게 이용하여 디지털 시대의 적응에 필요한 맥락을 설정하는 것이 필요하다. 부정적 결과를 최소화하는 동시에 긍정적 발달을 가능하게 하는 구체적인 방법에 대한 발달심리학적 모색이 필요한 상황이다.

실제로 최첨단 스마트 기술을 활용한 흥미로운 연구 중 하나는 인공지능 로봇과 아동의 상호작용이 언어발달에 긍정적인 영향을 미친다는 점을 밝혔다(Westlund, 2015). 이는 방대한 데이터에 접근 가능한 인공지능이 학습자의 현재 발달 수준에 맞추어 가장 효과적인 힌트나 예를 제공하여 발달적 지원을 가능하게 할 수 있다는 가정에 근거한 것이다(Faggella, 2019). 앞 절에서 논의한 비고츠키의 비계 역할을 인공지능 기기가 대신해 준 것이다. 그럼에도 불구하고 최첨단 기기들이 아동의 발달 맥락에서 의미하는 바가 무엇인지를 밝히기 위해서는 수많은 연구가 요구된다. 아동들이 이러한 자극을 어떻게 인식하고 상호작용할 것이며 이에 영향을 주는 요인들은 무엇이며, 그 결과가 어떠한지에 대한 심도 있는 연구가 필요한 실정이다.

요약

1. 발달심리학은 신체, 신경 생리, 인지, 정서, 사회성을 포함한 인간 심리의 모든 영역에서 변화 과정을 과학적으로 탐색하는 심리학의 소우주이다. 발달의 영역은 크게 신체적, 인지적, 그리고 사회정서적 영역으로 나눌 수 있으며 발달심리학은 이들 영역의 세부 주제에 대해 기술(description)하고 설명(explanation)한다.

2. 연구하는 기법에는 크게 두 가지 접근법이 있다. 연령이 다른 사람의 집단을 동시에 연구하여 연령에 따른 차이를 밝히는 횡단적 기법(Cross sectional study)과 한 집단의 사람들을 반복적으로 연구하여 연령에 따른 변화를 확인하는 종단적 기법(Longitudinal study)이다.

3. 발달심리학은 인간의 심리에 대하여 몇 가지 고유한 논쟁점을 갖는데, 가장 기본적이며 오랜 관심을 받는 이슈는 천성(nature)과 육성(nurture)의 연속성과 비연속성 안정성(stability)과 불안정성(unstability) 민감기의 이슈를 다룬다.

4. 피아제는 지적 발달이 단순히 지식의 양적 축적을 말하는 것이 아니라 질적으로 다른 단계를 거친다는 주장을 하며 인지발달의 단계 이론을 제안하였다.

5. 비고츠키는 모든 아동이 세상을 경험하면서 지식을 구성해 간다는 구성주의적 관점을 가지고 있다는 점에서 피아제와 일맥상통한다. 다만 피아제가 아동의 능동적 측면을 강조하여 스스로 지식을 구성하는 인지적 구성주의자라면 비고츠키는 발달과 학습이 일어나는 사회적 맥락이나 효과적인 상호작용을 강조한 사회적 구성주의자로 인지발달에서 사회문화적 요인의 중요성에 눈을 돌리게 한 것이다.

6. 어린 영유아의 능력을 설명하기 위해 구성된 새로운 시도는 타고난 특징에 주목하는데 이러한 접근을 이론-이론(theory-theory), 또는 핵심지식이론(core knowledge theory)이라 한다. 이론-이론은 아동의 인지 발달이 마치 과학자가 세상을 연구하여 지식을 얻고 이론을 확립하는 절차와 유사한 과정으로 일어난다고 설명한다.

7. 사회적 발달 단계 이론을 확립한 에릭 에릭슨(Erik Erikson)은 인간의 전 생애를 여덟 개의 단계로 나누고 단계별 발달 과업의 성공과 실패에 따라 어떤 결과로 이어지는지를 제안한다.

8. 애착이란 특별한 사람과 형성되는 정서적 유대감으로 영아기부터 그 발달이 시작된다. 애착의 주요 측면을 드러내는 낯선 상황 실험(strange situation experiment)을 고안하여 그 개인차를 측정하여 안정 애착, 불안정 저항 애착, 불안정 회피 애착 그리고 혼란 애착으로 그 유형을 나누었다. 애착의 발달에서 가장 중요하게 여겨지는 요인은 부모의 민감성(parental sensitivity)이다. 즉, 양육자가 영아가 보내는 신호에 얼마나 빠르고 정확하고 긍정적으로 반응하는지가 애착의 질에 결정적 역할을 한다는 것이다.

9. 정서조절은 개인의 목표를 달성하기 위하여 정서적 자극을 처리하는 모든 절차를 감독하고 수정하는 매우 복잡하고 역동적인 과정으로 정의되며(Thompson, 1994), 이후 개인적 성취나 사회적 기능 그

리고 건강하고 행복한 삶에 중요한 역할을 하는 유능성이다. 주양육자의 아동 정서와 관련된 신념과 양육 태도는 정서 발달의 핵심적 요인이 된다.

10. 에릭슨은 전 생애 발달 단계 중 특히 청소년기를 중요하게 여겼는데 그는 이 시기 핵심적 발달과제로 자아정체성 확립을 제안한다. 제임스 마르시아는 에릭슨의 주장을 보다 구체적으로 발전시켜 정체성 혼미, 정체성 유실, 정체성 유예, 정체성 확립의 지위 이론을 제안한다.

11. 부모가 자녀를 온정적으로 보살피고 사랑과 애정으로 따뜻하게 대할 것인가, 아니면 엄격하게 훈육하고 통제할 것인가와 같은 문제는 아동의 인지, 언어, 사회, 정서 발달에 영향을 미치는 중요한 요인이다. 보움린드는 부모 양육태도에 따른 발달의 결과를 비교하기 위해 권위적, 권위주의적, 허용적, 방임적 양육태도를 제안하였다.

학습과제

1. 횡단적 기법과 종단적 기법의 장단점을 설명하시오.

2. 피아제와 비고츠키의 인지발달이론에서 아동의 역할에 대한 관점을 비교하시오.

3. 애착발달에서 부모의 양육태도의 영향을 설명하시오.

4. 마샤의 이론에서 정체성 유예 단계의 중요성을 기술하시오.

동기와 정서

1. 동기가 무엇인지 이해하고, 동기에 영향을 미치는 요소들이 무엇인지 이해한다.
2. 동기이론의 시대 변화와 각 동기이론이 제시하는 인간행동에 대한 시사점을 이해한다.
3. 정서가 무엇인지, 개별정서에는 무엇이 있는지, 그리고 정서와 문화 간의 관계를 이해한다.
4. 정서이론의 시대 변화와 각 정서이론이 제시하는 인간행동에 대한 시사점을 이해한다.
5. 개인의 정서조절의 과정 및 유형 그리고 전략에 대해 이해한다.

　　'인간은 왜 행동하는가?' '무엇이 인간을 움직이게 만드는가?'는 인간의 마음과 행동을 연구하는 심리학의 핵심적인 질문 중 하나이며, 이러한 질문은 곧 '동기'에 대한 질문이라고 볼 수 있다. 수십 년에 걸쳐 축적된 동기연구에서는 인간이 왜 특정한 무엇인가를 원하고, 어떤 상황에서 어떠한 이유로 행동하게 되는지를 설명하기 위해 개인과 개인이 속한 환경, 그리고 문화 속에 존재하는 다양한 맥락을 탐색함으로써 동기의 근원을 탐색하고자 한다.

　　또한 인간의 행동을 이해하는 데 동기와 함께 고려해야 하는 것이 바로 정서다. 인간은 생각하는 존재이면서 동시에 희로애락을 통해 행동하는 존재이기도 한다. 이 장에서는 정서란 무엇이며, 정서에 문화적인 차이가 존재하는지, 그리고 정서조절은 어떤 과정을 통해 이루어지는지 살펴보고자 한다.

1　동기

1) 동기란 무엇인가

(1) 동기의 정의

　　일반적으로 심리학에서는 동기를 유기체의 행동을 촉발하는 생리적 에너지와 행동을 조절하는 힘으로서 정의한다. 즉, 동기는 특정한 행동을 시작하도록 하고, 행동의 방향성을 결정하며, 행동의 지속성과 강도를 결정하는 힘이라고 볼 수 있다.

　　욕구(need)와 추동(drive)은 개념적으로 동기와 밀접한 관련성을 보인다. 헐(Hull, 1943)의 추동감소이론에 따르면, 욕구는 인간이 목표를 추구하도록 만드는 내적 결핍 상태를 의미한다. 인간이 가지는 욕구는 유기체의 내적 불균형을 유발하여 생체항상성(homeostasis)을 깨뜨리게 되는데, 안정적인 내적 생태를 항상 일정하게 유지하려는 본능 때문에 모든 유기체는 무너진 생체항상성을 회복하려 노력한다.

　　추동은 생리학적 용어가 아닌 심리학적 용어이다. 즉, 추동은 욕구로 인해 발생하는 결과로, 관찰 가능한 행동의 변화이다. 예컨대, 체내에 수분, 염분, 당분이 부족하면

(내적 결핍 상태), 인간은 물을 마시거나 음식을 먹고 싶은 욕구가 생기고, 이러한 욕구는 물을 마시거나 음식을 찾아 나서는 추동으로 이어지며, 냉장고에 가서 물을 마시고 음식을 섭취하는 직접적인 행동의 원인인 동기를 유발하게 된다. 따라서 욕구, 추동, 동기는 상태를 뜻하며, 상태가 행동으로 발현되는 과정을 동기화(motivation)라고 말한다.

(2) 인간행동과 동기

심리학에서 '인간이 왜 행동하는가'에 대한 문제를 동기의 측면에서 논의할 때 가장 주목해야 할 부분은 인간의 동기가 생물학적 요소, 학습된 요소, 인지적 요소를 포함하고 있다는 점이다(Franken, 1994). 세 가지 동기의 요소를 모두 이해할 때, 인간의 행동과 동기의 관계를 보다 면밀하게 파악할 수 있다.

① 생물학적 요소

행동생물학(ethology)의 관점에서 인간행동은 유전구조의 산물이다. 인간은 유전자에 입력된 대로 행동하고 유전자가 행동의 방향을 결정한다. 이러한 관점에서 인간의 행동은 태어날 때부터 유전자에 기록된 바가 발현된 것이기 때문에 변화시키기가 쉽지 않다고 볼 수 있다. 그러나 행동생물학은 모든 인간행동이 유전자가 지시하는 대로만 움직인다고 가정하지 않으며 어떤 인간행동은 환경의 영향을 받아 촉발될 수 있음을 강조한다.

행동생물학 외에 인간행동을 유발하는 동기의 생물학적 요소를 강조하는 학문 분야로는 행동신경과학(behavioral neuroscience)을 들 수 있다. 행동신경과학은 인간행동에 관한 신경조직을 연구하며, 보상중추(reward centers)에서 분비되는 엔도르핀이 동기와 밀접한 관련이 있음을 보여 준다. 또한 정서를 관장하는 변연계, 특히 시상하부가 종 특유의 추동이 발생하는 근원으로 보고 있으며, 에피네프린과 노르에피네프린, 도파민 등과 같은 신경화학물질이 인간행동의 동기를 주관한다고 보고 있다.

② 학습된 요소

학습된 요소로서 동기는 타고 태어난 것이 아니라 인간이 성장하면서 점진적으로 획득되는 추동과 밀접한 관련이 있다고 본다. 동기의 학습된 요소의 대표적인 예로 성취욕구와 권력 욕구를 들 수 있다. 성취욕구와 권력욕구는 본능과 같이 생물학적으로 타고난 욕구와 관련성이 없지만 인간은 이러한 욕구를 충족하기 위해 적극적으로 행동한다. 학습된 요소로서 동기는 행동주의 학습이론의 근간이 되며, 인간의 행동이 고전적 조건화와 조작적 조건화를 통해 발생할 수 있음을 강조한다. 고전적 조건화의 대표적인 예인 공포나 불안은 학습을 통해 형성될 수 있는 정서이며, 조작적 조건화에서 강조하는 외재적 보상 역시 인간행동의 핵심이 되는 동기의 학습된 요소이다.

③ 인지적 요소

초기 동기 개념의 탐색은 생물학적 요소를 중심으로 이루어졌으며, 이후 행동주의가 주류가 되면서 학습된 요소를 중심으로 이루어져 왔다. 그러나 톨만(Tolman, 1932)을 통해 '기대(expectation)'라는 인지적 개념이 널리 알려지고, 1950년대와 1960년대에 걸쳐 일어난 '인지혁명'으로 인해 동기의 개념 탐색에 인지적 요소가 강조되었다. 페스팅거(Festinger, 1957)의 인지부조화 이론과 하이더(Heider, 1958)의 귀인이론 등을 필두로 인간의 사고, 신념, 그리고 태도가 동기를 결정한다는 관점이 널리 받아들여지기 시작했다. 동기의 인지적 요소를 강조하는 흐름은 현대 심리학에서 공통적으로 나타나고 있으며, 기대-가치이론, 사회인지이론, 자기결정성이론 등 주요한 동기이론은 모두 인지적 요소를 포함하고 있다.

2) 초기 동기이론

(1) 프로이트의 추동이론

프로이트의 **추동이론**은 인간행동의 원인을 무의식적 추동(unconscious drive)로 설명하며, 충족하지 못한 강렬한 충동과 소망에 대한 상징적인 표현으로서 인간행동에 주목하였다. 프로이트의 추동이론은 쾌락주의 동기이론이다. 추동이론에 따르면, 강렬한 충동은 두려움 또는 죄의식을 유발하는 무의식적인 추동으로 작용하여 긴장을 유발하게 되는데, 무의식적 추동의 대부분은 성적 충동과 욕구 때문에 발생한다. 성충동, 혹은 성욕으로 발생하는 힘은 '리비도(libido)'라고 불린다. 인간은 근본적으로 리비도를 해소하기 위해 동기화되고 성적 욕구를 해소하려는 행동에 의해 불유쾌한 추동이 감소하게 된다. 프로이트가 인간행동의 원천인 리비도의 개념을 동기이론에 도입한 것은 인간의 본능과 원초적 욕구, 그리고 추동이 인간 동기의 중요한 부분이라는 점을 지적하고 있다는 점에서 의미가 있다.

(2) 각성이론

프로이트의 추동이론은 인간행동의 근원이 무의식적 추동과 긴장에 있고 행동의 목표가 무의식적인 추동을 감소시키는 데 있다고 보기 때문에 무의식적 추동과 긴장이 존재하지 않아 아무것도 일어나지 않은 상태가 이상적인 상황이라고 가정하고 있다. 그러나 **각성이론**(arousal theory)에서는 인간이 행동하고자 하는 동기는 추동의 강도가 높을수록 더 커지고 추동의 강도가 낮을수록 감소되는 것이 아니라고 본다. 오히려 인간은 긴장이나 각성을 추구한다고 보는 것이다. 최대의 각성상태를 경험하기 위해 번지점프와 스카이다이빙, 암벽등반 등 익스트림 스포츠를 즐기는 사람들은 각성이론으로 설명할 수 있는 대표적인 예이다.

각성상태는 자극에 반응을 하거나 행동할 준비가 돼 있는 상태를 뜻한다. 헵(Hebb, 1955)과 벌라인(Berlyne, 1960)은 역U형 함수관계(inverted-U function)로 각성수준과 수행 간의 관계를 설명한다([그림 8-1] 참조). 즉, 각성상태가 중간수준일 때 수행수준이 가장 높게 나타나며, 이를 최적각성수준(optimal level of arousal)이라고 부른다. 반면, 각성상태가 너무 낮거나 높은 상태에서는 수행수준이 낮게 나타난다. 중요한 시험에서 시험을 잘 봐야 한다는 부담으로 학습자는 높은 각성상태에 놓일 수 있고, 지나치게 높은 각성상태로 인해 효율적인 정보처리가 불가능하게 되어 열심히 공부해서 이미 잘 알고 있던 문제에도 제대로 답하지 못하는 등 시험 불안(test anxiety)을 경험할 수 있다. 마찬가지로 각성수준이 과도하게 낮게 나타날 때, 감각박탈 상태가 되어 집중력이 흐려지거나 졸음이 와서 시험에서 낮은 점수를 받을 수 있다. 결국 인간의 행동은 각성상태가 중간수준일 때 최적 수준으로 유지될 수 있다는 것이다.

(3) 행동주의이론

행동주의는 인간의 행동이 자극과 반응의 연쇄로 인해 발생한다고 보고, 의식을 배제하고 관찰 가능한 행동에 초점을 맞춰 인간의 동기를 파악해야 한다고 본다. 조건화(conditioning)의 개념은 행동

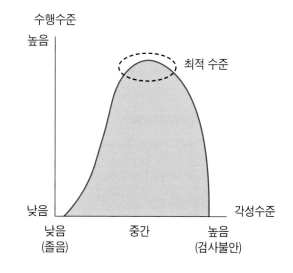

[그림 8-1] 검사수행 상황에서 각성수준과 수행수준 간의 관계를 나타내는 역U형 함수관계

주의이론의 근간이다. 조건화에서는 바람직한 행동을 유발하는 자극을 선별하고 짝지어 제시하는 것에 관심을 둔다. 조건화는 행동을 발생시키고 촉진하는 환경을 조성하는 것과 관련하여 유인물(incentives) 또는 유인체계라는 개념으로 동기이론에 포함되었다. 또한 조건화는 강화인자(reinforcer)나 처벌로 작용하는 자극을 주의 깊게 선택하여 인간행동을 통제함으로써 인간의 행동을 학습시키거나 유지, 변화시킬 수 있다고 믿으며 잘못된 행동을 사전에 방지할 수 있다고 가정한다. 이때 인간행동을 촉발하고 변화시키는 강화인자에 대한 연구가 축적되면서 조건화와 관련된 이론은 강화이론 (reinforcement theory)이라고 불리고 있다.

강화이론은 동기의 원천을 유기체 외부에서 찾고자 한다. 조작적 조건화이론을 발전시킨 스키너(Skinner, 1938)에 따르면 인간의 모든 행동은 학습을 통해 형성된 것이며, 동기화된 또는 조건된 행동이라고 주장한다. 스키너는 강화의 개념을 통해 인간의 동기를 설명한다. 인간은 특정 자극에 반응할 때 그 반응 자체가 보상이 될 수 있거나 다른 어떤 보상을 발생시킬 수도 있다. 이때 보상은 강화인자로 작용하여 다음에도 보상을 받았던 행동을 반복하게 하는 원인으로 작용하게 된다. 즉, 보상은 인간이 행동하게 하는 외적 동기를 유발한다.

강화이론은 인간행동을 통제하고 조절하는 데 매우 강력하고 효과적일 뿐만 아니라 가장 단순하다는 장점을 지니고 있다. 그러나 앞서 언급한 바대로 강화인자는 외재적 동기로서 작용하기 때문에 여러 가지 문제점을 가지고 있다. 대표적인 예로, 외재적 동기로 작용하는 강화인자는 특정 상황에서 내재적 동기를 약화시키거나 소멸시킬 수 있다는 연구 결과들(Deci, 1972; Lepper & Greene, 1978)이 보고되면서, 일부 이론가들 사이에서 강화이론은 교실 속의 필요악으로 대우받기도 한다.

(4) 인본주의이론

인본주의 심리학은 1960년대에 당대 심리학 이론 중 가장 영향력이 있었던 정신분석학과 행동주의이론에 대항하여 매슬로(Maslow, 1943)를 중심으로 탄생하였다. 인본주의는 행동주의 강화이론이 외재적으로 유발되는 동기만을 강조하고 개인의 내적 측면을 무시하는 것에 반발하여 개인이 가지고 있는 욕구나 내적 심리상태를 강조하였다. 인본주의이론의 관점에서 인간을 동기화시키는 것은 개인의 내적 자원이다. 즉, 유능감, 자아존중감, 자율성, 자기실현 등을 향상할 수 있도록 격려하는 것이다 (Woolfolk, 2001).

매슬로는 개인의 자기상(self-image), 자기개념(self-concept), 사회적 수용이 행동을 시작하고 행동의 방향을 결정하며 행동의 강도와 지속성을 결정하는 데 중요한 역할을 한다고 보았으며, 인간이 궁극적으로 도달하려는 삶의 목표는 자기실현(self-actualization)으로 보았다. 자기실현은 개인이 가지고 있는 잠재적 능력을 실현하려는 심리적 욕구로 정의될 수 있다. 매슬로는 자기실현 목표에 도달하기 위한 욕구 이전에 기본적인 욕구가 있다고 보았고, 인간의 욕구가 기본적인 욕구에서 자기실현까지 위계적으로 발전한다고 보는 욕구위계이론을 제시하였다([그림 8-2] 참조).

피라미드 모양으로 나타나는 욕구위계는 생리적 욕구, 안전 욕구, 애정과 소속감 욕구, 자존 욕구, 지적 성취 욕구, 심미적 이해 욕구, 자기실현 욕구로 구성된다. 아래 네 개의 욕구는 결핍욕구(deficiency needs)이며 나머지 상위 세 개의 욕구는 존재욕구(being needs)라고 불린다. 욕구위계이론에 따르면 하위 단계의 욕구가 충족된 후에 다음 단계의 욕구가 발생한다는 점에서 인간의 욕구는 위계적이다. 소득수준이 증가하

[그림 8-2] 매슬로의 욕구위계도

피라미드식의 욕구위계는 일곱 단계로 구성되는데, 하위 단계에 있는 욕구가 충족되면 그 위 단계의 욕구가 발생한다. 또한 아래 네 단계에 있는 것들은 결핍욕구며, 이것들이 충족되면 상위 세 단계에 있는 존재욕구가 발생한다.

면 사람들은 기본생활을 유지하기 위한 의식주에 소비를 집중하기보다 상위 욕구(예: 문화생활, 웰빙)를 충족시키기 위한 서비스와 상품에 소비의 비중을 높인다. 결핍욕구는 충족이 되면 해당 욕구를 충족하려는 동기가 약해지지만, 존재욕구는 완전하게 달성할 수 있는 것이 아니다. 인간의 생애에서 개인의 잠재적 능력을 실현하고자 하는 자기실현 욕구는 끊임없이 생성된다.

매슬로의 욕구위계이론은 하위 욕구가 충족되지 않은 경우에도 상위수준의 욕구를 충족하기 위해 끊임없이 노력하는 사람이 있다는 증거들로 많은 비판을 받았지만, 인본주의 심리학의 대표적 이론으로서 의미 있는 시사점을 갖는다. 예를 들어, 경제적 곤궁함으로 끼니를 챙겨 먹지 못하고 가정폭력으로 위협을 당하는 아동에게는 지적 성취 욕구보다 생리적 욕구와 안전에 대한 욕구가 시급하게 해결되어야 한다는 것이다.

(5) 성취동기이론

성취동기이론(achievement motivation theory)은 맥클리런드와 동료들(McClelland et al., 1953)의 연구에서 시작되었다. 성취동기(achievement motive 또는 motivation) 개념은 헨리 머레이(Henry Murray)가 개인의 성격을 판별하기 위한 방법으로 사회적 욕구를 연구하면서 제안한 성취욕구(need for achievement)라는 개념에서 시작되었다.

머레이는 요구분류체계(taxonomy of needs)를 통해 20가지 심인성 욕구(psychogenic needs)를 분류하였는데, 그중 하나로 성취욕구를 포함시켰다. 머레이에 따르면 성취욕구는 "어려운 일을 완수하려는 것, 숙달하려는 것, 탁월해지려는 것, 타인과 경쟁해서 이기는 것, 장애물을 극복하고 높은 기준을 충족시키려는 것에 대한 욕구"라고 정의했다(pp. 80-81). 머레이는 심인성 욕구를 측정하기 위해 투사적 측정 기법인 주제통각검사(Thematic Apperception Test: TAT)를 개발하였다. TAT는 여러 장의 그림으로 구성되어 있으며 각 그림에는 한 명 이상의 사람이 애매한 상황에 있는 장면이 묘사되어 있다. 피검사자는 그림에 대해 무슨 일이 벌어지고 있는지, 왜 이런 일이 생겼는지, 그림의 주인공은 어떤 느낌인지 등의 질문에 대답하도록 지시받는다. TAT의 기본 전제는 모호한 자극에 공상적 반응(fantasy response)을 하는 상황에서 개인은 자신이 가지고 있는 접근-회피 경향성을 무의식적으로 투사하게 된다는 것이다.

맥클리런드와 동료들은 머레이가 제시한 기본욕구의 개념을 바탕으로 성취욕구를 성취동기로 명명하고, 탁월해지고자 하는 욕구와 우수함과 성공을 추구하려는 욕망으로 성취동기를 정의하면서 체계적인 이론을 구축하였다. 맥클리런드는 성취동기를 측정하기 위해 TAT를 수정, 보완하고 채점을 위한 기준을 세웠다. 성취동기이론은 동물실험을 바탕으로 결핍, 박탈, 생존 등으로 대표되는 생리적 욕구에 초점을 맞추었던 기존 동기이론을 인간 동기에 대한 연구로 전환, 확장하였다는 데 의의가 있다.

3) 현대 동기이론

(1) 기대×가치이론

맥클리린드에 이어 앳킨슨(Atkinson, 1964)은 기대×가치 이론체계를 적용하여 성취이론을 발전시켰다. 앳킨슨은 성취행동을 성취경향성(tendency to achieve)으로 대치하고 다음과 같은 수학 공식을 사용하여 자신의 개념을 모형화하였다.

성취경향성 = (성공에 접근하려는 경향) − (실패를 회피하려는 경향)

성취경향성은 성공에 접근하려는 경향성과 실패를 회피하려는 경향성이 대립하는 결과이다. 이때 성공에 접근하려는 경향성은 성공하려는 동기(motivation for success), 개인이 지각한 과제의 성공 가능성(probability of success), 그리고 과제에 성공했을 때 얻는 유인가(incentive value for success)라는 세 가지 요소가 곱해져서 나타난다. 또한 실패를 회피하려는 경향은 실패를 회피하려는 동기(motivation to avoid failure), 실패 가능성(probability of failure) 그리고 그 과제에서 실패하였을 때 발생하는 부적 유인가(negative incentive value of failure)가 곱해져서 나타난다. 따라서 성취경향성은 대립된 두 경향성 강도의 차이를 의미한다. 앳킷슨은 이것을 결과성취동기(resultant achievement motivation)라고 명명하였다(Atkinson, 1964). 이때 성공 가능성과 실패 가능성은 '기대'를 나타내고, 성공으로 발생하는 유인가와 실패에 대한 부적 유인가는 '가치'를 의미하기에 기대×가치 이론의 전형이라고 할 수 있다.

앳킨슨과 동료들은 여러 조건에서 결과성취동기를 산출하여 높은 성취동기를 가진 사람의 경우 중간 난이도 과제를 선호하고, 낮은 성취동기를 가진 사람은 매우 극단적인 과제, 즉 매우 어렵거나 쉬운 과제를 선호한다는 가설을 검증하기 위해 많은 연구를 반복해서 수행하였다. 그러나 대부분 실증연구에서는 앳킨슨과 동료들이 예측한 대로 결과가 도출되지 않았다. 또한 TAT를 사용하여 성취동기를 측정한 것에 대한 비판에 직면하여 측정도구의 타당성과 신뢰성을 높이기 위해 새로운 측정방식과 요소들을

포함한 수정모형이 등장하였으나 큰 주목을 받지 못해 성취동기이론 연구는 정체기에
접어들었다. 1980년에 접어들어 에클스와 위그필드(Eccles & Wigfield, 1995)는 앳킨슨
의 기대×가치 이론을 수정하여 학업상황에서 성취동기이론을 연구하고 있으며, 일부
연구자들은 성취상황에서 어떤 과제를 선택하는가보다는 왜 특정한 과제를 선택하는
지에 관심을 두는 성취목표에 대한 연구를 시작하였다.

(2) 귀인이론

귀인(attribution)이란 발생한 사건의 결과에 대한 원인이 무엇인지 찾는 것이다. 귀인
이론은 행동의 결과에 대한 원인을 분석하여 해당 원인을 무엇으로 보는지에 따라 사
람들의 후속 행동이 달라질 수 있음을 강조한다. 즉, 개인의 행위 결과에 관한 설명이
나 정당화가 어떠한 방식으로 후속 행동에 영향을 미치는지를 설명하는 것이 귀인이
론의 핵심이다(Weiner, 1972).

와이너(Weiner, 1972)는 귀인이론에 성취동기이론을 접목하고 체계화하였다. 그
는 성공이나 실패의 귀인을 인과소재(locus of causality), 안정성(stability), 통제가능성
(controllability) 차원에서 살펴볼 수 있다고 하였다. 먼저 인과소재는 인간행동의 원인
을 개인 내부 혹은 외부에서 찾는지에 대한 차원이며, 안정성은 행동의 원인이 쉽게 변
하지 않고 얼마나 안정적인지에 대한 것이다. 통제가능성 차원은 행동의 원인이 통제
가 가능한 것인지 혹은 통제가 불가능한 것인지에 관한 것이다. 와이너(1992)는 이 세
가지 차원에 따라 시험 실패에 원인으로 꼽을 수 있는 것들을 〈표 8-1〉과 같이 제시하
였다. 결과적으로 같은 시험 실패를 경험할지라도 실패의 원인을 어디에 두느냐에 따
라 후속 학습 행동이 달라질 수 있다.

다양한 원인 중, 학업상황에서 가장 바람직하게 작용하는 것은 내적-불안정-통제

표 8-1 와이너(1992)의 귀인 차원에 따라 분류한 시험 실패에 대한 원인의 예

인과소재	내적		외적	
안정성 / 통제 가능성	안정	불안정	안정	불안정
통제 가능	원래 공부 안 함	그 시험을 위해 공부하지 않음	교사가 불공정함	친구들이 도와주지 못함
통제 불가능	적성이 낮음	시험 당일 아픔	성적기준이 높음	운이 나쁨

가능한 원인이다. 즉, '시험을 위해 열심히 공부하지 않았다'고 생각할 때 다음 시험에서는 노력하면 성공할 수 있다고 판단하여 다음번 시험에 더 많은 노력을 투입할 수 있다. 반면, 가장 바람직하지 않은 원인은 '낮은 적성'이다. 적성은 노력으로 쉽게 변하는 것이 아니기 때문에 개인이 통제하기 어려운 내적 원인이다. 낮은 적성을 실패의 원인으로 지목하고 이러한 상황이 반복된다면 실패상황에서 벗어나려는 노력을 아예 시도조차 할 수 없는 학습된 무기력으로 빠질 가능성도 있다(Covington & Omelich, 1979).

귀인은 지각된 성공 가능성(기대)을 결정하는 데 중요한 역할을 담당한다. 기대의 변화는 행동의 인과적 설명이 내적 혹은 외적인지에 따라 달라지기보다 결과의 원인이 안정적이냐 불안정하냐에 따라 영향을 더 받게 된다(Weiner, Heckhausen, Meyer, & Cook, 1972). 로젠바움(Rosenbaum, 1972)은 성공을 안정적인 원인(예: 높은 능력)으로 귀인할 때 미래의 성공에 대한 기대가 상대적으로 높게 나타나고, 실패의 원인을 불안정적 요인(예: 운)으로 돌릴 때 성공에 대한 기대가 상대적으로 낮아지는 것을 발견하였다.

한편, 귀인은 정서적 반응에도 영향을 주는 것으로 밝혀졌다(Weiner, Russell, & Lerman, 1978). 낮은 적성 때문에 실패했다고 생각하는 학생은 수치심과 우울을 경험하게 되고, 열심히 공부했기 때문에 성적이 잘 나왔다고 생각하는 학생은 자부심을 느낄 것이다. 이러한 정서반응은 이후 비슷한 과제수행 상황에서 과제 유인가에 영향을 미치고 수행에도 영향을 줄 수 있다.

(3) 사회인지이론(자기효능감)

사회인지이론 관점에서 인간은 내부의 힘이나 외부의 자극에 의해 자동적으로 움직이는 존재가 아니다. 인간은 자신이 속해 있는 환경과 상호작용하며 행동하는 자기조절자로 기능한다. 사회인지이론의 관점에서 인간행동은 **자기조절체계**(self-regulatory system) 안에서 이해해야 한다(Bandura, 1986). 자기조절체계는 개인의 인지구조에 포함된 자기체계(self-system)를 의미하며, 외부 환경의 자극을 상징화하고 학습하며, 다양한 행동을 계획하고 조절하는 능력이다. 또한 밴듀라는 개인을 둘러싼 환경-개인-행동 세 가지가 상호작용하며 인간행동을 결정한다는 인과관계 모형으로서 삼자상호작용론(triadic reciprocality)을 제시하였다. 이때 개인 요인으로 지각과 행동 간의 관계를 중재하는 것이 바로 자기효능감이다. 밴듀라는 사회인지적(social cognitive) 동기이론의 하나로 자기효능감이론(self-efficacy theory)을 발전시켰고 **자기효능감**은 "특정한 목표를 달성하기 위해 필요한 활동을 조작하고 실행하는 자신의 능력에 대한 신념"(Bandura, 1977, p. 3)으로 정의하였다. 따라서 자기효능감은 성취 상황에서 내가 얼마나 효율적으로 기능할 수 있는지에 대한 개인의 신념 혹은 기대로, 수행의 질을 결정하는 데 직접적 영향을 미치는 동기 요인이다.

밴듀라(1997)가 제안한 자기효능감은 자기개념(self-concept)이나 자아존중감(self-esteem)과는 구별된다. 먼저 자기개념은 자신에 대한 전반적인 지각을 뜻하고 자아존중감은 자신에 대한 가치판단 결과로 볼 수 있다. 그러나 자기효능감은 특정 과제에서 발휘될 수 있는 개인의 능력에 대한 신념으로, 자기개념이나 자아존중감보다 '구체적 상황 혹은 과제에 국한된 능력에 대한 판단'이다. 따라서 자기효능감은 일반적인 수행 상황보다 특정한 과제에서의 수행을 더 잘 예측할 수 있다.

그러나 몇몇 동기 이론가 중에는 과제 특수적(task-specific)인 자기효능감뿐만 아니라 많은 상황에서 개인의 능력에 대한 신념에 초점을 두고 일반적 자기효능감(general self-efficacy)을 연구하는 경우도 있다(Eden & Aviram, 1993; Jerusalem & Schwarzer, 1992). 또한 과제특수적 자기효능감보다는 넓지만 일반적 자기효능감보다는 구체적인 맥락에서 자기효능감을 연구하는 경우도 있다. 학업적 자기효능감(academic self-efficacy), 직무효능감(job-efficacy), 교사효능감(teacher-efficacy) 등의 맥락 특수적(context-specific) 자기효능감을 연구하는 경우가 바로 그것이다(김아영, 2010).

밴듀라에 의하면 사람들은 자신의 수행을 직접 관찰함으로써 자기효능감을 형성하기도 하지만 타인이 수행하는 것을 관찰하거나 생리적 지표를 통해 자기효능감을 형성할 수 있다. 즉, 자신의 수행을 통해 직접적인 성공을 경험하는 것뿐만 아니라 자신과 유사한 다른 사람의 성공 경험을 관찰하는 것만으로 개인의 효능감은 증진될 수 있다. 또한 부모나 교사와 같이 중요한 타인의 칭찬이나 언어적 설득(예: "너는 할 수 있어")도 자기효능감을 향상시킬 수 있으며, 스트레스 유발 상황에서 자신의 생리적 지표를 자신감이 없거나 불안하다는 뜻으로 해석할 경우 자기효능감은 감소될 수 있다(Bandura, 1986).

자기효능감이론에 따르면, 동일한 능력을 가지고 있을지라도 자신의 능력에 대한 효능감을 높게 지각할 때 자기효능감이 낮은 사람보다 실제 수행이 더 높게 나타날 수 있으며, 자기효능감은 교육과 훈련을 통해 증진시킬 수 있다. 이러한 수행 예측력과 교육가능성으로 인해 자기효능감은 성취 상황에서 가장 중요한 동기 요인 중 하나로 인정받아 현재까지도 주요한 동기이론으로 자리매김하고 있다.

(4) 목표설정 및 목표지향이론

목표설정이론(goal setting theory)에서 목표는 개인이 성취하려고 노력하는 결과로 정의된다. 목표설정이론의 개척자인 로크(Locke)와 동료들은 목표설정이 과제수행에 중요한 영향을 미치며 개인의 선택행동을 조절한다는 점에서 동기적 기제라고 보았다 (Locke & Latham, 2002). 목표설정의 동기적 기제를 살펴보면, 목표는 주의 집중과 행동의 방향성을 결정할 뿐만 아니라, 목표를 달성할 때까지 노력을 지속하도록 하며, 목표를 달성하기 위해 각성하고 기술을 개발해 습득하도록 동기화한다. 달성하기 쉬운 목표나 보호하고 추상적인 목표보다 구체적이고 어려운 목표에서 더 높은 수행을 보일수 있다. 개인이 목표에 몰두하고 목표를 달성하기 위해 필요한 능력을 가지고 있으며, 갈등적 목표가 존재하지 않는 한, 목표의 난이도와 과제수행 사이에는 정적인 선형관계가 존재한다(Locke & Latham, 2006).

목표지향이론(goal orientation theory)에서 말하는 목표지향성은 성취 목표에 대한 신념의 종류를 뜻한다. 목표지향성을 연구한 초기 학자 니콜스(Nicholls, 1984)는 목표지향성을 과제개입형 목표(task-involved goal)와 자아개입형 목표(ego-involved goal)로 나누었고, 이후 에임즈와 아처(Ames & Archer, 1988)는 목표지향성을 **숙달목표지향성**(mastery goal orientation)과 **수행목표지향성**(performance goal orientation)으로 나누었다. 이와 관련하여 드웩(Dweck, 1986)은 학업상황에서 목표지향성을 학습목표지향성 (learning goal orientation)으로 명명하기도 했다. 숙달목표지향성과 수행목표지향성은 서로 대비되는 것으로, 전자는 과제를 학습하는 것 자체에 가치를 두고 과제를 숙달하는 데 목표를 두는 것이고, 후자는 능력에 대한 타인의 칭찬이나 인정과 같이 과제의 외적인 것에 높은 가치를 두는 것을 의미한다. 따라서 숙달목표지향성은 과제의 목표가 지금 배우는 과제에 대한 이해도를 향상시키는 데 있다면, 수행목표지향성은 다른 사람보다 우수하고 경쟁에서 이기는 것을 학습의 목적으로 삼는 경우를 뜻한다.

최근 목표지향이론에서는 목표지향성의 유형을 초기 성취동기이론과 같이 과제에 대한 접근과 회피의 방향에 초점을 두고 숙달목표지향성을 숙달접근과 숙달회피 목표지향성을 세분화하고, 수행목표지향성을 수행접근과 수행회피 목표지향성으로 구분해야 한다고 주장하고 있다(Elliot & McGregor, 2001). 이러한 주장은 숙달목표지향성을 적응적인 것으로 보고, 수행목표지향성은 부정적이고 부적응적인 것을 생각하는 이분법적 접근을 비판하였다. 수행접근 목표지향성과 같이 수행목표지향성도 세부적으로 본다면 숙달목표와 같이 긍정적인 측면을 가질 수 있으며, 최근에는 수행목표와 숙달목표지향성이 모두 높은 중다목표지향적(multiple goal orientation)인 사람도 존재함이 밝혀졌다(Barron & Harackiewicz, 2001).

(5) 자기결정성이론

자기결정성이론(self-determination theory)을 체계화한 라이언과 디시(Ryan & Deci, 2000)에 따르면, 자기결정성이론은 인본주의적 관점의 심리학 이론의 하나로, 인간은 심리적으로 성장하고자 하는 욕구와 정교화되고 통합된 자기(self)를 발달시키려는 능동적 경향성을 갖고 태어난다(Ryan & Deci, 2000)고 가정한다. 자기결정성이론은 인간의 동기를 설명하는 핵심적인 다섯 개의 미니이론들을 포함하는 매크로 이론체계로 구성되어 있다. 다섯 개의 미니이론은 인지평가이론(cognitive evaluation theory), 유기적 통합이론(organismic integration theory), 인과지향성이론(causality orientation theroy), 기본심리욕구이론(basic psychological need theory), 목표내용이론(goal content theory)으로 구성된다.

사회적 맥락이 내재적 동기에 미치는 영향을 설명하기 위해 도입된 인지평가이론은 보상과 같은 외적 사건이 통제적 측면과 정보적 측면을 가지고 있다고 가정하며, 전자는 자율성 욕구에, 후자는 유능성 욕구에 영향을 미친다고 보았다. 유기적 통합이론은 내재화(inernalization)와 통합(integration)의 개념을 바탕으로 외재동기의 발달과 역동을 설명하기 위해 포함되었다. 인과지향성이론은 사회적 환경에 대한 지향성의 개인차를 자율지향성(autonomy orientation), 통제지향성(controlled orientation), 무동기지향성(impersonal orientation)으로 설명하며, 개인의 지향성이 비교적 안정적인 성향을 보인다고 가정한다.

기본심리욕구이론은 인간이 세 가지 기본적인 심리적 욕구인 유능성(competence), 자율성(autonomy), 관계성(relatedness)에 관한 욕구가 충족될 때 비로소 내재적 동기가 유발된다고 본다. 따라서 이 세 욕구는 개인의 발달과 성장에 필수적인 요인이며, 심리적 성장을 방해하거나 촉진하는 환경 특성을 이해하는 데 핵심적이다(Ryan & Deci, 2002). 목표내용이론은 개인이 추구하는 삶의 목표를 내적인 것과 외적인 것으로 구분한다. 외적 삶의 목표의 대표적인 예로는 경제적으로 성공하는 것, 권력의 획득, 사회적 인정, 신체적 매력 등이 있으며, 내적 삶의 목표에는 자기실현, 건강한 삶 추구, 공동체 참여 등을 들 수 있다(Kasser & Ryan, 1993). 이때 개인이 외적 삶의 목표보다는 내적 삶의 목표를 가지고 있을 때 더 바람직한 성취결과와 심리적인 안녕을 경험할 수 있다고 본다.

　유기적 통합이론에서는 동기를 이분법적으로 구분하여 내재적 동기와 외재적 동기로만 분류하는 것이 적절하지 않다고 보고, 외재적 동기도 자기결정성(자율성)의 정도에 따라 다양한 외재적 이유가 존재할 수 있다고 주장한다. 자율성은 내재적 동기 발현에 중요한 요인이지만, 내재적 동기만이 유일한 자기결정동기는 아니며, 인간행동이 전적으로 내재적 동기에 의해 발생하는 경우는 매우 드물다는 것이다(Ryan & Deci, 2000). 사람들이 외재적 동기를 가지고 있다 하더라도 어느 정도 자기결정성을 경험할 수 있다고 본다. 이러한 주장에 따라 자기결정성 수준이 달라짐에 따라 외재적 동기는 각기 다른 유형의 연속선상에 놓이게 된다. 즉, 어떠한 자기결정성도 경험하지 못하는 무동기(amotivation)로 시작해 외재적 동기는 자기결정성 개입의 수준에 따라 외적조절(external regulation), 내사된 조절(introjected regulation), 확인된 조절(identified regulation), 통합된 조절(integrated regulation)로 구분될 수 있다.

　외적 조절 동기는 외재적 동기의 연속체 중에서 가장 자기결정성이 부족하며, 외적 보상이나 마감시간과 같이 외부적인 제약 때문에 행동하는 것을 뜻한다. 내사된 조절은 행동의 이유를 내면화하기 시작하는 단계로 행동에 대한 개인의 의지가 어느 정도

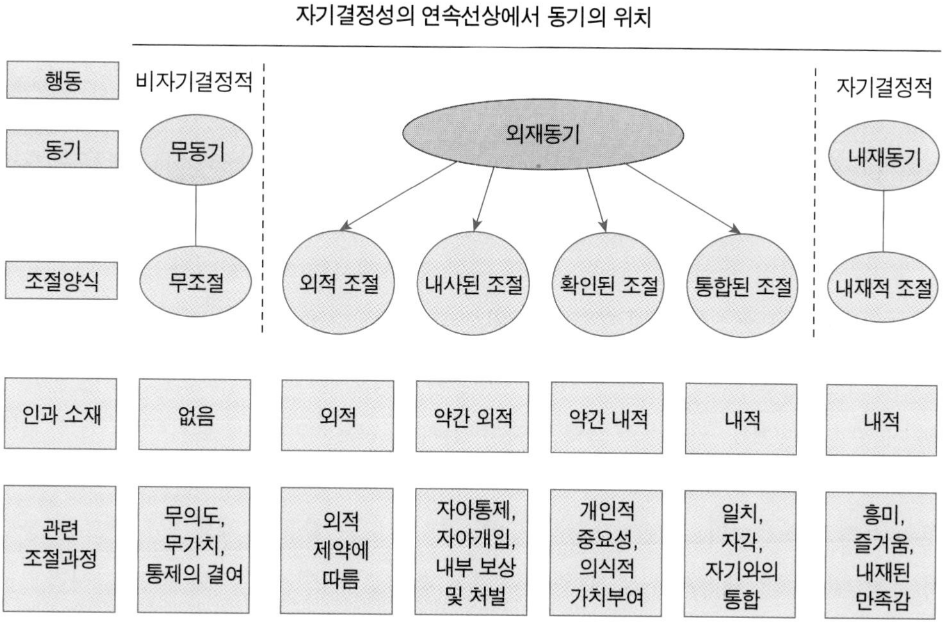

[그림 8-3] 조절양식, 인과 소재, 동기 유형을 보여 주는 자기결정성 연속선(Ryan & Deci, 2000)

개입된다. 그러나 근본적으로 내사된 조절 동기로 유발된 행동은 타인의 인정을 받거나 비판을 피하기 위한 것이기 때문에 여전히 외부의 압력이나 기대에 의해 조절된다. 확인된 조절 동기는 행동의 목표를 완전히 자신의 것으로 내면화하지는 않지만, 행동의 가치를 스스로 확인하고 수용한 상태를 뜻한다. 따라서 특정한 행동을 하는 것이 스스로 가치 있다고 판단하지만, 행동 자체에서 기쁨이나 자기만족을 경험하진 않는다. 통합된 조절 동기는 개인이 자신의 가치에 부합하는 조절에 의해 특정 행동을 하지만, 여전히 행위 자체의 고유 속성에 근거하여 행동을 하는 것이 아니기 때문에 내재적 동기와 구별된다. 활동 자체가 즐겁거나 흥미롭거나 매혹적인 것으로 인식되는 경우 내재적 동기가 발생하며, 반면에 활동이 자기 자신에게 의미 있고, 적절하며 가치 있는 것으로 인식될 때에는 외재적 동기 유형의 하나인 확인된 조절 또는 통합된 조절 동기에 있다고 볼 수 있다는 것이다(Ryan & Connell, 1989).

(6) 흥미와 시험불안

흥미(interest)는 특정한 인간행동을 유발하는 핵심적인 정적 정서로 정의된다. 흥미는 특정한 행동을 하는 데 필요한 능력과 기술을 습득하고 발전하려는 욕구로부터 발생하며, 개인이 얼마만큼 활동에 집중할 수 있는지를 결정할 뿐만 아니라, 정보처리와 이해수준, 그리고 기억의 강도를 결정하는 데 중요한 역할을 담당한다. 따라서 흥미는 목표로 삼은 행동을 시작하고 지속하게 하며, 노력을 투입하게 하는 속성을 지니고 있다는 점에서 동기의 개념에서 빠질 수 없는 부분이다.

흥미와 동기는 서로 밀접한 관련성을 가지고 있으나 둘 중 어느 것이 선행하는 개념인가에 대한 논의에서는 결론을 내리기가 쉽지 않다. 앞서 언급한 것과 같이 일반적으로 흥미는 정서적 측면으로 간주되지만 다른 한편에서는 과제흥미가 정서적인 요소 외에도 인지적인 요소도 함께 포함하는 것으로 제안된다(Krapp, 1999).

흥미에 관한 연구는 흥미의 개념을 개인적 흥미(personal interest)와 상황적 흥미(situational interest), 그리고 실현된 개인흥미(actualized individual interest)로 구분한다(Krapp et al., 1992). 개인적 흥미는 흥미를 비교적 안정적으로 발현되는 영구적인 성향 혹은 성격적 특성이다. 반면, 상황적 흥미는 과제 또는 활동을 재미있게 만드는 상황적 특징(예: 신기한 내용의 소설) 때문에 유발된 흥미로, 개인적 흥미와 달리 일시적으로 발현된다. 마지막으로 개인은 흥미를 유발하는 환경적 특성과 개인적 흥미가 상호작용하여 실현된 개인적 흥미를 경험할 수 있다. 예를 들어, 과학 과목에 높은 개인적 흥미를 가진 학생이 국어 수업에서 과학을 주제로 작성된 텍스트를 읽게 될 때, 다른 글을 읽을 때보다 더 높은 심리적 상태의 흥미, 즉 실현된 개인 흥미를 경험할 수 있다.

(7) 과잉정당화이론

과잉정당화이론(overjustification theory)은 보상이나 다른 외적인 제약들이 행위자에게 어떻게 해석되며 그러한 해석이 내재적 동기에 어떤 영향을 미치는지에 관심을 가진다(Lepper & Greene, 1978). 과잉정당화이론에 따르면 내재적 동기 때문에 촉발된 행동이 보상과 같은 외적 요인과 연결되는 순간 사람들은 그 행동이 내적 요인으로 인해 발생하였다고 생각하기보다 위협이나 처벌, 뇌물과 같이 외부 요인 때문에 발생한 것으로 귀인하는 경향이 있다(Lepper & Greene, 1978). 다시 말해, 내적으로 동기화되어 시작된 행동에 보상이 더해지면 해당 행동에 대해 다중인과 스키마(multiple causal schema)가 형성되게 된다(Kelly, 1971). 다중인과 스키마가 형성되면 행동의 원인 요인 중에서 가장 현저한 외적 요인을 행동의 원인으로 생각하는 과잉정당화가 일어나게 된다는 것이다. 이로써 행동을 유발하는 내적 요인은 최소화되고, 켈리는 이러한 현상을 절감원리(discounting principle)로 명명하였다.

과잉정당화이론 지지자들에게 인용되는 연구는 레퍼와 동료들(Lepper et al., 1973)의 연구이다. 레퍼와 동료들은 그림 그리기를 좋아하는 유치원 아동을 대상으로 실험을 수행하였다. 연구에 참여한 아동은 그림을 그려 달라고 부탁하고 그림에 대한 보상을 약속한 집단, 그림을 그려 달라고 부탁한 후 그림을 완성했을 때 깜짝 보상을 받은 집단, 보상에 대한 언급 없이 그림을 그려 달라고 부탁하고 실제로 아무런 보상도 지급하지 않은 집단 중 하나에 할당되었다. 연구 결과, 보상을 약속한 집단의 그림은 다른 집단의 아동이 그린 그림보다 질이 떨어지는 것으로 나타났다. 또한 일주일 후 실험에 참여한 아동들의 자유놀이 시간 행동을 일방경을 통해 관찰해 본 결과, 사전에 보상을 약속했던 집단의 아동은 다른 두 집단에 비해 그림도구를 가지고 노는 빈도가 가장 낮은 것으로 나타났다. 이러한 결과는 내재적 동기가 있는 상태에서 외재적 보상이 주어지면 행위자는 활동의 원인을 내적인 것에서부터 외적인 요인으로 전환해 귀인하는 절감원리를 보여 준다.

2 정서

1) 정서란 무엇인가

(1) 정서의 정의

정서는 특정한 내·외적 요인에 대한 경험적·생리적·행동적인 반응으로, 유전적으로 결정되거나 습득된 동기적 경향이다(Carlson & Harfield, 1992). 정서는 유기체가 정서를 유발한 대상에 접근 혹은 회피하도록 하기 때문에 동기적 경향성으로 해석되곤 한다. 또한 정서는 동기의 상태를 반영하는데(Reeve, 2005), 이는 개인이 목표를 달성하는 과정에서 일이 잘 진행될 때 기쁨을 느끼고, 잘 진행되지 않을 때 괴로움을 느끼는 것으로 생각해 볼 수 있다.

(2) 정서의 분류

① 비연속적 분류

정서의 비연속적 분류(discrete emotion)는 모든 사람이 가지고 있는 기본 정서는 몇 가지 유형으로 존재한다고 본다. 아이저드(Izard, 1977)는 사람들이 흥미-흥분, 기쁨, 놀람, 괴로움-고통, 화-분노, 혐오, 경멸-모욕, 두려움-공포, 수치-부끄럼, 죄책감 등 열 가지 정서를 가지고 있다고 주장하였고, 플럿칙(Plutchik, 1980)은 기대, 기쁨, 놀람, 슬픔, 분노, 혐오, 두려움, 수용의 여덟 가지 정서를 제시하였다. 에크먼과 프리슨(Ekman & Friesen, 1978)은 특정 정서와 안면 근육 사이를 신경회로가 연결하여 특정한 정서는 특정한 얼굴 표정을 만들어 낸다고 주장하였는데, 후에 에크먼(Ekman, 1992a, 1992b)은 행복, 놀람, 슬픔, 분노, 혐오, 경멸, 두려움 등의 여섯 가지 정서를 제안하였다. 에크먼과 동료학자들은 정서유형을 얼굴 표정과 관련하여 제시하였는데, [그림 8-4]는 에크먼이 제시한 여섯 가지 정서에 대한 얼굴 표정이다. 이 여섯 가지 표정은 정서의 문화적 보편성이 어느 정도 존재함을 보여 준다.

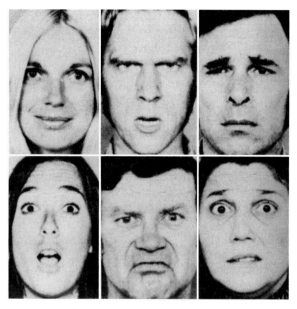

[그림 8-4] 여섯 가지 얼굴 표정

얼굴 표정은 문화 특유적인가, 문화 보편적인가?

② 차원적 분류

정서의 차원적 분류(dimensional approaches to emotional feelings)는 비연속적 분류처럼 정서를 나열하는 것이 아닌, 차원에 맞춰 배열하는 것을 말한다. 차원적 분류는 분트(Wundt)의 쾌-불쾌(pleasant-unpleasant), 긴장-이완(tension-relaxation), 흥분-우울(excitement-depression)의 세 가지 차원에서 정서를 설명한 3차원이론에서 비롯되었다. 러셀(Russel, 1980, 1997, 2003)은 쾌-불쾌와 각성수준을 정서의 핵심요인으로 보았고, 이 두 가지 차원을 토대로 정서에 대한 원형모형(circumplex model)을 제시하였다. [그림 8-5]에서 볼 수 있듯이, 가로축은 쾌-불쾌 정도를 보여 주고 세로축은 각성수준의 정도를 보여 준다. 일사분면에는 유쾌하면서 각성 정도가 높은 정서(흥분, 행복 등)가 있고, 이사분면은 불쾌하면서 각성 정도가 높은 정서(괴로움, 화남 등)가 있다. 삼사분면은 불쾌하면서 각성 정도가 낮은 정서(우울함, 지루함 등)가 있고, 사사분면은 유쾌하지만 각성 정도가 낮은 정서로서 편함, 평온함 등이 있다. 이 원형모형은 성인과 유치원 아동을 대상으로 한 연구에서 유사한 결과를 얻었음이 확인되었고(Russell & Bullock, 1985), 다른 국가에서 다른 언어로 제시된 연구에서도 유사한 결과가 나타났다고 한다(Yik & Russell, 2003).

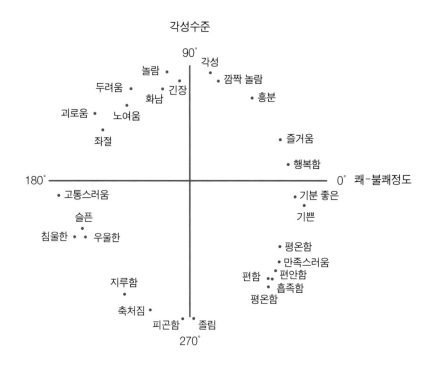

[그림 8-5] 쾌-불쾌 차원과 각성수준 차원을 중심으로 나뉜 정서의 유형(Russell, 1980)

(3) 정서와 문화

사람들이 생각하는 방식과 마음으로 느끼는 정서에는 문화적 차이가 존재한다. 때에 따라 그 차이는 커질 수 있으며, 정서적인 판단, 정서 표현 및 해석에 대한 다양한 문화적 차이는 때때로 설명되기 어렵기도 하다(Kalat & Shiota, 2007). 정서이론에서 주목하는 문화는 크게 개인주의문화 대 집단주의문화, 그리고 수직적 문화 대 수평적 문화이다.

① 개인주의문화 대 집단주의문화에서의 정서

문화는 개인주의에서부터 집단주의까지의 연속선상에 위치한다(Markus & Kitayama, 1991). 주로 서양 문화에 속한 사람들이 개성, 개인의 권리, 그리고 다른 사람으로부터의 독립을 강조하는 개인주의(individualism) 성향이 높고, 이와 대조적으로 동아시아 및 남아시아 문화권 사람들이 개인보다 집단을 우선시하여 집단 동일시, 사회적 조화, 상호 의존에 가치를 두는 집단주의(collectivism) 경향성이 높다. 특히 자부심, 수치심, 죄책감처럼 자신에 대한 긍정적 혹은 부정적인 평가를 내릴 때 필요한 자의식 정서(self-conscious emotions)에서 두 문화 간 차이가 큰 것으로 보인다. 개인주의문화에서 '자기'는 자기자신 주위의 사람들과는 다른 것으로 설명되지만, 집단주의문화에서 '자기'는 자기자신이 속한 집단, 친구, 가족과의 관계와 더 밀접한 연관이 있다(Triandis, McCusker, & Hui, 1990).

스타이펙(Stipek, 1998)은 미국 대학생과 중국 대학생을 대상으로 실험을 진행하였다. 자신이 잘하여 혹은 잘못하여 자부심, 죄책감, 수치심을 유발하는 시나리오와 자신의 가족(자녀, 형제 등)이 잘하거나 잘못하여 같은 감정을 유발하는 시나리오를 읽게 한 후, 각 상황에서 각각의 감정을 얼마나 느꼈는지 보고하게 하였다. 연구 결과, 두 문화권 학생 모두 자신이 무언가를 성취하면 자부심을 느끼고 도덕적으로 잘못된 일을 하면 죄책감 및 수치심을 느꼈다. 그러나 미국 학생들은 자신이 이런 행동을 직접 했을 때 해당 감정들을 더 강하게 느꼈고, 중국 학생들은 가족이 이런 일들을 했을 때, 그 일들이 자신의 정체성에 반영되어 강한 자의식 정서를 일으켰음이 확인되었다(예: 중국 학생들은 자신의 성취보다 자신의 가족의 성취에 더 자부심을 느낌)고 한다.

② 수직적 사회 대 수평적 사회

문화의 또 다른 구분으로는 수직적(vertical) 대 수평적(horizontal) 사회가 있다. 수직적 사회에서는 사회적 위계가 강조되고 지위 차이가 강화되는 정서와 행동이 강조된다. 반면, 수평적 사회에서는 지위의 차이에 대한 관심이 없고 그 차이를 인식하지 않는다(Matsumoto, 1996). 대표적으로 인도는 전형적인 수직적 사회 특징을 가진 국가로 알려져 있다. 인도 사회 내에 확고한 계급 구조와 그 계급 사이에서 다른 사람들과 상호작용하는 방식이 구체화되어 있다(Much, 1997). 반면, 미국과 캐나다는 대표적인 수평적인 사회로서, 가난하게 태어난 사람도 권력을 가지고 성공할 수 있다는 생각이 소중히 여겨진다(Much, 1997). 이러한 문화 구분 역시 개인의 특정 정서 경험에 영향을 미침이 확인되어 왔다.

일본과 캐나다 학생들을 대상으로 이루어진 한 비교문화연구(Heine, Kitayama, & Lehman, 2001)에서 참여자 중 반에게는 쉬운 창의성 사고 문항을 주고, 나머지 반에게는 어려운 창의성 사고 문항을 주었다. 창의성 시험을 마치고 난 후 자신의 창의성 점수를 전체 학생의 평균 점수와 비교하게 하였고, 이후 개인심리척도(compensatory self-enhancement)를 주고 자기자신을 평가하도록 하였다. 이 척도에는 창의성과 무관하며 평가되지 않는 개인의 아홉 개 특성 및 능력(운동 능력, 협동성, 유머감각 등)이 포함되어 있다. 연구 결과, 창의성 시험을 치른 대부분의 캐나다 학생들은 자신의 창의성 점수와 관계없이, 개인심리척도에서 자신을 평균보다 높게 평가한 반면, 창의성 검사에서 낮은 점수를 받은 일본 학생들은 상대적으로 자신을 낮게 평가하였고, 높은 점수를 받은 일본 학생들 또한 자신을 그저 평균으로 평가하였다. 낮은 창의성 점수로 인한 수치심이 자존감을 위협하는 불쾌한 경험을 가져오기에 캐나다 학생들은 창의성 점수가 낮지만 개인심리척도에서는 자신을 높게 평가하려고 한 반면, 수직적 관계에 상대적으로 익숙한 일본 학생들은 낮은 창의성 점수로 인한 수치심이 상대적으로 자존감을 위협하는 상황이라고 느끼지 않고, 수치심을 일종의 건설적인 경험으로 간주하기에 개인심리척도에서 캐나다 학생들보다 자신을 낮게 평가한 결과가 나타났다고 연구자들은 해석한다. 즉, 일본 학생들은 자신의 창의성에 대한 부족함을 다른 심리적 특성을 더 높이 평가함으로써 보상받으려 하지 않는다는 것이다.

2) 정서이론

(1) 제임스-랑게(James-Lange)이론

미국 기능주의 심리학의 창시자라고 불리는 윌리엄 제임스(William James, 1884)를 통해 본격적으로 정서이론에 대한 연구가 시작되었다. 제임스의 주장에 따르면, 정서는 어떤 사건에 의해 유발되고 그 정서에 따라 행동이 이어지는 것이 아니라, 어떤 사건에 대한 반응으로서 발생되는 신체적인 변화에 대한 지각이라고 한다. 즉, 행동이 정서 경험보다 선행한다는 것으로, 신경학적으로는 정서자극에 의해 내장기와 근육에 먼저 반응이 생기고, 이어서 이 반응이 대뇌피질에 전달되어 정서 경험을 한다는 것이다. 비슷한 시기 덴마크의 심리학자 칼 랑게(Carl Lange, 1885)도 제임스와 유사한 주장을 하여 이 두 연구자의 정서이론을 제임스-랑게이론이라고 부른다(Beck, 1990).

제임스-랑게이론에 따르면, 정서는 생리적 신체 반응에 대한 인식으로서, 신체가 특정한 상황에 반응하는 방식에 대해 우리가 붙이는 이름을 의미한다. 제임스-랑게이론의 핵심 주장은 사람들이 화를 느끼기 때문에 다른 사람을 공격하고, 두려움을 느끼기 때문에 그곳을 벗어나고자 한다는 기본적인 상식과는 반대된다. 즉, 제임스-랑게이론은 정서가 유발되는 원인과 결과의 방향이 일반 상식과 반대이며, 사람들은 스스로 타인을 공격할 것이라는 자신의 행동 반응을 알아차리기 때문에 화를 느끼고, 특정 상황에서 벗어나고자 행동하려고 함을 느끼기 때문에 두려움을 느낀다는 것이다.

(2) 캐넌-바드(Cannon-Bard)이론

제임스-랑게이론을 정면으로 반박한 학자는 캐넌(Cannon)과 바드(Bard)다. 캐넌과 바드는 정서작용이 자율신경계 수준이 아닌 중추신경계 수준에서 발생되는 것이라고 주장하였다. 캐넌-바드이론에 따르면, 정서적 자극이 먼저 시상부에 전달되고 이 신경 자극이 신피질과 자율신경계 및 내장기에 동시에 전달됨으로써 정서 체험과 신체 변화가 동시에 일어난다고 한다. 즉, 반응이 일어난 후, 정서 체험을 한다고 주장한 제임스-랑게의 이론과는 달리, 정서 체험과 신체 변화는 동시에 일어난다는 것이다(Beck, 1990).

그러나 캐넌과 바드는 이러한 정서 체험과 신체 변화는 독립적으로 일어난다고 주장한다. 예를 들어, 무기를 들고 자신에게 접근하는 사람을 봤을 때 그 사람에 대한 공포 정서와 도주 행동이 유발되는데, 이때 이 둘이 동시에 일어나더라도 서로 독립적임을 강조한다. 그러나 이 이론은 상식과 많이 떨어져 있고 이 이론과 대조되는 많은 증거들이 제시되어 정서 연구의 역사 안에서는 크게 지지되지 않고 있다.

(3) 샤크터-싱어(Schachter-Singer)이론

샤크터와 싱어는 정서에 대해 인지적으로 접근한 학자이다. 제임스가 주장한 바와 같이, 샤크터와 싱어는 신체적 각성 및 피드백이 정서 경험을 만들어 내는 데 매우 중요하다고 주장했지만 제임스가 주장하는 방식과는 달랐다. 이들은 생리적 피드백에는 특수성이 결여되어 있다고 주장하고, 인지가 피드백의 모호성과 경험의 구체성 사이를 메워 준다고 생각하였다. 즉, 정서(예: 무서움)가 유발되는 상황에서 심장이 두근거리고 도망치기 위해 뛰는데, 이때 뛰면서 지금은 무서운 상황이라고 인지적으로 명명(labeling)하게 됨으로써 공포를 느끼게 된다는 것이다. 샤크터와 싱어는 이처럼 상황에 대한 인지적 평가(cognitive appraisal)와 해석이 정서 경험에 필수적이라고 주장하였다.

샤크터-싱어이론은 주로 사람들이 하나의 정서를 다른 정서와 어떻게 구분시키느냐에 대해 중점적으로 다룬다. 이 이론은 모든 감정은 비슷한 생리학적인 반응을 유발하므로, 자신이 어떤 정서를 느끼고 있는지는 단순한 신체변화 관찰로 알아차릴 수 없다고 주장한다. 대신에 사람들은 감정이 유발된 상황이 어떤 상황인지 인지적으로 파악해야 한다(Kalat & Shiota, 2007). 즉, 누군가가 나를 밀어서 넘어졌다고 할 때, 고의로 밀었다고 내가 인지하는 경우에는 화가, 실수로 밀었다고 인지할 때에는 짜증이라는 다른 정서를 경험할 수 있다는 것이다.

(4) 아널드(Arnold)의 목적평가일반모형(general purpose appraisal model)

아널드(Arnold, 1970)는 샤크터-싱어이론에서 무엇이 정서반응을 일으키는지에 대한 설명이 없음을 지적하였다. 아널드는 샤크터-싱어이론은 정서반응이 일어남에 따라 무엇을 하는지에 대한 설명은 있으나, 무엇이 그러한 반응을 유발하는지에 대한 설명은 없다고 주장하였다. 아널드는 정서를 유발한 자극과 정서반응 사이를 인지적 평가라고 칭하며, 인지적 평가는 무의식적으로 일어나지만 그 효과는 행동 경향성으로 전환되어 의식 속에 정서로 등록된다는 것이다. 아널드의 인지적 평가 개념은 목적평가일반모형(general purpose appraisal model)으로 정서 분야 연구자들에게 환영받아 왔다(LeDoux, 1996). 목적평가일반모형에서 주장하는 정서는 생리적 변화에서 비롯되는 것이 아니고, 사람들은 정서유발 상황이 그들에게 어떤 영향을 미치는지에 대해 판단을 함으로써 경험된다는 것이다. 이때 판단의 결과로서, 그 상황에 대해 흥미 혹은 혐오 감정을 느끼게 되고, 이러한 감정은 다시 그 상황에 가까이 갈 것인지, 그 상황으로부터 멀어질 것인지를 정하게 된다는 것이다. 즉, 이 모형은 인지-평가-정서 유발의 관계로 인지와 정서의 관계를 설명한다.

(5) 자이언스(Zajonc)의 단순노출효과(mere exposure effect)

자이언스(Zajonc, 1980)는 자극에 대한 선호는 '즉각적인' 반응이며, 이전에 경험한 인지적 평가가 중요하지 않다고 주장한다. 자이언스에 따르면, 사람들이 어떤 자극에 대한 과거 경험을 정확히 기억하지 못하더라도 그 자극을 더 좋다고 보고하는 경우가 있는데, 그것이 바로 자신의 입장을 지지하는 예라는 것이다. 이를 자이언스는 단순노출효과(mere exposure effect)라고 명명하였다. 그는 여러 실험을 통해 정서는 인지에 선행하고, 인지와는 별개의 것이며, 인지가 없어도 존재한다는 것을 확인하였다(Zajonc, 1984). 특히 정서가 인지에 선행하고 독립적이다는 자이언스의 주장은 이전에 제안된 정서이론들과는 대비되는 것으로 많은 논쟁을 일으켰다. 인지와 정서 간의 관계에 대한 대표적인 이론들을 비교하여 제시하면 〈표 8-2〉와 같다.

표 8-2	인지와 정서 간의 관계에 대한 다양한 이론(LeDoux, 1996을 참고로 변용)					
샤크터와 싱어	자극	⇒	각성(심장박동)	⇒	인지(특정 정서로 명명)	정서
아널드	자극	⇒	평가(무의식적 평가)	⇒	행동경향성	정서
자이언스	자극	⇒	무의식적 정서		⇒	정서

3) 개별정서

(1) 부적 정서(negative emotion)

① 공포와 불안

공포와 불안은 유사한 개념으로, 위험이나 무서움을 느끼고 위협받는 것으로 정의된다. 그러나 공포(fear)란 자신을 포함한 자신과 관련된 어떤 것 혹은 어떤 사람이 위험하다고 지각했을 때의 경험이고 그 위협이 사라지면 가라앉는다. 반면, 불안(anxiety)은 뭔가 안 좋은 일이 일어날 것 같지만 그 특정한 위협이 무엇인지는 알아차릴 수 없는 것을 의미한다. 즉, 비행기, 뱀, 고층 건물과 같은 특정 대상이나 상황에서 직접적으로 무서움을 느낀 경우가 공포, 죽음은 피할 수 없다는 막연하고 반복적인 생각이 불안에 해당한다.

무엇이 공포를 일으키는가에 대한 의견은 분분하다. 하지만 사람들이 경험하는 공포의 대부분은 학습된다. 예를 들어, 뱀이나 거미에 대해 느끼는 공포는 타고난 성향이 있어 매우 쉽게 학습된다(Ohman, Eriksson, & Olofsson, 1975). 또한 뱀과 같은 대상이 공포를 일으키는 것이 아니라 전체적인 상황에 대한 평가로부터 공포가 발생하기도 한다. 즉, 숲에서 뱀을 보았을 때와 시장에서 뱀을 보았을 때 인간이 느끼는 정서는 다르다.

② 화

앞서 살핀 공포와 불안은 특정 상황에 대한 보편적인 반응이지만, 화(anger)는 개인마다 다르게 나타난다. 화는 타인에게 상처를 주거나 그 사람을 내몰려는 욕구와 관련된 정서 상태로 정의된다. 특히 화는 공포와 마찬가지로 어떤 것을 하려고 하는 욕구와 강하게 연결된 정서이다. 그렇다면 무엇이 화를 일으키는가? 첫째, 화를 일으키는 대상(유발자)에 의해 화가 유발된다. 세러와 월봇(Scherer & Wallbott, 1994) 연구에서는 연구 참여자에게 몇 개의 정서를 묘사하고 그 정서를 느낀 경험을 작성하게 하였다. 이때 대부분의 참여자는 주로 다른 사람에 의해 고의적으로 유발된 불쾌하고 불공정한 상황에서 사람들이 화 정서를 느낀다는 것을 확인하였다. 즉, '나와 내 것에 대한 비하적인 공격'에 대해 주로 화를 느끼게 되는 것이다(Lazarus, 1991).

또한 좌절-공격 가설(frustration-aggression hypothesis)은 고전적인 화 정서 유발 가설로, 어떤 만족을 기대하는 사람이 능력을 발휘하는 과정에서 방해를 받아 좌절감을 느낄 때 화가 나고 공격적인 행동이 유발된다고 주장한다(Dollard, Miller, Doob, Mowrer, & Sears, 1939). 즉, 개인이 무언가를 원하거나 무언가를 하고자 할 때 방해를 경험하면 화가 유발된다는 것이다.

③ 슬픔

슬픔(sadness)은 상실감에 대한 정서적인 반응이며, 대부분 외부적인 사건에 의해 발생한다. 물론 자신의 잘못에 의해 슬픔을 느낄 수 있으나 그 사람의 잘못만은 아니라는 것이다. 그런 경우에는 슬픔 외에도 죄책감이나 당혹감을 함께 느끼게 된다. 또한 그 외부적인 사건이 불쾌하고 바람직하지 않은 상황일 때 슬픔을 느낀다(Scherer, 1997). 개인에게 가장 큰 슬픔을 유발하는 상황은 회복 불가능한 상실, 즉 상실의 결과를 바꿀 수 없을 때이다(Lazarus, 1991). 요약하면, 슬픔을 유발하는 상황은 외부에 있고, 불쾌하며, 통제 불가능한 상황인 것이다.

유사한 상황에 놓여 있더라도 어떤 사람들은 다른 사람들보다 더 많은 슬픔을 느끼거나 더 오래 슬픔을 느낀다. 슬픈 경험을 자주하는 사람들은 신경증 성향과 약 0.6의 상관을 가지는 것으로 나타났는데(Stewart, Ebmeier, & Deary, 2005), 이 둘의 높은 상관관계는 부정적인 성격 특질을 가진 사람들이 다른 사람들보다 더 자주 슬픔을 느끼게 된다는 것을 의미한다.

(2) 정적 정서(positive emotion)

① 행복

행복(happiness)은 앞서 다뤘던 공포나 화처럼 분명하게 부합하는 정의를 내리기 어렵다. 정서는 자극에 대한 반응이라고 하지만, 행복은 특정 자극이나 이유 없이도 유지되기도 하고, 전형적인 정서들보다는 더 지속적이기도 하다. 또한 정서는 상황에 대한 유익한 기능적 반응이기도 하기 때문에 공포나 화 정서가 개인의 생명을 보호하는 행동을 유발하지만, 행복은 사람들의 생존을 어떤 방식으로 돕는다고 명확하게 규정하기가 어려운 측면이 있다. 즉, 정서에 대한 구분에 따르면 행복은 기분이나 감정이지, 일반적인 의미에서 정서는 아니라고 보기도 한다. 행복과 대조적인 개념으로, 특정한 사건에 대한 반응으로서 강렬하고 유쾌한 정서 경험을 기쁨(joy)이라고 한다. 기쁨은 시합에서 이기는 등의 다양한 사건으로부터 얻어지는 일시적인 결과이므로, 이를 합친 것을 행복이라고 보기는 어렵다.

그렇다면 무엇이 사람들을 행복하게 만들까? 우선, 개인의 성향을 꼽을 수 있다. 장기간의 자신의 인생에 대한 행복감이 성격 특성 중 외향성과 높은 상관이 있음이 확인되었다(Costa & McCrae, 1980). 외향적인 사람들은 주변 사람들과 상호작용하는 것을 좋아하며 주변의 자극과 활동을 즐기는데, 이때 외향적인 사람들이 긍정적인 사건들에 대해 상대적으로 강한 정서반응을 보인다고 한다(Larsen & Ketelaar, 1989).

무엇이 외향성을 좌우하는지는 유전과 관련이 깊다. 어떤 연구자들은 높은 도파민 수준을 가진 사람들이나 도파민 수용기의 반응성이 높은 사람들이 이러한 유전적 성향을 가졌다고 제안한다. 그 밖에 사람의 행복감에 영향을 주는 변인들로 돈(부유함), 나이, 날씨, 교육, 건강, 종교 여부 등을 꼽지만, 이러한 요인들은 행복과 어느 정도 상관관계는 있지만, 이들 사이의 명확한 인과관계는 보다 더 실증적인 연구가 필요하다.

② 희망과 낙관성

희망(hope)이란 도전적인 상황에서 원하는 결과물을 촉진하기 위한 계획들과 관련된 정서다(Snyder, Sympson, Michael, & Cheavens, 2001). 주로 희망적인 사람들은 낙관적인데, 낙관성(optimism)이란 좋은 일들이 일어날 것 같은 기대로 정의될 수 있다. 낙관성은 희망 정서를 촉진하는 성격 요인이라고 할 수 있다. 여러 연구를 통해 낙관적인 사람들의 삶은 대체로 긍정적인 심리적 특징이 많은 것을 확인된다. 예를 들어, 낙관적인 사람들은 그렇지 않은 사람들보다 시험 불안이 낮고(Wilson, Raglin, & Pitchard, 2002), 약물 남용 경향성이 낮으며(Park, Moore, Tumer, & Adler, 1997), 정서적 고갈이 덜 나타나는(Fry, 1995) 등 삶의 질이 상대적으로 좋다고 한다. 무엇보다도 낙관적인 사람들은 가능한 환경 안에서 상황을 통제하고자 노력하는 경향성을 보인다.

③ 즐거움과 웃음

즐거움(amusement)과 웃음(laughter)은 관심이 상대적으로 낮은 정서(반응)이라고 할 수 있지만, 즐거움과 웃음은 우리 삶에서 매우 가치 있는 것 중 하나이다. 특히 웃음은 즐거움을 나타내는 정서 표현이라고 할 수 있으며 일종의 의사소통이다. '웃음이 명약이다'라는 것은 보편적인 사실이며, 웃음은 일반적으로 면역체계의 활동을 향상시키거나 진통제 사용 감소 및 죽음에 대한 공포를 줄이게 한다는 연구 결과들도 존재한다(예: Lefcourt, 2002). 그러나 실제 웃음과 건강의 관계를 살핀 연구는 드물고 과학적인 증거도 미미한 것이 사실이다.

(3) 자의식 정서

① 당혹감

자의식 정서(self-conscious emotion)란 자신의 행동에 대한 정서반응이며, 대표적으로 당혹감, 수치심 및 죄책감, 자부심으로 구분된다. 당혹감(embarrassment)은 주로 사람들이 사회적 관습을 어겼을 때 느끼는 정서로 정의된다. 당혹감이 유발된 상황은 나의 실수를 다른 사람들이 눈치채 그들이 처음엔 불쾌해졌을 수 있어도 후에 나에게 친근하게 행동하도록 동기를 부여하는 기능을 수행한다. 즉, 당혹감은 어떤 실수가 고의가 아니라는 메시지를 다른 사람에게 보내는 것이다. 이러한 당혹감을 유발하는 경험으로는 크게 사회적 실수, 사람들의 시선집중, 난처한 상황으로 나누어볼 수 있다. 그러나 비슷한 당혹감 유발 상황에 놓이더라도 유발되는 당혹감의 정도는 개인차가 있다. 주로 당혹감은 신경증과 상관이 높은 것으로 나타났는데(Edelmann & McCusker, 1986; Maltby & Day, 2000), 특히 당혹감에 대한 민감성은 사회적 불안, 수줍음, 외로움과 정적 상관을 보이고(Neto, 1996) 외향성과 자존감과는 부적 상관을 보인다(Edelmann & McCusker, 1986; Maltby & Day, 2000). 특히 당혹감을 강하게 경험하는 사람들은 그 상황에 대한 위험을 줄이기 위해 사람들을 피하는 등 사회공포증과 관련 있는 것으로 보고되고 있다(Leary, 2001; Miller, 2001a).

② 수치심과 죄책감

수치심(shame)은 무언가에 실패했거나 도덕적인 잘못을 저지른 후 자신의 전반적이며 안정적 문제에 초점을 맞추었을 때 느끼는 부적 정서이다. 반면에 죄책감(guilt)은 무언가에 실패했거나 도덕적인 잘못을 저질렀지만 이를 바로잡고 실수를 반복하지 않으려는 것에 초점을 맞추었을 때 느끼는 부적 정서이다. 즉, 동일한 상황에서 어느 측면에 초점을 두느냐에 따라 두 정서가 대조적으로 나타난다. 주로 수치심 성향이 높은 사람들이 죄책감 성향이 높은 사람들보다 대인관계에 문제가 많고, 분노 및 사회적 불안을 더 느끼며, 공감은 덜 하는 것으로 나타난다(O'Connor, Berry, & Weiss, 1999; Tangney, Burggraf, & Wagner, 1995). 수치심 성향이 높은 사람들은 자신의 부정적인 행동 결과에 대해 자신이 통제하기 힘들거나 통제할 수 없는 자신의 결함에 귀인하는 경향이 있으며, 다른 사람들의 비난을 굉장히 예민하게 느끼는 경향 때문에 쉽게 화를 낸다. 반면, 죄책감 성향이 높은 사람들은 어떤 문제해결 방법에 있어 자신의 문제해결능력에 대한 신념이 높아 대인관계에서 발생하는 문제를 유연하게 해결하는 것으로 나타났다.

③ 자부심

자부심(pride)은 어떤 일의 긍정적인 결과에 대한 공로를 인정받았을 때 느끼는 정서이다. 자부심이 있는 사람들은 자신이 긍정적인 결과를 만들어 냈음으로 자신이 이에 대한 공로를 인정받을 수 있다고 느끼며, 그 긍정적인 경험은 자신의 긍정적인 자기상을 다시 한번 확인시켜 주게 된다. 또한 자부심은 다른 정서와는 다르게 문화적인 특징을 갖는 것으로 보인다. 예를 들어, 미국에서는 개인적 성과를 스스로 축하하는 것에 부끄러움이 없기에 일반적으로 자부심이 좋은 것으로 간주되는 반면, 다른 문화권에서는 지나친 자부심이 문제가 되기도 하므로 주의하는 경향이 있다.

4) 정서조절

많은 사람은 사회생활 및 인간관계를 맺어 가는 과정에서 다양한 스트레스를 경험한다. 사람에 따라 스트레스 해소법은 다르지만 주로 **정서조절**(emotion regulation) 혹은 **대처**(coping)의 과정을 통해 이를 해결한다. 정서조절은 특정 정서를 언제, 어떻게 경험하고 표현할지를 조절하기 위해 이용하는 방법이며, 주로 긍정적 정서를 불러오기 위해 즐거운 일을 하는 것을 포함한다. 반면, 대처는 스트레스로 유발된 부정정서를 줄이기 위한 시도이다. 사람들은 자신의 정서를 잘 다루기 위해 여러 방법을 사용한다. 이 중 그로스(Gross, 2002)의 정서조절과정 모델(process model of emotion regulation)은 정

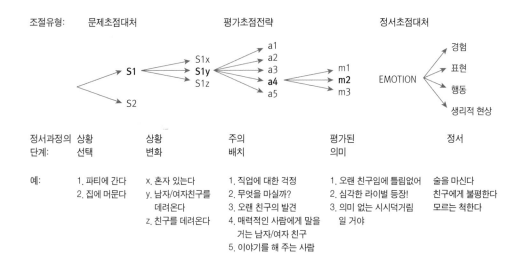

조절유형: 문제초점대처   평가초점전략   정서초점대처

[그림 8-6] 그로스의 정서조절과정 모델(Gross, 2002)

서 작용이 일어나는 시점에 따라 정서조절 방법을 다르게 조직화한다([그림 8-6] 참조).

　첫째, 문제초점대처(problem-focused coping)는 특정 정서를 유발하는 상황을 변화시키
킴으로써 그 상황을 조절하는 것을 말한다. 예를 들어, 한 학생이 다음 주에 있을 시험
에 걱정을 하고 있다면, 호흡운동을 하여 마음을 평온하게 다스리는 것도 하나의 방법
이겠으나, 그보다도 공부에 집중하는 것이 불안의 원인을 줄이는 가장 효과적인 방법
일 것이다. 너무 당연한 방법이지만, 사람들은 일반적으로 특정 상황에 대한 통제감을
느끼는 정도에 있어서 차이를 보인다. 그리고 이러한 차이는 기질적 경향성에 의해 그
상황을 위협 혹은 도전으로 보게 된다. 즉, 다음 주 시험으로 걱정되는 상황이 위협으
로 느껴지는 사람은 아무 시도조차 하지 않게 된다. 반면에 도전으로 인식하는 경우에
는 상대적 노력을 더 기울이게 된다.

　둘째, 평가초점전략(appraisal-focused strategies) 혹은 재평가(reappraisal)전략은 사람
들이 거의 통제할 수 없는 불쾌한 상황에 놓였을 때 그 상황에 대한 해석을 조정함으
로써 부적 정서를 줄이고 그 상황을 정적인 방향으로 생각할 수 있게 도와준다. 이때
특정 상황에 대한 생각을 바꾸는 과정인 재평가를 통해 정서조절을 할 수 있는 것이
다. 여기서 정서적 문제나 상황에 대해 생각하는 방식을 바꾸는 과정을 인지적 재구성
(cognitive reconstructuring)이라고 한다. 특히 이는 우울이나 불안과 같은 정서장애 치
료에 활용하는 주 방법 중 하나이며, 부적 정서를 완벽히 없애 주지는 못해도 확실히
감소시킬 수 있다는 장점이 있다.

마지막으로 **정서초점대처**(emotion-focused coping)는 한 사람이 이미 정서를 경험한 후 그것을 변화시키고자 할 때 사용된다. 따라서 이 방법은 상황 자체나 그 정서에 대해 재평가를 하는 것이 아니라, 이미 경험한 정서 상태를 표현 방식을 통해 변화시키는 것을 목표로 한다. 세부적인 방법으로는 느낌 표현하기를 들 수 있다. 느낌 표현하기는 모든 감정을 깊이, 충분히 드러내는 것을 의미한다. 즉, 정서가 사람들의 내부에 갇혀 있는 것이 아니라 이를 밖으로 끄집어내야만 괴롭히지 않는다는 것이다.

요약

1. 동기는 인간이 행동을 시작하고 행동의 방향을 결정하며 행동의 강도와 지속성을 결정하는 힘이다. 내적인 결핍상태로 욕구가 발생하며 이러한 욕구는 추동으로 변화하여 행동의 직접적인 동기를 발생시킨다.

2. 인간의 동기는 생물학적 요소, 학습된 요소, 인지적 요소를 포함하고 있으며, 세 가지 동기의 요소를 모두 이해할 때 인간행동과 동기의 관계를 면밀하게 이해할 수 있다.

3. 프로이트의 추동이론은 인간의 원초적 욕구와 무의식적 추동으로 인간행동의 원인을 설명한다.

4. 각성이론은 인간이 행동하고자 하는 동기는 추동의 강도가 높을수록 더 커지고 추동의 강도가 낮을수록 감소되는 것이 아니다라고 본다.

5. 행동주의이론에서는 인간행동이 자극과 반응의 연합으로 발생한다고 보고 외적 강화인자(예: 보상과 벌)의 역할을 중요시한다.

6. 인본주의이론은 유능감, 자아존중감, 자율성, 자기실현 등과 같은 개인의 내적 자원이 인간의 동기를 유발한다고 본다.

7. 성취동기이론은 탁월하고자 하는 욕구와 우수함과 성공을 추구하려는 욕망으로 성취동기를 정의한다.

8. 성취동기이론은 성공에 대한 접근 경향성과 실패를 회피하려는 경향성 간의 차이로 발생하는 성취경향성이 성취 상황에서 개인의 동기를 결정한다고 본다.

9. 귀인이론은 행동의 결과에 대한 원인을 분석하여 행동의 원인을 무엇으로 보는지에 따라 사람들의 후속행동이 달라질 수 있음을 강조한다.

10. 사회인지이론에서 강조하는 자기효능감은 특정한 목표를 달성하기 위해 필요한 활동을 조작하고 실행하는 자신의 능력에 대한 신념으로, 수행의 질을 결정하는 데 직접적 영향을 미치는 동기 요인이다.

11. 목표설정이론에서는 목표설정이 과제수행에 중요한 영향을 미치며 개인의 선택행동을 조절한다는 점에서 목표가 중요한 동기적 기제라고 보며, 목표지향이론에서는 개인이 수행목표지향적인지 혹은 숙달목표지향적인지에 따라 성취 상황에 미치는 영향이 달라질 수 있음을 강조한다.

12. 자기결정성이론은 인간은 심리적으로 성장하고자 하는 욕구와 정교화되고 통합된 자아를 발달시키려는 능동적 경향성을 갖고 태어난다고 가정하는 인본주의 심리학의 하나이다.

13. 흥미는 특정한 인간행동을 유발하는 핵심적인 정적 정서로, 개인적 흥미, 상황적 흥미, 실현된 개인흥미로 구분할 수 있다.

14. 과잉정당화이론은 내재적 동기로 인해 유발된 행동이 보상과 같은 외적 요인과 연결되는 순간 사람들은 그 행동이 위협이나 처벌과 같이 외부적인 요인으로 발생한 것으로 귀인하는 경향이 있다고 본다.

15. 정서는 특정한 내·외적 요인에 대한 경험적·생리적·행동적인 반응으로, 유전적으로 결정되거나 습득된 동기적 경향이다.

16. 정서는 비연속적 분류와 차원적 분류로 나뉜다. 정서의 비연속적 분류란 모든 사람이 가지고 있는 기본 정서는 몇 가지 유형(예: 기대, 기쁨, 놀람, 슬픔, 분노 등)으로 존재함을 의미하고, 차원적 분류는 차원에 맞춰 정서를 연속적으로 배열하는 것을 의미한다(예: 쾌-불쾌, 긴장-이완, 흥분-우울 차원 등).

17. 자부심, 수치심, 죄책감처럼 자신에 대한 긍정적 혹은 부정적인 평가를 내릴 때 필요한 자의식 정서가 개인주의문화 대 집단주의문화, 수직적 사회 대 수평적 사회에서 차이가 큰 것으로 제안된다.

18. 초기 정서이론에서는 반응이 정서 경험을 우선한다는 제임스-랑게이론과 정서 경험이 반응을 유발한다는 캐넌-바드이론의 두 가지 대립적인 이론이 제시되었다.

19. 정서에 대해 인지적으로 접근한 대표적 학자로는 샤크터와 싱어, 아널드, 자이언스 등이 있다. 이들은 인지, 정서, 행동 간의 관계에 대해 서로 다른 입장을 가지고 있다.

20. 개별정서는 크게 부적 정서, 정적 정서, 자의식 정서로 나뉘며, 부적 정서에는 공포와 불안, 화, 슬픔 등이 있고, 정적 정서에는 행복, 희망과 낙관성, 웃음과 즐거움 등이 있으며, 자의식 정서는 당혹감, 수치심과 죄책감, 자부심 등을 포함한다.

21. 정서조절은 특정 정서를 언제, 어떻게 경험하고 표현할지를 조절하기 위해 이용하는 방법이며, 주로 긍정적 정서를 불러오기 위해 즐거운 일을 하는 것을 포함한다. 정서조절의 유형으로는 문제초점대처, 평가초점전략, 정서초점대처 등이 있다.

학습과제

1. 최신 동기이론을 대표하는 이론 중 하나가 기대×가치이론이다. 기대×가치이론의 관점에서 성취경향성을 높이기 위한 방안에 대해 기대와 가치 요소 각각을 중심으로 논의하시오.

2. 자기결정성이론은 외재적 동기와 내재적 동기의 관계를 서로 구별되지만, 자기조절과 내면화를 통해 외재적 동기를 내재적 동기로 전환시켜 나갈 수 있음을 시사한다. 외재적 동기가 어떻게 내재적 동기로 전환될 수 있을지 논의하시오.

3. 목표지향성은 개인의 성향이기도 하지만 외부 환경에 의해 영향을 받는다. 숙달목표지향성보다 수행목표지향성을 갖게 하는 환경 요인들이 무엇일지 논의하시오.

4. 정서와 문화 간의 관계를 개인주의문화 대 집단주의문화, 수직적 사회 대 수평적 사회로 나누어 확인하였다. 행복, 슬픔, 자부심에 대한 정서 경험이 문화권에 따라 어떻게 달라질지 논의하시오.

5. 개인들이 경험하는 부적 정서(예: 분노)를 줄이기 위해 정서조절전략들을 활용할 수 있다. 타인과의 사회적 관계에서 발생한 부적 정서(예: 분노)를 줄이기 위한 문제초점대처, 평가초점전략, 정서초점대처의 예가 무엇일지 논의하시오.

chapter

09

성격과 개인차

🔍 학습목표

1. 성격과 성격심리학이 무엇인지를 이해한다.
2. 자신이나 다른 사람의 성격을 분석하는 방법에 대해 알아본다.
3. 성격이 어떤 구조를 가지고 있는지를 이해한다.
4. 성격이 어떻게 형성되는지를 이해한다.

사람은 모두 다르다. 예를 들어, 우리는 매일 아침 신문을 읽는다. 이때 어떤 신문을 볼 것이고, 신문의 내용 중 어떤 것을 먼저 볼 것인지부터도 사람마다 동일하지 않다. 주요 기사만 훑어보는 사람이 있고, 신문의 삽화만화부터 보는 사람이 있고, 사설의 제목부터 살펴보는 사람이 있으며, 스포츠 기사나 연예 기사부터 보는 사람이 있다. 똑같은 사실을 앞에 놓고도 내용을 해석하는 방법에서부터 그에 반응하는 방법까지 똑같은 경우란 거의 존재하지 않는다.

그러면 왜 이렇게 사람들은 서로 다른가? 성격심리학이란 바로 개인 간에 생기는 이러한 개인차를 규명하고자 하는 학문이다. 한마디로 말하면 사람들 간에 생기는 차이를 기술하고, 사람들이 왜 이런 행동을 하게 되었는지를 설명하고, 이런 이해를 토대로 앞으로 사람들이 어떤 행동을 할 것인지를 예측하고자 하는 것이다.

성격심리학은 심리학에서 다루는 모든 분야의 교차지점에 있는 영역이라는 점에서 심리학의 꽃이라고 할 수 있다(민경환, 2002). 다루는 영역도 아주 기초적인 측면에서 개인차를 밝히고자 하는 기초연구 분야부터, 이런 개인차에 대한 연구를 토대로 현실 장면에 적용하는 응용 분야까지 다양하다. 기본적으로 성격심리학은 두 가지 목표를 가지고 있다(Hjelle & Ziegler, 1992). 첫째는 사람들 간의 개인차를 과학적으로 규명하고자 하는 것이고, 둘째는 이런 이해를 토대로 개인의 삶의 질을 개선하고자 하는 것이다. 우리가 성격심리학을 공부하게 되는 이유도 이 두 가지로 설명할 수 있을 것이다. 즉, 자신이 남과 다른 점이 무엇인지를 과학적으로 이해하는 것과 이를 토대로 자신의 삶이나 주위 사람의 삶을 풍요롭고 행복하게 만들고자 하는 것이다.

1 ━ 성격이란 무엇인가

성격이란 용어는 누구나 일상적으로 사용하는 용어다. 일반 사람들은 성격이라는 말을 통해 무엇을 지칭하고자 하는 것일까? 이성 친구를 친구에게 처음 소개해 준 후에 소개자는 반드시 친구에게 묻는다. "그 사람 어때?" 이때 흔히 하는 대답이 "응, 성격 괜찮아!"이다. 부부간의 이혼 사유로 가장 많이 거론되는 것이 성격이 안 좋아서 헤어진다는 것이다. 이렇게 성격이라는 말은 우리의 일상생활에서 흔하게 사용되는 용어가 되었다.

일반인에게 성격이 좋다는 말은 어떤 의미인가? 잠시 여러분이 가장 친하게 지내는 친구 한 명을 떠올려 보자. 그리고 빈 종이에 이 친구의 성격을 기술해 보자. 이럴 경우 대부분의 사람은 친구가 가지고 있는 바람직한 특징을 기술하게 될 것이다. 사교적이다, 신뢰성이 있다, 책임감이 강하다, 정열적이다 등등. 이렇게 일반인이 사용하는 성격이 좋다는 말은 어떤 사람이 다른 사람과 잘 어울리고, 분위기를 편하게 만들어 주며, 배려심이 강하다는 것 등을 의미하는 말이다.

그러면 심리학에서는 성격을 어떻게 정의하는가? 성격에 대한 정의는 최초로 성격심리학 교재를 저술한 올포트(Allport)로부터 시작된다. 올포트는 1937년 『성격: 심리학적 해석』이라는 최초의 성격심리학 교재를 저술하면서 성격을 "환경에 대한 개인의 독특한 적응을 결정하는 개인 내의 정신적·신체적 체계들의 역동적 조직"이라고 정의하였다.

과학적 성격심리학에 대한 최초의 정의라 할 수 있는 올포트의 정의는 일반 사람들이 생각하는 성격에 대한 정의를 잘 대변해 주고 있다. 올포트의 정의에 따라 성격심리학의 특징을 살펴보면 다음과 같은 몇 가지 특징이 있다. 첫째, 성격은 개인 내의 여러 요소(즉, 욕구, 감정, 가치관, 태도 등) 간의 역동적인 관계로 형성되는 것이다. 둘째, 성격은 정신적인 체계와 신체적인 체계 모두에 의해 형성되는 것이다. 셋째, 성격은 각자의 독자적인 영역을 가지고 그 내에 또 다른 하위 시스템을 가지는 여러 가지 시스템으로 구성되어 있다. 넷째, 성격은 개인이 겉으로 표출하는 외현적인 행동, 사고, 감정을 결정하고, 그 방향을 제시해 주는 것이다. 다섯째, 성격은 개인이 다른 사람과 구별되는 독특한 속성을 가지게 해 주는 것이다. 여섯째, 성격은 외현적으로 나타나는 행동과 내적인 사고과정 모두와 관련되어 나타나는 것이다.

성격에 대한 비교적 최근의 정의라 할 수 있는 리버트와 리버트(Liebert & Liebert, 1998)의 정의도 올포트의 정의와 유사하다. 이들은 성격을 "사회적·물리적 환경에 대한 개인의 행동과 반응에 영향을 주는, 개인의(신체적·심리적) 특징들의 독특하고 역동적인 조직"이라고 정의하였다. 성격에 대한 과학적 정의에서 나타나는 성격심리학의 공통점은 개인차라고 할 수 있다. 즉, 성격심리학은 개인 간에 나타나는 개인차를 찾아내고 분석하는 학문이라고 할 수 있다.

성격이라는 개념과 자주 대비되는 개념으로 기질(temperament)과 품성(character)이 있다. 여기서 기질이란 유전적 소인으로 인해 태어날 때부터 가지게 되는 개인 고유의 특성을 말하는 것으로 감정적이고 충동적인 기질, 활달하고 사교적인 기질, 주도적이고 적극적인 기질과 같은 특징을 말한다. 이에 비해 품성이란 사회적으로 바람직하게 여겨지는 특성을 말하는 것으로 우리가 흔히 성격이 좋다라든가 성격이 나쁘다라든가 할 때 사용하는 개념이다. 품성은 사회적 판단이 개입된 것으로서 한 사회 시스템 내에서 긍정적으로 받아들이는 특성을 주로 지칭하는 것이다. 이에 비해 성격이란 이들 모두를 포괄하는 개념으로서 태어날 때부터 유전적으로 가지고 있는 것뿐 아니라 성장과 함께 학습하면서 생기게 된 것, 그리고 개인이 가지고 있는 긍정적인 특성과 부정적인 특성 모두를 포함해서 어느 한 개인을 다른 사람과 구별해 주는 것을 지칭하는 개념이다.

어떤 사람이 가지고 있는 성격이 무엇인지를 우리는 어떻게 알 수 있을까? 아들러(Adler)는 다른 사람이 가지고 있는 성격을 알아내는 간단한 두 가지 방법을 제안한다. 첫째는 특정 개인에게 자신의 어린 시절을 이야기해 보라고 하는 것이다. 둘째는 이 사람이 위기 시에 어떻게 행동하는지를 살펴보는 것이다. 어린 시절을 비관적이고 어둡게 기억하는 사람은 삶을 비관적이고 어둡게 보는 사람이다. 개인이 위기에 닥쳤을 때나 어려운 상황에서 보여 주는 것이 그 개인의 참 모습이다. 이 방법은 애인의 성격이 어떤지 의심이 간다면 유용하게 활용할 수 있을 것이다.

개인의 성격을 구분하기 위한 시도는 고대 그리스 시대에도 있었고, 우리나라의 경우도 인간의 체질을 소음인, 소양인, 태음인, 태양인으로 나눈 조선시대 이제마의 체질론에서도 그 기원을 찾아볼 수 있다. 히포크라테스(Hippocrates)는 체액의 유형에 따라 개인의 성격 특성이 나뉜다고 보고, 담즙질, 점액질, 다혈질, 우울질로 개인의 특성을 나누었다. 셸던(Sheldon)은 개인의 신체적 특성이 개인의 성격을 결정한다고 보고 내배엽형, 중배엽형, 외배엽형으로 구분하였다([그림 9-1] 참조). 혈액형을 가지고 성격유형을 나누려는 시도도 이에 해당된다고 할 수 있다.

그러나 이렇게 유형(type)을 가지고 개인을 나누려는 시도에는 한계가 있다. 첫째, 유형을 어떻게 나누어야 하는가라는 문제가 발생할 수 있다. 유형을 나누는 방법이 너무 많다 보니 유형 구분에 따른 성격 특성이 옳을 수도 있고 틀릴 수도 있다. 둘째, 개인이 어느 한 유형에만 속하는 것이 아니라 여러 유형에 속할 수도 있다. 즉, 친구들과 만날 때는 외향적인 사람이 수업시간에는 극히 내향적인 모습을 보일 수도 있다. 셋째, 어느 한 유형에 속하는 것이 아니라 중간 경계선에 속할 수도 있으며, 경계선이 모

체격 체형

내배엽형
(부드럽고 둥글고,
소화기관이
아주 잘 발달됨)

비만 체형
(이완되어 있고, 먹기를
좋아하고, 사교성이 풍부함)

중배엽형
(근육이 잘 발달됨,
체격은 단단하게 각이 지고,
신체는 강건함)

근육 체형
(에너지가 왕성하고,
주장적이고, 용기 있음)

외배엽형
(키가 크고, 허약함,
큰 대뇌 및 예민한 신경계)

마른 체형
(조심스럽고, 두려워하며,
내향적이고, 예술적임)

[그림 9-1] 셸던의 체격 차원과 연합된 기질

호할 수도 있다. 즉, 체격에 따라 구분한다면 뚱뚱하다는 것이 어느 정도를 말하는 것인지가 명확하지 않아 개인이 가지고 있는 기준에 따라 날씬한 사람도 뚱뚱한 사람으로 여겨질 수 있다. 이런 여러 가지 이유로, 과학적 심리학을 지향하는 최근에 들어서는 개인을 유형에 따라 구분하려는 시도는 잘 하지 않는다.

2 ━ 자신이나 남의 성격을 어떻게 알 수 있나

우리는 어떻게 자신이나 다른 사람의 성격을 알 수 있을까? 이 물음은 결국 성격을 연구하는 방법에 대한 질문이라고 할 수 있다. 성격을 연구하는 방법도 다른 과학적 심리학과 마찬가지로 크게 세 가지 방법을 들 수 있다(민경환, 2002; 홍숙기, 2000; Pervin

& John, 2001). 첫째, 역사적으로 가장 오래된 방법으로, 전체적인 인간의 특성을 잘 분석하게 해 주는 방법이라 할 수 있는 사례연구법이 있다. 둘째, 과학을 지향하는 심리학적 특성을 가장 잘 나타내는 방법으로 실험연구법이 있다. 셋째, 현재 성격심리학을 연구하는 방법으로서 가장 보편적이며 널리 사용되는 방법이라 할 수 있는 설문조사연구법을 들 수 있다.

1) 사례연구법

한 개인 또는 소수의 집단을 종합적으로 관찰해서 보편적인 사람의 속성을 찾아내려고 한다. 주로 임상연구에서 사용하던 방법으로 임상장면에서 한 개인을 집중적으로 관찰하고 분석하던 방법에 뿌리를 두고 있다. 성격심리학의 초기 이론을 구축한 연구들은 주로 임상적인 연구전통에서 밝혀진 것들이라고 할 수 있다. 히스테리 환자들에 대한 임상적인 관찰과 분석을 통해 정신역동이론을 정립한 프로이트의 연구가 대표적이라고 할 수 있다. 개인이 자신의 삶 속에서 현재 체험하고 있는 내용이 무엇인지를 개인적인 면접을 통해 밝혀내는 방법을 통해 개인차를 이해하려고 하였던 현상학적 연구들도 주로 임상적인 사례연구법을 통해 이루어졌다.

최근 들어 한 개인이 아니라 비슷한 문제나 상황에 처한 사람들을 한꺼번에 연구하는 다중사례연구가 진행되기도 한다. 예를 들어, 노숙자 문제를 연구하기 위해 서울역의 노숙자를 체계적으로 관찰하고 면접하여 노숙자의 특성을 정리하거나, 최근 증가하고 있는 황혼이혼 부부의 특성을 연구하기 위해 이들을 집단적으로 분석하는 연구 등을 할 수 있을 것이다.

2) 실험연구법

가장 과학적인 심리학을 지향하는 연구전통에서 나온 것으로 관심 있는 하나 이상의 변인을 조작하거나 변화시킨 다음 이런 변화가 또 다른 변인에 어떤 영향을 끼치게 되는지를 알아본다. 관심 있는 변인 이외에 다른 변인이 주는 영향을 통제하기 때문에 특정 변인이 미치는 영향을 확실하게 분석할 수 있다는 장점이 있다. 예를 들어, 어린아이들의 폭력비디오 시청과 공격행동 간의 관계를 연구하는 경우를 들 수 있다. 한 집단의 아이들에게는 주인공이 총이나 칼 또는 주먹으로 싸움을 해서 적을 물리치고 자신의 목적을 달성하는 비디오를 보게 한다. 그리고 다른 집단의 아이들에게는 폭력이 아닌 순정만화나 학습용 만화를 똑같은 시간 동안 보게 한다. 그런 다음 아이들을 일방경 유리가 설치된 다른 방으로 데려가서 한 시간 동안 방 안에 있는 여러 가지 놀이기구를 가지고 놀게 한다. 실험자는 이때 일방경 유리 밖에서 아이들이 노는 행태를 관찰하여 공격적인 행동이 얼마나 나오는지를 기록하게 된다.

1971년에 짐바르도(Zimbardo) 박사가 수행한 환경변화에 따른 심리변화를 살펴본 실험을 영화장면으로 옮긴 독일 영화감독 올리버 히르슈비겔(Oliver Hirschbiegel)의 〈실험(Experiment)〉이라는 영화에서는 몹시 압박적인 환경조건하에서 인간의 행동이 어떻게 변하는지를 잘 보여 주고 있다. 이 영화 속에서 자율적으로 실험에 참가한 20명 중 12명은 죄수로, 8명은 간수로 나뉘게 된다. 물리적인 폭력은 사용할 수 없고, 죄수는 간수의 명령에 절대 복종하며, 음식은 절대 남기지 말 것이라는 세 가지 규칙만이 주어진 상황에서 참가자들은 시간이 지나면서 역할에 동화된다. 연구 참여자들은 5일도 지나지 않아 원래의 정체성을 잃어버리고 억압적인 간수와 반항하는 죄수로 양극화된다. 5일째가 되자 살인사건이 발생하고 통제불능 상태에 처하게 된다. 이와 같이 특정 상황을 실험적으로 조작해 놓은 상태에서 개인이 어떤 모습을 보이고 변화하는지를 실험적으로 연구할 수 있다. 다만 오늘날에는 윤리적으로 문제가 되어 이와 같은 실험을 진행할 수는 없을 것이다.

3) 설문조사 연구법

설문조사 연구법은 동시에 여러 가지 변인을 조사하여 변인들 간의 관계를 분석할수 있다는 점과 여러 가지 특성을 한 번에 연구할 수 있다는 점, 그리고 동시에 많은 사람을 연구할 수 있다는 점 때문에 가장 많이 활용되는 성격 연구법이다. 이 연구법은 변인 간의 관계의 방향과 크기에 관심을 가질 때 사용되는 방법으로, 개인차, 측정, 변인 간의 통계적 관계 등에 주로 관심을 갖는 경우에 활용되는 연구법이다(민경환, 2002). 예를 들어, 권위주의 성격 유형과 리더십, 자존심 및 자기통제 능력과 주관적 안녕감 간의 관계 등을 연구할 수 있을 것이다. 설문조사 연구법은 설문 연구의 특성상 가지는 문제 때문에, 예컨대 답변의 진실성 확보, 측정하는 변인들 간의 유사성에 따른 문제 등등 때문에 비판을 받기도 하지만 최근에는 구조방정식 모형이나 문항반응 이론 등 연구 방법의 발전으로 성격연구에서 여전히 가장 많이 활용되는 연구법이다.

성격을 연구하기 위해 우리는 어떤 자료를 활용할 수 있을까? 성격연구에 쓰이는 자료는 크게 네 가지로 나눌 수 있다(Block, 1993). 소위 L, O, T, S라고 부르는데, 생활기록자료(Life-record data), 관찰자평정(Observer ratings), 객관적 검사(Objective tests), 자기보고자료(Self-report data)를 말한다.

- 생활기록자료: 한 개인의 일생에 걸친 생활사적인 기록물로서 학교생활기록부, 병원진료기록, 성적부, 일기 등 특정 개인에 대한 생활자료를 기록해 놓은 자료들을 말한다.
- 관찰자평정: 부모, 친구, 선생님 및 회사의 상사나 후배 등 주위 사람들이 특정 개인에 대해 평가한 자료를 말한다.
- 객관적 검사: 표준화된 실험절차나 검사를 거쳐 나온 자료로 특정 영역에 대해 개인이 보여 주는 검사기록을 말한다.

BOX 1 ▷ 성격 연구 방법 간의 장단점 비교

장점	단점
사례연구 및 임상연구법	
① 실험실의 인위성을 피할 수 있다. ② 개인과 환경 간의 복잡한 관계를 연구할 수 있다. ③ 개인에 대한 심층적인 연구를 할 수 있다.	① 비체계적인 관찰을 할 가능성이 있다. ② 자료에 대한 주관적인 해석이 가능하다. ③ 변인 간의 관계가 복잡할 수 있다.
실험실연구 및 실험연구법	
① 변인을 구체적으로 조작할 수 있다. ② 자료를 객관적으로 기록할 수 있다. ③ 인과관계를 설정할 수 있다	① 실험실에서 연구할 수 없는 변인은 제외된다. ② 일반화가 어려운 인위적인 환경을 조성한다. ③ 요구 특성과 실험자 기대효과의 영향을 받는다.
설문지연구 및 상관연구법	
① 다양한 변인을 한꺼번에 연구할 수 있다. ② 많은 변인 간의 관계를 연구할 수 있다. ③ 많은 표본을 쉽게 구할 수 있다.	① 인과관계가 아닌 연합관계만을 보여 준다. ② 자기보고 설문지의 신뢰도, 타당도 문제가 있다. ③ 개인을 심층적으로 연구하지 못한다.

출처: Pervin & John (2001).

• 자기보고자료: 성격연구에서 가장 흔히 사용되는 자료로 각 개인이 자신의 행동, 감정 및 사고에 대해 스스로 평정하는 자료를 말한다.

3 ─ 성격은 어떻게 구성되어 있는가

개인의 성격은 어떻게 구성되어 있는가? 개인의 성격이 어떻게 구성되어 있는지를 설명하려는 다양한 의견이 제시되었다. 우선 성격 자체가 존재하는 것이 아니라 환경에 대한 반응만 존재한다는 극단적인 행동주의 학파의 생각에서부터, 성격이란 뇌 속에 있는 것으로서 인간의 모든 행동을 지배하는 중추라고 보는 머레이(Murray)의 의견까지 성격의 구조를 보는 관점은 학자에 따라 상당한 편차가 있다(Hjelle & Ziegler, 1992). 또한 최근 들어 사람들이 생각하는 성격을 이루는 세부 요소를 구분하여 5요인으로 정리하고 이 다섯 가지 요인을 보다 세밀히 나누어 세부 요인을 분석하기도 한다(John, 1990; Costa & McCrae, 1992). 여러 가지 의견 중 이 절에서는 프로이트와 융의 관점에서 성격의 기본구조를 다루어 보고, 최근에 정설로 받아들여지고 있는 성격의 5요인 이론을 살펴보도록 하겠다. 성격구조를 보는 차원에서 프로이트와 융의 의견을 채택한 이유는 이 두 사람이 성격구조에 대해 가장 포괄적이고 심층적으로 언급하였다고 생각되기 때문이다.

1) 성격의 삼층구조: 원초아, 자아, 초자아

프로이트(Freud)는 인간의 마음, 즉 성격이 삼층구조로 이루어져 있다고 보았다. 처음에는 이를 무의식, 전의식, 의식으로 구분하였고, 후기에 들어와서는 원초아, 자아, 초자아로 구분하였다. 프로이트는 기본적으로 개인의 성격에는 이 세 가지 요소가 함께 존재하며 이들 간의 역동적인 관계에 의해 개인의 성격이 결정된다고 보았다. 여기서 역동적인 관계란 세 요소가 정적인 상태로 존재하는 것이 아니라 움직이는 상태로 존재하여, 개인이 처한 상황이나 조건, 발달단계에 따라 이 세 가지 요소는 상대적인 우위에 차이가 있으며, 항시 상호 갈등관계를 이루고 상호 간 긴장관계 또한 변화한다는 것을 말하는 것이다.

프로이트에 따르면 의식(consciousness)이란 어떤 특정한 순간에 개인에 의해 지각되는 모든 감각과 경험을 말한다. 그러나 우리의 정신생활 중 극히 일부분만이 의식의 범주 안에 포함될 뿐이며, 이때 우리가 의식하는 모든 내용은 외부단서에 의해 선택적으로 여과되어 나타난 결과일 뿐이다. 전의식(preconsciousness)은 바로 그 순간에 의식되지는 않지만 조금만 노력하면 의식해 낼 수 있는 모든 경험을 말한다. 예를 들어, 지난주 금요일에 내가 무슨 옷을 입었는지 또는 지금 애인과 첫 만남을 가졌던 장소가 어디였는지와 같이 조금만 기억하려고 노력하면 기억에 떠오르는 생각을 말한다. 무의식(unconsciousness)은 의식의 범위 밖에 있는 충동과 욕구들로 이루어진 것으로 전혀 의식되지 않는데도 우리의 행동과 의식을 결정하는 데 중요한 영향을 미치는 요소를 말한다. 이전의 철학자들도 무의식의 존재와 영향을 언급하였으나, 무의식의 개념을 철학적 사유의 대상이 아니라 경험적으로 연구하였고, 추상적인 영역이 아니라 삶에 영향을 미치는 실체로 이끌어 낸 사람은 프로이트였다(Hjelle & Ziegler, 1992).

1920년대에 프로이트는 이 개념모형을 수정하여 상호 연관되고 상호작용하는 체계로 재정리하여 원초아(Id), 자아(Ego), 초자아(SuperEgo)라는 세 개의 기본적인 정신구조를 제시하였다. 프로이트가 원래 이 세 가지 구조에 대해 붙인 이름은 Es(영어로 it), Ich(영어로 I), ÜberIch(영어로 Over-I)로서 일상적이며 편리하게 사용되는 용어들이

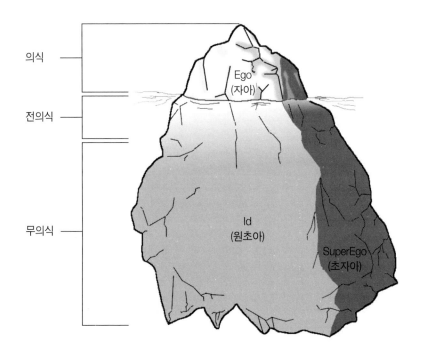

[그림 9-2] 성격의 삼층구조

었는데, 영어로 번역되면서 학문적인 권위를 붙인다는 의미에서 난해한 라틴어인 Id, Ego, SuperEgo로 바뀌었다(윤순임, 1995).

(1) 원초아

원초아란 성격 중에서 생물학적이고 본능적인 요소를 지칭하는 것이다. 인간이 태어날 때부터 존재하는 가장 원시적이며 유전된 것, 성적인 것, 공격적인 에너지를 모두 포함하는 것으로 인간이 가진 모든 충동, 즉 리비도의 저장고다. 원초아를 움직이는 기본적이며 중심적인 원리는 쾌락원칙(pleasure principle)이며, 반사적이고 일차적인 욕구를 충족해 주는 것을 목적으로 한다. 즉, 맛있는 음식을 보면 먹고 싶고, 미인을 보면 다가가 이야기하고 싶어 하는 욕망과 같이 기본적이며 반사적인 욕구에 따라 움직인다. 이런 의미에서 프로이트는 원초아의 정보처리과정을 일차적 처리과정(primary process)이라고 불렀다.

(2) 자아

자아는 외부 현실과 초자아의 제한 속에서 원초아의 욕구를 표현하고 만족시키는 정신기제를 말한다. 자아는 개체의 보존과 안전이 유지되고 위험에 빠지지 않도록 하는 범위 내에서 원초아의 욕구가 실현되도록 의사결정을 하는 의식적인 요소로, 눈먼 왕이라 불리는 원초아의 힘을 안내하는 길잡이 역할을 하는 것으로 비유된다. 자아를 움직이는 원리는 현실원칙(reality principle)이다. 즉, 적절한 배출구나 욕구를 충족하기에 적합한 환경적 조건이 성숙될 때까지 원초아로부터 발생하는 본능적인 욕구를 지연시킴으로써 유기체의 안정을 보존해 주는 역할을 한다. 프로이트는 개인과 타인의 안녕을 해치지 않으면서 본능적 욕구를 충족하는 알맞은 처리과정을 발달시킨다는 의미에서 자아의 정보처리과정을 이차적 처리과정(secondary process)이라고 불렀다.

자아는 사람들로 하여금 현실과 환상을 구분하고 적절한 양의 긴장을 유지하게 하며, 합리적이고 인지적으로 행동하게 하는 등의 지적 기능과 문제해결자 역할을 수행하게 된다.

(3) 초자아

초자아는 프로이트의 성격구조에서 마지막으로 발달하는 체계로서 사회규범과 기준이 내면화된 것을 말한다. 인간은 사회화 과정을 통해 합리적인 사회적 가치, 규범, 윤리체계를 받아들이게 된다. 이런 사회화 과정에서 부모나 선생님 및 다른 여러 '존경할 만한 사람'들과의 상호작용이 중요한 역할을 하게 된다. 초자아는 양심(conscience)과 자아 이상(ego ideal)이라는 두 가지 과정에 의해 형성된다. 우선 양심은 처음에는 부모에게서 받는 처벌을 통해 형성되는 것으로 부모의 지적과 야단 및 비판이 내재화되면서 형성된다. 이는 자신에 대한 비판적 평가, 도덕적 금지, 죄의식 등의 형태로 나타난다. 자아 이상은 부모가 선별적으로 보여 주는 인정이나 중요하고 가치 있게 여기는 것을 내재화하면서 개인이 형성하게 되는 목표 및 포부를 말한다. 개인은 자아 이상을 달성함으로써 자존심과 자긍심을 키우게 된다. 개인의 판단기준이 부모의 통제에서 자아통제로 바뀔 때 초자아는 완전한 형상을 갖추게 된다.

2) 개인무의식과 집단무의식

Carl G. Jung

융(Jung)은 프로이트의 성격구조를 받아들이면서 무의식의 요소를 개인적 차원에서 집단적인 차원으로 확대하였다. 즉, 무의식이 개인의 성격 형성에 끼치는 영향이 중요하다는 프로이트의 생각을 수용하였지만 이런 무의식이 단지 개인적인 차원에서만이 아니라 집단적인 차원에서도 영향을 미치게 된다고 생각하였다. 즉, 성격이라는 것이 그 사람이 어떤 사회, 어떤 문화에서 자라나는가에 따라 달라질 수 있다고 본 것이다. 이 관점을 수용하면 개인의 성격은 개인적 차원에서 결정되는 개인적 무의식뿐만 아니라 개인이 소속한 집단이나 주변 환경 더 나아가 문화에 의해 형성되는 집단무의식의 상호작용에 의해 형성되는 것이라고 할 수 있을 것이다.

(1) 개인무의식

개인무의식은 자아에서 억압되거나 잊힌 경험이 저장되어 형성된 것으로 프로이트가 이야기한 무의식적 요소를 말한다. 어떤 새로운 것을 경험하였을 때 자신과 무관하다거나 중요하지 않다고 여겨지는 것들, 또는 너무 약해서 의식에까지 도달하지 못한 경험들이 저장된 것을 말한다. 융의 개인무의식 개념은 프로이트의 무의식 개념과 비슷하다. 이것은 평소에는 의식에 머물러 있지 않지만 필요할 때 작동하게 된다. 융은 개인무의식은 개인이 가지고 있는 콤플렉스(무의식 속에 저장되어 있는 감정, 생각, 기억이 연합되어 생긴 흔적들) 혹은 과거 조상의 경험에서 얻은 것이라고 생각하였다. 우리가 가지고 있는 개인적인 갈등, 해결되지 않은 도덕적 갈등, 강렬한 감정이 뒤섞인 사고과정이 개인무의식의 중요한 부분이지만, 이들에 직접 접근하기는 어렵다. 종종 이런 요소들은 꿈으로 나타나고, 꿈의 내용을 구성하는 데 중요한 역할을 한다.

(2) 집단무의식

우리를 지배하는 생각, 감정, 욕구가 모두 현재의 자신에게서 비롯되는 것은 아니다. 이것들은 과거 우리 조상의 경험이 우리도 모르게 축적되어 전달된 것들일 수도 있다. 인간이 가지고 있는 여러 가지 원시적 이미지는 조상 대대로 과거로부터 이어받은 것이다. 이 이미지는 우리도 모르게 우리가 세계를 경험하고 세계에 반응하게 하는 소질 또는 잠재적 가능성으로서 기능하게 된다. 이런 집단무의식은 신화나 전설 및 민담과 같은 집단문화의 형태로 전승되어 우리에게 알게 모르게 영향을 주게 된다. 이런 것들이 집단무의식을 형성하게 되며 집단무의식은 원형의 형태로 개인 내면에 자리 잡게 된다. 예를 들어, 어떤 나라에 태어나든지 인간은 누구나 어머니에 대한 공통적인 원형을 가지고 있다. 사람들은 자신이 가지고 있는 원형에 따라 특정한 방식으로 세계를 지각하고 경험하며 반응하게 된다. 여기서 원형이란 조상으로부터 전달받아 우리가 태어날 때부터 가지게 되는 미리 정해진 생각이나 기억, 즉 근원적 심상을 말한다.

성격을 구성하는 가장 중요한 원형으로 융은 페르소나, 그림자, 아니마, 아니무스, 자기를 들었다. 페르소나란 어머니의 심상과 같이 사회적 역할수행에 대한 심상으로 남에게 보이는 모습을 말한다. 그림자는 개인이 가지고 있는 어두운 면으로 성적으로 수용되지 않거나 동물적인 것, 즉 무의식의 어둠 속에 있는 자신의 분신을 말한다. 아니마는 남성 속에 있는 여성성을 말하고 아니무스는 여성 속에 있는 남성성의 모습을 말한다. 자기란 인간이 추구하는 합일, 완성, 만다라의 상태를 말한다. 이런 집단무의식의 원형은 인간 개개인의 성격 중 한 요소를 형성하는 것이다. 이런 특성들은 개인 자신도 모르게 개인의 특성을 형성하게 될 것이다.

3) 성격의 5요인

성격의 5요인 모형의 정리 또는 발견은 성격심리학 분야에서 최근에 이루어진 가장 괄목할 만한 성과라고 할 수 있다. 보통 사람들이 성격이라고 이야기할 때 사용하는 개념을 살펴보면 성격이라는 말 대신 외향적이다, 성실하다, 예의 바르다와 같이 특정한 속성을 가지고 사람들을 구분하는 것을 알 수 있다. 다음에 살펴보겠지만 이들을 특질이라고 하는데 이런 특질들이 얼마나 되며, 개인이 속한 문화 간에 이런 속성에서 차이가 있는지 등에 대해 많은 심리학자가 분석해 본 결과, 사람들이 성격 특질이라고 이야기하는 개념에는 크게 다섯 가지가 있으며, 이런 특질들은 문화마다 일관성이 있고 심지어는 동물들에게도 나타난다는 것이 밝혀졌다(김상우, 2009; 정영숙 외, 2013; John, 1990). 이 다섯 가지 성격 특질이 조합하여 이루어지는 것이 특정 개인이 보여 주는 성격인 것이다. 이 다섯 가지 기본적인 특질은 외향성(extraversion), 성실성(conscientiousness), 우호성(agreeableness), 안정성(stability), 개방성(openness)이다. 물론 문화에 따라 다섯 가지가 아닌 여섯 가지, 일곱 가지 특질이 나타나기도 하지만(Ashton & Lee, 2005; Almagor, Tellegen, & Waller, 1995) 가장 대표적인 기본 성격 특질로 받아들여지는 것이 다음 다섯 가지 특질이다.

(1) 외향성

사람들이 성격 특질을 이야기할 때 가장 많이 나오는 개념이 외향성이다. '현빈이는 외향적이야.' '오늘 만난 예진이는 내향적이야!'와 같은 말은 우리가 일상생활에서 가장 많이 사용하는 개념이다. 외향성의 상대적 개념은 내향성이다. 이 특질의 차이는 개인적인 관심의 초점이 사회적이고 활동적이고 남들과 어울리는 데 주로 집중되어 있느냐, 아니면 자신에게 집중되어 있고 남들과 어울리기보다는 혼자서 책을 읽고 글을 쓰고 생각하는 것을 중시하느냐 하는 면에서의 차이를 말한다. 개인이 내향적이냐 외향적이냐에 따라 생각, 행동, 가치관 등에서 많은 차이가 생기게 된다.

(2) 성실성

누군가의 장단점을 판단할 때 가장 많이 언급되는 개념이 '그 사람 성실해.'와 같은 요소일 것이다. 누군가와 사업을 하거나 장차 계속해서 친구로 사귈지 아닐지를 결정하는 데 있어 가장 중요하게 고려하는 것이 성실성일 것이다. 성실하다는 것은 책임감이 있고 목표지향적이며 규칙적으로 사는 사람의 특질을 말한다. 따라서 성실성은 기업이나 조직에서 채용할 때 가장 중요하게 고려하는 요소이기도 하고, 학생을 선발하는 장면에서도 가장 중시되는 요소이기도 하다.

(3) 우호성

우호적이라는 것은 어떤 사람과 첫 대면을 했을 때 가장 먼저 느끼는 감정일 것이다. '저 사람 호감이 가는데!' '나한테 부드럽고 친근하게 대해 주는 것 같아!' 같은 말을 사용할 때 우리가 사용하는 개념이 우호성이다. 호감성이라고도 하고 친애성이라고도 하는데 이의 상대적인 개념은 적대성이다. 우호적이고 친근한 사람과는 친구 같고, 계속해서 대화하고 싶고, 왠지 이 사람은 내편이라는 생각이 들 것이다. 누군가의 첫인상을 이야기할 때 "그 사람 친절하고 나한테 호감을 표시하던데." 하고 말하는 개념이 우호성이다.

(4) 안정성

안정성은 정서적 안정성(emotional stability)이라는 말과 함께 쓰이거나 상대적인 개념으로 신경증적 성향(neuroticism)으로 불리는 개념이다. 안정적이란 것은 어떤 일이 닥쳐도 쉽게 흥분하지 않고 차분하게 사람들을 대하고 상황을 해결하려고 하며, 이 사람의 특성이 어제 오늘 다르거나 만나는 사람마다 다르지 않고 일관적이라는 것을 말한다. 불안하고 변덕스럽고 자신의 기분에 따라 왔다 갔다 하는 사람과는 함께하기 힘들다. 안정적이지 않고 신경증적인 사람은 어디로 튈지 모르고 왠지 믿음이 가지 않을 것이다. 신경증적인 성향이 짙어지면 정신적인 문제를 가진 사람으로 발전하기 쉽다.

(5) 개방성

마지막으로 개방성은 자신을 열어 놓고 다른 사람이나 다른 견해를 받아들이고 상황에 맞게 유연하게 처신하는 것을 말한다. 흔히 경험에 대한 개방성(openness to experience)이라 불리는데, 개방적인 사람은 탐구심이 강하고 새로운 상황에 도전하는 것을 즐기며, 고정되고 고착된 사고에 머물지 않고 다양한 것을 수용하고자 한다. 어린아이의 경우에 개방성이 높은 아이들은 창의적이고 새로운 도전을 즐기며 특정한 주제에 국한하여 관심을 갖지 않는다. 또한 개방적인 사람들은 노인이 되어서도 항상 새로운 것을 배우려 하고 자신이 가진 기존의 것에 국한되지 않는 자유로운 삶을 살고자 한다. 따라서 개방적인 노인은 자신에 대해 만족하고 끝없이 새로운 것을 추구하므로 보다 활동적이고 생산적인 활동에 종사하게 된다.

4 ─ 성격은 어떻게 만들어지는가

　개인의 성격은 어떻게 만들어지는가? 성격 형성에 영향을 미치는 요소에는 어떤 것들이 있을까? 유전적인 요소가 더 많은 영향을 주는가, 환경적인 요소가 더 많은 영향을 주는가? 이에 대한 논쟁과 이슈는 여전히 성격심리학의 주요한 주제가 되고 있다. 물론 당연한 결론이겠지만, 최근에는 환경과 유전적 요소가 모두 성격형성에 영향을 주며, 이들의 상호작용에 의해 성격이 형성된다는 관점이 수용되고 있다(Plomin, 1990). 성격 형성에 대한 관점 또한 다양할 수 있으나 이 절에서는 성격심리학의 형성에 중요한 영향을 준 대표적인 학자들의 의견에 따라 우리의 성격이 어떻게 형성되는지를 간략히 살펴보고자 한다.

1) 마음속의 삼국 전쟁이 낳은 상처: 프로이트

　먼저 프로이트는 사람들이 발달단계별로 원초아, 자아, 초자아 간의 갈등구조를 어떻게 극복하고 이해하였는가에 따라 개인의 성격이 결정된다고 보았다. 특히 발달단계별로 중요하게 부상되는 원초아의 욕구나 충동을 자아와 초자아가 얼마나 효과적으로 통제하고 조절하였는가에 따라 개인의 성격이 형성된다고 보았다. 각 개인에게 요구되는 발달단계별 원초아의 욕구가 제대로 충족되거나 해소되지 않게 되면 개인은 해당 단계에 고착(fixation)되거나 그 이전 단계로 퇴행(regression)하는 모습을 보여 주게 되며, 이때의 흔적이 남아 개인의 성격을 형성한다고 보았다. 프로이트는 무의식 속에 잠재되어 있는 우리 성격의 요소를 알 수 있는 가장 좋은 방법으로 자유연상과 꿈의 분석을 들었다. 이들을 분석해 보면 우리 무의식에 잠재되어 있는 것이 무엇인지를 알 수 있다는 것이다.

> **BOX 2** 　개인의 성격을 알아보는 방법-자유연상법
>
> 　프로이트는 개인의 성격을 알아보는 방법으로 자유연상법을 사용하였다. 자유연상이란 편안한 자세로 안락의자에 누워 생각을 떠올린 다음 이를 분석해 보는 것이다. 개인적으로 이를 실

습해 보는 방법이 있다. 각자가 생각하는 가장 편안한 장소를 골라, 녹음기를 켜 놓고 녹음기에 생각나는 대로 10분 정도 이야기를 해 보자. 그런 다음 1주일 정도 지난 후에 자신이 녹음한 내용을 그대로 녹취한다. 그런 다음 녹취된 내용을 각자 해석해 본다.

    다음 예는 심리학 수업을 수강한 한 학생의 자유 연상을 옮겨 놓은 것이다.

    지금 누워 있고…… 천장을 보고 있다. 이 집 천장이 새롭다. 이 집 벽지의 느낌은 영 익숙해지지가 않는다. 그러나 싫어할 만한 것도 아니다. 하긴 천장이란 불을 끈 후에나 자세히 보게 되는 거다. 오늘은 날이 춥다. 비가 올 것만 같다. 창이 뿌연 것이 눈에 띈다. 잔뜩 흐려 있어서 이불 안의 느낌이 더 새롭다. 많이 피로하다. 이렇게 눈을 감고 별로 마음에 들지 않는 천장을 보고 연상을 하는 대신, 눈을 감고 연상을 하다 보면 잠이 들어 버릴지도 모르겠다. 이렇게 녹음하는 일이 익숙하지가 않다. 사실은 녹음이나 메시지 남기는 것을 싫어한다. 녹음을 하면 목소리가 변하는 사람이 있다. 그래도 그 사람 목소리라는 것을 느낄 수 있는 경우도 있지만 나는 많이 변해 버린다. 목소리가 가늘고 기운 없고 이상하다. 그래서 싫어한다. 중학교 시절 한때 공부를 하는 데 열이 올라서, 집이 멀어서 하루에 두세 시간은 길에서 소비해야 했는데 그것이 아까워서 교과서 요약을 녹음해 들고 다녔다. 물론 친구와 수다 떠느라고 차 안에서 그것들을 들을 시간은 없었지만…… 친구도 이건 내 목소리가 아니라고 했다. 버스는 옛날 관광버스였는데 적당히 낡고 더러웠다. 바깥은 바랜 붉은 줄이 쳐진 낡은 것이었다. 한번은, 어떤 버스는 내가 더 타고 가고 어떤 버스는 중도에 내려야 하는데 친구와 열심히 떠들다 친구 혼자서 내렸다. 나는 환하게 웃으면서 손을 흔들었는데 친구의 눈이 커졌다. 나는 순간 잘못된 것을 깨닫고 버스에서 뛰어내렸다. 그 차를 계속 타고 있었으면 시외까지 가야 했을 것이다. 참 많이 웃었다. 나는 어릴 때부터 뭔가 정신이 없었다. 깜빡거리기를 잘했다. 그러나 그때 기억은 아직도 만나면 웃으면서 이야기하는 얘깃거리다. 나는 도시락을 잘 놓고 다녔다. 나는 그 도시락 가방을 좋아했다. 황토색에 옥스퍼드지인가……. 그런 거친 직물로 2단으로 되어 아래는 네모의 공간이 있고 위는 천문대 지붕처럼 둥그렇게 생겨 있었다. 겉에는 스누피인가…… 개가 그려져 있었다. 그것은 도시락을 두 개를 싸도 제법 잘 들어갔다. 나는 그것을 잘 놓고 다녔다. 한참을 걸어 버스를 타려 할 즈음에야 깨닫고 학교로 돌아간다. 교실은 텅 비어 책상만 즐비하다. 묘한 느낌이었다. 돌아올 때에는 젓가락이 달그락거리면서 돌아온다. 왜 그런지 모르겠다. 나는 샌드위치가 생각난다. 학관 샌드위치는 한 끼 먹을거리로 나쁘지는 않은 것 같다. 그러나 비싼 감이 없지 않다. 그 노란 것은 좀 맵다. 그것이 싫다. 그렇지만 정문의 캠퍼스 마트에서 파는 샌드위치에는 계란이 들어 있다. 직접 만들어 판다는데 맛있었다. 값도 200원 싸다. 정문 너머의 가게를 떠올리다 보니 씨알의 터가 떠오른다. 나는 그곳 벤치를 좋아한다. 이따금씩, 감정이 쌓이거나 혼자 있고 싶을 때

나는 그곳으로 갔다. 나무가 눈앞을 많이 가리지 않는 곳에 앉는다. 눈 아래로 공간이 트여 있고 바람이 불어 올라온다. 달이랑 별을 볼 수 있다. 점 같은 가로등이 점점이 박혀 있다. 저 멀리 산도 있다. 가슴이 차가워지는 것이 좋다. 마음이, 머릿속이 많이 혼란해질 때가 있다. 혼란스럽고 정리할 수가 없을 때 나는 혼자서 그곳에서 마음을 식힐 수가 있다. 그런 때에는 천천히 생각하고 마음을 들여다보고 가라앉힐 수가 있다. 나에게 그런 공간과 시간은 무척 귀하다. 그러나 평소에 나는 그런 시각이 주는 평정이나 안정을 찾을 수가 없다. 내 내면은 많이 조각나 있다는 느낌이다. 그것은 깨어진 도자기 조각 같은 것은 아니다. 치즈 조각처럼 서로 잘 밀어 놓으면 붙은 것처럼 보일 수도 있을 것이다. 하지만 여전히 나는 그것들을 신경 쓰지 않을 수가 없다. 나는 늘 통일에 대해서 생각한다. 내 내면의 그런 많은 점을 어떻게 통일할 수 있을 것인가를, 그 통일성을 마음으로 바란다. 막연히…… 컴퓨터에 컴퓨터 내부라는 이름의 스크린세이버가 떠 있다. 트랜지스터들이 검은 기판 위를 기어 다니고 칩들도 뒤뚱거리며 가고 있다. 나는 그것이 색의 명암만을 조정하는 것으로 뒤뚱거리며 움직이는 효과를 낸 줄 알았는데 파란 것은…… 파란 것이 마음에 든다……. 배에 있는 일련번호가 이따금씩 보인다. 저런 것이어야 할까, 모두 똑같은 것처럼 보이면서도 진짜 모습은 이따금씩 내보이는 것이다. 나는 내가 자연스러워지기를 바란다. 자연스러움이란 말이 단지 내가 단어적으로 이해하는 스스로 그러하다는 의미인지는 모르겠다. 그리고 그것이 도가적인 자연인지도 모르겠다. 하지만 나는 자연이란 말을 감각하고 있는 것 같다. 내가 자연스러운 사람이 되기를 바란다. 대학에 와서 1년 동안 나는 그 길로 스스로 천천히 나아간 것 같다. 학문적으로 내가 향상된 것이 있는지는 모르겠다. 자신이 없다. 그렇지만 인간적인 면으로는 사춘기 때처럼 성장한 것 같다. 좀 불안하다. 그렇지만 괜찮다……. 가고 있는 것 같다. 시간이 다 되어 간다. 찝찝하다……. 몸이 안 좋다. 뭐 때문일까. 안 좋다는 것을 알겠다.

– 출처: 학생 리포트 중에서

※ 토의 주제   이 사람의 마음을 사로잡는 것은 무엇인가? 이 사람의 성격을 분석해 보자.

(1) 구순기적 성격

구순기적 성격은 1~2세경, 어머니와 갖게 되는 수유경험에서 형성되는 성격이며, 유아가 세상에서 처음 경험하게 되는 중요한 타자인 어머니와 갖게 되는 경험의 질에 의해 형성되는 성격이다. 구순기의 경험을 통해 인간은 의존, 신뢰, 신용, 독립심 등과 같은 일반적 태도를 형성하게 된다. 구순기적 성격은 이빨이 나기 전에 어머니가 주는 젖을 수동적으로 받아먹게 되는 단계에서 형성되는 구순 수동적 성격과 이빨이 난 후 보다 적극적으로 수유 행위를 시작하는 단계에서 형성되는 구순 공격적 성격으로 나

넌다. 전자의 특징은 지나친 낙관주의, 과잉 신뢰, 타인의 평가에 대한 지나친 의식, 마마보이로 대표되며, 수동적 낙천주의에 빠져 자신이 어떻게 하든 세상이 자신의 욕구를 채워 주리라 기대하거나 수동적 비관론에 빠져 자신의 처지를 개선하기 위해 아무것도 할 것이 없다는 듯 행동하게 된다. 후자의 특징은 논쟁적, 비꼼, 괴롭힘으로 대표되는데, 능동적 낙천성에 사로잡혀 자신의 욕구를 채우기 위해 주위 세계에 있는 모든 것을 적극적으로 취하려 하거나 능동적 비관론에 사로잡혀 세상에 대해 냉소적이고 적대적이며 무차별적인 공격성을 보이기도 한다.

(2) 항문기적 성격

유아가 2~4세경에 겪게 되는 배변훈련은 유아가 세상에서 처음 접하게 되는 세상의 질서다. 배변훈련을 통해 유아는 처음으로 세상의 질서를 배우게 되고, 자신의 욕구를 관리하는 방법을 배우게 된다. 항문기에 고착되면 질서, 인색함, 고집의 3대 항문기적 성격이 나타나게 된다. 항문기적 성격도 항문기 가학적 성격(내보내기 성격)과 항문기 보유적 성격(지니기 성격)으로 대별된다. 전자의 특징으로는 어지르기, 무질서, 부주의, 낭비벽, 사치벽, 무자비함, 반항적임, 공격적임, 잔인함, 파괴, 난폭함, 적개심을 들 수 있다. 후자의 특징으로는 과도한 청결주의, 시간 엄수, 질서, 신중성, 지나친 청결, 인색, 모으고 쌓아 두기, 정확하고 빠름, 수동적 공격성을 들 수 있다.

(3) 남근기적 성격

4~6세경이 되면 유아는 이제 자신의 성정체성에 대해 생각하게 된다. 남자와 여자 간에 신체구조가 다른 것에 대해 관심을 가지게 되고, 성인과 동일시하게 된다. 이때 남자아이는 오이디푸스 콤플렉스, 여자아이는 남근 선망, 엘렉트라 콤플렉스를 겪는 시기로, 남근기적 성격은 자신의 아름다움과 비범함에 도취하여, 남들로부터 끊임없이 인정받고 싶어 하는 것이 주요 특징이라 할 수 있다. 일명 나르시시즘적 성격이라고 불리기도 한다. 남근기에 고착된 남성은 경솔, 과장, 야심만만함, 강함과 남자다움에 집착함, 바람기 등의 특징을 나타내고, 남성다움과 정력을 과시하는 남근적 공격성이나 나이 많은 이성이나 임자 있는 사람만 유혹하는 특징을 나타낸다. 한편, 남근기에 고착된 여성은 순진무구함과 난잡함의 공유, 유혹적이고 경박한 행동, 지나친 자기주장적 특성으로 모든 면에서 남성을 능가하고자 하는 모습이나 외설스러운 행동과 옷차림으로 남성을 유혹하려 하는 성향 등을 나타낸다.

2) 열등감의 극복과정과 출생순위에 따른 차이: 아들러

Alfred Adler

아들러(Adler)는 사람들이 선천적으로 가지게 되는 **열등감**을 어떻게 극복하고 받아들이는가에 따라 각자의 생활양식(life style)이 달라지고, 이런 생활양식이 각 개인의 성격을 형성하게 된다고 보았다. 또한 개인의 사회적 조건(social condition)이 성격 형성에 영향을 준다고 보아 출생순위별로 성격에 차이가 생긴다는 이론을 제안하였다. 아들러는 열등감 자체가 원래 모든 인간에게 보다 나은 것을 추구하고자 하는 동기유발의 근거가 되는 것이므로 인간 성장의 기폭제가 되는 것이라고 생각하였다. 그러나 병적인 열등감에 **빠**지면 개인은 성장보다는 자기파괴적이고, 병리적인 성격을 형성하게 된다고 보았다. 개인을 병적 열등감에 빠지게 만드는 원인으로 신체기관의 결함, 지나친 애정, 과잉보호하에 버릇없이 응석받이로 성장하는 것, 무관심과 거부로 인한 방임의 경험, 부모의 지나친 기대 등을 들 수 있다.

아들러는 또한 개인의 성격은 개인이 자라게 된 사회적 환경의 산물이라는 생각을 하였다. 개인이 경험하게 되는 가장 중요한 사회적 환경은 바로 가족으로서 가족 내에서 개인의 위치가 주요한 성격 형성의 원천이 된다고 보았다. 아들러에 따르면 개인의 성격은 자신의 신체적 한계점에 대한 의식에서 출발하여 이것이 열등감을 보상하기 위한 아동 각자의 고유한 행동양식으로 굳어지는데, 이런 특징은 4~5세에 형성되어 거의 불변한다. 그에 따르면 성격 형성에 중요한 영향을 주는 요소로는, 첫째, 개인이 열등감을 극복해 온 방식, 둘째, 부모의 양육태도, 셋째, 출생순위, 넷째, 성, 여성의 사회적 지위 및 성역할, 강한 남자 증후군 등으로 표현되는 각 개인의 사회적 위치를 들 수 있다. 아들러의 견해에 따라 출생순위에 따라 전형적으로 나타나는 성격 차이를 살펴보면 다음과 같다. 물론 이런 특징들이 현대사회의 출생순위별 성격과 정확히 일치하지는 않을 것이고, 현대사회의 개별 상황들에 대한 개인의 해석과 적응상황에 따라 양상이 달리 나타나겠지만 아들러가 제시한 원형적인 특징들은 여전히 찾아볼 수 있을 것이다.

(1) 첫째 아이

첫째 아이가 처하는 사회적 조건은 폐위된 왕에 비유할 수 있다. 즉, 세상의 모든 권위와 칭송을 한 몸에 받다가 어느 날 갑자기 폐위된 왕의 신세가 바로 첫째 아이의 신세라 할 수 있다. 이런 사회적 조건으로 인해 첫째 아이는 책임감, 배려심 같은 긍정적 요소가 발달되기도 한다. 또한 부정적 요소로 자신감 상실, 현재 상황이 좋은데도 일이 나빠질 것을 두려워함, 적대적이며 비관적인 성향, 보수적이며 규칙을 중시하는 성향을 나타내기도 한다. 상실의 경험으로 인해 첫째 아이는 문제나 부적응자가 될 소지 또한 많을 수도 있다고 한다.

(2) 둘째 아이

이들이 처하게 되는 사회적 조건은 언제나 위의 형제들이 모델이 되고 처음부터 애정을 형제들과 나누어 생활해야 한다는 것이다. 이로 인한 긍정적 결과로 이들은 야심이 크고 공동체 지향적이며 적응력이 뛰어나다. 그러나 부정적인 결과로 반항적이며 질투가 심하고, 항상 이기려 하고 추종자가 되기를 거부한다.

(3) 막내 아이

막내가 처하게 되는 사회적 조건은 따라야 할 모델이 많고 여러 사람에게서 많은 애정을 받는다는 것이다. 또한 이들은 애정을 나누기는 해도 쉽사리 자신의 모든 것을 내놓지는 않는다는 것이다. 때로는 지나친 애정을 받기도 한다. 이 때문에 나타나는 긍정적 결과로 이들은 항상 많은 자극과 많은 경쟁 속에 성장하게 되고 형제를 앞지르고자 하는 욕구가 강하다. 부정적인 결과로 막내는 누구에게나 열등의식을 가질 수 있고, 과잉보호로 인한 부적응을 보일 가능성이 있다.

(4) 외동 아이

이들이 처하는 사회적 조건은 부모의 애정을 독차지하는 존재라는 것으로 표현할 수 있다. 특히 남자아이의 경우 아버지와 경쟁하려 하고 부모의 지나친 애정을 받게 되는 경우가 많다. 이 때문에 나타나는 긍정적 결과로 이들은 자부심이 강하고 자기중심적이며, 독립적으로 일을 추진하려는 성향을 나타낸다. 부정적인 결과로는 공주병이나 왕자병의 증후로 인해 유아독존적일 수 있으며, 남들과 경쟁을 피하려 하고 항상 자신만이 옳은 듯이 행동하려는 경향을 나타낼 수 있다.

3) 개인이 가진 욕구와 압력의 상호작용: 머레이

머레이(Henry A. Murray)는 정신역동이론에 대한 과학적 연구와 임상심리학의 연구 전통을 수립한 사람이다. 그는 각 개인이 자신이 처한 사회적 조건에 따라 저마다 다른 욕구(need)를 가지게 되며, 이 욕구를 달성하거나 방해하는 압력(press)을 경험하게 된다고 보았다. 머레이에 따르면 개인이 가지는 욕구와 압력이 서로 상호작용하여 개인이 해결해야 할 과제 또는 주제(theme)를 형성하게 된다. 이렇게 형성된 개인별 주제의 차이가 개인의 성격을 구성하는 것이다. 이런 생각을 토대로, 머레이는 자신의 인생 상담자이며 연인이기도 한 크리스티나 모건(Christiana D. Morgan)과 함께 주제통각검사(TAT)를 개발하기도 하였다.

머레이에 의하면, 사람들 간에 차이를 만드는 것은 각 개인이 가지고 있는 다양한 욕구(need)다. 또한 동일한 욕구를 가지고 있다 하더라도 개인에 따라 욕구의 내용을 구성하는 특성의 중요도와 각 개인에게 영향을 주는 정도가 각기 다를 수 있다. 머레이에 따르면 보통 어떤 사람이 어떤 욕구를 가지고 있는지를 알려면 다음 다섯 가지 기준을 살펴보면 된다. 예를 들어, A라는 사람이 높은 성취욕구를 가진 사람이라고 해 보자. 그러면 A가 가진 성취욕구는 어떻게 나타나게 되는가. 첫째, 관련된 행동의 결과로 나타나게 된다. A는 거의 전 과목에서 A학점을 취득하고, 언제나 수준 높은 리포트를 작성하게 된다. 둘째, 관련된 행동유형의 차이로 나타난다. A는 수업 전에 언제나 부지런히 학업준비를 하고 친구들과 술을 마시는 등의 학업에 유해한 행동은 기피한다. 셋째, 여러 가지 자극에 대해 선택적 지각을 하고 반응한다. 즉, 서점에 가게 되면 학업과 관련된 도서나 관련 내용에 더 주의를 기울이게 되고, 학업성취와 관련된 자료에 더 적극적으로 관심을 가진다. 넷째, 특정한 정서나 감정을 표현한다. 공부를 하는 것이 즐겁다거나 학업과 관련되지 않은 상황에 있거나 있어야 되면 짜증을 내게 된다. 다섯째, 결과를 성취한 후에는 강렬하게 만족감을 표현하거나 실패하게 되면 아주 실망하였다는 감정을 표현한다. 즉, 자신이 이루어 낸 결과에 대해 강렬한 감정표현을 나타낸다.

머레이에 의하면 개인이 어떤 욕구에 지배를 당하고 있느냐가 개인의 성격을 형성하는 기본이 된다. 욕구는 우리의 신체적 요구에 따라 생기는 신체장기 발생적 욕구와 심리적인 요구에 따라 생기는 심리발생적인 욕구로 나눌 수 있다. 이 중 근본적으로 사람들 간의 차이를 결정해 주는 욕구는 심리발생적 욕구라고 할 수 있다. 이러한 심리발생적인 욕구에는 성취욕구 외에도 친애욕구, 지배욕구, 과시욕구, 질서욕구, 유희욕구, 성욕구 등이 있다. 이 중 성욕구는 신체장기 발생적으로 생기는 욕구라 볼 수 있지만 인간의 생활에 중요한 영향을 미친다는 점에서 심리발생적 욕구로 구분된다. 머레이는 이런 욕구들이 충족되는 것을 돕거나 방해하는 외부세계의 힘을 압력(press)이라고 칭하였다. 압력은 인간, 사물, 사건과 같이 현실적으로 존재하는 압력인 알파 압력과 개인이 주관적으로 지각하거나 경험한 환경을 나타내는 베타 압력으로 나눌 수 있다. 우리의 성격발달에 영향을 주는 압력으로서 특히 어릴 때 중요하게 작용하는 압력이 있다(Murray, 1938). 첫째는 가까운 가족의 지지 결핍을 들 수 있다. 둘째는 어린 시절에 겪게 되는 불운이나 위험이다. 셋째는 어린 시절 경험하게 되는 결핍이나 중요한 것을 잃어버린 상실의 경험이다. 넷째는 주위로부터 받은 거부, 무관심 경멸의 기억이다. 다섯째는 동생의 출현이다. 어린 시절에 겪는 이러한 압력들이 개인에게 작용하여 특정 욕구가 더 강하게 표출되거나 억압되게 만드는데, 욕구와 압력 간의 상호작용으로 개인마다 독특한 기억을 형성하게 되고, 독특한 개인사를 형성하게 되는 것이다. 머레이는 이런 개인 인생의 역사를 주제(theme)라고 칭하며, 이것이 개인의 성격을 구성하게 된다고 보았다.

머레이는 개인마다 독특한 인생주제를 형성하게 만드는 결정요인으로 다음과 같은 것을 언급하였다. 첫째, 연령, 성별, 체형, 피부색, 육체적 힘, 신체 결함과 같은 신체적 결정요인이다. 둘째, 가족, 인종, 종교, 민족, 정치, 지역, 사회경제적 집단과 같은 집단 성원 결정요인이다. 셋째, 문화, 직업, 성역할 등으로 형성되는 역할 결정요인이다. 넷째, 개인의 일상적 경험, 인간관계, 가족 순위, 우정관계, 이혼 부모 등의 상황 결정요인이다. 이런 요소들의 영향하에서 개인마다 독특하게 형성되는 욕구와 압력 간의 상호작용이 겉으로 드러나는 것이 성격인 것이다. 머레이의 생각을 정리하면 개인의 성격은 개인이 형성하게 된 욕구와 그를 둘러싼 사회적 압력이 상호작용하여 나타난 결정체, 즉 주제들의 합이라고 할 수 있을 것이다.

4) 자기를 바라보는 관점과 주관적 경험의 차이: 켈리, 로저스

현상학적 또는 인본주의적 입장에서는 개인이 세상을 바라보는 차이에 의해 개인 간의 성격 차이가 발생하게 된다고 보았다. 우선 켈리(Kelly)는 세상에 절대적인 진리는 존재하지 않는다고 보았다. 켈리에 따르면 특정한 사물이 A로 보이는 것은 이 사물을 바라보는 사람이 사물을 A로 바라보기 때문이라는 것이다. 켈리는 자신의 생각을 **구성개념적 대안론**(constructive alternativism)이라고 불렀다. 구성개념적 대안론에서는 절대적이고 불변적인 것을 거부한다. 즉, 현실에 대한 개인의 지각은 해석에 따라 가변적인 것이며, 객관적인 실체나 절대적인 진리란 존재하지 않는다.

켈리의 구성개념적 대안론에 따르면 사람들은 각기 다른 개인적 구성개념을 가지고 있다. 이 구성개념의 차이가 바로 성격이라고 할 수 있다. 여기서 구성개념이란 사람들이 '자신의 개인적인 경험 세계를 해석하고 구성하는 사고 범주'를 말하는 것이다. 따라서 개인의 성격을 이해하려면 개인이 가지고 있는 구성개념이 무엇인지를 알아야 한다. 최근 의과대학을 졸업한 학생이 의과대학원에 들어가서 의사가 되겠다는 애초의 계획을 버리고 연인과 함께 전원생활을 하기 위해 의료계를 떠나는 경우를 예로 들어 보자. 이 젊은이의 아버지는 이 현상을 권위주의적이면서 가부장적인 사회에서 벗어나려는 신세대의 특징이라고 해석하는 반면에 어머니는 사랑에 눈먼 젊은 아이들의 철부지 행동이라고 생각할 수 있다. 학교 상담교사는 정체성 위기를 겪고 있는 젊은 세대의 방황이라고 해석하고, 사회학 교수는 소비 지향적인 사회의 규범을 벗어나고자 하는 신세대의 신자유주의적 행위라고 해석할 수 있다. 그러나 정작 젊은이 자신은 이런 행동을 단순히 자유롭게 살고 싶은 자연스러운 욕구의 발로라고 해석할 수도 있다.

켈리와 유사하게 로저스(Rogers)도 개인의 행동을 이해하려면 개인의 주관적 경험과 자아의 개념을 이해해야 한다고 보았다. 그는 개인의 행위를 지배하는 것은 자극상황에 대한 개인의 해석과 그것에 대한 개인적 의미라고 보았다. 또한 개인을 이해하려면 현재 지금-여기서(now and here) 그 개인이 무엇을 지각하고 있고, 어떻게 해석하고 있는지를 알아야 한다고 보았다.

로저스에 의하면 자기(self)는 개인이 자신에 대해 가지고 있는 현상학 혹은 지각적 장이 분화된 부분으로서 '주체적인 나(I)'와 '객체적인 나(Me)'에 대한 의식적 지각과 가치 부여가 포함되어 형성되는 것이다. 자기개념(self-concept)은 현재의 자신이 어떤 인간인가에 대한 개인의 신념을 말하는 것인데, 이 자기개념의 차이가 개인 간의 성격 차이를 나타내 준다.

개인의 자기개념은 어떻게 발달하게 되는가? 로저스는 개인의 자기개념은 두 가지 작용에 의해 발달한다고 보았다. 첫 번째 기제는 개인이 자신에 대해 가지는 유기체적 평가과정이다. 인간은 누구나 자기실현을 하고자 하는 동기를 가지고 있으며 더 나은 자아, 완전히 기능하는 자아를 달성하기 위해 노력하게 된다. 인간이 보여 주는 모든 행위는 자기실현을 하고자 하는 동기와 관련되어 있는 것으로서, 개인이 겪게 되는 모든 경험은 인간이 가지고 있는 자기실현 경향을 촉진시켜 주는지 아니면 방해하는 것인지에 의해 좋고 나쁨이 평가된다. 따라서 자기에게 도움이 되는 것은 내 것이고, 나의 자기개념에 속하는 것이 되고 그렇지 않은 것은 내 것이 아닌 것이 된다.

두 번째 기제는 긍정적 대우에 대한 욕구다. 아동은 성장하면서 점차 중요한 사람들로부터 존중받고 인정받고 싶어 하는 욕구를 발달시키게 된다. 이 욕구는 첫 번째 기제보다 더 강하게 작용하게 된다. 아동은 유기체적 평가과정보다도 자신이 받게 되는 긍정적 대우(positive regard)에 의해 자기개념을 발달시키게 된다. 이때 아동은 조건적 긍정적 대우와 무조건적 긍정적 대우를 받게 되는데, 완전한 자기개념의 발달을 위해서는 무조건적 긍정적 대우가 중요하다. 조건적 긍정적 대우란 긍정적 대우를 해 주는데 조건을 다는 것으로서 이런 대우를 받으며 자란 사람은 타인이 바라는 기대에 따라 행동하고 칭찬이나 남의 관심 또는 남의 인정을 받기 위해 행동하게 된다. 무조건적 긍정적 대우란 조건 없이 있는 그대로 어떤 사람을 수용하는 것을 말한다. 완전히 기능하는 자기개념을 형성하기 앞서서는 무조건적 긍정적 대우의 경험이 필요하다. 켈리와 로저스의 견해를 수용하면 위에서 설명하였듯이 개인이 어떤 경험을 하고 자랐는가와 개인이 현재 시점에서 자신의 과거 경험이나 자신이 처한 현실을 어떻게 바라보느냐가 개인의 성격을 결정해 주는 것이다.

5) 인간이 가진 특질의 차이: 올포트

특질론적 입장에서는 **특질**(traits)의 차이에 의해 개인 간에 성격 차이가 생긴다고 본다. 이들은 이런 특질이 어떻게 형성되었고, 개인의 과거 경험과 어떻게 연계되어 있는지에 관심 갖기보다는 특질이 어떻게 구성되어 있으며, 얼마나 안정적이고 일관되게 행동에 영향을 주는지에 더 관심을 가진다.

올포트(Allport)는 특질을 "많은 자극을 기능적으로 동등하게 만들고, 동등한(의미 있게 일관성 있는) 형태의 적응적·표현적 행동을 시작하게 하고 이끌어 가는 능력을 지닌 신경정신적 구조"라고 정의하였다. 이 정의에 따르면 특질은 다음과 같은 특징을 지닌다.

Gordon W. Allport

첫째, 특질은 개인이 다양한 종류의 자극에 대해 동등한 양식의 반응을 보이게 해 주는 성향이다. 예를 들어, 진보주의적이라는 특질을 가진 사람은 현실에서 부딪히게 되는 여러 자극에 유사한 반응을 보이게 될 것이다. 둘째, 특질은 인지된 동일성(유사성)을 기초로 결합되어 표현된다. 즉, 다양한 자극과 다양한 반응을 이론적으로 통합하는 역할을 해 준다. 셋째, 특질은 비교적 일반적이고 지속적이다. 따라서 여러 가지 자극에 대한 반응을 통합해 줌으로써 우리가 매우 일관되게 행동할 수 있도록 해 주고, 우리가 보이는 행동의 지속적이며 범상황적인 특징을 설명해 준다. 넷째, 특질은 우리 성격구조의 필수 요소를 이루며, 초점을 형성한다. 즉, 아무 때나 나타나는 것이 아니고, 사회적 상황과 관련지어 변별적으로 나타난다. 또한 물이 눈이나 비 또는 우박으로 변형되듯이 상황에 따라 변형되어 나타날 수도 있다. 그러나 그 핵심적인 특성은 언제나 동일하다. 다섯째, 특질은 우리로 하여금 단순히 상황 의존적으로 행동하지 않고 상황 개척적으로 행동하게 한다. 예를 들어, 사교적인 사람은 스스로 자신의 특질을 발휘할 상황을 찾고 상황을 조성한다.

특질론자들의 관심은 인간을 일반적으로 설명해 주는 특질의 수가 얼마나 되며, 핵심적인 특질은 어떤 것인지를 찾고자 하는 데 있다. 올포트는 연구 초반기에 특질을 기본특질(cardinal traits), 중심특질(central traits), 이차적 특질(secondary traits)로 구분하였다. 기본특질은 영향력이 매우 커서 개인의 행동 전반에 영향력을 발휘하는 것으로 소수의 사람에게서만 나타난다. 바람둥이 돈 후앙, 구두쇠 스크루지, 오를레앙의 성처녀 잔다르크 등의 특질이 여기 해당된다. 연구자들은 중심특질은 개인을 특징지어 주는 상당히 일반화된 특징들로 개인별로 5~10개 정도를 보유한다고 본다. 예를 들어, 잘 아는 사람을 특징짓는 단어, 구 또는 문장을 기술하게 할 경우 나타나는 외향적이다, 근면하다, 성실하다와 같은 특징들이다. 보통 한 개인은 평균 7~8개의 중심특질로 설명된다. 이차적 특질은 뚜렷하지도 않고, 비교적 덜 일반적이며, 일관성은 적긴 하나 특정 개인을 다른 사람과 구분해서 특징지어 주는 성향들을 말한다. 예컨대, 음식에 대한 기호, 굉장히 지배적이고 독단적인 사람인데 경찰관 앞에만 서면 아주 복종적으로 변하는 태도와 같이 특정 상황에서만 나타나는 성향을 말한다. 연구 후반기에 올포트는 특질을 공통특질(common traits)과 개별특질(individual traits)로 구분하였다. 전자는 한 문화권의 사람들을 합리적으로 상호 비교해 줄 수 있는 소질이나 성향을 말한다. 이런 일반적인 요인을 찾고자 하는 최근의 연구 성과는 앞에서 설명한 성격의 5요인 모형이론으로 대표된다. 이에 비해 개별 특질은 특정 개인만이 가지고 있는 것으로 개인간에 비교될 수 없는 독특한 특징으로 개인마다 초점이 다르게 조직화될 수도 있다. 올포트에 따르면 개인의 참된 성격은 이러한 개별적 특질을 조사할 때 나타나는 것이며, 개인의 사례사, 일기, 편지 및 개인적 기록으로 파악할 수 있고 이런 특질들의 모음이 개인의 성격을 구성하게 된다.

BOX 3 ▶ 특질진단을 통해 자기분석하기

다음 척도를 이용하여 귀하의 성격 특질과 일치한다고 생각되는 번호에 V표 하시오.

나는

1. 무언가를 간절히 열망한다	5	4	3	2	1	고요하고 평온하다
2. 다른 사람과 함께하는 것을 좋아한다	5	4	3	2	1	혼자 있는 것을 좋아한다
3. 몽상가다	5	4	3	2	1	공상을 싫어한다
4. 예의 바르다	5	4	3	2	1	저돌적이다
5. 정돈을 잘하는 편이다	5	4	3	2	1	어질러 놓는 편이다
6. 걱정이 많다	5	4	3	2	1	자신만만하다
7. 낙관적이다	5	4	3	2	1	비관적이다
8. 이론의 개발을 중시한다	5	4	3	2	1	실용성을 중시한다
9. 관대하고 아량이 있다	5	4	3	2	1	이기적이고 자기중심적이다
10. 확실히 마무리를 짓는다	5	4	3	2	1	결정 시 변경의 여지를 둔다
11. 낙담해 있다	5	4	3	2	1	의욕이 넘친다
12. 남에게 내보이는 편이다	5	4	3	2	1	사적인 것을 중요시한다
13. 상상력에 의지한다	5	4	3	2	1	권위체에 의지한다
14. 따뜻하다	5	4	3	2	1	냉정하다
15. 집중해서 일을 처리한다	5	4	3	2	1	쉽게 주의가 분산된다
16. 쉽게 당황한다	5	4	3	2	1	흔들리지 않는다
17. 사교적이다	5	4	3	2	1	차고 냉정하다
18. 새로운 것을 찾는다	5	4	3	2	1	늘 하던 것을 쫓는다
19. 팀 중심적이다	5	4	3	2	1	개인 중심적이다
20. 질서를 선호한다	5	4	3	2	1	혼돈에 불편해하지 않는다
21. 주의가 산만하다	5	4	3	2	1	침착하다

22. 이야기를 많이 한다	5	4	3	2	1	생각을 많이 한다
23. 애매함이 불편하지 않다	5	4	3	2	1	분명한 것을 좋아한다
24. 신뢰한다	5	4	3	2	1	의심한다
25. 시간(납기)을 잘 지킨다	5	4	3	2	1	시간을 잘 안 지킨다

해석 요령

1) 1, 6, 11, 16, 21번은 정서적 안정성 및 적응도를 나타내는 요인으로 점수가 높을수록 불안정성이 높다는 것을 의미한다. '안정적인, 변덕스럽지 않은, 합리적인, 죄책감이 없는' 특성과 '쉽게 흥분하는, 걱정이 많은, 반응적인, 신경질적인' 특성을 비교한다. 개인의 심리적 스트레스, 비현실적인 생각, 비적응적인 대처행동에 빠지기 쉬운 성향을 판별해 낸다.

2) 2, 7, 12, 17, 22번은 외향성 및 사교성을 나타내는 요인으로 점수가 높을수록 외향적이고 사교적이라는 것을 의미한다. '사적인, 독립적인, 혼자 일하기 좋아하는, 위축된, 쉽게 이해하기 힘든' 특성 대 '주장적인, 사교적인, 온화한, 낙관적인, 말이 많은' 특성을 비교한다. 대인 간 상호작용의 빈도와 강도, 활동성 수준, 자극적인 것에 대한 추구 정도, 삶을 향유하고자 하는 특성 정도 등을 판별한다.

3) 3, 8, 13, 18, 23번은 새로운 것에 대한 개방성, 수용성을 나타내는 요인으로, 점수가 높을수록 개방적이라는 것을 의미한다. '실용적인, 보수적인, 지식의 깊이를 추구하는, 효과를 중시하는, 특정 분야를 잘 아는' 특성 대 '다양한 관심을 가지고 있는, 호기심이 많은, 낭만적인, 실용적인 것을 너무 추구하지 않는, 새것을 좋아하는' 특성을 비교한다. 이 요인은 새로운 경험거리를 적극적으로 찾으려 하고, 그 자체를 즐기려고 하는 성향, 친숙하지 않은 것에 대한 인내 정도와 탐구심 등을 평가한다.

4) 4, 9, 14, 19, 24번은 우호성, 순응성을 나타내는 요인으로 점수가 높을수록 순응적이고 조화를 추구한다는 것을 의미한다. 이 차원은 '의심이 많은, 의문을 많이 갖는, 거친, 공격적인, 자기 이익을 우선시하는' 특성 대 '신뢰할 만한, 겸손한, 이타적인, 팀을 우선시하는, 갈등을 피하고자 하는, 솔직한' 특성을 비교한다. 이 차원은 사고, 감정, 행동 등에서 동정적이고 배려적인 성향과 적대적이고 반대적으로 처신하려는 성향을 비교·평가해 준다.

5) 5, 10, 15, 20, 25번은 근면성, 성실성을 나타내는 요인으로 점수가 높을수록 성실하고 근면하다는 것을 의미한다. 이 차원은 '엉성한, 자기식으로 하는, 혼자 일하기 좋아하는, 뒤로 미루는' 특성과 '믿을 만한, 조직적으로 생활하는, 잘 훈련된, 조심성이 많은, 원칙을 중시하는' 특성을 비교한다. 개인의 체계성, 인내성, 목표 지향적 행동을 하려는 성향 등을 평가해 주며, 게으르고 나태함에 젖어 있는 사람과 신뢰할 만하고 굳건함을 중시하는 사람을 분별해 준다.

출처: Medina & Howard (1996).

BOX 4   나의 성격분석: 과거, 현재의 모습과 미래 조명

사람들은 무뚝뚝하고 차가워 보이는 나의 첫인상 때문에 접근하기가 힘들다고 한다. 그러나 일단 친해지고 나면 나의 이러한 모습은 그들에게 책임감이나 안정감의 형태로 비춰진다. 그리고 그들의 태도는 은연중에 나 자신을 강화시켜 더욱더 내 감정을 억누르게 만드는 것 같다. 그들은 나에게 혹은 내가 나 자신에게 항상 그들 곁에서 든든한 버팀목이 되어 주기를 기대한다. 그리고 가끔씩 이러한 생활이 나에게 큰 부담감을 주기도 한다. 내 자신이 힘들 때에도 다른 사람들이 내게서 위안받기를 원하면 나는 일단 내 감정을 접어 두고 그들에게 귀를 기울이기 때문이다. 그러나 이러한 나의 태도가 타인과 진정한 감정교류를 나누지 못하게 하기도 한다. 서로 감정을 공유하지 못하고 남들에게 나를 개방하지 않았기 때문에 쌍방통행이 적절히 이루어지지 않는 것이다. 그래서 일차적으로는 나 자신이 힘들지만 이차적으로는 타인과 친밀감을 형성하는 데 장애가 되기도 한다. 그래서 요새는 나 자신을 친한 사람들에게 노출하는 것을 연습하고 있다. 처음에는 조금 힘들었지만 홀로 버팀목의 역할을 할 때보다는 심적 부담감이 줄어 훨씬 편안해짐을 느낄 수 있었고, 타인과도 피상적인 관계가 아닌 좀 더 친밀해지는 계기가 되기도 했다.

나의 방어기제   내가 주로 사용하는 방어기제는 승화와 전위, 반동형성 등으로 보인다. 나는 보통 화가 나거나 우울할 때에는 소위 잠수함을 타고 개인적인 공간에서 시간을 보내면서 취미생활에 몰두한다. 주로 글을 쓰거나 무언가를 만들거나 음악을 듣고 악기를 다루는 행위 등이다. 그렇게 함으로써 분노와 우울의 에너지를 다른 방향으로 표출시키는 것이다. 집중해서 무언가를 한 후에는 쾌감마저 느낀다. 마음이 대강 정돈된 후에는 나 자신을 훨씬 더 잘 살펴볼 수 있게 된다. 그리고 나는 화가 났을 때 곁에 있는 사람에게 화풀이를 하기도 하는데, 이 방법은 그 사람도 편치 않고 나 자신도 나중에 꼭 후회하게 되는 방법이다. 그래서 나는 항상 내 남자친구에게 그런 점에서 미안함을 느낀다. 마지막으로 반동형성은 나 자신도 몰랐지만, 어느 날 곰곰이 생각해 보니 내가 이 방어기제를 상당히 많이 사용하고 있음을 깨달았다. 나도 모르는 사이 내 감정을 속이며, 반대적인 행동을 하고 있음을 발견한 것이다. 이것은 힘들 때에도 의연해 보이려는(예전엔 나 자신이 스스로 의연하다고 생각했다) 나의 모습을 보고 느꼈다. 왜냐하면 내가 진정 의연하고 초연하다면 사건들로 인해 우울해지는 일이 없거나 적어야 하지만, 나의 경우는 그렇지 않고 오히려 나의 이러한 행위가 심적 부담감을 증가시켰기 때문이다. 나에게 가장 필요한 것은 나 자신에 대해 솔직해지는 일이다. 다른 사람들을 위로해 주는 것은 물론 내가 힘들 때에는 그들에게 기댈 수도 있어야 내가 더욱더 편안해지고 건강해질 수 있기 때문이다.

출생순위와 열등감   나는 1남 3녀 중 맏이다. 아들러는 맏이를 '폐위된 왕'이라고 하였다. 하지만 나에게 있어서는 어느 정도 다른 점이 있다. 왜냐하면 나는 어릴 적 몸이 매우 허약했는

데 그 때문에 동생들이 태어난 후에도 부모님의 관심을 상당히 많이 받았기 때문이다. 그리고 이것은 나에게 열등감으로도 작용했는데, 병적 열등감을 일으키는 원인 중 신체적 열등감에 해당한다. 그리고 내가 기억하는 가장 초기의 기억 또한 이와 관련된다. 유치원에 다닐 때 나는 허약한 몸 때문에 단체 견학을 거의 가지 못하였다. 딱 한 번 야영을 갔을 뿐이었다. 그때도 엄청 고생을 했던 기억이 난다. 이러한 열등감은 나를 소심한 아이로 자라게 했으나 나는 언제나 사람들의 눈에 띄고 인정받고자 하는 욕구가 있었다. 신체활동을 통해서는 이러한 욕구를 채울 수가 없었기 때문에 나는 또래에 비해 어려운 책을 많이 읽었고, 피아노를 치고, 항상 나 자신을 절제하면서 사람들로부터 의젓하고 똑똑한 아이라는 평가를 받았다. 그리고 나의 작은 체구는 열등감이기도 했지만, 사람들로부터 귀여움과 일종의 동정심을 유발하는 역할을 하기도 했기 때문에 나는 항상 외모를 꾸미는 데 신경을 썼다. 초등학교 입학 후 나는 더더욱 관심을 얻기 위해 백일장이나 사생대회, 피아노 콩쿠르 등에 기회만 있으면 참가하였고 거의 대부분의 대회에서 입상했다. 그리고 초등학교 3학년 때 담임선생님의 도움으로 소심한 성격마저 많이 바뀌어 그해 내 통지표에는 학급 일에 적극적이고 발표를 조리 있게 잘한다는 내용의 평가가 적혔다.

물론 성적 또한 항상 상위권이었다. 나의 약한 체력과 화려한(?) 경력은 부모님으로 하여금 지속적인 기대를 갖게 만들어 나에 대한 관심을 잃지 않게 하였다. 나의 황금기는 중학교 때까지 계속되었고 이는 내가 생각하기에 후에 다른 사람들이 나를 자신감 넘치는 아이라고 평가하는 바탕이 된 것 같다.

나의 욕구   어린 시절부터 지금까지 나의 모습을 욕구 존재를 나타내는 판단기준에 비추어 볼 때 나는 성취욕구나 우월에의 욕구, 과시욕구가 강한 것 같다. 그리고 이 욕구들은 나 자신을 성장시키고 삶을 풍요롭게 만드는 데 큰 도움이 되었다. 아마 무언가를 이루려는 나의 욕구는 끝이 없을 듯하다. 나는 남들이 보기에 무리라고 생각되는 일을 택해서 이를 이루려 하는데, 이는 나 스스로의 만족과 타인의 관심 어린 시선과 나 자신의 발전을 가져다주는 일이기 때문이다. 요즘 생각하고 있는 것은 어학이다. 원래 외국어고등학교에 진학하기를 바라던 나였다. 영어와 중국어, 일어, 불어, 그 밖에도 배울 수 있는 언어들을 가능한 한 많이 배우고 싶다. 또 취미생활에 있어서도 단순한 개인적 취미를 넘어서서 자격증에 욕심을 부리고 있다. 나는 테디베어 만드는 것을 좋아하는데 협회에서는 초·중·고급을 모두 수료하면 강사 자격증을 준다. 또 이번 방학 때에는 한식 조리사 자격증을 취득할 예정이다. 악기연주도 아마추어치고는 상당한 수준에 오르고 싶은 것이 내 욕심이다.

하지만 이 모든 것을 내가 원하는 시기에 모두 이룬다는 것은 내가 생각해도 무리다. 욕구와 더불어 압력이란 것도 있기 때문인데 나에게 주로 작용하는 압력은 결핍압력과 인정압력이다. 시간과 금전의 결핍은 물론 나를 이해해 주고 도움을 주며 같이 이루어 나갈 사람이 주변에 없는 것이다. 동기들은 물론 선배들조차 나와 같은 욕심을 갖고 있는 사람은 없는 것 같다. 나는 이 점이 가장 유감스럽다. 또한 인정압력은 그 자체가 자극원으로 작용하기도 하지만 때때로 강한 심적 부담을 주어 그에 집착하게 만들어 부정적 결과를 초래하기도 한다. 내가 욕구와 압력 둘 사이의 괴리를 조절하는 방법으로 생각하고 있는 것은 휴학과 아르바이트를 통한 금전과 시간의 보충이다. 쉽진 않겠지만 그렇기에 나의 욕구는 더욱 강해지는 것 같다.

- 출처: 학생 리포트 중에서

※ 토의 주제　이 사람은 어떤 성격을 가진 사람이라고 생각하는가? 이 사람이 가진 성격이 무엇인지 논의해 보자.

6) 모델에 대한 학습과 자기효능감의 차이: 밴듀라

지금까지 살펴본 성격에 대한 이론들은 개인 내적인 요소를 강조하는 것들이었다. 그러나 사실 우리가 가지고 있는 성격 중 많은 요소가 우리가 받아 온 사회화와 학습의 결과라는 것은 아무도 부인할 수 없을 것이다. 성격의 학습론적 측면은 스키너(Skinner)의 행동주의이론에서 절정을 이루게 되고, 후속 학자들은 개인 내적 요소와 환경적 요소 간의 상호작용적 입장을 취하게 된다. 즉, 성격이 환경의 지배를 받아 결정되는 것도 반대하고, 개인 내적인 요소에 의해 환경과 무관하게 형성된다는 입장도 거부한다. 이런 밴듀라(Bandura)의 입장을 사회학습이론이라 부르며, 다음과 같은 특징이 있다.

첫째, 인간의 내부과정(동기, 충동, 욕구 및 여타 동기적 영향들)만으로 또는 외부 환경적 요인만으로 인간의 행동을 설명하는 데는 한계가 있다고 보고 상호 결정주의적 입장을 취한다. 둘째, 처벌이나 보상과 같은 외적 강화물이 우리 행동에 미치는 직접적인 역할은 많지 않다고 본다. 예를 들어, 우리의 행동은 외부에서 주어지는 단순한 강화에 의해 결정되기보다는, 머릿속에서 추론되고 예상되는 결과에 의해 규제되기도 한다. 따라서 직접적인 강화가 없어도 행동 습득이 가능하며, 본보기나 관찰을 통해 학습이 이루어지는 것도 가능하다. 셋째, 인간의 행동, 특히 성인의 행동을 설명하려면 자기 규제와 인지의 역할이 중요하다고 본다. 따라서 사회학습이론에서는 인간이 환경에 새로운 의미를 부여하고 재배치하는 것과 같이 창조적이며 자기생성적인 모습을 가진다는 것을 강조한다.

이런 관점에 따라 밴듀라는 개인의 행동을 설명하는 데 대리강화(vicarious

reinforcement)와 자기강화(self reinforcement)의 개념을 제시하였고, 후에는 이런 개념을 통합하여 자기효능감(self-efficacy)이라는 개념을 제시하였다.

대리강화란 타인의 행동에서 관찰된 대리적 결과(보상과 처벌)에 의해 행동이 규제되는 것을 말한다. 다시 말해, 직접적인 보상이 없어도 다른 사람이 받는 대리보상이나 처벌이 관찰자의 행동을 촉진시키거나 억제할 수 있다는 것이다.

자기강화란 개인이 자기 자신에게 부여해 주는 강화를 말하는 것으로 자기 자신의 행동에 의해 자발적으로 생산된 결과에 자기 스스로 지배되는 것을 말한다. 성인은 누가 시키지 않아도 스스로 목표를 설정하고 이 목표를 달성하거나 달성하지 못한 결과에 따라 자신을 통제하게 된다. 자기 행동을 규제하는 과정은 자기관찰과정, 판단과정 그리고 자기반응과정의 3단계 과정을 거쳐 일어나게 된다. 즉, 개인은 자신의 행동을 관찰하고 내재적으로 결정한 기준에 의해 자신이 이루어 낸 성과를 평가하게 된다. 그런 다음, 평가결과에 따라 자기처벌을 하거나 보상을 주게 된다. 이러한 자기강화의 역사가 개인 간 성격의 차이를 만들어 내는 것이다.

자기효능감이란 특정한 시기에 특정한 유형의 과제를 잘 수행할 수 있을 것인지에 관한 자신의 능력에 대한 판단을 말한다. 자신에 대한 전반적인 지각, 감정을 나타내는 자존감(self-esteem)과 달리, 특정한 시기, 특정한 상황에서 자신이 어떤 일을 해낼 수 있다는 믿음을 말하는 것으로, 자신이 이번에 담당하게 된 과제를 잘 해낼 것이라는 믿음을 예로 들 수 있다. 이런 믿음은 자신이 일반적으로 학업능력이 우수하다고 생각하는 자존감과는 구별된다.

밴듀라는 개인이 자기효능감을 얻게 되는 근원을 네 가지로 들었다. 첫째, 과거의 실제 경험이다. 즉, 개인이 경험한 성공과 실패의 경험, 특히 과제가 어려웠는데도 자신의 노력에 의해 과제를 달성하였고, 이런 성공의 이유를 내부에서 찾을 수 있을 때 자기효능감이 커지게 된다. 둘째, 대리경험을 통한 경험이다. 같이 공부하는 동년배가 성공적으로 과제를 수행해 내는 것을 보면 자기효능감이 커지게 된다. 수영이나 스키, 다이빙 등의 스포츠에 대한 강습을 받을 때 흔히 볼 수 있는 경우다. 셋째, 좋아하는 사람이나 중요하게 생각하는 사람의 언어적 설득이다. 시험에 실패하여 실의에 빠져 있을 때 교사나 부모가 해 주는 격려와 지원은 자기효능감을 키워 주게 된다. 특히 애인이나 부모와 같이 신뢰하는 사람의 격려가 중요하다. 경기장에 나와 격려해 주는 애인의 말 한마디로 슬럼프에서 벗어나고 자기효능감을 키운 운동선수의 예를 주변에서 흔히 볼 수 있을 것이다. 넷째, 자기효능감을 키워 주는 근원으로 생리적 각성을 들 수 있다. 불안할 때 식은땀이 나고 가슴이 울렁거리면 더더욱 불안감이 증가하게 된다. 따라서 적절한 이완훈련을 통해 편안한 마음을 가지고, 과제에 대한 지나친 집착을 억제함으로써 평온하고 냉정한 상태를 유지하는 것이 자기효능감을 키워 주게 된다. 밴듀라의 견해에 따르면 특정 상황에서 보이는 자기효능감의 차이가 개인 간의 성격 차이를 나타내는 근원이 된다.

BOX 5 심리학의 적용: 비현실적인 강한 자존감은 폭력행동을 초래하는가

21세기의 초입에 들어선 요즘, 널리 유포되고 있는 사회적 신념 중의 하나로 사람들이 가지고 있는 자존감을 키워 주기 위해 모든 노력을 다 기울여야 한다는 것을 들 수 있다. 대부분의 경우 높은 자존감을 가지는 것이 인생에서의 성공과 탁월한 성취를 이루는 데 기본이 되는 것이며, 낮은 자존감을 가지는 것은 치유해야만 하는 문제점으로 간주된다.

그러나 모든 사람이 이런 의견에 동의하는 것은 아니다. 심리학자 부시맨과 바우마이스터 (Bushman & Baumeister, 1998)에 따르면 지나치게 높은 자존감은 이것을 가지고 있는 사람에게 치명적인 심리적 문제를 초래할 수도 있다. 예컨대, 실제적인 성취상황에서 자신이 가지고 있던 높은 자존감이 충족되지 못할 경우에 폭력행동을 초래할 수도 있다는 것이다. 이들에 따르면, 폭력행위를 하게 된 몇몇 사람들은 자신의 행위를 바람직하게 여기고 있었으며, 자신에 대한 정당화 노력이 과장되어 나타나기도 한다는 것이다. 전형적으로 자존감을 낮추는 상황—예컨대, 학교나 업무에서의 실패상황—에서도 그런 사람들은 자신에 대한 긍정적인 관점을 유지하였으며, 이런 부당한 자존감 형성이 폭력행동을 유발하기도 한다는 것이다.

비현실적인 높은 자존감(또 다른 말로 나르시시즘)이 도전을 받거나 다른 사람에게 위협을 받을 때 폭력적인 성격이 표출될 수 있다는 관점은, 높은 자존감을 가진 사람들은 자신에 대한 긍정적인 자존감을 유지하기 위해 격정적으로, 때론 폭력적으로 반응할 수도 있다는 것을 시사하는 것이다. 대조적으로 낮은 자존감을 가진 사람들은 자신의 자존감이 도전받거나 위협받는 상황에 처하더라도 이런 위협이나 도전상황 자체가 자신이 가진 낮은 자존감을 확증해 주는 증거라고 받아들이게 된다. 그러나 자존감이 지나치게 높은 사람들은 자신의 자존감이 확증되면 자기에게 주어진 도전이나 위협상황을 무시하게 된다(Baumeister, Bushman, & Campbel, 2000).

실험 결과는 이런 관점을 지지해 준다. 부시맨과 바우마이스터는 한 연구에서 참가자들에게 에세이를 쓰도록 하였다. 그리고 한 집단에게는 심한 비평을 하고, 한 집단에게는 칭찬을 하였다. 그런 다음 참가자들에게 게임에 참여하도록 하였다. 게임은 상대편에게 시끄러운 소음을 쏟아붓는 것이었다. 이것이 공격성에 대한 척도였다. 실험 결과 비현실적인 자기애적 자존감을 가

진 참가자들은 비판을 받게 될 때 현실적인 자존감을 가진 참가자들보다 유의미하게 공격행위를 더 많이 하였다.

이런 발견은 무비판적으로 자존감을 키우도록 고안된 각종 사회교육 프로그램을 신중하게 재검토해야 한다는 것을 시사해 준다. 모든 사람이 높은 자존감을 가지도록 하는 것(우리는 모두 특별한 존재다, 우리는 우리 자신이 자랑스럽다 등)이 목표일 수 있지만, 이런 정책이 얼토당토않은 자만심으로 발전할 수도 있는 것이다. 따라서 부모, 학교 및 지역사회 여러 기관은 사람들이 자신의 실질적인 노력을 통해 자존감을 키우는 기회를 얻도록 해야 한다(Begley, 1998).

자존감에 대한 이슈가 특히 중요하게 작용하는 특별한 사회집단이 있는가? 예를 들어, 대통령 후보에 오르려는 정치가가 부당하게 높이 설정된 자존감을 가지고 있다면 어떤 일이 발생하게 될까?

– 출처: Feldman (2002).

※ 토의 주제 코로나19에 대응하는 과정을 통해 우리 국민의 자존감이 상당히 높아졌다. 이것은 정당한 자존감인가, 아니면 부당하게 높이 설정된 자존감인가? 이것이 주는 장점은 무엇이고 경계해야 할 점은 무엇인가?

5 결론 및 최근의 성격연구

이상에서 살펴본 바와 같이 성격은 다양한 특성을 가지며 개인 자신의 유전적 특성이나 개인적 경험에 의해서만 형성되는 것도 아니며, 이런 개인적인 경험 및 해석과 더불어 그를 둘러싼 환경적 힘의 결합에 의해 형성되는 것이다. 따라서 최근의 성격 연구는 성격이 어떻게 형성되고 유지되는가 하는 철학적이고 발생론적인 차원에 집착하기보다는 일상적인 삶에서 개인의 차이가 어떻게 형성되고 발현되며 이런 차이가 개인의 행동에 어떻게 영향을 주는지를 찾아내고자 하는 보편적인 시도를 한다.

이런 연구들의 대표적인 것은 개인의 일상생활을 분석하고 이들이 개인의 고유성을 어떻게 형성하는지를 찾고자 하는 시도들이다. 다소 특질론적 접근법을 채용하기는 하지만 개인이 사용하는 웹페이지를 분석해서 이들과 개인의 성격이 어떻게 관련되는지를 찾으려 한다거나(Gosling, 2008), 개인의 직업과 성격 간의 관계를 찾고자 한다(Musson & Helmreich, 2004). 신경학이나 뇌에 대한 연구 성과의 진척과 더불어 앞서 설명한 특질과 신경학적 특성을 연구하거나 일상생활에서의 차이를 연구하고자 하는 시도들(Corr, 2008; Zuckerman, 2005)도 최근 이루어진 성과라 할 수 있다. 이런 연구들은 개인의 직업선택이나 직장에서의 개인생활의 질 간의 관계를 정립하고자 하는 산업 및 조직심리학 연구들로 연계되기도 하고, 일상적 삶의 만족과 정상성 및 행복을 연계시키고자 하는 임상 심리학 또는 상담심리학과 연계되기도 한다. 또한 최근 범죄 심리학이나 법심리학을 자신의 업으로 삼고자 하는 사람들이 관심을 가지는 범죄자나 사회적 일탈행위를 일삼는 사람들에 대한 연구나 관리 프로그램을 개발하고자 하는 연구들과 연계되기도 하는 등 성격 심리학의 연구 및 활용분야는 무궁무진하다고 할 수 있다.

요약

1. 심리학에서 다루는 모든 분야의 교차지점에 있는 영역이며 심리학의 꽃이라 할 수 있는 성격심리학은 사람들 간에 보이는 개인차에 대한 과학적 규명과 이런 이해를 토대로 개인의 삶의 질을 개선해 주고자 하는 목적을 가지고 있다.

2. 성격심리학에 대한 여러 과학적 정의에서 나타나는 공통점은 개인차를 분석하고자 한다는 것이다. 한마디로 성격심리학이란 개인차를 찾아내고 분석하고자 하는 학문이라고 할 수 있다.

3. 성격을 연구하는 방법은 크게 세 가지로 나눌 수 있다. 첫째, 역사적으로 가장 오래되었고, 전체적인 인간의 특성을 분석하는 데 적합한 방법으로 사례연구법이 있다. 둘째, 과학적인 심리학을 지향하는 특성을 가장 잘 나타내는 방법으로 실험을 통한 연구 방법이 있다. 셋째, 성격심리학을 연구하는 방법으로서 가장 보편적이며 널리 사용되는 방법으로 설문조사를 통한 상관연구법이다.

4. 개인의 성격이 어떻게 구성되어 있는지에 대해서는 다양한 의견이 제시되었다. 프로이트는 처음에 성격이 의식, 전의식, 무의식의 삼층구조로 이루어졌다고 보고, 후기에 이를 정교화하여 원초아, 자아, 초자아의 삼층으로 이루어져 있다고 보았다. 융은 무의식을 개인무의식과 집단무의식으로 구분하였다.

5. 최근 들어 개인의 성격을 구성하는 5요인이 있고, 이 다섯 가지 특질이 모여 개인의 성격을 구성하게 된다고 본다. 이 5대 기본 성격 특질은 외향성, 성실성, 우호성, 안정성, 개방성이다.

6. 프로이트는 발달단계별로 나타나는 원초아, 자아, 초자아 간의 갈등구조를 어떻게 극복하고 이해하였는가에 따라 개인의 성격이 결정된다고 보았다. 특히 발달단계별로 중요하게 부상되는 원초아의 욕구나 충동을 자아와 초자아가 얼마나 효과적으로 통제하고 조절하였는가에 따라 개인의 성격이 형성된다고 보고, 구순기적 성격, 항문기적 성격, 남근기적 성격이 형성된다고 보았다.

7. 아들러는 인간이 선천적으로 가지게 되는 열등감을 어떻게 극복하고 받아들이는가에 따라 각 개인의 생활양식(life style)이 달라지고, 이런 생활양식의 차이가 각 개인의 성격을 형성하게 된다고 보았다.

8. 머레이는 각 개인이 자신이 처한 사회적 조건에 따라 저마다 다른 욕구를 가지게 되며, 이 욕구를 달성하거나 방해하게 되는 압력을 경험하게 된다고 보았다. 그리고 개인이 가지는 욕구와 압력이 서로 상호작용하여 개인이 해결해야 할 과제 또는 주제를 형성하게 되며, 이렇게 형성된 개인별 주제의 차이가 개인의 성격을 구성한다고 보았다.

9. 현상학적 또는 인본주의적 입장에서는 개인이 세상을 바라보는 차이에 의해 개인 간의 성격 차이가 발생하게 된다고 보았다. 켈리에 따르면 개인이 세상을 보는 눈인 개인적 구성개념의 차이가 바로 성격이라고 할 수 있다. 켈리와 유사하게 로저스도 개인의 행동을 이해하려면 개인의 주관적 경험과 자아개념을 이해해야 한다고 보았다. 자극상황에 대한 개인적인 해석과 그에 대한 개인적 의미 부여, 그리고 자기가 어떤 인간인가에 대한 개인의 신념을 말하는 자기개념의 차이가 개인 간의 성격 차이를 만드는 것이다.

10. 특질론적 입장에서는 개인이 가지고 있는 특질(traits)의 차이에 의해 개인 간에 성격 차이가 생긴다고 본다. 올포트는 기본특질, 중심특질, 이차적 특질로 이를 구분하였고, 최근 보편적인 인간의 특질을 규명하려는 연구들은 5요인 모형을 제시하고 있다.

11. 밴듀라는 성격 형성에 개인 내적 요소와 환경적 요소 간의 상호작용적 입장을 취하고, 개인의 사회학습 과정을 통한 자기조절 능력과 자기효능감의 차이가 성격을 형성한다고 보았다.

12. 성격심리학의 최근 관심사와 미래 전망을 살펴보았다.

학습과제

1. 10분 자유연상 해 보기: BOX 2의 예시처럼 10분가량 자유연상을 해 보고 스스로 분석하시오.

2. 5요인에 따른 자기 분석하기: BOX 3에 제시한 진단도구에 응답해 보고, 자신의 성격을 5요인에 따라 분석하시오. 본인이 생각하는 자신의 모습과 얼마나 일치하고, 차이가 나는지 분석하시오.

3. '나는 누구인가?' 기술해 보기: 이 장의 학습을 토대로 자신이 누구이고, 어떤 사람인지 기술하시오(형식은 자유이며 자연스럽게 자신을 기술해 보기).

심리검사와 지능

학습목표

1. 심리검사의 종류와 특징에 대해 전반적으로 이해한다.
2. 심리검사가 갖추어야 할 요건에 대해 이해한다.
3. 지능의 개념을 이해하고 지능검사에 대한 전반적인 내용을 이해한다.
4. 임상현장에서 활용도가 높은 대표 심리검사들에 대해 알아본다.

대부분의 심리적 현상은 눈에 보이지 않거나 추상적이기 때문에 이를 신속하고 정확하게 규명하고 평가하기 위해서는 객관적인 도구가 필요하다. 심리검사는 지능이나 성격, 적성, 정신건강과 같은 심리적 현상을 평가하기 위한 도구이다. 10장에서는 심리검사의 종류와 특징에 대해 알아보고, 좋은 심리검사가 갖추어야 할 요건에 관해 설명하고자 한다. 대표적인 심리검사 중 하나인 지능검사에 대해 이해하기 위해 지능이론의 발달사와 지능검사의 종류 및 특징에 대해 소개할 예정이다. 아울러 심리검사가 필수적인 임상현장에서 사용되는 대표적인 심리검사들을 소개할 것이다.

1 ── 심리검사의 기본 개념과 분류

사람의 심리를 가장 신속하게 그리고 객관적으로 파악할 수 있는 방법은 무엇이 있을까? 바로 심리검사를 실시하는 것이다. 심리검사란 성격, 지능, 적성 같은 인간의 다양한 심리적 특성을 파악하기 위한 목적으로 다양한 형식을 이용하여 양적, 질적으로 측정하고 평가하는 도구를 말한다(최정윤, 2016). 현재까지 개발된 심리검사의 종류는 셀 수 없을 정도로 많지만, 전통적으로 심리검사를 필수적으로 사용해 왔던 임상 및 상담 현장이나 교육장면에서 자주 사용되고 있는 검사들은 크게 세 가지 유형으로 분류할 수 있다. 첫 번째 유형은 지적 기능이나 신경심리적 기능을 평가하는 수행검사이다. 두 번째 유형은 성격을 비롯한 기분, 적성 등을 보고하도록 하는 객관적 질문지 검사가 있다. 마지막으로, 정신분석적 개념인 투사(projection)의 원리를 이용한 투사적 검사가 있다. 이러한 분류 기준은 검사의 형식과 수행방법, 그리고 검사가 측정하는 내용을 고려한 것이다. 각 유형에 해당하는 대표적인 검사와 그 특징에 대해 간략하게 살펴보자.

1) 지능 및 신경심리적 수행검사

지적 능력과 신경심리적 기능은 주로 실제 과제를 주고 그 수행과정과 성과를 통해 평가한다. 심리검사가 처음 발달하게 된 배경은 지능을 측정하기 위한 검사 개발에서 시작되었다고 할 수 있다. 19세기 후반 사회적 성공의 세대 간 전수를 증명하려는 골턴(Galton)에 의해 지능을 측정하려는 시도가 시작되었으며, 이후 비네(Binet)와 웩슬러(Wechsler)에 의해 지능검사가 발전되었다. 지능검사나 신경심리검사가 필요한 경우는 우선 질병이나 사고로 인해 뇌손상이 일어난 경우이다. 뇌졸중, 간질, 교통사고로 인한 뇌손상이 의심되거나 치매를 앓는 환자들이 대상이 될 수 있다. 검사를 통해 뇌의 손상 부위를 추정하고 기능 저하의 수준을 평가하며, 이전 기능의 수준을 추정하여 치료 및 재활의 목표를 설정할 수 있다(Lezak, Howieson, Bigler, & Tranel, 2012). 또한 발달장애가 있는 아동ㆍ청소년들을 대상으로도 실시된다. 이들의 인지적 기능 수준을 평가하여 적합한 교육과 치료방법을 결정하고, 복지지원 및 보상 수준을 결정하는 데 활용된다.

현재 전 세계적으로 사용되는 지능검사는 웩슬러가 개발한 지능검사이고, 지능의 하위 영역으로 언어이해, 지각추론, 작업기억, 처리속도 지수가 산출된다. 지능의 개념과 검사에 대해서는 이 장의 중반부에 자세히 소개되어 있으니 참고하도록 하자. 신경심리검사는 주로 뇌의 기능별로 측정도구가 개발되어 있다. 주의력을 측정하는 대표적인 검사는 Digit Span이나 Continuous Performance Test가 있고, 기억력은 Rey 기억 검사나 Wechsler Memory Test, 언어 능력은 Boston Naming Test, 시공간 능력은 Bender-Gestalt Test와 Rey-Osterrieth Complex Figure Test, 관리기능/집행기능은 Wisconsin Card Sorting Test와 Stroop Test 등이 사용되고 있으며, 치매 진단을 위한 검사로서 서울신경심리검사(SNSB)와 Dementia Rating Scale(DRS) 등이 사용되고

[그림 10-1] 웩슬러 지능검사의 토막짜기 소검사

있다(김재환 외, 2014). 마지막으로 전반적인 신경심리적 상태를 짧은 시간에 평가하기 위해서는 간이정신상태검사(MMSE)가 널리 사용되고 있다.

2) 객관적 질문지 검사

주로 기질, 인성, 기분, 적성과 같은 구성개념을 측정하는 문항들로 이루어진 질문지에 평정함으로써 측정하는 심리검사를 객관적 질문지 검사라 명명하였다. 이러한 유형의 검사는 다음에 소개할 투사적 검사에 비해 구조화되어 있고 채점과정이 표준화되어 있으며, 해석의 규준이 제시되어 있기 때문에 비교적 객관적이라 할 수 있다. 객관적 질문지 검사는 실시와 채점이 상대적으로 용이하고, 최근에는 기술의 발달로 시간과 장소의 제약을 받지 않고 온라인으로 실시와 해석이 가능하다는 큰 강점을 지니는 검사법이라 임상장면뿐 아니라 교육현장, 기업체, 공공기관 등 다양한 장면에서 활용되고 있다.

임상 및 상담 현장에서 환자나 내담자를 대상으로 널리 사용하고 있는 대표적인 객관적 질문지 검사들을 다음에 제시하였는데, 검사명에 검사에서 측정하고 있는 내용이 대부분 드러나 있다. 정신건강 상태를 종합적으로 평가하기 위해 사용되는 대표적인 검사로는 다면적 인성검사(Minnesota Multiphasic Personality Inventory: MMPI), 성격평가질문지(Personality Assessment Inventory: PAI), Beck 우울질문지(Beck Depression Inventory: BDI) 등이 있고, 아동 · 청소년의 발달 수준을 평가하기 위해서 사회성숙도검사(Social Maturity Scale: SMS)가 개발되어 있다. 일반인의 성격 특성 및 적성을 알아보기 위해 널리 사용되는 검사로는 기질 및 성격검사(Temperament and Character Inventory: TCI), 성격유형검사(Myers-Briggs Type Indicator: MBTI), 성격강점검사(Character Strengths Test: CST), Halland 적성탐색검사 등이 있다. 이 중 다면적 인성검사와 기질 및 성격검사에 대해 이 장의 후반부에 더 자세히 소개되어 있으니 참고하도록 하자.

3) 투사적 검사

투사적 검사는 주어진 검사 자극에 대해 개인의 욕구와 갈등, 성격 같은 심리적 특성이 투사되어 드러나는 원리를 활용해 만들어진 심리검사이다. 검사의 자극이 모호할

수록 검사가 측정하고자 하는 목적을 알기 어렵고 자극 자체가 내면의 심리적 특성을 촉발하기 때문에 자기검열이나 반응왜곡이 적다는 가장 큰 장점이 있다. 반면에 투사적 검사의 결과를 해석할 때 객관성이 부족하다는 단점도 제기된다.

대표적인 투사적 검사는 로르샤흐검사(Rorschach Test), 주제통각검사(Thematic Apperception Test: TAT), 집-나무-사람(House-Tree-Person: HTP)검사, 문장완성검사 (Sentence Completion Test: SCT) 등이 있다. 객관적 질문지 검사와는 달리 투사적 검사 들은 검사명으로부터 검사의 내용과 목적을 추측하기 어렵고 자극과 실시방법이 다양 하므로 좀 더 소개하도록 하겠다.

로르샤흐검사는 1921년 헤르만 로르샤흐(Hermann Rorschach)에 의해 개발되었다. 서로 대칭으로 이루어져 있는 10장의 잉크반점을 제시하고 수검자가 자신의 경험을 조직화하는 방식, 그 경험에 부여하는 개인적 의미, 색채와 음영 자극에 대한 반응 양 식 등을 평가한다. 이를 통해 수검자의 정서, 지각, 사고, 자기 및 타인 표상, 정신병리 등 종합적인 심리적 특성을 파악하게 된다(이우경, 이원혜, 2012). 이 검사는 수검자의 내적 상태에 대한 많은 정보를 제공하는 장점이 있지만, 채점과 해석 과정이 난이도가 높아 충분한 학습과 수련과정을 거친 검사자만이 사용하는 것이 바람직하다.

주제통각검사는 다양한 장면의 그림판에 대한 수검자의 스토리텔링을 통해 심리적 특성을 파악하는 검사이다. 주제통각검사는 1943년 머레이(Murray)에 의해 개발되었 고 실시와 해석이 비교적 용이하여 임상장면에서 활용도가 높은 검사 중 하나이다. 로 르샤흐검사가 원초적인 욕구와 환상을 주로 도출시킨다고 전제되어 있는 반면, TAT 는 다양한 대인관계상의 역동적 측면을 파악하는 데 보다 유용한 특징을 가지고 있다. TAT는 인물과 환경이 등장하는 그림 자극을 제시하고 그에 대한 이야기를 구성해 보 도록 하는 방법으로 검사를 실시한다. 이 과정에서 개인의 과거 경험, 상상, 욕구, 갈등 등이 투사되면서 성격적 특징 및 대인관계 양상, 발달적 배경 등에 대한 정보를 제공해 준다. 머레이는 개인의 공상내용이 개인의 내적 욕구와 환경적 압력의 결합에 의해 결 정된다고 하였다.

집-나무-사람검사는 빈 종이에 연필로 집, 나무, 사람을 차례로 그리도록 하는 검 사로서, 실시가 쉽고 간편하여 널리 사용되는 투사검사이다. 그림그리기 검사의 기본 가정은 사람들이 그리는 그림에는 내면의 욕구, 감정, 생각, 경험 등이 투사되어 나타 난다는 것이다. 임상가는 그림의 구조와 내용물을 분석하여 수검자의 심리적 특성을 평가하게 된다. HTP 검사에 대해서는 이 장의 후반부에 더 자세히 알아보도록 하자.

문장완성검사는 수검자가 미완성 문장을 보고 완성하여 작성하는 검사로서, 골턴(Galton)의 자유연상검사와 카텔(Cattell)의 단어연상검사로부터 발전하여 오늘날 삭스(Sacks)가 개발한 SSCT가 가장 널리 사용되고 있다. 앞서 살펴본 투사적 검사들과는 달리, 문장완성검사에서 제시하는 자극은 언어이기 때문에 투사적 검사로 분류할 수 있는지에 대한 논란이 있다(이우경, 이원혜, 2012). 하지만 검사의 본질적 원리는 정신분석적 자유연상에 있다. 로드(Rohde, 1946)는 미완성 문장이 인식하거나 표현할 수 없는 잠재된 욕구, 감정, 태도 등을 촉발하며 수검자가 자신의 대답이 갖는 의미를 정확히 예상할 수 없기 때문에 의식하지 않고 자신의 진짜 모습을 드러낸다고 주장하였다. 문장완성검사는 크게 가족 영역(예: 어머니와 나는_, 우리 가족은_), 성적 영역(예: 내 생각에 여자들은(남자들은)_, 이성과 함께 있을 때_), 대인관계 영역(예: 윗사람이 오는 것을 보면_, 내가 없을 때 친구들은_), 자기개념 영역(예: 언젠가 나는_, 내가 믿고 있는 나의 능력은_)의 네 가지 영역으로 구성되어 있다.

2 심리검사의 제작과 요건

심리검사를 제작하는 과정에서 갖추어야 하는 몇 가지 요건들이 있다. 우선 검사자가 어떠한 수검자에게도 동일한 과정을 적용할 수 있도록 하는 표준화 과정이 필요하고, 검사의 결과를 의미 있게 해석하기 위해서는 규준이 필요하다. 또한 개발된 검사가 우리가 관찰하고자 하는 심리적 현상을 일관되고 충실하게 측정하는지 확인하기 위해 신뢰도와 타당도를 확인할 필요가 있다.

1) 표준화와 규준

검사의 실시와 채점의 과정을 일정하게 **표준화**(standardization)하고, 측정된 결과를 해석하기 위한 규준(norm)을 설정해야만 어떠한 수검자에게 심리검사를 실시하여도 서로 비교가 가능하다. 표준화된 검사는 지시사항, 문항 수, 시간제한, 실시방법 등이 검사의 목적과 특성에 맞게 정해져 있다. 따라서 표준화가 잘되어 있는 검사는 검사 매뉴얼에 실시 및 채점에 관한 상세한 지시사항이 포함되어 있으며 검사자는 이 매뉴얼을 숙지하여 일관성 있게 검사를 실시하여야 한다.

2. 심리검사의 제작과 요건

검사의 표준화에는 검사점수를 체계화하기 위한 규준의 개발이 포함된다. 규준을 설정하는 이유는 검사를 실시하여 얻은 원점수가 의미 있게 해석되기 위해서이다. 즉, 규준이 없다면 한 개인이 100점 만점에 60점을 맞았을 때 다른 사람들과 비교해서 잘한 것인지 못한 것인지 혹은 어떤 성향이 강한 것인지 약한 것인지 그 결과의 의미를 판단할 수가 없다. 규준은 모집단을 대표하는 표준화 집단의 검사 실시로 구성된다. 검사규준에 의해 원점수를 백분위 점수나 표준점수로 환산하는 것이 보통이다. 이 장의 후반부에 자세히 살펴볼 클로닝거(Cloninger)가 제작한 기질 및 성격검사의 예를 들면, 인내력이 백분위 점수로 70이 나왔다면 인내력이 다른 사람들에 비해 높은 편이라고 해석할 수 있으며, 반면에 백분위 점수 30점 이하라면 인내력이 낮은 편이라고 해석할 수 있다.

2) 신뢰도

신뢰도(reliability)는 한마디로 검사의 일관성을 뜻한다. 몸무게를 재는 체중계가 올라갈 때마다 하루 사이에도 다른 수치를 보인다면 체중계를 신뢰할 수 없다. 마찬가지로 외향성이라는 성격적 특성을 측정하기 위해 제작한 검사가 짧은 시간 내에 비슷한 측정치를 보이지 않는다면 성격을 측정하는 검사로서 신뢰성이 떨어지는 것이다. 다만 심리검사의 오차는 검사의 특성에 따라 달라질 수 있다. 대개 기능을 측정하는 검사보다는 기분이나 정신병리를 측정하는 검사에서 변산성이 더 발생한다(이우경, 이원혜, 2012). 예를 들어, 지능은 발달과정에서 점진적인 변화가 나타날 수 있는 데 반해, 우울과 같은 기분 혹은 정신병리적 상태는 시시각각 변화하기도 한다. 따라서 지능검사는 더 높은 신뢰도를 기대할 수 있고, 기분 및 정신병리를 평가하는 검사는 상대적으로 신뢰도가 더 낮게 나온다. 신뢰도를 측정하는 방법은 여러 종류가 있으나, 여기에서는 검사-재검사 신뢰도, 반분신뢰도, 내적 일관성 신뢰도에 대해서 설명하겠다.

(1) 검사-재검사 신뢰도

검사-재검사 신뢰도(test-retest reliability)는 동일한 검사를 한 사람이 시간 간격을 두고 두 번 실시했을 때 얼마나 일관성 있는지를 추정하는 것이다. 보통 새로운 검사를 개발하였을 때 같은 집단에 일정한 시간 간격을 두고 두 번 실시해서 얻은 두 점수의 상관계수를 통해 산출하게 된다. 검사 간격을 짧게 잡으면 신뢰도가 높아지고 너무

길게 잡으면 신뢰도가 낮아지는 경향이 있어 두 검사의 실시 간격을 적절히 설정하는 것이 중요하다.

(2) 반분신뢰도

반분신뢰도(split-half reliability)는 검사를 한 번 실시한 후 전체 검사 문항을 반으로 나누어 두 개의 하위 검사를 만든 다음, 이 두 하위 검사에서 얻은 점수 간 상관계수를 구하는 신뢰도 추정법이다. 반분 신뢰도는 한 번의 검사 실시만으로 신뢰도를 구할 수 있다는 장점이 있는 반면, 전체 문항을 어떻게 반으로 나누는가에 따라 신뢰도 추정치가 달라진다는 한계점이 있다. 문항을 나누는 방법에는 전반부와 후반부로 나누는 방법, 홀수 문항과 짝수 문항으로 나누는 방법, 무선적으로 나누는 방법 등이 있다.

(3) 내적 일관성 신뢰도

내적 일관성 신뢰도(internal consistency reliability)는 가장 널리 쓰이는 신뢰도 중 하나이다. 앞서 제시한 반분신뢰도가 반분 방식에 따라 추정치가 달라진다는 제한점이 있는 반면, 내적 일관성 신뢰도는 단일 추정치를 계산할 수 있다는 장점이 있다. 내적 일관성 신뢰도는 각 문항을 동형의 검사로 간주하고 각 문항의 점수가 일관될수록 신뢰도가 증가한다고 보는 것이다. 내적 일관성 신뢰도를 추정하는 대표적인 방법으로는 크론바흐 알파(Cronbach α)가 있다. 이 방법은 한 검사 내 모든 문항 간의 상관계수를 근간으로 하고 있으며, 내용표집에 의한 오차의 정도를 알 수 있기 때문에 내적 합치도를 검토하는 데 유용하다.

3) 타당도

좋은 심리검사가 갖추어야 하는 또 다른 요건으로 타당도가 있다. **타당도**(validity)는 검사에서 측정하고자 하는 대상 혹은 특성을 얼마나 충실하게 측정하는지를 의미한다. 즉, 신뢰도가 검사의 일관성에 대한 것이라면 타당도는 검사의 사용 목적과 적절성에 관한 것이다. 몸무게를 알기 위해서는 체중계를 사용하고, 길이를 재기 위해서는 자를 사용하는 것이 측정의 목적에 적합하다. 다만 지능이나 인성, 정서와 같은 심리학적 변인들은 대체로 추상적이고 개념적이기 때문에, 이를 측정하는 도구로서 타당도를 확보하기가 쉽지 않다. 따라서 심리검사를 개발할 때는 측정하고자 하는 구성개념을 이론적으로 평가하고 정의를 잘 내려야 하며, 검사를 구성하는 문항들이 구성개념을 측정하고 관련 현상을 예측하는지 확인해야 한다.

(1) 내용타당도

내용타당도(content validity)는 측정하고자 하는 영역의 내용을 문항들이 얼마나 잘 대표하는지를 평가하는 것이다. 일반적으로 측정하는 분야의 전문가를 통해 검사의 문항들이 전체를 대표할 만한 표본인지 판정을 받아 내용타당도를 검증한다. 예를 들어, 우울증을 측정하는 척도의 문항 내용들이 우울증상과 관련된 정도를 정신건강 전문가들을 대상으로 판정받게 된다. 이때 판정받는 예비문항은 관련된 선행 이론과 연구를 검토하여 구성하고, 이들 문항이 해당 내용영역에 포함되면서 과잉 혹은 과소 대표하지 않는지를 검토하는 작업을 하게 된다(이우경, 이원혜, 2012).

내용타당도와 유사하게 사용되는 개념으로 안면타당도(face validity)가 있는데, 내용타당도가 전문가들의 전문 지식을 바탕으로 평가되는 것이라면 안면타당도는 일반인의 판단에 의해 결정되는 것이다. 즉, 안면타당도는 검사 문항을 일반인에게 읽게 하고 그 검사가 측정하려는 내용 혹은 구성개념을 얼마나 잘 대표하고 있는지 평가받는 것이다. 안면타당도가 중요한 이유는 안면타당도가 낮은 검사의 경우, 그 검사를 받는 수검자가 검사의 필요성을 의심하고 비협조적일 가능성이 있기 때문이다.

(2) 준거타당도

준거타당도(criterion validity)는 검사의 점수가 검사와 관련된 다른 준거를 얼마나 잘 예측하는지를 의미한다. 가령 아동·청소년의 일탈행동을 예방하기 위해 공격성향을 측정하는 검사를 개발했다면, 이 검사에서 높은 점수를 받은 사람이 실제로도 공격행동을 많이 보일 때 검사의 준거타당도가 높은 것이다.

준거타당도에는 예언타당도와 공존타당도 두 가지 유형이 있다. 예언타당도(predictive validity)는 어떤 특성을 측정하는 검사가 먼저 측정이 되고, 이 점수가 이후에 관련된 현상이나 결과를 얼마나 잘 예측하는지를 의미한다. 예를 들어, 어떤 회사가 자체 개발한 적성검사를 통해 신입사원을 선발할 경우, 적성검사 점수가 입사 후의 실제 직무수행 성취도를 잘 예측한다면 높은 예언타당도를 가진 것이다. 또 다른 예로 수학능력시험이 있다. 수학능력시험 점수가 실제 대학입학 후의 학업성취도와 관련성이 높다면 예언타당도가 좋은 검사라고 할 수 있다.

공존타당도(concurrent validity)는 검사 점수와 준거 측정치를 동일한 시점에 측정한다는 점에서 예언타당도와 차이점을 보인다. 공존타당도는 보통 새로운 검사를 개발하였을 때나 기존 검사의 단축형을 개발할 때 기존에 개발된 검사와의 관련성을 평가하는 데 사용된다. 가령 SNS 공간에서의 사회성을 측정하는 새로운 검사를 개발했을 때, 이 검사의 점수와 기존 사회성 관련 검사 점수의 상관관계를 통해 공존타당도를 확인할 수 있다.

(3) 구성타당도

구성타당도(construct validity)는 검사가 측정하고자 하는 구성개념을 얼마나 정확하게 측정하는지를 평가하는 방법이다. 구성타당도는 다시 수렴타당도와 변별타당도로 나뉜다. 수렴타당도(convergent validity)는 검사의 점수가 그 검사에서 측정하고자 하는 개념과 이론적으로 관련된 다른 구성개념의 측정치와 상관이 있는 정도를 의미한다. 예를 들어, 사회불안(social anxiety)을 측정하는 검사의 경우 사회불안과 관련된 구성개념으로 알려진 부정적 평가에 대한 두려움 척도와의 상관관계를 확인함으로써 수렴타당도를 검토할 수 있다. 변별타당도는 검사가 측정하는 구성개념과 다른 영역 혹은 다른 개념을 측정하는 기존 검사 간의 상관관계를 검토하는 방법으로, 두 점수 간 상관관계가 낮거나 없는 것으로 나타나면 변별타당도가 높다고 볼 수 있다. 다시 사회불안의 예를 들면, 사회불안을 측정하는 새로운 검사를 개발했을 때 기존의 우울 측정 검사 점수와 상관이 낮거나 없는지 살펴봄으로써 변별타당도를 확인할 수 있다.

3 ┅ 지능이론과 지능검사

지능검사는 개인의 지적 기능 수준 및 양상을 평가하는 중요한 도구이다. 지능검사는 아동·청소년의 교육현장에서 유용하게 활용될 뿐 아니라, 복지 및 임상현장에서 장애판정이나 산업재해판정 등을 위한 평가도구로서도 자주 사용되는 심리검사이다. 이 장에서는 지능이론의 발달사를 살펴보고, 현재 국내외적으로 가장 공신력 있는 지능의 측정도구인 웩슬러 지능검사에 대해 자세히 소개할 예정이다.

1) 지능이론

지능(intelligence)의 정의는 지능을 연구하는 학자의 수만큼 많다고 할 정도로 다양하다. 특히 지능이 단일한 특성인지 복수의 특성인지, 그리고 복수의 특성이라면 지능을 구성하는 요소들은 무엇인지에 대한 의견이 분분하다. 이론적 입장을 대표하는 학자들로는 스피어만, 손다이크, 서스톤, 카텔, 길퍼드 등이 있는데, 이들은 지능을 과학적으로 규명하고자 하였다. 예를 들어, 이들은 지능검사의 결과를 성별, 연령, 학력 등의 변인들과 관련성을 규명하고자 하였으며 요인분석을 통해 지능을 구성하는 요소들을 밝히는 데 주력하였다. 임상적 입장에서 비네, 터먼, 웩슬러 등은 지능에 대한 이론적 배경이나 경험적 증거가 충분하지 않더라도 지능의 구성개념에 대한 가설을 토대로 개인의 전체적인 능력을 측정하기 위해 지능검사를 제작하는 데 주력하였다(박영숙 외, 2010). 대표적인 지능이론들을 살펴보자.

(1) 스피어만

스피어만(Spearman, 1927)은 지능의 본질을 규명하기 위하여 요인분석이라는 통계적 절차를 사용하였다. 그는 각 검사가 다른 검사 결과와 높은 상관관계를 나타낸다는 사실을 바탕으로 지능의 2요인이론을 제안하였다. 즉, 지능은 모든 지적 기능에 공통적인 요인인 '일반 요인 g(general factor)'와 예술적 재능과 같은 '특수 요인 s(specific factor)'로 이루어져 있다는 설명이다.

(2) 서스톤

서스톤(Thurstone, 1938)은 지능이 서로 독립적인 다양한 능력으로 구성되어 있다고 주장하였다. 그는 스피어만과는 다른 형태의 요인분석을 사용하여, 일곱 가지 요인구조를 추출하였다. 여기에는 단어 유창성, 언어 이해력, 공간능력, 지각능력, 수리능력, 귀납적 추론능력, 기억력이 포함된다. 그는 이들 일곱 가지 지능의 요인들을 기초정신능력(primary mental ability)이라 명명하였다.

(3) 카텔

카텔(Cattell, 1971)은 지능을 유동지능과 결정지능으로 구분하였다. 유동지능(fluent intelligence)은 선천적으로 타고난 지적 능력으로서 성인기까지 계속 발달하다가 성인기 이후에는 대체로 쇠퇴하는 경향이 있다. 주로 비언어적인 형태의 과제를 해결하고 학습하는 능력과 관련된다. 이에 반해 결정지능(crystallized intelligence)은 유동지능을 바탕으로 후천적 학습을 통해 습득되고 계발되는 기능으로서 환경과 경험의 축적에 따라 성인기 이후로 계속 발달할 수 있다. 유동지능과 결정지능의 구분은 이후 스탠포드-비네(Stanford-Binet) 검사 제작의 근간이 된 지능의 위계모형의 중심을 이루고 있다.

(4) 가드너

가드너(Gardner, 1983)는 지능이 여러 개의 독립적인 영역으로 구성되어 있다는 다중지능이론(multiple intelligences)을 제시하였다. 가드너는 지능을 문화에서 유용하게 쓰일 수 있는 정보를 처리하는 생물·심리학적 잠재력이라 정의하였다. 그는 주로 영재나 발달장애 아동의 뇌발달 특성을 살펴보거나 뇌손상 환자들의 인지기능 결함을 연구하면서 다중지능이론에 대한 증거를 수집하였다. 가드너는 이론을 제시한 초기에는 총 일곱 개의 독립적인 지능을 제시하였는데, 여기에는 언어, 논리-수학, 공간, 신체-운동, 음악, 대인관계, 자기성찰이 포함된다. 여기에 최근 몇 가지 영역을 추가하였는데(Gardner, 1995), 하나는 자연에서 새로운 패턴을 발견하는 능력인 자연 지능이고, 다른 하나는 초월적, 실존적 문제에 관심을 갖는 능력인 영적 지능이다.

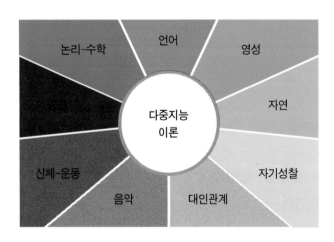

[그림 10-2] 가드너의 아홉 가지 다중지능

(5) 비네

비네(Binet, 1903)는 현대적 지능검사의 선구자이다. 그는 지능을 '스스로를 적응시

키는 능력'이라고 정의하며, 판단력, 이해력, 논리력, 추리력, 기억력을 지능의 구성요
소로 제안했다. 또한 인간이 성숙해질 때까지 연령에 따라 지능이 발달한다고 보았다.
1900년대 초반 프랑스에서 의무교육을 실시하면서, 정상 아동과 정신지체 아동을 감
별할 객관적인 진단도구가 필요했다. 이에 비네는 시몽(Simon)과 함께 최초의 실용적
인 지능검사를 개발하였고 두 사람의 이름을 따서 비네-시몽(Binet-Simon) 검사(1905)
로 명명하였다. 그는 각 연령대에 따라 아동이 평균적으로 풀 수 있는 문제들을 이용
해 규준을 만들고, 아동이 해당 연령대의 규준에서 어느 위치까지 도달하는지를 통
해 지능을 측정하려 했다. 그렇게 아동이 받은 점수를 '정신연령(mental age)'이라 명
명하였다. 비네-시몽 검사에서 지능지수(Intelligence Quotient: IQ)는 정신연령(Mental
Age: MA)과 실제연령(Chronological Age: CA) 간의 비율로 표현되는 '비율지능지수(ratio
intelligence quotient)'로 산출된다(IQ=MA/CA×100). 비네-시몽 검사는 이후 여러 번 개
정되었고, 1916년 미국에서 터먼(Terman)에 의해 스텐포드-비네(Stanford-Binet) 검사
로 개정되었다.

2) 웩슬러 지능검사

현재 전 세계적으로 지능을 측정하기 위해 가장 널리 사용되고 있는 검사는 웩슬러
(Wechsler)가 개발한 지능검사이다. 웩슬러(1939)는 지능을 상당히 포괄적인 개념으로
정의하였다. 그는 "지능이란 개인이 목표를 이루기 위해 실행할 수 있고, 합리적으로
사고할 수 있으며, 환경에 효과적으로 대처할 수 있는 전반적이고 총체적인 능력"이라
고 하였다. 따라서 그는 불안이나 지구력과 같이 개인의 수행에 영향을 미치는 성격적
요소까지도 지능에 포함되는 것으로 간주하였다. 웩슬러는 이전의 검사들이 주로 아
동 평가에 초점을 맞추고 있고 지능의 비언어적인 측면에 대한 평가에 적합하지 않다
는 점에 착안하여, 1939년 성인을 대상으로 하는 지능검사인 웩슬러-벨르뷔 지능검사
(Wechsler-Bellevue Intelligence Scale)를 개발하였다. 이후로 검사의 한계를 보완하며
지속적으로 개정판을 출시하고 있고 다양한 연령대에서 사용할 수 있는 검사들도 개
발되어 있다.

(1) 검사의 종류와 특징
웩슬러 지능검사는 비네 검사와 다르게 언어성 검사뿐만 아니라 동작성 검사가 포

함되어 지능의 비언어적인 면에 대한 고려가 가능해졌다. 또한 비네 검사에서는 지능지수가 정신연령과 실제연령 간의 비율을 의미하는 '비율지능지수(ratio intelligence quotient)'로 산출되는 반면, 웩슬러 지능검사에서는 수검자가 속한 연령 집단 내에서의 상대적인 위치를 환산한 '편차지능지수(deviation intelligence quotient)'로 표현된다. 편차지능지수는 개인의 절대적인 지식 정도는 변화하지만 개인 간 지식수준의 상대적 차이는 동일하며, 연령, 검사종류, 표본집단의 변산도와 독립적임을 전제로 한다. 웩슬러 검사에서는 IQ가 정규분포를 보인다고 가정하고, 해당 연령 규준에 대해 평균이 100이고 표준편차가 15인 표준점수로 전환하여 IQ를 산출한다. 이러한 편차지능지수는 규준 집단 내에서 수검자의 지능의 상대적 위치에 대한 정보를 제공해 주어 개인 간 비교가 쉽고, 지능지수를 연령에 관계없이 동등하게 해석할 수 있다는 장점이 있다. 예를 들어, 20대 수검자와 30대 수검자의 IQ가 모두 115로 산출되었다면, 두 수검자 모두 각 해당 연령에서 평균으로부터 1표준편차만큼 지능이 우수한 것으로 동일하게 해석할 수 있다.

웩슬러 지능검사는 성인뿐만 아니라 아동과 유아를 대상으로 하는 버전도 개발되었다. 현재 성인용(Wechsler Adult Intelligence Scale: WAIS), 아동용(Wechsler Intelligence Scale for Children: WISC), 유아용(Wechsler Preschool and Primary Scale of Intelligence Scale: WPPSI) 검사는 모두 4판까지 개정 및 표준화가 이루어졌으며, 한국에서도 번안 및 표준화가 이루어져 사용되고 있다. 이 중 한국판 성인용 웩슬러 지능검사 4판(Korean Wechsler Adult Intelligence Scale: K-WAIS-IV)의 검사구성을 자세히 살펴보자.

(2) K-WAIS-IV의 검사구성

K-WAIS-IV는 웩슬러가 2008년에 개정한 성인용 지능검사(4판)를 2012년도에 황순택, 김지혜, 박광배, 최진영, 홍상화가 한국판으로 표준화한 검사로서, 16세 이상 70세 미만에 해당되는 성인의 지능 측정을 위해 가장 널리 사용되고 있다. 총 15개 소검사로 구성되어 있으며, 전체 지능지표와 네 가지의 하위지표(index)가 산출된다. 전체지능지수(Full Scale Intelligence Quotient: FSIQ)는 개인의 전체적인 인지능력을 나타내며, 분리된 개별 인지 영역들은 언어이해 지표, 지각추론 지표, 작업기억 지표, 그리고 처리속도 지표로서 나타난다.

- 언어이해 지표

언어이해 지표(Verbal Comprehension Index: VCI)는 개인의 언어적 개념형성 및 추론 능력, 환경에서 얻어진 지식 등에 대한 측정치이다. 이 지표의 높은 점수는 언어표현의 유창함, 높은 언어적 이해력, 지적 활동에 대한 높은 흥미 등과 관련이 있다. 언어이해 지표를 측정하는 핵심 소검사로는 공통성(SImilarity: SI), 어휘(VoCabulary: VC), 상식(INformation: IN)이 있고 보충 소검사로 이해(COmprehension: CO)가 있다.

- 지각추론 지표

지각추론 지표(Perceptual Reasoning Index: PRI)는 시공간의 정보를 평가하고 조직하는 능력, 비언어적인 정보를 통합할 수 있는 능력, 시각–운동 협응 기술 등에 대한 측정치이다. 이 지표는 언어이해 지표에 비해 후천적 학습의 영향을 상대적으로 덜 받는다. 지각추론 지표를 산출하는 소검사는 핵심 소검사인 토막짜기(Block Design: BD), 행렬추론(Matrix Reasoning: MR), 퍼즐(Visual Puzzles: VP)과 보충 소검사인 무게비교(Figure Weights: FW), 빠진곳찾기(Picture Completion: PC)가 있다.

- 작업기억 지표

작업기억 지표(Working Memory Index: WMI)는 정보를 일시적으로 기억에 보유하고 조작하고 산출하는 능력을 의미한다. 작업기억 지표와 처리속도 지표는 언어이해 지표나 지각추론 지표보다 뇌손상에 의한 기능저하가 더 뚜렷하게 반영되는 것으로 알려져 있다. 작업기억 지표를 산출하는 소검사는 핵심 소검사인 숫자(Digit Span: DS)와 산수(ARithmetic: AR)가 있고 보충 소검사로 순서화(Letter-Number sequencing: LN)가 있다.

- 처리속도 지표

처리속도 지표(Processing Speed Index: PSI)는 시각정보를 빠르고 정확하게 변별하는 능력과 정신–운동 속도 등에 대한 측정치이다. 이러한 능력들은 단순히 시각적인 정보를 변별하거나 빠르게 반응하는 것에만 영향을 주는 것이 아니라, 인지적인 의사결정이나 학습, 동기에도 영향을 미친다. 처리속도 지표와 관련된 소검사는 핵심 소검사인 동형찾기(Symbol Search: SS)와 기호쓰기(CoDing: CD), 그리고 보충 소검사인 지우기(CAncellation: CA)가 해당된다.

표 10-1 K-WAIS-IV의 네 가지 지표와 해당 소검사 소개

지표	소검사	설명	비고
언어이해 (VCI)	공통성(SI)	제시된 두 단어 사이의 공통점을 찾는 과제	핵심검사
	어휘(VC)	그림 또는 언어로 제시된 자극을 보고 뜻을 말하는 과제. 일반지능의 대표 검사	
	상식/지식(IN)	광범위한 일반 지식에 대한 질문에 답하는 과제. 교육, 문화, 환경의 영향을 많이 받음	
	이해(CO)	사회적 상황에 대한 일반적인 법칙이나 관습에 대해 질문에 답하는 과제	보충검사
지각추론 (PRI)	토막짜기(BD)	제시된 모형을 보고 토막을 사용하여 똑같은 모양으로 구성하는 과제. 병전 지능 추정에 활용	핵심검사
	행렬추론(MR)	매트릭스를 보고 비어 있는 부분에 해당되는 모양을 추론하여 완성하는 과제	
	퍼즐(VP)	완성된 퍼즐을 보고, 이를 만드는 데 필요한 세 개의 퍼즐 조각을 고르는 과제	
	무게비교(FW)	한쪽으로 치우쳐 있는 저울을 보고, 균형을 만드는 데 필요한 자극을 고르는 과제	보충검사
	빠진곳찾기(PC)	중요한 부분이 빠져 있는 그림을 보고, 빠진 부분을 찾는 과제	
작업기억 (WMI)	숫자(DS)	세 가지 과제로 구성됨. 일련의 숫자를 듣고 같은 순서로 회상하는 과제(바로 따라 외우기), 반대 순서로 회상하는 과제(거꾸로 따라 외우기), 크기 순으로 회상하는 과제(순서대로 따라 외우기)	핵심검사
	산수(AR)	정해진 시간 내에 산수 문제를 암산하여 푸는 과제	
	순서화(LN)	일련의 숫자나 요일 이름을 듣고, 순서대로 나열하는 과제	보충검사
처리속도 (PSI)	동형찾기(SS)	두 개의 표적기호들 중 하나와 동일한 것을 탐색기호들 중에 찾아 표시하는 과제	핵심검사
	기호쓰기(CD)	1에서 9까지의 숫자와 특정 기호의 짝을 보고, 제한된 시간 내에 자극 숫자에 해당하는 기호를 찾아 차례대로 적어 나가는 과제	
	지우기(CA)	조직적으로 배열되어 있는 도형들 속에서 표적 모양을 찾아 표시하는 과제	보충검사

출처: 황순택 외(2012), pp. 12-13.

4 　임상현장에서 활용도가 높은 심리검사

지능검사 외에도 임상현장에서 자주 쓰이는 검사들을 몇 가지 자세히 소개하고자한다. 첫 번째 소개할 검사는 다면적 인성검사(MMPI-2)로서 대부분의 정신과 병원이나 심리상담센터에서 환자의 정신건강 상태와 성격 특성을 객관적으로 파악하기 위해사용하고 있다. 두 번째 소개할 검사는 집-나무-사람(HTP)검사로서 성인에 비해 언어적 표현이 서툰 아동·청소년 관련 기관에서 특히 유용하게 쓰이고 있다. 마지막으로소개할 검사는 기질 및 성격검사(TCI)로서 유아용부터 성인용까지 대부분의 연령대에사용이 가능하고, 인성을 선천적인 기질과 후천적인 성격 특성으로 구분하여 측정한다는 점에서 다른 성격검사와 차별된다.

1) 다면적 인성검사

(1) 검사의 개발 및 구성

다면적 인성검사(Minnesota Multiphasic Personality Inventory: MMPI)는 현재 가장 널리사용되고 있는 표준화된 심리검사 중 하나이다. MMPI는 1943년 미네소타 대학병원의심리학자 해서웨이(Hathaway)와 정신과 의사 매킨리(McKinley)에 의해 개발되었다. 초기 개발 당시에는 정신병리의 진단 및 분류의 목적을 가졌으나, 지금에 이르러서는 성격검사로서도 광범위하게 사용되고 있다. MMPI는 경험적인 방법을 통해 개발되어 당대의 논리적인 방법에 의해 개발되던 검사들의 문제점 극복에 기여하였다. 1989년에재표준화된 개정판 MMPI-2가 출간되었고, 1992년에는 청소년을 위한 MMPI-A가 개발되었다. 한국에서는 MMPI가 1963년에 정범모 등에 의해 처음 출판된 후 오랜 기간사용되어 오다가, 2005년에 MMPI-2와 MMPI-A가 표준화 작업을 거쳐 동시에 출판되면서 현재 널리 사용되고 있다(김중술 외, 2005). MMPI-2로 개정되면서 눈에 띄게 변화된 부분은 타당도 척도가 크게 보강되었다는 점과 임상척도의 한계를 보완해 주는재구성 임상척도가 추가되었다는 점이다(〈표 10-2〉 참조).

MMPI-2는 567문항으로 실시하는 데 시간이 오래 소요된다는 단점이 있지만, 그만큼 다양한 척도를 통해 많은 정보를 제공해 준다. 먼저 타당도 척도들을 통해 수검자의 수검 태도를 자세히 평가할 수 있으며, 임상척도와 재구성 임상척도를 통해 정

표 10-2 MMPI와 MMPI-2의 타당도 척도 및 임상척도

척도명		약어 (척도번호)	문항 수 (MMPI)	문항 수 (MMPI-2)
타당도 척도	무응답 척도	?		
	비전형 척도	F	64	60
	부인 척도	L	15	15
	교정 척도	K	30	30
MMPI-2 추가 타당도 척도	무선반응 비일관성 척도	VRIN	–	98
	고정반응 비일관성 척도	TRIN	–	40
	비전형-후반부 척도	F(B)	–	40
	비전형-정신병리 척도	F(P)	–	27
	증상 타당도 척도	FBS	–	43
	과장된 자기제시 척도	S	–	50
기본 임상 척도	건강염려증 척도	Hs (1)	33	32
	우울증 척도	D (2)	60	57
	히스테리 척도	Hy (3)	60	60
	반사회성 척도	Pd (4)	50	50
	남성성-여성성 척도	Mf (5)	60	56
	편집증 척도	Pa (6)	40	40
	강박증 척도	Pt (7)	48	48
	정신분열증 척도	Sc (8)	78	78
	경조증 척도	Ma (9)	46	46
	내향성 척도	Si (0)	70	69

출처: 이우경, 이원혜(2012), p. 147.

신건강 상태를 종합적으로 평가할 수 있다. 이 밖에도 성격병리 5요인 척도, Harris-Lingoes 임상소척도, 내용 척도 및 소척도, 보충척도, 결정적 문항 등을 통해 수검자의 현재 어려움과 성격 특성을 더욱 자세히 파악할 수 있다. 이 중 검사해석 시 우선적으로 해석되는 타당도 척도, 임상척도, 재구성 임상척도에 대해 간략히 살펴보자.

(2) 타당도 척도

① 무응답(?) 점수: "그렇다"와 "아니다" 중 어디에도 응답하지 않았거나 모두 응답한

문항 수를 합한 점수이다. 주로 수검자가 부주의나 회피, 거부적 태도를 지닌 경우 이러한 형태의 응답을 할 가능성이 있다.

② 무선반응 비일관성 척도(VRIN): 수검자가 문항에 비일관적으로 응답하는지 탐지할 수 있는 척도이다. 쌍으로 구성된 문항에 일관적인 응답을 하지 않았을 경우 척도 점수가 상승한다. 수검자의 부주의, 비협조적인 태도, 심각한 장애, 증상의 과장이나 꾀병 등을 시사한다.

③ 고정반응 비일관성 척도(TRIN): 상이한 문항 쌍에 무분별하게 모두 '그렇다'나 '아니다'라고 대답하는 경향성을 파악하는 척도이다. 대체로 수검자가 증상을 과장하려는 경우 '그렇다'의 비율이 높고, 증상을 부인하는 경우 '아니다'의 비율이 높은 경향이 있다.

④ 비전형 척도(F): 통계적으로 이탈된 반응 경향성을 측정한다. 수검자가 증상을 과장하거나 심각한 정신병리 혹은 급성의 심리장애를 겪는 경우 높은 점수를 보일 가능성이 있다.

⑤ 비전형-후반부 척도(FB): FB는 검사 후반부의 수검태도의 변화 및 타당도를 확인하기 위해 개발되었다. F척도가 주로 정신증적인 부분을 평가한다면 이 척도는 급성 스트레스, 우울감, 낮은 자존감을 평가한다.

⑥ 비전형-정신병리 척도(FP): 정신건강의학과 환자들조차 낮은 빈도로 반응하는 문항으로 구성되어 있어, F척도가 상승한 이유 중 증상을 과장할 가능성을 밝히는 데 도움이 된다.

⑦ 증상 타당도 척도(FBS): 수검자의 가장반응(꾀병)을 탐지하기 위해 개발된 척도이다. 그러나 후속연구에서 꾀병을 탐지하는 데 효과적이지 않다는 주장이 제기되고 있어 해석에 주의를 요한다.

⑧ 부인 척도(L): 자신을 실제보다 좋게 보이려는 의도적이고 세련되지 못한 시도를 탐지하는 척도이다.

⑨ 교정 척도(K): 수검자의 방어적인 태도를 탐지하는 측정치이며, L척도보다 교묘해서 정신병리를 과대 혹은 과소 보고하는 의식적인 노력의 영향을 덜 받는다.

⑩ 과장된 자기제시 척도(S): 비임상집단의 긍정 왜곡을 탐지할 목적으로 개발된 척도로서, 수검자가 사회적 바람직성을 강조하거나 인간에 대한 혐오감이나 냉소, 불신 등의 내적 갈등을 부인할 때 점수가 상승한다.

(3) 임상척도

① 척도1. 건강염려증(Hypochondriasis: Hs): 다양한 신체적 호소를 하고 건강염려증을 보이는 환자를 감별하고자 하는 목적으로 개발된 척도이다. 이 점수가 정상 범위인 사람은 건강상태를 잘 살피고 몸 상태가 편안한지에 관심을 기울이지만, 점수가 상승한 경우는 신체에 대해 지나치게 염려하며, 모호하고 산만하게 다양한 신체적 불편감을 호소한다.

② 척도2. 우울증(Depression: D): 우울증상을 평가하기 위해 개발된 척도이다. 이 점수가 정상 범위인 사람은 사려 깊고 신중하며, 매사 위험한 행동을 하지 않으려는 경향이 있다. 반면, 점수가 상승한 경우에는 우울, 불안, 무쾌감 및 주의집중력 저하, 식욕 저하, 체중 변화를 경험할 가능성이 있다.

③ 척도3. 히스테리(Hysteria: Hy): 이 척도는 히스테리 진단을 돕고, 스트레스 상황에서 전환 증상이 나타나기 쉬운 환자를 측정하기 위해 만들어졌다. 척도 점수가 정상 범위인 사람은 사교적이고 쾌활하며, 친절하다. 척도가 상승되면 대인관계적 통찰이 부족하여 깊이 있는 관계가 어렵고, 부정적인 감정을 억압하여 소화 불량, 통증 등의 신체 증상을 호소할 수 있다.

④ 척도4. 반사회성(Psychopathic Deviate: Pd): 반사회적 혹은 비도덕적인 성격특성을 가진 반사회성 성격의 진단을 위해 개발되었다. 정상 범위의 사람들은 독립적이고 자부심 있고, 도전을 좋아한다. 척도의 점수가 상승하면 권위적 인물에 반항하는 경향이 있으며, 충동 조절에 어려움이 있다. 또한 거짓말, 사기, 절도 등 범죄 행동과 연루되기 쉽다.

⑤ 척도5. 남성성-여성성(Masculinity-Femininity: Mf): 동성애 성향 및 성 정체감의 혼란을 탐지할 목적으로 개발된 척도이나, 현대에는 전통적인 의미의 남성성과 여성성을 측정하는 것으로 알려져 있다. 점수가 상승한 남성은 덜 공격적이고 관계를 중시하며 수동적인 성향을 보이고, 여성의 경우에 높은 점수는 전통적인 여성의 모습을 거부하고 자기주장이 강하며 경쟁적인 경향을 시사한다.

⑥ 척도6. 편집증(Paranoia: Pa): 관계사고, 피해의식 등 편집증적 증상과 특성을 평가하기 위해 개발된 척도이다. 정상 범위의 사람들은 분별력 있고 이성적인 성향을 나타내나, 척도가 상승하면 의심이 많고 타인의 견해에 지나치게 예민하여 적개심을 드러내는 등 과도한 반응을 보일 수 있다.

⑦ 척도7. 강박증(Psychasthenia: Pt): 강박성향을 동반한 불안의 측면을 측정하기 위

해 고안되었다. 정상 범위에서는 양심적이며 책임감 있는 특성을 나타내지만, 척도 점수가 상승한 사람의 경우에는 지나친 불안, 긴장, 걱정, 초조함, 반추 등을 경험할 수 있다.

⑧ 척도8. 정신분열증(Schizophrenia: Sc): 조현병 환자를 변별하기 위해 개발된 척도이다. 이 척도 점수가 높은 경우 혼란, 와해, 현실검증력의 손상 등 정신증적 증상을 보일 수 있다. 조현병뿐 아니라 정신증을 동반한 조증과 우울증, PTSD, 심각한 성격장애의 경우에도 점수가 상승할 수 있다.

⑨ 척도9. 경조증(Hypomania: Ma): 주의산만, 불면 및 과도한 낙관주의, 의심 그리고 성마름 등의 증상을 동반하는 고조된 활동수준을 측정한다. 정상 범위의 점수는 적절한 에너지 수준을 시사하지만, 점수가 상승할수록 와해되고 산만해지며 자신을 과대평가하여 비현실적인 목표를 세우고, 그와 관련한 과도한 활동을 할 수 있다. 아울러 심리적 어려움을 행동화(acting-out)할 가능성이 높다.

⑩ 척도0. 내향성(Social Introversion: Si): 수검자의 사회적 불편감과 회피 경향성을 평가하기 위해 사용된다. 척도 점수가 높을수록 수줍음이 많고 자의식이 강하며 사회적 관계를 불편해할 가능성이 있다. 반대로 점수가 낮은 경우는 사교적이고 활달하여 폭넓은 대인관계를 형성하나 자기중심적이고 피상적인 관계를 보일 수 있다.

(4) 재구성 임상척도

① RCd. 의기소침(Demoralization): RCd는 임상척도들 간의 공통요인을 추출한 척도로서, 현재의 전반적인 정서적 불편감 및 고통을 나타낸다. 점수의 상승은 높은 수준의 불편감과 대처능력의 저하, 무력감 및 자신감 저하 등을 반영한다.

② RC1. 신체증상 호소(Somatic Complaints): 임상척도 1(건강염려증, Hs)을 구성하는 문항들 중 신체 건강에 대한 염려와 집착, 다양한 신체적 증상 및 피로감 호소 등을 측정한다.

③ RC2. 낮은 긍정정서(Low Positive Emotions): 긍정적 정서경험이 부족한 상태를 의미한다. 점수가 높을수록 긍정정서와 관련된 활동이 저조하며 자기비관적이고 불행감, 사기저하 등의 우울증상을 경험하고 있을 가능성이 시사된다.

④ RC3. 냉소적 태도(Cynicism): 임상척도 3과 반대방향으로 채점되는 척도로서, 타인을 불신하며 착취적이라 여기는 냉소적인 태도를 측정한다. 높은 점수일수록 타인에게 적대적이며 대인관계에서 소외감을 느끼기 쉽고, 이에 상담관계 형성에도 어려움

이 있을 수 있다.

⑤ RC4. 반사회적 행동(Antisocial Behavior): 반사회적 성격장애의 핵심 특성을 평가하는 척도로서, 점수가 높을수록 논쟁적이고 공격적-충동적이며, 범죄나 약물 남용 등의 반사회적 행동을 보일 가능성이 있다.

⑥ RC6. 피해의식(Ideas of Persecution): 피해의식적 사고를 측정하는 척도로서, 점수의 상승은 수검자가 타인의 동기를 의심하고, 자신이 다른 사람들의 표적이 되어 해를 입을 수도 있다는 믿음과 관련이 있다.

⑦ RC7. 역기능적 부정정서(Dysfunctional Negative Emotions): 불안, 공포와 같은 부정적인 정서를 측정한다. 점수가 높은 사람은 불안, 만성적 근심, 공포감 등을 경험한다.

⑧ RC8. 기태적 경험(Aberrant Experiences): 정신증적 장애에서 나타나는 감각, 지각, 인지 및 행동의 장애를 측정한다. 높은 점수일 경우 현실검증력이 손상되어 있고 환각, 망상 등을 경험할 가능성이 시사된다.

⑨ RC9. 경조증적 상태(Hypomanic Activation): 조증 및 경조증 상태와 관련된 사고, 감정, 행동을 평가한다. 점수가 상승할수록 높은 감각추구성향을 가지며 심신 에너지 항진, 공격적이고 성마른 행동, 성적 욕구의 증가, 수면 욕구의 감소 등을 경험할 가능성이 시사된다.

2) 집-나무-사람검사

(1) 검사의 특징 및 실시방법

집-나무-사람(House-Tree-Person: HTP) 검사는 벅이 해머와 함께(Buck & Hammer, 1969) 개발한 그림그리기 검사이다. 그림 검사의 타당도와 신뢰도에 대한 논란은 최근까지도 있었으나, HTP 검사는 임상장면에서 널리 받아들여지고 있다. 그 이유는 검사 사용에서의 여러 가지 이점 때문인데, HTP 검사는 실시가 쉽고, 많은 시간을 필요로 하지 않는다. 또한 언어 표현이 어려운 사람에게도 적용할 수 있고, 연령, 지능, 예술적 재능에 제한을 받지 않는다(김동민 외, 2013). 벅(1948)이 집-나무-사람을 그림의 소재로 선택한 이유는 어린 수검자들에게도 친숙하며, 모든 연령이 그릴 수 있는 주제이기 때문이다. 그는 이 그림들이 개인의 무의식과 관련하여 풍부한 상징을 나타낸다고 생각하였다.

HTP 검사의 실시는 간단하지만, 수검자가 제한된 조건 내에서 자유로운 표현을 할 수 있도록 해야 한다. 그림은 집, 나무, 사람 순으로 그리게 한다. 대체로 사람 그림을 그리는 것에 대한 심리적 부담이 집과 나무를 그리는 것보다 더 크기 때문에, 집과 나무를 먼저 그리고 사람을 나중에 그리게 하였다(박경, 김혜은, 2017).

검사는 크게 그림 단계와 질문 단계로 구성된다. 그림 단계에서는 수검자에게 A4 백지를 제시하면서 집, 나무, 사람 순으로 각각 그림을 그리도록 지시하고 시간을 측정한다. 사람 그림 그리기를 진행할 때에는 남자와 여자 두 성을 모두 그려 보도록 한다. 그림 단계가 끝나고 질문 단계에서 검사자는 수검자가 그린 그림에 대해 몇 가지 질문을 한다. 예를 들어, 집 그림에 대해서는 누구의 집인지, 집에 누가 살고 있는지, 집의 분위기는 어떤지 등을 질문할 수 있고, 나무 그림에 대해서는 나무의 종류나 나이를 묻고, 나무의 건강상태를 물을 수 있다. 사람 그림에 대해서는 그린 대상이 누구인지, 몇 살인지, 무엇을 하고 있는지 질문한다(최정윤, 2016). 이러한 질문들에 대한 반응을 통해 내담자의 심리상태와 성격특성, 자기 및 타인표상 등을 짐작할 수 있다.

(2) 검사의 해석

① 구조적 요소

HTP 검사는 크게 구조적 요소와 내용적 요소로 해석할 수 있다(박영숙 외, 2010). 우선 구조적 요소에 대한 해석은 그림을 그리는 태도, 크기, 위치, 선의 강도 등에 반영된 내담자의 심리상태를 해석한다. 수검자가 그림을 그리는 데 너무 오랜 시간을 소요한 경우는 완벽주의적, 강박증적 경향을 시사하며, 그림을 그리는 도중 자기비난을 많이 하는 경우는 낮은 자존감과 우울감 등을 짐작할 수 있다. 그림의 크기의 경우, 지나치게 큰 그림은 공격적 경향, 행동화 경향, 낙천적 경향, 과장적 경향과 관련이 있다. 반면, 지나치게 작은 그림은 열등감, 부적절감, 자존감 낮음, 불안, 수줍음, 위축 등과 관련이 있다. 위치의 경우, 용지 중앙에 그린 경우는 안정된 상태, 용지의 위쪽에 그린 경우 욕구 수준이 높거나 과잉보상 방어를 하고 있을 가능성을 시사한다. 용지 아래쪽에 그린 경우는 우울이나 불안정감을 시사하고, 모퉁이에 그린 경우 철수 경향이 시사된다. 선의 강도에 관해서, 강한 선은 주장성, 자신감, 독단성, 공격성, 분노감과 관련이 있는 반면, 흐린 선은 우유부단하고 겁이 많고 억제된 성격, 낮은 활력 수준, 감정 표현에서의 억제와 억압, 위축과 관련이 있다. 선의 강도가 변하는 경우는 더 일반적이며 융통성과 적응능력을 반영한다.

② 내용적 요소

• 집

집은 수검자의 가정생활 혹은 가족 내에서의 자기지각을 반영한다(김동민 외, 2013). 집 그림에 대한 내용적 해석은 다음과 같다. 지붕은 정신적 영역, 특히 공상의 영역을 상징한다. 지붕을 과도하게 크게 그린 경우는 환상에 대한 과몰입, 외부 대인 접촉으로부터의 철수를 반영한다. 지붕이 전부인 경우는 공상적 세계 내에서 생활하고 있음을 나타낸다. 벽은 수검자의 자아 강도와 자아 통제력에 대한 정보를 제공한다. 벽의 지면 선을 강조한 경우는 불안하고 잘 통제되지 않는 부정적 태도를 반영한다([그림 10-3] 참조). 허물어지려는 벽은 붕괴한 자아와 약한 자아 통제를 반영한다. 문은 환경과의 접촉과 대인관계에 대한 태도를 나타낸다. 큰 문은 타인에 대한 과도한 의존심을, 작은 문은 환경과의 접촉을 꺼리는 경향, 대인관계에서의 위축을 나타낸다. 문이 없는 경우는 철수 경향, 고립감, 가족 내 거리감을 시사한다. 창문은 환경과 간접적인 접촉 및 상호작용을 하는 제2의 통로를 상징한다. 창문이 많은 경우는 과도한 자기개방, 타인과 관계를 맺고자 하는 욕구를 반영한다. 창문이 없는 경우는 대인관계에 대한 주관적인 불편감, 대인관계에서의 위축을 반영한다. 마지막으로 **굴뚝**은 가족 내의 관계와 분위기, 가족들 간의 애정과 교류에 대한 정보를 제공한다. 굴뚝을 덧칠하거나 크게 그려 강조한 경우는 가정의 심리적 따뜻함에 대한 과도한 염려, 성적 관심을 반영한다.

[그림 10-3] 벽돌이나 돌로 벽을 채워 넣은 집

출처: 신민섭 외(2007), p. 92.

• 나무

나무는 무의식적인 수준에서 느끼는 자신의 모습과 감정을 반영한다. 나무 그림에 대한 내용적 해석은 다음과 같다. 먼저 둥치는 자아 강도를 나타내는 것으로 알려져 있다. 작고 가느다란 둥치는 자아에 대한 부적절감, 취약함을 반영하며 지나치게 거대한 둥치는 공격적 성향, 강한 주장성을 반영한다. 가지는 환경으로부터 만족을 구하고 타인과 접촉하며 성취를 향해 뻗어 나가는 수검자의 자원을 상징한다. 부러지거나 잘린 가지는 외상적 경험을 의미하며, 가지가 없는 경우는 대인관계에서의 즐거움을 얻지 못하는 것을 의미한다. 뿌리는 성격적 안정성, 안전에 대한 욕구, 현실과의 접촉 정도를 반영한다. 뿌리를 강조하여 그린 경우는 현실접촉을 강조하거나 염려하는 상태, 현실을 유지하려고 무척 애쓰고 있는 상태를 반영한다. 뿌리를 그리지 않은 경우는 현실 속에서 자신에 대한 불안정감을 반영한다. 죽은 뿌리를 그린 경우는 현실과 접촉할 능력을 상실했다는 느낌이나 심각한 정신병리를 시사한다. 나무의 종류나 상태는 개인이 경험하는 갈등과 정서적 어려움을 반영하기도 한다(최정윤, 2016). 사과나무는 청소년이나 성인의 경우 애정 욕구와 의존 욕구가 매우 높은 상태를 나타내며, 버드나무는 우울을 나타낸다. 죽은 나무는 심리적 혼란, 자살 욕구, 우울, 죄책감, 무가치감을 반영한다.

• 사람

사람은 자신의 모습에 대한 지각, 환경과의 관계, 대인관계 방식, 타인에 대해서 느끼는 감정을 반영한다. 사람 그림에 대한 내용적 해석은 다음과 같다. 머리는 지적·공상 활동, 충동과 정서의 통제를 나타낸다. 불균형하게 큰 머리는 지적 능력에 대한 관심, 지적 야심, 성취욕을, 작은 머리는 지적·사회적·성적 부적절감, 무능감을 반영한다. 머리를 그리지 않은 경우는 불쾌한 생각을 제거하고 싶은 욕망을 반영한다. 얼굴은 개인적 만족과 불만족을 전하고, 상호 의사전달을 할 수 있는 중추이다. 눈은 외부세계와의 접촉, 환경에의 예민성과 관련된 정보를 나타낸다. 눈동자 없이 원 모양으로 그린 경우는 자기중심적, 미성숙, 퇴행을 반영한다. 귀는 청각적 정보의 수용 민감성과 관련이 있다. 귀의 강조나 확대는 사회적 비평에 대한 과민성을 반영한다. 코는 성적 상징으로 생각되고 있으나 주장성, 공격성과도 관련이 있다. 코를 생략한 경우는 사회적 상황에서의 위축과 지나친 회피적 경향을 반영한다. 입은 생존, 심리적인 충족, 구강적 욕구를 상징한다. 입을 생략한 경우는 타인과 의사소통의 어려움, 애정 욕구의 거부를 반영한다. 목은 머리의 인지적 활동과 신체의 반응을 연결하는 통로이다. 길고 가는 목은 신체적 허약함, 열등감, 이성과 감정의 분리 경향을 반영한다. 짧고 굵은 목은 충동성, 사고의 부족을 시사한다. 팔은 환경과의 접촉, 욕구 충족에 대한 중요한 지표이다. 긴 팔은 환경을 통제하려는 시도, 자율성에 대한 욕구와 관련이 있다. 짧은 팔은 환경과의 접촉이 제한되어 있다는 느낌, 수동 의존성을 나타낸다. 손은 환경에 대한 통제 능력을 구체적으로 알아볼 수 있는 지표이다. 큰 손은 부적절감에 대한 보상, 충동성을, 작은 손은 불안정감, 무기력감을 반영한다. 흐릿하고 분명하지 않은 손은 사회적 접촉이나 생산 활동에서의 자신감 결여를 나타낸다. 다리와 발은 안정감이나 이동성과 관련이 있다. 매우 긴 다리는 자율성에 대한 갈구를, 매우 짧은 다리는 위축감과 비자율성을 반영한다. 앉아 있는 그림은 우울, 신체적 철수를 나타낸다. 사람의 옆모습을 그린 경우는 대인관계에서 회피적 경향성, 부적응, 철수 등을 시사한다. 뒷모습을 그린 경우는 편집증 경향, 반사회적 경향, 정신증의 가능성을 나타내기도 한다.

3) 기질 및 성격검사

기질 및 성격검사(Temperament and Character Inventory: TCI)는 1994년에 미국의 정신과 의사 클로닝거(Cloninger)와 동료들에 의해 개발되었다. 그는 심리생물학적 인성모델을 바탕으로, 사람의 인성(personality)을 기질과 성격으로 구분하였다. 기질(temperament)은 자극에 대해 자동적으로 일어나는 정서적 반응 경향성을 의미하는데, 다분히 유전적으로 타고난 것으로서 일생 동안 비교적 안정적인 속성을 보이고 인성 발달의 원재료가 된다. 클로닝거가 제시한 네 가지 기질 차원은 자극 추구, 위험 회피, 사회적 민감성, 인내력이 있다. 이에 반해, 성격(character)은 기질을 바탕으로 환경과 상호작용하여 후천적으로 형성된 특성을 의미하는데, 이는 개인이 어떤 목표와 가치를 추구하는가, 개인이 자신을 어떤 사람으로 이해하고 동일시하는가를 포함하는 자기개념(self-concept)에서의 개인차와 관련된다. 성격 차원은 세 가지로 제시되었는데, 여기에는 자율성, 연대감, 자기 초월이 해당한다.

TCI는 이렇게 네 차원의 기질과 세 차원의 성격특성을 측정할 뿐만 아니라 자율성과 연대감 점수를 통해 성격적 성숙도를 평가할 수 있다. 국내에서는 2004년 오현숙과 민병배가 청소년용인 JTCI(Junior Temperament and Character Inventory)를 표준화하여 출간하였으며, 2007년에 한국판 TCI의 성인용, 아동용, 유아용 등 다양한 연령대에 사용할 수 있는 검사들이 차례로 개발되어 사용되고 있다. 한국판 TCI 성인용(민병배, 오현숙, 이주영, 2007)은 일반 성인과 대학생을 수검자범위로 하고 있으며, 총 140문항으로 구성되어 약 20여 분 시간이 소요된다. 이 검사의 네 가지 기질 차원과 세 가지 성격 차원에 대해 〈표 10-3〉에 요약하였다.

표 10-3 　TCI 기질 및 성격 차원

척도명		내용
기 질 차 원	자극 추구 (Novelty Seeking: NS)	새로운 자극이나 보상 신호에 대한 유전적 반응경향성. 새로운 자극을 추구하고, 단조로움이나 처벌을 회피하는 방향으로 행동이 활성화됨
	위험 회피 (Harm Avoidance: HA)	위험 신호에 행동이 억제되는 유전적 반응경향성. 처벌이나 혐오스러운 자극을 회피하기 위한 행동 억제 체계와 관련됨
	사회적 민감성 (Reward Dependence: RD)	사회적 애착과 관련된 보상신호에 대한 민감성. 타인의 칭찬이나 찡그린 표정 등에 의해 행동이 유지되거나 중단됨
	인내력 (Persistence: P)	지속적 강화 없이도 이전에 보상된 행동을 일정 시간 동안 유지하는 성향. 행동 유지 체계와 관련됨
성 격 차 원	자율성 (Self-Directedness: SD)	개인이 환경과의 관계에서 자신을 자율적 인간으로 이해하고 동일시하는 정도. 목적의식과 행동에 대한 조절력, 책임감, 유능감 등이 나타남
	연대감 (Cooperativeness: C)	개인이 다른 사람들과의 관계에서 사회의 통합적인 한 부분으로 지각하는 정도. 타인과의 동일시, 타인에 대한 수용, 관대함 등이 나타남
	자기 초월 (Self-Transcendence: ST)	개인이 우주의 통합적 한 부분으로 자신을 이해하는 정도. 우주 만물과의 일체감, 영성 및 종교성, 감사 등이 나타남

출처: 민병배 외(2007).

요약

1. 심리검사란 인간의 다양한 심리적 특성을 신속하고 객관적으로 파악하기 위한 목적으로 개발된 평가도구로서, 크게 세 가지 유형으로 분류할 수 있다. 첫 번째 유형은 지능 및 신경심리적 기능을 평가하는 수행검사이고, 두 번째 유형은 객관적 질문지 검사이며, 세 번째 유형은 투사의 원리를 이용한 투사적 검사이다.

2. 심리검사가 갖추어야 하는 요건은 표준화, 신뢰도, 타당도 등이 있다. 표준화는 검사자가 어떠한 수검자에게도 동일한 실시 및 채점과정을 적용하고 규준에 의거해 해석할 수 있도록 체계화하는 것을 의미한다.

3. 신뢰도는 검사 결과의 일관성을 의미하며, 신뢰도의 종류로는 검사-재검사 신뢰도, 반분신뢰도, 내적 일관성 신뢰도 등이 있다. 타당도는 검사의 적절성 혹은 충실도를 의미하며, 타당도의 종류로는 내용타당도, 준거타당도, 구성타당도 등이 있다.

4. 지능이론은 다양한 학자에 의해 발전하였는데, 스피어만은 2요인이론을, 서스톤은 일곱 가지 기초정신능력을, 카텔은 유동지능과 결정지능을, 가드너는 다중지능이론을 주장하였다. 지능을 측정하려는 최초의 시도는 사회적 성공의 세대 간 전수를 증명하려는 골턴에 의해 이루어졌으며, 이후 비네와 웩슬러에 의해 지능검사가 발전되었다.

5. 현재 지능을 평가하기 위해 전 세계적으로 널리 사용되는 검사는 웩슬러가 개발한 지능검사이다. 웩슬러는 목표를 이루고 합리적으로 사고하며 환경에 대처하는 전반적이고 총체적인 능력으로 지능을 정의하였다. 1939년 웩슬러-벨르뷔 지능검사의 개발을 시작으로, 유아부터 성인까지 연령대에 맞춘 버전을 지속적으로 개발 및 개정하였다. 웩슬러 지능검사에서는 수검자가 속한 연령 집단 내에서의 상대적인 위치를 환산한 편차지능지수를 사용한다.

6. 한국판 성인용 웩슬러 지능검사 4판(K-WAIS-IV)은 15개 소검사로 구성되어 있으며, 전체지능지수와 네 개의 하위지표인 언어이해 지표, 지각추론 지표, 작업기억 지표, 처리속도 지표가 산출된다.

7. 다면적 인성검사는 정신병리의 진단 및 분류의 목적으로 개발되었으며, 현재 대부분의 정신과 병원 및 심리상담센터 등에서 사용하고 있다. 개정판 MMPI-2는 567문항으로, 수검태도를 반영하는 타당도 척도, 임상척도 및 재구성 임상척도, 성격병리 5요인 척도, Harris-Lingoes 임상소척도, 내용 척도 및 소척도, 보충척도를 제공한다.

8. 집-나무-사람검사는 대표적인 투사적 검사 중 하나로, 집, 나무, 사람을 그림으로써 수검자의 성격특성과 심리상태, 자기 및 타인표상 등을 파악할 수 있다. 모든 연령층에 실시가 가능하지만 특히 언어적 표현이 상대적으로 미숙한 어린 수검자의 심리상태를 평가하는 데 유용하다.

9. 기질 및 성격검사는 심리생물학적 인성모델을 바탕으로 클로닝거에 의해 개발된 검사로서, 인성을 기질과 성격으로 구분하여 측정한다. 네 가지 기질 차원으로 자극 추구, 위험 회피, 사회적 민감성, 인내력을 측정하고, 세 가지 성격 차원으로 자율성, 연대감, 자기초월을 측정한다.

학습과제

1. 좋은 심리검사가 갖추어야 하는 요건에 대해 설명하시오.

2. 심리검사의 종류는 어떻게 나뉘며, 각 유형에 속하는 대표적인 심리검사는 무엇인지 설명하시오.

3. 지능의 개념의 발달과정과 웩슬러 지능검사의 특징을 설명하시오.

4. 임상현장에서 자주 사용되는 심리검사 MMPI-2, HTP, TCI의 특징을 설명하시오.

chapter

11

사회적 행동

🔍 | 학습목표

1. 타인을 알게 되고 이해하는 과정을 이해한다.
2. 타인과 좋거나 나쁜 관계를 맺는 과정을 이해한다.
3. 타인과 영향을 주고받음으로써 나타나는 현상들을 이해한다.
4. 집단 속에서 이루어지는 주요 역동을 이해한다.

이 장에서는 '사회 속의 인간'을 다루는 사회심리학의 주요 연구주제를 살펴본다. 약속을 어긴 친구의 속마음을 헤아려 보거나, 애인과 데이트하거나, 또는 대통령 후보의 TV 연설을 시청하는 경우처럼 적어도 두 사람 이상이 개입되어 있는 상황을 사회적 상황이라고 한다. 사회심리학은 사회적 상황에서 나타나는 개인의 사고, 감정 및 행동을 연구하는 과학이다.

19세기 후반에 사회심리학 연구가 처음으로 시작된 이래 사회심리학자들의 관심 영역은 매우 광범위해졌으며, 현재의 사회심리학은 사회현상을 기술하고 설명하는 기초과학적 측면과 다양한 사회문제의 해결에 초점을 두는 응용과학적 측면이 모두 강조되고 있다. 사회현상의 분석에 있어서 사회심리학은 주로 타인의 행동이나 타인과의 관계 등과 같은 개인을 둘러싸고 있는 환경이나 상황에서 그 원인을 찾는다. 반면에 성격심리학에서는 개인의 성격이나 기질 등 개인차 요인에 주목한다. 따라서 어떤 사회현상을 보다 객관적으로 이해하기 위해서는 이와 같이 개인적 요인과 상황적 요인을 모두 고려해야 한다.

1 ┄ 사회적 지각

열 길 물속은 알아도 한 길 사람 속은 모른다고 하지만 우리는 끊임없이 타인이 어떤 사람인지를 알고 싶어 한다. 사람들은 타인의 동기나 정서 상태 또는 태도를 직접

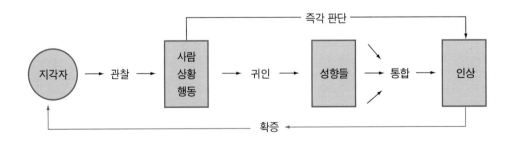

[그림 11-1] 사회적 지각과정

적으로 알 수 없기 때문에 개인적 특징, 행동 및 상황과 같은 겉으로 드러난 단서를 관찰하여 '사람 속'을 주관적으로 판단할 수밖에 없다. 이와 같이 사람들이 타인을 이해하는 주관적 과정을 사회적 지각(social perception)이라고 하는데, 사회적 지각은 [그림 11-1]과 같이 관찰, 귀인, 통합 및 확증 과정으로 이루어진다(Brehm, Kassin, & Fein, 2005).

1) 귀인: 개별 정보로부터 성향 추론

사람들은 호기심이 많아서 대기업 회장은 어떻게 해서 그리 많은 돈을 벌었으며, 자신에게 유독 쌀쌀맞게 대하는 그의 진심은 무엇인지 궁금해한다. 이를 알기 위해서는 그들의 말이나 행동 또는 상황을 관찰한 결과를 토대로 추론하게 되는데, 이와 같이 타인이나 자신의 행동에 관해 인과적 설명에 이르는 과정을 귀인(歸因, attribution)이라고 한다. 성격 특성이나 태도와 같은 타인의 내적 성향을 파악해야 효율적으로 상호작용하고 행동을 예측할 수 있다는 점에서 귀인은 타인을 이해하는 데 중요한 역할을 한다.

(1) 귀인방식

사람들이 지각하는 다양한 행동원인을 행동당사자와 관련된 원인과 행동당사자와 무관한 외부의 원인으로 구분할 수 있다(Heider, 1958). 즉, 자신이나 타인의 행동을 행동한 사람의 성격, 태도, 동기 또는 능력과 같은 개인 성향에 귀인하는 경우를 내부귀인이라고 하고, 환경, 운 또는 과제 난이도와 같은 상황요인에 귀인하는 경우를 외부귀인이라고 한다. 예를 들어, 어떤 학생이 심리학개론 과목에서 A학점을 받은 이유를 열심히 공부했기 때문이라고 생각하면 내부귀인이고, 시험문제가 쉬웠다고 생각하면 외부귀인하는 것이다.

(2) 공변모형

평소에는 명랑하나 비가 오면 항상 기분이 가라앉는 사람이 있다면 그의 우울한 기분은 성격 때문이 아니라 비가 원인이라고 볼 수 있다. 이와 같이 특정 원인이 존재할 때만 어떤 효과가 나타나서 원인과 효과가 공변하면 그 효과를 그 원인에 귀인하게 되는데, 이를 공변원리(covariation principle)라고 한다. 켈리(Kelley, 1967)는 귀인과정을

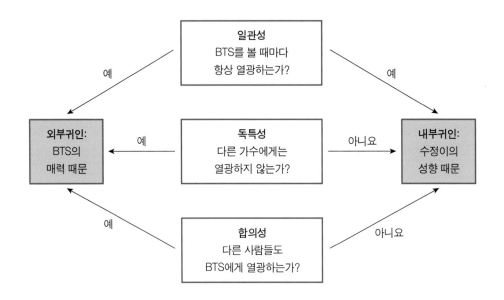

[그림 11-2] 공변모형에 따른 행동분석의 예

설명하는 이론으로 공변원리를 확장하여 사람들이 인과관계를 추론할 때 세 유형의 공변관계, 즉 어떤 행동이 상황, 대상 및 행위자에 따라 어떻게 다른지에 주목함으로써 합리적이고 객관적으로 판단한다는 공변모형을 제안하였다.

구체적으로, 사람들은 일관성(행동과 상황의 공변: 행위자의 행동은 다른 때나 다른 맥락에서도 항상 나타나는가?), 독특성(행동과 대상의 공변: 그 행동은 특정 대상에게만 나타나는가?) 및 합의성(행동과 행위자의 공변: 다른 사람들도 그 상황에서 그렇게 행동하는가?)의 세 가지 정보를 검토하여 내부 또는 외부 귀인에 이르게 된다. 세 가지 모든 물음에 대하여 긍정적 대답이 나오면 외부(대상)귀인하게 되며, 일관성에 관해서만 긍정적 대답을 얻고 나머지 두 물음에 관해서는 부정적 대답을 얻으면 내부(행위자)귀인하게 된다. 그리고 독특성 물음에는 긍정적이고, 나머지 두 물음에는 부정적 대답이 나온다면 외부(상황)귀인하게 된다. 방탄소년단에게 열광하는 여고생 수정이의 행동을 분석해 보면 [그림 11-2]와 같다.

(3) 귀인편향

사람들의 귀인방식이 합리적일 것이라는 공변모형의 가정과는 달리 실제 귀인과정에서는 많은 편향이 발생하는데, 대표적인 귀인편향은 다음과 같다.

① 기본귀인오류

우리는 친구가 장학금을 받게 된 원인을 그가 운이 좋았다기보다는 노력했기 때문으로 생각하며, 편의점 직원의 불친절은 더운 날씨 때문이 아니라 그의 고약한 성격 탓으로 돌린다. 이와 같이 타인의 행동을 설명할 때 상황의 영향은 과소평가하고 개인 특성의 영향은 과대평가해서 내부귀인하는 경향이 강한데, 이를 기본귀인오류(fundamental attribution error)라고 부른다. 그러나 이 경향은 자신의 행동을 설명할 때는 잘 나타나지 않는다. 장학금 받은 친구에게 원인을 직접 물어보면 아마도 운이 좋았다고 겸손해할지도 모르며, 편의점 직원은 찜통더위 때문에 신경질을 부렸다고 변명할 것이다.

② 자기기여편향

자신의 행동을 설명할 때 나타나는 현상으로서 자신을 호의적으로 지각하고 드러내 보이려는 일련의 경향들을 자기기여편향(self-serving bias)이라고 한다. 대표적인 자기기여편향으로는 방어적 귀인을 들 수 있다. 이는 '잘되면 내 탓, 못되면 조상 탓'이라는 속담처럼 자신의 성공은 내부귀인, 실패는 외부귀인을 하는 경향을 의미한다. 그러나 겸손을 미덕으로 여기는 한국과 중국 등의 동양인들에게는 자기기여편향이 약하게 나타나서 문화에 따른 차이가 있는 것으로 알려져 있다(Smith & Bond, 1998). 그리고 사람들은 공변모형에서 주장한 세 가지 정보 중 합의성 정보(다른 사람들도 그런가?)를 잘 확인하지 않는 경향이 있다. 이로 말미암아 자신의 의견이나 바람직하지 않은 행동의 보편성을 과대평가하는 거짓합의성효과(false consensus effect)와 이와 반대로 자신의 능력이나 바람직한 행동의 보편성을 과소평가하는 거짓특이성효과(false uniqueness effect)가 나타난다. 담배를 피우는 사람은 흡연인구를 실제보다 더 많게 추정하고, A학점을 받은 사람은 A학점 취득자 수를 실제보다 더 적게 추정할 것이다. 요약하자면, 사람들은 자신의 장점은 독보적인 것이고, 단점은 공통적인 문제라고 생각하는 경향이 있다.

귀인편향은 사실을 왜곡한 것이기는 하지만 때로는 상당한 적응적 가치를 지닌다. 자신의 실패를 불운에 귀인한 사람은 능력 부족에 귀인한 사람에 비해서 자존심을 보호할 수 있고 재기의 희망을 계속 유지할 수 있을 것이다.

2) 통합: 추론한 성향을 토대로 인상형성

대학생 민수는 진경과 세 시간 동안 소개팅을 하고 나서 그녀가 자신이 찾던 이상형임을 확신하고 다시 만날 날을 손꼽아 기다리고 있다. 한 번의 짧은 만남에서 알 수 있는 것은 상대의 외모나 취향과 같은 피상적인 정보에 지나지 않는데 민수는 어떻게 진경의 인물됨에 관해 확고한 결론에 이르게 되었을까? 그리고 그의 결론은 정확할까?

(1) 인상형성과정

민수가 진경에 대한 분명한 인상을 형성하게 된 이유는 진경의 외모나 행동을 통해서 그녀의 성격이나 기타 특성을 추론할 수 있었기 때문이다. 진경에 관해 실제로 확인한 정보는 소수에 지나지 않지만 소수의 정보를 바탕으로 더 많은 정보를 추론해 냄으로써 그녀에 대해 상당히 많이 알게 되었다고 판단하여 나름대로의 확신을 가지고 전반적 인상을 형성한 것이다.

이와 같이 인상을 형성하는 과정은 먼저 상대방에 대한 몇 가지 피상적인 인상정보를 알고서 이를 바탕으로 다수의 미확인 정보를 추론하게 된다. 그런 다음 수집한 모든 정보들 중에서 최종 인상 판단에 사용할 정보를 선별하고, 마지막으로 선별한 정보들을 통합하여 전반적인 인상을 형성하게 된다.

① 인상정보의 추론

소개팅을 할 남성이 185cm의 신장을 가진 ROTC 출신의 장교이며 고향은 서울이고 1남 2녀 중 장남이라면 어떤 사람일 것 같은가?

인상정보의 추론은 도식(schema)에 크게 의존한다. 도식이란 어떤 대상이나 개념에 관한 조직화되고 구조화된 신념을 말한다. 이 남성과 만나게 될 여성은 '키가 큰 남자' '학군장교' '서울사람' '장남'에 관한 도식을 바탕으로 이 남성의 여러 특징을 추론해 낼 것이다. 도식은 여러 가지 유형이 있으며, 인상형성에 큰 영향을 미치는 도식으로는 고정관념과 내현성격이론(implicit personality theory)을 들 수 있다.

고정관념은 어떤 집단이나 사회적 범주 구성원의 전형적 특성에 관한 신념을 말한다. 진실과는 거리가 있지만 '키가 큰 사람은 싱겁다' '흑인은 운동을 잘한다' 등의 고정관념은 우리가 익히 들어 온 예들이다. 일단 어떤 고정관념을 갖게 되면 그 범주의 모든 구성원이 그 특징을 공유하는 것으로 과잉일반화하게 된다. 그리고 사람들은 자신의 고정관념과 일치하는 정보만을 선택적으로 받아들이기 때문에 고정관념은 잘 변하지 않을뿐더러 부정적인 내용의 고정관념은 흔히 편견으로 발전하여 인종차별이나 지역감정과 같은 심각한 폐해를 낳기도 한다.

　내현성격이론은 성격 특성들 간의 관련성에 관한 개인의 신념을 의미한다. 사회적 경험을 통해 습득하며, 드러나지 않은 성격 특성을 판단하는 틀로 이용된다. 예를 들어, 어떤 사람과 대화를 나누어 보고서 그가 유머러스하다는 사실을 알았다면 개인이 지닌 내현성격이론에 따라서 그가 사교적이고, 낙천적이며, 부드러운 사람일 거라는 추론이 가능하다.

② 인상정보의 통합

　직접 확인하였거나 추론한 인상정보들이 모두 인상형성에 이용되는 것이 아니고 인상형성에 중요하다고 판단하여 선별한 일부 정보들만 통합과정을 거쳐서 최종 인상으로 마무리된다.

　인상정보가 통합되는 방식에 관해서 앤더슨(Anderson, 1968)은 모든 인상정보의 호오도(好惡度)를 평균하되 중요하다고 판단되는 정보에 가중치를 주고 인상을 형성한다는 가중평균모형(weighted average model)을 제시하였다. 예를 들어, 각 정보의 호오도를 +10(매우 긍정적)부터 -10(매우 부정적)까지의 척도로 평가해서 어떤 사람의 특성과 호오도가 각각 '잘생겼다(+8)' '친절하다(+5)' 및 '허영심이 많다(-6)'이며, 이 중 친절함과 허영심을 매우 중요한 특성으로 생각해서 2배의 가중치를 부여한다면 그의 전반적 인상은 (8+5×2-6×2)/3=+2로 약간 긍정적이다. 즉, 인상정보의 호오도와 중요도를 함께 고려한다는 주장으로서, '잘생겼다'와 '지적이다'라는 특성이 동일한 호오도를 가진다고 해도 대학교수의 인상평가에서는 '지적이다'를, 패션모델을 선발할 때는 '잘생겼다'를 더 중요하게 고려하게 될 것이다.

(2) 인상형성에서의 편향

　인상정보의 추론, 선별 및 통합은 매우 신속하고 자동적인 과정이기 때문에 여러 가지 오류와 왜곡이 발생한다. 먼저, 첫인상은 강렬해서 나중에 다른 정보를 알게 되더라도 잘 변하지 않는다. 즉, 타인에 관하여 처음에 알게 된 정보가 나중에 추가로 알게 된 정보보다 인상형성에 더 큰 영향을 미친다. 이 현상을 초두효과(primacy effect)라고 한다.

[그림 11-3] 후광효과의 발생

콩쥐팥쥐, 신데렐라, 백설공주 등 많은 동화 주인공들은 한결같이 '마음씨 고운 미인'과 '못생긴 악인'으로 그려지는데 이러한 영향 등으로 외모의 후광효과는 어릴 때부터 습득하게 된다.

둘째, 후광효과(halo effect)로서 타인을 내적으로 일관되게 평가하려는 경향을 의미한다. 하나를 보면 열을 안다는 속담처럼 한 가지 특징을 긍정적으로 보았다면 다른 특징들도 긍정적일 것으로 판단하는 경향이 있다. 예를 들어, 어떤 입사지원자의 단정한 외모를 좋게 본 면접관은 그 지원자가 예의 바르고, 성격이 좋으며, 능력도 뛰어날 것이라고 추론하여 후한 점수를 줄 가능성이 크다. 반대로 한 가지 특징을 부정적으로 보았다면 나머지 특징들도 부정적일 것으로 추론하게 된다.

세 번째 편향은 부정성 효과(negativity effect)다. 어떤 여성이 상냥하고, 재치 있으며, 정숙하다면 여러분은 이 여성에 대해 상당히 긍정적인 인상을 형성할 것이다. 그런데 그녀가 게으르다는 사실을 추가로 알게 되면 어떨까? 아마 부정적인 인상으로 반전될 것이다. 그러나 그녀가 이해심이 많다는 새로운 긍정적인 정보를 알더라도 부정적 인상이 그다지 변하지 않을 것이다. 이 예에서 알 수 있듯이 인상형성과정에서 긍정적 특성보다 부정적 특성이 더 큰 영향을 미치는데, 이를 부정성 효과라고 한다. 즉, 나쁜 인상에서 좋은 인상으로 바뀌기는 어렵지만 좋은 인상에서 나쁜 인상으로 바뀌기는 쉽다. 인기 절정의 연예인이 추문에 휘말리면 대중은 금방 반감을 갖게 되고, 인기를 만회하기가 거의 불가능한 현상도 부정성 효과의 한 가지 예라고 하겠다.

3) 확증: 인상과 신념의 유지

몇 년 전 인기가수 타블로의 스탠퍼드 대학교 졸업 학력을 의심한 사람들은 그의 졸업이 사실이라는 많은 증거를 접하고도 믿기를 거부하여 사회적 물의를 빚었다. 이와 같이 사람들은 어떤 일에 대해 일단 마음을 정하면 반대되는 새로운 증거가 제시되더라도 자신의 생각을 잘 바꾸려 하지 않는다. 왜 이런 일이 발생하는 것일까? 사람들은 자신이 보고 싶은 것만 본다. 즉, 사람들은 자신의 신념을 확증하는 방향으로 정보를 해석하고, 신념을 지지하는 정보를 적극적으로 구하거나 만들어 내는 경향이 있다. 이를 확증편향(confirmation bias)이라고 하는데, 신념이 확고할수록 이런 경향은 더 강해진다. 따라서 인상의 확증과정 역시 객관적이라기보다는 인지적 왜곡이 개입되는 과정이다.

(1) 두 가지 사고 체계

인상형성을 포함하여 사회적 정보를 해석하는 과정은 많은 오류와 편파를 갖는 비합리적인 과정임이 밝혀지고 있다. 사람들의 정보처리 능력은 한계가 있기 때문에 사회적 정보를 처리할 때 모든 정보를 다 고려하기보다는 선택적으로 처리하며, 심사숙고하면서 검토하기보다는 지름길로 질러가고 노력을 최소화하려고 한다. 인간의 이러한 특성을 빗대어 '인간은 인지적 구두쇠(cognitive miser)'라고 칭하기도 한다(Taylor, 1981). 이런 식으로 정보를 처리하면 신속하고 효율적이기는 하지만 정확성은 떨어지게 된다.

신속한 정보처리를 위해서 사람들이 동원하는 대표적인 방법이 선입견이나 도식을 적용하는 것이다. 도식적으로 정보처리하면 다음과 같은 장점이 있다. 첫째, 회상을 용이하게 한다. 도식과 일치하거나 상반되는 정보는 도식과 무관한 정보보다 더 잘 기억되고 더 쉽게 회상된다. 도서관 사서인 혜정이 클래식 음악을 즐기고(사서도식과 일치), 철인3종 경기 동호회원(사서도식과 불일치)이라는 사실은 진보적 정치관(사서도식과 무관)을 지니고 있다는 사실보다 더 잘 기억될 것이다. 둘째, 정보처리 시간을 단축시킨다. 어떤 대상에 대한 도식을 가진 사람들이 도식을 갖지 않은 사람보다 그 대상에 관한 정보를 더 신속하게 처리한다. 셋째, 누락된 정보를 메워 준다. 도식은 명료하지 못한 사항에 관해서 자신 있는 추론을 가능하게 하여 기억에서 빠진 부분을 보충하는 역할을 한다. 넷째, 규범적 기대를 제공한다. 따라서 도식은 장차 일어날 수 있는 일을 예측하고 대비할 수 있게 한다.

한편, 도식적 정보처리는 상황을 과잉 단순화하는 데서 비롯되는 역기능도 있다. 즉, 사람들은 도식에 부합되는 정보만을 수용하며, 도식과 일치하는 정보만으로 기억의 갭을 메우고, 또한 도식과 잘 맞지 않는 경우에도 무리하게 도식을 적용한다.

그러나 사람들의 사고과정은 유연하고 실용적이어서 항상 노력을 줄이려는 인색한 존재가 아니라 필요하다면 객관적 자료를 근거로 꼼꼼하게 정보를 처리(Fiske & Taylor, 1991)하는 두 가지 사고체계를 지니고 있다. 카네만(Kahneman, 2011)은 도식적 처리과정과 같은 정신적 노력을 별로 요하지 않는 자동적 사고과정을 체계1, 많은 정신적 노력을 요구하는 의식적 사고과정을 체계2로 명명하였다.

(2) 자성예언

도식은 우리의 사고에 영향을 줄 뿐만 아니라 우리의 행동과 나아가 타인의 행동에도 영향을 준다. 사람들은 타인에 대해서 어떤 기대나 신념을 가지면 타인으로 하여금 기대와 일치하는 행동을 하도록 유도하여 자신의 기대를 확증시키는 경향이 있는데, 이를 자성예언(自成豫言, self-fulfilling prophecy) 혹은 피그말리온(Pygmalion) 효과라고 한다.

로젠탈과 제이콥슨(Rosenthal & Jacobson, 1968)은 초등학교 교사들에게 지능검사 결과를 토대로 지능이 조만간 급성장할 것으로 예상되는 학생들의 명단을 알려 주었다. 사실은 지능검사 결과와 관계없이 무선적으로 선정한 학생명단이었으나 8개월 후 다시 지능검사를 한 결과 명단에 포함된 학생들의 지능이 명단에 포함되지 않은 학생들의 지능보다 더 향상되었으며, 교사들로부터 더 호의적으로 평가되었다.

그들은 이 결과를 교사가 학생들에 대해서 어떤 인상을 형성하면 인상과 일관된 방향으로 자신의 행동을 조정하였으며, 이에 따라 학생의 행동도 달라졌기 때문이라고 해석하였다. 즉, 교사가 지능, 외모 또는 평판 등으로 어떤 학생에 대해서 호의적인 인

[그림 11-4] 신통력인가, 자성예언인가?

역술인이 예언한 운세가 맞다면 그가 신통력이 있는 것일까, 아니면 그의 예언대로 사람들이 맞춰 나간 결과일까?

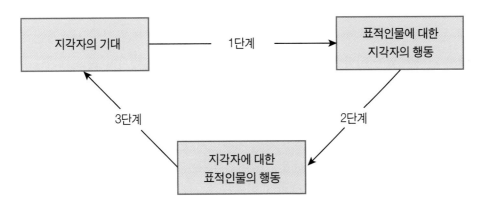

[그림 11-5] 자성예언의 과정

상을 형성하면 그에게 더 많은 칭찬과 관심을 보이고 더 좋은 피드백을 주게 된다. 교사의 이런 행동에 따라 학생 역시 힘을 얻게 되고 더 열심히 공부하여 결과적으로 좋은 성적을 얻게 된다. 교사는 이런 결과를 보고 이 학생에 대한 자신의 기대가 확증되었다고 믿게 된다. 만약에 이와 반대로 교사의 기대가 부정적이라면 학생의 성과도 부정적으로 나타나게 될 것이다. 자성예언 과정은 [그림 11-5]에 제시되었다.

2 사회적 관계

우리는 많은 사람과 다양한 관계를 맺으며 살고 있다. 사람들은 혼자서 살아갈 수 없기 때문에 누구와 어떤 관계를 형성하느냐는 삶의 질과 직결되는 중요한 문제다. 여기서는 인간관계의 긍정적 측면인 호감과 사랑, 그리고 부정적 측면인 편견에 관해서 살펴본다.

1) 친밀한 관계

(1) 호감

여러분은 어떤 사람을 좋아하나? 많은 연구 결과, 다음의 네 가지 요인이 타인에게 매력을 느끼는 데 결정적인 역할을 하는 것으로 밝혀졌다.

① 근접성

먼 친척보다 이웃사촌이 낫다는 속담이나 캠퍼스 커플의 예와 같이 사람들은 물리적으로 가까이 있는 사람을 좋아하게 된다. 기혼학생 아파트에서의 친교 패턴을 조사한 미국의 한 연구에서 바로 옆집 사람과 가장 친하다는 응답을 한 사람이 전체의 41%로서 제일 많았다(Festinger, Schachter, & Back, 1950). 이와 반대로 군대 간 애인을 점차 잊게 되고 학교를 졸업하고 몇 년이 흐르면 동창들과의 관계가 서먹서먹해지곤 하는데, 이를 보면 '눈에서 멀어지면 마음도 멀어진다.'는 격언이 옳다고 느껴진다.

근접성이 호감을 증가시키는 이유는 우선 자주 만날 수 있어서 친숙해지기 때문이다. '열 번 찍어 안 넘어가는 나무가 없다.'는 말처럼 낯선 자극을 반복해서 접하게 되면 호감이 증가하는 경향이 있는데, 이를 단순접촉효과(mere exposure effect)라고 한다. 또 다른 이유로, 가까이 있는 사람은 쉽게 만날 수 있어 시간이나 노력 등 만남에 따르는 부담이 적기 때문에 자주 만나고 친해지게 된다.

② 외모

사람들은 남녀노소를 불문하고 잘생긴 사람을 좋아한다. 외모는 특히 동성보다는 이성 간의 관계에서, 그리고 관계의 초기단계에서 상대적으로 더 큰 영향력을 지닌다. 그러나 관계가 진전될수록 외모보다는 가치관 등 다른 요인이 더 중요하게 작용한다. 잘생긴 사람을 좋아하는 이유는 잘생긴 사람은 똑똑하고 성격도 좋다는 등 다른 특징들도 긍정적일 것으로 지각하는 후광효과 때문이다. 그리고 잘생긴 사람과 함께 있음으로 해서 자신의 이미지가 고양되는 미모의 발산효과도 또 다른 이유가 된다.

③ 유사성

유유상종이라고 하듯이 사람들은 자신과 태도, 가치관, 기호, 성격 또는 배경 등이 비슷하다고 지각하는 사람을 좋아한다. 유사성-매력 효과는 외모-매력 효과보다 더 강하다. 즉, 사람들은 일반적으로 잘생긴 사람이나 유능한 사람을 좋아하지만 궁극적으로 자신과 유사한 수준의 외모나 능력을 지닌 사람에게 더 끌린다. 왜냐하면 매우 잘생긴 사람이나 능력이 아주 뛰어난 사람은 자신이 프러포즈를 하더라도 성공할 가능성이 낮다고 생각하거나 인간적인 면이 부족하다고 생각하여 접근하기를 꺼리는 경향이 있기 때문이다. 이처럼 데이트와 결혼에 있어서 외모나 다른 특성이 자신과 엇비슷한 상대를 선택하는 경향을 걸맞추기현상(matching phenomenon)이라고 한다.

누군가가 자신과 비슷한 특징을 지니거나 자신과 유사한 견해를 가지고 있다는 것을 알면 기분이 좋아지고 그와 편하게 활동을 같이할 수 있을 것이라고 생각되며, 또한 자신의 견해가 타당함을 확인받는 계기도 된다. 이런 이유에서 사람들은 자신과 유사한 사람을 좋아한다.

④ 상대의 호의

사람들은 또한 자신을 좋아하고 긍정적으로 평가하는 사람을 좋아한다. 새로 산 옷을 입고 학교에 갔는데 새 옷을 알아보지 못하는 무심한 친구보다 빈말이라도 잘 어울린다고 한마디 해 주는 친구가 더 좋게 마련이다. 자신에게 호의를 보이는 상대를 좋아하는 이유는 상대에게 호의를 받은 만큼 자신도 호의로 보답해야 한다는 일종의 의무감을 느끼게 되기 때문이라고 해석되고 있다. 이를 호혜성 원리(reciprocity principle)라고 한다.

(2) 사랑

이성 간의 사랑에 대하여 최초로 과학적인 접근을 시도한 루빈(Rubin, 1973)은 사랑을 강렬한 형태의 호감으로 여기던 종래의 입장을 반박하고 사랑과 호감은 질적으로 다른 차원임을 실증조사를 통해서 입증하였다. 즉, 어떤 사람을 매우 좋아하지만 사랑하지는 않을 수 있으며, 반대로 누군가를 열렬히 사랑하지만 호감은 그리 높지 않은 경우도 있을 수 있다.

스턴버그(Sternberg, 1986)는 사랑의 삼각형이론을 통해서 사랑은 열정(초기의 사랑으로서 신체적 매력이나 성적 흥분과 관련된 욕망), 친밀감(서로 가깝고 맺어져 있다는 느낌) 및 결심/헌신(사랑을 잘 유지하겠다는 결심 및 관계유지를 위한 노력)의 세 요소로 구성되며, 세 요소가 정삼각형처럼 각각 충분한 강도로 균형을 이룰 때 가장 바람직한 형태의 사랑이 된다고 제안하였다.

흔히 열정과 사랑을 혼동하는 경우가 많은데, 두 개념의 차이를 분명히 알아 둘 필요가 있다. 열정은 관계의 초기에 급속하게 타올랐다가 오래 못 가서 식는 감정인 데 비해서 사랑은 친밀감과 결심/헌신이 충분한 강도로 발전하려면 시간을 필요로 하기 때문에 두 사람의 관계가 무르익어야 가능하다. 많은 젊은이가 열정이 식으면 사랑이 식었다고 성급하게 판단하는데, 사실은 사랑도 뿌리내릴 시간이 필요한 것이다. 그리고 열정에 빠진 상태에서는 상대를 이상적이며 완전하다고 착각하는 반면에 사랑하는 관계에서는 상대의 불완전함을 인식하고 수용한다. 또한 열정은 불안정하고 변덕스러운 감정이지만 사랑은 안정적이고 기복이 별로 없는 감정이다.

사랑하는 사이로 발전하기 위해서는 자신의 사적인 측면을 상대에게 공개하는 자기노출(self-disclosure)이 결정적인 역할을 한다. 상대가 어떤 사람인지 모르고서 어찌 그를 사랑할 수 있겠으며, 내가 누구인지 보여 주지 않고 어떻게 사랑받을 수 있겠는가? 상대로부터 노출을 받은 사람은 상대를 이해하고 신뢰하게 되며, 자신도 상대에게 노출함으로써 두 사람은 친밀한 관계로 발전하게 된다. 일방적이지 않고 상호 교환적으로 노출하며, 한 번에 다 털어놓기보다는 점진적으로 노출의 범위와 깊이를 더해 가는 것이 관계발전에 바람직하다.

2) 편견

편견은 어떤 집단이나 집단구성원에 대한 비합리적인 부정적 평가로 정의되며, 객관적 사실보다는 집단소속에 근거하여 발생한다. 이와 유사한 개념인 고정관념은 어떤 집단이나 구성원의 특징에 관한 인지적 신념이라는 점에서 평가적 감정을 의미하는 편견과 구별된다. 예를 들어, 여자는 순종적이어야 한다는 생각은 고정관념이며, 순종적이지 않은 여자를 싫어하는 감정은 편견이다.

편견은 당시의 사회상을 반영하는 일종의 사회적 규범으로서 어릴 때부터 학습된다. 편견을 습득하는 데는 부모, 또래집단 및 매체 등이 중요한 역할을 한다. 한국인의 지역편견이 2세에게 그대로 전수된다는 연구 결과(김혜숙, 1988)는 부모역할의 중요성을 보여 준다. 대중매체에서도 남성은 상급자, 여성은 하급자 역할을 주로 하는 등으로 묘사되어 편견을 은연중에 전파하고 있다.

편견을 가지면 개인의 판단이나 행동 전반에 영향을 미치게 된다. 한 연구에서 백인이 흑인을 뒤에서 밀치는 장면을 본 백인들은 대부분 장난치고 있다고 판단한 반면에 흑인이 백인을 밀치는 장면에 대해서는 폭력을 가하고 있다고 지각하였다(Duncan, 1976). 또한 인종편견을 가진 백인은 흑인이 못사는 이유를 그들의 게으름이나 의지 부족에 귀인하며, 흑인과 교제하거나 결혼하기를 꺼린다.

대표적인 편견인 인종편견이나 여성편견은 최근까지 꾸준히 감소되어 왔다. 그러나 사람들은 흑인의 인권도 존중되어야 하며, 같은 일을 하는 남녀는 동일한 임금을 받아야 한다는 등의 일반 원칙에는 동의하면서도 구체적인 행동의 실천에는 비협조적이어서 편견은 미묘한 형태로 여전히 존재하고 있다.

(1) 편견의 발생원인

① 현실적 집단갈등

이스라엘과 팔레스타인 간의 영토분쟁처럼 한정된 자원을 놓고 두 집단이 경쟁할 때 서로 적대감을 가지고 상대를 부정적으로 평가하게 된다. 1992년에 미국 로스앤젤레스의 코리아타운에서 발생했던 흑인들의 한인 상가 습격사건도 한인-흑인 간의 상권 확보를 둘러싼 현실적 집단갈등에 기인한 것으로 볼 수 있다.

② 사회적 불평등

불평등한 지위나 분배는 만족스러운 쪽과 불만스러운 쪽 모두 상대에 대한 편견을 갖게 만든다. 지위나 분배에 불만을 지닌 개인이나 집단은 상대적 박탈감을 느껴서 자신보다 더 혜택을 받았다고 생각되는 개인이나 집단에 분개하고 편견을 가지게 된다. 한편, 혜택받은 집단 또는 강자는 불평등이나 차별을 합리화하기 위해서 약자에 대한 편견을 조장한다. 과거 일본은 우리 민족이 자립능력과 의지가 부족하다고 폄하하는 편견을 퍼트리면서 불법적인 식민통치를 정당화하고자 하였다.

③ 범주화

현실적 갈등이나 불평등이 없더라도 사람을 지각하는 과정에서 자연 발생하는 인지적 편향들로 인해서 고정관념과 편견이 생기기도 한다. 사람들은 타인을 남자와 여자, 젊은이와 늙은이 등 집단으로 범주화해서 지각하는 경향이 강하다. 범주화하게 되면 정보를 신속하게 처리할 수 있는 장점이 있는 반면에 도식적으로 처리하여 오류를 범할 가능성이 커진다. 특히 사람들을 '우리'와 '남들', 즉 내집단(ingroup)과 외집단(outgroup)으로 범주화하게 되면 내집단 구성원을 무조건 호의적으로 평가하고 대우하는 내집단 편애현상이 나타난다. 내집단 편애는 결과적으로 외집단 구성원에 대해서 편견을 가지고 차별대우를 하도록 만든다. 타이펠(Tajfel, 1969)이 두 명의 화가에 대한 선호도를 기준으로 실험참가자들을 두 집단으로 나누고 각 집단을 평가하도록 한 결과, 실험참가자들은 내집단구성원과 이전에 전혀 만난 적이 없음에도 불구하고 더 호의적으로 평가하였다.

(2) 편견의 감소방안

단순노출효과로부터 알 수 있듯이 편견을 감소시키기 위해서는 적대적 집단 간의 직접 접촉이 가장 중요하다. 미국의 인종차별은 1954년 흑백분리교육이 위헌이라는 역사적 판결에 따라 흑인과 백인이 같은 학교에 다니게 된 이후로 2008년 흑인 대통령이 선출될 정도로 꾸준히 감소되어 왔다. 그러나 단순한 접촉만으로는 성과를 기대하기 어렵고 다음의 네 가지 조건이 충족되어야 한다(Brewer & Miller, 1984).

첫째, 한두 번 정도 피상적인 만남에 그쳐서는 안 되고, 지속적이고 친밀한 접촉이 이루어져야 한다. 둘째, 공동의 위협에 대처하거나 공동목표를 달성하기 위해서 상호의존적으로 협동하여야 한다. 그러나 두 집단이 축구경기를 하는 등의 경쟁을 통한 접촉은 부정적 감정을 더 증폭시킬 수 있다. 셋째, 두 집단이 동등한 지위를 가지고 접촉해야 한다. 넷째, 사회규범이 편견타파나 평등을 지지해야 한다. 편견을 은연중에 부추기고 접촉을 반대하는 사회적 분위기에서 강요된 접촉은 편견감소에 도움이 되지 않는다.

한국 청소년과 성인들을 대상으로 이주민에 대한 편견을 조사한 김혜숙 등(2011)의 연구에서는 새터민이나 다문화가정 자녀와 같은 이주민보다 한국인에 대한 태도가 더 우호적이어서 내집단 편애현상이 나타났으나, 이주민과 자주 접촉한 사람일수록 이주민에 대한 편견이 낮았다.

한편, 김진국(1988)은 한국인의 지역편견을 해소할 수 있는 세 가지 방안으로 지역감정의 불합리성과 개선의 필요성을 계몽하는 사회운동, 출신지역에 따른 차별을 금

[그림 11-6] 정상의 악수

남북정상회담 정신을 살려 남과 북이 더 긴밀한 접촉을 함으로써 편견과 반목에서 벗어나기를 기대한다.

지하는 제도적 장치 마련, 지역감정의 실상을 파악하고 해소방안을 시행하여 효과를 평가하는 과학적 연구 활동을 제안한 바 있다.

3 사회적 영향

우리는 신문이나 TV의 광고 공세로부터 자유롭기 어렵고, 거리를 휩쓰는 유행의 물결에 초연하기도 쉽지 않다. 사람들은 이처럼 늘 누군가로부터 영향을 받고 있고 동시에 누군가에게 영향을 주고 있다. 따라서 사람들의 사고와 행동은 여러 유형의 사회적 영향에 의해서 직접 또는 간접적으로 조형된 결과다. 여기서는 각종 사회적 영향현상이 일상생활에서 어떻게 작용하고 개인의 사고와 행동에 어떤 효과를 갖는지 살펴본다.

1) 태도와 태도변화

태도는 어떤 사람이나 대상에 대한 신념, 감정 및 행동 의도를 총칭하는 개념으로서 사회심리학의 초창기부터 가장 핵심적인 주제로 다루어졌다. 사회심리학자들이 태도에 주목한 이유는 어떤 사람의 태도를 알면 그의 행동을 예측할 수 있으며, 나아가서 그의 태도를 변화시키면 행동도 변화할 것이라고 믿었기 때문이었다. 그러나 사람들은 자신의 생각대로 행동하지 않는 경우가 많아서 태도와 행동의 관계는 애초의 예상보다 훨씬 더 복잡하다.

(1) 태도와 행동의 관계

① 태도로부터 행동의 예측

백인 교수였던 라피에르(LaPiere, 1934)는 젊은 중국인 부부와 함께 미국 내 250개의 호텔과 식당을 방문했는데, 당시 동양인에 대한 미국인의 강한 편견이 존재했음에도 불구하고 단 한 곳에서만 입장을 거절당했다. 여행을 마친 후 그는 방문했던 모든 업소에 중국인 고객을 받을 것인지를 편지로 문의한 결과, 답신의 92%가 거절의사를 표명하여 사람들의 태도와 행동이 일치하지 않는다고 결론을 내렸다.

그 후 많은 연구에 의해서 태도와 행동 간의 일관성은 상황에 따라서 달라지는 것으로 밝혀지고 있다. 다음과 같은 상황에서는 태도와 행동이 대체로 일치하기 때문에 어떤 사람의 태도를 알면 그의 행동을 비교적 정확하게 예측할 수 있다.

첫째, 태도가 강하고 명료할수록 태도와 일치하는 행동이 나타날 가능성이 크다. 직접 경험을 통해서 태도가 형성되었거나, 자신의 태도를 공개적으로 표현한 적이 있거나 또는 자신의 이득과 직결되는 경우에 태도는 강하고 명료해진다.

둘째, 태도는 시간에 따라 변하기 때문에 태도와 행동이 거의 동시에 측정될 때 일관성이 확보될 수 있다. 선거 여론(태도)조사는 투표(행동)일이 가까울수록 더 정확해진다.

셋째, 일반적 태도보다는 알아보려는 구체적 행동에 대한 태도를 측정하면 태도와 행동의 일관성이 더 높아진다. 라피에르의 연구(1934)에서 편지문의에 대한 업소들의 응답은 중국인에 대한 일반적 태도였으나 방문 시의 행동은 백인과 함께 온 정장을 입은 중국인에 대한 행동이어서 태도와 행동의 구체성 수준이 달랐다.

넷째, 태도와 행동에 미치는 상황적 압력이 적을수록 일관성은 증가한다. 부모가 반대(상황 압력)하지 않는다면 사랑(태도)하는 연인들이 결혼(행동)할 가능성은 더 커질 것이다.

② 행동으로부터 태도의 예측

이와 같이 태도로부터 행동을 예측하기는 상황에 따라서 가변적이지만 행동으로부터 태도를 예측하는 일은 비교적 명확하다. 어떤 사람에게 호의를 베풀면 그에 대한 호감이 증가하고, 금연하고 나면 담배가 싫어지는 등 어떤 행동을 한 후에 그 행동과 일관되는 태도를 갖게 되는 경우를 흔히 볼 수 있다.

페스팅거(Festinger, 1957)의 인지부조화이론(cognitive dissonance theory)은 이런 현상을 잘 설명한다. 이 이론은 사람들이 심리적 일관성을 추구하는 경향이 있음을 가정하고, 태도와 행동이 불일치하는 이른바 인지부조화 상태가 되면 불편감이 생겨서 심리적 일관성을 회복하려는 동기가 유발된다고 주장한다. 그런데 행동은 대개 취소나 변경이 불가능하기 때문에 사람들은 주로 행동과 일관되도록 태도를 바꿈으로써 인지부조화를 감소시키고 심리적 평정을 회복한다.

페스팅거와 칼스미스(Festinger & Carlsmith, 1959)는 실험참가자들에게 아주 지루한 일을 시킨 다음, 대기 중인 다른 실험참가자에게 재미있는 일이라고 거짓으로 알려 주는 대가로 1달러 또는 20달러를 주었다. 며칠 후 실험참가자들에게 실제로 그 일이 얼마나 재미있었는지를 물어본 결과, 1달러를 받은 실험참가자들은 태도를 바꾸어 재미있었다고 대답한 반면에 20달러를 받은 실험참가자들은 재미없었다고 진술하였다. 실험참가자들의 대답이 왜 다른 것일까? 20달러를 받은 실험참가자들은 자신의 태도와 상반된 진술(행동)을 한 점에 대해서 큰 액수의 대가를 받았기 때문이라고 정당화할 수 있어서 인지부조화를 별로 느끼지 않았고, 따라서 태도를 바꿀 필요 없이 여전히 그 일을 재미없다고 생각한 것이다. 그러나 1달러를 받은 실험참가자들은 거짓말을 정당화하기엔 불충분한 보상이었기 때문에 인지부조화를 경험하였고, 결국 재미있는 일이었다고 태도를 바꿈으로써 자신의 행동을 정당화할 수밖에 없었다.

이와 같이 인지부조화이론은 사람들이 자신의 행동을 합리화하는 경향이 있음을 강조하고, 부조화 감소과정을 곧 행동의 합리화과정이라고 보았다. 따라서 어떤 행동을 한 후에 개인의 태도는 그 행동과 일관되게 조정되곤 한다.

인지부조화 상태에서 항상 태도가 바뀌는 것은 아니다. 행동을 바꾸어서 태도와 일치시키는 경우도 있으며, 태도와 행동의 불일치를 사소한 일이라고 의미를 축소함으로써 마음의 평정을 유지하기도 한다.

(2) 태도변화

사람들의 태도를 변화시키기 위한 방법으로 주로 설득기법이 이용된다. 설득기법의 효과는 설득자, 설득 메시지, 설득대상 그리고 설득상황이라는 네 가지 요인에 따라 달라진다.

설득대상이 설득자를 호의적으로 평가할수록 설득효과는 커진다. 설득자가 설득하는 사항에 관해서 전문성을 갖추고 있거나 사심 없고 객관적이어서 신뢰감을 주거나 또는 매력적인 사람이면 호의적으로 평가되어 그의 주장에 설득될 가능성이 커진다.

설득 메시지는 우선 설득대상의 기존 태도와 적당히 차이가 있어야 한다. 차이가 작으면 설득대상은 자신의 생각과 다름없다고 판단하며, 지나치게 차이가 크면 메시지 자체를 부정하게 되어 설득당하지 않는다. 그리고 설득 메시지는 논리적

[그림 11-7] 공포유발 메시지

보건복지부는 2014년부터 금연 포스터를 주요 장소에 부착하여 흡연의 위험성을 경고하고 있다. 이 포스터는 흡연이 뇌손상을 초래할 수 있다는 공포를 유발하여 금연효과를 극대화하고자 하였다.

설명이나 객관적 통계치를 제시하는 이성적 내용보다는 유머를 구사하여 기분을 좋게 하거나 반대로 공포를 유발하는 등 상대의 감성에 호소하는 내용이 일반적으로 더 효과적이다. 또한 설득자의 견해만 일방적으로 제시하는 메시지보다 설득자의 견해와 아울러 반대 견해 및 그것에 관한 반박을 함께 제시하는 양방적 내용이 더 신뢰성 있게 지각되기 때문에 설득효과가 더 크다.

설득대상과 관련된 요인으로는 자아관여(ego involvement)와 태도면역을 들 수 있다. 설득주제가 설득대상에게 중요한 의미를 지니고 있어서 자아관여 수준이 높으면 대상은 설득내용을 심사숙고해서 반응을 하고, 반면에 관여수준이 낮으면 설득자의 외모와 같은 주변적 단서에 의해 반응이 좌우되는 경향이 있다(Petty & Cacioppo, 1986). 예를 들어, 대학생들은 내년에 등록금을 인상하겠다는 학교 측의 주장에 대해서는 면밀히 검토한 다음 받아들이거나 거부하지만, 졸업한 뒤인 5년 후에 등록금을 인상한다는 주장을 접하면 관여수준이 낮기 때문에 피상적으로 판단하여 설득될 가능성이 커진다. 그리고 예방주사를 맞고 질병에 대한 면역을 기르는 과정과 마찬가지로 설득대상이 자신의 태도에 대해 약한 공격을 받고 방어한 경험이 있어서 이른바 태도면역이 된 상태라면 더 강한 설득 메시지에도 저항할 수 있어서 잘 설득되지 않는다.

마지막으로, 설득이 이루어지는 상황이 다소 주의가 분산되는 분위기라면 효과적이다. 왜냐하면 설득대상이 설득 메시지에 주의 집중할 수 있는 상황에서는 음악소리나 타인의 대화소리 등 약간의 방해자극이 있는 경우보다 메시지에 대한 반대 주장을 떠올리기가 더 쉽기 때문에 설득이 더 어려워진다.

2) 동조와 복종

(1) 동조

친구 따라 강남 가고, 펭수 인형이 유행하면 너도나도 따라서 사는 것처럼 타인이 어떤 행위를 하기 때문에 자의적으로 그 행위를 수행하는 것을 **동조**라고 한다. 사람들은 결정하기가 애매모호한 상황에서는 타인의 행위를 판단기준으로 삼아서 그대로 따르곤 한다.

그런데 애쉬(Asch, 1955)는 진실이 명확한 상황에서도 동조가 일어남을 실험을 통해 확인하고자 세 개의 비교선분 중에서 표준선분과 동일한 길이의 선분을 찾는 매우 쉬운 과제([그림 11-8] 참조)를 다섯 명의 실험참가자들에게 차례로 실시하였다. 먼저 대답

A　B　C

표준선분　　　　　　　　　　　　비교선분

[그림 11-8] 애쉬의 실험에서 사용된 자극

하게 되는 네 명은 실제로는 미리 짜인 각본대로 대답하는 실험협조자였으며, 마지막에 대답하는 한 명만 순수한 실험참가자였다. 실험협조자들이 모두 정답을 A라고 틀리게 대답하자 실험참가자 중 35%가 틀린 대답에 동조하였다. 실험이 끝난 후 실험참가자들이 혼자 있을 때 다시 물어보았더니 모두 정답(B)을 제시하였다. 이와 같이 사람들은 공개적으로 행동할 때는 자신의 소신과 일치하지 않더라도 다수의 입장에 동조하는 경향이 강하다.

동조량은 개인과 타인 간의 유대가 강할수록 커지며, 타인들 중에서 한 명이라도 다른 견해를 표명하면 크게 감소한다. 애쉬의 후속 실험에서 실험협조자들의 대답이 만장일치인 경우에 비해서 이탈자가 있을 경우에 동조량은 1/4로 격감하였다. 그리고 집단주의 문화권인 아시아 사람들의 동조 성향이 개인주의 문화권인 유럽과 북미 사람들보다 더 크다(Bond & Smith, 1996).

사람들이 동조하는 이유는 다음과 같다. 첫째, 타인의 행동이 현실을 판단하는 데 유용한 정보가 되기 때문이다. 해외여행을 가서는 가이드의 설명을 전적으로 신봉하여 따르게 되며, 시험 부정행위를 하는 학생은 우등생의 답을 정답으로 믿고 그대로 베낀다. 둘째, 사람들은 타인에게 인정받거나 배척당하지 않으려고 타인의 입장에 동조한다. 이런 경우 자신의 속마음과는 달리 표면적으로만 동조하는 경우가 많다. 평소에 정장을 싫어하는 사람이 예식장에 갈 때는 어쩔 수 없이 정장차림으로 격식을 갖추는 행위라든지 애쉬의 실험결과는 모두 이런 이유에 기인한 것으로 볼 수 있다.

(2) 복종

사람들은 권위 있는 인물의 명령에 대체로 잘 복종한다. 심지어 권위 있는 인물의 요구가 자신의 소신이나 사회적 규범에 어긋나더라도 맹목적으로 복종하는 경향이 있다.

밀그램(Milgram, 1963)의 유명한 실험은 권위에 맹종하는 인간을 잘 보여 준다. 그는 실험참가자들에게 처벌이 학습에 미치는 영향을 연구한다고 일러 주고 두 명(그중 한 명은 실험협조자)을 한 조로 하여 추첨으로 선생과 학생의 역할을 정하였다. 두 사람은 [그림 11-9]와 같이 칸막이 된 방에서 서로 얼굴을 볼 수 없었으며, 학생은 단어를 암기해야 하고 선생은 학생이 틀리면 실험자의 지시에 따라 전기쇼크를 집행하는데, 실험참가자가 항상 선생 역할을 맡도록 조작되었다. 실험이 진행되는 동안 학생은 미리 정해진 대로 계속 오답을 말하고, 선생은 실험자로부터 쇼크 강도를 점차 높이도록 지시받는다. 전기쇼크는 15V부터 450V까지의 강도로 가해졌는데, 학생은 120V에서 고통과 불평을 호소하기 시작하여 강도가 높아질수록 더 큰 비명을 질렀다. 그러나 실제로는 전기가 통하지 않았으며, 학생의 불평과 비명은 사전에 녹음된 것이었다.

여러분이 만일 선생 역할을 하였다면 어느 정도까지의 쇼크를 주었겠는가? 밀그램의 실험결과는 놀랍게도 실험참가자의 65%가 최대강도인 450V의 쇼크 집행명령을 그대로 이행하여 인간의 복종 성향이 강력함을 보여 주었다.

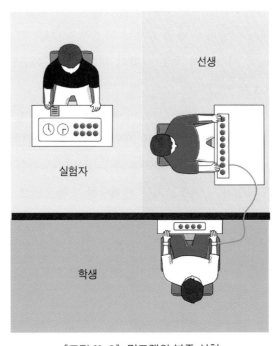

[그림 11-9] 밀그램의 복종 실험

그러나 권위에 맹종하는 현상은 다음과 같은 상황에서는 상당히 감소된다. 피해자의 고통이 매우 심하다고 판단되거나, 피해자가 근접해 있어서 서로의 얼굴을 확인할수 있을 때, 교수 대신 조교가 실험을 진행하는 경우처럼 명령자의 합법성이 의문시되거나, 동조와 마찬가지로 불복종 모델을 목격하게 되면 복종은 줄어든다.

4 ─ 집단에서의 행동

사람들은 가족, 직장, 동아리 그리고 동창회 등 각종 조직이나 집단의 한 구성원으로살아가고 있다. 집단에 소속됨으로써 사람들은 혼자서는 이루기 어려운 목표를 달성하고, 긍정적인 정체감을 가질 수 있으며, 불확실성을 해소하여 안정감을 느낄 수 있게된다(Greenberg, Schmader, Arndt, & Landau, 2015). 그러나 집단에 소속되면 집단 내의조화와 집단목표 달성을 위해서 개인의 자주성은 다소 제한되며, 싫든 좋든 다른 구성원의 영향을 받게 된다. 여기서는 집단 내에서 일어나는 역동을 살펴본다.

1) 집단에서의 정체성

(1) 사회적 정체성

개인이 어떤 집단에 소속되어 그 집단에 동일시하게 되면 개인적 정체성을 대체하는 새로운 정체성, 즉 집단의 한 구성원으로서 자신을 정의하는 **사회적 정체성**(social identity)을 갖게 된다. 집단에 동일시하는 정도가 클수록 그 집단의 일원이라는 사실이자기개념의 중요한 부분으로 자리 잡게 되며, 자신을 타인에게 소개할 때 그 집단의 일원임을 우선적으로 내세우게 된다. 개인적 정체성을 지닐 경우 자신과 타인으로 범주화하지만, 사회적 정체성을 갖게 되면 내집단과 외집단으로 구분하여 현실을 지각한다. 일반적으로 혼자 있을 때는 개인적 정체성이 특출해지고, 집단활동을 할 때는 사회적 정체성이 특출해진다. 따라서 집단에서의 개인의 사고와 행동은 대체로 사회적정체성을 바탕으로 이루어진다고 볼 수 있다(Turner, 1985).

(2) 몰개인화

집단 속에서 활동할 때 사람들은 자신의 가치관이나 특성에 대한 인식이 약해지고, 대신에 집단구성원의 행동이나 정서 또는 상황에 주의 집중하게 되어 개인적으로는 도저히 행하지 못할 극단적이며 비이성적인 행동을 저지르기도 한다. 시위군중의 과격한 행위나 경기장에서의 관중폭력 사태에서 볼 수 있듯이, 집단 내에서 구성원이 개인적 정체감과 책임감을 상실하여 집단행위에 민감해지는 현상을 몰개인화(deindividuation)라고 한다.

몰개인화에 결정적으로 영향을 미치는 요인은 익명성이다. 집단구성원이 개인적으로 식별되기가 어려울수록 행동 및 그 결과에 대한 개인적 책임감을 덜 느끼며, 구성원들의 행동은 당시 상황의 순간적 단서에 의해 좌우된다. 따라서 익명성이 크고 구성원이 흥분된 상황에서는 개인으로서의 정체감은 집단에 함몰되어 법과 도덕의 통제력은 무너지고 충동적이며 감정적인 행동을 분출할 가능성이 커진다.

BOX 1 ▶ 붉은 악마의 신화

몰개인화 상황에서 항상 불법적이고 폭력적인 결과만 초래되는 것은 아니다. 집단구성원들의 행동은 집단규범의 영향을 크게 받기 때문에 집단규범이 친사회적이라면 몰개인화된 집단은 친사회적 행동을 보이게 된다. 존슨과 다우닝(Johnson & Downing, 1979)은 모든 실험참가자들에게 흰색 유니폼을 입혀서 몰개인화시킨 다음 폭력적 인종차별주의를 표방하는 KKK단의 복장 또는 간호사의 복장과 유사하다고 언급하였다. 그 후 실험참가자들에게 어떤 학습상황에서 타인에게 전기쇼크를 집행할 기회를 제공하였더니 간호사로 언급된 실험참가자들이 KKK단으로 언급된 실험참가자들보다 더 적은 쇼크를 집행하였다. 간호사 같다는 얘기를 들은 실험참가자들은 전기쇼크를 집행할 때 실제 간호사들의 규범인 박애정신을 의식하여 강도를 낮추었을 것이다.

2002년 한일월드컵대회는 잊히지 않는 즐겁고 감동적인 추억으로 남아 있다. 예상을 뛰어넘은 한국팀의 선전과 더불어 경기장과 전국의 거리를 붉은 물결로 뒤덮은 붉은 악마 응원단의 열정은 전 세계인들을 놀라게 하였다. 그렇게 많은 인파가 열광적으로 응원하는 모습도 인상적이었거니와 대규모 군중이 단 한 건의 불상사도 없이 질서정연하게 모이고 흩어지는 광경은 정말 아름다운 일이었다.

차량이 붐비는 광화문, 시청 등에서 인도는 물론 차도 일부까지 점령한 채 펼친 거리응원은 사실 위험하기도 했다. 그래서 경찰은 늘 긴장했다. 그러나 시민들은 경찰 통제선 외에 '이 선을 넘지 맙시다!'라고 적힌 시민 통제선을 스스로 만들어 통로를 확보했다.

포르투갈전 때 코엑스 광장에서 100여 명과 함께 쓰레기를 주워 담던 백주연(22 · 대학생) 씨는 "누구도 같이 하자는 말을 하지 않았지만 한 명이 시작하자 저마다 주변의 종잇조각을 주웠다."라고 말했다(조선일보, 2002. 7. 5).

이런 모습은 박근혜 전 대통령 탄핵에 이르게 한 촛불집회 현장에서도 다시 확인된다.

서울 도심의 집회와 행진에서 특별한 몸싸움이나 충돌은 없었다. 연행된 시민 역시 한 명도 발생하지 않았다. 경찰도 불필요하게 과도한 대처를 하지 않고 충돌을 피하려 노력하는 모습을 보였다. "한국 국민이 평화롭고 축제 형태로 집회의 새 장을 열었다." 라는 외신들의 평가도 이어졌다. 평화와 질서로 빛났던 3차 촛불집회에 이어 선진적인 시위 문화를 보여 준 새로운 차원의 평화 집회는 이제 뿌리를 내린 것으로 보인다 (연합뉴스, 2016. 11. 27).

온 군중이 흥분하고 들떠서 몰개인화된 상황에서도 건전한 집단규범이 형성된다면 성숙한 군중의 모습을 보여 줄 수 있음을 확인한 좋은 사례들이다.

2) 집단에서의 수행

(1) 사회적 촉진

혼자서 일하는 경우와 집단에서 일하는 경우 중 어느 쪽이 더 능률적일까? 집단 또는 타인이 개인의 수행에 미치는 영향을 최초로 연구한 트리플릿(Triplett, 1898)은 사이클 경기를 관람하다가 단독주행방식보다 집단경쟁방식이 더 좋은 기록을 낸다는 사실을 발견하고, 실험실에서 아동을 대상으로 낚싯줄 감기 게임을 실시하여 집단수행이 개인수행보다 더 우수함을 입증하였다. 이와 같이 혼자일 때보다 타인이 존재할 때 개인의 수행이 더 좋아지는 현상을 **사회적 촉진**(social facilitation)이라고 한다. 이 현상은 타인이 공동행위자인 경우뿐만 아니라 구경꾼이거나 단순히 옆에 있기만 해도 일어난다. 한 연구에서 조깅하는 사람들은 보는 사람이 없을 때보다 여성이 잔디에 앉아 있는 지점을 통과할 때 속도를 더 높였다(Worringham & Messick, 1983).

그러나 연습 시간에는 잘하던 피아니스트가 연주회에서 실수를 연발하는 경우처럼 타인의 존재가 오히려 수행을 방해하는 경우도 흔하다. 이러한 차이는 수행되는 과제의 특성에 기인하는 것으로서, 쉽거나 잘 학습된 과제에서는 타인의 존재가 수행을 촉

[그림 11-10] 서커스 공연

곡예사들이 대규모 관중 앞에서 더 잘할 수 있는 비결은 부단한 연습을 통해서 어려운 곡예를 쉬운 일로 만들어 무대공포에서 벗어났기 때문이다.

진하는 반면에 어렵거나 잘 학습되지 않은 과제에서는 타인이 존재하면 수행이 떨어진다. 다시 말하면, 타인이 있으면 잘하는 일은 더 잘하고 못하는 일은 더 못하게 된다. 자이언스(Zajonc, 1965)는 이와 같은 과제 특성에 따른 차별적 효과를 종합하여 쉬운 과제에서는 성공이 우세반응이며, 어려운 과제에서는 실패가 우세반응이므로 사회적 촉진이란 결국 타인의 존재가 우세반응을 강화하는 현상이라고 재정의하였다.

사회적 촉진의 원인에 관한 설명으로 자이언스(1965)는 타인이 존재하면 개인의 각성 수준이 증가하며, 각성이 증가하면 우세반응이 강화된다고 주장하였다. 타인이 왜 각성을 유발하는지에 관해서는 두 가지 주장이 있다. 평가우려설은 타인이 자신의 능력을 평가할 것이라는 걱정이 각성을 일으킨다는 주장이며, 주의분산-갈등설은 타인이 존재하면 과제에만 집중하지 못하고 타인에게 주의가 분산되는데, 과제에 주의하는 일과 타인에 주의하는 일 사이에 갈등이 생겨 각성이 증가한다고 설명한다. 평가 걱정이나 주의분산이 있더라도 쉽거나 익숙한 과제는 자신의 능력을 보여 줄 수 있는 기회가 되므로 수행이 오히려 향상되지만 어렵거나 생소한 과제에서는 실패공포가 커지면서 수행이 떨어지게 된다.

(2) 경쟁과 협동

① 죄수의 딜레마게임

집단 내에서 서로 협동할 수도 있고 경쟁할 수도 있을 때 사람들은 어떤 선택을 할까? 이에 관한 연구는 주로 실험실에서 게임 상황을 설정하여 실험참가자들의 선택을 관찰하는데, 아래에 제시한 죄수의 딜레마게임(Prisoner's Dilemma Game: PDG)이 대표적이다.

죄수 A

	자백 안 함	자백함
자백 안 함	둘 다 1년	A는 석방 B는 15년
자백함	A는 15년 B는 석방	둘 다 10년

죄수 B (자백 안 함 / 자백함)

[그림 11-11] 죄수의 딜레마게임의 예

　체포되더라도 여죄를 절대 자백하지 않기로 약속한 A와 B 두 범죄자가 체포되어 각각 여죄를 추궁받고 있다. 둘 다 여죄를 자백하지 않으면 각자 1년형을 받으며, 둘 중한 명만 자백하면 자백한 자는 석방되지만 자백하지 않은 자는 15년형을 받게 된다. 그리고 둘 다 자백하면 각자 10년형을 받는다([그림 11-11]). 만일 여러분이 이런 상황에처했다면 어떤 결정을 내리겠는가?

　두 죄수에게 공히 유리한 전략은 약속대로 자백을 하지 않는 것(협동)이다. 그러나상대가 자백하지 않으리라고 확신한다면 자신은 자백해서(경쟁) 석방되는 편이 더 낫다. 누구나 이 상황에서는 자백해서 석방되고 싶은 생각이 앞서지만 상대방 역시 자백할 수도 있다는 걱정이 들고 그렇게 되면 최악의 결과를 초래하기 때문에 신의와 배신사이에서 갈등을 하게 된다. 이런 갈등을 혼합동기갈등(mixed-motive conflict)이라고한다. 실험실에서는 현실성을 높이기 위해서 이와 유사한 방식으로 점수나 돈을 따기위한 게임을 하는데, 많은 연구 결과를 종합해 보면 실험참가자들의 2/3 정도가 협동보다 경쟁을 택하며, 게임을 반복할수록 경쟁 경향이 더 커진다.

　협동과 경쟁이 모두 가능한 상황에서 경쟁이 더 빈번하게 선택되는 원인은 상대가과연 협동할지가 불확실하기 때문이다. 그리고 단일 또는 단기적 상황에서는 경쟁하면 더 이익이 되기 때문이다. [그림 11-11]에서 A가 경쟁을 택하면 B가 어떤 선택을 하더라도 A는 더 약한 벌을 받는다. 그러나 장기적으로 보면 협동은 협동을 낳고 경쟁은경쟁을 유발하기 때문에 경쟁전략은 손해만 입게 된다.

② 사회딜레마

등산 가서 쓰레기를 계곡에 몰래 버리면 당장은 편하지만 결국은 하천이 오염되어 자신을 포함한 많은 사람에게 피해가 돌아오게 된다. 이처럼 개인에게 즉각적인 보상을 주지만 장기적으로는 개인과 집단 전체에 해로운 결과를 초래하는 상황을 사회딜레마(social dilemma)라고 한다(Brewer & Kramer, 1986). 사회딜레마와 죄수의 딜레마의 근저에는 자신만이 유일한 협동자가 되어 손해를 보지 않을까 하는 불안과 자신이 유일한 비협동자가 되어 이득을 보려는 탐욕이 작용하고 있다.

사회딜레마는 개인에게 즉각적 이익을 주는 데다가 개인의 행동을 일일이 확인하기 어렵기 때문에 건전한 방향으로 해결하기는 쉽지 않으나 몇 가지 방안이 제시되고 있다. 하나는 공익을 달성하기 위한 법률이나 규제안을 마련하는 방안이다. 멸종 위기에 있는 고래를 보호하기 위해 고래남획금지협약을 맺은 결과, 고래의 개체수가 크게 늘어났다. 두 번째는 비협조적인 사람에게는 부담을 늘이고 협조적인 사람에게는 보상을 더 줘서 협동을 유도하는 방법이다. 전기요금 누진 제도나 다수인원 탑승 차량의 터널 통행료 면제 제도가 좋은 예라고 하겠다. 셋째, 공동체 의식을 증가시키거나 이타성에 호소하는 방안도 효과적일 수 있다. 넷째, 상대를 불신하는 데서 경쟁이 유발되기 때문에 집단토의 등으로 의사소통을 활성화하면 상호 불신이 해소되고 결과적으로 협동이 증가할 가능성이 커진다.

3) 집단의사결정

(1) 집단극화

어떤 사안에 대한 개인의 결정과 집단의 결정은 차이가 있을까? 결론부터 말하면 집단결정이 개인결정보다 더 극단적이다. 구체적으로, 집단구성원들의 전반적인 성향이 진보적이라면 집단토론이나 의사교환과 같은 상호작용 후에는 더 진보적인 결정을 하게 되고, 집단구성원들의 전반적 성향이 보수적이라면 집단결정은 더 보수적이게 된다. 즉, 집단 상호작용 이후 구성원들의 태도나 의견의 평균은 상호작용 이전의 평균과 동일한 방향으로 더 극단화되는데, 이 현상을 집단극화(集團極化, group polarization)라고 한다(Myers & Lamm, 1976). 우리 사회에서 가끔 발생하는 조직폭력배의 끔찍한 폭력사태는 폭력적 성향을 지닌 자들끼리의 상호작용으로 말미암아 폭력성이 더욱 증폭되어 빚어진 일로 볼 수 있다.

집단극화 현상의 발생 원인에 관해서는 세 가지 설명이 지지되고 있다(성한기, 1991). 첫째, 집단극화를 설득효과로 보는 입장이다. 집단 상호작용을 통해 혼자서는 생각하지 못했던 새로운 주장들을 접하게 되는데, 이 중에서 집단의 전반적 성향과 일치하는 주장이 설득적으로 지각되어 그 주장의 방향으로 구성원의 의견이 변화된 결과라는 설명이다. 둘째, 타인과의 비교를 통한 자기과시의 산물이라는 주장이다. 사람들은 자신과 남을 비교하려는 사회비교 욕구와 자신을 호의적으로 나타내려는 자기과시 욕구가 있어서 집단 상호작용을 통한 사회비교 결과, 자신의 입장이 타인보다 덜 바람직하다고 판단되면 바람직한 방향으로 자신의 입장을 바꾸게 되어 결과적으로 집단극화가 일어난다. 셋째, 사회적 정체성을 집단극화의 결정적 조건으로 보는 입장이다. 구체적으로, 집단토의는 구성원으로 하여금 내집단 인식을 불러일으켜 내집단에 동일시하게 한다. 내집단에 동일시하게 되면 설득이나 사회비교 등 집단규범의 영향을 받아서 집단극화 현상이 나타난다. 그러나 외집단 구성원과의 토의는 이런 과정을 유발하지 않는다. 성한기와 한덕웅(1999)의 연구에서는 대학생들에게 내집단 또는 외집단의 정보를 제시하여 정보를 접하기 전후의 반응을 비교한 결과, 내집단의 정보에 의해서만 집단극화가 나타나서 이 설명을 뒷받침하였다.

(2) 집단사고

일반적으로 집단이 개인보다 더 현명한 판단을 할 것으로 생각되지만 반드시 그렇지만은 않다. 1961년 미국의 케네디 대통령은 쿠바 공산정권을 전복시키려고 국무회의 결정에 따라 쿠바의 픽스만을 침공하였으나 처참한 패배를 당하고 전 세계로부터 무력침공에 대한 비난을 받아야 했다. 제니스(Janis, 1972)는 이 사건을 비롯하여 트루먼 대통령의 한국전쟁 당시 맥아더 장군의 만주 진격요청 거부 등 미국 대통령들의 역사적 큰 실수 사례를 분석하여 집단의사결정 과정에서 중대한 결함이 있었음을 밝혀내고, 응집성이 높은 집단에서 나타날 수 있는 비합리적이고 비생산적인 결정이나 판단을 집단사고(groupthink)라고 불렀다.

① 집단사고의 원인

제니스는 의사결정 집단이 다음과 같은 특징을 지니면 집단사고가 나타나서 성공적인 결과를 기대하기 어렵다고 지적하였다. 집단의 응집성(집단구성원들이 결속하고 호감을 지닌 정도)이 지나치게 높고, 리더가 지시적이며, 집단이 외부로부터 단절되어 있고, 집단 내에서 대안을 심사숙고하는 절차가 미비할 때 집단구성원은 집단사고 경향을 보이게 된다. 이런 조건에서는 내집단을 과대평가하고, 외부에 대해서 폐쇄적인 입장을 취하며, 집단 내에 일치를 추구하는 압력이 크게 작용하게 된다. 그 결과, 집단 내에서 정보수집, 대안검토, 비상대책 등에 관한 토론과정이 원활하게 진행되지 못하고 비효율적인 결정에 이르게 된다.

1995년 6월에 발생한 서울의 삼풍백화점 붕괴 참사에서도 이런 증후를 찾아볼 수 있다. 건물 붕괴 직전에 열린 백화점의 대책회의 구성원은 회장과 그의 친인척 간부들을 중심으로 구성되어 응집성이 매우 높았고, 회장이 걱정할까 봐 아무도 붕괴위험과 영업 중지를 건의하지 않았으며, 붕괴를 포함한 여러 가지 가능한 결과를 고려하지 않은 채 보수계획과 보수 시기만을 집중적으로 논의하는 등 합리적인 의사결정과는 거리가 멀었다(주간조선, 1995. 7. 13.).

② 집단사고의 예방

집단사고는 불가피한 일이 아니다. 다음과 같은 조치들이 적절하게 취해진다면 집단사고를 예방하고 파국적인 결과를 막을 수 있다.

첫째, 리더는 구성원들에게 모든 제안에 대한 반론과 의문을 제기하도록 권장해야 한다.

둘째, 리더 자신의 견해를 표명하는 것을 삼가야 한다. 자신의 선호를 밝힐 경우는 최후에 표명해야 하며, 구성원들의 비판을 받아들일 자세가 되어 있어야 한다.

셋째, 적어도 한 사람은 다른 구성원들의 아이디어에 비판만 하는 역할을 하도록 지명한다.

넷째, 외부의 전문가들을 때때로 초빙하여 집단토의에 참여시켜야 한다.

다섯째, 집단을 여러 개의 하위집단으로 나누어 독립적으로 토의한 후 함께 모여서 차이를 조정하도록 한다.

BOX 2 ▷ 한국인의 사회심리

미국인의 사고와 행동은 미국문화의 영향을 받고, 한국인의 사고와 행동은 한국문화의 영향을 받는다는 점을 의심할 사람은 아무도 없을 것이다. 문화마다 중요하게 여기는 것이 다르고 여러 사항에 대해 부여하는 의미도 다르기 때문에 한국인과 미국인의 사고와 행동은 다를 수밖에 없다.

사회심리학자들이 문화가 인간의 사회적 행동에 미치는 영향에 주목한 지는 그리 오래되지 않았다. 우리나라에서도 근래에 한국인의 의식구조나 국민성 등에 대한 사회적 관심이 고조되면서 사회심리학자들을 중심으로 한국인의 심리적 특성을 규명하려는 연구가 증가하고 있다. 한국인의 사회심리적 특성이나 동양문화의 영향에 관한 연구들은 현재 두 가지 흐름으로 구분할 수 있다. 하나는 유학사상을 심리학적 관점에서 재해석하여 한국인의 행동과 연계시키는 유학적 접근이며, 다른 하나는 한국인의 일상적 말과 행동 속에 묻혀있는 심리를 관찰하여 한국인의 심리이론으로 체계화하는 토착적 접근이다(최상진, 윤호균, 한덕웅, 조긍호, 이수원, 1999).

유학적 접근으로 한덕웅(1994, 2003)은 퇴계, 율곡 및 다산의 성리학과 실학의 심리학 사상에 대한 분석을 통해 한국 유학심리학의 이론적 구조틀을 정립하고자 하였다. 그는 퇴계와 율곡 그리고 다산의 이론이 현대에서 어떻게 특징화될 수 있는가를 구체화하고, 유학심리학의 기본목표인 자기조절과정과 관련하여 서구 이론들과 비교하였다.

조긍호(2007)는 한국, 중국, 일본 등 동아시아인들의 사회인지, 정서 및 동기에서 나타나는 집단주의적 특성들이 군자론이나 사단칠정론과 같은 유학사상의 이론체계에서 도출됨을 확인하였다.

토착적 접근의 선구자는 최상진(2011)이다. 그는 한국인의 삶과 일상의 언어생활에서 보편화된 말 언어와 말 개념을 심리학적으로 분석하여 한국인 고유의 특성들을 개념화하였다. 그가 분석하고 개념화한 특성은 정(情), 한(恨), 우리성, 체면, 눈치, 핑계, 팔자 등 다양하다. 그중에서 정은 우리성(일체감), 아껴 줌 및 허물없음의 세 요소로 구성되며, 의지하거나 편안함과 같은 심리적 의존과 정서적 안정을 중요시하는 '심리적 보험'과 같은 것으로 개념화하였다.

한규석과 신수진(1999)은 문화비교의 중요한 차원인 개인주의-집단주의 차원과 수직-수평 차원(대인관계에서 위계질서를 강조하는가 아니면 평등을 강조하는가에 따른 구분)을 적용하여 한국 성인남녀의 가치관을 조사하였다. 수평-개인주의자가 46%로 가장 많았으며, 개인주의자와 집단주의자의 비율은 비슷하였고, 수평성향자가 수직성향자보다 압도적으로 더 많아서 한국 사회가 전통적인 수직-집단주의에서 수평-개인주의로 변화하고 있다고 결론을 내린 바 있다.

요약

1. 타인이나 자신의 행동에 관한 인과적 설명에 이르는 과정을 귀인이라고 하며, 주로 개인의 기질적 원인이나 외부의 상황적 원인으로 귀인한다. 귀인과정은 오류가 많아서 타인의 행동을 대체로 내부귀인하는 기본귀인오류와, 자신을 호의적으로 지각하는 자기기여편향이 나타난다.

2. 사람들은 고정관념이나 내현성격이론을 바탕으로 타인의 외모나 행동을 보고 그의 성격이나 기타 특성을 추론하며, 이를 통합하여 단일한 인상을 형성한다. 인상형성은 신속하고 자동적인 과정이기 때문에 편향이 발생할 수 있다.

3. 사람들은 사회적 정보를 처리할 때 노력을 절감하려는 경향이 있는데, 대표적인 절감방법은 도식을 활용하는 것이다. 도식적 처리를 하면 신속한 판단이 가능한 반면에 정확성은 떨어진다. 도식은 자성예언을 통해 행동에 영향을 미친다.

4. 우리는 물리적으로 가까이 있거나, 잘생기거나, 자신과 유사하거나 또는 자신을 좋아하는 사람을 좋아한다.

5. 편견은 사회화 과정에서 학습되는 일종의 규범이며, 현실적 집단갈등, 사회적 불평등 및 범주화 등이 원인이 되어 발생한다. 편견을 감소시키기 위해서는 적대적 집단 간의 지속적이고 동등한 지위로서의 협동적인 접촉이 중요하다.

6. 태도를 통해서 행동을 예측하는 경우보다는 사람들이 자신의 행동을 합리화하는 경향이 있기 때문에 행동을 토대로 태도를 예측하는 경우가 훨씬 더 정확하다. 그리고 사람들을 설득하기 위해서는 설득자, 설득 메시지, 설득대상 및 설득상황을 종합적으로 고려해야 한다.

7. 사람들이 다수에 동조하는 이유는 다수의 행동이 현실 판단에 유용한 정보가 되거나 다수로부터 배척당하기를 꺼리기 때문이다.

8. 집단에 소속된 개인은 집단의 일원으로 자신을 정의하는 사회적 정체성을 갖게 되는데, 이로 인하여 익명성이 큰 대규모 집단 속에서는 개인적으로 행하지 못할 비이성적인 행동을 저지르기도 한다.

9. 쉽거나 익숙한 과제에서는 타인의 존재가 개인의 수행을 촉진하고, 어렵거나 생소한 과제에서는 타인의 존재가 오히려 수행을 저해하는 사회적 촉진 현상이 나타난다.

10. 사람들은 협동할 수도 있고 경쟁할 수도 있는 상황에서 대체로 경쟁을 택하는 경향이 있다. 이는 단기적으로는 경쟁이 협동보다 개인에게 더 큰 이익이 되기 때문인데, 장기적으로 보면 협동이 집단 전체에 더 많은 이익을 가져다준다.

11. 집단의사결정은 개인의사결정보다 더 극단적인 경향이 있으며, 의사결정의 질적인 측면에서도 응집력이 지나치게 높은 집단은 개인보다 더욱 졸렬한 결정을 하여 파국적인 결과를 초래하기도 한다.

학습과제

1. 실생활에서 관찰하거나 경험할 수 있는 귀인편향과 확증편향의 예를 기술하시오.

2. 호감의 네 가지 결정요인 이외에 어떤 요인들이 호감에 영향을 주는지 생각해 보시오.

3. TV에서 방영하는 경쟁 브랜드(예: 전자제품, 의약품 등) 광고들을 선정하여 각 광고가 어떤 설득기법을 사용하고 있으며, 얼마나 효과적으로 설득하는지를 비교분석하시오.

4. 발표불안이 큰 사람이 대중 앞에서 최선의 발표를 하려면 어떤 방법들이 있을지 사회적 촉진 현상과 관련하여 생각해 보시오.

건강심리학

현대 과학기술의 발달로 인해 기대수명은 점점 늘어나 어느덧 100세 시대를 바라보고 있다. 그러나 수명이 늘어났다고 해서 건강하게 오래 산다는 것을 보장하지는 않는다. 오히려 질병, 특히 만성질환은 삶의 일부분이 되었고 현재 주요 사망 원인으로 꼽히고 있다. 이에 이번 장에서는 사람들이 건강하게 지내는 방법, 왜 아프게 되는지, 그리고 아프게 되었을 때 어떻게 반응하는지와 관련된 심리적 요인을 연구하는 심리학의 비교적 새로운 하위 분야인 건강심리학에 대해 알아보고자 한다.

1 건강심리학 개관

우리의 생활방식은 건강과 행복에 영향을 미친다. 현대사회의 대부분의 건강문제는 만성질환과 관련이 있으며, 이러한 질병은 종종 개인의 행동이나 생활방식과 관련이 있다. 건강문제와 관련된 재정적인 부담은 많은 사람이 자신의 생활방식과 행동을 재평가하게 만들었고, 이 과정에서 질병을 신체적, 심리적, 사회적 요인의 역동적인 상호작용의 산물로 보게 되는 인식의 전환이 일어났다. 이러한 경향은 사람들로 하여금 건강을 증진시키고, 질병을 예방하는 행동과 생활방식에 훨씬 더 집중하게 만들었다. 심리학은 행동과학으로서 이러한 건강 분야에 많은 기여를 하고 있으며, 건강심리학은 빠르게 성장하는 심리학의 전문 분야가 되었다.

1) 건강심리학의 정의

현재 당신의 전반적인 건강은 어떠한가? 그리고 이에 대한 답은 무엇을 근거로 판단하였는가? 건강의 의미는 시간이 지남에 따라 변화해 왔다. 초기에는 질병이나 결손이 없는 상태와 같이 건강을 일차원적인 측면에서 정의하였지만, 현재는 이를 넘어 건강을 다차원적으로 '신체적, 정신적, 사회적 안녕의 완전한 상태'라고 정의하고 있다(WHO, 1948). 이러한 건강의 정의는 연구자들이 일반적으로 사람들의 건강행동과 생활방식에 더 초점을 맞추도록 이끌었다. 이렇듯 행동과학으로서의 심리학은 건강심리학 분야에 많은 영향을 미치고 있다.

건강심리학이라는 용어는 1978년에 미국심리학회의 건강심리 분과가 발족되면서 공식적으로 심리학의 하위 분야로 인정되어 왔다. 건강심리학은 의학심리학이나 행동의학이라고도 불리며, 생물학적, 사회적, 심리적 요인이 건강과 질병에 어떻게 영향을 미치는지에 초점을 맞추는 심리학의 한 분야이다. 건강심리학은 심리학적 이론과 방법을 적용하여 건강유지, 질병대처나 회복에 도움이 되는 요소들을 이해하는 데 초점을 맞추고 있다. 이에 따른 건강심리학의 주요 목표와 실제 적용 예시는 다음과 같다(〈표 12-1〉 참조).

- 건강증진 및 유지
- 질병예방 및 치료
- 건강, 질병, 관련 기능장애의 병인 및 이들 간의 관계 조사
- 보건의료체계와 보건정책 분석 및 개선

●표 12-1● 건강심리학의 실제 적용 예시

- 자기관리/건강행동을 위한 심리학적 개입 개발 및 효과성 검증
- 건강에 대한 심리학적 개입의 효과를 평가하기 위한 도구 개발 및 타당성 검증
- 정신장애를 동반한 신체질환자 대상 심리서비스 개발
- 만성질환 관리를 위한 증거기반 지침 개발
- 기업의 직원 건강과 복지를 개선하기 위해 기업과 협력
- 다른 의료전문가와 협력해 환자의 신체적, 심리적 건강관리 지원
- 다른 의료전문가에게 심리학적 이론/방법을 작업에 활용할 수 있도록 조언 및 지원
- 건강심리학 강의 및 훈련 프로그램 개발, 전달, 평가

2) 생물심리사회적 모형

건강과 질병의 원인에 대한 전통적인 견해는 정신과 신체는 별개의 실체라는 가정 하에, 정신적 요인보다는 신체적 요인에 더 큰 비중을 두는 것이었다. 이에 생물의학적 모형(Engel, 1977)이 등장하게 되었는데, 이 모형은 건강과 질병의 원인을 이해하고 개입하기 위해 생물학적 요인에만 초점을 맞추고 심리적, 환경적, 사회적 영향을 배제하였다. 그러나 이제 많은 연구를 통해 우리는 정신과 신체는 밀접하게 연결되어 있

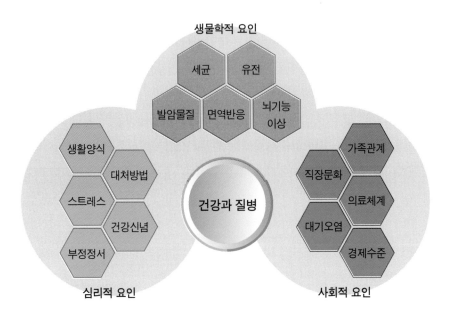

[그림 12-1] 생물심리사회적 모형

고, 신체건강의 변화는 정신건강에 영향을 미칠 수 있다는 것을 알게 되었다(그리고 그 반대도 마찬가지이다).

이에 **생물심리사회적 모형**([그림 12-1] 참조)에서는 건강과 질병이 생물학적, 심리적, 사회적 요인 간의 역동적인 상호작용에 의해 결정되는 것이지, 각 요인의 영향만으로 결정되기에는 충분하지 않다고 본다. 생물심리사회적 모형이 유용한 이유 중 하나는 건강해 보이는 사람들에게서 질병이 어떻게 나타날 수 있는지, 그리고 어떤 사람들은 다른 사람들보다 질병에 왜 더 취약한지를 설명할 수 있기 때문이다. 따라서 생물심리사회적 모형은 삶의 어느 시점에서는 신체적으로 건강할 수 있지만, 생물심리사회적 균형이 깨지는 경우 질병을 경험할 수 있다는 근거를 제공한다. 이를 바탕으로 이 모형은 건강증진 및 유지, 질병예방 및 치료를 위해 이 세 가지 요인을 모두 다룰 것을 주장하는데, 특히 이 과정에서 건강심리학자는 건강과 질병의 심리적 요인을 다루고, 필요한 경우 의료전문가와 협력하기도 한다.

생물심리사회적 모형의 이해를 돕기 위한 실제 사례가(〈표 12-2〉 참조)에 제시되어 있다. 두 사례 모두 교통사고로 허리를 다쳐 심한 통증에 시달리고 있지만, 이후의 진행양상은 다르게 나타나고 있다. 이러한 차이를 생물의학적 모형을 적용해 효과적으로 설명할 수 있는가? 생물의학적 모형에 근거해 이 사례에 개입한다면, 허리가 아픈 원인(예: 디스크 파열)을 확인해 이를 치료하는 것이다. 그러나 이러한 기계론적 접근은 특히 자기관리가 필요한 만성질환을 다루는 데 성공적이지 못하다. 한편, 생물심리사회적 모형에 근거한다면, 허리 통증에 대한 의학적 치료와 더불어 자기관리를 잘할 수 있도록 현재 겪고 있는 심리적 어려움과 주변 환경, 사회적 지지체계를 고려하여 개입하는 것이 가능하다.

◆ 표 12-2 ◆ 실제 사례(비교를 위해 일부 내용 수정)

사례 1

○○ 씨는 교통사고로 허리를 다쳐 심한 통증에 시달리고 있다. 통증이 오랜 기간 지속되면서, ○○ 씨는 우울해져 집에서 보내는 시간이 늘어났고, 집에서도 활동을 하지 않은 채 거의 하루 종일 누워만 있었다. 이로 인해, 직장을 잃게 되고 가족과의 관계가 나빠졌으며 사회적인 관계도 멀어지게 되었다. 또한 활동량이 줄어들면서 근육의 손실이 동반되어 통증은 더 심해졌다. 더 이상의 희망이 없다고 느낀 ○○ 씨는 자살을 심각하게 고민하게 되었다.

사례 2

□□ 씨는 교통사고로 허리를 다쳐 심한 통증에 시달리고 있다. 통증이 오랜 기간 지속되면서, □□ 씨는 힘들었지만 자신의 활동량을 조절하여 자신이 해야 하는 일이나 하고 싶은 일을 최대한 하려고 노력했다. 가족, 친구, 직장동료들은 이런 □□ 씨를 보면서 격려와 지지를 보냈고, □□ 씨는 이들의 도움으로 이전과 같진 않지만 자신의 상태를 수용하고 통증을 잘 관리하고 있다. 자신감이 생긴 □□ 씨는 현재 자신이 감당할 수 있는 범위 내에서 새로운 목표를 계획하고 있다.

3) 건강심리학 주요 분야

건강심리학은 임상심리학의 한 분야로 시작되었다. 오늘날 건강심리학 분야는 네 가지의 다른 분야로 구성되어 있는데, 여기에는 임상건강심리학, 지역사회건강심리학, 직업건강심리학, 공중보건심리학이 포함된다.

- **임상건강심리학**: 예방, 치료 또는 재활 가능한 신체적 질병을 가진 개인에게 심리적 기법이나 절차를 사용하는 데 주로 초점을 맞춘다.
  주요 이슈: 흡연, 비만, 스트레스, 후천성 면역 결핍증, 암, 만성통증, 신체장애
- **지역사회건강심리학**: 지역사회 전체의 건강에 관심을 두며, 지역사회 수준에서의 개입 및 예방기술을 개발하는 데 주로 초점을 맞춘다.

주요 이슈: 지역사회 건강 조사, 지역사회 건강 프로그램 조직, 지역사회 건강관련 정보 배포 및 인식 개선
- **직업건강심리학**: 조직 구성원의 신체건강 및 정신건강을 증진시키고, 조직에서의 안전과 복지를 향상시키는 데 주로 초점을 맞춘다.
  주요 이슈: 직장에서의 만성 스트레스, 직장상사나 동료와의 갈등
- **공중보건심리학**: 전체 인구 수준에서 건강을 파악하여, 공공 및 정부 건강정책과 프로그램을 개발하고 조언을 제공하는 데 주로 초점을 맞춘다.
  주요 이슈: 폭력예방 프로그램 개발, 질병통제, 교도소 수감자의 정신건강

2 ·· 건강행동

건강행동은 건강과 복지에 있어 가장 중요한 요소 중 하나이다. 의학기술이 발달함에 따라, 한때는 불치병이거나 치명적이었던 질병을 이제 예방할 수 있거나 성공적으로 치료할 수 있게 되면서 그 중요성은 더 커졌다. 기대수명의 연장과 생활방식의 변화로 만성질환이 크게 증가해 우리나라 주요 사망 원인이 되면서, 건강행동에 대한 관심은 높아지고 있는 실정이다. 그러나 많은 사람이 흡연, 음주, 과식 등을 하는 것이 건강에 좋지 않다는 것을 알면서도, 이에 따른 장단기적 결과에 상관없이 이러한 행동을 계속하는 경향이 있다.

1) 건강행동의 정의

건강에 직간접적으로 영향을 미치지 않는 어떤 활동이나 행동을 상상하기 어렵다. **건강행동**은 건강을 유지하거나, 달성하거나, 회복하거나, 질병을 예방하는 데 있어 개인이 하거나 하지 않는 모든 행동을 말한다. 건강행동에는 건강증진행동(예: 운동, 식이요법, 적절한 수면)을 하는 것과 건강저해행동(예: 흡연, 음주, 과식)을 하지 않는 것이 포함되는데(〈표 12-3〉 참조), 주로 다음의 세 가지 유형이 있다.

- **예방건강행동**: 무증상 상태에서 질병을 예방하고 발견하기 위해 자신이 건강하다고 믿는 개인이 수행하는 모든 행동을 말한다.

- 질병행동: 질병에 노출되거나 감염되거나 질병이 발병할 수 있다고 의심하는 시점부터 개인이 하거나 하지 않는 모든 행동을 말한다.
- 환자역할행동: 질병 진단을 받은 때부터 치료되거나 질병상태가 유지 단계에 있을 때까지 개인이 하거나 하지 않는 모든 행동을 말한다.

표 12-3 100세 건강을 위한 10대 수칙

번호	항목	실천수칙
1	금연하기	흡연은 생명을 단축합니다. 끊으세요! 1. 금연! 결심했다면 지금 의지를 주변 사람에게 알리세요 2. 금연성공의 지름길? 전문 의료진과 상담 3. 최고 금단증상 치료제는 운동과 식이요법, 그리고 스트레스 관리
2	절주하기	술 권유는 이제 그만, 특히 한 잔 술에 벌게지는 분들에겐 절대! 1. 술을 강권하지 맙시다. 특히 한 잔 술에 벌게지는 분들에겐 절대! 2. 〈숙취제로공식〉 술은 물, 음식과 함께 2~3시간에 걸쳐 천천히 적당량만 드세요 3. 당신의 금주요일은 언제인가요? 잦은 음주는 암 발생 위험을 높입니다!
3	균형식하기	균형 잡힌 식습관으로 100세 시대 건강하게! 1. 탄수화물:단백질:지방은 55:20:25로 섭취하기 2. 탄산음료, 단음료(가당음료) 줄이기 3. 칼로리는 적당하게 건강한 식생활 유지하기
4	적절한 신체운동하기	1일 1운동! 내 몸의 감동! 1. 일상 속 가벼운 운동의 생활화! 2. 2시간에 1번씩, 일어나 움직여 보세요 3. 〈주간 기본운동 수칙〉 150분 이상 빠르게 걷고, 2회 이상 근력운동
5	규칙적 수면 취하기	기억하세요. 잘잠, 꿀잠, 푹잠, 규칙적 수면으로 건강생활! 1. 기상시간 지키고, 30분 미만 낮잠자기 2. 지금 당신에게 필요한 건 '충분한 시간의 수면' 3. 낮에 하는 규칙적 운동은 강추! 카페인, 술, 담배는 비추!
6	긍정적 사고방식 갖기	작은 일에 감사하며 좋아하는 사람들과 행복하게! 1. 작은 일에도 감사한 마음 갖기 2. 남과 비교하지 않기, 스스로 행복하기 3. 행복은 원만한 관계로부터! 공감+소통+그리고 배려!
7	정기적 건강검진과 예방접종 챙기기	건강도 습관. 건강검진, 예방접종 건강할 때 챙기기! 1. 생애주기별 '국가건강검진'이 당신의 건강생활을 책임집니다 2. 건강검진 결과 확인하여 건강한 생활습관 실천하기 3. 꼬박꼬박 예방접종, 내몸튼튼, 이웃튼튼

8	스트레스 관리하기	스트레스, 피할 수 없다면 길들여라! 1. '긍정의 힘' 스트레스에서 벗어나기 2. 나만의 스트레스 대처법 찾기 3. 내 생활의 활력, 주 1회 이상 여가활동하기
9	미세먼지, 신종 감염에 대해 관심 갖기	미세먼지 피해와 신종 감염병, 예방하여 건강 100세 살아가자! 1. 미세먼지 주의보, 경보 시에 외출 자제하고, 자가용 이용 자제하기 2. 신종플루? 메르스? 신종 감염병도 공부가 필요합니다 3. 감염병 예방수칙 준수! '1등 건강 매너!'
10	모바일 기기와 거리 두기	스마트 기기, 스마트하게 사용하기 1. 식사는 스마트폰 없이 합시다 2. 스마트폰도 잘 때는 쉬고 싶어요 3. 아기에게 스마트폰 주지 마세요

출처: 대한의사협회.

2) 행동변화 이론 및 모형

건강행동은 부분적으로 질병에 영향을 미침으로써 삶의 질과 수명에 상당한 영향을 끼친다. 그럼에도 불구하고 사람들마다 건강행동을 하는 데 있어 여전히 상당한 차이가 있다. 행동변화 이론 및 모형은 건강행동을 이해하는 다양한 접근방식을 제공하는데, 이는 건강을 개선하기 위해 건강행동을 바꿀 수 있는 방법을 제안하기 때문에 유용하다.

(1) 건강신념 모형

건강신념 모형([그림 12-2] 참조)은 가장 널리 사용되는 초기 모형 중 하나로, 질병을 예방하기 위한 개인의 반응과 행동변화를 예측하는 데 사용된다(Hochbaum, 1958). 이 모형은 부정적인 결과를 피하려는 개인의 욕구에 대응해, 건강행동을 하도록 동기를 부여하는 데 초점을 맞춘다. 건강신념 모형의 초기 버전은 만약 사람들이 건강 위협의 심각성에 대해 알고, 자신이 위험에 처해 있다고 느끼고, 위협을 피하기 위해 행동을 취하는 것의 혜택이 대가보다 더 크다고 생각한다면, 위험을 줄이기 위해 필요한 행동을 할 것이라고 제안한다. 행동의 두 가지 예측 요인, 즉 행동단서와 자기효능감은 나중에 추가되었다.

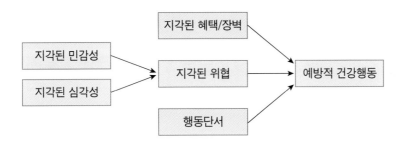

[그림 12-2] 건강신념 모형

- **지각된 민감성**: 사람들은 자신이 위험에 처해 있다고 생각하지 않는 한, 건강행동을 실천하지 않을 것이다(예: 젊은 사람들은 간암에 걸릴 확률이 높다고 생각하지 않기 때문에 금주할 가능성이 적다).
- **지각된 심각성**: 부정적인 결과를 피하기 위해 건강행동을 실천할 확률은 그 결과를 얼마나 심각하게 생각하는지에 달려 있다(예: 간암에 걸리면 생존 가능성이 거의 없다고 생각한다).
- **지각된 혜택**: 건강행동을 함으로써 얻는 혜택이 없다면, 그 행동을 하도록 설득하는 것은 어렵다(예: 금주를 하면 간암에 걸릴 확률이 확실히 적어진다고 생각한다).
- **지각된 장벽**: 사람들이 건강행동을 실천하지 않는 주요 이유 중 하나는 그렇게 하는 것이 어려울 것이라고 생각하기 때문이다(예: 직장회식을 하거나 친구들을 만나면 항상 거절하지 못하고 음주를 많이 하게 된다).
- **행동단서**: 건강을 변화시키고자 하는 욕구를 자극하는 외부 사건이다(예: 텔레비전 프로그램을 통해 간암에 걸린 사람이 힘들게 살아가면서 지난 과거의 행동을 후회하는 영상을 본다).
- **자기효능감**: 행동을 성공적으로 수행할 수 있는 능력에 대한 자신감의 수준을 나타낸다(예: 사람들이 음주를 권하는 상황에서도, 음주 충동을 잘 조절하고 사람들에게 음주 의사가 없다는 것을 효과적으로 전달할 수 있다).

(2) 자기결정 이론

자기결정 이론([그림 12-3] 참조)은 사람들이 세 가지 선천적이고 보편적인 심리적 욕구(자율성, 유능성, 관계성)로 인해 성장하고 변화하려는 동기를 가지고 있음을 제시한다(Deci & Ryan, 1985). 다른 행동 이론들은 주로 행동의 방향에 대해 설명하지만, 그

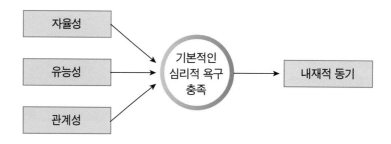

[그림 12-3] 자기결정 이론

행동이 어떻게 활성화되는지는 설명하지 못한다. 이에 자기결정 이론은 내재적 동기 또는 행동 자체의 내재적 보상(예: 성취감)이 중요한 역할을 한다고 제안하면서, 동기의 양보다는 질의 중요성을 더 강조한다. 내재적 동기를 촉진하는 세 가지 기본적인 욕구와 이를 육성시키는 방법은 다음과 같다(⟨표 12-4⟩ 참조).

●표 12-4● 세 가지 기본적인 욕구를 육성시키는 방법

욕구	제공된 것	방법들
자율성	자율성 지지	개인의 독특한 관점을 인식한다. 가능한 선택들을 제공한다. 압력을 최소한으로 사용한다. 시도할 수 있도록 독려한다. 개인의 목표와 가치를 연결한다. 개인의 선택을 지지한다. 개인이 대처 가능한 수준에서 선택할 수 있도록 돕는다.
유능성	구조	기대를 명료화한다. 유관성을 명료화한다. 피드백을 제공한다. 과업을 보다 작게 다룰 수 있을 정도로 나눈다.
	적정 도전	과제는 너무 어렵지 않다. 과제는 너무 쉽지 않다.
관계성	관여	시간 흥미 에너지

출처: 정영숙 외 공역(2013).

- 자율성: 스스로 독립감을 느끼고 자신의 욕구와 일치하는 방식으로 행동할 수 있는 능력이다.
- 유능성: 자신이 하는 일에 효과적이라고 느끼는 능력이다. 사람들은 유능하다고 느낄 때 자신의 환경에 대한 숙달감과 자신의 능력에 대한 자신감을 느낀다.
- 관계성: 타인과의 연결을 느낄 수 있는 능력과 소속감을 말한다.

(3) 변화단계 모형

변화단계 모형([그림 12-4] 참조)은 개인의 변화 준비상태를 고려한 최초의 행동변화 모형으로, 사람들이 어떤 과정을 거쳐 문제행동을 수정하거나 건강행동을 획득하는지 설명한다(Prochaska & DiClemente, 1983). 이 모형에서 변화는 점차적으로 발생하며, 재발은 평생의 변화를 만드는 과정에서 피할 수 없는 부분이라는 것을 강조한다. 사람들은 종종 초기 단계에서 변화를 꺼리거나 저항하지만, 이후 단계에서는 행동을 변화시키기 위해 적극적인 노력을 하게 된다. 이 모형은 행동변화가 쉽지 않으며, 더 큰 목표를 위해서는 작은 단계의 점진적인 진행이 필요하다는 것을 보여 준다. 이를 바탕으로 변화단계 모형은 건강행동 변화를 촉진하기 위한 효과적인 개입을 개발하는 기초가 되었다.

- 전숙고 단계: 이 단계의 사람들은 가까운 미래에 행동변화의 필요성을 느끼지 못한다. 사람들은 자신의 행동이 문제가 있거나 부정적인 결과를 낳는다는 것을 모른다. 이 단계의 사람들은 행동변화의 장점을 과소평가하고 단점을 과대평가하곤 한다.

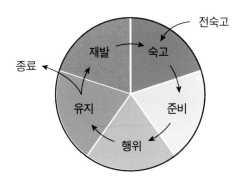

[그림 12-4] 변화단계 모형

- 숙고 단계: 이 단계의 사람들은 가까운 미래에 행동변화의 필요성을 느낀다. 사람들은 자신의 행동에 문제가 있다는 것을 인지하고, 이를 극복하는 것에 대해 진지하게 생각하고 있다. 그러나 양가감정으로 인해 실제 행동을 취하지는 않는다.
- 준비 단계: 이 단계의 사람들은 가까운 미래에 문제를 해결하기 위한 행동을 취하려고 한다. 사람들은 행동변화의 단점보다 장점이 더 크다고 생각하고, 보통 변화를 위해 적어도 몇 가지 작은 행동을 먼저 취하기도 한다.
- 행위 단계: 이 단계의 사람들은 목표를 달성하기 위해 직접적인 행동을 취하기 시작한다. 양가감정이 완전히 해결된 상태는 아니지만, 행동에 있어 더 이상 방해물이 되지 않는다. 그러나 직접적인 행동을 취했다고 해서 그 변화를 유지할 수 있다는 보장은 없다.
- 유지 단계: 이 단계의 사람들은 변화를 유지하고 재발을 방지하기 위해 지속적이고 적극적인 작업을 한다. 이 단계의 기준은 일시적인 실수는 할 수 있지만, 6개월 이상 기존 문제행동으로부터 벗어나거나 지속적으로 행동변화를 유지하는 것이다.
- 재발 단계: 어떤 행동변화에서든 재발은 흔한 일이다. 이 단계의 사람들은 재발을 경험할 때, 실패감, 실망감, 좌절감을 느낄 수 있다. 중요한 것은 재발이 어떻게 일어났는지 분석하고, 이를 다르게 대처하는 방법을 배울 수 있는 기회로 활용하는 것이다.

3 ᇂ 스트레스와 대처

스트레스는 우리나라 사람들이 가장 많이 사용하는 외래어이다. 그만큼 스트레스는 우리 삶의 일부가 되었다. 사람들은 스트레스를 경험한다는 것이 대개 어떤 느낌인지는 알고 있지만, 이를 정확히 설명하는 것은 쉽지 않다. 그렇다면 스트레스란 무엇이고, 사람들은 이 용어를 어떤 의미로 사용하는가?

1) 스트레스의 정의

스트레스의 개념에 대해서는 학자들마다 정의가 다양하지만, 주로 반응으로서의 스트레스, 자극으로서의 스트레스, 상호작용으로서의 스트레스의 세 가지 측면에서 정의되어 왔다.

(1) 반응으로서의 스트레스

반응으로서의 스트레스 모형은 스트레스를 인간의 평형상태를 깨뜨리는 외적 사건(예: 가족갈등, 바쁜 일상, 교통사고)이나 내적 사건(예: 비관적 태도, 낮은 자존감, 완벽주의)에 대한 심리적이고 생리적인 반응으로 정의한다. 개인이 신체적 안전이나 정서적 평형에 대한 위협에 직면했을 때, 신체는 "싸움 혹은 도주 반응"(〈표 12-5〉 참조)으로 알려진 빠르고 자동적인 과정, 즉 스트레스 반응으로 방어를 시작하게 된다.

싸움 혹은 도주 반응은 위험한 상황에서 생존을 돕는 적응적인 반응이다. 예를 들어, 원시시대 사람들에게 스트레스는 종종 신속하고 단호하게 반응하도록 요구하는 물리적 위협(예: 맹수의 공격)의 형태로 나타났다. 이때 스트레스 반응은 즉시 싸우거나 도

표 12-5 싸움 혹은 도주 반응

위협을 느낄 때, 신경계는 아드레날린과 코티졸을 포함한 스트레스 호르몬을 방출함으로써 반응하는데, 이는 긴급행동을 위해 신체를 각성시킨다. 심장박동이 빨라지고, 근육이 수축하며, 혈압이 오르고, 숨이 빨라지고, 감각기관이 예민해진다. 이러한 신체적 변화는 힘과 체력을 증가시키고, 반응시간을 단축시키며, 집중력을 높여 당면한 위험으로부터 싸우거나 도망갈 준비를 하게 한다.

표 12-6 스트레스의 대표적 징후 및 증상

인지적 증상	• 기억력 문제 • 집중력 문제 • 서투른 판단력	• 부정적인 것만 보기 • 불안하거나 쉴 새 없는 생각 • 끊임없는 걱정
정서적 증상	• 우울 • 불안 • 초조	• 변덕 • 분노 • 과민
신체적 증상	• 통증 • 설사/변비 • 메스꺼움/어지러움	• 흉통 • 빈맥 • 성욕감퇴
행동적 증상	• 과식 • 불면/과다수면 • 사회적 철수	• 과음 • 흡연 • 손톱 물어뜯기

망칠 준비가 되었다는 것을 의미한다. 그러나 현대인의 스트레스는 많은 경우 심리적인 원인(예: 직장, 재정, 대인관계 관련 걱정)으로 비롯되고 특성상 장기화될 가능성이 높다. 따라서 싸움 혹은 도주 반응이 과도하게 지속적으로 활성화되면, 삶의 모든 측면에 부정적인 영향을 끼칠 수 있다(〈표 12-6〉 참조).

(2) 자극으로서의 스트레스

자극으로서의 스트레스 모형은 스트레스를 반응이나 적응을 요구하는 중요한 생활사건이나 변화로 본다. 홈즈와 라헤(Holmes & Rahe, 1967)는 사회재적응 평가척도(〈표 12-7〉 참조)를 개발하여, 사람들이 경험하게 되는 43개의 주요 생활사건이 어느 정도의 영향을 미치는지를 점수로 나타내었다. 홈즈와 라헤는 스트레스를 경험 자체라기보다는 경험의 원인이라고 보았고, 다음과 같이 가정했다.

- 변화는 본질적으로 스트레스를 준다.
- 생활사건은 사람에 상관없이 동일한 수준의 적응을 요구한다.
- 질병으로 발전하는 데 있어 공통적인 역치가 존재한다.

(3) 상호작용으로서의 스트레스

상호작용으로서의 스트레스 모형은 사람들마다 스트레스 자극을 해석하고 이에 반응하는 데 있어 차이가 있다는 사실에 초점을 맞추어, 스트레스를 개인에게 주어진 요구와 그 요구에 대처할 수 있는 자원 사이의 불균형으로 본다(Lazarus, 1995). 구체적으로 이 모형은 스트레스 자극에 대한 반응에 앞서 두 단계의 인지적 평가를 거친다고 제시한다. 1차 평가에서는 상황이 개인 자신과 관련이 있는지 여부를 판단한다. 관련이 있다고 판단하는 경우, 그 상황이 이득이나 해를 가져올지에 대해서도 판단하게 되는데, 해를 가져올 것이라고 판단하는 경우 2차 평가로 넘어간다. 2차 평가에서는 1차 평가를 바탕으로 해당 상황에 대처할 수 있는 자원이 있는지 여부를 판단한다. 대개 상황적 요구(예: 위험, 불확실성, 어려움)와 인지된 내·외적 자원(예: 의지력, 내적인 강인함, 동료, 전문적 도움) 사이의 균형을 파악하게 되는데, 이때 요구가 자원을 넘어선다고 느끼는 경우 부정적인 스트레스를 경험하게 된다.

➡ 표 12-7 ⬅ 사회재적응 평가척도

지시문: 다음에 제시된 사건이 지난 1년 동안 발생한 경우, 사건의 빈도에 따라 해당되는 생활변화 단위를 곱하시오.

순위	생활사건	생활변화단위	순위	생활사건	생활변화단위
1	배우자의 사망	100	23	자녀의 출가	29
2	이혼	73	24	시댁이나 처가와의 갈등	29
3	부부의 별거	65	25	두드러진 개인적 성취	28
4	교도소에 수감	63	26	배우자의 취직이나 퇴직	26
5	가족의 사망	63	27	학교를 시작하거나 그만둠	26
6	개인적 상해나 질병	53	28	생활환경의 주요 변화	25
7	결혼	50	29	개인적 습관의 변화	24
8	실직	47	30	상사와의 갈등	23
9	부부간의 화해	45	31	근무시간과 근무조건의 변화	20
10	은퇴	45	32	거주지의 변화	20
11	가족구성원의 건강 변화	44	33	학교에서의 변화	20
12	임신	40	34	취미활동에서의 변화	19
13	성생활에서의 문제	39	35	교회활동의 변화	19
14	새로운 식구가 생김	39	36	사회활동의 변화	18
15	사업상 재적응 상황	39	37	1만 달러 이하의 빚	17
16	경제상태의 변화	38	38	수면습관의 변화	16
17	친한 친구의 사망	37	39	가족 모임 횟수의 변화	15
18	직장 부서의 변화	36	40	식사습관의 변화	15
19	부부간 다툼 횟수의 변화	35	41	휴가	13
20	중요한 부채 또는 담보	31	42	크리스마스	12
21	저당권 상실	30	43	사소한 법규 위반	11
22	직장에서 책임의 변화	29			

※ 총점 150점 미만: 스트레스 수준이 낮고 스트레스 관련 장애가 발생할 확률이 낮다.
※ 총점 150점 이상 299점 이하: 스트레스 수준이 중간이고, 스트레스 관련 장애가 발생할 확률은 약 50%이다.
※ 총점 300점 이상: 스트레스 수준이 높고, 스트레스 관련 장애가 발생할 확률은 약 80%이다.

출처: Holmes & Rahe (1967).

● 표 12-8 ● 스트레스 평가

최근 1개월 동안 다음 문항의 내용들을 얼마나 자주 느꼈는지 표시하십시오.					
문항	전혀 없었다	거의 없었다	때때로 있었다	자주 있었다	매우 자주 있었다
1	예상치 못했던 일 때문에 당황했던 적이 얼마나 있었습니까?	0	1	2	3	4
2	인생에서 중요한 일들을 조절할 수 없다는 느낌을 얼마나 경험하였습니까?	0	1	2	3	4
3	신경이 예민해지고 스트레스를 받고 있다는 느낌을 얼마나 경험하였습니까?	0	1	2	3	4
4	당신의 개인적 문제를 다루는 데 있어서 얼마나 자주 자신감을 느꼈습니까?	0	1	2	3	4
5	일상의 일들이 당신의 생각대로 진행되고 있다는 느낌을 얼마나 경험하였습니까?	0	1	2	3	4
6	당신이 꼭 해야 하는 일을 처리할 수 없다고 생각한 적이 얼마나 있었습니까?	0	1	2	3	4
7	일상생활의 짜증을 얼마나 잘 다스릴 수 있었습니까?	0	1	2	3	4
8	최상의 컨디션이라고 얼마나 자주 느끼셨습니까?	0	1	2	3	4
9	당신이 통제할 수 없는 일 때문에 화가 난 경험이 얼마나 있었습니까?	0	1	2	3	4
10	어려운 일들이 너무 많이 쌓여서 극복하지 못할 것 같은 느낌을 얼마나 자주 경험하셨습니까?	0	1	2	3	4

※ 자신이 스트레스 받는 정도를 확인하기 위해 각 문항의 점수를 먼저 더하시면 됩니다.
(4, 5, 7, 8번 문항은 역채점)

- 13점 이하 – 정상적인 스트레스 상태로 스트레스 요인 자체가 심각하지 않거나 좋은 스트레스로 받아들인 경우
- 14점 이상 – 이미 스트레스의 영향을 받기 시작. 만약 이런 상태가 지속되면 나쁜 스트레스의 결과가 나타날 수 있음
- 17점 이상 – 정신질환으로 발전될 가능성이 높아진 상태
- 19점 이상 – 전문가의 도움이 필요

출처: 대한신경정신의학회.

2) 스트레스의 주요 유형

스트레스는 급성 스트레스, 급성 에피소드형 스트레스, 만성 스트레스 세 가지 유형으로 나타날 수 있다. 일부 사람들은 두 가지 이상의 스트레스 유형을 경험하기도 한다.

- 급성 스트레스: 일상생활에서 가장 흔한 유형으로, 새로운 도전, 사건, 압력에서 비롯된다(예: 지각 출근, 버스 놓침)
- 급성 에피소드형 스트레스: 급성 스트레스가 자주 발생하면 급성 에피소드형 스트레스가 된다. 이 유형의 스트레스를 겪는 사람들은 항상 서두르거나 압박감을 느낀다.
- 만성 스트레스: 가장 유해한 유형으로, 급성 스트레스가 해결되지 않고 장시간에 걸쳐 증가하거나 지속되는 만성 스트레스가 된다(예: 불행한 결혼생활, 불만족스러운 직업).

3) 스트레스가 질병에 영향을 미치는 경로

스트레스가 있다고 해서 반드시 질병에 걸리는 것은 아니다. 그러나 스트레스가 적절하게 관리되지 않고 장기적으로 지속될 경우, 질병에 직간접적인 영향을 미쳐 종종 만병의 근원이라고 불리기도 한다. 연구자들은 스트레스가 질병에 영향을 미치는 경로로 다음의 네 가지를 제시한다([그림 12-5] 참조).

- 직접적인 생리적 효과: 기본적으로 우리의 신체에서는 스트레스에 반응해 일련의 생리적 변화가 일어난다. 이러한 반응체계의 장기적인 활성화와 코티졸, 아드레날린, 에피네프린과 같은 스트레스 호르몬의 과다 분비는 거의 모든 신체의 과정을 방해할 수 있다. 이는 면역력 저하, 수면 문제, 탈모, 고혈압, 고혈당, 심장질환, 당뇨병, 비만, 우울이나 불안, 여드름이나 습진 같은 피부 문제, 생리 문제 등과 같은 건강상의 문제를 일으킬 위험이 있다.
- 건강행동의 변화: 스트레스로 인해 부정적인 정서를 경험하는 경우, 자신을 돌보는 동기가 감소해 건강행동(예: 운동, 균형 잡힌 식사, 충분한 수면)을 하지 않을 수 있

다. 또한 부정적인 정서를 단기간에 해소하기 위해 건강에 해로운 방법(예: 음주, 흡연, 약물사용, 폭식)을 사용할 수 있다.

• 심리사회적 자원: 스트레스는 스트레스에 대한 반응을 조절하는 데 중요한 요인인 심리사회적 자원에 영향을 미칠 수 있다. 예를 들어, 스트레스는 개인의 사회적 행동을 변화시켜 사람들과 다투거나 거리를 두게 할 수 있다. 이는 필요할 때 적절한 사회적 지지나 실제적 도움을 받지 못하게 하여, 건강에 부정적인 영향을 미칠 수 있다. 또한 잠재적인 스트레스 요인을 부정적인 방법으로 평가하게 하여 적극적인 대처전략을 취하지 못하게 할 수 있다.

• 건강관리: 스트레스는 건강관리 서비스 이용과 치료 준수에 영향을 줄 수 있다. 스트레스로 인한 부정적인 감정은 자신을 돌보는 동기를 감소시킬 수 있고, 치료와 관련해 복잡한 지시(혹은 처방)를 따르는 환자의 능력에 영향을 줄 수도 있다.

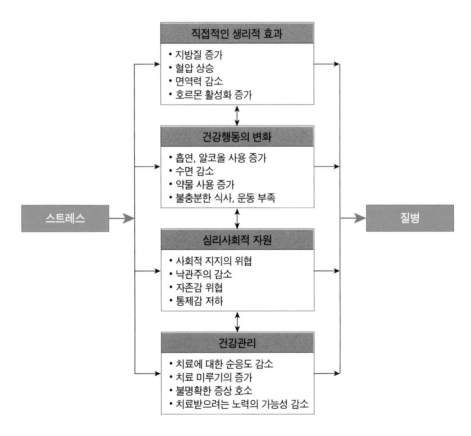

[그림 12-5] 스트레스가 질병에 영향을 미치는 경로

출처: 서수연 외 공역(2016), p. 130.

4) 대처방법

스트레스는 다양한 유형과 형태로 나타난다. 우리가 매일 직면하는 이러한 스트레스를 효과적으로 다루기 위해서는 여러 가지 방법이 필요하다는 것은 명백하다. 스트레스에 대처하고자 할 때 초기에 가장 중요한 것은 자신에게 문제가 있다는 것을 인식하고, 스트레스의 근본적인 원인을 통제할 수 있는지의 여부를 파악하는 것이다. 이에 따라 심리학자들은 스트레스에 대한 대처방법을 크게 두 가지 유형, 즉 문제중심 대처와 정서중심 대처로 분류했다.

(1) 문제중심 대처

문제중심 대처는 스트레스의 근본적인 원인을 변화시키거나 수정하는 데 초점을 맞춘다(〈표 12-9〉 참조). 그러나 문제중심 대처는 개인이 상황이나 스트레스 요인에 대한 통제력을 발휘하지 못하거나 조정을 할 수 없을 때는 효과가 없다. 예를 들어, 사랑하는 사람이 사망한 경우 스트레스 요인을 조정하거나 수정할 수 없기 때문에 이때 문제중심 대처를 사용하는 것은 효과적인 전략이 아니다.

표 12-9 문제중심 대처방법 예시

• 상담 받기	• 자기주장하기
• 대안 찾기	• 문제 상황 평가
• 전략 수립	• 효과적이고 유연한 대처전략 사용하기
• 정보 탐색	• 감정을 적응적으로 관리하고 바로잡기
• 조언 구하기	• 가족에게 의지하지 않고 독립적으로 문제 처리하기

(2) 정서중심 대처

정서중심 대처는 스트레스 요인에 노출되어 발생하는 두려움, 불안, 우울, 수치심과 같은 부정적인 감정 반응을 줄이는 데 초점을 맞춘다(〈표 12-10〉 참조). 정서중심 대처는 문제중심 대처전략과는 달리 통제 불가능한 스트레스 요인을 관리하는 데 효과적이다. 정서중심 대처는 스트레스의 근본적인 원인을 통제할 수는 없지만, 스트레스가 개인에게 미치는 영향에 변화를 주도록 스트레스에 반응하는 방법을 통제한다는 점은 주목할 만하다. 하지만 사람들이 항상 긍정적인 정서중심 대처방법을 사용하는 것은 아니다.

•표 12-10• 정서중심 대처방법 예시		
• 음주	• 수면	• 이완
• 흡연	• 산책	• 일기
• 쇼핑	• 운동	• 대화
• 회피	• 기도	• 유머
• 부정	• 명상	• 긍정적인 상상하기

1. 건강심리학은 생물학적, 사회적, 심리적 요인이 건강과 질병에 어떻게 영향을 미치는지에 초점을 맞추는 심리학의 한 분야이다. 이의 주요 목표로는 ① 건강증진 및 유지, ② 질병예방 및 치료, ③ 건강, 질병, 관련 기능장애의 병인 및 이들 간의 관계 조사, ④ 보건의료체계와 보건정책 분석 및 개선이 있다.

2. 생물심리학적 모형에서는 건강과 질병이 생물학적, 심리적, 사회적 요인 간의 역동적인 상호작용에 의해 결정되는 것이지, 각 요인의 영향만으로 결정되기에는 충분하지 않다고 본다.

3. 오늘날 건강심리학 분야는 임상건강심리학, 지역사회건강심리학, 직업건강심리학, 공중보건심리학으로 구성되어 있다.

4. 건강행동은 건강을 유지하거나, 달성하거나, 회복하거나, 질병을 예방하는 데 있어 개인이 하거나 하지 않는 모든 행동을 말하며, 여기에는 예방건강행동, 질병행동, 환자역할행동이 있다.

5. 행동변화 이론 및 모형은 건강행동을 이해하는 다양한 접근방식을 제공하는데, 대표적인 이론 및 모형에는 건강신념 모형, 자기결정 이론, 변화단계 모형 등이 있다.

6. 스트레스의 개념에 대해서는 학자들마다 정의가 다양하지만, 주로 반응으로서의 스트레스, 자극으로서의 스트레스, 상호작용으로서의 스트레스의 측면에서 정의되어 왔다.

7. 스트레스는 급성 스트레스, 급성 에피소드형 스트레스, 만성 스트레스 세 가지 유형으로 나타날 수 있다.

8. 스트레스가 질병에 영향을 미치는 경로에는 ① 직접적인 생리적 효과, ② 건강행동의 변화, ③ 심리사회적 자원, ④ 건강관리가 있다.

9. 문제중심 대처는 스트레스의 근본적인 원인을 변화시키거나 수정하는 데 초점은 맞추는 반면, 정서중심 대처는 스트레스 요인에 노출되어 발생하는 부정적인 감정 반응을 줄이는 데 초점을 맞춘다.

1. 건강심리학의 정의와 이의 근거가 되는 생물심리사회적 모형에 대해 설명하시오.

2. 건강신념 모형, 자기결정 이론, 변화단계 모형을 비교 설명하시오.

3. 스트레스가 질병에 영향을 미치는 경로를 설명하시오.

4. 스트레스에 대처하는 두 가지 유형을 비교 설명하시오.

이상행동의 심리학

1. 이상행동은 정상행동과 어떻게 구분되는지를 이해한다.
2. 이상행동에 대한 관점 및 접근법에는 어떤 것들이 있는지를 이해한다.
3. 정신장애에는 어떤 유형이 있는지를 이해한다.
4. 각 정신장애의 임상 양상은 무엇인지를 이해한다.
5. 각 정신장애의 원인은 무엇인지를 이해한다.

이 장에서는 사람들의 이상행동에 대해 살펴보려고 한다. 우선 이상행동 또는 정신장애가 정상행동과 어떻게 구분되는지와 이상행동을 연구하기 위해 어떤 접근법이 사용되고 있는지를 알아보고자 한다. 그다음 정신장애에는 어떤 유형이 있는지와 각 정신장애의 특징과 임상 양상은 어떠한지를 좀 더 쉽게 이해할 수 있도록 사례를 제시하여 설명하고자 한다. 이 장에서 제시되는 이상행동의 사례들은 각색된 것이고, 실제 사례의 모델이 된 사람들에게는 허락을 받았다. 마지막으로 각 정신장애의 특징과 원인에 대한 이론을 간략하게 살펴볼 것이다. 이 장을 공부하고 난 후에, "그 사람들은 왜 이런 행동을 할 수밖에 없을까?" 하는 의문과 호기심을 심리학에서 어떻게 다루고 있는지 이해할 수 있길 바란다. 이와 같이 이상행동을 이해하고, 그 원인에 대해 과학적으로 연구하며, 더 나아가 그 연구 결과를 토대로 이상행동에 대한 치료방법을 제시하는 분야가 이상심리학(abnormal psychology)이다.

1 ┉ 이상행동의 정의

사람들은 살아가면서 자신이나 다른 사람들의 행동이 이상하다고 느끼는 경우가 있다. 보통 사람들은 이 같은 행동을 하는 사람을 '또라이' '사이코' 또는 '변태'라고 부른다. 전문가들은 정신질환, 정신장애, 심리장애, 정신병, 신경증, 성격장애 등과 같은 용어로 이러한 행동을 지칭한다. 이 용어들은 비슷한 의미로 사용되는 것들도 있으며, 어떤 용어들은 서로 다른 이상행동을 의미하는 경우도 있다.

그러면 이상행동이란 무엇인가? 이상과 정상을 구분하는 것은 그리 쉬운 일이 아니다. 늘 자신이 나폴레옹이라고 믿고 나폴레옹처럼 행동하는 정신분열증 환자에 대해서는 대부분의 사람이 그가 이상하다고 판단할 수 있을 것이다. 그러나 정신장애를 가진 많은 사람이 대부분의 시간 동안 정상적으로 행동하고, 보통 사람들도 어떤 경우에는 이해할 수 없는 행동을 한다. 이 같은 이유 때문에 여러 학자가 이상행동을 어떤 기준으로 구별할 수 있는지에 대해 나름대로의 의견을 제시하고 있다. 여기에서는 제프리 네비드 등(Nevid, Rathus, & Greene, 2018)이 저술한 『변화하는 세상의 이상행동

(Abnormal Psychology in a Changing World)』 10판에 제시된 이상행동의 기준을 소개하겠다.

BOX 1 ▷ 이상행동에 대한 진단의 신뢰도 연구

– 데이비드 로젠한의 정신병원 연구

데이비드 로젠한(David Rosenhan)이 미국 다섯 개 주 정신병원에서 실시하였던 연구 결과는 미국의 정신건강자문위원회의 위원들을 기가 막히게 했다. 로젠한은 과연 정신건강 전문가들이 정상과 비정상을 제대로 진단할 수 있는가 하는 너무나 기본적인 문제에 대해서조차 의문을 가지게 했고, 얼마나 많은 사람이 전문가에 의해 내려진 진단명으로 인해 그 병을 앓을 수밖에 없는 필연성을 강제로 부여받게 되는, 위험하고 끔찍한 경험을 겪게 되는지에 대해 경각심을 불러일으켰다.

정신건강 전문가들의 편견과 오만을 지적하는 이 연구과정은 이러했다. 로젠한은 자신을 포함하여 여덟 명의 피험자들에게 가짜 환자 역할을 하도록 했다. 실험에 참가한 피험자들은 미국의 다섯 개 주에 위치한 12개 정신병원에 입원하기 위해 자신을 소개하고 '공허하다' '내 마음이란 게 없는 것 같다' '쿵 하는 소리를 들었다' 등의 증상 호소 외에는 분명히 정상적인 행동을 보였다. 하지만 피험자들은 곧 여러 병원에 입원 결정이 났고 한 명을 제외하고는 모두 정신분열증으로 진단되었다. 이 가짜 환자들은 어떤 증상도 보이지 않고 정상적으로 행동했다. 피험자들은 의료진에게 잘 협조했고 모범적인 환자 역할을 잘 수행하였다. 가짜 환자들이 병원에 머무르게 된 기간은 짧게는 일주일, 길게는 52일이었고 평균 19일 이상이었다.

이 연구에서 중요한 결과는 병원의 의료진이 한 명의 가짜 환자의 고의적인 증상 조작에 대해 알아차리지 못했다는 것과 연구에 참여한 병원에서 피험자들은 의료진과 개인적인 접촉을 가질 기회가 너무나 부족했다는 점이었다. 이뿐만 아니라 진단이 내려진 직후부터 의료진에 의해 가짜 환자들은 인간적인 존중은커녕 마치 어린아이 같은 대우를 받으며 행동의 제약을 받았다는 보고를 했다. 분명 로젠한의 연구에서 다소 과장된 면이 있을 수 있다. 그러나 정상적인 사람도 일단 병원 현장에서는 진짜 정신병 환자와 구분되지 않을 수 있다는 충격적인 사실은 부인할 수가 없다. 일단 정신분열증이란 진단이 내려지면 그 사람은 정신분열증 환자일 뿐 다른 고려의 여지가 없었다. 정신분열증 환자라는 것을 알게 된 직후부터 그의 행동이나 말 그리고 표정까지 모두 진단명에 의해 이해되었다. 의료진이 의도적으로 왜곡하려 한 것은 아니지만, 그들은 자신들의 진단을 확신하고 환자의 개인사와 행동을 진단과 일치되는 방향으로 끌고 가려 하였다.

1) 보편적이지 않은 행동

그저 평범하게 생활하고 있는 사람들의 행동과 다른 행동을 할 때 이상행동이라 할 수 있다. 보통 사람들이 듣지 못하는 소리를 듣는다거나 보지 못하는 것을 보거나, 흔하지 않은 빈도로 나타나는 태도나 말 또는 특이한 행동 등이 비정상적인 행동으로 간주된다. 즉, 쉽게 말해 일상적이지 않은 행동은 이상행동이라고 판단될 수 있다. 남들은 아무렇지도 않게 타는 승강기를 무서워하며 20여 층 위의 사무실을 가기 위해 계단을 사용한다거나, 다른 사람에게 들리지 않는 소리를 듣고 이야기를 나눈다거나, 있지도 않은 사실을 분명하게 믿고 주장한다면 이상행동이 될 수 있다.

2) 사회적 일탈의 정도

모든 사회는 그 사회가 받아들일 수 있는 행동에 대한 규범을 가지고 있다. 만일 어떤 사람이 자신이 속한 사회규범을 어기고 생활을 한다면, 이 사람은 적응하지 못하는 사람이 될 것이다. 이렇게 한 사회의 규범에 적응하지 못하고 일탈행동을 하는 경우에 이상행동으로 본다. 물론 이러한 기준은 문화적인 상대성이라는 문제를 가지고 있다. 즉, 한 문화에서 정상이라고 생각되는 행동이 다른 문화에서는 이상이라고 간주될 수 있다.

3) 현실에 대한 지각이나 해석이 잘못된 경우

우리는 감각과 인지과정을 통해 외부환경에 대한 심리적인 표상을 형성하게 된다. 따라서 실재하지 않은 사물을 보거나 목소리를 듣는 경우(환각), 또는 근거 없는 생각이나 터무니없는 의심이나 공상을 현실처럼 굳게 믿는 경우(망상)를 심리장애의 징후로 본다.

4) 주관적 고통이 심각한 경우

자신이 불편하고 괴롭다는 것이 어쩌면 가장 중요한 기준일 수 있다. 외견상 아무런 문제가 없어 보이는데, 그 사람은 심각한 고통을 겪는 경우가 있다. 예를 들어, 우울증이나 불안장애, 특히 강박장애의 경우 주변 사람들보다는 본인에게 더 큰 고통이 있기 때문에 이러한 증상을 비정상으로 간주하고 개입할 필요가 있다. 그러나 이와 반대로 당사자는 아무런 고통이나 문제를 느끼지 않지만, 주변 사람들이나 본인에게 심각하게 해로운 결과를 가져오는 문제도 있다. 예를 들어, 양심의 가책이나 책임감을 별로 느끼지 못하는 반사회성 성격장애자의 경우 자신은 아무런 심리적인 고통을 느끼지 못하지만 타인에게 피해를 줄 수 있다. 정신병이나 조증 증상을 보이는 사람들 역시 본인보다는 타인에게 주는 불편감 때문에 이상행동으로 진단된다.

5) 부적응적이거나 자기패배적인 행동

자기만족감보다는 오히려 불행감을 유발하는 행동을 이상행동으로 보는 견해다. 자신에게 기대되는 역할에 맞추어 기능하는 능력이나 외부환경에 대한 적응을 제한하는 행동 또한 이상으로 본다. 예를 들어, 알코올 남용은 자신의 건강이나 사회적 · 직업적 기능을 저해하기 때문에 이상행동으로 간주된다. 또한 광장공포증은 사회생활에 심각한 어려움을 발생시킬 수 있고, 강박성 성격장애의 경우 직업에서는 매우 성취적일 수 있겠지만 친밀한 관계와 감정 교류에 있어서는 극히 부적응적일 수 있는 것이 그 예가 될 수 있다.

6) 위험한 행동

자신이나 타인에게 위험한 행동을 하는 경우를 이상행동으로 보는 견해다. 이는 사회적인 맥락을 고려한 기준이라고 볼 수 있다. 전쟁 상황에서는 자신을 희생하거나 자신의 안전을 돌보지 않고 적을 공격하는 사람들이 용감한 애국자로 여겨지지만, 일상생활에서 타인을 공격하거나 일상생활의 압력 때문에 자살을 시도하는 사람의 행동은 이상행동으로 여겨진다.

2 이상행동에 대한 관점 및 접근법

이상행동은 역사 이전에 인간이 존재하면서부터 있었다고 추측된다. 고대 원시사회

[그림 13-1] 무속신앙에서는 귀신이 씌어 마음과 몸에 병이 온다고 믿기 때문에 무당을 통해 귀신을 쫓아내는 굿을 한다.

에서는 정신장애를 초자연적인 힘에 의해 생긴 것으로 보았다. 이상행동을 보이는 사람들을 신의 특별한 계시를 받았다거나 저주를 받았다고 여기거나 귀신이 씌었다고 생각하였다. 또한 별자리나 월식의 영향으로 또는 별똥별이 떨어지기 때문에 이상행동이 생긴다고 보기도 하고, 다른 사람이 저주를 해서 생긴다고 생각하였다. 따라서 이를 고치는 방법으로 귀신을 달래는 굿을 한다든가, 귀신을 쫓는 의례를 시행하기도 했다. 이상행동에 대한 이같은 견해를 귀신론(demonology) 또는 초자연적인 견해라고 한다.

고대에는 이 같은 견해가 지배적이었으나, 기원전 4세기경 그리스의 히포크라테스는 정신장애를 혈액이나 담즙과 같은 체액의 불균형 때문이라고 보았다. 그의 견해가 이상행동에 대한 신체적 원인론(somatogenesis) 또는 생물학적 원인론(biogenesis)의 시초라 할 수 있다. 동양에서는 기원전 3세기경 '음양오행설'이 잘 알려져 있었다. 이 학설은 사람의 몸과 마음을 하나라고 보았다. 또한 정신을 몸보다 더 중요하게 생각하였지만, 정신작용의 기초를 신체의 주요 부분인 오장육부에 두었다. 이런 견해가 의학에도 영향을 주어서 정신의 병이나 신체의 병은 음양의 조화가 깨져서 생기는 것으로 보았다.

이후 여러 의사나 학자에 의해 신체적 원인론이 계승·발전되었으나, 중세에 들어서면서 초자연적인 견해가 다시 성행하게 되었다. 중세에는 종교적인 입장에서 귀신론적 견해가 지배적이었다. 정신장애자는 죄를 지어서 하나님으로부터 벌을 받거나 마귀의 사주를 받은 것으로 보았다. 이 시대에는 곳곳에서 마녀사냥이라는 이름으로 정신장애자들을 잔인하게 다루었으며, 후기에는 정신장애자들이 수용소에서 쇠사슬로 묶인 채 인간 이하의 대우를 받았다.

중세 이후에는 인간 심리에 대해 과학적 연구의 필요성이 대두되었다. 또한 18세기 말 피넬(Pinel)이 정신장애자들을 인도적인 입장에서 대우하고 치료할 것을 주장하였다. 정신장애자의 수용기관이 감옥 같은 수용소에서 서서히 정신병원이나 요양소로 바뀌게 되었고, 정신장애자들에게 보다 인간적인 치료를 해야 한다는 주장이 나타나기 시작하였다.

근대에 들어서면서는 여러 자연과학 분야가 발전하였다. 이를 계기로 정신장애에 대해서도 보다 과학적인 견해가 생겨나기 시작하였다. 그 대표적인 것이 크레펠린 (Kraepelin)과 프로이트의 이론이다. 크레펠린은 정신장애가 신체, 특히 뇌의 기질적인 병변에서 기인한다고 주장하였으며, 정신장애에 대한 현대적인 생물학적 원인론의 토대를 제공하였다. 이에 비해 프로이트는 정신장애가 심리 내적인 문제에 기인한다고 주장하였다. 이는 정신장애에 대한 심리적 원인론의 시초라 할 수 있다.

20세기에 들어서면서 심리학은 급속도로 발전하게 되었다. 이에 따라 이상행동이나 정신장애에 대한 다양한 심리학적 접근법도 발전하였다. 다음은 이상행동에 대한 몇 가지 주요한 관점 및 접근법이다.

1) 정신분석적 접근

정신분석이론에서는 정신장애를 무의식적인 갈등과 내적 결핍의 표현으로 본다. 정신분석의 창시자인 프로이트는 사람의 성격구조가 원초아, 자아, 초자아로 구성되어, 이 세 가지 구조 간의 복합적인 상호작용이 개인의 행동을 결정한다고 보았다. 어린 시절 쾌락과 규율 간의 갈등을 제대로 해결하지 못하면 성격구조 내에서 균형이 와해되면서 불안이 유발되고, 이 과정에서 갈등과 해결되지 못한 문제들이 무의식 속에 묻히게 된다는 것이다. 성인이 된 후 이와 유사한 스트레스나 갈등에 부딪히게 되면 무의식에 잠재되어 있던 문제가 다양한 방식으로 반복 경험되면서 정신장애가 발생한다고 설명한다.

2) 인간 중심적 접근

비지시적인 상담과 내담자 중심 치료를 발전시킨 로저스(Rogers)의 이론에 의하면, 인간은 누구나 자아실현과 성장이라는 목표를 향해 끊임없이 변화하려는 의지가 있고, 환경과의 상호작용을 통해 자기 자신을 확인하게 된다고 한다. 이러한 개인의 긍정적인 성장과 발전을 방해하는 것으로 환경적인 위협이 있는데, 개인이 주관적으로 경험하는 낯설거나 새로운 자극이 이미 조직화되어 있는 개인의 자기구조 안으로 동화되지 못하거나 불협화음을 일으킬 때, 갈등과 부적응 문제가 발생한다고 하였다.

3) 실존주의적 접근

실존주의적 입장을 취하는 이론가와 치료자들은 인간을 '세계를 지각하고 자신이 보고 듣고 느끼는 사실을 통합하여 의미를 부여하는 존재'로 본다. 한 개인은 수많은 갈등과 선택 그리고 결정이라는 적극적인 과정을 통해 삶의 지향을 찾는다고 하였다. 이러한 선택과 결정의 과정에서 손해나 실수의 가능성에 대한 불확실성과 그로 인해 야기되는 불안과 좌절을 직면하면서 인간은 성장한다고 보았으며, 또한 자기책임을 실현함으로써 진실하고 의미 있는 삶을 기대할 수 있다고 하였다.

4) 행동주의적 접근

행동주의적 접근을 주장하는 사람들은 이상행동도 정상행동과 같이 학습된다고 본다. 고전적 조건화의 원리에 따라 혐오자극과 연합된 무해한 자극이 불안을 일으킬 수 있고, 조작적 조건화의 원리에 따라 이상행동이 강화를 통해 유지될 수 있다고 설명하고 있다. 또한 관찰학습 원리에 따라 이상행동이 관찰을 통해 모방될 수 있다고 주장한다.

5) 인지적 접근

이 접근에서는 이상행동이 인지적인 정보처리과정의 오류에 의해 발생한다고 본다. 같은 사건을 경험하더라도 그 사건 자체보다는 개인이 사건을 어떻게 지각하고 해석하느냐 하는 것이 더 중요하다고 주장한다. 인지적 접근의 대표자로 아론 벡(Aaron Beck)을 들 수 있는데, 그는 우울증에 대한 인지치료적 접근을 통해 인지적 접근의 발전과 확장에 기여하였다. 최근에는 인지적 접근에 행동주의적 접근이 결합되면서 인지행동적 접근으로 발전하게 되었다. 정신장애에 대한 다양한 인지행동적 치료법이 개발되고 있으며, 그 효과가 과학적인 연구를 통해 입증되고 있다.

6) 생물학적 접근

이 접근은 정신장애가 신체가 기능하는 과정상의 이상에 기인한다는 견해를 기초로 하고 있다. 생물학적 접근은 **의학적 모형**(medical model) 또는 **질병모형**(disease model) 과 동의어로 사용되기도 하나, 그것들에 비해 보다 광범위하며, 주로 유전적이고 생화 학적인 요인에 초점을 둔다는 점에서 차이가 있다. 신체구조와 기능에 대한 연구 방법 이 발전되고 이에 따른 많은 연구 결과가 축적되면서, 여러 가지 정신장애가 생물학적 인 과정의 이상에서 비롯된다는 것이 확인되고 있다.

7) 소질-스트레스 모형 접근

소질-스트레스 모형(diathesis-stress model)은 개인의 특성과 환경의 상호작용을 강조 하는 입장이다. 즉, 특정한 유전적 소인이나 뇌신경계의 이상을 지닌 개인이 살아가면 서 특정한 스트레스에 노출되면 특정한 정신장애를 일으키게 된다는 것이다. 이러한 개인의 소질이나 취약성은 신체적인 것일 수도 있고 심리사회적인 것일 수도 있다. 이 모형을 적용하여, 다양한 정신장애의 소질 요인과 스트레스 요인이 밝혀지고 있다. 또 한 이 접근에서는 어떤 정신장애의 소질 요인이나 스트레스 요인에 각각 두 가지 이상 의 복합적인 요인이 관여될 수 있다는 점을 인정하고 있다.

3 ■ 이상행동의 실제

1) 정신병과 신경증

1980년 DSM 3판에서 공식적으로 신경증과 정신병의 구분을 없앤 이후에도, 많은 임 상가가 실제 임상장면에서 정신병과 신경증을 구분하고 있다. 왜냐하면 이 구분이 임 상적으로 적절한 치료계획을 수립하는 데 이점이 있기 때문이다. 그러면 우리가 흔히 '사이코'라고 하는 정신병(psychosis)과 '노이로제'라고 부르는 신경증(neurosis)의 차이 에 대해 알아보자.

정신병은 현실이 심하게 왜곡되는 보다 심각한 정신장애다. 이른바 현실검증력이 상실되어 자신의 객관적 현실이 망상이나 환각을 통해 주관적으로 왜곡된다. 또한 현 실과 동떨어진 경험을 하기 때문에 사회생활이나 직업기능을 수행하는 데 큰 어려움 이 있으며, 일상생활에서 뚜렷한 손상을 보일 수도 있다. 따라서 입원해서 치료를 해

BOX 2 ▷ 정신장애의 분류체계

DSM-5의 진단분류체계

이상행동이나 정신장애를 이해하고 치료하기 위해 정신장애를 여러 가지 범주로 분류하려는 시도가 있어 왔다. 고대 그리스의 히포크라테스에서부터 우울증이나 히스테리와 같은 분류가 시작되었다. 19세기 크레펠린이 조발성 치매라는 이름으로 정신분열증을 분류하였으며, 그 이후 많은 학자가 정신장애를 체계적으로 분류하기 위해 많은 노력을 해 왔다.

20세기에 들어서 정신장애에 대한 공식적인 진단분류체계가 등장하기 시작하였다. 그 대표적인 것이 미국정신의학회(American Psychiatric Association: APA)에서 채택한 정신장애 진단 및 통계편람(Diagnostic and Statistical Manual of Mental Disorders: DSM)과 국제보건기구(WHO)에서 채택한 국제질병분류체계(International Classification of Diseases: ICD)에 포함된 정신장애 진단 분류 방식이다. 현재 세계적으로 널리 통용되고 있는 정신장애진단 분류체계는 1993년 세계보건기구에서 발표한 ICD 10판(ICD-10)이고, 또 하나는 미국정신의학회에서 2013년 제작한 DSM 5판(DSM-5)이 있다. 이 중 DSM-5는 대부분의 이상심리학 교재에서 대표적인 진단분류체계로 받아들이고 있다.

DSM-5에서는 정신장애를 개념화하는 데 있어 특정한 이론에 치우치지 않고 증상과 증후군을 위주로 장애의 특성을 기술적인(descriptive) 측면에서 정의하였다. DSM-5에는 진단의 신뢰도를 높이기 위해 각 정신장애마다 진단분류의 기준을 구체적으로 제시하였으며, 각 장애에 대한 기초적인 자료들, 예를 들어 유병률, 장애의 경과, 감별진단에 관한 자료들을 제시하고 있다.

야 할 경우가 많다. 정신병의 경우 통찰력이 부족하여 자신의 문제를 인정하지 못하고 치료가 필요하다는 점도 대개 받아들이지 못한다. 정신병에 포함되는 장애로는 정신분열증, 양극성 장애, 정신병적 우울증, 망상장애 등이 있다.

이에 비해 신경증은 주로 불안과 관련된 증상을 보이며, 사회생활이나 직업기능 수행에서 그다지 심한 손상을 보이지 않는다. 대부분 통원치료를 하는 것이 보통이며, 자신의 문제에 대해 통찰력이 있고 자발적으로 변화하고자 하는 노력을 기울인다. 신경증에는 불안장애(공포증, 범불안장애, 공황장애 등), 강박 및 관련장애, 외상 및 스트레스 사건 관련장애, 신체증상 및 관련장애, 해리장애 등이 포함된다.

(1) 정신분열증

"

어릴 때부터 내성적이고 소심한 기태(가명)는 친구들과 어울려 놀기보다는 혼자 있기를 좋아했다. 학교생활 적응에 별 어려움은 없었고, 성적은 상위권을 유지했다. 그러나 고등학교에 입학하면서 성적이 급격히 떨어지기 시작했고, 주의 집중이 곤란하다고 호소했다. 부모님은 학업에 대한 스트레스 때문인 것으로 생각했는데, 점차 말수가 줄더니 전혀 말을 하지 않고 묻는 말에 "몰라요."라고 대답하고 간혹 벽을 때리는 등 과격한 행동을 보였다. 어느 날은 밖에 나갔다가 집을 찾아오지도 못했으며, 씻지도 않고 늘 같은 옷만 입는다고 고집을 부렸으며, 간혹 혼자 멍하니 어딘가를 응시하다가 혼자 웃고 중얼거리는 행동을 보였다. 또한 누군가 자신을 미행하며 죽이려 하고, 전화기에 도청장치가 되어 있다며 전화선을 뽑아 놓기도 했다. 며칠 뒤 갑자기 새벽에 이상한 소리에 가족이 깼는데, 기태가 발길질을 하고 손으로 얼굴을 감싸고 누군가와 싸우는 듯한 몸짓을 하며 "날 죽이지 못해, 난 안 죽어, 저리 가란 말야."라고 큰 소리로 울부짖고 있었다. 정신과 외래 대기실에서 만난 기태는 뭔가 불안한 듯 안절부절못했으며, 초조한 듯 왔다 갔다 하는 모습이 보는 사람으로 하여금 위태위태하다는 느낌을 갖게 하였다.

"

정신분열증의 가장 두드러진 특징은 사고장애와 지각장애다. 실제로 있지 않은 사실에 대해 자기중심적으로 그리고 극단적으로 왜곡하고 자신의 상상을 굳게 믿고 현실적인 검증에 대해 거부하는 '망상'은 대표적인 사고장애다. 실제로는 없는 대상을 보거나, 소리를 듣거나, 촉감을 느끼는 환시, 환청 또는 환촉과 같은 '환각'을 경험하는 것이 대표적인 지각장애다.

표정이 자연스럽지 못하고 의미 없는 반복적인 몸짓을 보이는 것과 같은 운동장애를 보이기도 한다. 드물지만 밀랍인형처럼 몸이 경직되어 한 자세가 오랫동안 유지되는 납굴증 증상을 보이기도 한다. 정서적으로는 부적절한 정서반응과 단순하고 깊이가 얕은 정서상태를 보이기도 한다.

어떤 경우에는 뚜렷하게 외적으로 드러나는 증상 없이 심한 무기력과 무반응 상태를 보이기도 하는데, 내면의 사고과정에서 현실과 동떨어진 비논리적이고 비현실적인 내용의 흐름이 있고 실제 적응과 기능상에 이상이 분명하게 나타난다면 정신분열증으로 진단되기도 한다. 많은 경우 외부환경이나 다른 사람들로부터 고립되어 회피적인 생활을 해 나가는 경우가 많고 사회적 관계가 단절되는 경우가 많다.

입양아 연구와 쌍생아 연구를 통해 정신분열증이 유전에 의한 것이라는 연구 결과가 나오고 있지만, 유전이 어떤 방식으로 영향을 미치는지에 대해서는 아직 명확하게 밝혀지지 않았다. 또한 도파민이라는 신경전달물질의 과잉활동과 관계된다는 도파민 가설이 주장되고 있다.

전통적인 정신분석에서는 정신분열증을 불안에 압도되어 자아가 생기기 이전인 유아기로 퇴행하는 것으로 보았다. 그러나 후기의 정신분석 이론가들은 모자관계의 손상에 의한 결과로 설명하기도 한다. 초기 아동기의 적대적이고 모순적인 상호작용으로 인해 아동이 점차 사람들로부터 철회하게 된다는 것이다.

행동주의적 견해는 사회환경적 자극에 적절하게 반응하는 것을 학습하지 못한 것으로 정신분열증을 설명하고 있다. 정신분열증 환자들은 사회적인 자극에 주의를 기울이지 못하기 때문에 사회상황에서 주어지는 자극에 기이한 방식으로 반응하여 다른 사람에게 배척당하게 된다. 그리고 이러한 것들이 다시 소외감과 행동의 어색함을 증가시킨다는 것이다. 또한 기이한 행동은 타인의 관심이나 동정심을 유발하고 책임을 면제받음으로써 계속 강화되어 습관화된다고 설명한다.

가족관계 요인으로는 부모의 특성이 냉담하고 지배적이며 아동에게 갈등을 유발할수록 그 아동은 정신분열증이 되기 쉽다는 주장이 있다. 또한 부모가 자녀에게 상반되는 메시지를 동시에 전달하는 의사소통방식이 자녀를 정신분열증으로 빠지게 할 수 있다는 이중속박 가설이 있다.

정신분열증의 발병에 사회계층 요인이 영향을 미친다는 주장도 있다. 즉, 사회계층이 낮은 사람들이 겪는 저학력, 경제적 어려움, 기회 부족 등과 같은 여러 가지 스트레스 요인들이 정신분열증을 일으키는 원인이 된다는 사회원인 가설이 있다. 반면에 정신분열증 환자들이 발병 후 직업이나 생계유지 능력이 저하되어 점차 낮은 계층으로 이동해 간다는 설명도 있다.

정신분열증에 대한 가장 핵심적인 치료로 약물치료를 들 수 있다. 또한 전기경련요법도 논란이 되고 있지만 다른 치료방법으로

[그림 13-2] 노벨상을 받은 존 내시의 정신분열증 투병기를 다룬 영화 <뷰티풀 마인드>

증상이 호전되지 않는 환자에게 시행되기도 한다. 2001년에 개봉되었던 〈뷰티풀 마인드〉라는 영화와 같이 전기경련요법이 시행되는 장면은 충격적이라고 할 수 있다. 어떤 방식이든 심리치료의 주요 초점은 환자를 환상의 세계에서 현실로 돌아올 수 있도록 하는 것이다. 또한 집단생활이 결핍된 정신분열증 환자에게는 집단 심리치료도 유익하다. 집단치료의 한 양식으로 사회기술훈련이 있고, 이것을 통해 환자는 사회에서 경험할 수 있는 여러 상황에 대한 대처방법이나 독립적으로 생활해 나가는 데 필요한 능력을 기를 수 있다.

(2) 주요우울증

> 미연(가명) 씨는 22세 여대생이다. 현재는 휴학 중이며 처음 어머니의 권유로 상담소를 찾아왔을 때, 화장기 없는 얼굴로 셔츠에 청바지를 입고 있었는데, 전혀 꾸미지 않은 듯 보였다. 구부정한 자세로 앉아 묻는 말에 작은 목소리로 간단하게 대답했다. 자신은 고등학교 다닐 때부터 학업에 대한 걱정이 많은 편이었는데, 공부한 내용을 잊어버릴까 두려웠다고 했다. 고등학교 졸업 후 직장에 다녔는데 자신과 맞지 않아 다시 공부를 시작해 대학에 들어갔지만, 막상 학교에 입학하자 자신이 원하던 것과는 너무 달랐고 불만족스러웠으며, '왜 살아야 하나, 무엇 때문에 열심히 살아야 하나.' 하는 생각이 떠나지 않는다고 했다. 앞으로 어떻게 살아야 할지 막막하고 가족에게 짐만 되는 것 같아 미안하다고 하면서 현재는 학교를 휴학하고 있으며 한 달 전부터는 아무도 만나지 않고 하루 종일 잠만 잔다고 했다. 식욕도 없고 무언가 해야 하는 이유를 알 수가 없고, 뭐든지 다 귀찮고 하기 싫다는 생각, 도망가 버리고 싶은 생각만 든다고 하였다.

우울증은 우울한 기분을 주된 증상으로 하는 기분 조절의 장애지만, 다양한 심리적 문제들이 같이 나타난다. 일상생활에서 흥미와 즐거움을 거의 느끼지 못하고 무기력하며 활동 수준도 감소한다. 자기비난, 자책, 무가치감, 죄책감 등 부정적인 사고에 빠져서 죽음이나 자살에 대한 생각을 반복적으로 하는 경향이 있다. 신체적으로 피로감을 느끼고 활기가 없으며 식욕 및 체중이 감소 혹은 증가하는 경우가 있고 불면증이나 과면증을 보이기도 한다. 이러한 증상이 2주 이상 지속될 때 주요우울증으로 분류된다.

정신분석적 입장에서는 우울증을 사랑하는 대상의 상실에 대한 반응으로 본다. 중요한 대상을 상실한 후 그 대상에 대한 감정 중 분노나 적개심을 무의식적으로 자기 자신에게 돌림으로써 자신을 공격하고 우울해진다고 본다.

우울증에 대한 이론 중 인지적 이론은 벡이 창안한 것으로, 우울증이 인지적 정보처리과정에서 생기는 오류에서 기인한다고 본다. 우울증 환자들은 우울도식이라는 인지구조를 가지고 있어서 세상이나 자신 또는 미래에 대해 부정적인 방향으로 지각하고 해석함으로써 우울증상이 나타나게 된다고 하였다.

우울증에 대한 학습된 무기력이론과 여기서 발전된 귀인적 이론 역시 인지적인 요소의 중요성을 강조한다. 학습된 무기력이론은 실패를 반복해서 경험하게 되면 자신이 환경에 대해 통제력이 부족하다는 확신, 즉 무기력을 학습하게 되는데, 이와 같은 학습된 무기력 상태가 우울증의 증상과 유사하다는 것이다(Seligman, 1975). 귀인적 이론은 부정적인 사건을 경험한 후 그 사건을 내적이고, 안정적이고, 총체적인 원인에 귀인함으로써 우울증이 지속되고 악화된다는 것으로(Abramson, Seligman, & Teasdale, 1978), 이를 '우울귀인양식'이라 명명하여 우울증의 취약성 요인으로 간주한다.

우울증이 호르몬이나 신경전달물질의 이상과 관련된다는 생화학적 이론은 우울증에 대한 약물치료를 뒷받침하고 있다. 갑상선 호르몬이나 에스트로겐이 우울증과 관련된다는 증거들이 있으며, 신경전달물질 중 노르에피네프린과 세로토닌의 활동수준이 낮은 것이 우울증과 관련된다는 보고가 있다.

우울증에 대한 가장 대표적인 치료법으로 인지치료를 들 수 있다. 이것은 우울증을 유발하는 인지적 요인을 찾아내 변화시킴으로써 우울증을 치료하는 방법이다. 이러한 인지적 요인으로는 부정적인 자동적 사고, 인지적 오류, 역기능적 신념 등이 있다. 그 밖에도 약물치료와 대인관계치료가 비교적 효과적인 것으로 알려져 있다.

(3) 양극성 장애

"

다영(가명) 씨의 어머니는 파출소에서 전화를 받았다. 백화점에서 신용카드 3개를 쓰고 다닌 딸에 대해 신고가 접수되었다고 한다. "또 시작이구나!" 다영 씨의 조증 증상이 시작된 것 같다. 다영 씨는 파출소에서 엄마를 보면서 갑자기 울기 시작했다. 다른 사람들이 다 자신을 때렸다는 것이다. 파출소에 있던 사람들은 모두 어리둥절해하면서 당황하고 어머니는 아무 말도 못 하고 다영 씨를 안아 주었다. 다영 씨는 어느샌가 엄마의 지갑에서 카드를 꺼내서 필요하지도 않은 옷을 사고 음식 주문을 했다가 백화점 직원으로부터 신고된 것이었다. 다영 씨는 도둑의 누명은 벗었지만, 300만 원이 넘는 카드 사용금액이 나왔다. 집으로 돌아온 뒤 갑자기 침울해지면서 다영 씨는 며칠 동안 아무것도 하지 않으려고 하며 경계하는 눈빛으로 일하는 아주머니를 쳐다보고 다 훔쳐 간다며 의심하곤 했다. 갑자기 새벽에 또다시 전화소리에 깬 엄마와 아빠는 파출소에 가야 했다. 다영 씨가 자신을 괴롭히는 남자가 있다며 새벽 2시에 파출소로 달려간 것이다. 주치의는 낮병원 치료를 권유했다. 낮병원에서 다영 씨는 사회기술훈련과 미술치료, 음악치료 그리고 집단 심리치료를 받고 있다.

"

양극성 장애는 우울한 기분상태와 고양된 기분상태가 교대로 나타나는 경우를 말한다. 따라서 양극성 장애를 조울증이라고 부르기도 한다.

우울증 시기에는 앞의 주요우울증에서 언급한 바와 같은 증상이 나타난다. 반면, 조증 시기에는 기분이 고양되거나 안절부절못하고 여러 방면에서 활동수준이 증가한다. 말이 많고, 말의 속도가 매우 빠르며, 사고과정에서도 논리의 비약이 나타나고, 어느 한곳에 주의를 기울이거나 집중하지 못한다. 과대망상을 보이기도 하고 지나치게 흥분되어 지칠 줄 모르는 경우가 많다.

일반적으로 양극성 장애는 생물학적 원인이 중요한 역할을 한다고 알려져 있는데, 특히 노르에피네프린, 세로토닌 및 도파민 등의 신경전달물질이 중요한 역할을 하는 것으로 알려져 있다. 양극성 장애 환자 가족 중에는 동일한 양극성 장애 또는 주요우울증을 앓았던 사람이 있는 경우가 많으며, 유전적인 영향이 큰 편이다. 양극성 장애의 소인이 있는 사람들은 가정, 직장과 주변 사람들과의 스트레스성 사건들, 혹은 극단적인 수면 부족이나 극심한 신체적 피로로 인해 조증상태가 쉽게 유발될 수 있으며, 알코올이나 흥분제의 과도한 사용은 우울증상태를 유발할 가능성이 높다.

정신분석적 접근에서는 조증상태를 우울증과 핵심갈등은 같지만 에너지의 방향이 외부 환경이나 불특정한 대상으로 향하는 것이라고 본다. 따라서 고통스러운 현실에 대해 부정하고 자신에 대해 큰 열망과 포부를 가진다고 보았는데, 과대망상이 그러한 과정에서 나타날 수 있다.

(4) 불안장애: 공황장애/공포증

> 민석(가명) 씨는 30세로 대기업의 영업부에 근무 중이다. 큰 키에 마른 체격의 남성으로 양복을 단정하게 차려입고 꼿꼿한 자세로 대기실에 앉아 있었다. 원래부터 성실하고 신중한 편으로 어떤 일을 시작하기 전에 많이 생각하고 계획하는 편이며, 어떤 일을 하든지 '잘해야 한다.'는 부담을 많이 느끼는 편이라고 했다. 현재는 직장에서 발표하는 업무가 많은데, '많은 사람 앞에서 말을 더듬지는 않을까, 손이 떨리는 것을 알아채지 않을까, 나를 멍청하다고 비웃지는 않을까, 무능력하다고 해고당하지는 않을까' 하는 걱정이 들어 매우 괴롭다고 했다. 그래서 발표하기 전에 미리 녹음도 해 보고 혼자서 연습을 해 보기도 하는데, 업무가 많아지면 일일이 연습할 시간이 없기 때문에 상당히 부담스럽고 또 쉽게 지치게 된다고 했다. 요즘은 직장에서 사직을 당할까 봐 걱정이 되어 다른 자격증 공부를 하고 있다고 하는데, 이런 걱정 때문에 일을 할 때 집중이 잘되지 않고 밤에 잠도 잘 오지 않았다고 한다. 스스로 '왜 이렇게 일어나지도 않는 일을 과도하게 걱정하나, 도대체 나는 왜 이렇게 소심하고 못났나.'라는 생각에 우울해지기도 하지만, 걱정을 하지 않는 것이 너무 어렵다고 호소했다. 그래서 스스로 심리치료를 받기 위해 인터넷을 통해 불안장애 클리닉을 방문했다.

불안장애에는 공황장애, 공포증, 범불안장애, 분리불안장애, 선택적 무언증 등이 포함된다. 우선 여기서는 공황장애와 공포증에 대해 알아보자. **공황장애**란 '금방 죽을 것 같은' 매우 극심한 공포감이 갑작스럽게 느껴지고, 그 순간에 식은땀이 흐르며 가슴이 두근거리고 머리 뒤끝이 다 서는 것 같은 신체반응들을 경험하는 것을 말한다. 공황장애를 경험하는 사람들은 집 밖에서 공황발작이 나타날까 봐 나가기를 두려워하여 광장공포증으로 발전되는 경우가 많다.

공포증은 불안이 어떤 대상이나 상황에 대한 강렬하고 비합리적인 공포에 집중되어, 공포에 의해 부적응적 회피행동이 나타나는 것을 말한다. 공포증에는 넓은 장소에 나가는 것을 두려워하는 광장공포증과 사람들이 있는 장소를 두려워하고 피하는 사회공포증이 있다. 이와는 달리 개, 곤충, 귀신, 높은 곳 혹은 지하 등 특정 대상이나 상황에 대한 공포증들은 앞의 두 가지에 비해 장애의 정도가 덜 심각하며, 이들을 단순공포증 또는 특정공포증으로 분류한다.

정신분석에서는 공포증을 원초아의 충동에 의해 유발된 불안을 상징적인 대상에 치환(displacement)함으로써 방어하는 것으로 설명하고 있다. 프로이트의 꼬마 한스(Hans) 사례에서, 한스가 아버지에게서 느끼는 거세불안을 말에 대한 공포로 치환시킴으로써 불안을 방어하는 것이 그 예이다. 학습이론의 관점에서는 중성자극과 유해자극의 연합에 의해 공포증이 생겨날 수 있다고 설명한다. 왓슨(Watson)의 꼬마 앨버트(Albert) 사례에서, 앨버트가 공포를 느끼지 않던 쥐에게 가까이 갈 때 큰 소리를 냄으로써 쥐에 대한 공포를 학습한 것이 그 예이다.

공황장애에 대해서는 유전적인 요인이 영향을 미친다는 주장이 있고, 생물학적인 원인에 대한 연구가 많은 편이다. 공황장애에 대한 심리학적 이론으로는 '공포에 대한 공포가설'이 있다. 이 가설은 광장공포증을 가진 공황장애 환자들이 두려워하는 것이

[그림 13-3] 고소공포증 환자는 높은 곳에 올라갈 때 극심한 공포감을 느낀다.

넓은 공공장소 자체가 아니라 많은 사람 앞에서 공포를 느껴서 공황발작을 하는 것 그 자체이거나 자신의 신체반응에 대한 예기불안 때문이라고 주장한다.

(5) 강박 및 관련장애

민수(가명) 씨는 매우 지쳐 보였다. 고교 2학년 수학시간에 선생님의 설명에 집중하지 못하고 다른 생각을 하고 있는 자신을 의식하면서 갑자기 '난 왜 이렇게 집중하지 못하고 잡념이 자꾸 떠오르는 거야.' 하는 생각을 하게 되었다고 한다. 그러자 자꾸만 신경이 쓰이고 더 집중이 안되고 잡념이 많이 떠오르는 것 같았다. 그러자 다른 상황에서도 집중하지 못하고 쓸데없는 생각을 하며 마치 무슨 고민을 하는 것처럼 심각해하고 있는 자신을 발견하고 이상한 경험이라는 생각을 했다고 한다. '평소에도 이랬나?' 하고 생각해 보니 그것도 잘 기억이 나질 않았다고 한다. 민수 씨는 고심하다 머리를 감고 세수를 하고 나니 뭔가 개운해지는 것 같은 느낌에 주목했다고 한다. '아, 이렇게 세수하고 머리를 감으면 되는구나.' 정말 무언가 고심하다 작은 해

결책을 찾은 맘으로 그 이후 딱히 관련성이 없는데도 잡념이 들면 세수하고 머리를 감아야 할 것 같은 생각이 들었고, 지내다 보니 도저히 그렇게 할 여건이 안 되는 경우가 많자 스스로 타협하는 셈치고 손을 여러 번 씻기 시작했다. 여러 번 씻고 나서도 '깨끗하게 씻었나?' 하는 의구심이 들어 또다시 씻는 것을 반복하면서 어느새 네 시간을 훌쩍 넘기는 경험을 하게 되었다고 한다. 민수 씨는 뭔가 문제가 있구나 싶어 스스로 정신과를 찾았고, 강박장애라는 진단을 받았다.

"

강박 및 관련장애는 강박적인 집착과 반복적인 행동을 주된 특징으로 하는 정신장애이며, 여기에는 강박장애, 자신의 외모가 기형적이라고 집착하는 신체변형장애, 불필요한 물건들을 버리지 못하는 저장장애, 머리털을 반복적으로 뽑는 모발뽑기장애, 반복적으로 피부를 벗기거나 뜯는 피부벗기기장애 등이 포함된다.

강박장애는 내적으로 조절하고 감당하기 어려운 불안이나 긴장이 강박사고나 강박행동으로 표현되는 장애다. 강박사고란 어떤 생각, 충동, 의심 또는 심상들이 자신의 의지로는 조절하기 어려울 정도로 지속적으로 떠오르는 것을 말한다. 강박행동이란 어떤 행동을 하지 않으려 함에도 불구하고 지속적으로 반복하게 되고 반복하지 않으면 더욱 불안해져 할 수밖에 없는 경우를 말한다. 강박사고와 강박행동은 너무나 다양한 양상을 보이기 때문에 많은 경우 실제로 강박장애라는 명확한 진단을 받는 시기가 늦어지는 경우가 많다.

인지적 관점에서는 강박장애 환자들이 우연히 나타날 수 있는 침투적 사고에 대해 그것이 중요하고 자신에게 책임이 있으며 반드시 통제해야 한다는 자동적 사고가 이차적으로 생겨나기 때문에 강박 증상을 보인다고 설명한다. 정신분석적 입장에서는 강박사고나 강박행동이 항문기에 지나치게 가혹한 배변훈련으로 인해 통제되지 않은 성적·공격적 본능의 힘에 의해 생겨난다고 설명한다. 학습적 관점에서는 강박사고나 강박행동이 불안을 감소시키는 결과에 의해 강화되어 학습된다는 입장을 취한다. 생물학적으로는 세로토닌이라는 신경전달물질의 낮은 활동 수준이 강박 증상을 일으킨다는 주장이 있다.

[그림 13-4] 영화 <이보다 더 좋을 순 없다>의 한 장면. 주인공 멜빈 유달(잭 니콜슨 분)은 전형적인 강박증상을 가지고 있다.

(6) 외상 및 스트레스 사건 관련장애

"

회사원 재화(가명) 씨는 1년 전 자동차 추돌사고로 크게 부상을 당해 몇 차례의 큰 수술을 받고 가까스로 일상생활을 할 수 있을 정도로 건강이 회복되었다. 그러나 사고 장면이 수시로 머릿속에 떠오르고, 밤에는 그 당시의 상황이 반복해서 악몽으로 나타나 잠을 제대로 이루기가 어려웠다. 또한 길가에서 자동차를 보거나 그 소리를 들으면 놀라게 되고 불안해서 출퇴근 하기가 어려워 회사를 휴직할 수밖에 없었다. 이런 문제로 정신과를 방문해서 약물치료와 심리치료를 병행하고 있다.

"

외상 및 스트레스 사건 관련장애는 외상(죽음이나 신체적 손상을 초래하는 충격적인 사건)이나 스트레스 사건으로 인해 발생하는 다양한 심리적 문제를 나타내는 정신장애이다. 외상 후 스트레스장애가 대표적인데, 이 장애는 외상을 경험한 후 한 달 후에도 외상적 사건을 지속적으로 재경험하거나, 외상과 관련된 자극을 회피하고, 외상사건과 관련된 생각과 감정이 부정적으로 변화되며, 일상적인 각성수준과 반응성이 변화되는 증상들을 나타낸다. 이 외에도 외상을 경험한 후 한 달 이내에 외상 후 스트레스장애의 증상들을 나타내는 급성스트레스장애, 어린 아동들이 양육자로부터 학대나 방임과 같은 애착외상을 경험한 후 부적절하고 위축된 대인관계 양상을 보이는 반응성 애착장애, 애착외상을 경험한 아동이 낯선 성인에게 과도한 친밀감을 표현하고 접근하는 탈억제 사회관여장애, 그리고 주요한 생활 스트레스 사건에 대한 적응 실패로 정서적 증상이나 행동적 증상을 보이는 적응장애가 포함된다.

외상 후 스트레스장애는 베트남전 참전용사들이 전쟁 상황에서 경험한 외상으로 인해 다양한 외상관련 증상을 나타내는 것에 대한 연구들을 바탕으로 DSM 3판에 처음 도입된 정신장애이다. 그 이후 많은 연구가 행해지고 다양한 이론이 제시되고 있다. 정신분석적 입장에서는 외상적 사건이 유아기의 미해결된 무의식적 갈등을 다시 불러일으키고 이를 퇴행, 억압, 부인 및 취소 등과 같은 방어기제를 동원하여 방어를 하는 것이 외상 후 스트레스장애 증상을 나타나게 한다고 설명한다. 행동주의적 입장에서는 외상적 사건과 관련 단서들이 연합하여 불안반응을 조건화하며, 회피행동이나 무감각한 반응은 불안을 감소시키기 때문에 부적으로 강화되어 유지된다고 설명한다. 대비슨과 포아(Davidson & Foa, 1991)는 외상 후 스트레스장애를 유발할 수 있는 위험요인을 외상 전 요인, 외상 중 요인, 외상 후 요인의 세 요인으로 나누어 설명하였다. 외상

전 요인은 개인이 이미 가지고 있던 취약성 요인으로, 정신장애의 가족력이나 정서적 불안정성과 같은 특성이 여기에 해당한다. 외상 중 요인은 스트레스 요인으로, 외상의 강도, 노출빈도, 악의 정도, 외상 피해자와의 관계 등이 증상의 심각도와 지속정도를 결정한다. 외상 후 요인은 증상의 악화 또는 유지에 영향을 미치는 요인으로, 사회적 지지의 부족, 추가적인 스트레스, 음주나 도박과 같은 자기 파괴적 행동 등이 포함된다.

(7) 신체증상 및 관련장애

> 미자(가명) 씨는 43세의 주부다. 참한 인상의 아주머니인데 기운이 없고 피곤해 보였다. 몇 년 전부터 이유 없이 자주 토하고 어지럽고 머리가 욱신거렸고, 항상 나른하고 피곤했다고 한다. 병원을 여러 군데 다녔으나 아무 이상이 없다고 했고, 의사 선생님의 권유로 정신과를 방문했다. 어려서부터 참하고 얌전하다는 말을 많이 들었는데, 다른 사람에게 싫은 소리를 잘 못 하고 누가 부탁을 하면 거절하지 못하는 편이었다고 한다. 중매로 지금의 남편과 결혼하게 되었는데, 남편은 고지식했고 미자 씨에게 자신과 자식들에게만 헌신할 것을 강요했으며, 남들 보는 앞에서도 거침없이 미자 씨를 무시했다고 했다. 그럴 때마다 미자 씨는 조용히 아무 말 없이 견디곤 했는데 요즘은 사소한 일에도 자주 짜증이 나고 몸이 아파 누워만 있게 되고, 아무것도 할 의욕이 나지 않는다고 했다. 정말 아픈데 아무도 알아주지 않아 답답하고 한스럽다고 하면서 면담 중에도 너무 머리가 아프고 가슴이 답답해서 정말 미치겠다고 호소했다.

신체증상 및 관련장애는 심리적 원인이 신체증상의 형태로 나타나는 경우다. 신체증상 및 관련장애에는 신체증상장애, 전환장애, 질병불안장애가 있다. 신체증상장애는 통증, 위장증상, 성적 증상, 가성 신경학적 증상 등 다양한 신체증상이 혼합되어 나타나는 것이 특징이다. 주요 증상으로 두통, 어지러움, 졸도, 구역질, 구토, 복통, 소화장애, 설사, 변비, 호흡곤란, 빈맥, 성기능장애, 월경 불순 등이 있다.

전환장애는 신경학적인 근거 없이 근육운동 기능이나 감각기능에 이상이 나타나는 것이다. 팔다리의 마비, 시력 상실 또는 함구증 등이 흔히 나타나는 증상이다. 대부분 증상을 통해 책임을 회피하고 관심을 받으려는 이차적 이득이 발견되며, 자신의 증세에 무관심한 태도를 보인다.

질병불안장애는 특정한 신체기관에 질병이 있다고 주장하며, 자기 나름대로 의학용어를 사용하면서 그 타당성을 설명하려 하며, 자신이 심각한 질병에 걸렸다는 두려움이나 생각에 집착하는 것이다.

고전적인 정신분석적 입장에서는 어린 시절의 성적 충동이나 성적 외상 경험이 어른이 된 후에 성적 흥분으로 재경험되려 할 때, 이를 억압하여 신체증상으로 전환함으로써 전환장애가 생겨난다고 보았다. 후기 정신분석적 입장에서는 전환증상이 성적 충동 외에 공격충동이나 의존욕구에 의해서도 생겨날 수 있다고 보았다. 악독한 시어머니 밑에서 시집살이를 하는 며느리가 부엌에서 칼로 음식을 요리하다가 칼을 들고 있던 오른팔이 마비되는 경우가 전형적인 예다. 팔이 마비되는 증상은 자신의 금지된 살인충동에 대한 처벌이며, 그 충동이 행동화될 것에 대한 두려움을 막아 준다. 이와 같이 정신분석에서 전환증상은 무의식적인 생각이나 감정을 표현하고자 하는 욕구와 그것을 표현하는 것에 대한 두려움 간의 현실적인 타협을 의미한다. 신체증상장애 증상 역시 무의식적인 충동이나 갈등을 상징적으로 표현하면서 갈등을 해소하는 역할을 한다.

학습적인 관점에서는 전환증상이 강화에 의해 학습되는 것이라고 보고 있다. 신체증상이 나타남으로써 불안이 감소되고 주위 사람들에게서 특별한 관심을 받게 되며, 때로 책임을 면제받는 것과 같은 결과를 가져오기 때문에 강화된다는 것이다. 인지적인 입장에서는 신체증상 및 관련장애 환자들이 자신의 신체기능에 지나치게 주의를 기울이고, 자신에게 나타나는 사소한 신체적 이상에 대해서 신체감각을 지나치게 확대 해석하는 경향이 있다고 보고 있다. 또한 사회문화적 입장에서는 심리적으로 문제를 나타내는 것에 비해 신체적으로 아픈 것이 사회적으로 더 쉽게 용납되는 문화에서 신체증상 및 관련장애가 더 많이 나타난다고 보고 있다.

2) 성격장애

개인이 가지고 있는 성격 특성이 융통성이 없고 부적응적이며, 사회적 · 직업적 기능상에 중대한 손상이나 주관적 고통을 야기할 때 성격장애라고 할 수 있다. 신경증이나 정신병에 비해 비교적 오랜 기간 동안 지속적으로 문제를 보인다는 점이 성격장애의 특징이다.

성격장애에는 다양하고 이질적인 성격 특성으로 인해 문제가 되는 사람들이 포함된다. DSM-5에서는 이들을 크게 세 가지 군집으로 나누고 있다. 여기에는 특이하고 괴짜의 행동패턴을 보이는 군집 A(편집성, 분열성, 분열형 성격장애), 극적이고 감정적이며 변덕스러운 행동패턴을 보이는 군집 B(반사회성, 경계선, 연기성, 자기애성 성격장애), 불안하거나 두려워하는 특성을 보이는 군집 C(회피성, 의존성, 강박성 성격장애)가 포함된다. 몇 가지 대표적인 성격장애를 살펴보기로 하자.

(1) 의존성 성격장애

"

여대생 미희(가명) 씨는 자발적으로 학생생활상담소에 상담을 요청해 왔다. 뭔가 막연하게 불안하고 두렵고 잠을 잘 수가 없으며, 요즘 들어 특히 이 세상에 혼자인 것 같고 어떻게 살아야 할지 막막하다고 했다. 그녀는 엄격한 교육자 집안의 막내딸로 매우 모범적인 학생이었다. 고등학교 때까지 성적도 우수하고 학교생활에 잘 적응했고, 부모님이 원하는 사범대학에 입학하게 되었으며 본인도 만족스러웠다. 대학 입학 후 다른 친구들은 모두 재밌게 살고 있는 것 같은데, 본인은 남는 시간을 어떻게 써야 하며, 어떤 수업을 들어야 하며, 어떤 동아리에 들어야 하는지 결정하기가 어렵고 두렵기만 했다. 다행히 같은 과에 고등학교 때부터 친했던 친구가 있어서 그 친구와 모든 일을 함께 하고, 1학기가 끝난 후 통학하는 대신 그 친구와 자취를 하게 되었다. 그런데 요즘 그 친구가 자신보다 다른 친구들과 더 친하게 지내고, 자신의 얘기를 이전처럼 잘 들어 주지 않고, 쌀쌀맞게 대하는 것 같아 속상하다. 동아리 내에서도 선배들이 일을 시킬 때, 다른 친구들은 요리조리 잘 피해 가는데 자신만 거절을 하지 못하고 밤을 새워 그 일을 하게 된다. 요즘 들어 꿈에 그리던 대학생활이 실망스럽고, 이렇게 지내다가 낙오되는 것은 아닐까 걱정스럽고 자기가 너무 못났다는 생각에 자주 슬퍼졌다. 자신은 다른 사람한테 최선을 다해 도와주고 신경을 써 주는데 친구들은 그렇지 않은 것 같아 배신감도 많이 느끼고 이용만 당하는 느낌이 든다. 같이 살던 친구가 휴학을 하게 되어서 혼자 자취를 하게 되었는데, 계속 자취를 해야 할지 통학을 해야 할지 모르겠다고 호소했다.

"

의존성 성격장애는 자신의 욕구를 타인의 욕구에 종속시키고 자신의 삶의 중요한 부분에 대한 책임을 타인에게 지우며, 자신감이 결여되고 혼자 있게 되었을 때 심하게 괴로움을 느끼는 성격장애다.

의존성 성격장애 환자들의 주요한 특징은 의존과 복종이다. 이들은 자기확신이 결여되어 있어 타인의 도움과 보살핌을 항상 필요로 하며, 자신의 삶에 대한 책임을 타인에게 맡긴다. 염세적이고 수동적이며, 성적이거나 공격적인 느낌을 표현하는 데 두려움을 갖고 있는 것이 특징이다. 이들은 자신이 책임져야 할 입장을 회피할 뿐만 아니라 어쩔 수 없이 책임져야 할 때에는 매우 불안해한다. 또한 사소한 일도 자신이 결정하지 못하고 상대방의 주장에 따르기만 하고, 자기의 욕구를 억제한다. 이는 자신을 도와주는 사람과의 밀착관계가 깨어질까 두려워하기 때문이다. 그 때문에 타인과의 의견 불일치를 표현하는 데 어려움을 나타낸다. 예를 들어, 학대하는 남편에 대해 참고 견디는 부인의 경우를 들 수 있다. 또한 친밀한 관계가 끝나면 자신을 돌봐 주고 지지해 줄 근원으로서 다른 관계를 시급히 찾는다.

의존성 성격장애의 원인에 대해서는 심리사회적 영향으로 보는 견해가 지배적인데, 어릴 때 아이들이 어떤 일을 독자적으로 하려고 시도할 때 부모가 미묘한 방법으로 처벌하는 경우, 또는 아이들의 어떤 자율적 행동이 부모와의 밀착관계에 손상을 가져올 수 있다는 것을 부모가 아이들에게 주입시킬 경우 성인이 될 때까지 자율적 행동을 습득하지 못하게 된다. 또한 의존성 성격장애는 어린 시절 만성 신체질환을 앓은 경우가 많다는 주장도 있다.

(2) 연기성 성격장애

"

지영(가명) 씨는 23세의 여대생이다. 날씬한 몸매에 예쁘장한 얼굴로 패션 감각이 뛰어나 보인다. 이성친구와 헤어지고 난 후 너무 외롭고 우울해서 자발적으로 정신과를 방문했다고 한다. 성격적으로 다른 사람과 어울리는 것을 상당히 좋아하고 다른 사람의 비위를 잘 맞춰 처음에 사람들과 금방 가까워지는 편이라고 한다. 하지만 속 깊은 얘기를 나누지 못하는 것 같고 그래서 자신의 생각으로는 진실한 친구는 없는 것 같다고 했다. 스스로 이성에게 인기가 많은 편으로 프러포즈를 많이 받고 여러 번 사귀었다고 했다. 그러나 늘 자기를 좋아하는 사람보다는 자기에게 퉁명스럽게 대하는 남자에게 호감이 갔고, 무뚝뚝한 남자를 유혹하게 된다고 말했다. 막상 그런 남성을 사귀게 되면 싫증이 났으며, 자신의 요구를 들어주지 않으면 폭발적으로 분노를 표출했고 이런 양상이 반복되면서 관계가 지속되기 어려웠다. 남자가 헤어지자고 하면 남자 앞에서 기절을 하기도 했다.

"

[그림 13-5] <바람과 함께 사라지다>의 여주인공 스칼렛 오하라는 연기성 성격장애의 대표적인 예다. 그녀는 타인을 사랑하기보다는 타인에 의해 사랑받는 것에 집착한다.

　　과거에는 히스테리성 성격장애라고도 불렸던 것으로 연기성 성격장애는 다른 사람들의 관심을 집중시키기 위해 자신의 외모를 이용하고, 끊임없이 과장된 감정표현을 한다. 또한 이들은 남을 조종하고 통제하려 하고, 상대방의 의견도 자기중심적으로 해석하려는 경향이 있다. 대인관계에서는 다른 사람에게 관심과 주목을 받는 것에 과도하게 집착하여, 그것이 충족되지 않으면 견딜 수 없을 만큼 불안해진다. 그러므로 다른 사람들의 생각과 태도에 지나치게 민감해한다. 또한 이들은 자신의 문제에 대한 책임을 회피하며, "왜 나한테만 이런 일이 생기는지 몰라."라고 불평한다.

　　정신분석적 관점에서는 연기성 성격장애가 심리성적 발달단계에서 어려움이 있었다고 본다. 이들은 구강기에 상대적인 모성 박탈을 경험하고, 오이디푸스적 상황의 해결에 어려움이 있어 명백한 성적 주체성을 형성하지 못한다는 것이다. 그러므로 이들은 약한 자아 강도, 빈약한 충동 통제력, 약한 현실검증력 그리고 원시적이고 부적응적인 자아방어(예: 퇴행과 부인)를 보인다.

　　인지적인 관점을 취하는 벡과 프리먼(Beck & Freeman, 1990)은 이들이 '내가 사람들을 사로잡지 못한다면, 나는 아무것도 아니다.' '만약 내가 사람을 즐겁게 할 수 없다면, 그들은 나를 버릴 것이다.'와 같은 핵심적인 신념을 가지고 있다고 보았다. 생물사회적 학습이론의 관점(Millon & Everly, Jr., 1985)에서는 연기성 성격장애가 부모나 다른 사람이 제공하는 일관성 없는 형태의 대인관계적 강화에 의해서 형성된다고 보고 있다.

(3) 편집성 성격장애

"

　　정인(가명) 씨가 정신과를 찾은 것은 더 이상 견딜 수 없다고 결심해서였다. 이혼을 해서라도 이 지긋하고 끔찍한 생활을 끝내야 하겠다고 생각했다. 외출한다고 보고해야 하고 시장에 가도 보고해야 하고 심지어는 샤워하느라 전화를 받지 못해도

의심하고 추궁하는 남편 때문이었다. 최근 들어서는 무슨 짓을 하고 돌아다니느냐며 추궁하다 폭력까지 휘두르는 남편을 법적으로 자신과 아이들로부터 격리되도록 하고 싶다고 했다. 결혼한 지 13년이 되는 정인 씨는 자신이 심리적으로 얼마나 고통스럽고 불안을 느끼는지에 대해 정신과적인 평가를 받고 싶다고 했다. 부부관계를 해도 성관계의 표시가 있다며 추궁하고 아이들과 함께 웃어도 나를 비웃느냐며 다그치는 남편의 행동에 대해 이해할 수 없다며 흐느끼는 정인 씨는 결혼 당시 정말 여리고 착하던 남편으로 돌아가도록 도울 방법이 있는지를 물었다.

이 사례에서 정인 씨의 남편은 편집성 성격장애로 추측된다. 편집성 성격장애의 주된 특징은 다음과 같다. 첫째, 타인에 대한 만연된 의심과 불신이다. 이들은 다른 사람에 의해 부당한 취급을 받거나 이용당할 것이라고 짐작하여, 혹시나 이용당하지 않을까 늘 과도하게 긴장한다. 또한 이들은 자신의 짐작을 확신시킬 단서를 찾기 위해 끊임없이 조사하고 남들을 감시한다. 둘째, 이들은 또한 잘 싸우며, 불편한 상황에서 감정을 조절하지 못한다. 이들은 타인이 자신을 인정하지 않으면 분노하고 그에게 악한 감정을 갖게 된다. 셋째, 이들은 정의와 공평함에 과도하게 집착하는 한편, 자신의 권익을 보호하는 데 지나치게 몰두한다.

정신역동적 입장에서는 편집성 성격장애를 대상 항상성의 발달이 실패했다는 관점에서 보고 있다. 이로 인해 내적 대상 표상과 사랑하는 관계를 유지하지 못하기 때문에 환자는 다른 사람과의 관계가 위험하고 불안정한 것이라고 믿는다는 것이다.

인지적 입장에서는 '사람들은 언제나 나를 이용하려 들기 때문에 믿을 수 없다.' '누가 나를 모욕한다면 별것 아니더라도 꼭 보복해야 한다.'와 같은 특정한 신념이 편집성 성격장애의 핵심 신념이라고 본다.

(4) 반사회성 성격장애

20세 된 창혁(가명) 씨가 종합병원 정신과를 찾았다. 수하에 거느리고 있는 아이들이라며 소개하는 청년들은 창혁 씨보다 네댓 살은 더 되어 보였지만, 형님이라고 부르며 매우 깍듯했다. 영화로만 보던 소위 조폭들인가 싶어 간호사들이 숨죽이며 자리를 지켰고, 진료를 기다리던 다른 환자들도 위축되는 분위기였다. 창혁 씨는 병사용 진단서 발급을 위해 병원을 찾았다고 했다. 반사회성 성격장애라는 진단이 내려지면 군대가 면제된다는 소문을 들었다고 했다. 심리검사가 시작되고 평가면담을 하는 동안 창혁 씨의 입에서 나오는 말들은 평범한 세상과 너무나 동떨어진 잔인하고 폭력적인 사건, 상황 그리고 인물들이었다. 창혁 씨는 마치 훈장처럼 흉터를 보여주며 자랑스러워했다. "정확히 말할 수는 없어도 여럿 쳤고 털었다."라는 말에서 그에게는 죄책감이나 어떤 규범에 대한 존중감은 찾기 어려웠다. "하지만 우린 의리가 있다."라고 주장하는 창혁 씨에게 그 자신은 그 의미를 알지 못하겠지만 그가 기대하던 반사회성 성격장애라는 진단이 고려되어야 한다는 평가서가 발급되었다.

"

[그림 13-6] 영화 <친구>의 한 장면. 조직폭력 집단 내에서 보이는 폭력성이나 비양심성은 마치 그들 안에서는 신성하고 당연한 사회적 규범과 같다.

반사회성 성격장애의 주된 증상은 타인의 권리를 무시하거나 침해하는 것이다. 이들은 사회적 규범을 따르지 못하여 절도나 폭행 등의 범죄를 쉽게 일으키며, 자신의 행동에 대해 잘못했다는 느낌을 전혀 갖지 않는다. 설사 이들이 잘못을 시인한다 할지라도 이는 순간을 모면하기 위한 속임수에 불과하다. 또한 이들은 공감능력이 결여되어 있고, 타인의 감정이나 고통을 무시하는 경향이 있으며, 자기의 이득을 위해선 쉽게 거짓말을 하고 꾀병을 부리기도 한다. 이들은 극도로 자기중심적이며, 의미 있는 대인관계를 형성할 능력이 없고, 간혹 타인을 위하는 것처럼 행동하지만 진정한 깊은 관계를 형성하지 못한다.

생물학적 관점에서는 이들의 공격성이 호르몬이나 신경생화학적 요인과 관계가 있다고 한다. 또한 경험을 통해 학습하는 것이 불가능한 것은 자율신경계의 기능 저하가 원인일 수 있다고 보기도 한다. 한편, 신경계통 조절의 장애가 있으면 난폭한 행동의 가능성이 높아진다는 설명도 있다.

정신역동적 관점에서는 분리-개별화가 끝나고 대상 항상성이 발달되는 시기에 어머니를 제3자나 약탈자로 경험하여 정서적 애착을 형성하지 못하고 정상적으로 오이디푸스 시기로 발달해 가는 데 어려움이 생겼기 때문이라고 설명하고 있다. 이들은 다른 사람들도 스스로의 감정을 가진 독립된 존재라는 것을 배우지 못하게 되고, 이에 따라 자신의 과격한 행동과 관련한 불안이나 죄의식을 발달시키지 못하게 된다. 또한 내재화 기제가 심각하게 손상되어 초자아가 정상적으로 발달하지 못한 것으로 설명된다.

인지적 입장에서는 '우리는 정글에 살고 있고 강한 자만이 살아남는다.' '내가 원하는 것을 얻기 위해서는 어떤 행동도 정당화될 수 있다.'와 같은 특정한 신념이 반사회성 성격장애의 핵심 신념이라고 본다.

(5) 경계선 성격장애

> 수진(가명) 씨는 사귀던 남자친구와 헤어지면서 심한 우울증상을 보여 어머니와 함께 심리상담 클리닉을 방문했다. 가만히 앉아 있다가도 소리를 지르고 갑자기 죽어 버리겠다고 칼을 찾고 그러다 주저앉아 울기를 여러 번 했다고 한다. 나아지는가 싶더니 학교에서 자해를 하여 과 교수님의 권유로 학생생활상담소에 방문했다고 한다. 어머니는 왜 갑자기 이러는지 충격이 심했던 것 같다고 했지만, 수진 씨의 말을 들어 보니 어릴 때부터 기분이 자주 우울했다가 또 나아졌다가 하는 것이 하루에도 몇 번씩 반복되었다고 했다. 신나고 즐거운 느낌은 낯설고 늘 뭔가 멍한 느낌 속에서 분위기에 휩쓸리고 정신없이 휘둘린 느낌이 지속되어 왔다고 하는데, 수진 씨는 도대체 내가 누구인지도 모르겠고 뭘 해야 하고 할 수 있는지도 모르겠다며 흐느꼈다. 그녀가 털어놓은 많은 이야기는 마치 드라마나 영화 속의 이야기처럼 강렬하고 극적이었다. 특히 쉽게 애정관계를 형성하고 극단적으로 청산하는 것을 반복했다. 최근 호프집에서 우연하게 합석한 남자와 몇 차례 만난 후 성관계를 하고, 매일 밤마다 자기에게 신경 써 주지 않는다는 주제로 계속 말다툼을 하고 계속 어디에 있는지를 확인하면서 어린아이처럼 매달리곤 했다고 한다. 만나서 남자친구가 달래 주면 금세 풀어져서 세상에서 가장 행복한 것 같은 기분을 느꼈다고 했고, 자신도 주체할 수 없는 기분의 변화였다고 했다. 그러다 사귄 지 한 달 정도 지났을 무렵 둘이서 어디론가 도망쳐서 함께 살자고 남자친구에게 제안했는데, 막상 남자친구가 헤어지자고 선언을 하자 죽이고 싶다는 충동과 무언가 찢어 버리고 부서 버리고 싶은 충동이 계속 머리에 떠올랐다고 했다. 며칠 동안 방에서 꼼짝도 하지 않고 지냈는데, 희미하게 기억이 나지만 어느 날인가 집을 나서서 전철을 탄 것까지는 기억이 나지만 어느 순간 이성을 잃었던 것인지 필통 안의 칼로 자신의 팔목을 긋다가 옆에 있던 사람들이 웅성거려 보니 자신이 자해를 하고 있다는 것을 알았다고 했다. 뭐가 뭔지 알 수 없고 그냥 살얼음 위에 떠서 곡예하는 느낌이라고 하는 수진 씨의 눈빛은 초점이 없었다.

[그림 13-7] 영화 <베티블루>의 여주인공 베티는 경계선 성격장애의 한 예다. 그녀는 강렬하고 육감적인 외모만큼이나 예측불허의 성격이다. 본인의 기대대로 되지 않는 현실을 받아들이기 어렵고 어린아이처럼 억지와 고집스러움, 너무나 약하고 지나친 변덕스러움으로 사소한 스트레스도 견디기 어려워하며 자해를 할 만큼 자신의 격정적인 내면의 소용돌이를 주체하지 못한다.

경계선 성격장애의 주된 특징은 감정의 기복이 매우 심하며, 변덕스럽고 충동적인 반응양상을 보인다는 점이다. 이들은 타인과 쉽게 가까워지는 한편, 쉽게 실망과 환멸을 느껴서 멀어지게 되는 극단적인 대인관계 양상을 반복한다. 이들은 사람을 모두 좋거나 모두 나쁜 것으로 본다. 또는 같은 사람이지만 한순간 좋은 사람이었다가 한순간 나쁜 사람이 된다. 이들의 행동에는 일관성이 없으며, 빈번한 자해와 과도한 약물복용이 반복된다. 또한 이들은 많은 분노와 불안을 경험하지만 이들의 기본 바탕을 이루는 정서는 우울함과 공허함이 특징이다. 대부분의 환자는 이 상태를 견딜 수 없어서 나름대로 이것을 피하기 위해 충동적인 행동을 하게 된다. 또한 이들은 실패를 받아들이는 탄력성이 부족하여, 실패를 하면 곧 극단적인 생각이 수반된다. 나름대로의 가치관을 세우려 노력하나 자신의 정체성을 확립하지 못하여 늘 혼란스럽다.

대상관계이론에서는 경계선 성격장애 환자들이 유아기의 분리-개별화 단계에서 심한 갈등을 겪고, 이 단계에 고착되어 있다고 설명한다. 고착의 이유로는 어머니가 아이에게 안정된 애정을 보여 줄 수 없었거나, 아이가 가지고 있는 선천적인 공격적 특성이 부모와 아이 간의 안정된 정서관계를 형성하는 데 어려움을 주기 때문이라고 설명한다.

사회학습이론에서는 이들이 분명하고 지속적인 자기정체성이 결여되어 있다고 본다. 이로 인해 확고한 목표가 없으며 충동통제를 못하고 지속적인 성취를 못한다고 하였다. 또한 자신의 결여된 정체성으로 인해 끊임없이 다른 사람의 보호와 관심에 의존하며 관계의 분리에 과도하게 민감해진다고 보았다.

경계선 성격장애에 대한 인지적 입장에서는 흑백논리적인 인지 왜곡에 초점을 두고 있다. 이들은 대인관계도 전적으로 좋거나 전적으로 나쁜 것으로 보는 경향이 있다. 즉, 사람이 한편으로 좋을 수도 한편으로 나쁠 수도 있다는 것을 받아들이지 않는다. 이와 함께 '나는 기본적으로 받아들여지지 못한다.'라는 식의 부정적인 자기상을 가지고 있어서, 만성적인 긴장과 불안을 경험하기도 한다.

3. 이상행동의 실제 455

3) 유아기, 아동기 및 청소년기에 시작되는 정신장애

대체로 정신장애가 처음 시작되는 시기는 장애에 따라 다르며, 같은 장애라 하더라도 개인에 따라 다를 수 있다. 정신분열증이나 우울증과 같은 정신장애는 어른이 된 다음 시작되는 경우가 많지만, 아동기나 청소년기에도 적지 않게 나타나고 있다. 또한 어떤 장애는 주로 어린 나이에 처음 시작된다.

유아기, 아동기 및 청소년기에 시작되는 정신장애에는 여러 가지가 포함된다. 우선 발달과 관련되는 장애가 포함되는데, 지적장애와 학습장애가 이에 해당된다. 또한 통제결여와 관련되는 장애도 주로 아동기에 시작되는데, 여기에는 주의력결핍 과잉행동 장애, 품행장애, 적대적 반항장애 등이 포함된다. 과잉통제와 관련된 장애에는 학교공 포증, 야뇨증, 틱장애 등이 포함된다.

(1) 학습장애

"

준우(가명)는 초등학교 2학년이다. 수업시간에 집중을 잘하지 못하고 산만하며, 말귀를 잘 알아듣지 못하는 것 같다고 하여 상담소를 찾았다. 지능은 평균 수준이었고, 특히 동작성 지능은 보통상 수준으로 양호하였다. 그러나 아직 한글을 깨치지 못하여 책을 잘 읽지도 쓰지도 못하였다. 수개념은 적절하여 숫자로 제시되는 단순한 덧셈, 뺄셈은 썩 잘하였지만, 그보다 더 쉬운 문제가 문장으로 제시되거나 소리로 불러 주면 풀지 못하였다. 이비인후과에서 청각에 이상이 없다는 소견을 확인하였으나, 한글 각 음소의 음가를 익히는 데 곤란을 보였고, 반복적인 훈련 뒤에도 '나'와 'ㄱ'이 만나면 어떤 소리가 나는지 물으면, "'가'인가 '남'인가?" 하고 혼란스러워 하였다.

"

학습장애라는 진단은 전반적으로 지능발달에 지체가 없지만, 듣기, 말하기, 읽기, 추론 및 수학적 계산 등과 같은 특정 학습 영역에 어려움이 있는 경우에 사용된다. 학습장애는 언어적 · 비언어적 능력의 발달, 통합 및 표현과 관련하여 신경학적 결함에 그 기원이 있는 것으로 추정된다. 일차적으로 시청각 및 운동능력의 결함, 지적장애, 정서행동장애 및 환경적 결핍으로 인한 학습문제는 학습장애에 포함되지 않는다.

학습상의 특이한 곤란은 주로 학령기에 나타나지만, 주의 깊은 관찰을 하지 않는 한 단순히 '말이 늦되다' '굼뜨다' '배우는 것이 더디다' 등으로 넘어가는 경우도 있다. 국어, 영어, 수학, 사회 등 모든 과목의 성취에 문제를 보이는 경우도 있고, 특정 과목에서만 문제가 두드러지는 경우도 있다. 학습장애는 흔히 주의력 결핍, 사회성 부족 및 정서적 문제가 동반되는 경우가 있으며, 이 때문에 시간이 지나면서 문제가 심해질 수 있다. 따라서 조기에 발견하고 도움을 주는 것이 중요하며, 장기적인 관점에서 전문적이고 체계적인 개입이 요구된다.

(2) 주의력결핍 과잉행동장애

> 민혁(가명)이는 8세 남자 아동으로 초등학교 2학년이다. 첫인상은 정말 똘똘해 보였는데 목소리가 좀 크고 말이 다소 많은 듯 보였다. 어머니의 말로는 성급하고 충동적이어서 친구들과 자주 싸우는 것이 가장 큰 문제라고 했다. 친구들과 놀다가 자기 차례를 기다리지 못하고 먼저 하려고 하고, 친구들의 물건을 뺏기도 하고, 친구들을 놀리기도 하고, 말 그대로 장난꾸러기라는 것이다. 또 자신이 흥미 있는 것에 마음이 뺏기면 하던 일을 다 잊어버리는데, 문구점이나 오락실에 들러서 밤늦게 들어온 적이 한두 번이 아니라고 했다. 수업시간에도 딴짓을 많이 하는데, 옆 사람과 이야기하느라고 선생님의 지시를 못 들어서 알림장을 써 오지 못한 적이 많다고 하고 선생님께서 수업시간에 돌아다니고 떠드는 등 수업을 방해하고 친구들과 자주 싸운다고 말씀하셔서 클리닉에 방문하게 되었다. 민혁이는 정신과에서 약 처방을 받았으며, 사회성 훈련과 공격적이고 충동적인 행동의 조절을 위해 놀이치료를 받게 되었다.

주의력결핍 과잉행동장애로 진단 내리기 위해서는 이 장애로 인한 증상이 적어도 두 가지 이상의 상황에서 나타나야 한다. 만약 학교에서는 아무 문제가 없고 집에서만 과잉활동과 부주의를 보인다면, 그것은 가족과의 관계나 집단 분위기와 관련된 것일 수 있다. 이런 경우에는 주의력결핍 과잉행동장애라고 단정할 수 없다.

이 장애에서 나타나는 대표적인 증상은 다음과 같다.

첫째, 부주의로, 학업 상황이나 사회 상황에서 드러난다. 이 장애가 있는 아동들은 세부적인 면에 면밀히 주의를 기울이지 못하고, 학업이나 다른 과업에서 자주 실수를 범한다. 흔히 신중하게 생각하지 않고 무질서하고 부주의하게 일한다. 일이나 공부 혹은 놀이를 하면서 지속적으로 주의를 집중하지 못하고, 일을 끝마칠 때까지 과업을 지속하지 못하며, 마치 마음이 다른 곳에 가 있고, 다른 사람이 무슨 말을 하는지 경청하지 않는 것으로 보인다.

둘째, 과잉활동이다. 무언가를 계속 만지작거리거나 자리에서 옴지락거리고, 가만히 앉아 있어야 할 경우에 잠시도 가만히 앉아 있지 못하며, 상황에 맞지 않게 지나치게 뛰어다니거나, 아무 데나 기어오르고, 일을 조용하고 차분하게 하지 못한다. 끊임없이 활동하거나 마치 무언가에 쫓기는 사람처럼 보이고 지나치게 수다스럽게 말하기도 해서, 어떤 계획과 목적을 가지고 행동하는 것이 아니라 정신없이 뭔가를 하는 것처럼 보인다.

셋째, 충동성이다. 성급하게 말하거나 행동하는 것이다. 충동성에 문제가 있는 아동은 질문이 채 끝나기도 전에 성급하게 대답하고, 자기 차례를 기다리지 못하며, 사회, 학업, 직업 장면에서 장해를 초래할 정도로 다른 사람의 활동을 방해하고 간섭한다. 이들은 자신의 행동이나 말이 어떤 결과를 가져올 것인지를 예상하지 못하는 듯 행동하여 조심성이 없고 주변 상황을 주의 깊게 살피지 않으며, 지금 당장 원하는 것을 하거나 손에 넣으려 한다.

이 장애의 원인으로는 다양한 것이 제안되고 있다. 신경생물학적인 입장에서는 뇌 속의 신경전달물질 중 노르에피네프린이나 도파민의 문제가 원인이라는 가설이 있으며, 유전적인 측면도 어느 정도 있다고 알려져 있다. 한편, 부모의 성격과 양육방식이 영향을 준다는 보고도 있는데, 야단을 많이 치거나 일관성 없는 양육방식이 주의집중력을 더 떨어뜨린다고 알려져 있다.

(3) 자폐스펙트럼장애

만 4세인 형민(가명)이는 유치원 선생님의 권유로 아동심리센터를 찾았다. 이유는 또래들과 어울리지 못하고 주로 혼자 지낸다는 것이었다. 단정한 옷차림에 잘생긴 외모였으며, 차분한 인상을 주었으나 사람들과 눈을 마주치는 것을 못하였다. 묻는 말에 대해 짧게 대답하였고, 간단한 의사소통에는 문제가 없었다. 그러나 개방형 질문에는 거의 대답하지 못하거나 형식적인 대답을 하였고, 질문을 그대로 따라 말하거나 엉뚱한 대답을 하였다. 억양이 단조롭고 독특하였으며, 때로 알아들을 수 없는 손짓을 하거나 혼잣말을 읊조렸다. 상담자가 이름을 부르고 주의를 환기시키면 이따금씩 돌아보고 대답은 하였지만, 장난감 기차를 가지고 노는 데에만 열중하였으며, 알 수 없는 웃음과 표정을 짓기도 하였다. 서로 같은 공간에 있었지만, 마치 서로 다른 공간에 있는 것처럼 보였으며, 간혹 놀이를 방해하면 급작스럽게 소리를 지르거나 울음을 터뜨렸다.

"

자폐스펙트럼장애는 대부분 출생 직후부터 3세 사이에 발생하지만, 정상 발달을 하다가 3세 이후에 발병하는 경우도 간혹 있다. 거의 출생 직후부터 뭔가 다른 점이 있으나 상당수의 부모는 이를 잘 느끼지 못하고 나중에 언어발달의 지연을 통해 알게 된다. 유아기에는 신체적인 접촉을 피하고 잘 안기지 않으려고 한다. 어떤 아동들은 아주 수동적이어서 부모에게 어떤 요구를 하지 않는 반면, 다른 아동들은 지나치게 흥분하여 쉬지 않고 울어 댄다.

자폐스펙트럼장애의 가장 큰 결함은 대인관계에서 정서적 표현을 이해하고 감정을 조절하는 능력의 결함이다. 유아기에는 사람에 대해 무관심한 반면, 사물에 관심이 많고, 다른 사람과 눈 맞춤이나 신체접촉을 피한다. 사회적 미소가 거의 나타나지 않고, 부모에 대한 애착을 형성하지 못하며, 낯가림이나 분리불안이 없는 경우가 많다. 학령기에는 부모에 대한 애착 행동이 늘어나고 사회성이 다소 좋아지기는 하지만, 또래와의 놀이를 즐기지 않고 친구가 없다. 타인의 행동을 모방하지도 않으며, 공감능력의 발달도 어렵다.

자폐스펙트럼장애 아동은 유아기에 울거나 소리를 지름으로써 욕구를 나타내고 원하는 것을 얻기 위해서 타인의 손을 끌거나 구체적인 몸짓을 한다. 하지만 의사표현에 걸맞은 표정이나 몸짓이 수반되지 않는다. 상대방이 사용하는 비언어적 의사소통의 표현에도 둔감하다.

자폐스펙트럼장애 아동들의 언어는 평생 제대로 대화할 정도로 발달되지 못하는 경우가 반수에 이른다. 정상아의 언어발달을 보면 이해가 표현보다 먼저 발달하지만, 자폐스펙트럼장애 아동들은 이와 반대로 제대로 이해하지 못하고 이야기를 한다. 자폐 아동들은 어휘 구사력도 부족하며, 실제 대화상황에서 자신

[그림 13-8] 영화 <레인맨>에서 주인공(더스틴 호프만 분)은 자폐스펙트럼장애 환자의 행동을 잘 보여 주고 있다.

이 가지고 있는 어휘를 충분히 사용하지 못한다. 또한 타인의 관점을 이해하는 능력에 문제가 있으므로 언어의 사회적 이용에도 문제가 있다. 이러한 특징 이외에도 행동상의 문제, 인지장애, 감각장애 등이 같이 나타날 수 있다.

자폐스펙트럼장애의 원인은 아직 명확하게 알려지지 않았다. 초기에는 심리사회적 요인으로 설명하려 했으나, 최근 연구 결과에 따르면 유전적·생물학적 요인에 의한 중추신경계의 장애로 보는 견해가 우세하다. 하지만 현재까지 자폐스펙트럼장애의 2/3 이상은 특별한 생물학적 이상 소견을 확인할 수 없는 실정이다. 자폐스펙트럼장애 아동의 예후는 약 만 5세 이전에 지능과 언어구사 능력이 얼마나 발달되어 있는가에 좌우되는 것으로 알려져 있기 때문에, 가능한 한 빨리 진단하여 적절한 조기치료를 받게 하는 것이 중요하다.

4) 기타 정신장애

(1) 섭식장애

> 음대에 다니는 대학 2년생인 현주(가명) 씨는 불규칙한 식사패턴과 섭식량 조절의 곤란으로 정신과에 의뢰되었다. 기본적으로 세련되고 여성스러운 느낌을 주는 외모였으나, 피부에 윤기가 없고 눈빛이 불안정하며, 가녀리고 예민한 인상을 주었다. 고등학교 때 입시 스트레스로 체중이 증가하여 164cm의 키에 60kg까지 나간 적이 있었으나, 지금은 45kg으로 마른 체형이었다. 대학교 진학 후 집중적인 다이어트로 체중 감량에 성공하였으나, 이후 체중에 대한 과도한 염려와 강박사고가 생겨 음식을 먹는 일에 지나치게 집착하게 되었다. 평소보다 조금이라도 많이 먹었다고 생각되면 처음에는 두세 시간씩 줄넘기를 하곤 했으나, 좀 더 빠르고 쉬운 방법을 찾게 되면서 설사제를 복용하거나 손가락을 넣어 구토하는 단계로까지 발전하였다. 최근 유학문제로 어머니와 다툼이 있고 난 후로부터는 이러한 문제들이 더욱 심각해졌다. 세 끼니에 달하는 식사를 한꺼번에 먹는 폭식행위와 습관적인 구토, 물 한 방울도 마시지 않는 날들이 순환적으로 반복되어 더 이상 정상적인 생활을 할 수 없게 되었다.

섭식장애에는 신경성 식욕부진증과 신경성 폭식증이 있다. 신경성 식욕부진증은 날씬해지고 싶은 욕구와 살을 빼야 한다는 욕구가 매우 높으며, 살이 찌는 데 대해 공포를 느껴 음식 섭취를 거부하는 것이다. 과도한 체중 감소로 인해 신체적인 이상이 발생되기도 하는데, 무월경이 대표적이다.

신경성 폭식증의 증상은 음식을 자주 폭식하고, 스스로 토하거나 하제나 이뇨제를 사용하여 먹은 것을 배설하는 것이다. 신경성 폭식증 환자들은 대부분 다이어트를 하면서 굶거나 운동을 심하게 하는 경향이 있다. 특징적인 증상은 일시적으로 과도하게 또는 정기적으로 달고 칼로리가 많으며 삼키기 쉬운 다량의 음식을 한두 시간에 걸쳐 자신도 통제할 수 없는 식욕으로 폭식하는 것이다. 먹고 난 다음에 잠을 자거나, 사회활동을 중단하거나 또는 구토를 한다. 충동적으로 폭식을 한 뒤에 우울해지고 괴로워하는 경우도 있다.

일란성 쌍생아에서 섭식장애의 일치율이 높고, 우울증, 알코올 의존 또는 섭식장애의 가족력이 있는 경우가 많아 유전적이고 생물학적인 요인이 관련되어 있는 것 같다. 그러나 심리적인 영향이나 사회적인 영향이 중요하다고 보는 견해가 지배적이다. 특징적으로 이들은 자율성과 자기감(sense of self)이 결여되어 있는데, 음식과 체중에 대한 아주 독특한 자기원칙을 지키면서 자신의 빈약한 자율성과 자기감을 유지해 나가는 것이다. 정신분석적 입장에서는 이들 젊은 여성 환자들이 엄마로부터 심리적으로 분리되어 있지 못하다는 점을 지적하며, 이들이 음식을 먹지 않으려는 것은 엄마로 상징되는 신체의 성장을 막고, 심지어는 이를 파괴하려고 하는 무의식적인 시도일 수 있다고 본다. 행동주의적 입장에서는 이들이 체중 증가에 대한 공포 때문에 음식에 대한 접근-회피 갈등이 유발되어 음식에 대한 접근행동과 회피행동이 나타난다는 설명이다.

BOX 3 ▷ 어디까지가 정상적인 다이어트인가?

사전적인 정의로, 다이어트란 '건강이나 미용을 위하여 음식을 먹는 양이나 종류를 제한하는 일'을 의미한다. 그러나 현재는 많은 경우 본말이 전도되어 다이어트 그 자체에만 과도하게 집착하게 되면서 다이어트가 신체적인 건강은 물론 정신건강을 파괴하는 사회병리 현상으로 대두되고 있다. 오늘날 다이어트는 연령, 결혼 여부, 계층, 사회적 지위를 막론하고 거의 모든 여성에게 넓게 퍼져 있다. 다이어트는 이상적인 몸매에 대한 사회적 기준과 타인의 시선에 종속되어 개인적으로 문제를 일으키고 있을 뿐 아니라, 사회적으로는 집단 히스테리라고까지 불리고 있는 다이어트 열풍을 일으키고 있다.

그렇다면 어디까지가 정상적인 다이어트인가? 먼저 자신의 신체조건에 맞지 않게 사회적으로 획일화되어 버린 이상화된 몸무게 추구와 왜곡된 신체상에서 벗어나고, 자신에게 알맞은 신체상에 대한 올바른 인식이 필요하다. 건강한 몸무게란 수치로 제시된 기준으로 측정될 수 있는 것이 아니라, 여성 개개인의 삶의 형태와 신체적 특징에 맞는 몸무게여야 한다. 그리고 신체 사이즈에 상관없이 자신의 몸을 있는 그대로 받아들이고 사랑하며 아름답고 활발한, 건강한 삶을 살 수 있도록 노력해야 한다.

건강한 다이어트의 요령은 다음과 같다.

① 아침식사는 반드시 한다. 점심과 저녁에 과식할 여지를 줄일 수 있으며, 변비나 혈당 공급, 집중력 강화와 같은 건강의 관점에서도 아침식사는 꼭 하는 것이 좋다.
② 물을 충분히 마신다. 식전 30분, 식후 1~2시간 후 물을 섭취하되, 식사 도중에는 가급적 마시지 않는 것이 좋다. 대신 채소류를 많이 섭취하도록 한다.
③ 식사 중에는 음식을 되도록 천천히 씹어 포만감을 느낄 수 있도록 하는 것도 중요하다. 먹는 속도가 빠르면 포만감을 느끼기 전에 불필요한 양을 더 섭취하게 되어 과식을 조장한다.
④ 식사 후 곧바로 양치질을 한다. 음식의 유혹을 떨쳐 버릴 수 있는 중요한 습관이다. 이를 닦으면 음식의 맛이 입안에 남아 있지 않아 먹고 싶은 미련을 버릴 수 있다.
⑤ 저녁시간을 조절한다. 6시 이후에 먹으면 큰일 나는 줄 아는 여성이 많은데 지나친 제한은 오히려 반감과 스트레스를 몰고와 폭식의 여지를 준다. 보통 잠들기 3~4시간 전까지 식사나 간식을 마무리 짓도록 한다.
⑥ 오후 간식을 먹는다. 식사시간 사이가 길면 공복시간도 길어져 과식할 위험이 높아진다. 따라서 아침과 점심, 점심과 저녁 사이에 가벼운 간식을 통해 공복감을 줄여 주는 것도 좋다. 적절한 간식은 오히려 비만을 방지하고 부족해지기 쉬운 영양소를 보충해 주는 역할을 하기 때문에 다이어트에 도움이 될 수 있다.

(2) 성기능장애, 성도착증, 성불편증

36세의 효진(가명) 씨는 요즘 남편과의 잠자리를 더 이상 견딜 수가 없다고 했다. 여러 가지 이유를 대며 잠자리를 피하지만, 더 이상은 이유를 만들 수가 없어서 고민이라고 하면서 울기 시작했다. 10년 전에 결혼해 아이가 둘이지만 10년 동안 효진 씨는 남편과의 잠자리에 대해 좋은 기억이 없다고 했다. 물론 남편과의 잠자리에 대한 기대를 했고 늘 자신도 절정감이란 걸 느껴 보려고 했지만 번번이 실망만 하게 되었다고 한다. 성관계 시 느껴지지도 않는 절정감을 남편은 물어보곤 했고, 효진 씨는 느껴 보지도 못한 절정감을 느낀다며 거짓말을 해야 했다고 한다. 남편은 눈치채지 못한 것 같았지만, 효진 씨는 이렇게 가다가는 왠지 더 바보스러워지고 억울하기도 해서 우울증에 빠질 것 같아 고민 끝에 심리상담센터를 방문했다. 효진 씨는 아마도 성기능장애 중 성적 흥분을 느끼기 어려운 절정감장애인 것 같다는 말을 들었다. 국내에서는 남성 성기능장애를 치료하는 클리닉은 있지만, 여성 성기능장애를 전문으로 치료하는 곳을 찾을 수가 없어서 상담센터에서 소개해 준 성치료 전문가를 찾아가기로 하고 상담센터를 나섰다.

"

성기능장애는 정상적인 성반응이 억제되어 어떤 형태로든 성행위에 곤란을 느끼는 경우에 진단된다. 성기능장애에는 남성의 경우 성욕감퇴장애, 발기장애, 조루증, 그리고 지루증이 있고, 여성의 경우에는 여성 성적 관심 및 흥분장애, 여성 절정감장애, 생식기-골반통증/삽입장애가 있다. 이러한 성기능장애는 심한 고통과 대인관계의 어려움을 일으킨다.

성도착증은 성적 흥분이나 만족을 비정상적인 대상이나 방법을 통해 추구하며, 이로 인해 사회적·직업적 또는 기타 중요한 기능 영역에서 심각한 지장을 일으키는 것을 말한다. 성도착증에는 노출증, 물품음란증, 마찰도착증, 소아기호증, 성적 피학증, 성적 가학증, 복장도착증, 관음증 등이 포함된다.

성불편증은 강하고 지속적으로 반대 성에 대해 동일시하는 것인데, 생물학적으로 지정된 자신의 성역할에 대해 상당한 고통을 경험하는 것을 말한다. 성불편증을 가진 사람들은 대부분 성전환 수술을 통해 생물학적으로 자신이 원하는 성으로 살아가기를 원한다.

성기능장애의 발생에는 성과 성생리에 대한 무지와 같은 직접적 원인이 있으며, 상대방과의 상호관계에 있어 거부, 증오, 무관심, 결혼생활의 불화 등 대화와 감정교류의 결핍이 중요한 원인이 된다. 또한 성행위 시 성공적 수행에 대한 불안이 원인이 되기도 한다.

성도착증의 원인은 정신분석적, 행동주의적, 생물학적으로 설명할 수 있다. 정신분석적 관점에서는 심리성적 발달단계에서 해결되지 않은 갈등이 반영된 것으로 보고 있다. 행동주의적 관점에서는 도착적인 성행동을 모델링, 강화, 자극연합 등을 통해 학습된 것으로 이해하고 있다. 생물학적 관점에서는 호르몬장애, 중추신경계장애, 염색체 이상 등과 관련되어 있다고 보고 있다.

성불편증의 원인은 성호르몬의 비정상성과 같은 생물학적인 측면으로 설명하는 경우가 있으며, 양육 시 부모의 태도, 아동의 기질, 대인관계에 영향을 받는다는 심리사회적 측면이 있다. 정신분석적 입장에서는 이성의 부모를 과도하게 동일시한 결과 성불편증이 발생할 수 있다고 한다.

(3) 알코올중독, 도박중독, 인터넷중독

> 형석(가명) 씨는 28세로 복학생이다. 군대 제대 후 복학했다가 학교생활에 적응하기 어려워 휴학을 1년간 한 후 다시 복학했다. 형석 씨가 클리닉에 찾아왔을 때 첫인상은 다소 왜소한 체구에 수줍음이 많고 소심한 인상이었다. 그런데 가만히 앉아 있지 못하고 손가락을 까닥거리며 초조해했다. 클리닉에 온 이유는 수업에 결석하고 시험도 보지 않아서 학사 경고를 받는 등 학교 적응에 문제가 있어 보여 담당교수가 학생생활상담소에 가 보도록 권유했는데, 상담 선생님이 전문클리닉에 가길 권하여 찾아왔다고 했다. 형석 씨는 어려서부터 자신의 외모에 대한 불만이 많았고 소심한 성격 때문에 친구들에게 '샌님'이라는 말을 많이 들었다고 한다. 공부를 잘해 서울에 있는 대학에 입학했는데, 대학에 입학해 보니 친구들 중에는 잘생기고 성격도 좋은 애들도 많아 더욱 열등감에 시달렸다고 했다. 점차 학교생활에 흥미를 잃고, 이성친구를 사귀고 싶지만 자기처럼 못생기고 소심한 남자를 좋아할까 싶어 여자와 있으면 더욱 불편해지고 긴장된다고 한다. 점차 혼자 있는 시간이 많아지면서 머드게임을 하게 되었는데, 요즘은 거의 8시간 이상 게임만 했다고 한다. 머드게임 속에서만큼은 자신은 최강자이고 술 먹고 이야기할 친구도 있고 매력적인 여인과 데이트도 할 수 있다고 말했는데, 게임을 하고 있지 않을 때에는 기운이 빠져 우울한 상태가 되고, "현실세계는 실패작이지만, 머드에서의 삶은 굉장하다. 게임 속에서 영원히 살고 싶다."라고 말했다. 초조하고 불안해 보이던 형석 씨의 첫인상과 게임에 대한 이야기를 하며 눈을 반짝거리는 형석 씨의 모습은 정말 대조적이었다.

알코올중독 또는 알코올사용장애에는 알코올의존과 알코올남용이 있다. 알코올의존은 습관성 음주로 인해 내성과 금단증상이 존재한다는 증거에 의해 진단된다. 알코올

금단증상은 장기간 많은 양의 음주를 하다가 양을 줄인 지 12시간 이상 경과한 후 나타나는데, 오심과 구토, 무력감과 나른함, 불안, 우울, 입이 마르는 증상 등을 경험하는 것이다. 금단증상이 매우 불쾌하기 때문에 금단증상을 피하기 위해 알코올 사용이 반복된다. 알코올남용은 알코올의 과도한 사용으로 직장이나 가정에서 역할수행에 지장을 겪게 되는 것이다.

도박중독자들은 만성적이고 점진적인 도박에 대한 충동이 있고, 지나치게 자신만만하고, 상당히 열정적이며, 스트레스, 불안 또는 우울감이 있을 때 돈을 낭비하는 경향이 있다. 알코올중독의 경우와 마찬가지로 내성과 금단증상을 보이며, 시간이 지날수록 거는 돈의 액수가 커지고, 도박을 하지 못하게 할 경우 우울, 무기력, 불안, 초조 등의 증상을 보인다. 이들은 도박 자금을 마련하기 위하여 문서위조, 공금횡령, 거짓말을 하기도 하고, 반사회적 행동을 저질러 범법자가 되기도 한다. 결국 빚을 지거나 재정적 곤란에 직면하여 가족이나 친지, 사회로부터 신용을 잃고 소외당하게 되고 실직하게 되며, 자살을 시도하기도 한다.

인터넷중독 역시 알코올이나 도박 문제와 같이 지나치게 컴퓨터와 인터넷에 탐닉하여 일상생활이나 사회적 기능 또는 직업적 기능에 손상을 입는다. 인터넷중독의 경우도 내성과 금단증상이 나타나며, 여러 가지 심리사회적 문제를 수반한다. 컴퓨터나 인터넷이 생활에서 점차 중요한 위치를 점해 감에 따라 인터넷중독 문제가 늘어 가고 있으며, 최근에는 스마트폰중독 역시 상당히 심각한 문제로 부상하고 있다.

알코올중독의 원인은 상당히 복합적인데, 사회문화적 요인과 가족적 요인, 약물의 입수 가능성, 음주를 시작하는 기회, 개인의 정신병리 등이 상호작용한 결과이며, 동시에 개인의 신체적 소인과 생물학적 요인들도 관계될 것으로 추정된다. 특히 유전은 알코올중독에 있어서 중요한 소인으로 생각된다.

도박중독의 원인에 대해서는 여러 가지 이론이 있는데, 정신분석적으로는 돈을 잃으려는 무의식적 욕구와 무의식적인 죄의식의 완화로 설명한다. 행동주의이론에서는 학습된 부적응적 행동으로 설명하는 반면, 인지이론은 도박결과를 자신이 통제할 수 있다는 잘못된 신념에 기인한다고 설명하고 있다.

1. 이상행동을 구분하는 기준에는 보편적이지 않은 행동, 사회적 일탈의 정도, 현실에 대한 지각이나 해석이 잘못된 경우, 주관적 고통이 심각한 경우, 부적응적이거나 자기패배적인 행동, 위험한 행동 등이 있다.

2. 이상행동에 대한 관점은 귀신론, 신체적 원인론, 심리적 원인론 등으로 시대에 따라 변천되어 왔다. 현대의 관점 및 접근법에는 정신분석적, 인간중심적, 실존주의적, 행동주의적, 인지적, 생물학적 그리고 소질-스트레스 모형적 접근 등이 있다.

3. 현재 전문가들에 의해 주로 사용되고 있는 정신장애의 분류체계는 DSM-5와 ICD-10이다.

4. 실제 임상장면에서 정신병과 신경증은 구분되어 사용되고 있다. 정신병은 현실이 심하게 왜곡되는 이른바 현실검증력이 상실되는 보다 심각한 정신장애며, 신경증은 불안과 관련된 증상을 주로 보이며 기능의 손상은 그다지 심하지 않다. 정신병에 포함되는 장애로는 정신분열증, 양극성 장애, 정신병적 우울증, 망상장애 등이 있으며, 신경증에는 불안장애, 신체증상장애, 해리장애 등이 포함된다.

5. 정신분열증은 사고장애, 지각의 장애, 주의집중 곤란, 운동장애, 부적절한 정서, 사회적 고립 등의 증상을 보인다. 정신분열증의 원인으로는 유전적 영향이나 도파민의 높은 활동수준과 같은 생물학적 견해가 주목을 받고 있다.

6. 일상생활에서 느끼는 지속적인 기분 조절의 문제에는 우울증과 조증이 포함된다. 우울증의 원인에 대해서는 생물학적인 이론과 벡의 인지적 이론이 주목을 받고 있다.

7. 불안이란 무서움, 걱정 또는 공포의 감정으로 심장박동의 증가, 발한, 근육 긴장 및 빠른 호흡 등과 같은 생리적 변화를 수반한다. 불안장애에는 공황장애, 공포증, 범불안장애 등이 포함된다.

8. 강박 및 관련장애는 강박적인 집착과 반복적인 행동을 주된 특징으로 하는 정신장애이며, 여기에는 강박장애, 신체변형장애, 저장장애, 모발뽑기장애, 피부벗기기장애 등이 포함된다.

9. 외상 및 스트레스 사건 관련장애는 외상이나 스트레스 사건으로 인해 발생하는 다양한 심리적 문제를 나타내는 정신장애이다. 여기에는 외상 후 스트레스장애, 급성스트레스장애, 반응성애착장애, 탈억제 사회관여장애, 그리고 적응장애가 포함된다.

10. 신체증상 및 관련장애는 생리학적 근거가 없는 신체증상을 지속적으로 나타내는 것이다. 신체증상 및 관련장애에는 신체증상장애, 전환장애, 질병불안장애 등이 포함된다. 신체증상 및 관련장애의 원인에 대한 이론으로는 정신분석적 이론, 행동주의적 이론 및 인지적 이론 등이 있다.

11. 성격장애는 개인이 가지고 있는 성격 특성이 융통성이 없고 부적응적이며, 사회적·직업적 기능상에 중대한 손상이나 주관적 고통을 야기하는 것을 말한다. DSM-5에서는 성격장애를 특이하고 괴짜의 행동패턴을 보이는 군집 A(편집성, 분열성, 분열형 성격장애), 극적이고 감정적이며 변덕스러운 행동패

턴을 보이는 군집 B(반사회성, 경계선, 연기성, 자기애성 성격장애), 불안하거나 두려워하는 특성을 보이는 군집 C(회피성, 의존성, 강박성 성격장애)의 세 가지 군집으로 구분하고 있다.

12. 유아기, 아동기 및 청소년기에 시작되는 정신장애에는 지적장애나 학습장애와 같은 발달과 관련되는 장애, 주의력결핍 과잉행동장애, 품행장애, 적대적 반항장애 등과 같은 통제 결여와 관련되는 장애, 그리고 학교공포증, 야뇨증, 틱장애 등과 같은 과잉통제와 관련된 장애 등이 포함된다.

13. 앞에서 언급한 정신장애 외에도 다양한 유형의 정신장애가 있다. 이 중 최근에 많은 관심을 불러일으키고 있는 장애로 알코올중독, 도박중독, 인터넷중독, 섭식장애, 성기능장애, 성도착증 그리고 성불편증 등이 있다.

학습과제

1. 이상행동을 구분하는 기준에는 어떤 것들이 있는지 기술하시오.

2. 이상행동에 대한 관점에는 어떤 것들이 있는지 기술하시오.

3. 정신장애의 공식적인 분류체계는 무엇이고, 그 특징은 무엇인지 서술하시오.

4. 정신병과 신경증의 차이는 무엇이고, 각각 어떤 정신장애들이 포함되는지 기술하시오.

5. 각 정신장애의 임상 양상과 원인에 대한 이론들을 기술하시오.

이상행동의 치료

1. 이상행동을 어떻게 치료할 것인지를 알아본다.
2. 심리치료란 무엇이며, 어떻게 진행되는지를 알아본다.
3. 각 심리치료법의 차이점과 유사점을 이해한다.
4. 생물의학적 치료에 대해 알아본다.

이 장에서는 이상행동을 치료하기 위한 방법에 대해 배운다. 여러 가지 방법이 있는데, 크게 심리적 치료(psychological treatment 혹은 psychotherapy)와 생물의학적 치료(biomedical therapy)라는 두 가지 접근법으로 나눌 수 있다. 심리치료에서는 전문적인 수련을 거친 심리치료자(psychotherapist)와의 상담과 상호작용을 통해 이상행동을 치료한다. 반면, 생물의학적 치료에서는 의사들이 '몸'을 치료함으로써 심리적 문제를 치료한다. 구체적으로 말하자면, 호르몬 수준이나 뇌에 영향을 주는 약물, 혹은 수술로 심리적 문제를 치료한다.

신체적 이상과 마찬가지로 심리적인 이상도 고치기 쉬운 것이 있고 어려운 것이 있다. 또 문제의 종류에 따라 치료방법이 달라질 수 있다. 반가운 사실은 신체적 이상을 고치기 위한 신약과 기술이 나날이 개발되듯이 심리적인 문제를 고치는 새로운 치료법도 속속 개발되고 있으며, 기존의 치료법도 개선되고 있다는 점이다.

1 ⊢ 심리치료[1]

심리치료는 두 사람(물론 집단심리치료에서는 두 사람 이상) 사이의 상호작용으로 이루어진다. 둘 사이의 상호작용은 제스처, 동작, 얼굴 표정, 감정 표현을 통해서도 이루어지지만 주로 언어를 통해서 이루어진다. 그중의 한 명인 환자 혹은 내담자[2]는 치료를 통해 도움을 받고자 한다. 다른 한 사람은 필요한 도움을 제공할 수 있도록 전문적인 훈련을 받고 소양을 갖춘 치료자다. '용한' 심리치료자라면 환자들이 문제를 해결하도록, 또한 자신의 삶을 새로운 방식으로 생각해 보도록 돕는다.

실제로 심리치료라는 단일의 독립적인 전문직은 존재하지 않는다. 대신 여러 종류의 전문가들(임상심리학자가 한 예다)과 비전문가들이 다양한 유형의 상담과 심리치료에 종사하고 있다. 전문적인 심리치료는 19세기 후반 프로이트와 그의 제자들이 시작

---

1) 이 장에서는 심리치료와 (심리)상담을 구분하지 않고 혼용하였다.

2) 심리학에서는 '상담하러 온 사람'을 내담자라고 부르기도 한다. 본문에서는 내담자와 환자를 구분하지 않고 혼용하였다.

[그림 14-1] 사설 클리닉에서 내담자가 심리치료를 받고 있다.

했다고 말할 수 있다.

1940년대에 심리학자인 칼 로저스(Carl Rogers)가 '비지시적 치료(nondirective therapy)'라고 부른 새로운 형태의 심리치료를 선보였고, 그 후로 여러 새로운 접근법이 속속 등장했다. 1980년대에 이미 캐즈딘(Kazdin, 1986)은 4백 가지 이상의 다양한 심리치료법이 있다고 보고했다. 매스미디어의 영향으로 이젠 일반인이 심리치료가 어떠한 것인지에 대해 대충 알게 되었고 그 이용률이 나날이 높아지는 추세다. 심리치료가 널리 알려지고 받아들여짐에 따라 단독으로 사용하든, 아니면 다른 치료법(예: 약물)과 같이 사용하든 심리치료를 통해 다양한 문제와 병리를 고칠 수 있다는 인식이 높아지고 있다.

이제 심리치료 중에 널리 쓰이는 종류를 개발된 순서대로 살펴보자.

1) 정신분석 심리치료

정신분석 심리치료의 창시자는 프로이트지만 그 자신도 평생에 걸쳐서 그 이론과 기법을 수정하였고, 제자와 추종자들이 '프로이트식' 정신분석과 차별화되는 분파를 많이 만들어 냈다. 이들은 모두 공통적으로 무의식을 강조한다.

(1) 치료목표

정신분석에서는 성격문제나 이상행동이 주로 무의식적인 욕구와 갈등에 기인한다고 가정한다. 그리고 개인이 그 욕구나 갈등을 무의식 속에 묻어 버리는 이유는 그것들을 직시하기가 너무 고통스러워서 그 고통으로부터 자신을 '방어'하기 위해서라고 본다. 그리고 그 억압된 갈등이 해결되지 않는다면 완전한 치유가 아니라고 하였다. 따라서 정신분석에서의 1차적인 치료 목표는 증상 제거가 아니라 무의식 속에 있는 욕구와 갈등을 찾아서 자각하게 하는 것이다.

(2) 치료기법 및 치료과정

고전적인 프로이트식 정신분석에서는 일주일에 거의 매일(4~6회) 치료를 받아야 한다. 당연히 돈과 시간이 많이 든다. 환자는 소파나 긴 의자에 누워서 '머리에 떠오르는 대로' 자유로이 말하거나('자유연상'이라고 부르는 절차임) 꿈을 보고한다. 치료자는 적절한 때에 환자가 이야기한 자유연상의 내용이나 꿈의 의미를 해석해 준다. 분파인 정신역동치료(psychodynamic therapy)에서는 치료 횟수를 줄이고 환자를 의자에 앉히기도 한다. 그리고 환자와 치료자 간의 '역동', 즉 상호작용의 의미를 캔다. 환자의 과거와 무의식적인 동기를 분석하면 왜 환자가 그러한 증상을 보이는지 이해할 수 있게 되는데, 이를 '통찰(insight)'이라 한다. 애당초 환자가 무의식 속에 묻어 버린 것들은 용납할 수 없었던 매우 고통스러웠던 내용이므로 이를 직시하지 않으려고 환자는 '저항(resistance)'하게 된다. 저항은 자기방어를 위한 노력으로서, 치료시간에 치료자의 해석을 부인하기, 지각하기, 잡담하기, 분석가에게 무례하게 행동하기 등 여러 가지 형태로 나타난다. 치료자는 이러한 행동의 의미를 해석해 줌으로써 환자가 저항의 원인을 깨닫고 치료의 진전을 저해하지 않도록 이끈다.

방어: 환자는 괴로운 사실을 직시하지 않으려고 한다.

분석가는 환자가 볼 수 없는 자리에 앉아서 환자를 관찰한다.

프로이트는 환자의 저항수준을 낮추기 위해 '자유연상(free association)'이라는 절차를 고안해 냈다. 자유연상 시 환자는 긴 소파에 눕게 되며 분석가는 환자의 시야에서 벗어나 환자의 등 뒤에 앉는다. 환자가 할 일은 생각이 자유롭게 흐르도록 내버려 두면서 마음속에 떠오르는 것은 무엇이든지 여과 없이 말하는 것이다. 분석가는 환자의 생각이 자유롭게 흐르도록 내버려 두고 그 흐름을 가능한 한 방해하지 말아야 하지만, 환자가 연상하는 동안에 보이는 주저함이나 막힘, 변화 등을 관찰해야 한다. 그리고 환자가 어떠한 내용을 억압해 왔는지를 환자보다 먼저 감지하고 적절한 시기에 이러한 내용과 관찰한 자료를 지적하고 해석해 준다.

'꿈 분석' 역시 무의식적 욕구나 갈등을 찾아내고 해결되지 않은 문제에 대해 환자가 통찰을 얻게 하는 중요한 절차다. 왜냐하면 잠자는 동안에는 방어가 허술해져서 억압된 것들이 꿈으로 표현된다고 믿기 때문이다(Galatzer-Levy & Cohler, 1993).

치료가 진행됨에 따라 분석가와 환자의 관계는 깊어진다. 때때로 환자는 치료자를 향해 사랑하거나 미워하는 감정을 느끼게 되는데, 이를 정신분석에서는 '전이(transference)'라 한다. 이때 환자는 분석가를 있는 그대로 보고 있는 것이 아니라 부모처럼 바라보고 부모에게 느꼈던 감정이나 갈등을 다시 느끼는 것이다. 그리고 자신의 부모에게 표현하지 못했던 감정을 분석가에게 보이기도 한다. 분석가는 이런 현상을 환자에게 해석해 주는데, 이는 환자가 자신의 대인관계가 어떠한지를 깨닫게 하며 과거와 현재 그리고 현실과 환상을 구분하도록 돕는다.

환자가 자신이 가진 문제의 본질에 대해 한두 번 통찰을 경험했다고 해서 변화가 일어나는 것이 아니라 분석이 지속적으로 이루어지는 가운데 통찰이 계속 깊이를 더해 가고 '훈습(working through)'을 통해 현실 차원에서 치료효과를 보게 된다고 한다. '훈습'이란 환자가 지속적이고 반복적인 학습을 통해 자신이 이해하고 통찰한 바를 충분히 소화하는 과정이다.

전이: 환자는 분석가를 부모처럼 바라보고 부모에게 느꼈던 감정이나 갈등을 다시 느낀다.

프로이트는 세계 각지에서 열광적인 신봉자들을 거느리게 되었다. 재미있는 사실은 프로이트의 초기 추종자들 중 상당수가 프로이트와는 다른 접근법을 제창하였다는 점이다. 융(C. G. Jung), 아들러(A. Adler) 등이 그러했다.

정신역동적(psychodynamic) 치료자들은 정신분석의 기본적인 가정을 따르면서 몇 가지 달라진 면모를 보였다. 예를 들어, 호나이(Horney)는 신경증의 원인이 무의식적인 동기와 갈등이라는 관점에는 이의를 제기하지 않았지만 프로이트와 달리 생물적 요인이 아닌 사회적 요인이 심리성적(psychosexual) 발달과 성격 형성은 물론, 심리적 장애에서 중요한 역할을 한다고 주장하였다.

━━

BOX 1   이상행동을 치료하는 사람들

• **임상심리전문가**: 대학원 심리학과에서 임상심리학을 전공하고(석사 이상) 병원 정신과나 상담소 등에서 3년 이상 지도감독을 받으면서 수련을 거친 뒤 필기 및 구술시험을 거쳐서 전문가가 된다.
• **상담심리전문가**: 대학원에서 심리학 및 심리학 관련 학과를 전공하고 상담소 등에서 3년 이상 지도감독을 받으면서 수련을 거친 뒤 필기 및 구술시험을 거쳐서 전문가가 된다.
• **정신건강의학과 의사**: 의대에서 정신건강의학을 전공한 의사로서, 심리전문가들과는 달리 약물 처방권 등을 가지고 있다.
• **(임상)사회복지사**: 사회복지학을 전공한다.

　이 외에도 정신간호사, 직업치료사, 목회상담가 등 다양한 인력이 이상행동의 치료활동에 관여하고 있다.
* 심한 장애를 보이거나 현실 검증력을 상실한 환자들은 보통 생물의학적 치료를 요하므로 정신과 의사에게 가는 것이 현명할 것이며, 그렇지 않은 경우라면 선택의 폭이 넓다.

━━

　분파 중 하나인 대상관계이론(object relations theory)에서는 성과 오이디푸스 주제와 관련된 갈등 대신 대인관계의 중요성을 강조한다. 대상관계이론은 1940년대와 1950년대에 클라인(Klein)과 페어번(Fairbairn)의 연구로부터 독자적으로 발달하였다.[3]

2) 인본주의 심리치료

　인본주의 심리치료는 인본주의 철학에 뿌리를 두고 '사람들은 누구나 자기실현, 자기완성을 추구한다.'는 가정에서 출발한다. 치료자가 할 일은 내담자[4]의 자기실현, 자기완성을 촉진하는 것이라고 본다. 인본주의 심리치료에서는 과거사를 파헤치기보다는 내담자들이 자신을 긍정적으로 여기고 스스로 부여한 자신의 한계로부터 자유로워지도록 돕는다. 내담자중심 치료, 실존주의 치료, 게슈탈트 치료 등이 이 부류에 속한다.

---

3) 여기서 대상이란 물질이나 무생물체라기보다 생명이 있는 대상, 즉 사람을 말한다.
4) 치료를 받으러 온 사람을 '환자(patient)'라고 부르지 않고 '내담자(client)'라고 부르는 것도 인본주의자들이 주창한 것이다. '병에 걸린 사람'이 아니라 단지 '문제를 안고 있는 사람'이라는 것을 강조한다.

여기서는 내담자중심 치료와 게슈탈트 치료만을 간략히 살펴볼 것이다.

(1) 내담자중심 치료

1940년대 초반 로저스(C. Rogers)는 비지시적(nondirective) 상담(심리치료)이라는 접근법을 창안했고, 후에 내담자중심 치료(client-centered therapy)라고 그 이름을 바꾸었다(Rogers, 1942).

그는 의사나 변호사처럼 심리치료자가 환자를 위해 업무를 '대신'하며 환자에게 충고하고 '처방하는' 역할을 못마땅하게 여겼다. 환자 자신이 스스로 변화할 수 있는 능력을 가지고 있다고 가정했으므로 치료자가 할 일이란 환자가 무엇을 원하는지 귀 기울여 듣고, 환자를 비난하지 않고 있는 그대로 받아들이고 이에 반응하는 것이라고 믿었다. 이러한 치료과정 속에서 환자는 자신이 존중받고 있다고 느끼며 자신감을 회복하게 된다는 것이다. 치료자는 치료회기 중에 진솔성(genuineness), 공감(empathy), 수용(acceptance) 등의 자질을 발휘하면 된다. 다시 말해, 치료자가 자신의 감정에 솔직하고 환자의 감정이나 욕구에 공감하고 반응해 주며 무조건적으로 환자를 수용하는 태도를 보이면 된다. 중요한 것은 환자가 이를 느끼는 것인데, 그럴 때 환자는 자신을 이해하게 되고 받아들이게 된다.

로저스는 치료기법으로서 '적극적 경청(active listening)' 혹은 '공감적 경청(empathic listening)'의 중요성을 강조하였다. 이는 듣는 이(치료자)가 말하는 이(내담자)의 말을 되풀이하고, 다른 말로 바꾸어 말하며, 명료하게 해 주는 것이다. 실제로 로저스가 어떻게 경청했는지 다음의 예를 보자.

내담자: 저는 남에게 전혀 도움이 되지 않는 인간이에요. 전에도 그랬고, 앞으로도 계속 이 모양일 거예요.

로저스: 지금 그렇게 느낀다고요? 당신이 남에게 전혀 도움이 되질 않는다고? '무가치한 인간'이라고……. 정말 비참한 기분인데, 그건……. '하나도 쓸모없는 인간이다.'라니…….

내담자: 네(기어 들어가는 목소리로). 그게 바로 전에 저와 시내에 같이 갔던 그 친구가 제게 한 말인걸요.

로저스: 그 사람이 당신은 쓸모없는 인간이라고 말했다고요? 제가 바로 들었나요?

내담자: 네.

로저스: 말씀하신 뜻을 제가 추측하자면…… 누군가, 당신에게 중요한 어떤 사람이 있
　　　는데, 그 사람이 당신을 어떻게 생각하는가? 아니, 그 사람은 당신이 쓸모없는
　　　인간이라고 생각한다고 말했다……. 의지할 데 하나 없이 모두 무너져 내린
　　　격이군요. (내담자가 말없이 운다.) 눈물이 나올 수밖에……. (20초간 침묵)

내담자: (다소 반항적으로) 그래도 상관없어요.

로저스: 내 자신에게 '그래도 상관없다.'고 말하지만 내 마음속 어느 쪽인가는 괴로워
　　　하고 있는 듯해요. 나의 바로 그 부분이 울고 있는 거겠죠.

(Meador & Rogers, 1984, p. 167)

앞에서 보는 바와 같이 내담자중심 치료자들은 '적극적 경청'을 통해 내담자가 자기 자신을 더욱 극명히 볼 수 있게 돕는다.

이제 '적극적 경청'은 내담자중심 치료에서뿐만 아니라 여러 다른 접근법에서도 차용되고 있는 보편적 기법 중 하나가 되었다. 또한 치료자의 따스함이나 공감이 중요한 자질이라는 점에 이제 거의 모든 치료자가 동의한다.

(2) 게슈탈트 치료

게슈탈트 치료(Gestalt therapy)의 창시자인 프리츠 펄스(Fritz S. Perls)는 인간이 자신과 자신의 삶에 대해 책임이 있으며 과거가 아닌 현재, 다른 곳이 아닌 여기, '지금-여기(here and now)'에 초점을 맞춰야 한다고 주장했다. 게슈탈트 치료에서는 '불완전한 게슈탈트', 다시 말해 현재의 행동에 영향을 미치는 미해결 과제나 갈등의 잔여물을 다루도록 돕는다. 개인이 '지금-여기'에 관해 인식해야만 현재의 부적응을 야기한 갈등과 억압이 보이게 된다. 따라서 게슈탈트 치료의 주된 목표는 사람들이 자신의 감정을 들여다보고 자신의 심리 세계를 파악하는 것이다. 치료자는 내담자에게 힘들었던 과거 경험에 대한 현재의 감정에 집중하라고 한다. 당시 상황을 재연하면서 마치 현재 일어나는 일처럼 이야기하라고 한다.

또 다른 게슈탈트 기법은 내담자가 말하는 방식을 바꾸게 하는 것이다. 자기주장을

하지 못하는 내담자에게 집단의 각 사람에게 자기가 원하는 바를 말하게끔 한다. 또 내담자의 감정에 반대되는 방식으로 행동하도록 한다. 가령 어렸을 때 부모가 자신에게 무관심했다고 여겨서 부모에게 화가 나 있다면 마치 아주 따뜻하고 애정으로 가득 찬 관계인 것처럼 행동하는 것이다.

3) 인지행동치료[5]

인지행동치료는 행동주의적 관점과 인지적 관점이 심리치료 분야에 공헌한 결과물이다. 우리는 굳이 유아기 경험에 대해 심층분석을 가하고 무의식적 동기를 탐색하고 내적인 갈등을 해결할 필요가 없는 문제를 겪는 경우가 있다. 예를 들어, 고소공포증, 발표공포증, 가족 간 갈등, 성적인 문제 등이다. 이런 경우 인지행동치료가 다른 치료보다 더 적절할 수 있다. 또한 다른 심리치료법보다도 효과가 빠르며, 비용이 적게 든다.

행동주의적 접근은 파블로프(Pavlov)의 조건화 연구와 그 이후에 발달한 학습이론에서 유래하였다. 행동주의적 접근법의 커다란 강점은 일관성 있는 개념체계다. 정신분석이나 정신역동과 달리 행동주의 치료자들은 무의식적 동기나 갈등을 다루지 않았다. 대신에 이름에서도 볼 수 있듯이 행동주의 치료자들은 행동을 강조하는데, 여기서의 행동이란 포괄적인 의미를 띤다. 몸을 움직이는 행동뿐만이 아니라 말하기, 꿈꾸기, 상상하기, 생각하기 등이 모두 포함된다. 행동주의치료에서는 환자의 이상행동을 내면적 갈등에서 비롯된 외현적인 증상이 아닌, 있는 그대로의 문제라는 차원에서 보았다. 즉, 환자의 문제를 잘못된 학습의 결과일 뿐이라고 보았다. 따라서 두려움, 공포증, 강박행동 등의 문제는 학습에 의해 획득되었으며, 학습원리를 적절하게 적용하면 교정할 수 있다고 보았다. 굳이 무의식적 기제 따위를 들먹일 필요가 없이 배운 것(학습된 것)은 잊어버릴 수도 있고 다시 제대로 잘 배울 수도 있다는 것이다.

내가 찾아간 심리학자 선생님은 정신분석 쪽인데 말이야…….

어 그래? 우리 심리치료 선생님은 인지행동 쪽인데…….

---

5) 여기서는 행동치료와 인지행동치료, 인지적 치료 등을 모두 '인지행동치료'라는 커다란 범주 속에 포함시켰다. 그러나 '행동'이라는 개념에 '인지'도 포함되기 때문에 '인지행동치료'라는 용어 대신 간편하게 '행동치료'라고 부르는 사람도 많다.

어떤 정신분석자는 행동치료를 실시하면 눈에 보이는 원래의 증상은 없어지더라도 다른 증상으로 대치된다고 비판하였다. 소위 증상대체(symptom substitution)라는 개념인데, 근본적인 원인이 제거되지 않았기 때문에 생기는 현상이라는 것이다. 그러나 이에 대해 행동치료자들은 행동원칙을 제대로 적용할 경우 그런 일은 일어나지 않는다고 반박하며 정신분석 등의 다른 치료법보다 우수한 효과를 낸다는 연구 결과를 제시하였다(Jacobson, 1991 등). 그 결과 이제는 정신분석자들도 더 이상 증상대체의 개념을 붙들고 늘어지지 않는다.

1970년대 이후 행동치료에서 인지적 요소를 강조하는 접근이 관심을 끌기 시작했다. 인지치료자와 행동치료자 모두 두 절차를 통합하는 경향이 강하며, 그 결과 인지행동치료라는 이름이 더 많이 사용되고 있다. 즉, 인지적 접근법 및 행동적 접근법 둘 다 인지행동적 치료라는 더 큰 범주에 속한다고 볼 수 있다. 더구나 두 가지 접근은 오랜 기간에 걸쳐 서로의 기법을 차용해 왔기 때문에 개념적으로나 조작적으로도 구분이 모호해졌다고 해도 과언이 아니다. 따라서 행동적 기법이니 인지적 기법이니 하고 이분법적으로 언급하는 것은 두 접근법이 차이가 있어서라기보다는 설명의 편의를 도모하기 위함이다.

인지행동치료에서는 다양한 기법을 사용하는데 동시에 하나 이상을 사용하기도 한다. 보통 치료과정은 다음과 같다. 첫째, 문제의 속성, 빈도, 심각도 등을 체계적으로 파악한다. 둘째, 내담자에게 맞는 치료계획을 수립한다. 가령, 같은 사회공포증의 진단이 내려져도 한 사람은 사람을 사귀는 기본적인 기술이 없고 다른 사람은 단지 사람들 앞에서 불안을 느낄 뿐 사람을 사귀는 기본적인 기술을 갖춘 경우일 수 있다. 전자의 내담자에게는 사람을 사귀는 기술이나 사회규범 등을 먼저 가르친다. 셋째, 지속적으로 변화를 평가한다.

여기서는 몇 가지 기본적인 기법만 간단히 살펴본다.

(1) 행동적 기법

우선 고전적 조건화와 관련된 기법으로 역조건화(countercounditioning)를 들 수 있다.

역조건화란 기존의 자극에 대해 새로운 반응을 하도록 배우는 과정이다. 예를 들어, 비행기공포증에서는 비행기 타기에 대해 불안과 공포라는 반응을 겪는데 역조건화를 통해 비행기 타기에 대해 즐거움과 안락함이라는 반응을 하도록 배울 수 있다.

조셉 월피(Joseph Wolpe)가 처음으로 주창했던 기법으로, 체계적 둔감화(systematic desensitization)를 대표적으로 꼽을 수 있다.

월피는 사람들이 불안해하면서 동시에 긴장이 풀려 있을 수는 없다고 가정한다. 따라서 불안을 유발하는 자극에 맞닥뜨렸을 때 긴장을 풀어 준다면 그 불안을 극복할 수 있을 것이다.

가령, 여러분이 여러 사람 앞에서 말하는 것을 두려워한다고 치자. 사람들 앞에서 자기를 소개하는 모습을 생각만 해도 진땀이 나고 떨리기 때문에 아예 그런 기회를 피하려 들 것이다. 여러분

체계적 둔감화에서는 이완과 편안함이라는 반응이 불안반응에 대항해서 싸우도록 돕는다.

의 인지행동치료자는 우선 여러분에게 긴장을 푸는 이완훈련을 실시해서 언제, 어느 때라도 손쉽게 긴장을 푸는 연습을 시킬 것이다. 그런 뒤 두려운 순서대로 상황을 나열한다(이를 '불안의 위계를 정한다'라고 한다). 가령, 다음과 같이 '불안의 위계'가 정해졌다고 치자(물론 개인마다 다르다).

㉮ 교회 모임에서 돌아가면서 성경 읽기

㉯ 교회 모임에서 돌아가면서 자기 의견 이야기하기

㉰ 동아리 회의 때 의견 말하기

㉱ 수업시간에 교수님께 질문하기

㉲ 수업시간에 발표하기

㉳ 미팅에 나가서 자기 소개하기

㉴ 취업면접에서 자기 소개하기

㉵ 취업면접에서 질문에 대답하기

여러분의 치료자는 이제 그동안 배운 이완훈련을 시행한 뒤 여러분에게 눈을 감고 가장 만만한 첫 번째 장면(㉮ 교회 모임에서 돌아가면서 성경 읽기)을 상상하라고 지시할 것이다. 그리 긴장하지 않은 상태에서 첫 장면을 버틸 수 있었다면 다음 장면(㉯ 교회 모임에서 돌아가면서 자기 의견 이야기하기)으로 넘어갈 것이다. 이런 식으로 가장 두려운 장면을 향해 점차적으로 상상의 날개를 펼친다. 나중에는 실제로 앞의 장면들을 맞

닥뜨린다. 실제 치료를 받을 때는 치료자의 도움으로 훨씬 세밀하고 구체적인 장면을 위계 속에 집어넣게 된다.

조작적 조건화 또한 다양한 장면에서 여러 가지 문제를 치료하기 위해 쓰이고 있다. 장애가 심하고 다른 접근으로는 치료되지 않아서 포기할 수밖에 없었던 사람들에게도 적용이 가능하다. 따라서 조작적 조건화 원리는 만성정신병 입원환자, 심하게 위축된

BOX 2 > 가상현실, 증강현실, 인공지능을 심리치료에 활용하기

가상현실치료는 인지행동치료에서 이완유도법으로(이든샘, 김미리혜, 김정호, 김제중, 2017), 또한 노출치료의 한 방법으로 활용된다. 노출치료란 환자가 두려움을 느끼는 대상에 환자를 노출시키는 것이다. 두려운 대상에 처음부터 실제로 노출시키기도 하고 일단 상상 속에서 먼저 직면시키기도 한다. 가상현실 속에서 두려움의 대상에 환자를 노출시키면 바로 그것이 가상현실노출치료다. 가령 여러분이 발표불안을 겪는다면 사람들이 앉아 있는 가상의 강의실에서 발표하는 연습을 하게 된다. 고소 공포증, 거미 공포증, 비행기 공포증 등의 특정 공포증, 사회공포증(예: 김동주, 김미리혜, 김정호, 김제중, 2020; 방은별, 김미리혜, 김정호, 김제중, 2019), 외상 후 스트레스장애 등에의 적용이 보고되었다. 증강현실은 특정 공포증의 치료에 많이 활용되는데, 예를 들어 거미 공포증이라면 거미를 여러분의 실제 환경(가령 손바닥 위)에 삽입하여 직면하게 한다.

인공지능을 심리치료분야에 적용하려는 시도도 활발히 이루어지고 있다(김동주, 김미리혜, 2020). 그 예로 Fitzpatrick, Darcy와 Vierhile(2017)는 간단한 일상적인 대화로 구성된 인지행동치료 기반 챗봇인 워봇(Woebot)의 치료적 효과를 연구하였는데, 워봇의 도움을 받은 집단은 비교집단에 비해 우울이 유의하게 감소하였다. 워봇은 필요시 실제 심리치료자에게 연계할 수 있는 방법을 제시하는 등 다각도의 심리지원 서비스를 제공한다.

아동, 자폐증 아동, 주의력결핍장애 아동, 그리고 심한 정신지체를 보이는 사람들을 대상으로 한 치료 프로그램에도 적용되고 있다.

부적 강화/강화물, 정적 강화/강화물, 처벌 등의 용어 사용법과 구별법은 학습심리학 장에서 배웠으므로 여기서는 간단히 언급하고자 한다. 혐오적 자극을 제거하거나 원하는 자극을 제시하면 바람직한 행동을 가르칠 수도 있고 그 행동의 빈도를 높일 수도 있다. 가령, 아이가 청소를 할 때마다 원하는 자극인 칭찬을 해 주면 그 아이는 청소를 자주 할 것이다(정적 강화). 혹은 청소를 안 하고 가만히 있을 때 잔소리를 한다면(혐오자극) 그 아이는 혐오 상황을 피하기 위해 청소를 할 것이다(부적 강화). 바람직하지 않은 행동에 대해 원하는 것을 주지 않거나 혐오스런 자극을 주면 그 행동은 일어나지 않거나 일어나는 빈도가 줄어들 것이다.

제4장 학습심리학에서 배운 대로, 강화물을 주지 않으면 행동이 소거된다. 부모의 관심을 끌기 위해 소리를 질러 대는 아이가 있다고 하자. TV 연속극을 보다가 아이가 소리를 질러 대자 "조용히 해. 연속극 좀 보자." 하면서 아이에게 주의를 기울이면 아이는 그 자리에서 소리를 더 높이 지르든지 나중에 비슷한 상황에서도 소리를 지를 것이다. 이때 관심을 '끄고' 계속 아이의 행동을 무시해 버리면 처음엔 아이가 평소보다도 더 소리를 지르지만 결국엔 소리를 지르는 행동이 없어진다. 물론 부모는 아이가 소리 지르지 않을 때(평상시에) 많은 사랑과 관심을 기울여야 한다.

심리치료 현장에서 처벌은 조심스럽게 사용된다. 혐오자극을 주는 것이 처벌이다. 가령, 아이가 커닝을 했을 때 교사가 매를 때린다면 커닝하는 행동이 줄어들 것이다. 문제는 매를 맞지 않는 다른 상황에서는 커닝이 부활한다는 점이다. 즉, 처벌은 기존 행동을 억누를 뿐이지 새로운 대안행동을 가르치지 못한다. 벌은 고전적 조건화의 원리에 따라 처벌하는 사람에 대한 적개심을 키우며 공격심을 일깨운다. 스키너(Skinner, 1988)도 일찍이 처벌의 유해성을 갈파하였다.

본뜨기(modeling)는 다른 사람(모델)이 본을 보이는 대로 심리적 문제를 해결하는 기술과 방식을 체계적으로 학습하는 과정이다. 가령, 개를 무서워하는 아동이라면 친한 친구가 여러 번 개에게 다가가서 만지고 어울려 노는 것을 지켜봄으로써 무서움을 극복할 수 있다. 특히 모델이 행동에 대해 보상을 받으면 더욱 효과적으로 문제가 해결되는 것을 볼 수 있었다(Bandura, Grusec, & Menlove, 1967).

(2) 인지적 기법

인지적 접근에서는 심리적 문제가 적응에 해가 되는(부적응적) 인지와 관련이 있다고 보고 세상이나 자신들에 대한 인지를 바꾸도록, 그리고 생각하는 방식을 바꾸도록 가르친다. 물론 가르치는 방법에서는 학습의 기본원리를 사용한다.

앨버트 엘리스(Albert Ellis)는 1960년대에 합리적-정서적 행동치료라고 불리는 접근법을 창시하였다. 그는 논리적·이성적인 사고과정의 중요성을 강조하고 이상행동은 잘못된, 비이성적인 '사고'패턴이 야기한다고 가정하였다(Ellis & Harper, 1961). 잘못된 사고과정을 이성적인 사고과정으로 바꾸면 부적응과 이상행동이 사라질 것이라고 믿었다. 따라서 치료의 주목표는 비이성적인 신념을 심어 준 과거의 생활사건을 검토한 뒤 환자의 비이성적인 사고패턴을 찾아서 줄이고, 보다 효율적인 사고를 채택하도록 돕는 것이다. 이 목표를 달성하기 위해 치료자는 적극적이고 지시적인 입장을 취해서 (다음의 예를 참조) 내담자의 생각에서 엿볼 수 있는 허점을 파고들어서 그 생각을 바꾸려고 한다.

> 내담자: 전 만화를 그리고 싶거든요.
> 치료자: 문제는?
> 내담자: 부모님이 반대하실 게 뻔해요. 졸업 후 로스쿨에 가길 바라세요.
> 치료자: 본인은 법조인이 되고 싶지 않은 거죠?
> 내담자: 그렇지만 부모님이 만화가가 되는 걸 반대하실 테니 법조인이 되어야죠.
> 치료자: 좋아하는 일이라도 부모님이 반대하시면 무조건 하지 말아야 한다? 부모님이
> 찬성하시는 일만 해야 한다?

엘리스가 말하는 비이성적인 사고 몇 개만 나열하자면 다음과 같다.

- (거의) 모든 사람에게 사랑받고 모든 일에 대해 인정받아야 한다.
- 모든 일에 전적으로 유능하고 성공해야 한다.
- 바라는 대로 일이 진행되지 않으면 끝장이다.

벡(A. Tim Beck)의 인지치료 역시 사람들의 비논리적인 생각을 바꾸는 것을 기본 목표로 삼으며, 많은 점에서 유사하다. 단지 합리적-이성적 치료에서보다는 치료자의

스타일이 덜 직면적 · 지시적이다. 즉, 치료자가 '따진다'는 느낌이 적으며 내담자 자신이 치료자 역할을 하도록 이끈다. 다시 말해, 내담자 자신이 자신과 타인에 대해 이성적으로, 적응적으로 생각하는 방법을 발견하도록 돕는다.

마이켄바움(Meichenbaum) 등은 사람들이 자기 자신에게 무엇을 말하는지에 따라 행동이 달라진다고 믿는다. 따라서 치료회기에서 사람들이 자신에게 말하는 내용을 바꿈으로써 스트레스 상황에 잘 적응하게 된다고 하였다(Meichenbaum, 1993). 가령, 중요한 시험을 치르기 전에 '어이구, 왜 이렇게 떨리지? 큰일 났네. 떨면 안 되는데…… 아는 것도 못 쓰겠군.' 하는 말을 속으로 중얼거리면서 긴장하는 대신, '떠는 게 당연하지. 중요한 시험이니까…… 다른 사람들도 다들 속으로는 꽤 긴장하고 있을 거야. 열심히 준비했으니까 최선을 다하면 되는 거야. 적절히 긴장되어야지 실력도 제대로 발휘된다잖아?'라는 고무적이고 생산적인 말을 중얼거리면 도움이 된다는 것이다.

4) 집단치료

앞에서 개인치료를 중심으로 설명하였지만 대부분의 치료법을 집단에 적용할 수 있다. 집단치료(group therapy)란 두 명 이상의 사람을 대상으로 하는 치료다. 대개 3명에서 15명 정도의 내담자들로 구성된다.

집단치료의 이점으로는 여러 가지를 들 수 있다. 우선 경제성이다. 한 치료자(혹은 한 명 이상의 치료자)가 여럿을 한꺼번에 치료하므로 환자 입장에서는 치료비 부담을 다른 사람들과 나누는 셈이다. 다음으로는 구성원들끼리 동병상련으로 서로를 위로해 주고 지지해 줄 수가 있어서 사회적 지지체계로서 작용한다는 점이다. 자기만 특정 문제를 가진 줄 알고 불행해하였던 환자라면 다른 환자들을 보면서 안심하고 기분이 나아질 것이다. 또한 다른 집단원을 도우면서 존재가치를 확인하고 자존감도 제고된다. 치료자와의 상호작용으로 얻기 힘든 것들을 집단원들끼리의 상호작용으로 얻기도 한다(Yalom, 1995). 가령, 자신이 못생겼다고 믿는 환자에게 집단의 누군가가 "매력 있는데요, 뭐. 보기 딱 좋아요."라고 한다면 귀가 솔깃할 것이다. 또한 집단 중 한 사람을 본뜨기 모델로 정해(인지행동치료 참조) 다른 환자들이 따라 할 수도 있다. 역할연습(role play)의 대상도 집단 안에서 고르면 된다. 가령, 어떤 개인이 이성에게 데이트를 신청하는 연습을 하기 위해 집단원 중 그럴듯한 대상을 찾아 리허설을 시행하면 된다.

집단치료의 기법은 집단의 특성이나 치료자의 접근법(가령, 정신분석 쪽이냐, 인지행동 쪽이냐 등등)에 따라 달라진다. 그러나 집단원들이 서로의 경험을 나누고 그에 대해 반응을 보이는 시간을 활용한다는 점은 공통적이다. 집단에 따라 혹은 치료자에 따라 심리적 문제를 치료자가 적극적으로 나서서 해결할 수도 있고 집단원들 자체 내에서 자주적으로 해결할 수도 있다.

집단 구성원이 가족이면 가족치료라고 부를 수 있는데 사실 가족치료에서 가족이란 서로의 행복을 바라는 집단을 뜻한다. 따라서 가족치료의 대상으로 부모와 자식뿐만 아니라 부부, 애인 사이인 사람 등이 모두 포함된다. 가족치료에서는 가족의 구조와 조직에 초점을 맞추기 때문에 가족 중 어떤 개인이 심각한 심리장애를 보인다 해도 그 개인을 치료의 대상으로 보지 않는다. 그 '문제가 있는' 개인은 단지 '희생양'에 불과하며 가족이 안고 있는 구조적 문제를 직시하지 못한 채 주의가 그 개인의 문제로 쏠린 것이라고 본다. 가령, 한 아동이 말썽을 피워서 온 가족이 가족치료를 받으러 왔다고 하자. 가족성원들을 동시에 관찰하면서 치료자는 서로 어떤 식으로 상호작용하고 영향을 미치는지 관찰하게 된다. 이 아동의 엄마는 말썽꾸러기 아동에게 매달려서 다른 사람들에게는 신경도 쓰지 못한다. 아빠는 그런 엄마의 과보호가 아이를 버려 놓았다고 생각하며 집 밖으로 나돈다. 그런 아빠의 무관심에 엄마는 힘들어하면서 부부싸움을 벌인다. 아빠는 죄책감 때문에 엄마에게 승복하고 잠시나마 '가정적'이 되어 가족성원을 보살핀다. 아이는 말썽을 피움으로써 부모의 관심도 얻고, 자기 덕에 그나마 부모가 이혼하지 않고 서로 싸우고 미워하면서도 같이 산다고 믿는다.

물론 모름지기 '치료자'라면(굳이 '가족치료자'가 아니더라도) 가족이나 대인관계의 맥락을 고려해야 한다. 개인치료를 받아서 한 내담자가 바뀌면 어떤 식으로든 가족성원들이 영향을 받고 그에 대해 반응한다. 설사 내담자의 문제가 해결되어 이상행동이 말끔히 고쳐졌다고 해도 가족들이 '원래대로 돌아갔으면 좋겠다.'고 바랄 수 있다. 옛날 버릇, 옛날 패턴이 문제긴 했지만 그래도 거기에 익숙해 있었고 변화는 일단 불편하기 때문이다.

대부분의 가족치료에서는 접근법이 절충적, 통합적이어서 다양한 가족과 문제를 다루기 위해 여러 치료학파에서 따온 기법을 활용한다.

5) 심리치료의 효과

이렇게 다양한 치료법 중 어느 것을 선택하겠는가? 무슨 수로 가장 좋은 심리치료가 바로 이것이다라고 확신할 수 있는가? 만일 표준화된 종합검사가 있어서 타당한 준거를 가지고 다양한 형태의 심리치료를 비교할 수 있다면 이런 질문에 답하는 것이 가능할지도 모르겠다. 그러나 현재로서는 미국의 식품의약국(FDA)이나 우리나라의 보건복지부에서 식품과 의약품을 관리하듯이 다양한 심리치료의 효능과 부작용의 가능성을 검증하기 위한 정부 차원의 중개기관도 없는 실정이다. 그나마 심리치료를 선택할 때 참고할 수 있는 가장 믿을 만한 지침은 연구 문헌이라 하겠으나 이 또한 여러 면에서 제한되어 있고 광범위하게 산재해 있는 데다가 대부분의 심리치료 접근에서 연구보고가 잘 이루어지지 않고 있는 실정이다.

그러나 대부분의 심리학자는 심리치료가 효과가 있다는 결론에 동의한다. 분명히 심리치료를 제대로 받으면 안 받은 경우보다 낫다.

미국심리학회에서는 경험적 연구를 통해서 특정 문제에 대해 효과가 있는 것으로 결론이 난 치료법들의 목록을 만들어서 공표하고 있다. 가령, 공황장애에는 노출치료가 효과가 있다고 공지되었다. 특정 접근법마다 치료원리가 다 다르고 실제로 효과를 내는 기제가 다를 것이다. 그러나 치료 접근법이 다르더라도 치료자와 내담자 간의 좋은 관계, 자신의 문제에 대한 이해(혹은 통찰), 감정의 표현이나 해소, 장애와 그 대처에 관한 교육, 안심시키기, 지지해 주기 등의 요인들이 공통적으로 작용해서 치료의 효과를 내는 것 같다(김미리혜, 김진영 외, 2000).

어떤 심리치료의 효과가 더 좋은가? 이에 대한 답은 확실하지 않으며 복잡하다. 아마도 "어느 심리치료가 더 나은가?" 하는 일반적인 질문보다는 "어떤 문제에, 어떤 사람에게, 어떤 심리치료가 더 효과가 있는가?" 하고 구체적으로 묻는 것이 현명할 것이다.

여러 연구를 통합하는 메타분석(meta-analysis)을 근거로 다음과 같은 일반론적인 결론을 내릴 수 있다. 대부분의 사람에게 심리치료는 효과가 있다. 물론 예외도 많아서 모든 사람에게 효과가 있는 것은 아니다. 그리고 특정 문제에 대해 더 나은 특정 치료법이 있는 경우가 많다. 그러나 모든 문제에 잘 듣는 치료법은 없다.

2 ━ 생물의학적 치료[6]

심리장애라는 현상과 그 원인은 여러 각도에서 볼 수 있다. 제2장 행동의 신경과학 기초에서 보았듯이 우리의 모든 '심리적인' 현상의 밑에는 생물학적인 현상이 깔려 있다. 우리가 보고 듣고 생각하고 말할 때 관여하는 생리적인 기제들이 당연히 '이상행동'에도 관여한다. 심리치료가 이상행동의 원인으로 '과거의 갈등'이나 '현재의 스트레스'를 꼽는다고 해서 신경계의 이상을 부인하는 것은 아니다. 단지 치료의 주안점을 어디다 두느냐의 문제라고 보면 된다.

생물학적·의학적인 관점에서는 신경계의 기능이상을 교정함으로써 이상행동을 치료하려는 접근법을 취한다.

어떤 사람은 심리장애의 원인이 생물학적인 이상이라서 생물학적인 치료가 최선의 방책이라고 주장하는데, 이 주장은 잘못된 것이다. 가령, 심리치료를 통해 행동과 생각을 변화시켜도 뇌에 영향을 미치기 때문이다. 예를 들어, 항우울제를 투여하면 뇌의 글루코스 대사가 촉진되어 증상의 개선을 가져오는데 행동치료를 받은 환자의 뇌에서도 같은 변화가 목격되었다(Schwartz et al., 1996). 국내 연구를 예로 들자면 인지행동치료전후 SPECT(단일 광자방출전산화단층촬영기술)로 공황장애 환자들의 뇌를 찍어서 비교한 결과 치료 후 좌측 대뇌피질로 가는 혈류가 증가되고 좌측 뇌교로 가는 혈류의 양이 감소한 것을 볼 수 있었다(Seo, Chio, Chung, Rho, & Chae, 2014). 또한 약물치료만 하기보다는 심리치료를 병행하면 치료효과가 더욱 커진다는 연구보고가 많다.

심한 우울증, 양극성 장애, 조현병 등의 증상을 경감시키기 위해서 심리치료만 시도한다면 환자와 치료자 간 상호작용과 의사소통을 전제로 하

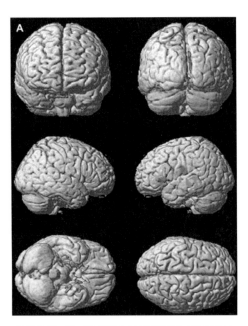

[그림 14-2] 심리치료 후에 달라진 혈류 양상

출처: Seo, Chio, Chung, Rho, & Chae(2014).

___
6) 2. 생물의학적 치료의 감수자: 최영희(정신건강의학과 전문의/메타스테이션 소장)

는 전형적인 심리치료 기법이 제대로 적용되지 않아 효과를 보지 못하든지 효과를 보더라도 충분하지 않다. 이때는 생물의학적인 방법을 동원해야 한다. 약물을 투여하고 때에 따라서는 입원시키기도 한다.

생물의학적인 치료들은 약물치료(종종 쓰인다), 전기충격요법(가끔 쓰인다), 수술(거의 쓰이지 않는다)로 나뉜다.

1) 약물치료

앞에서 언급하였듯이 생물의학적인 치료법 중에 약물치료가 가장 많이 쓰인다. 약물치료는 정신약물학에 기초하여 환자의 증상을 완화하는 치료법이다. 정신약물학에서는 우리의 뇌에서 분비되는 신경전달물질이 많아지거나 적어질 때 감정이나 행동의 변화가 일어나는지를 연구한다.

이상행동을 치료하기 위해 처방하는 약물은 사용목적에 따라 항정신병제, 항우울제, 항조증제, 항불안제 등으로 부른다.

조현병과 같은 심한 장애뿐만 아니라 불안과 우울 같은 흔한 문제에까지 약물을 처방하는데, 이들 약물에는 어떠한 것들이 있는지 몇 가지를 살펴보고 그 한계는 무엇인지 살펴보자.

(1) 항정신병제

항정신병제가 개발되기 전 조현병 환자들은 직업을 가진다든지 학교를 다닌다든지 하는 일상활동을 하지 못하고 생활에 적응하지 못하여 정신병원의 폐쇄병동에 수용되거나 길거리를 배회하였다. 그러다가 1950년대 중반 항정신병제가 개발되면서 환자들은 빠른 시일 내에 퇴원했고 사회복귀도 가능해졌다. Chlorpromazine(국내에서의 약품명은 쏘라진), Haloperidol(국내에서의 약품명은 할돌) 등의 초기 항정신병제들은 오늘날 별로 사용되지 않고 있다. 대신 Clozapine(국내에서의 약품명은 클로자릴), Risperidone(리스페달), Olanzapine(자이프렉사), Quetiapine(세로켈), Ziprasadone(지도돈), Aripiprazole(아빌리파이), Paliperidone(인베가), Blonanserin(로나센), Zotepine(조테핀), Asenapine(사프리스), Iloperidone(조마릴) 등이 개발되어 사용되고 있다. 항정신병 약물들은 신경전달물질 중 하나인 도파민의 수용기에 작용하여 도파민 과다 활성을 줄이는 역할을 하는 경우가 많다. 또한 도파민 활동억제와 함께 세로토닌의 활동

수준을 높이는 약물도 있다.

이러한 약물들은 망상, 환각, 사고장애, 별것 아닌 일에 대한 과잉반응(동요나 흥분) 등의 양성증상은 완화하지만, 조현병의 다른 증상, 즉 음성증상이라 불리는 대인관계의 철퇴, 감정적 둔마현상, 사회기술의 결핍 등에는 거의 효과를 발휘하지 못한다. 가장 효과적인 클로자릴의 경우에도 조현병 환자의 적응을 돕기는 하지만 병을 완치시키지는 못한다. 단지 주요 증상을 조절해 주고 감소시켜서 환자가 일상생활을 영위할 수 있게 할 뿐이며, 거의 일평생 약물을 복용해야 한다. 즉, 현재 조현병은 고혈압이나 당뇨와 마찬가지로 거의 평생 조절하고 관리해야 하는 질병이다. 그렇기에 사회기술 훈련 등을 포함한 심리사회 재활치료를 병행하는 것이 필수다.

약물로 평균 입원기간이 예전보다 단축되었고 전체 환자의 2/3 정도가 효과를 본다. 그러나 부작용에 시달려서 복용을 중지하기도 한다. 약 1/4의 복용자들에게서 만발성 운동장애(tardive dyskinesia)라는 신경학적 장애가 발견되는데 이는 손이 떨리는 등의 불수의근 경련 등이 특징이다. 좀 더 나중에 개발된 항정신병제들은 이러한 위험이 적다. 드물게 악성 항정신병제 증후군(neuroleptic malignant syndrome)이 나타나기도 하는데, 열이 나고 섬망을 경험하고, 극히 드물지만 죽음에 이르기도 하는 그야말로 '악성'증상이다. 특히 클로자릴의 경우, 골수에 작용하여 적혈구와 백혈구, 혈소판 등의 생성에 영향을 미쳐서 치명적인 결과를 초래하는 부작용이 발생할 수 있어서 다른 항정신병제를 충분히 사용하여도 효과가 없다는 것이 증명된 후에만 사용하는 2차 약제로 지정해 놓았으며, 반드시 정기적인 혈액검사를 받으면서 사용하도록 되어 있다.

오늘날 혀 밑에 녹여 먹거나 근육에 주사하여 약물이 장기간 체내에 머물게 하여 매일 약을 먹지 않아도 되는 등 다양한 복용시도가 이루어지고 있다.

(2) 항우울제

항우울제는 주로 우울, 불안, 공포증, 강박충동장애의 치료목적으로 쓰이며 노르에피네프린이나 세로토닌 같은 모노아민계 신경전달물질의 수준을 높이는 역할을 한다. 다음과 같이 크게 세 가지로 분류된다.

페넬진(Phenelzine, Nardil) 같은 모노아민계 산화억제제(monoamine oxidase inhibitor, MAO inhibitor)는 노르에피네프린과 세로토닌을 불활성화하는 효소를 막거나 억제하여 이들 신경전달물질의 수준을 높이지만, 우리나라처럼 발효 음식을 많이 섭취하는 사람에게는 고혈압 위기가 발생할 수도 있기에 잘 사용되지 않는다. 아미트리프틸린

(Amitriptyline, Elavil) 같은 삼환계 항우울제(tricyclic antidepressant)는 노르에피네프린과 세로토닌의 재흡수를 방해함으로써 이들 신경전달물질의 수준을 높인다. 삼환계 약물들은 효과에 비해 부작용이 많아서 임상 실제에서 거의 사용되지 않고 있다. 렉사프로(Escitalopram) 같은 선택적 세로토닌 재흡수 억제제(Selective Serotonin Reuptake Inhibitor: SSRI)는 삼환계 항우울제와 같은 원리로 작용하지만 특별히 세로토닌만 타깃으로 한다. 오늘날 가장 많이 사용되는 항우울제이며, 부작용이 적고 효과적이다. 그 외에 선택적 노르에피네프린 재흡수 억제제인 이펙서(Venlafaxine), 심발타(Duloxetine)와 알파2 효능제인 레메론(Mirtazapine) 등이 사용되고 있는데 각기의 효능과 부작용이 있기에 경험 많은 임상의의 처방이 필요하다.

항우울제는 투여를 시작한 뒤 약 2주가 지난 후부터 효과가 나타나기 시작하며 2~6개월 후에는 증상이 가라앉는다. 항우울제는 중독성이 없지만 입이 마르고 두통, 변비, 메스꺼움, 동요, 소화기 계통 장애, 체중 증가, 성욕 감소 등의 부작용이 일부 있을 수 있다.

(3) 항불안제

발륨(Valium)이나 아티반(Lorazepam) 같은 벤조디아제핀계 약물은 GABA(Gamma-Aminobutyric Acid)의 활동을 증가시켜서 항불안 효과를 나타낸다. 요즘에는 자낙스(alprazolam)나 리보트릴(clonopine) 등의 고강도 벤조디아제핀이 개발되어 사용되는데, 불안, 불면증, 공황발작을 호소하는 환자들에게 가장 자주 처방되는 약물이다. 그러나 이들은 불안이나 공황장애 자체를 없애 주는 효과는 없고, 단지 응급상황에서 잠시 평온한 마음을 가지게 돕기만 할 뿐, 장기적인 치료목적으로 쓰이지 않는다. 요즘에는 벤조계통이 아닌 항불안제로 부스파(Buspirone)를 처방하기도 하지만 그리 효과적이지 않다.

진정제의 가장 큰 문제는 의존성이다. 신체적 의존성과 심리적 의존성 모두가 문제가 되는데, 마약류와는 달리 신체적 의존성은 그리 크지 않지만 심리적 의존성은 아주 심각하여 치료진이 인지행동치료 등의 대안적 방법을 제공해 주지 않는 경우에는 수년 이상 약물에 의존하는 경우가 상당히 많다.

진정제를 복용하는 사람 중에는 약물을 남용하고 갑자기 투여를 중단하는 경우에 금단현상과 내성(점점 더 많은 양의 약물을 원하게 됨)을 보이는 경우가 많다. 자낙스나 클로나제팜은 처방받은 대로 정확하게 복용하지 않으면 한동안 발생하지 않았던 공황발작이 한꺼번에 몰려오기도 한다.

(4) 기분조절제/항경련제

리튬(lithium carbonate)은 양극성 장애를 관리하는 데 사용된다. 조증을 그냥 내버려 두면 평균 3~4개월 동안 지속되는데 리튬을 사용하면 조증의 상태가 5~10일로 줄어 든다.

양극성 장애 환자가 적정량의 리튬을 지속적으로 복용하면 기분이 차분히 가라앉은 상태를 지속시켜 주고 조증 및 우울증의 발생 가능성이 감소된다. 리튬이 어떤 기제를 통해 양극성 장애를 조절해 주는지는 분명하지 않으나 대뇌 신경세포막 사이의 이온 의 흐름을 안정되게 만들어 주는 것 같다. 구체적으로 노르에피네프린의 수준을 조절 하거나 뇌가 흥분성 신경전달물질인 글루타메이트(glutamate)에 의해 과다하게 자극되 는 것을 막아 준다. 리튬은 적량만 복용해야 하며 혈중 약물 농도를 자주 체크해 봐야 하는데, 이는 리튬이 너무 적으면 치료효과가 없고 너무 많으면 신경계에 독성을 나타 내어 경련, 뇌손상, 불규칙한 심장박동 등과 같은 심각한 부작용이 생길 수 있기 때문 이다.

요즘은 리튬보다는 항경련제들이 항조증 치료제로 많이 처방되고 있는데, 이는 소 위 뇌신경계의 킨들링(kindling) 현상으로 경련과 양극성을 유사현상으로 간주하는 이론 때문이다. 대표적인 약물로는 태그래톨(Carbamazepine), 데파코트(Divalproex sodium), 라믹탈(Lamotrigine), 토피라메이트(Topiramate)를 들 수 있다.

(5) 약물치료의 한계

일반인은 약물치료를 지나치게 맹신하는가 하면 또한 지나치게 염려한다. 일부 정 신건강의학과의사들과 제약회사들이 대중에게 약물의 제한점은 알리지 않고 장점만 '약장수처럼' 말하고 있는데, 현명한 소비자라면 다음과 같은 점을 알아 두어야 한다.

우선 위약효과(placebo effect)[7]를 감안해야 한다. 약물이 새로 개발될 때마다 이 약이 야말로 빨리 효과를 보는 치료제라고 선전한다. 위약효과의 원칙에 따라 신약을 둘러 싼 열기와 기대 때문에 개발 초기 몇몇 사람이 효과를 본다. 잠시 후 위약효과는 사그 라지고 진실이 밝혀진다. 대부분의 약은 처음 기대하였던 것만큼 효과적이지도 않고,

---

7) 위약효과는 심리치료에도 해당된다.

누구에게나 효과가 있는 게 아니다. 신약이 개발될 때마다 이러한 과정이 되풀이된다.

또한 약물치료는 높은 중도 탈락률과 재발률을 보인다. 항정신병제나 항우울제를 복용해서 단기적 효과를 볼지 모르나 부작용 등의 이유로 반이나 2/3 정도의 환자들이 복용을 중지한다. 또한 우울증 환자가 삶의 어려움에 어떻게 대처해야 하는지 여전히 모르는 채 항우울제만 복용한다면 살아가면서 자꾸 재발되는 것이 당연하다.

마지막으로 장기적 위험성을 고려해야 한다. 항정신병제의 장기복용이 위험할 수 있다는 말은 이미 앞에서 했다. 특히 새로 개발된 약들의 경우 단지 수 주나 수개월 간만 수백 명의 환자에게 임상실험하기 때문에 장기적인 위험에 대해서는 알 도리가 없다.

많은 의사가 진단 후 심리치료를 선행하거나 병행하지 않고 약물을 처방하는데 우리는 이에 대해 비판적인 시각을 견지해야 할 것이다.

2) 수술, 전기충격요법, 경두개 자기 자극술

심리적 장애를 치료하기 위한 수술은 결국 뇌에 칼을 대는 뇌수술이다. 과거에 뇌수술은 심한 심리장애를 경감시키고자 사용되었다. 전전두엽 절제술(prefrontal lobotomy)이라는 수술은 1940년대와 1950년대에 자주 시행되었던 방법으로서 두개골에 구멍을 뚫고 뇌의 전전두엽에서 다른 부위로 가는 신경섬유들을 자르거나 부서뜨리는 방법이다. 전두엽이 정서를 조절하는 부위라고 믿고 환자를 얌전하게 만들기 위해 손을 대는 것이다. 수술 후 정신장애 증상은 놀라울 만큼 사라졌지만 자연스러운 정서도 보이지 않게 되었다(Valenstein, 1986). 1~4%의 환자들은 수술 때문에 죽기도 했다. 그럼에도 불구하고 그 효과가 과학적으로 검증된 적이 한 번도 없다. 아이로니컬하게도 이 방법의 창시자인 모니츠(Moniz)는 노벨상을 받았다. 많은 의사가 1940년대와 1950년대에 이 수술이 유행된 데 대해 '심각한 오류'였음을 인정하고 있다. 오늘날 테크놀로지의 발달로 수술의 정확도가 높아졌음에도 불구하고 수술은 거의 쓰이지 않는데, 그 이유는 다음과 같다.

• 약물치료가 수술보다 효과적임이 입증되었다.
• 수술이 장기적으로도 효과가 있는지 의혹이 확대되었다.
• 수술은 한번 시행되면 돌이킬 수 없으므로 도덕적으로 문제가 될 소지가 있다.

전기충격요법(ElectroConvulsive Therapy: ECT)은 잠깐 동안 전기를 환자의 머리에 흐르게 해서 경련 발작을 야기한다. 심리치료, 약물치료 등 다른 형태의 치료에도 낫지 않는 만성적이고 심각한 우울증에 사용된다. 전기충격은 1초도 안 걸리며, 미리 근육이완제를 투여해서 심한 경련을 예방한다. 뇌에 전기가 흐른 뒤 약 1분간 발작이 지속되는데, 수 주에 걸쳐 3회에서 12회 시술한다. 어떻게 해서 우울증을 경감하는지 확실한 기제는 규명되어 있지 않으며 비교적 안전한 것으로 보고되었지만 부작용 또한 보고되고 있다.

전기충격요법은 약물 등의 다른 접근법보다 더 빨리 효과를 보이기 때문에 자살위험이 크다든지 하는 위급한 환자에게 쓰이기도 한다(Holmes, 1997). 겉으로 보이는 것은 환자에게 전기충격을 가하는 것이기에 비윤리적으로 느껴져서 환자뿐 아니라 치료자도 저항을 느껴 꺼리는 경우가 있는데 사실 상당히 효과적인 결과를 보이는 경우가 많다. 그러나 조현병이나 알코올중독에는 효과가 없음에도 불구하고 잘못 처방되기도 하기에 정확한 판단하에 시술되어야 할 것이다. 최근에는 경두개 직류자극법이라고 해서 저강도의 직류 전기 자극을 주는 방법이 사용되기도 하는데 아직 임상자료가 부족하다.

경두개 자기 자극술(Transcranial Magnetic Stimulation: TMS)은 두부 가까이에서 강력한 자기장으로 두개골을 통과시켜 경두개 피질의 신경세포를 활성화하도록 자극하는 비침습적 시술이다. 두뇌피질을 국소적으로 자극할 수 있다는 특징으로 우울증에 대한 효과가 밝혀져 사용되고 있다. 신체 다른 부위에 대한 영향이 없고, 약물치료에 비해 부작용이 적지만 임상자료가 부족한 상태다.

요약

1. 이상행동을 치료하는 방법에는 여러 가지 방법이 있는데, 크게 심리적 접근법과 생물의학적 접근법으로 나뉜다.

2. 심리치료는 치료자와 내담자 간에 대화 등의 상호작용으로 이루어지며 정신분석 심리치료, 인본주의 심리치료, 인지행동치료 등의 다양한 접근법이 있다.

3. 정신분석 심리치료에서는 이상행동의 근본 원인이 무의식 속에 숨어 있는 욕구와 갈등이라고 본다. 따라서 무의식 속의 욕구와 갈등에 대한 통찰을 얻는 것이 1차적인 치료목표이고, 훈습을 통해 통찰한 것을 소화한다. 치료기법으로는 자유연상, 꿈의 분석, 저항과 전이의 분석을 사용한다. 고전적 정신분석은 시간과 돈이 많이 들고 그 효과에 관한 연구가 활발히 이루어지지 않았기 때문에 최근에는 위축되었다. 정신역동치료는 정신분석과는 차별화되는 면모를 보이지만 정신분석에서와 마찬가지로 어린 시절 경험과 방어기제에 초점을 맞춘다.

4. 환자의 어린 시절을 중시하는 정신분석과 달리 인본주의적 치료에서는 현재의 감정과 자신의 상황에 대한 책임에 초점을 맞춘다. 사람들은 누구나 자기실현을 추구하며 변화할 수 있는 능력을 가지고 있다고 본다. 내담자중심 치료에서는 진솔성과 수용, 공감을 표현하기 위해 적극적 경청법을 사용한다. 게슈탈트 치료에서는 '불완전한 게슈탈트'를 다루면서 현실과 자유로운 감정 표현을 강조한다.

5. 인지적 접근법이 전통적 행동주의 접근법에 가세한 인지행동치료에서는 무의식적 동기나 갈등을 다루는 대신 포괄적인 의미의 '행동'에 초점을 맞춘다. 또한 문제행동이 학습된 것이라고 보고 재학습과정을 거쳐서 행동을 고친다. 역조건화 등의 고전적 조건화의 원리, 혹은 토큰경제 등의 조작적 조건화의 원리를 적용한 기법을 사용한다. 인지적 접근에서는 적응을 저해하는 자기패배적 사고를 줄이고 적응에 도움이 되는 방식으로 자신과 세상을 보도록 이끈다. 새로운 사고법과 말하기 법을 훈련시킨다.

6. 집단심리치료는 개인심리치료에서와 마찬가지로 내담자들의 특성이나 치료자의 접근법에 따라 다양한 형태로 시행된다. 가족치료에서는 가족 중 한 개인의 문제 때문에 치료를 받으러 왔더라도 가족 전체를 하나의 단위로 보고 그 구조와 조직에 초점을 맞춘다.

7. 심리치료의 효과를 되풀이하여 연구한 결과, 심리학자들은 ① 심리치료를 받은 것이 받지 않은 것보다 나으며, ② 특정 문제에 대해서 특정 치료법이 더 효과가 있을 수 있고, ③ 모든 문제, 모든 사람에게 두루 잘 듣는 만병통치 치료법은 없다는 데 동의한다.

8. 생물의학적 치료법은 생물학적·의학적인 관점에서 중추신경계(뇌), 신경전달물질에 영향을 줌으로써 이상행동을 치료한다. 생물의학적 치료법으로 약물치료, 수술 및 전기충격요법을 들 수 있다.

학습과제

1. 심리적 치료와 생물의학적 치료의 차이를 설명하시오.

2. 인지행동치료법에 관해 기술하시오.

3. 약물치료의 종류와 한계를 기술하시오.

일상생활에서 심리학 응용

1. 심리학이 우리 생활에 어떻게 응용되고 있는지 이해한다.
2. 기초심리학과 응용심리학 간 관계를 이해한다.
3. 기업, 군대, 경찰, 공공기관, 학교 등에서 심리학 지식과 원리가 어떻게 응용되는지 이해한다.
4. 교통문제, 환경문제, 건강문제와 같이 우리 사회에서 흔히 접하는 문제를 해결하기 위해 심리학이 어떻게 응용될 수 있는지 이해한다.
5. 가상 공간에서 심리학이 어떻게 응용될 수 있는지 이해한다.
6. 앞으로 심리학을 응용하여 해결할 수 있는 문제나 분야가 무엇인지 생각해 보고, 스스로 해결책을 제시할 수 있도록 한다.

심리학은 인간의 행동과 정신과정을 연구하는 학문이기 때문에 우리 생활과 밀접한 관련이 있고, 심리학 지식이 삶의 질을 향상하는 데 큰 공헌을 하고 있다. 심리학자들이 연구를 통해 알아낸 지식은 우리 사회의 다양한 장면이나 분야에 유용하게 활용되고 있다. 예를 들어, 설득 원리는 고객의 마음을 움직여서 상품을 판매하는 데 활용될 수 있고, 학습 원리는 기업 교육에 활용되어 종업원의 업무능력을 향상하거나 회사에 대한 태도변화를 유발할 수도 있다. 이처럼 심리학은 우리 생활의 거의 모든 분야에 응용되고 있다고 해도 과언이 아니다.

이 장에서는 앞에서 다루었던 심리학의 여러 분야에서 발견한 지식과 원리가 일상생활에 어떻게 응용되고, 또 앞으로 어떻게 응용될 수 있는지를 다룬다. 즉, 앞에서는 학습, 기억, 정서 등과 같은 심리학의 여러 주제에서 발견된 지식과 원리를 살펴본 반면, 이 장에서는 심리학의 지식과 원리가 응용되는 장면(예: 기업, 군대, 경찰, 교도소, 가상 공간 등)이나 분야(예: 광고, 스포츠, 건강, 교통, 환경 등)를 중심으로 다룬다.

1 ─ 서론

기초심리학과 응용심리학 연구는 동전의 양면과 같이 서로 긴밀한 관련성을 지니고 있다. 기초심리학이 심리학 지식이나 원리의 발견 그 자체에 관심을 갖는 반면, 응용심리학은 심리학의 원리를 실생활에 적용하여 실제 문제를 해결하는 데 관심을 둔다. 우리나라 심리학 역사를 돌이켜 볼 때 응용심리학의 두 가지 큰 줄기는 임상 및 상담 심리학, 그리고 산업 및 조직심리학이었다. 하지만 최근에는 환경, 건강, 교통, 범죄, 스포츠 등 매우 다양한 분야에서 심리학이 응용되고 있다.

우리나라에는 1946년에 설립된 한국심리학회(www.koreanpsychology.or.kr) 산하에 2020년 현재 15개 분과학회(설립 순으로 임상심리학회, 상담심리학회, 산업 및 조직심리학회, 사회 및 성격심리학회, 발달심리학회, 인지 및 생물심리학회, 문화 및 사회문제심리학회, 건강심리학회, 여성심리학회, 소비자광고심리학회, 학교심리학회, 법심리학회, 중독심리학회, 코칭심리학회, 심리측정평가학회)가 있으며, 여기에 약 2만 3,200명의 회원 및 준회원이 등록되어 있다. 또한 40여 개 대학에 심리학 학부 및 대학원 과정이 개설되어 있다. 15개 분과학회 중에서 심리학의 응용에 관심을 더 두고 있는 학회는 임상심리학회(www.kcp.or.kr), 상담심리학회(www.krcpa.or.kr), 산업 및 조직심리학회(www.ksiop.or.kr), 문화 및 사회문제심리학회(www.kpacsi.or.kr), 건강심리학회(www.healthpsy.or.kr), 소비자광고심리학회(www.kscap.or.kr), 학교심리학회(schoolpsych.or.kr), 중독심리학회(www.addictpsy.or.kr), 코칭심리학회(coachingpsychology.or.kr) 등이다. 요즈음은 모든 분과학회가 웹사이트를 가지고 있어서 그곳에서 심리학에 관한 다양한 지식이나 자료뿐만 아니라 자격증과 관련된 정보도 얻을 수 있다. 현재 임상심리, 상담심리, 발달심리, 건강심리, 산업 및 조직심리, 범죄심리, 인지학습심리, 중독심리 분야에서 자격증 제도를 운영하고 있다.

심리학을 응용할 수 있는 기관과 분야는 매우 다양하지만, 이 장에서는 기업, 공공기관, 군대, 경찰, 법정, 교도소, 학교, 공학, 광고, 교통, 건강, 환경, 스포츠에서 심리학이 어떻게 응용되는지를 중심으로 다룬다. 또한 정보통신 기술의 발달과 인터넷 사용으로 인하여 새롭게 형성된 가상 공간에서 심리학이 어떻게 활용될 수 있는지를 기술하였다.

2　심리학 응용

1) 기업에서 심리학 응용

기업에서 주로 응용되는 심리학 지식은 산업 및 조직심리학이다. 산업 및 조직심리학은 심리학 지식 및 원리를 기업, 산업체, 공공기관, 병원 등 다양한 형태의 조직에 응용하고 일과 관련되어 일어날 수 있는 많은 실제적 문제의 해결을 다룬다. 오늘날 기업이 처한 환경이 급변하고 인적자원의 확보와 종업원의 심리에 대한 이해가 절실히 요구됨에 따라 산업 및 조직심리학의 중요성은 더욱 부각되고 있다. 산업 및 조직심리학은 미국 노동부가 선정한 앞으로 20년 동안 가장 빠르게 성장할 직업분야 1위를 차지하였다(유태용 역, 2016). 산업 및 조직심리학은 우수한 종업원을 선발하고, 적성에 맞는 일에 배치하며, 교육을 통해 종업원의 역량을 개발하고, 업무성과를 공정하게 평가하고, 조직 내 의사소통을 개선하며, 직무만족을 증진시키고, 직무 스트레스를 줄이는 등 기업 내에서 다양한 분야에 응용된다. 이처럼 산업 및 조직심리학은 '심리학의 방법, 사실, 원리들을 다양한 조직에서 일하는 사람들에게 응용하는 학문'이라고 정의할 수 있다.

(1) 인사심리학

인사심리학은 종업원의 개인차와 관련된 문제를 다룬다. 인사심리학은 산업 및 조직심리학의 역사를 고려해 볼 때 가장 오래되고 전통적인 분야다. 산업심리학이라는 명칭이 사용되었던 초창기에 연구되었던 대부분의 주제가 이러한 인사심리학 주제였으므로 초창기에는 산업심리학이 곧 인사심리학이었다고 해도 과언이 아니다. 여기서 인사(personnel)라는 용어에는 종업원의 선발, 배치, 승진, 근무평가, 교육 등과 관련된 모든 문제가 포함되어 있다. 따라서 인사심리학은 어떤 직무에 필요한 인간의 지식, 기술, 능력, 성격, 흥미 등이 무엇인가를 알아내서 그 직무에 적합한 사람들을 선발하고, 그들을 적성에 맞게 배치하고, 직무를 효율적으로 수행할 수 있도록 그들에게 필요한 교육을 하고, 합리적인 평가를 통하여 임금이나 승진 등을 결정하는 것을 포함한다.

지원자들로부터 우수한 사람을 선발하기 위해서는 먼저 직무분석이 선행되어야 한다. 왜냐하면 직무분석 결과로부터 그 직무에 요구되는 활동 및 인적 특성을 알아낼 수 있기 때문이다. 최근에 인공지능이나 로봇에 대한 관심이 높아지면서 기존에 인간이 수행했던 일을 인공지능이나 로봇이 대체하는 경우가 늘고 있다. 직무분석은 어떤 일은 인공지능이나 로봇이 할 수 있고 어떤 일은 여전히 사람이 해야 하는지를 판단하는 데 기여할 수도 있다.

기업에서 신입사원을 채용하는 방법으로 서류전형, 심리검사, 면접 등 다양한 방법이 사용되고 있지만 면접이 가장 자주 사용되고, 인성검사 및 적성검사를 독립적으로 실시하는 기업보다는 인·적성 검사를 포함하는 종합심리검사를 활용하는 기업이 많다(최민식 외, 2015). 채용을 위한 이러한 인성 및 적성검사 개발에 심리학자들이 적극적으로 참여하고 있고, 정부나 기업체로부터 채용도구 개발에 대한 요구도 늘어나고 있다. 최근에는 인공지능에 대한 관심이 부각되면서 공정하고 투명한 채용을 위해 인공지능 면접관을 활용하거나, 컴퓨터 프로그램을 사용하여 지원자가 작성한 자기소개서를 분석하는 시도 또한 증가하고 있다(Campion, Campion, Campion, & Reider, 2016).

기업에서 신입사원이나 기존 사원의 교육에 많은 돈을 투자하고 있다. 이러한 교육 설계 및 평가에 학습이나 심리측정에 관한 심리학 지식이 활발하게 응용되고 있다. 또

[그림 15-1] 최근에 기업은 치열한 생존경쟁에서 살아남기 위해 사원들의 컴퓨터교육, 어학교육 등에 많은 투자를 하고 있다. 이러한 교육의 설계 및 평가에 심리학 지식들이 활발하게 응용되고 있다.

한 인사평가 분야에서도 척도개발에 관한 절차와 지식이 활용되고 있고, 기업에서 관리자들의 역량을 진단하고 개발하기 위한 평가센터 운영에 대한 요구도 급증하고 있다. 예를 들어, 임원후보자들에게 모의 상황을 제시하고 당면 문제들을 어떻게 해결하는지를 보고 역량을 평가하는 기업이 늘어나고 있다. 이러한 역량평가에서 산업 및 조직심리학자들이 모의과제를 개발하거나 역량을 평가하는 전문가로 활동한다.

(2) 조직심리학

조직에서 일하는 모든 종업원의 태도와 행동은 조직에 의해 영향을 받는다. 조직심리학에서 주로 다루는 주제는 직무만족, 작업동기, 조직에 대한 몰입, 종업원 상호 간 의사소통, 리더십, 동기부여 등이다. 인사심리학이 누구를 선발하고 누구를 승진시킬 것인가와 같은 개인수준의 문제에 관련되어 있는 분야인 반면, 조직심리학은 조직 내 사회적 혹은 집단적 영향과 관련되어 있는 분야다. 따라서 태도나 집단역학에 관한 사회심리학 지식이 조직심리학에 많이 응용된다.

조직을 보다 효율적으로 만들기 위하여 문제를 진단하고 변화를 도입하고 변화가 조직에 미치는 효과를 평가하는 조직개발도 조직심리학에서 다루는 주제이다. 또한 조직풍토나 조직문화도 조직심리학의 중요한 연구주제이며, 조직 구성원들이 일터에서 겪는 스트레스나 일과 삶의 균형을 강조하는 '워라밸'도 최근에 부각되고 있는 연구주제이다. 노사관계 분야에서는 고용주와 종업원 간에 일어나는 심리적 갈등의 해결을 다루고 노동조합과 관련된 문제도 연구한다. 노사관계를 전문적으로 다루는 조직

[그림 15-2] 심리학의 응용 분야인 산업 및 조직심리학은 고용주와 종업원들 간에 일어나는 심리적 갈등을 해결하고 노동조합과 관련된 문제들도 연구한다.

심리학자들은 노사 간 갈등 및 분쟁, 작업집단들 간의 갈등, 단체교섭이나 협상에 관심을 갖는다. 이를 위해 노동관계 법률에 전문 지식을 가지고 있는 사람들과 협력하며 종업원의 권리 보장과 분쟁 해결을 위하여 노력한다. 따라서 노사관계를 다루는 조직심리학자들은 심리학 지식뿐만 아니라 노동법에 관련된 지식도 필요하다. 공인노무사 자격증을 취득하여 기업에서 활동하고 있는 심리학 전공자들의 수도 늘어나고 있는 추세이다.

(3) 산업상담

산업상담 분야는 상담심리학과 산업 및 조직심리학 지식을 필요로 한다. 상담심리학 지식을 응용하여 직장에서 일어나는 갈등을 해결하고 직업이나 일에서 겪는 종업원의 문제를 상담을 통해 그들이 일이나 직업에 보다 잘 적응할 수 있도록 돕는다. 즉, 일터에서 상담자들은 종업원들이 가치 있고 만족스러운 직업을 선택하고, 경력을 개발해 가고, 직장에서 갈등이나 직장과 가정 사이에 일어날 수 있는 갈등을 해소하고, 변화하는 직무에 적응하도록 도와준다. 우리나라에서도 종업원 지원 프로그램(Employee Assistance Program: EAP)을 운영하는 기업이 많이 있다. EAP란 종업원의 직무만족이나 생산성에 부정적인 영향을 미칠 수 있는 문제를 해결하기 위하여 회사가 종업원이나 그 가족에게 상담이나 교육 서비스를 제공하는 것이다(최수찬, 2005). 이러한 종업원 지원 프로그램은 최근에 감정노동자 보호법과 직장 내 괴롭힘 금지법이 시행됨에 따라 더욱 강조되고 있다. 고객 또는 동료의 폭언 등 괴롭힘 때문에 발생할 수 있는 건강상의 장해에 대한 사업주의 예방조치가 강화됨에 따라 심리상담센터 설치가 증가하고 있다. 또한 기업은 종업원의 스트레스 해소와 근로의욕 개선, 산업재해 감소를 위해 온라인 스트레스 진단을 제공하거나 질환 예방을 위한 운동프로그램 및 식단관리 프로그램을 제공하기도 한다.

한국산업인력공단은 직업상담사 자격제도를 시행하고 있다. 직업상담사는 직업안정기관이나 인력관련기관에서 개인의 직업 선택, 직업 전환, 재취업 및 퇴직에 관한 서비스를 제공한다. 이러한 과정에서 직업상담사는 개인의 능력과 흥미를 파악하고, 적절한 정보와 자료를 제공하며, 상담을 통해 개인의 취업, 직장 적응, 경력개발에 도움을 준다. 직업상담사는 고용노동부 지방관서, 고용안정센터, 인력은행, 직업훈련기관, 장애인 고용촉진기관, 기업체의 고충처리 상담실 등에 고용될 수 있다(한국 산업 및 조직심리학회 편, 2000). 최근에는 산업상담에서 애플리케이션 등을 통한 인공지능 기반의 심리상담 서비스가 개발되고 있다. 인공지능 기반의 심리상담은 아직 부분적인 치료가 검증되었을 뿐 상담자의 역할을 모두 대체할 수는 없다. 하지만 새로운 방식으로 내담자에게 서비스를 제공하고 전문기관 방문을 부담스러워하는 내담자들의 심리적 문제를 조기에 예측할 수 있다는 장점이 있어 활용이 확산되는 추세이다.

2) 군대에서 심리학 응용

군대는 위계질서와 명령을 중요시하고 엄격한 통제를 요구한다는 점에서 일반 조직과 다른 특성을 지니고 있다. 하지만 다른 조직과 마찬가지로 사람들이 모여서 조직을 형성하고 국토방위라는 뚜렷한 목적을 지니고 운영되는 조직이기 때문에, 심리학의 기본원리와 지식이 군대의 인력관리나 전투임무의 수행에 광범위하게 적용될 수 있다. 즉, 군대는 사회의 다양한 직무와 기능을 거의 모두 가지고 있기 때문에 심리학의 거대한 응용장면이라고 할 수 있다. 또한 앞에서 언급한 산업 및 조직심리학 지식의 대부분이 군대에도 그대로 적용될 수 있다. 그중에서 대표적인 몇 가지 활용 분야를 소개하면 다음과 같다.

(1) 군대 인력의 선발과 배치

군대 입영대상자들은 신체검사뿐만 아니라 성격검사를 비롯한 각종 심리검사를 받는다. 이러한 과정을 통하여 부적격자를 가려내고, 입영 후 훈련소에서 적성검사를 실시하여 그 결과에 따라 인력을 적재적소에 배치함으로써 군 인력 활용의 효율성을 높

[그림 15-3] 군대도 다른 조직과 마찬가지로 사람들이 모여서 조직을 형성하고 국토방위라는 뚜렷한 목적을 지니고 있으므로 심리학의 기본원리와 지식들이 군대의 인력관리 및 전투임무 수행에 광범위하게 활용된다.

일 수 있다. 이러한 적성검사 실시는 자신의 전공과 적성을 살려서 군복무를 할 수 있는 기회를 제공할 수 있기 때문에, 군 전력 향상을 가져올 수 있을 뿐만 아니라 개인적 측면에서도 군대생활에 대한 적응력을 높일 수 있다. 따라서 군대 인력의 효과적인 선발과 배치를 위해서는 인간의 지능, 성격, 흥미에 관한 심리학 이론을 적극적으로 활용할 필요가 있다. 국내에서도 심리학자들이 제작한 육군 선발용 성격검사가 사용되고 있다.

(2) 군대 인력의 교육 및 훈련

군대는 유사시를 대비해서 끊임없이 교육 및 훈련을 실시한다. 군대에서 실시하는 교육 및 훈련은 단기적이면서도 교육 목적이 분명하고 교육 후 곧바로 적용된다는 점에서 일반 학교 교육과 차이가 있다. 이러한 분명한 교육목적을 달성하기 위하여 효과적인 교육훈련 프로그램의 개발, 교재의 개발, 교수방법 및 지휘 통솔법 개발, 교육의 효과측정이 중요하다. 군대 교육 및 훈련에 심리학의 학습원리, 동기부여 방안 등이 그대로 활용될 수 있다. 요즘 입영하는 세대들의 생각과 행동이 과거와 다를 수 있기 때문에 교육의 효율성을 높이기 위하여 교육 및 훈련 과정 설계에도 이러한 변화를 고려할 필요가 있다. 또한 사회적 변화를 고려하여 군 장병들의 인식을 변화시킬 수 있는 교육 프로그램 실시도 필요하다. 예를 들면, 우리나라도 다문화 사회가 되면서 군대에서도 차별이나 불공정한 대우가 발생하지 않도록 다문화에 대한 이해를 높일 수 있는 교육 프로그램을 실시할 필요가 있다.

(3) 군대 조직편성 및 제도 개선

산업 및 조직심리학 지식을 활용하여 군대 내에 존재하는 직무에 대한 분석을 실시하고 유사한 직무와 병과들은 함께 묶어서 군대 조직체계를 보다 효율적으로 개편할 수 있다. 이러한 직무분석 결과는 전투수행에 적합한 부대 편성 및 부대원의 수를 결정하기 위한 기초적인 정보로 활용될 수 있다. 또한 조사방법론 지식을 활용하여 장교 및 사병의 군대생활에 대한 만족도 조사, 사병들의 의식조사, 군복무 환경에 관한 조사를 실시하고 자료를 분석하여 군대의 제도 개선을 꾀할 수 있다.

(4) 사기 진작 및 효과적인 전투임무 수행

집단역학, 태도변화, 가치관 등에 관련된 사회심리학 지식과 작업동기, 리더십, 직무만족 등과 관련된 조직심리학 지식을 응용하여 동료 간의 전우애 및 단결력을 높이고, 집단의 사기를 진작시키며, 효과적인 의사소통 및 명령체계를 세울 수 있다. 그리고 실제 전투상황에서 공포와 긴장을 줄이고 효율적인 행동을 할 수 있도록 심리학 지식을 응용하고, 심리전에 관한 지식을 가르쳐서 분대 혹은 소대 단위의 전투임무 수행의 효율성을 높일 수 있다. 또한 지휘관의 통솔력을 증진시키기 위하여 리더십에 관한 이론을 활용할 수 있다.

(5) 군대생활 적응을 위한 지원활동

군대에 입영하는 나이가 주로 10대 후반에서 20대 초반으로 타인의 간섭과 통제에

[그림 15-4] 군대에서 심리학은 동료 간의 전우애 및 단결력을 증진하고, 집단의 사기를 높이며, 분대 혹은 소대 단위의 전투임무 수행의 효율성을 높이는 데 활용할 수 있다.

대하여 가장 민감한 시기이기 때문에 신병들의 군대생활 적응에 많은 관심을 가질 필요가 있다. 일반 사회와는 달리 명령과 통제가 중요하고 단체생활이 강조되기 때문에 군대생활 초기에 그들은 심리적 불안과 갈등을 겪을 가능성이 크다. 예를 들어, 병영 내 총기난사 사건이나 탈영병의 총기난동 사건 등은 당사자의 군대생활 부적응 때문에 발생하는 문제들이다. 따라서 심리학자들은 사병들의 불만이나 심리적 부적응에 대해 상담 및 임상 심리학 지식을 활용하여 그들의 정신건강을 유지하고 사고를 미연에 방지할 수 있는 대책을 강구한다. 또한 군 간부의 상담능력을 향상시키고 군대생활의 특성을 잘 이해하고 있는 제대 군인들을 상담사로 육성하기도 한다. 군 복무 기간 동안에는 사회와 단절된다는 심리적 불안을 갖게 된다. 따라서 자격증 및 학점 취득 등 미래 대비를 위한 생산적인 활동을 지원하고 군 복무중 이용 가능한 취업 지원 서비스를 제공하여 미래를 준비하고 불안을 해소하도록 한다.

3) 정부에서 심리학 응용

심리학은 정부나 행정기관에도 다양하게 활용될 수 있다. 먼저 기업과 마찬가지로 정부도 하나의 조직이므로 기업에 응용되는 종업원의 선발, 배치, 교육훈련, 근무평가, 조직설계 및 조직개발, 직무설계, 리더십, 동기부여 및 사기앙양 등과 관련된 산업 및 조직심리학 원리와 지식이 정부에도 그대로 활용될 수 있다. 현재 고용노동부는 구직자들의 직업적성을 측정하기 위한 목적으로 심리학자들이 개발한 적성검사를 사용하고 있다. 또한 경찰청은 신임 경찰관을 채용할 때 심리학자들이 개발한 경찰 적성검사를 실시하고 있다. 정부도 기업의 경쟁원리를 도입하여 조직을 개편하고 공무원의 역량을 키우기 위한 교육연수에 많은 관심을 기울이고 있기 때문에, 기업에 활용되는 산업 및 조직심리학 지식이 정부에도 활발하게 응용되고 있다. 우리나라 인사혁신처는 고위공무원과 과장 승진후보자들의 역량을 평가하기 위하여 평가센터 기법을 응용한 역량평가제도(조성주, 2007)를 시행하고 있다. 또한 많은 국가기관과 지방자치단체에서도 승진과 역량개발을 목적으로 역량평가제도를 운영하고 있다.

정부조직의 구성과 효과적인 인력관리뿐만 아니라 행정기관에서 수립하는 정책의 결정과 실행에도 심리학이 활용될 수 있다. 예를 들어, 대기 및 수질 오염, 노년층의 소외감, 청소년 범죄 및 비행, 교통문제, 인구문제 등과 같은 사회문제에 내포된 심리적 요인이 무엇인지를 밝히고, 교육제도, 신도시 개발, 교도소 재소자의 재활 및 갱생보호

제도, 극빈자 구호 및 청소년 가장 보호대책 등 다양한 행정제도의 수립에 심리학 지식을 응용할 수 있다. 또한 인간의 지각이나 착각에 관한 심리학 실험결과를 응용하여 도로 교통표지판의 구성 및 글자 크기의 결정에 활용할 수도 있다.

4) 공학에서 심리학 응용

공학심리학은 작업자의 생산성과 안전을 증진하기 위하여 기계나 장비를 어떻게 설계하는 것이 바람직한지에 관심을 갖고 실험 및 인지심리학 지식을 산업현장에 응용하는 분야이다. 즉, 인간의 자연스러운 동작과 지각 능력에 기초하여 장비나 기계들을 어떻게 설계하는 것이 작업 오류를 최소화하고 작업능률을 최대화할 것인지에 관한 인간과 기계 간 상호작용체계를 연구한다. 예를 들어, 자동차나 비행기의 계기판을 어떻게 배치하는 것이 작동 오류를 줄일 것인지를 연구하고, 인간의 기술과 능력에 맞도록 작업환경을 어떻게 설계할 것인지를 다룬다. 인적요인 심리학(human factors psychology)이나 인간공학(ergonomics)은 공학심리학과 같은 의미로 사용되는 용어들이다.

기계나 장비 자체의 성능과 더불어 조작의 편리함과 안전을 증진하기 위하여 심리학 연구 결과는 제품 설계에도 기여를 할 수 있다. 심리학에서 발견된 지식과 원리를 바탕으로 인간의 신체적·생리적·심리적 특징을 알아내고 이를 각종 기계 및 생활용품 설계에 응용한다. 예를 들어, 인간의 신체적 조건과 감각, 지각, 운동, 학습능력을 감안하여 자동차나 비행기 조작을 위한 여러 가지 조종기구나 스위치, 계기판을 효율적으로 설계함으로써 신체적·심리적 피로를 줄이고 사고를 예방하며 보다 편리한 조작이 가능하도록 한다. 컴퓨터를 비롯한 각종 가전제품이나 책상이나 침대와 같은 가구에 이르기까지 소비자의 신체조건을 고려하여 제작한다. 또한 인간의 감정 및 정서에 관한 심리학 지식을 각종 기계 설계에 응용하는 '감성공학'에 대한 관심이 부각되었고, 소비자가 요구하는 다양한 감성적 측면을 충실하게 제품 설계와 작동에 반영함으로써 편리하고 만족스러운 제품 사용 경험을 제공하는 기계나 장비가 제작되고 있다.

공학심리학은 작업환경이 수행에 미치는 효과를 연구하여 보다 효율적이며 쾌적하고 안전하게 작업할 수 있는 일터를 설계하는 데 공헌한다. 예를 들어, 작업공간의 구성이나 조명, 색, 온도, 음악이 작업수행에 미치는 영향을 연구하여 작업능률을 올리는 데 기여한다. 이와 더불어 작업시간과 휴식시간의 조정, 효과적인 근무시간 등도 공학

[그림 15-5] 인간의 자연스러운 동작과 지각 능력에 기초하여 조작의 편리함과 안전을 증진시킨 승용차의 첨단계기판과 내부 모습

[그림 15-6] 공학심리학은 보다 효율적이고 쾌적한 일터를 만들기 위하여 사무실 내의 책상과 가구의 설계나 배치에도 활용된다.

심리학에서 심리학을 응용하는 분야이다.

5) 광고 및 소비자 행동에서 심리학 응용

심리학 지식과 원리를 광고 및 소비자 행동 분야에 응용하는 광고심리학이나 소비자심리학은 상품에 대한 소비자들의 지각이나 태도, 상품에 대한 정보통합과정 및 기억, 구매동기 및 구매행동, 상품구매에서 의사결정과정 등을 다룬다. 또한 소비자들에게 상품에 관한 정보를 효과적으로 제시하는 기법을 개발하고 시장조사 및 광고 효과 조사를 실시한다. 소비자 및 광고심리학도 심리학의 응용 분야인 만큼 소비자들의 행동을 이해하기 위하여 인간의 정보처리과정이나 기억, 정서, 동기, 태도, 학습, 귀인 등에 관한 심리학 원리가 활용된다.

소비자심리학은 소비자가 물건을 사는 구매 행동에 초점을 맞춘 연구에서 출발하였으나, 최근에는 소비자의 관점에서 구매 행동 이전, 구매 시점, 구매 이후의 태도와 행동을 구분하고 추가적으로 구매한 제품을 사용하는 과정과 전반적인 구매 과정 전체를 서로 다른 주제로 세분화하여 연구하는 경향이 있다. 일례로 소비자가 물건을 구매할 때 광고를 통해 어떤 제품이 있는지를 먼저 인식하고, 제품의 속성에 관한 정보를 획득하며, 특정 제품에 관한 좋은 태도를 형성하고, 상품을 구입하는 것이 현명하다는 확신을 갖게 되어, 결국 그 상품을 구입하는 과정을 거치게 된다. 이러한 각 단계에서 소비자의 정보처리과정과 심리과정을 이해하기 위해서는 이 책의 앞부분에서 다룬 인지심리학과 사회심리학 지식이 필수적으로 요구된다.

[그림 15-7] 상품의 진열이나 상품에 대한 가격정보는 소비자의 구매행동에 영향을 미친다. 소비자는 구매에 있어서 합리적 의사결정과정을 거치지만 때로는 충동구매를 하기도 한다.

많은 사람에게 정보를 널리 알리고 사람들의 관심을 유도하며 광고에서 원하는 방향으로 소비자가 행동하도록 하기 위해서는 심리학 지식이 필요하다. 즉, 광고에 제시된 자극에 대하여 인간이 어떻게 지각하고, 처리하고, 통합하고, 저장하는지에 관한 이해가 필요하다. 인간의 감각 중에서 가장 영향력을 발휘하는 것은 시각이므로 인쇄광고나 TV광고는 주로 시각정보를 효과적으로 전달하려고 노력한다. 광고에서 제시되는 정보는 주의를 끌어야 하는데, 먼저 다른 광고들과 대조를 이루는 것이 보는 이들의 관심을 끌 수 있다. 예를 들어, 요즈음은 대부분이 컬러광고이므로 흑백광고가 시선을 끌 수 있으며, 소리 없이 화면에 글자만 제시되는 TV광고도 다른 광고에 비해 차별성을 지닐 수 있다.

광고에서 전달하고자 하는 메시지가 복잡하면 복잡할수록 이해도가 떨어진다. 따라서 광고에서 전달하고자 하는 메시지를 가능한 한 쉽게 만들어야 한다. 또 광고에서 전하는 말의 속도도 이해와 관련되어 있다. 대체로 말이 느릴수록 이해력은 높아지는 반면, 그 말에 쉽게 수긍하지 않으려는 경향이 있다. 광고에서 그림과 단어 중 그림이 주의를 더 끌고, 하나의 광고 안에 너무 많은 정보가 담겨 있는 경우에는 기억하기 힘들다.

최근 들어 광고심리학에서는 광고의 효과성 측면에서 기존의 TV나 신문 같은 광고 매체와 뉴미

[그림 15-8] 길 가는 사람들의 시선을 끌어서 판매를 촉진하기 위하여 도로에 설치한 패스트푸드점의 광고물

디어(예: 온라인, SNS) 간의 효과성을 비교하거나, 잠재적 소비자가 광고 메시지를 해석하는 일련의 과정을 밝히거나, 광고에 대한 구체적인 반응이나 광고가 가진 사회적 영향력을 직간접적으로 다루기도 한다. 또한 소비자에게 제시되는 광고 카피의 어감이나 내용, 메시지를 담는 프레임, 다양한 시청각 요소(예: 색감, 광고모델, 배경음악), 광고 전반의 분위기처럼 광고의 구성요소를 세분화하여 각각의 요소가 가진 긍정과 부정적 효과를 밝히는 연구도 진행되고 있다.

6) 교통에서 심리학 응용

교통사고로 인하여 매년 수많은 사람이 사망하거나 부상을 당한다. **교통심리학**은 교통환경이 교통행동에 미치는 영향, 교통사고 발생에서 인적 요인, 운전자와 보행자의 행동을 연구하며, 그 결과를 교통문제 해결에 응용하는 학문이다(이순철, 2000). 즉, 교통심리학은 교통환경 속에서 일어나는 인간의 행동에 관심을 두고 운전자 및 보행자의 행동 특성을 파악하며, 교통사고의 원인을 규명하여 교통행동의 무질서와 교통사고를 줄이는 데 관심을 두고 있다. 이처럼 심리학은 보행자나 운전자의 무질서와 사고를 줄이는 데 기여할 수 있다.

교통문제에 대한 심리적 접근을 위해서는 먼저 운전자 및 보행자의 행동의 심리적 과정을 이해할 필요가 있다. 교통문제를 해결하기 위하여 심리학이 응용될 수 있는 세 가지 주요한 연구 분야가 있다. 첫째, 도로 및 안전시설 등과 같은 교통환경이 인간의 행동에 어떤 영향을 미치는지를 연구한다. 둘째, 운전자와 보행자의 의식 및 태도, 법규에 대한 태도가 교통행동에 미치는 영향을 분석한다. 셋째, 운전자와 보행자의 행동으로 인하여 발생하는 교통사고의 원인을 분석하여, 교통사고의 원인이 되는 행동을 규명하고 사회문화적 요인이 교통행동에 미치는 영향을 분석한다.

(1) 운전자 행동에 관한 심리적 연구

운전을 할 때 운전자는 먼저 도로상황과 교통상황을 정확하게 파악해야 하고, 다른 차량이나 보행자의 행동을 예측하며, 실제로 발생하는 상황에 적절하게 대처할 수 있도록 자동차를 조작해야 한다. 무질서와 교통사고의 중요한 원인 중의 하나는 운전자와 운전자, 운전자와 보행자 간의 의사소통이 제대로 이루어지지 않아 서로의 의도 및 행동을 잘못 파악하는 데 있다. 이 때문에 서로 간에 불쾌한 감정과 경쟁심이 유발되고, 이러한 운전자의 심리는 난폭운전과 무질서한 운전행동으로 이어지며, 결국 교통 사고의 원인이 된다. 차량 조작이나 장애물에 대한 반응, 운전자의 불안 같은 운전자 의 다양한 행동에 관한 연구는 항공이나 해운 분야로 확장되고 있으며, 주로 시뮬레이 션 장비를 활용하여 운전자의 행동을 증진하거나 저해하는 개인적 특성 및 환경 요인 의 영향을 밝히는 연구가 진행되고 있다.

(2) 운전 적성에 관한 연구

운전 적성이란 운전자에게 기본적으로 요구되는 신체적 · 정신적 조건을 말한다. 운 전 적성은 적성검사에 의해 평가되는데, 특정 직무에 요구되는 적성을 찾아내어 선발 이나 배치에 활용하는 일반적성검사와는 달리, 운전적성검사는 운전에 부적격한 사 람을 가려내는 것에 초점을 둔다. 우리나라에서 운전면허를 취득하기 위해서는 적성 검사를 반드시 거쳐야 한다. 하지만 현재 시행되고 있는 적성검사는 운전에 필요한 시 력, 색맹, 청력 등 신체적 운동능력만을 측정하고 있고 정신질환, 마약 및 알코올 중독 등에 관한 검사는 실시되고 있지 않다. 운전에 있어서 신체적 부적격자뿐만 아니라 정 신적 부적격자도 가려낼 필요가 있다. 특히 다수의 승객을 태우고 운행하는 버스나 택 시와 같은 사업용 차량 운전자에 의한 사고는 자가용 운전자에 의한 사고에 비해 훨씬 더 심각하므로 이러한 종류의 사고 가능성을 줄이기 위해서 부적격자를 가려내는 타 당한 검사의 개발에 심리학 지식이 적극적으로 활용되어야 한다. 우리나라에서도 사 업용 차량의 운전에 부적합한 사람들을 가려내는 적성검사의 개발에 심리학자들이 관 여하였다(김명언, 김청택, 권기동, 2003).

또한 심리학은 교통사고를 일으키거나 법규 위반을 자주 하는 운전자를 어떻게 교 육하고 관리할 것인지에 응용될 수 있다. 교통사고를 자주 일으키거나 위반을 자주 하 는 운전자의 성격 특징을 성격검사를 이용하여 파악하고 그 사람들이 차후에 사고를 내지 않도록 교육할 효과적인 프로그램을 개발하는 데 심리학자들이 참여할 수 있다.

(3) 물리적 교통환경이 교통행동에 미치는 영향

운전자는 운전을 하면서 도로의 노면상태, 신호등, 교통표지판으로부터 정보를 획 득하여 적절한 대처행동을 한다. 또한 운전시간, 휴식시간, 버스나 택시운전 기사와 같은 직업운전자의 근무체계 등은 운전자의 주의력과 피로에 영향을 미친다. 보행자 신호등의 점멸시간을 결정하는 경우에도 점멸신호가 보행자와 운전자에게 미치는 심리적 영향을 연구할 필요가 있다.

운전자는 도로안내 표지판을 보면서 가고자 하는 방향과 목적지에 관한 정보를 획득하기 때문에 표지판은 운전자에게 쉽고 정확하게 정보를 전달할 수 있도록 만들어야 한다. 특히 표지판 글자의 크기 및 굵기, 글자의 수와 간격, 글자색과 배경색 등이 운전자의 시지각 및 정보처리에 어떠한 영향을 미치는지를 알아내는 것은 지각 및 인지심리학이 교통에 활용될 수 있는 대표적인 예다. 하나의 표지판 안에 글자가 너무 많이 들어 있거나 글자 크기가 작거나 글자의 배열이 적절하지 못할 때, 운전자가 표지판에 포함된 정보를 처리하는 속도나 인지속도는 떨어진다.

7) 환경문제 해결을 위한 심리학 응용

인구 증가와 그에 따른 환경 파괴로 말미암아 지구상의 자원이 고갈되고 대기오염과 식수오염 등 환경문제가 날로 심각해지고 있다. 오존층의 파괴와 대기오염이 대기권의 온도를 상승시키고 빙하와 만년설을 녹여서 해수면을 상승시키고 있다. 인류가 환경에 대하여 현명한 판단을 하고 적절하고 신속한 행동을 취함으로써 인류의 어두운 미래를 바꾸기 위한 노력을 할 필요가 있다. 환경문제의 원인은 산업화에 따른 무분별한 개발과 자원의 남용, 과학기술의 오용, 성장 및 소비를 추구해 온 자본주의 경제, 인구증가 등 여러 가지지만 이러한 문제를 야기한 궁극적 원인은 인간의 환경파괴 행동이다. 따라서 환경에 영향을 미치는 인간행동의 변화 없이 환경문제의 해결은 어렵다. 일회용품을 대량으로 생산하고, 사용의 편리함 때문에 일회용품을 즐겨 사용하며, 마구 버리고, 매연과 폐수를 방출하는 구체적인 인간행동이 환경을 파괴한다. 이러한 인간행동의 변화에 큰 몫을 할 수 있는 것이 바로 심리학 지식이다.

사회심리학 이론에 의하면 자신이 행한 행동으로 말미암아 태도가 형성되고 또 변화되기도 한다. 이러한 원리를 실생활에 응용해서 사람들에게 환경을 보존하는 바람직한 행동모델을 자주 접하게 하고, 그에 따라 행동하도록 하고, 그러한 행동이 일어날 때 적절한 보상을 줌으로써 환경보존 행동을 형성하고 결과적으로 환경보존을 위한 태도를 지니게 할 수 있다. 심리학자들은 환경 관련 행동의 심리적 특성을 밝혀내고, 행동을 변화시키는 방법을 제시하기 위하여 다양한 분야의 이론을 적용하고 그 결과를 실제로 활용한다.

지금까지는 주로 오염을 방지할 수 있는 과학기술의 개발에 관심을 기울여 왔다. 예를 들어, 오존층을 파괴하지 않는 새로운 냉매의 개발, 자연 분해되는 비닐의 개발, 완벽한 폐수처리 방법 등이다. 그러나 이에 비해 인간의 행동을 변화시켜서 환경문제를 해결하는 방법에 관해서는 상대적으로 관심을 덜 기울였다. 인간의 행동을 궁극적으로 바꾸지 않고서 과학기술로 환경문제를 해결하고자 하는 것은 미봉책에 불과하다. 유엔의 '기후변화에 관한 정부 간 협의체(IPCC)'는 2021년 발간 예정인 기후변화 보고서에 심리학자들을 참여시키겠다고 밝혔다. 과거 지구물리학 측면에서만 접근해 수치로만 경고했던 방식에서 벗어나 실제 사람들의 행동을 바꿀 수 있는 전략을 찾는 것이다. 이렇게 행동의 변화를 유발하는 심리학의 적용은 기후변화의 또 다른 해결책으로 부상하고 있다. 환경문제를 해결하기 위하여 심리학 지식과 원리를 응용하는 몇 가지 방안을 제시하면 다음과 같다.

[그림 15-9] 환경오염을 방지하고 자원의 재활용을 유도하는 데에도 심리학이 활용될 수 있다.

(1) 환경교육

환경교육은 사람들에게 환경문제의 심각성과 본질을 알리고 환경문제를 해결하기 위하여 어떻게 행동해야 하는지를 가르쳐 준다. 이러한 환경교육의 저변에는 교육이 환경의식과 태도 변화를 일으킬 것이고, 이는 다시 행동변화로 연결될 것이라는 가정이 깔려 있다. 대중매체를 이용하여 환경교육을 실시하거나 학교에서 환경교육을 실시한다. 또한 환경문제에 대한 토론회나 전시회를 열고, 정기적으로 환경의 중요성을 일깨우는 간행물을 발간함으로써 행동변화를 유발한다.

최근에는 소셜 미디어와 인플루언서의 활용이 환경 문제 예방에 효과적으로 활용되고 있다. 단순히 영상을 보거나 공유하는 행동만으로 환경운동에 참여할 수 있고, 자발적인 참여형 방식으로 환경문제에 대한 이해를 높일 수 있기 때문에 적극적으로 활용된다. 또한 영향력 있는 유명인이 자신의 선행을 공유하고, 타인에게 권유하는 방식의 릴레이 캠페인을 실시하는 전략을 사용한다. 호감도가 높은 유명인에 대한 모델링 효과에 의해 환경 보호 활동을 촉진할 수 있다.

(2) 주의 및 안내표시의 사용

환경파괴 행동을 금지하고 바람직한 행동을 유도하기 위하여 어떻게 행동해야 하는지에 관한 간단한 안내문이나 표시판을 사용한다. 주의 및 안내표시가 효과적이기 위해서는 쉽게 할 수 있는 행동을 제시하고, 어떤 행동을 해야 하거나 하지 말아야 하는지를 구체적으로 알려 주며, 행동을 실행하는 바로 그 장소에 설치한다. 주의 표시에 사용하는 어휘와 표현에도 신경을 써야 한다. 같은 내용이라도 '쓰레기를 버리지 맙시다.'는 효과적이지만, '쓰레기투기 절대금지'와 같이 지나치게 강한 표현은 심리적으로 반발심을 불러일으킬 수 있고 반발심 때문에 오히려 정반대의 행동을 일으킬 수도 있다. 안내판의 크기도 영향을 미친다. 눈에 뜨일 정도의 크기는 되어야 하지만 너무 크게 두드러져 보이면 역시 반발심을 불러일으킬 수 있고 안내판 자체가 하나의 자연경관의 훼손으로 느껴질 수도 있다. 이러한 것들은 모두 주의 및 안내판을 지각하는 사람의 심리와 관련된 것이므로 환경문제 해결에 심리학이 기여할 수 있는 부분이다.

(3) 행동수정방법

환경문제를 해결하기 위하여 강화와 처벌을 이용하는 심리학의 행동수정 기법을 응용한다. 주의 및 안내표시는 행동이 일어나기 전에 바람직한 행동에 대하여 주의를 환기시키는 방법인 반면, 강화나 처벌은 행동을 한 후에 그에 따라 긍정적 또는 부정적인 결과가 따르도록 하여 앞으로 그러한 행동이 일어날 가능성을 높이거나 낮추는 방법이다. 먼저 환경보존 행동을 했을 때 긍정적 가치를 지닌 보상을 줌으로써 그러한 행동의 발생 빈도를 증가시킨다. 예를 들어, 빈 병을 모아 오면 돈을 주거나 기타 물품을 제공하는 방법을 들 수 있다. 처벌은 바람직하지 못한 행동에 대해 고통스러운 경험을 부여함으로써 앞으로 그 행동이 일어날 가능성을 줄이는 것이다. 처벌을 이용하는 예로는 거리에 담배꽁초를 버리면 벌금을 부과하는 것을 들 수 있다. 이러한 처벌방식을 사용하는 경우에 주의해야 할 점은 단속이 지속적이어야 한다는 것이다. 그렇지 않으면 단속되었을 때도 자기가 단지 재수가 없었던 것으로 생각하게 되어 앞으로 바람직하지 못한 행동의 발생 확률이 낮아지지 않을 것이다. 개인에게 자신의 행동에 대한 정보를 제공함으로써 행동을 보상하거나 처벌하는 기능을 발휘할 수 있다. 예를 들어, 전광판에 그 지역의 대기오염도를 실시간으로 알려 주어 개인이나 집단의 행동에 피드백을 제공함으로써 환경보존 행동을 유발할 수 있다.

(4) 환경문제에 대한 심리적 지원

최근 급격한 기후변화로 인해 정신적인 고통을 겪는 사람들도 많아지고 있다. 지구온난화로 인한 폭염 등의 기후변화는 공격성을 높여 폭력, 갈등 등의 사회문제를 야기하며, 미세먼지 등의 대기오염은 심리적 불쾌감을 높일 뿐만 아니라 행복감과 삶의 의욕을 줄어들게 한다. 재난 등의 자연재해는 재난 경험자나 가족들에게 심리적 충격을 제공하여 불안, 외상 후 스트레스 등 정신 장애를 경험하게 한다. 따라서 재난 후 경험하는 불안을 극복하는 심리적 지원 활동이 필요하다. 행정안전부는 재난으로 심리적 충격을 받은 재난경험자에게 전문 심리상담을 지원하는 재난 피해자 심리회복지원 서비스를 제공하고 있다. 이를 통해 외상 후 스트레스 등의 정신 건강 문제를 예방하고 정상적인 일상생활로 빨리 돌아갈 수 있도록 할 수 있다.

8) 스포츠에서 심리학 응용

스포츠에서 운동선수들의 경기력에는 개인의 평소 기량뿐만 아니라 심리적 요인이 작용한다. 운동선수들에게 심리적 요인이 작용하는 예는 일상생활에서 자주 볼 수 있다. 예를 들어, 기대를 모았던 국가대표 선수가 국민의 지나친 기대가 부담이 되어 국제대회에서 저조한 기록을 보이기도 하는 반면, 전혀 기대하지 않았던 선수가 의외의 정신력을 발휘하여 올림픽에서 금메달을 획득하는 경우도 있다. 국내에서도 스포츠에 관한 체계적인 연구를 위해 스포츠 과학연구소가 설립되었으며, 스포츠심리학을 전공하는 학자들이 선수들의 경기력 향상에 많은 기여를 하고 있다. 스포츠에 심리학의 각 전문 분야가 응용될 수 있는 영역들은 다양한데 몇 가지 예를 들면 다음과 같다.

사회심리학은 선수들 간의 경쟁과 협동을 유발하는 요인이 무엇인지, 선수들의 사기를 높이기 위해서는 어떻게 해야 하는지, 운동 종목이나 선수의 개성에 따라 어떤 지도법이 효과적인지에 대한 답을 제공할 수 있다. 또한 사회적 촉진현상이나 모험이행에 관한 지식은 관중이 경기자에게 어떤 영향을 주는지를 이해하는 데 많은 도움을 준다. 발달심리학은 생애 초기경험 단계에서 부모의 참여와 지원이 심리적 발달과 운동기술 향상에 어떠한 영향을 주는지, 운동선수의 유전적 또는 환경적 요인이 운동수행에 어떤 영향을 주는지, 다양한 운동 종목의 기능을 효과적으로 학습하기 위한 최적연령이 몇 세인지, 종목별 운동수행에 있어서 남녀 차이와 연령 차이가 있는지를 알려 줄 수 있다.

임상심리학은 부상을 자주 당하는 선수의 심리적 요인이 무엇인지, 이기고자 하는 욕망은 강하나 계속적으로 지는 선수의 심리적 문제는 무엇인지, 합숙이나 단체훈련에 적응하지 못하는 선수나 경기를 쉽게 포기하는 선수의 심리적 원인은 무엇인지에 대한 답을 제공할 수 있다. 성격심리학은 챔피언과 일반 운동선수의 성격 특성 차이, 운동선수와 일반인의 성격 특성 차이, 다른 운동 종목의 선수들 간의 성격 차이, 스포츠를 즐기는 사람과 그렇지 않은 사람의 성격 차이 등을 이해하는 데 도움을 준다.

학습심리학은 연습시간과 휴식시간의 적절한 안배와 같은 훈련계획, 강화 및 처벌의 사용 계획, 선수들의 동기유발, 연습 때 습득된 기능이나 기술의 실전에서의 전이, 학습된 내용의 기억과 장시간 후의 회상에 응용될 수 있다. 마지막으로 교육심리학은 지도자의 운동기능 지도에 있어서 효과적인 교수방법이 무엇인지, 동영상 이용의 효과가 어떤 것인지, 기능습득을 위한 체계적 훈련법은 무엇인지 등에 대한 답을 제공할 수 있다.

최근 스포츠심리학의 연구과제는 두 가지로 나뉘고 있다. 첫째는 운동선수의 경기력 향상을 위한 과제로서 경기력 향상을 위한 학습원리의 응용, 심리적 불안감 극복, 자신감을 키우기 위한 극기훈련, 동료와의 협동과 단결, 정신집중훈련에 관한 것이다. 특히 근래에는 팀 단위로 운영되는 프로 스포츠 분야를 중심으로 개인의 경기력과 팀 성적 간의 관계를 설명하는 다양한 심리-사회적 연결고리와 환경적 영향요인을 구체화하는 연구가 주목받고 있다. 둘째는 경기자의 경기력 향상에 초점을 둔 것이 아니라 일반인이 스포츠를 통하여 스트레스 및 공격행동을 감소시킴으로써 정신건강을 유지

[그림 15-10] 운동선수의 체계적인 훈련계획 수립, 동기유발, 자기조절력 배양 등에 심리학이 활용된다.

[그림 15-11] 팀을 이루어서 하는 운동 종목에 있어서는 집단응집력, 협동심, 리더십에 관한 사회심리학 지식들이 많이 활용된다.

하도록 하고 스포츠를 매개로 하여 애국심, 애향심, 애교심과 같은 일체감과 자부심을 키우는 것이다. 일반인 집단을 다룬 최근 연구에서 약물이나 알코올 중독, 트라우마 경험을 극복하기 위해 울트라 마라톤, 서핑, 마음챙김과 같은 프로그램의 긍정적 효과를 밝히거나, 몰입이나 신체단련에 대한 자기효능감, 긍정적 신체이미지 같은 다양한 심리 상태가 운동 활동에 미치는 영향을 다루고 있다.

9) 법에서 심리학 응용

법은 사회적으로 바람직하지 않은 행동을 억제하고 사회적으로 바람직한 행동을 권장하는 기능을 지닌다. 심리학은 인간의 행동을 이해하고 설명하고 예측하고 통제하는 학문이기 때문에 인간행동의 통제라는 측면에서 심리학과 법은 긴밀한 관계를 가진다. 심리학자는 재판에 관련된 사람들에 대한 전문가적 소견을 법정에서 증언하기도 하고, 많은 심리학 연구에서 밝혀진 원리나 지식을 토대로 판결에 참고자료를 제공하기도 한다. 심리학자들이 법정에서 전문가로서 진술하는 증언에 관련된 연구 영역을 법정심리학(forensic psychology)이라고 부른다. 최근에는 법정심리학의 영역을 넘어서 법과 관련된 전반적인 인간행위로 영역이 보다 확장되었다. 예를 들어, 판사의 판결이 얼마나 일관성을 지니는가, 조세법의 변화가 탈세행위에 어떠한 영향을 미치는가, 법집행 절차는 합리적인가 등과 같이 법의 합리성이나 심리적 정당성까지 확장되었다. 따라서 종래의 법정심리학, 범죄심리학 등의 분야는 법과 관련된 인간행위 전반에 걸친 법심리학으로 통합되고 있다.

심리학자들은 경찰, 법정, 교도소에 심리학 지식과 원리를 응용할 수 있다. 심리학자들은 경찰이 범죄를 예방하고 수사하는 데 도움을 주고, 법정에서 공정한 판결이 이루어지도록 도움을 주며, 형을 선고받고 교도소에 복역하는 사람들을 감정하고 그들이 사회에 다시 복귀하는 데 도움을 준다.

(1) 경찰에서 심리학 응용

경찰은 민중의 지팡이로서 봉사하여야 하고, 법을 공정하게 적용하여야 하며, 건전한 정신의 소유자이어야 한다. 따라서 경찰관을 선발할 때 정신건강 수준, 성격이상 여부 등을 심리검사 및 면접을 통하여 알아보아야 한다. 앞의 여러 장에서 살펴보았듯이, 심리학자들은 인간의 성격, 동기, 태도, 지각, 능력을 평가할 수 있는 지식을 가지고 있고, 심리검사, 관찰, 면접을 실시하는 기법을 알고 있기 때문에 경찰관으로서 적합한 사람들을 선발하는 데 많은 도움을 준다. 이처럼 경찰관의 선발이 중요하기 때문에 경찰청은 한국심리학회에 경찰관 선발을 위한 적성검사 개발을 요청하였고, 한국심리학회는 특별 프로젝트 팀을 구성하여 적성검사를 개발하였다. 심리학자들은 경찰관의 선발뿐만 아니라 경찰의 직무수행에 필요한 인간에 관한 다양한 지식을 제공할 수 있다. 예를 들어, 인간의 공격성, 편견, 성격, 동기, 이상행동에 관한 정보는 경찰관의 임무수행에 많은 도움을 준다.

심리학자들은 경찰관의 선발, 교육훈련, 근무평가에 관여할 뿐만 아니라 범죄를 수사하고 예방하는 데 도움을 준다. 범죄자를 체포하기 위해서 보다 과학적인 수사가 요구되는데, 심리학자들은 범인의 심리 파악 및 범행동기에 관한 정보를 제공하여 수사에 도움을 줄 수 있다. 또한 심리학자들은 범인의 심리상황을 파악하여 보다 심각한 범행을 미연에 방지할 수도 있다. 예를 들어, 범인이 인질극을 벌이며 경찰과 대치하고 있는 상황에서 범인의 감정을 자극하지 않고 심경의 변화를 일으키도록 심리학 지식을 활용할 수 있다. 한국심리학회는 2001년부터 범죄심리사 자격증 제도를 운영하고 있다. 국립과학수사연구소에서는 심리학 지식을 활용하여 범죄의 동기 및 유형을 분석하고 범죄자의 성격 특징을 파악한다. 범죄심리실에서는 용의자의 생리적·정서적 반응을 측정하여 범죄 여부를 판정하는 데 정보를 제공하는 거짓말탐지기를 활용하여 수사에 도움을 주고, 범죄분석실에서는 범죄 실태를 분석하고 용의자에 대한 효과적인 심문기법 등을 연구한다.

최근 범죄피해자들을 위한 심리적 지원 서비스 영역에서 심리학자들의 참여가 증가하고 있다(이장한 역, 2013). 범죄피해자나 목격자를 상담하고 치료하는 역할을 수행하며, 범죄피해자들의 법적 권리를 옹호하고 그들이 손해배상을 받을 수 있도록 돕는다. 우리나라에서도 2010년 서울동부센터를 시작으로 범죄피해자들을 위한 심리치료 서비스를 제공하는 스마일센터가 운영되고 있다. 서울동부센터를 비롯해 부산, 광주, 인천, 대구, 대전 등 전국 14개 센터가 운영되고 있다.

심리학자들은 환경설계(예를 들어, 효과적인 도로 설계나 조명 등)와 같은 방법들을 통해 범죄를 예방하는 방법에 대해서도 연구하고 있다. 우리나라에서도 범죄를 예방하기 위해 셉테드(Crime Prevention Through Environmental Design: CPTED)를 적용하고 있다. 셉테드란 도시환경을 설계할 때 범죄를 예방하는 구조로 디자인해서 범죄 심리를 억제하고 주민의 범죄에 대해 두려움을 줄이는 기법을 말한다.

(2) 법정에서 심리학 응용

심리학자가 법정에서 재판절차에 관여할 수 있다. 먼저 재판 이전 단계에서 심리검사를 통하여 피고가 재판을 받을 정신능력이 있는가를 결정할 수 있다. 심리학자는 피고의 정신 감정을 담당하고 피고의 증언의 신뢰성 여부를 재판 전에 평가한다. 이러한 정신적 진단을 위하여 심리학자는 성격 및 지능 검사를 실시한다. 재판 및 판결 단계에서는 피고인을 교도소에서 복역하도록 할 것인지, 집행유예를 시킬 것인지, 아니면 정신질환을 앓고 있는 경우에는 정신병원에 입원시키도록 할 것인지에 관한 정보를 제공함으로써 판사의 판결에 참고가 되는 자료를 제공하기도 한다.

우리는 일상생활에서 "내 눈으로 똑똑히 보았다."라고 주장하는 경우를 흔히 볼 수 있다. 하지만 기억에 관한 장에서 보았듯이 인간의 기억은 사실과 달리 재구성될 수 있다. 법정에서 목격자 증언이 판결에 심각한 영향을 미칠 수 있기 때문에 목격자 증언의 신빙성 여부를 신중하게 판단할 필요가 있다. 예를 들어, 어떤 사람이 두 대의 자동차가 관련된 교통사고의 목격자라고 가정하자. 만일 검사가 그 사람에게 "두 대가 접촉했을 때 서로 얼마나 빨리 달렸는가?"라고 묻는 경우와 "두 대가 충돌했을 때 서로 얼마나 빨리 달렸는가?"라고 묻는 경우에 그 사람이 실제로 본 상황은 동일하다 하더라도 단어 하나 차이가 상당히 다른 반응을 유도해 낼 수 있다(Loftus, 1979). 이처럼 편파적인 질문은 사건에 대하여 부정확한 기술을 유도할 수 있다. 벅아웃(Buckhout, 1980)은 가상적인 범죄에 관한 필름을 보여 준 후 범인을 확인하라고 하였을 때 단지 14%만이 정확하게 식별할 수 있음을 밝혔다. 다른 연구들(예: Wells & Murray, 1983)도 목격에 대한 자신감과 증언의 정확성 간에는 관계가 없다고 밝혔다. 법정에서 이러한

[그림 15-12] 심리학자들은 법정에서 피고의 정신 감정을 담당하고, 피고의 증언의 신뢰성을 평가하며, 판사의 최종판결에 도움이 되는 정보를 제공함으로써 재판절차에 관여하기도 한다.

목격자 증언의 진실성에 관한 판단에 심리학자가 도움을 줄 수 있다.

(3) 교도소에서 심리학 응용

　임상 및 상담 심리학자들은 재소자들의 효과적인 적응과 재활을 위하여 지능, 흥미, 성격검사를 실시한다. 또한 재소자들을 위한 상담을 실시하기도 하고 교도관들에 대한 교육을 실시하기도 한다. 환경심리학자들은 교도소 시설 및 개인적 공간이 재소자에게 미치는 영향에 대한 정보를 제공하고 교정심리학자는 가석방에 관한 결정에 관여한다. 교도소는 범법자를 처벌하여 사회에서 격리시키는 목적보다는 그들이 형기를 마치고 다시 정상적인 사회생활을 할 수 있도록 잘못된 가치관과 인생관을 바로잡아 주는 교정의 기능이 더 중요하다. 따라서 심리학자들은 처음 입소한 재소자들에게 적성검사 및 성격검사 등의 심리검사를 실시하고, 그들과의 면담을 통하여 교도소 내에서 맡을 일을 결정하고 교정계획을 세우는 데 도움을 준다. 즉, 교도소 내 기술교육을 위한 분류 및 배치, 재소자의 가석방 결정 등에 심리학자의 진단과 소견이 중요한 역할을 할 수 있다.

10) 학교에서 심리학 응용

(1) 청소년의 진로 및 취업 상담을 위한 심리학 응용

　청소년들은 감수성이 가장 예민한 시기에 대학입시, 진로문제, 이성문제, 교우관계 등에서 많은 좌절과 갈등을 겪는다. 청소년들은 신체적 발달 속도가 매우 빠르지만 심리적·정신적 발달은 이에 미치지 못한다. 청소년들은 자신이 신체적으로는 성인이 되었다고 느끼지만 성인이 누릴 수 있는 욕구는 사회적으로 억제되기 때문에 갈등을 겪는다. 이들을 위한 진로 및 사회 적응을 위하여 심리학 지식이 활용될 수 있다. 예를 들어, 수험생들의 효과적인 학습지도, 적성검사를 통한 학과선택 및 진로지도, 면담을 통한 부적응문제의 해결 등 다양한 방면에서 심리학 지식이 응용되어 청소년에게 도움을 줄 수 있다. 우리나라는 건전한 청소년 육성과 지도를 위해 청소년 지도자 육성을 위한 연수교육을 실시하고, 소정의 교육과 보수교육을 통하여 전문가를 양성하고 있다. 이들은 청소년 지도 및 육성 전문가로서 국가기관이나 공공기관에서 청소년 지도업무를 담당하고 있다.

　대학에 진학하지 않고 곧바로 사회로 진출하는 청소년을 위한 효과적인 진로 및 취

[그림 15-13] 청소년들은 감수성이 가장 예민한 시기에 대학입시, 이성문제, 친구문제 등에서 많은 좌절과 갈등을 겪으므로 상담심리학 지식들을 교육장면에 적극적으로 활용하여야 한다.

업 지도를 위해서 여러 가지 심리검사를 사용하여 개인의 직무적성을 파악하는 것이 중요하다. 이를 위해 중·고등학교에서 적성검사, 성격검사, 지능검사 등을 실시해서 진로를 결정하고 결과를 취업지도뿐만 아니라 학업이나 교육방법에 활용한다. 이러한 과정에서 심리학자들은 심리검사의 개발, 검사 실시, 채점 및 평가, 해석에 참여하여 도움을 준다. 우리나라에서는 심리학의 다양한 지식을 학교장면에 응용하기 위해 2002년에 한국 학교심리학회가 창립되었다. 한국 학교심리학회는 2011년부터 학교심리사 1급, 2급 자격증 제도를 시행하고 있으며, 자격시험(필기시험) 이후 수련과정을 거쳐 자격심사(면접시험)를 통과하면 자격증을 준다. 학교심리사는 학생들의 학습과 발달에 대한 평가를 담당하고 학교적응 문제를 해결한다. 또한 문제가 발생하기 전에 미리 학생들의 건강한 발달을 위해 예방프로그램을 실시한다.

(2) 학교폭력 예방을 위한 심리학 응용

학교에서 특정 학생을 집단적으로 따돌리거나 괴롭히는 문제, 금품 갈취, 신체적·언어적 폭력을 포함하는 학교폭력이 발생한다. 이러한 문제의 심각성을 인식하고 심리학자들은 학교폭력 근절 및 예방을 위해서 심리학의 원리를 활용하고 있다. 한국심리학회는 학교폭력예방위원회를 설치하고, 심리학자로 구성된 연구팀이 '왕따'현상에 관한 현장연구를 실시하기도 하였다.

이훈구(2000)는 학교폭력의 세계적 권위자인 노르웨이의 올베우스(Olweus)가 학교폭력을 근절시키기 위해 내놓은 다음과 같은 방안을 소개하였다. 첫째는 학교수준에서 조치를 취하는 것으로서, 교사가 폭력감시자로 꾸준하게 활동함으로써 학교의 전반적인 폭력수준을 감소시킬 수 있다. 둘째는 학급수준의 조치로서, 교사와 학생 사이에 폭력방지를 위한 구체적인 규칙을 세운다. 규칙을 정한 후에는 세부적인 실천방안에 관해 토론하고, 학급에서 정한 규칙이 제대로 이행되고 있는지를 꾸준히 점검한다. 셋째는 개인수준의 조치로서, 학급에서 폭력이 발생하면 교사가 이에 적극적으로 개입한다. 집단적인 폭행인 경우에는 가담자를 따로 불러서 면담하고, 가해자와 피해자 부모와도 접촉한다. 교사는 부모가 자녀를 어떻게 지도할 것인지에 관해 토론한다.

학교폭력 중에서도 성폭력에 의한 피해가 심각하며 이와 관련한 피해자 및 가해자 상담의 필요성이 증가하고 있다. 청소년기는 성(性)이 가장 빠르게 발달하는 시기이기 때문에 성적 욕구의 충동조절 실패로 다양한 성 관련 문제들이 발생하기 쉽다. 문제가 발생하였을 때 피해자와 가해자를 각각 상담해야 하며 피해자의 경우 정상적인 생활을 할 수 있게 도와주어야 한다. 가해자의 경우 본인이 저지른 행동에 대해 죄책감을 가지고 다시는 그러한 행동을 하지 않도록 교육해야 한다. 성폭력에 대한 문제해결뿐만 아니라 학생들이 성에 대한 올바른 가치관을 가지고 몸과 마음을 소중히 알 수 있도록 성상담을 제공하는 것이 필요하다(김청송, 2019).

11) 건강에서 심리학 응용

오늘날 건강에 대한 관심이 어느 때보다도 높다. 신체적 건강에 대한 관심뿐만 아니라 정신건강에 대한 관심도 높고 심리적·정신적 요인이 신체적 건강에 미치는 영향에 대한 관심이 부각되었다. 예를 들어, 정신적 스트레스로 야기되는 각종 신체질환을 연구하고 스트레스 대처방안에 관한 연구도 활발하다. 신체와 정신 간의 관계는 오래전부터 논의되어 온 문제다. 특히 정신질환의 경우에는 생리적·기질적·신체적 장애보다는 심리적 장애에 의해 발병되는 것으로 밝혀져서 심신이원론이 부정되고 있다. 따라서 최근 의학계에서도 의과대학 교육과정에 심리학을 포함시키고 신체적 질환과 심리적·환경적 특성 간의 관계를 이해하려는 시도를 하고 있다. 국내에서도 심리학자들이 건강과 심리학의 관계에 관심을 가지기 시작하였고, 1994년에는 건강심리학회가 창립되었다.

건강심리학이란 건강의 유지와 증진, 질병의 예방과 치료, 건강, 질병 및 이와 관련된 기능장애에 대한 병인론적, 진단적인 정립, 그리고 건강관리체계와 건강정책의 개선을 도모하기 위한 심리학의 한 분야다. 이러한 건강심리학은 심리학의 또 다른 응용 분야인 임상심리학과 유사한 면이 있지만 세 가지 면에서 다르다(전겸구, 한덕웅, 1993).

- 임상심리학은 전통적으로 신체적 병리보다는 정신적 병리에 더 관심을 가지고 있는 반면, 건강심리학은 신체적 병리에 일차적인 관심을 갖는다.
- 임상심리학은 질병의 치료와 건강의 회복에 강조를 둔 반면, 건강심리학은 건강의 회복이나 질병의 치료뿐만 아니라 건강의 유지와 증진, 그리고 질병의 예방을 강조한다.
- 건강심리학은 여러 다른 학문과의 공동협력을 더 강조한다.

건강심리학에서 심리학 지식을 이용하여 건강문제를 다루는 연구 분야는 다양하다. 그중에서 몇 가지를 들어 보면 다음과 같다.

- 생활 속의 스트레스와 신체적 질병 간의 관계를 파악하고 효과적인 스트레스 대처전략을 마련한다. 이를 위해 스트레스에 대한 개인의 지각, 생리적 반응, 정신적 해석을 연구한다.
- 일상생활에서 일어나는 주요 사건 및 변화가 심장질환, 고혈압, 암 등에 미치는 영향을 연구한다. 또한 성격유형과 심장질환의 관계를 파악하는 데 심리학 지식을 응용한다.
- 피부질환, 근육 고통, 호흡 부진, 순환계 질환, 소화계통 질환, 비뇨기계통 질환, 내분비선계통 질환 등 생리심리학적 장애에 관하여 연구한다.
- 입원환자의 행동이 질병치료에 미치는 영향, 환자의 행동이 의사, 간호사 등 의료진에 미치는 영향, 수술에 대한 두려움의 극복방법, 치료와 처방에 대한 환자의 순종행동 등을 연구한다.
- 행동치료법, 근육이완법, 체계적 둔감법, 바이오피드백 등을 통한 인지적 또는 행동적 치료법의 효과를 연구한다.
- 최면술, 침술, 인지적 책략을 이용한 통증완화방법을 연구한다.
- 비만증의 예방과 치료, 식사조절방법, 알코올중독이나 금연을 위한 치료 등을 연구한다.

[그림 15-14] 현대인은 과거보다 정신적으로 더 많은 스트레스를 경험하고 있고, 스트레스는 다양한 신체질환을 유발할 가능성이 높다. 건강심리학은 건강의 유지와 증진을 위해 심리학을 응용하는 분야다.

이처럼 심리학은 일반 국민의 건강유지와 증진을 위하여 기여한다. 심리학은 병원에서 의료전문가와 환자와의 원활한 의사소통을 통한 치료의 효율성 증가, 환자가 느끼는 고통과 통증의 완화, 알코올과 약물 중독을 비롯한 습관성 중독환자들의 예방과 치료과정에 크게 공헌할 수 있다. 따라서 앞으로 의료전문가들은 질병의 원인이 되는 심리적·사회적 요인을 이해하고 질병의 예방과 치료에 심리학의 원리를 활용하는 것에 더 많은 관심을 가질 필요가 있다.

12) 가상 공간에서 심리학 응용

최근 우리는 인터넷을 통해 필요한 정보를 찾고, 물건을 구매하고, 멀리 떨어져 있는 사람과도 통신료 부담 없이 전자우편을 주고받고 채팅을 하는 것이 일상이 되었다. 실제 공간이 아니라 가상 공간에서 활동이 늘어나고 있다. 우리는 가상 공간에서 여러 사람을 사귀기도 하고 동호회를 형성하기도 한다. 이러한 변화에 따라 심리학자들은 가상 공간에서 나타나는 인간의 행동과 심리현상에 대한 분석에 관심을 기울이기 시작하였다. 사이버 심리학은 인터넷 대중화로 인해 나타나는 우리들의 행동 변화 및 다른 사람들과의 관계 변화가 무엇인지, 그리고 과학기술이 우리 삶의 일반적인 안녕감을 어떻게 증진시킬 수 있는지를 연구하는 학문이다(이영호 역, 2019). 심리학자들은 사이버 공간의 물리적 특징인 익명성, 시간과 공간의 초월성, 기록의 보존성 등이 인간행동에 미치는 영향을 연구하고, 사이버 세계에서 나타날 수 있는 부작용인 사이버 중독증을 예방하기 위한 방안을 제시하기도 한다(황상민, 한규석 편저, 1999). 사이버 공간에서 나타나는 인간행동의 특징은 다음과 같다.

- 익명성으로 인하여 자신의 감정이나 표현을 자제하지 않는 경우가 많기 때문에, 실제 세계에서보다 욕설과 비난이 쉽게 난무하기도 하고 이와 반대로 낯선 사람과도 매우 빨리 친밀해지기도 한다.
- 말보다는 글을 통한 대화에 의존하므로 의사소통의 노력과 시간을 줄이기 위하여 새로운 약어나 줄임말을 사용하고, 자신의 감정이나 상태를 표현하기 위하여 컴퓨터 자판상의 기호를 조합하여 쓰기도 한다.
- 사이버 공간에서는 익명성으로 인해 실제 세계와는 달리 둘 이상의 복합적 자아 정체성을 가질 수 있다. 청소년들의 발달과정에서 이처럼 다면적 자아를 경험하게 될 때는 심리적 혼란으로 인하여 일탈행동을 보일 수도 있다.
- 온라인 교육을 통해 학습자 중심의 자율적 교육, 능동적 탐색이 가능한 교육이 실현될 수 있다.

최근 들어 인터넷 사용이 늘어나면서, 이로 인한 부작용으로서 심리적 부적응 행동에 관한 관심도 동시에 부각되고 있다. 인터넷 게임에 중독되는 경우에는 주변의 일상사에 흥미를 상실하고, 실생활에서 무력감을 느끼며, 게임을 하지 않으면 금단현상까지 나타난다. 심지어는 실생활의 인간관계에 관심을 잃고 대인기피증을 보일 수도 있다. 인터넷 게임 중독의 치료방안으로 컴퓨터를 아예 사용하지 못하도록 하거나 인터넷 접속을 불가능하게 하는 것을 생각해 볼 수 있다. 하지만 이러한 접근방식은 대개의 경우 효과적이지 않다. 문제행동의 소멸보다는 감소를 목표로 해서 인터넷 게임을 아주 끊기보다는 시간을 점차적으로 줄여 나가는 계획을 수립하고 이를 실천하는 것이 더 현실적이다. 초기단계에는 무엇인가를 잃어버린 것 같고, 정서적으로 안정되지 않더라도 이러한 현상은 정상적인 것이다. 자기 스스로 행동을 변화시키는 데 실패한 경우에는 임상심리학자나 상담심리학자에게 도움을 요청하는 것이 바람직하다.

직장에서는 가상 조직과 가상팀이 늘어나고 있다. 가상팀에서 근무하는 구성원들은 사무실에서 함께 일하는 전통적인 근무 방식에서 벗어나 유연한 업무수행이 가능하고 일과 삶의 균형도 누릴 수 있다. 산업 및 조직심리학에서는 이러한 근무 유형의 변화가 개인의 웰빙과 조직의 생산성에 어떤 영향을 미치는지를 연구한다. 최근에는 SNS

를 통한 신상털기나 악성 댓글 등 가상공간에서 발생하는 행동이 증가하고 있기 때문에 앞으로 심리학자들이 이러한 인간행동에 대해서도 연구할 필요가 있다. 또한 온라인 교육이 증가하면서 가상공간에서 학습하는 것에 대한 관심이 늘어나고 있다. 대규모 공개 온라인 강좌(Massive Open Online Courses: MOOC)는 세계 여러 지역에서 많은 학생을 대상으로 교육이 이루어지면서 새로운 학습방법으로 보편화되고 있다.

1. 심리학은 인간행동과 정신과정을 연구하는 학문이기 때문에 인간이 있는 곳에는 언제나 심리학이 존재하고, 심리학의 지식과 원리는 개인과 사회의 복지증진에 기여한다. 이 장에서는 심리학이 우리의 일상생활에 어떻게 응용될 수 있는지를 다루었다.

2. 이 장에서 살펴보았듯이 심리학이 응용되는 장면과 분야는 다양하고, 심리학은 교통문제나 환경문제와 같이 우리생활에서 흔히 접하는 문제에 대한 해결책을 제시할 수 있다.

3. 이 장에서는 심리학이 기업, 군대, 정부, 공학, 광고 및 소비자행동, 교통, 환경문제, 스포츠, 법, 청소년의 진로지도, 건강에 어떻게 응용되는지를 중심으로 다루었다.

4. 기업에 주로 응용되는 심리학 지식은 산업 및 조직심리학이다. 산업 및 조직심리학은 심리학의 방법, 사실, 원리들을 작업장의 사람들에게 응용하는 분야이다. 구체적으로는 인사심리학, 조직심리학, 산업상담에 관한 지식들이 기업에서 활용된다.

5. 군대는 다른 조직과 마찬가지로 사람들이 모여서 조직을 형성하고 있고 국토방위라는 뚜렷한 목적을 지니고 있기 때문에 심리학의 기본원리와 지식들이 군대의 인력관리 및 전투임무의 수행에 광범하게 적용된다.

6. 기업에서 응용되는 선발, 배치, 교육훈련, 직무 및 조직설계, 리더십, 동기부여와 관련된 산업 및 조직심리학 지식들이 정부기관에도 활용된다.

7. 장비의 설계나 작업장의 구조를 결정함에 있어서도 인간의 신체적, 생리적, 심리적 특성들을 고려해야한다. 이때 공학심리학은 큰 기여를 할 수 있다.

8. 소비자들의 지각이나 태도, 상품에 대한 정보통합 및 기억, 구매동기 및 행동, 상품구매에 관한 의사결정과정을 이해하는 데 심리학이 응용된다. 이러한 분야가 소비자심리학이다.

9. 운전자 및 보행자의 행동특성을 파악하고 교통사고의 원인을 규명하여 교통행동의 무질서와 교통사고를 줄이는 데 심리학이 응용된다.

10. 인간행동의 변화를 통하여 환경문제를 해결할 수 있다는 측면에서 심리학이 환경보존 및 오염방지에 활용될 수 있다.

11. 각종 스포츠에서 운동선수들의 경기력은 개인의 평소기량뿐만 아니라 심리적 요인에 의해서도 좌우되므로 심리학의 다양한 분야가 스포츠에 응용된다.

12. 심리학은 경찰이 범죄를 예방하고 수사하는 데 응용되며, 법정에서 공정한 판결이 내려지도록 도움을 주고, 교도소의 재소자들이 사회에 다시 복귀하여 적응하는 데 도움을 준다.

13. 감수성이 예민한 청소년들의 진로 및 취업상담, 학습지도, 부적응 문제의 해결 등에 심리학이 응용된다. 또한 학교폭력의 근절 및 예방에도 심리학이 응용될 수 있다.

14. 심리학이 건강의 유지와 증진, 질병의 예방과 치료에 응용되고 있으며 이러한 분야를 건강심리학이라고 한다.

15. 최근에 인터넷을 통한 가상 공간에서 인간 활동이 폭발적으로 증가하고 있다. 심리학은 가상 공간에서 나타나는 인간의 행동과 심리현상을 분석하는 데도 유용하게 응용될 수 있다.

16. 이 외에도 심리학이 응용될 수 있는 분야는 수없이 많다. 예를 들어, 인구문제, 노인문제, 주거 및 공간 문제, 가족구성원 간의 문제, 지역 간의 갈등문제, 국가나 민족 간의 분쟁, 남북 간의 통일문제 등의 해결을 위하여 심리학이 응용될 수 있다. 더 나아가 종교 및 신앙생활, 복장과 유행에까지 심리학이 응용될 수 있다.

학습과제

1. 기초심리학과 응용심리학의 차이를 설명하시오.

2. 인사심리학과 조직심리학의 차이를 설명하시오.

3. 군대에서 심리학을 어떻게 응용할 수 있는지 설명하시오.

4. 환경문제를 해결하기 위해 심리학을 어떻게 응용할 수 있는지 설명하시오.

5. 교통사고를 줄이기 위해 심리학을 어떻게 응용할 수 있는지 설명하시오.

용어정리

5요인 모형(Big Five Model) 내향성, 성실성, 심리적 안정성, 우호성, 경험에 대한 개방성의 5대 성격요인

K-WAIS-IV(Korean Wechsler Adult Intelligence Scale 4th ed.) 웩슬러가 2008년에 개정한 성인용 지능검사 4판을 2012년도에 황순택, 김지혜, 박광배, 최진영, 홍상화가 한국판으로 표준화한 검사로서, 16세 이상 70세 미만에 적용되며 15개 소검사로 구성되어 있다.

가변-간격계획(variable-interval schedule) 지난 강화로부터 일정한 시간이 경과한 뒤에 한 반응에 강화가 주어지도록 강화 간 시간이 평균 중심으로 변동하는 것

가변-비율계획(variable-ratio schedule) 고정-비율계획과 같이 일정한 수의 반응을 한 뒤에 강화가 주어지지만, 강화와 강화 간 반응 수가 어떤 평균 수에 따라 변동하는 것

가상현실(Virtual Reality: VR) 컴퓨터가 만들어 낸 환경과의 상호작용 경험을 의미한다. 가상현실 기술은 컴퓨터를 통하여 만들어진 실제 환경과 유사한 가상 환경 내에서 참여자에게 3차원 상호작용을 통하여 몰입감을 제공하는 제반 기술

가상현실치료 가상현실을 이상행동의 치료에 적용하는 시도

가족치료(family therapy) 가족구성원의 병리가 그 가족구성원 한 사람에게 있는 것이 아니라 가족 전체에게 있다는 것으로, 가족역동에 대한 이해를 통해 가족병리를 개선해 나가는 치료 형태

간뇌(diencephalon) 중뇌와 종뇌 사이의 구조물로, 시상과 시상하부로 나뉜다.

간상체(rod) 무채색을 탐지하는 망막의 수용기로, 망막의 말초부위에 많이 분포되어 있으며, 희미한 조명에서 대상을 탐지하도록 한다.

감각(sensation) 감각수용기와 신경체계가 환경에 있는 물리적인 에너지를 받아들여 신경정보로 전환하는 과정

감각순응(sensory adaptaion) 지속적인 자극에 대하여 민감도가 약해지는 현상

감성공학 인간의 감정 및 정서에 관한 심리학적 지식을 각종 기계의 설계에 응용하는 분야로, 기계나 장비가 인간의 느낌을 감지하여 적절하게 작동함으로써 인간에게 가장 쾌적함을 제공하도록 한다.

강박사고(obsession) 어떤 생각, 충동, 의심 또는 심상들이 자신의 의지에 반해서 마음속에 지속적으로 떠오르는 것

강박행동(compulsion)　어떤 행동을 하지 않으려 하는데도 지속적으로 반복하게 되는 것을 말한다. 예를 들어, 손을 지
　　나치게 자주 씻는 행동

강화(reinforcement)　반응에 이어 주어지는 자극

강화계획(schedules of reinforcement)　바람직한 행동 다음에 따르는 강화의 빈도와 타이밍

강화물(reinforcer)　선행행동이 반복될 확률을 증가시키는 어떤 자극

개념(concept)　대상이나 행위의 의미적 속성의 범주적 표상

개념적 위계(conceptual hierarchy)　정보 간의 공통적 속성에 기초한 중다수준의 분류체계

개인무의식(individual unconsciousness)　자아에서 억압되거나 잊힌 경험이 저장되어 형성된 것으로 프로이트가 이야
　　기한 무의식적 요소

객관적 질문지 검사　기질, 인성, 기분, 적성과 같은 구성개념을 측정하는 문항들로 이루어진 질문지에 평정함으로써 측
　　정하는 심리검사

거울뉴런(mirror neuron)　특정 활동을 수행할 때 그리고 그 활동을 관찰만 할 때도 발화하는 신경세포

건강신념 모형　사람들이 건강 위협의 심각성에 대해 알고, 자신이 위험에 처해 있다고 느끼고, 위협을 피하기 위해 행
　　동을 취하는 것의 혜택이 대가보다 더 크다고 생각한다면, 위험을 줄이기 위해 필요한 행동을 할 것이라고 제안하
　　는 모형

건강심리학(Health Psychology)　의학심리학이나 행동의학이라고도 불리며, 생물학적, 사회적, 심리적 요인이 건강과
　　질병에 어떻게 영향을 미치는지에 초점을 맞추는 심리학의 한 분야

건강행동　건강을 유지하거나, 달성하거나, 회복하거나, 질병을 예방하는 데 있어 개인이 하거나 하지 않는 모든 행동

게슈탈트 치료(Gestalt therapy)　현재의 감정과 상황을 내담자가 인식하는 것을 중요시하는 치료법

계열위치효과(serial position effect)　기억할 목록들의 처음과 마지막 항목은 중간에 위치한 것들보다 인출 성공률이 높
　　아지는 효과

고전적 조건화(classical conditioning)　이전의 중성자극이 자연스럽게 어떤 반응을 일으키는 자극과 연합됨으로써 그
　　반응을 일으키게 되는 학습의 종류

고정-간격계획(fixed-interval schedule)　고정된 시간 간격에 따라 강화가 주어지는 계획

고정관념(stereotype)　어떤 집단이나 사회적 범주 구성원들의 전형적 특징에 관한 신념

고정-비율계획(fixed-ratio schedule)　강화가 고정된 반응 횟수 다음에 주어지는 계획

공포증(phobias)　특정한 대상이나 상황에 대한 강하고 불합리한 공포

공학심리학(engineering psychology)　작업자의 생산성과 안전을 증진시키기 위하여 기계나 장비를 어떻게 설계하는
　　것이 바람직한지에 관심을 갖고 실험 및 인지심리학 지식들을 산업현장에 응용하는 분야. 인적요인 심리학이나
　　인간공학과 유사한 의미로 사용된다.

관음증(voyeurism)　상대방의 허락 없이 낯선 사람의 나체나 성행위를 보면서 성적인 쾌락을 즐기는 것

관찰학습(observational learning)　다른 사람의 관찰과 그 행동결과에 대한 관찰을 통한 학습

교(pons)　연수 위, 중뇌 아래에 위치하고 있으며, 대뇌와 소뇌를 연결시켜 주며, 수면 및 각성을 조절한다.

교감신경계(sympathetic nervous system) 자율신경계의 하위 부분으로서 신체가 스트레스나 긴급상황에 대처할 수 있도록 준비시키는 역할을 담당한다.

교통심리학(traffic psychology) 교통환경 속에서 일어나는 인간의 교통행동에 관심을 두고 운전자 및 보행자의 행동 특성을 파악하고 교통사고의 원인을 규명하여 교통행동의 무질서와 교통사고를 줄이기 위한 심리학의 응용 분야

구성개념적 대안론(constructive alternativism) 사람들마다 가지고 있는, 세상을 보는 관점

구순기적 성격(oral personality) 1세에서 2세경, 어머니와 갖게 되는 수유경험으로부터 형성되는 성격. 의존, 신뢰, 신용, 독립심 등과 같은 일반적 태도

군사심리학(millitay psychology) 심리학의 지식과 원리를 군대조직에 응용하여 군대 인력을 효율적으로 관리하고 군의 전투임무 수행의 효율성을 증진시키기 위한 심리학의 응용 분야

귀납 추리(inductive reasoning) 확증되지 않은 전제 사실로부터 결론을 유도해 내는 일종의 가설검증의 사고

귀신론(鬼神論) 악령 또는 귀신이 사람의 몸에 들어가서 이상행동을 일으킨다고 보는 견해

귀인(attribution) 자신이나 타인의 행위에 관한 인과적 설명에 이르는 과정

그림자(shadow) 개인이 가지고 있는, 성적으로 수용되지 않거나 동물적인 것. 무의식의 어둠 속에 있는 자신의 분신

금단증상(禁斷症狀) 약물을 습관적으로 복용하다가 중단하였을 때 나타나는 증상으로, 대개 그 약물의 효과와 반대되는 상태가 나타난다.

기능주의(functionalism) 의식경험의 기본요소보다는 마음의 사용 또는 기능을 강조하는 학파

기억술(mnemonics) 기억의 특성을 고려하여 학습된 내용을 최대한 그리고 오랫동안 기억 내에 유지시키기 위한 인위적인 기술

기저핵(basal ganglia) 종뇌의 피질하 구조물로서 운동통제에 관여

기질 및 성격검사(Temperament and Character Inventory: TCI) 1994년 클로닝거에 의해 개발된 객관적 성격 검사로서, 심리생물학적 인성모델을 바탕으로 인성을 기질과 성격으로 구분하여 측정한다. 자극 추구, 위험 회피, 사회적 민감성, 인내력의 기질 차원과 자율성, 연대감, 자기초월의 성격 차원으로 구성되어 있다.

기질(temperament) 유전적 소인으로 인해 태어날 때부터 가지게 되는 개인 고유의 특성

깊이지각(depth perception) 2차원적인 망막상에서 3차원적인 세계를 구성함으로써 입체를 지각하는 것

남근기적 성격(phallic personality) 4세에서 6세경이 되면 유아가 자신의 성정체성에 대해 생각하게 되면서 형성하게 되는 성격. 일명 나르시시즘적 성격이라고 부른다.

내담자중심 치료(client-centered therapy) 로저스가 개발한, 인본주의적 접근법의 하나. 진솔하고 수용적이며 공감적인 분위기 속에서 적극적 경청 등의 기법을 활용, 내담자의 성장을 촉진시킨다.

내성법(introspecion) 자신의 정신적 내용을 묘사하는 객관적 접근법

내인성 아편물질(endogeneous opiate) 일명 엔도르핀이라는 물질. 스트레스나 위험상황에서 통증을 감소시키고 쾌감을 일으킨다.

노출증(exhibitionism) 기대치 않은 낯선 사람들에게 반복적으로 자신의 성적인 기관을 노출하면서 성적인 흥분이나 만족을 누리고자 하는 사람들을 말한다. 노출증자의 대부분은 거의 남자지만 극소수의 여성도 있다.

뉴런(neuron) 신경계의 기본단위인 특수한 세포로서 신경신호를 처리한다.

다면적 인성검사(Minnesota Multiphasic Personality Inventory: MMPI) 1943년 해서웨이와 매킨리가 정신병리의 진단 및 분류의 목적으로 개발한 객관적 질문지 검사로서, 현재 임상현장에서 가장 널리 쓰이는 객관적 검사이다. 개정판 MMPI-2는 567문항으로, 타당도 척도, 임상척도, 재구성 임상척도, 성격병리 5요인 척도, 소척도 및 내용척도 등으로 구성되어 있다.

단기기억(short-term memory) 감각기억의 정보가 최대 30초간 머무르는 제한된 정보저장 능력을 지닌 기억창고

단안단서(monocular cue) 한 눈에서 이용되는 중첩이나 선형조망 같은 거리단서

단어 우월성 효과(word superiority effect) 단어로 제시되면 단어에 포함된 낱자나 음절의 지각이나 기억이 촉진되는 현상

담화(discourse) 하나 이상의 문장으로 구성된 글말. 일반적으로 텍스트(text)라고 한다.

대뇌피질(cerebral cortex) 대뇌의 가장 바깥쪽 표면으로서 감각정보를 최종 분석하고, 운동을 통제하는 등 모든 인간 행동의 중추 통제기관이다.

대리강화(vicarious reinforcement) 타인의 행동으로부터 관찰된 대리적 결과(보상과 처벌)에 의해 행동이 규제되는 것

대립색설(opponent process theory) 빨강-초록, 노랑-파랑, 검정-흰색처럼 대립적으로 색채가 부호화된다는 이론

대상 영속성(object permanece) 대상이 눈에 보이지 않더라도 존재한다는 것에 대한 이해

도식(schema) 특정한 대상이나 사건의 순서에 대한 조직화된 지식체계

도약전도(saltatory conduction) 유수축삭에서의 활동전위 전도방식으로서 수초가 없는 랑비에 결절에서만 활동전위 가 발생한다.

동기(motivation) 어떤 목표를 지향하는 행동을 시작하게 하고, 방향을 결정하고, 끈기와 강도를 결정하는 힘

동조(conformity) 타인이 어떤 행위를 하기 때문에 자의적으로 그 행위를 수행하는 것

동화(同化) 새로운 정보를 기존의 도식에 맞추는 것

로르샤흐 검사(Rorschach Test) 1921년 헤르만 로르샤흐에 의해 개발된 투사적 검사로서, 서로 대칭으로 이루어져 있 는 10장의 잉크반점을 지각하고 조직화하는 반응을 통해 수검자의 정서, 지각, 사고, 자기 및 타인 표상, 정신병리 등 종합적인 심리적 특성을 파악하게 된다.

망각곡선(forgetting curve) 시간의 경과에 따른 파지와 망각의 정도를 그래프로 나타낸 에빙하우스(Ebbinghaus)의 망 각패턴 연구 결과

망막(retina) 감각수용기가 있는 안구의 안쪽 부분

망상(delusion) 현실과 동떨어진 엉뚱한 믿음을 고집하는 것으로 피해망상, 과대망상, 애정망상 등이 있다.

망상체(reticular formation) 연수에서 중뇌까지에 걸쳐 있는 작은 세포체 집단들로 주의 및 각성에 관여

맹점(blind spot) 시신경이 안구를 떠나는 부위로서 감각기가 분포되어 있지 않다.

무조건반응(unconditioned response: UCR) 중성적이며 훈련을 요하지 않는 반응. 예를 들어, 음식 냄새에 침을 흘리는 반응

문장완성검사(Sentence Completion Test: SCT) 미완성 문장을 보고 자유연상을 통해 문장을 완성하도록 하는 검사로 서, 수검자의 잠재된 욕구, 감정, 태도 등을 파악할 수 있는 투사적 검사이다.

문제중심 대처 스트레스의 근본적인 원인을 변화시키거나 수정하는 데 초점을 맞추는 대처방식

법심리학(legal psychology)　법정심리학이나 범죄심리학의 영역을 넘어서 법과 관련된 전반적인 인간행위를 다루는 심리학의 응용 분야

법정심리학(forensic psychology)　심리학자들이 법정에서 전문가로서 진술하는 증언에 관련된 분야

변별자극(discriminative stimulus)　유기체가 자극 통제 훈련의 부분으로 반응하도록 학습하는 자극

변연계(limbic system)　종뇌의 피질 일부와 피질하 구조물이 포함된 복잡한 구조물로서 정서행동 및 학습, 기억과정에 관여한다.

변화단계 모형　사람들이 어떤 과정을 거쳐 문제행동을 수정하거나 건강행동을 획득하는지 설명하는 모형

본뜨기(modeling)　모델을 관찰하고 따라 하기

부교감신경계(parasympathetic nervous system)　자율신경계의 하위 부분으로서, 긴급상황이 지난 후 신체를 정상적으로 회복시키는 기능을 담당

부적 강화물(negative reinforcer)　제거됨으로써 강화가 되는 자극으로, 제거를 일으키는 반응이 다시 일어날 확률이 커진다.

분리뇌(split-brain)　대뇌반구를 연결하는 뇌량이 절단된 뇌. 뇌량이 절단된 결과 각 대뇌반구는 기능적 비대칭성을 보이게 된다.

사고(thought)　지각과 기억된 정보의 심적 단위를 조작하는 과정

사이버 심리학(cyber psychology)　사이버 공간과 관련된 인간의 행동과 정신과정에 대한 과학적 연구

사회원인가설(sociogenetic hypothesis)　낮은 사회계층 사람들의 낮은 학력수준, 경제적 빈곤, 사회적 보상 및 기회 부족 등과 같은 사회적 요인이 정신분열증의 발병 원인이 된다는 가설

사회적 정체성(social identity)　어떤 집단에 소속되어 동일시함으로써 지니게 되는 자기개념

사회적 촉진(social facilitation)　타인의 존재가 우세반응을 강화시키는 현상

사회학습이론(social learning theory)　행동주의 전통과 기능주의·인본주의 전통이 만나는 영역에서 이루어진 관점. 행동주의 전통의 반복과 강화가 학습을 돕고 유지하는 데 중요함을 인정하지만, 사람은 스스로의 기대와 가치(인본주의)를 가지고 의도적인 환경 대응을 하는 심적 기능(기능주의)도 가지고 있음을 주장한다.

산업 및 조직심리학(Industrial/Organizational Psychology)　심리학의 지식 및 원리들을 기업, 공공기관, 병원 등 다양한 형태의 조직에 응용하여 일과 관련되어 있는 문제들을 다루는 심리학의 응용 분야

삼원색설(trichromatic theory)　망막에 있는 세 종류의 추상체들의 반응조합으로 모든 색의 지각을 설명할 수 있다는 영(Young)과 헬름홀츠(Helmholtz)의 이론

색채(hue)　빛의 파장에 의해서 결정되는 색채의 차원

색채항등성(color constancy)　조명이 바뀌어도 대상의 색을 일관성 있게 지각하는 현상

생물심리사회적 모형　건강과 질병이 생물학적, 심리적, 사회적 요인 간의 역동적인 상호작용에 의해 결정된다고 보는 모형

생물학적 접근　생물학적 요인들(유전, 두뇌의 생화학적 기능 등)이 정신과정 및 행동에 미치는 영향에 중점을 두는 접근

서술적 기억(declarative memory)　흔히 어문적 정보의 형태로 구성된 사실에 관한 의식적 재생

선택적 주의(selective attention)　여러 자극 중 특정 자극에만 의식적으로 주의를 주는 것

설단현상(tip-of-the-tongue phenomenon) 　장기기억 속에 입력되었으나 부호화 때의 기억단서가 인출 시에 존재하지 않아 기억이 실패하는 현상

설득기법 　사람들의 태도를 변화시키기 위한 방법으로서 설득자, 설득메시지, 설득대상 및 설득상황의 네 가지 요인에 따라 효과가 달라진다.

성전환(trans sexualism) 　자신의 생물학적인 성에 대해서 불만족을 느끼면서 마치 남성의 신체에 여성이, 여성의 신체에 남성이 살고 있는 느낌을 가지고 살면서 자신이 선호하는 성으로 수술을 통해서 전환하는 것을 말한다.

성취동기(achievement motivation) 　가치 있는 목표를 달성하고, 훌륭한 행위기준에 도달하려고 하는 개인의 동기 또는 욕구

소뇌(cerebellum) 　교의 뒤쪽에 있는 대뇌의 축소판으로서 신체의 자세 유지, 운동조절, 학습 등에 관여한다.

소멸이론(decay theory) 　시간이 흐름에 따라 기억흔적이 점차 쇠퇴해 간다는 망각이론

소비자심리학(consumer psychology) 　상품에 대한 소비자들의 지각이나 태도, 상품에 대한 정보통합과정 및 기억, 구매동기 및 구매행동, 상품구매에서의 의사결정과정 등을 다루는 심리학의 응용 분야

수상돌기(dendrite) 　뉴런에 있는 돌기들로서 다른 뉴런들로부터 신경신호를 받아들인다.

수초(myelin sheath) 　축삭을 둘러싸고 있는 절연물질로서 수초가 있으면 활동전위의 전도가 빠르고 에너지의 효율성이 높아진다.

수행목표지향성(performance goal orientation) 　과제 자체보다는 타인의 인정과 같은 과제 외적인 것에 가치를 두어 남보다 우수하다는 평가를 받고 경쟁에서 이기고자 하는 것을 목표로 삼는 경향성

숙달목표지향성(mastery goal orientation) 　과제 자체에 가치를 두고 과제를 완성하는 것을 목표로 삼고 자신의 능력 향상에 관심을 두는 경향성

순행간섭(proactive interference) 　이전에 학습한 내용이 최근에 학습한 정보의 인출을 방해하는 간섭

스트레스(stress) 　환경과 유기체 사이의 부적합한 관계

스포츠심리학(sports psychology) 　사회심리학, 성격심리학 등 심리학의 다양한 전문 분야에서의 지식과 원리를 운동경기자의 동기유발, 수행 향상, 지도자의 리더십 등에 응용하는 분야

시냅스(synapse) 　한 뉴런의 축삭돌기 말단과 다음 뉴런의 수상돌기 사이의 연접 부위

시상(thalamus) 　간뇌의 한 부분으로서 후각을 제외한 모든 감각의 중계센터

시상하부(hypothalamus) 　시상의 아랫부분으로서 자율신경계와 내분비계의 중추이며, 종 특유의 행동을 통제

시선수렴(convergence) 　가까운 대상을 볼 때 안구가 코 쪽으로 돌아가는 현상. 깊이지각의 단서로 이용

시신경(optic nerve) 　눈에서 대뇌로 신경 충격을 전달하는 신경

신경전달물질(neurotransmitter) 　시냅스의 축삭종말에서 방출되는 화학물질로서 뉴런 간의 정보전달에 관여

신경증(neurosis) 　주로 불안과 관련된 증상을 보이며, 사회생활이나 직업기능 수행에서 그다지 심한 손상을 보이지 않으며, 불안장애, 강박장애, 외상 및 스트레스 사건 관련장애, 신체증상 및 관련장애, 해리장애 등이 포함된다.

신뢰도(reliability) 　검사 결과의 일관성을 의미하며, 신뢰도의 종류로는 검사-재검사 신뢰도, 반분신뢰도, 내적 일관성 신뢰도 등이 있다.

신호탐지론(signal detection theory) 　자극의 물리적 강도뿐 아니라 결정기준과 민감도에 의하여 자극의 탐지 유무를

설명하는 분야

심리검사   인간의 다양한 심리적 특성을 신속하고 객관적으로 파악하기 위한 목적으로 개발된 평가도구

싸움 혹은 도주 반응   지각된 유해한 사건, 공격 혹은 생존에 대한 위협에 대응해 발생하는 생리적 반응

안정막전위(resting membrane potential)   자극을 받지 않은 상태에서의 뉴런의 막전위(약 −70㎷)

암묵기억(implicit memory)   이전의 정보와 관련된 파지가 비의도적으로 혹은 무의식적으로 현현되는 기억

압력(press)   욕구들이 충족되는 것을 돕거나 방해하는 외부세계의 힘. 인간, 사물, 사건과 같이 현실적으로 존재하는 압력인 알파압력과 개인이 주관적으로 지각하거나 경험한 환경을 나타내는 베타압력으로 나눌 수 있다.

애착(attachment)   삶에서 특별한 사람에게 느끼는 강력한 정서적 결속

양안단서(binocular cue)   두 눈이 있음으로써 가능한 양안부등이나 시선수렴 같은 깊이단서

양안부등(binocular disparity)   대상이 가까울 때 두 눈에 맺힌 영상의 차이. 깊이지각의 단서로 이용

언어(language)   인지의 내용을 상징의 형태로 구성하여 다른 사람에게 전달하거나 다른 사람으로부터 전달받는 소통 기능의 상징체계(symbolic system)

언어상대성 가설(linguistic−relaitivity hypothesis)   인간이 사용하는 언어에 따라서 인간의 사고가 결정된다는 가설

언어이해(comprehension)   언어정보가 지각과 기억의 과정을 통해서 언어의 의미를 해석하고 표상하는 심적 과정

역조건화   기존의 반응을 대치하는 새로운, 보다 적응적인 반응을 배우는 재학습과정

역치(threshold)   자극을 인식할 수 있는 가장 낮은 강도의 자극. 즉, 통증에 대한 역치가 높아진다는 것은 통증을 느끼지 못한다는 뜻이다.

역하자극(subliminal stimuli)   절대역의 아래에 있는 강도를 가진 자극

역하지각(subliminal perception)   우리가 자각(aware)하지 못하는 작은 크기의 자극을 지각하는 것을 말하며 무의식적 지각을 뜻한다.

역행간섭(retroactive interference)   최근에 학습한 내용이 이전에 학습한 정보의 인출을 방해하는 간섭

연수(medulla oblongata)   척수 바로 위, 뇌의 가장 아랫부분으로서 생명 유지에 중요한 역할을 한다.

외상 후 스트레스장애(posttraumatic stress disorder)   외상적 사건을 경험한 후에 극심한 공포와 무력감을 보이고, 악몽이나 환영을 통해 외상을 재경험하고 외상과 관련된 자극을 회피하는 행동이 지속되는 장애

외현기억(explicit memory)   이전 정보에 관한 의식적 · 노력적 기억

욕구(need)   개인이 부족하게 생각하거나 충족하길 바라는 것. 신체적으로 생기는 신체발생적(생리적) 욕구와 심리적으로 생기는 심리발생적(심리사회적) 욕구가 있다.

운전적성   운전자에게 기본적으로 요구되는 신체적 및 정신적 조건

원초아(Id)   성격 중에서 생물학적이고 본능적인 구성성분을 나타내는 것으로 인간이 태어날 때부터 존재하는 가장 원시적이며 유전된 것, 성적인 것, 공격적인 에너지를 모두 포함하는 것으로 인간이 가진 모든 충동, 즉 리비도의 저장고

원형(prototype)   범주의 대표적 개념

위계적 구조(hierarchical structure)   표상 단위가 수준별로 상위수준과 하위수준으로 포함관계를 구성하는 것

위약효과(placebe effect)   진짜 약처럼 보이는 가짜 약의 치료효과. 보편적으로는 실제 치료의 효과라고 볼 수 없는 반응을 일컫는다.

음소(phoneme)   말소리의 가장 작은 단위며, 자음과 모음으로 구성

음운론(phontlogy)   음성의 가장 작은 단위인 음소를 연구하는 분야

음절(syllable)   음소의 자음과 모음이 조합된 언어 형태

의미 네트워크(semantic network)   장기기억의 정보들은 그 개념적 유사성에 따라 일종의 네트워크를 형성하고 있을 것이라는 가정

의미적 기억(semantic memory)   축약적 사실이나 언어와 연합된 정보에 관한 기억

의식(consciousness)   어떤 특정한 순간에 개인에 의해 지각되는 모든 감각과 경험

의식심리학(Psychology of Consciousness)   의식상태의 변화에 대한 심리학적 접근을 말한다.

의학적 모형   이상행동 또는 정신장애를 신체적 질병과 유사한 방식으로 개념화하는 것. 질병모형이라고도 한다.

이중속박(dubble-bind)   아동이 부모로부터 모순되는 요구를 전달받았을 때 이러지도 저러지도 못하는 상황에 처하는 것

이차강화물(secondary reinforcer)   일차강화물과 연합됨으로써 강화의 역할을 하는 자극. 예를 들어, 일차강화물인 음식을 구할 수 있는 돈

인본주의 심리치료   인본주의 철학에 뿌리를 둔 심리치료

인사심리학(personnel psychology)   산업 및 조직심리학의 하위분야로서 직무에 적합한 사람들의 선발, 배치, 교육, 인사고과 등에 심리학을 응용하는 분야

인지(cognition)   세상 혹은 환경의 물리적 정보를 감각기관에 따라 독립적으로 입력하여 기억에 저장하고, 저장된 정보 혹은 지식을 사용하여 내적으로 조작하는 일련의 심적 과정

인지도(cognitive map)   공간 위치와 방향의 정신적 표상

인지발달이론(theory of cognitive development)   피아제가 어린이들의 지적 발달에 대해 보여 준 연구에 기초하여 이루어진, 인간의 인지적 발달과정에 대한 연구 분야

인지부조화이론(cognitive dissonance theory)   페스팅거(Festinger)가 제안한 이론으로 둘 이상의 인지들 간에 부조화가 생기면 불편감이 들어서 불편감을 해소하려는 동기가 유발된다는 주장으로서 주로 태도와 행동의 불일치 상황에서 일어나는 태도변화를 설명하는 데 적용된다.

인지행동치료(cognitive behavior therapy)   실험심리학의 원리를 적용해서 무의식이 아니라 표면적 행동, 말, 생각, 이미지 등의 광의적 행동의 변화에 초점을 맞춘다.

일차강화물(primary reinforcer)   생물학적 요구를 만족시키며, 자연적으로 작용하는 보상

일화기억(episodic memory)   특정한 시 · 공간적 맥락과 연계된 정보에 관한 기억

자극변별(stimulus discrimination)   유기체가 특별한 하나의 자극에만 반응하도록 제한한 자극을 구분하는 학습과정

자극일반화(stimulus generalization)   조건자극과 유사하지만 다른 자극에 대한 반응. 두 자극이 유사할수록 일반화는 더 잘 일어난다.

자기강화(self-reinforcement)   개인이 자기 자신에게 부여해 주는 강화. 자기 자신의 행동에 의해 자발적으로 생산된

결과를 통해 자기 스스로 지배되는 것

자기결정 이론 사람들이 세 가지 선천적이고 보편적인 심리적 욕구(자율성, 유능성, 관계성)로 인해 성장하고 변화하려는 동기를 가지고 있다는 것을 제안하는 모형

자기효능감(self-efficacy) 개인이 수행을 위해 요구되는 행위를 조직하고 실행해 나가는 자신의 능력에 대한 믿음 및 기대

자아(Ego) 외부 현실과 초자아의 제한을 고려하여 원초아의 욕구를 표현하고 만족시키는 정신기제

자아중심성(egocentrism) 다른 사람들도 자신과 같은 경험을 한다고 가정하는 것

자유연상(free association) 정신분석에서 무의식의 세계를 탐구하기 위해 자유롭게 연상시키는 방법. 꼬리에 꼬리를 물고 연상을 해 나가다 보면, 무의식 속의 심층에 있는 심리적 갈등이나 원인을 알게 해 준다고 생각한다.

자율신경계(autonomic nervous system) 말초신경계의 한 부분으로서 내장근육의 운동과 분비선의 분비를 통제한다.

자존감(self-esteem) 자신에 대해 전반적으로 가지는 자기가치에 대한 판단 결과 형성된 긍정적인 생각이나 감정

작업기억(working memory) 단기기억의 특성을 능동적이고 전문화된 기능을 가진 기억저장고로 보는 이론

장기 종단적 연구(long-itudiual study) 한 개인을 발달의 여러 단계에서 관찰하는 연구법

장기기억(long-term memory) 의미적 부호가 주를 이루는 비교적 영속적이고 무제한적인 정보저장 능력을 지닌 기억창고

장소법(method of loci) 기억해야 할 항목의 심상을 친숙한 장소의 특정한 위치와 연합시켜 놓음으로써 기억을 증진시킬 수 있는 기술

장소이론(place theory) 우리가 지각하는 소리의 높낮이는 달팽이관에 있는 기저막의 반응 위치에 따라 결정된다는 이론

재구성(reconstruction) 기억은 중요한 내용을 중심으로 역동적으로 재조직되고 구성

재인(recognition) 이전에 학습한 정보와 새로운 정보를 구분하도록 요구하는 기억과제

재평가(reappraisal) 새로운 정보가 입수되어 스트레스 평가가 변화하는 것

저장(storage) 기억의 두 번째 단계로서 부호화된 정보가 기억 속에 유지되는 단계

저항(resistance) 정신분석에서 무의식 속에 숨어 있는 위협적인 내용을 의식하게 되는 것이 두려워서 방해하는 것

전의식(preconsciousness) 바로 그 순간에 의식되지는 않지만 조금만 노력하면 의식할 수 있는 모든 경험

전이(transference) 정신분석에서 과거의 중요한 인물(부모)과의 관계에 얽힌 감정(사랑이나 증오 등)을 치료자에게 느끼는 것

절대역(absolute threshold) 특정한 자극을 탐지하기 위한 최소한의 에너지 강도. 시행의 50%에서 자극을 탐지하는 경우

절차적 기억(procedural memory) 어문적 재생을 요구하지 않는 운동과 같은 기술에 관한 기억

정교화 시연(elaborative rehearsal) 이전에 저장된 정보와 연결고리를 풍부히 함으로써 단기기억의 정보를 장기기억으로 전이시키기 위한 통제적 절차

정서(emotion) 일반적으로 생리적·인지적 요소 모두를 가지며, 행동에 영향을 미치는 감정(행복, 실망, 슬픔 등).

정서일치효과(mood congruence effect)　부호화 때와 인출 때의 정서적 상태가 동일할수록 더 나은 기억수행을 가져옴

정서중심 대처　스트레스 요인에 노출되어 발생하는 부정적인 반응을 줄이는 데 초점을 맞추는 대처방식

정신물리학(psychophysics)　물리적 자극이 어떻게 감각 및 지각으로 연결되는지에 대해서 과학적으로 측정하여 그 관계를 파악하는 학문

정신병(psychosis)　현실이 심하게 왜곡되는 보다 심각한 정신장애이며, 정신분열증, 양극성 장애, 정신병적 우울증, 망상장애 등이 포함된다.

정적 강화물(positive reinforcer)　반응을 증가시키기 위해 환경에 부가되는 자극

조건반응(Conditioned Response: CR)　조건화 후에 중성자극에 대한 반응

조건자극(Conditioned Stimulus: CS)　이전에는 무조건자극에 대해서만 일어났던 반응을 일으키기 위해 무조건자극과 연합된 중성자극

조건화(conditioning)　하나의 자극이 조건이 되어 그에 연관된 다른 자극을 불러일으키게 되는 현상. 조건형성이라고도 함

조직심리학(Organizational Psychology)　산업 및 조직심리학의 하위분야로서 종업원들의 직무만족, 작업동기, 조직에 대한 몰입, 종업원 상호 간의 의사소통, 리더십, 조직개발, 노사관계 등을 다루는 분야

종뇌(telencephalon)　대뇌의 가장 윗부분으로, 가장 바깥쪽은 대뇌피질이며, 그 아래에 기저핵과 변연계의 구조물이 있다.

종말단추(terminal button)　축삭의 끝부분으로, 다른 뉴런과 시냅스를 형성하여 정보를 전달한다.

주제통각검사(Thematic Apperception Test: TAT)　임상장면에서 사용하는 심리검사 기법의 하나. 애매한 그림이 그려진 카드를 보여 주고 자신이 생각하는 이야기를 자유롭게 꾸미도록 하여 내담자의 심리상태를 알아보는 방법. 성취욕구를 측정하는 데도 사용됨

주파수이론(frequency theory)　지각되는 소리의 고저는 신경충격의 발화 빈도에 의해서 결정된다는 이론

중뇌(midbrain)　교의 위, 간뇌의 아랫부분으로, 시각반사, 청각정보의 중계, 운동조절 등에 관여한다.

중심와(fovea)　망막의 중심부로서 추상체가 밀집되어 있다.

지각(perception)　감각정보를 조직화하고 해석하여 대상이나 사건의 의미를 파악하는 과정

지각적 갖춤새(perceptual set)　대상을 어떻게 해석하려는 경향성

지각적 적응(perceptual adaptation)　시각장을 임의로 왜곡했을 때 적응하는 능력

지각항등성(perceptual constancy)　조명이나 망막의 영상이 변화되어도 밝기, 색채, 형태, 크기 등을 일관성 있게 지각하는 현상

지능 및 신경심리적 수행검사　지적 능력과 신경심리적 기능을 평가하는 심리검사의 한 유형으로, 주로 실제 과제의 수행을 통해 평가하기 때문에 수행검사라 명명하였다.

지능(intelligence)　지능의 정의는 학자들마다 다양한데, 웩슬러(Wechsler)는 지능을 "개인이 목표를 이루기 위해 실행할 수 있고, 합리적으로 사고할 수 있으며, 환경에 효과적으로 대처할 수 있는 전반적이고 총체적인 능력"이라 정의하였다.

질병모형(disease model)　이상행동 또는 정신장애를 신체적 질병과 유사한 방식으로 개념화하는 것

집-나무-사람(House-Tree-Person: HTP) 검사   1969년 벅과 해머가 개발한 대표적인 투사적 검사 중 하나로, 집, 나무, 사람을 그림으로써 수검자의 성격특성과 심리상태, 자기 및 타인표상 등을 파악할 수 있다.

집단극화(group polarization)   집단 상호작용 이후의 반응이 상호작용 이전의 반응과 동일한 방향으로 더 극단화되는 현상

집단무의식(collective unconsciousness)   인간 선조들의 경험이 다음 세대에 전달되어 우리 내면에 숨어들어 우리에게 영향을 주는 요소

집단사고(groupthink)   응집성이 높은 집단에서 초래될 수 있는 비합리적이고 비생산적인 결정이나 판단

차이역(difference threshold)   50%의 시행에서 변화를 탐지할 수 있는 최소 차이

참조처리(reference process)   담화글 내에서 대용어의 선행어를 연결하는 과정

처리수준(levels of processing)   부호화 시 기억정보의 처리가 심화될수록 더 오래 기억이 지속될 수 있다는 주장의 이론

척수(spinal cord)   중추신경계의 일부로서 신체와 뇌 사이의 정보전달 통로며, 단순한 반사행동을 통제한다.

청킹(clustering)   단기기억의 처리 부하를 감소시키기 위한 부호화 전략

체계적 둔감화(systematic desensitization)   이완상태에서 불안을 유발하는 상황이나 자극을 위계적으로 상상하여 직면함으로써 불안을 감소시키는 행동치료의 한 기법

체성신경계(somatic nervous system)   신체의 모든 감각과 골격근의 운동을 통제하는 말초신경계의 한 부분

초두효과(primacy effect)   계열위치효과에서 기억목록의 첫 부분이 장기기억의 특성 때문에 더 잘 인출된다는 것을 지지하는 증거

초자아(super ego)   성격에서 마지막으로 발달하는 체계로서 사회규범과 기준이 내면화된 것

최신성효과(recency effect)   서열위치효과에서 기억목록의 끝부분이 단기기억의 특성 때문에 더 잘 인출된다는 것을 지지하는 증거

추동(drive)   사람이나 동물이 신진대사에 의해 생리적 균형이 깨어진 상태로 생리적 균형을 회복하려는 강력한 힘

추리(reasoning)   일반적으로 주어진 전제의 가정에 근거하여 어떤 결론을 얻고자 하는 경우에 발생하는 사고의 과정

추상체(cone)   망막의 중심부에 주로 분포하며 대상의 해상도와 색채감각에 관여함

축삭(axon)   뉴런에 있는 하나의 긴 돌기로서 다른 뉴런으로 신경신호를 전달한다.

타당도(validity)   검사의 적절성 혹은 충실도를 의미하며, 타당도의 종류로는 내용타당도, 준거타당도, 구성타당도 등이 있다.

토큰경제(token economy)   조작적 조건화의 원리를 적용한 치료기법으로서 바람직한 행동을 보였을 때 토큰을 주어서 원하는 것과 바꾸도록 한다.

통사처리(syntactic process)   문장의 단어의 문법 범주(word class, 품사)를 파악하고, 파악된 문법 범주의 단어를 통사 규칙에 근거하여 언어 표상을 구성하는 과정

통찰(insight)   정신분석에서 환자가 무의식 속에 억압된 욕구나 갈등을 깨닫게 되는 것

투사적 검사   주어진 검사 자극에 대해 개인의 욕구와 갈등, 성격 같은 심리적 특성이 투사되어 드러나는 원리를 활용해 만든 심리검사

특징탐지기(feature detectors) 운동, 각도, 선분 등의 자극 특징에 반응하는 대뇌의 신경세포

파이현상(phi phenomenon) 인접한 두 개 이상의 전구를 연속적으로 명멸시킴으로써 발생하는 운동착각의 일종

판단과 결정 판단은 환경상황을 수량, 서열, 범주에 근거하여 평가하는 과정이며, 결정이란 판단된 과정의 결과로 생성된 가능한 대안 중에서 특정 가치에 적합한 결정대안을 선택하는 과정

페르소나(persona) 사회적 역할수행에 대한 심상으로 남에게 보이는 모습

편견(prejudice) 어떤 집단이나 집단구성원에 대한 비합리적인 부정적 평가

표준화(standardization) 검사의 실시와 채점, 해석 과정을 일정하게 만들어 어떠한 수검자에게 심리검사를 실시하여도 일관성 있게 적용하도록 체계화하는 과정을 의미한다.

학습된 무기력(learned helplessness) 자신의 행동이 결과에 영향을 미치지 못한다는 통제불능성에 대한 기대를 학습하면 후속 수행이 저하되는 현상

항문기적 성격(anal personality) 2세에서 4세경에 겪게 되는 배변훈련의 경험을 통해 형성되는 성격. 질서, 인색함, 고집의 3대 항문기적 성격이 나타난다.

항우울제(antidepressants) 우울증상을 조절하기 위한 약물

항정신병제(antipsycotic agents) 망상, 환각 등의 정신병적 증상을 조절하기 위한 약물

행동주의(behavior) 심리학의 연구대상을 관찰 가능하고 측정 가능한 사건, 즉 외적인 행동으로 제한하는 학파

협동원리(cooperative principle) 화용적 담화 맥락에서 화자와 청자의 언어적 공유 원리

형태소(morpheme) 음절의 조합에 의해 구성된 언어의 의미가 나타나는 기본 단위

형태주의(gestaltism) 지각된 내용을 하나의 전체로 통합하고 분리된 자극을 의미 있는 유형으로 통합하자는 경향의 학파

환각(hallucination) 감각자극이 없음에도 불구하고 나타나는 감각경험으로, 나타나는 기관에 따라 환시, 환청, 환후, 환미, 환촉 등으로 구분된다.

활동전위(action potential) 역치 이상의 자극이 주어졌을 때 나타나는 뉴런의 막전위 변화(+40mV)

활성화 확산(spreading activation) 장기기억의 조직에서 어떤 개념의 의미적 점화는 그물망의 경로를 따라 전파되며, 멀리 진행될수록 그 힘은 약화될 것이라는 가정

회상(recall) 기억 단서가 없이 어떤 사상에 관한 기억을 최대한 이끌어 내도록 요구하는 기억과제

효과의 법칙(law of effect) 만족을 일으킨 반응은 더 반복되기 쉽고, 만족을 일으키지 않은 반응은 덜 반복된다는 손다이크의 이론

참고문헌

1장 참고문헌

김문수 외 공역(2017). 심리학개론(제10판). 서울: (주)사회평론아카데미.

민경환 외 공역(2011). 심리학개론. 서울: 시그마프레스.

민경환 외 공역(2015). 심리학개론(2판). 서울: 시그마프레스.

신성만, 박권생, 김주은, 김병일 공역(2019). 네비드의 심리학개론. 서울: 학지사.

오세진 외(2015). 인간행동과 심리학(4판). 서울: 학지사.

현성용 외(2015). 현대심리학의 이해(3판). 서울: 학지사.

American Psychological Association. (2002). Ethical principles of psychologists and code of conduct. *American psychologist*, *57*(12), 1060-1073.

Bernstein, D. A., Pooley, J. A., Cohen, L., Goldthorpe, B., Provost, S., & Cranney, J. (2018). *Psychology* (Australian and New Zealand 2nd ed.). Cengage Learning Education.

Goodwin, C. J. (2011). *A history of modern psychology* (4th ed.). John Wiley &Sons.

Gross, R. (2015). Psychology: *The science of mind and behaviour* (7th ed.). Hodder

Schacter, D. L., Gilbert, D. T., & Wegner, D. M. (2014). *Introducing psychology with updates on DSM-5*. New York, NY: Worth Publishers.

Stangor, C., & Walinga, J. (2014). *Introduction to psychology* (1st Canadian ed.). Victoria, BC: BCcampus.

한국심리학회 홈페이지 https://www.koreanpsychology.or.kr/ (2020. 1. 23.).

APA Divisions[American Psychological Association]. https://www.apa.org/about/division

Kendra Cherry (2019. 3. 9.). The Origins of Psychology from Philosophical Beginnings to the Modern Day. https://www.verywellmind.com/a-brief-history-of-psychology-through-the-years-2795245

Kendra Cherry (2019. 4. 22.). Behavior Analysis in Psychology. https://www.verywellmind.com/what-isbehavior-analysis-2794865

Kendra Cherry. (2020. 1. 13.). Educational Psychology and the Learning Process. https://www.verywellmind.com/what-is-educational-psychology-2795157

McLeoud, S. (2019). What is Psychology? https://www.simplypsychology.org/whatispsychology.html

Mischel, W. (2019. 3. 8.). Psychology. https://www.britannica.com/science/psychology#accordion-article-history

2장 참고문헌

김기석(1990). 뇌-신경과학입문. 서울: 성원사.

김현택, 류재욱, 이강준(1994). 나의 뇌 뇌의 나. 서울: 예문지.

조선영, 백은하, 김현택, 현성용(1997). 토끼의 순막고전적 조건화 동안 소뇌중 간핵과 배측하올리브부핵에서 동시에 기록한 신경다단위 활동. 한국심리학회지: 생물 및 생리, 9(1), 23-34.

Beeman, M. J., & Chiarello, C. (1998). Complementary right-and left-hemisphere language comprehension. *Current Directions in Psychological Science, 7*, 2-8.

Bowden, E. M., & Beeman, M. J. (1998). Getting the right idea: Semantic activation in the right hemisphere may help solve insight problems. *Psychological Sciences, 9*, 435-440.

Corina, D. P. (1998). The processing of sign language: Evidence from aphasia. In B. Stemmer & H. A. Whittaker (Eds.), *Handbook of neurolinguisrics*. Sandiego: Academic Press.

Gazzaniga, M. S. (1970). *The bisected brain*. New York: Appleton-Century-Crofts.

Hickok, G., Bellugi, U., & Klima, E. S. (2001). Sign language in the brain. *Scientific American, 284*, 58-65.

LeDoux, J. E. (1992). Brain mechanisms of emotion and emotional learning. *Current Opinion in Neurobiology, 2*, 191-197.

Morris, R. G. M., Garrud, P., Rawlins, J. N. P., & O'Keefe, J. (1982). Place navigation impaired in rats with hippocampal lesions. *Nature, 297*, 681-683.

O'Keefe, J., & Dostrvsky, T. (1971). The hippocampus as a spatial map: Preliminary evidence from unit activity in the freely moving rat. *Brain Research, 34*, 171-175.

Sperry, R. W. (1966). Brain bisection and consciousness. In J. Eccles (Ed.), *Brain and conscious experience*. N.Y.: Springer-Verlag.

Sutherland, R. J., & Rudy, J. W. (1989). Configural association theory: The role of the hippocampal formation in learning, memory, and amnesia. *Psychobiology, 17*, 129-144.

Thompson, R. F. (1986). The neurobiology of learning and memory. *Sciece, 233*, 941-947.

3장 참고문헌

정찬섭, 한광희(1990). 색채지각의 신경망모형. 1990년 한국인지과학회 춘계학술발표대회 논문집, 23-27.

한광희, 정찬섭(1991). 역동적 광순응 신경망을 이용한 색채항등성의 구현. 한국심리학회지, 10, 61-96.

Baars, B. J., & McGovern, K. (1994). Conscious. In V. Ramachandran (Ed.), *Encyclopedia of human behavior*. Orlando, FL: Aademic Press.

Barlow, H. B. (1953). Summation and inhibition in the frog's retina. *Journal of Physiology, 199*, 69-88.

Boring, E. G. (1930). A new ambiguous figure. *American Journal of Psychology, 42*, 444-445.

Brown, E. L., & Deffenbacher, K. (1979). *Perception and the senses*. New York: Oxford University Press.

Chung, C. S., & Han, K. H. (1990). A neural network for color vision. *Proceedings of the International Conference on Fuzzy Logic & Neural Networks* (Iizuka, Japan, July 20-24), 485-491.

Crombie, A. C. (1964). Early concepts of the senses and the mind. *Scientific American*, 108-116.

DeValois, R. L., & DeValois, K. K. (1975). Neural coding of color. In E. C. Carerette & M. P. Friedman (Eds.), *Handbook of perception: Vol. V. Seeing*. New York: Academic Press.

Dolezal, H. (1982). *Living in a world transformed*. New York: Academic Press.

Forge, A., Li, L., Corwin, J. T., & Nevill, G. (1993). Ultrastructural evidence hair cell regeneration in the mammalian inner ear. *Science, 259*, 1616-1619.

Freeman, W. J. (1991). The physiology of perception. *Scientific American*, 78-85.

Galanter, E. (1962). Contemporary psychophysics. In R. Brown, E. Galanter, E. H. Hess, & G. Mandler (Eds.), *New directions in psychology*. New York: Holt, Rinehart & Winston.

Geldard, F. A. (1972). *The human senses* (2nd ed.). New York: Wiley.

Gregory, R. L. (1978). *Eye and brain: The psychology of seeing* (3rd ed.). New York: McGraw-Hill.

Hershenson, M. (1989). *The moon illusion*. Hillsdale, NJ: Erlbaum.

Hubel, D. H., & Wiesel, T. N. (1979). Brain mechanisms of vision. *Scientific American*, 150-162.

Hurvich, L. M., & Jameson, D. (1974). Opponent processes as a model of neural organization. *American Psychologist, 29*, 88-102.

Jameson, D. (1985). Opponent-colors theory in light of physiological findings. In D. Ottoson & S. Zeki (Eds.), *Central and peripheral mechanisms of color vision*. New York: Macmillan.

Kaufman, L., & Rock, I. (1962). The moon illusion I. *Science, 136*, 953-961.

Köhler, I. (1962). Experiments with goggles. *Scientific American*, 66-73.

Krosnick, J. A., Betz, A. L., Jussim, L. J., & Lynn, A. R. (1992). Subliminal conditioning of attitudes. *Personality and Social Psychology Bulletin, 18*, 152-162.

Livingstone, M., & Hubel, D. (1988). Segregation of form, color, movement, and depth: Anatomy, physiology, and perception. *Science, 240*, 740-749.

Mack, A., & Rock, I. (1998). *Inattentional blindness*. Cambridge, MA: MIT Press.

Macmillan, N. A., & Creelman, C. D. (2005). *Detection theory: A user's guide* (2nd ed.). Mahwah, NJ: Erlbaum.

Middlebrooks, J. C., & Green, D. M. (1991). Sound localization by human listeners. *Annual Review of Psychology, 42*, 135-159.

Moore, T. E. (1988). The case against subliminal manipulation. *Psychology and Marketing, 5*, 297-316.

Neisser, U. (1979). The control of information pickup in selective looking. In A. D. Pick (Ed.), *Perception and its development: A tribute to Eleanor J. Gibson.* Hillsdale, NJ: Erlbaum.

Pratkanis, A. R. (1992). The cargo-cult science of subliminal persuasion. *Skeptical inquirer, 16*, 260-272

Pratkanis, A. R., & Greenwald, A. G. (1988). Recent perspectives on conscious processing: Still no marketing applications. *Psychology and Marketing, 5*, 337-353.

Pritchard, R. M. (1961). Stabilized images on the retina. *Scientific American*, June, 72-78. cited in R. Ornstein's (Ed.).

Rock, I., & Palmer, S. (1990). The legacy of Gestalt psychology. *Scientific American*, 84-90.

Ross, H. (1975). Mist, murk, and visaul perception. *New Scientist*, 658-660.

Rumelhart, D. E. (1989). The architecture of mind: A connectionist approach. In M. Posner (Ed.), *Foundations of cognitive science.* Cambridge, MA: MIT Press.

Schreinder, C. E., Read, H. L., & Sutter, M. L. (2000). Modular organization of frequency integration in primary auditory cortex. *Annual Review of Neuroscience, 23*, 501-529.

Segall, M. H., Dasen, P. R., Berry, J. W., & Poortinga, Y. H. (1990). *Human behavior in global perspective: An introduction to cross-cultural psychology.* New York: Peramon.

Shepard, R. N. (1990). *Mind sights.* New York: Freeman.

Simons, D. J., & Chabris, C. F. (1999). Gorillas in our midst: Sustained inattentional blindness for dynamic events. *Perception, 28*, 1058-1074.

Sperry, R. W. (1956). The eye and the brain. *Scientific American*, 48-52.

Stratton, G. M. (1896). Some preliminary experiments on vision without inversion of the retinal image. *Psychological Review, 3*, 611-617.

Teghtsoonian, R. (1971). On the exponents in Steven's law and the constant in Ekman's law. *Psychological Review, 78*, 71-80.

Treisman, A. (1987). Properties, parts, and objects. In K. R. Boff, L. Kaufman, & J. P. Thomas (Eds.), *Handbook of perception and human performance.* New York: Wiley.

Turnbull, C. (1961). *The forest people.* New York: Simon and Schuster.

Von Békésy, G. (1957). The ear. *Scientific American*, 66-78.

Warchol, M. E., Lambert, P. R., Goldstein, B. J., Forge, A., & Corwin, J. T. (1993). Regenerative proliferation in inner ear sensory epithelia from adult guinea pigs and humans. *Science, 259*, 1619-1622.

Wenderoth, P. (1992). Perceptual illusions. *Australian Journal of Psychology, 44*, 147-151.

Wever, E. G. (1949). *Theory of hearing.* New York: Wiley.

Wiesel, T. N. (1982). Postnatal development of the visual cortex and the influence of environment. *Nature, 299*, 583-591.

Wilson, R. S. (1979). Analysis of longitudinal twin data: Basic model and applications to physical growth measures. *Acta Geneticae Medicae et Gemellologiae, 28*, 93-105.

Winckelgren, I. (1992). How the Brain sees borders where there are none. *Science, 256*, 1520-1521.

4장 참고문헌

Abramson, L. Y., Metalsky, G. I., & Alloy, L. B. (1989). Hopelessness depression: A theory-based subtype. *Psychological Review, 96*, 358-372.

Ader, R., & Cohen, N. (1981). Conditioned immunopharmacologic responses. In R. Ader (Ed.), *Psychoneuroimmunology*. New York: Academic Press.

Ader, R., & Cohen, N. (1984). Behavior and the immune system. In W. D. Gentry (Ed.), *Handbook of behavioral medicine*. New York: Guilford Press.

Bailey, M. B., & Bailey, R. E. (1993). "Misbehavior" : A case history. *American Psychologist, 48*, 1157-1158.

Bandura, A. (1986a). *Social foundation of thought and action: A social-cognitive theory*. Englewood Cliffs, NJ: Prentice-Hall.

Bandura, A. (1986b). The explanatory and predictive scope of self-efficacy theory. *Journal of social and clinical psychology, 4*(3), 359-373.

Bandura, A., Ross, D., & Ross, S. A. (1963). Imitation of film-mediated aggressive models. *Journal of Abnormal and Social Psychology, 66*, 3-11.

Beggs, J. M., Brown, T. H., Byrne, J. H., Crow, T., LeDoux, J. E., LeBar, K. et al. (1999). Learning and memory: Basic mechanisms. In M. J. Zigmond, F. E. Bloom, S. C. Landis, J. L. Roberts, & L. R. Squire (Eds.), *Fundamentals of neuroscience* (pp. 1411-1454). San Diego, CA: Academic Press.

Bernier, R., & Dawson, G. (2009). The role of mirror neuron dysfunction in autism. In J. A. Pineda (Ed.), *Mirror neuron systems: The role of mirroring processes in social cognition* (pp. 261-286). Totowa, NJ: Humana Press.

Bolles, R. C. (1972). Reinforcement, expectancy, and learning. *Psychological Review, 79*, 32-48.

Breland, K., & Breland, M. (1961). A misbehavior of organisms. *American Psychologist, 16*, 681-684.

Chase, G. (1986). Visual information processing. In K. Boff, L. Kaufman, & J. Thomas (Eds.), *Handbooks of perception and human performance*(Vol. 2). New York: Wiley.

Clark, R. E., & Squire, L. R. (1998). Classical conditioning and brain systems: The role of awareness. *Science, 280*, 77-81.

Di Pellegrino, G., Fadiga, L., Gallese, V., & Rizzolatti. G. (1992). Understanding motor events: A neurophysiological study. *Experimental Brain Research, 91*, 176-180.

Drummond, D. C., Tiffany, S. T., Glautier, S., & Remington, B. (Eds.). (1995). *Addictive behaviour: Cue exposure theory and practice*. Chichester, England: Wiley.

Edwards, E. A., & Acker, L. E. (1972). A demonstration of long retention of a conditional GSR. *Psychosomatic Science, 26*, 27-28.

Fanselow, M. S., & Baackes, M. P. (1982). Conditioned fear-induced opiate anagesia on the formalin test:

Evidence for two aversive motivational systems. *Learning and Motivation, 13*, 220-221.

Gale, N., Golledge, R. G., Pellegrino, J. W., & Doherty, S. (1990). The acquisition and integration of route knowledge in an unfamiliar neighborhood. *Journal of Environmental Psychology, 10*, 3-25.

Garcia, J., & Koelling, R. A. (1966). The relation of cue to consequence in avoidance in learning. *Psychonomic Science, 4*, 123-124.

Garling, T. (1989). The role of cognitive maps in spatial decisions. *Journal of Environmental Psychology, 9*, 269-278.

Heth, C. D., & Rescorla, R. A. (1973). Simultaneous and backward fear conditioning in the rat. *Journal of Comparative and Physiological Psychology, 82*, 434-443.

Kalish, H. I. (1981). *From behavioral science to behavior modification*. New York: McGraw-Hill.

Kamin, L. J. (1965). Temporal and intensity characteristics of the conditioned stimulus. In W. F. Prokasy (Ed.), *Classical conditioning*. New York: Appleton-Century-Crofts.

Kandel, E. R. (1995). Cellular mechanisms of learning and memory, in *Essentials of Neural Science and Behavior*. Edited by Kandel, E. R., Schwartz, J. H., & Jessell, T. M. East Norwalk, Conn, Appleton & Lange, 1995, pp. 667-694.

Knutson, B., Adams, C. M., Fong, G. W., & Hommer, D. (2001). Anticipation of Increasing Monetary Reward Selectively Recruits Nucleus Accumbens, *Journal of Neuroscience, 21*(16), RC159.

Kofta, M., & Sedak, G. (1989). Repeated failure: A source of helplessness or a factor irrelevant to its emergence? *Journal of Experimental Psychology: General, 118*, 3-12.

Koob, G. F., Caine, S. B., Hyytia, P., Markou, A., Parsons, L. H., Roberts, A. J., Schulteis, G., & Weiss, F. (1999). Neurobiology of drug addiction. In M. D. Glantz & C. R. Hartel (Eds.), *Drug abuse: Origins & interventions* (p. 161-190). American Psychological Association.

Liddell, H. (1950). Some specific factors that modify tolerance for environmental stress. In H. G. Wolff & C. C. Hare (Eds.), *Life stress and bodily disease*. Baltimore: Williams & Wilkins.

MacQueen, G., Marshall, J., Perdue, M., Siegel, S., & Bienenstock, J. (1989). Pavlovian conditioning of rat mucosal mast cells to secrete rat mast cell protease II. *Science, 243*, 83-86.

Mineka, S., & Henderson, R. H. (1985). Controllability and predictability in acquired motivation. *Annual Review of Psychology, 36*, 495-529.

Mobbs, D., Greicius, M. D., Abdel-Azim, E., Menon, V., Reiss, A. L. (2003). Humor modulates the mesolimbic reward centers. *Neuron 40*, 1041-1048.

Oberman, L. M., & Ramachandran, V. S. (2009). Reflections on the mirror neuron system: Their evolutionary functions beyond motor representation. In J. A. Pineda (Ed.), *Mirror neuron systems: The role of mirroring processes in social cognition* (pp. 39-59). Totowa, NJ: Humana Press.

Olds, J., & Milner, P. (1954). Positive reinforcement produced by electrical stimulation of septal area and other regions of rat brain. *Journal of Comparative and Physiological Psychology, 47*(6), 419-427.

Perry, D. G., & Bussey, K. (1979). The social learning theory of sex difference: Imitation is alive and well. *Journal of Personality and Social Psychology, 37*, 1699-1712.

Plumert, J. M., Carswell, C., De Vet. K., & Ihrig, D. (1995). The content and organization of communication about object locations. *Journal of Memory and Language, 34,* 477-498.

Premack, D. (1965). Reinforcement theory. In D. Levine (Ed.), *Nebraska symposium on motivation* (pp. 123-188). Lincoln, NE: University of Nebraska Press.

Rescorla, R. A. (1968). Probability of shock in the presence and absence of CS in fear conditioning. *Journal of Comparative and Physiological Psychology, 66,* 1-55.

Rescorla, R. A. (1987). A Pavlovian analysis of goal-directed behavior. *American Psychologist, 42,* 119-129.

Rescorla, R. A. (1988). Pavlovian conditioning: It's not what you think it is. *American Psychologist, 43,* 151-160.

Rizzolatti, G., Craighero, L., & Fadiga, L. (2002). The mirror system in humans. In M. I. Stamenov, V. Gallese, M. I. Stamenov, & V. Gallese (Eds.), *Mirror neurons and the evolution of brain and language* (pp. 37-59). Amsterdam, Netherlands: John Benjamins Publishing Company.

Rolls, E. T., Murzi, E., Yaxley, S., Thorpe, S. J. & Simpson, S. J. (1986). Sensory-specific satiety: food-specific reduction in responsiveness of ventral forebrain neurons after feeding in the monkey. *Brain Research. 368,* 79-86.

Seligman, M. E. P. (1975). *Helplessness: On depression, development, and death.* San Francisco: Freeman.

Siegel, S. (2001). Pavlovian conditioning and drug overdose: When tolerance fails. *Addiction Research and Theory, 9*(5), 203-513.

Tolman, E. C. (1932). *Purpose behavior in animals and men.* New York: Appleton-Century-Crofts. (Reprinted 1967. New York: Irvington).

Tolman, E. C., & Honzik, C. H. (1930). Introduction and removal of reward and maze performance in rats. *University of California Publication in Psychology, 4,* 257-275.

Walters, G., & Grusec, J. E. (1977). *Punishment.* San Francisco: W. H. Freeman.

Wasserman, E. A., & Miller, R. R. (1997). What's elementary about associative learning? *Annual Review of Psychology, 48,* 573-607.

Watson, J. B., & Rayner, R. (1920). Conditioned emotional reaction. *Journal of Experimental Psychology, 3,* 1-14.

Whaley, D. L., & Mallot, R. W. (1971). *Elementary principles of behavior.* Englewood Cliffs, NJ: Prentice-Hall.

Wise, R. A., & Rompre, P. P. (1989). Brain dopamine and reward. *Annual Review of Psychology, 40,* 191-225.

Woodruff-Pak, D. S. (1999). New directions for a classical paradigm: Human eyeblink conditioning. *Psychological Science, 10,* 1-7.

5장 참고문헌

Adams, L. T., Kasserman, J. E., Yearwood, A. A., Perfetto, G. A., Bransford, J. D., & Franks, J. J. (1988).

Memory access: The effects of fact-oriented versus problem-oriented acquisition. *Memory & Cognition, 16*, 167-175.

Atkinson, R. C., & Shiffrin, R. M. (1968). Human memory: A proposed system and its control processes. In K. W. Spence & J. T. Spence (Eds.), *The psychology of learning and motivation* (Vol. 2). New York: Academic Press.

Atkinson, R. C., & Shiffrin, R. M. (1971). The control of short-term memory. *Scientific American, 225*, 82-90.

Baddeley, A. D. (1986). *Working memory.* Oxford: Oxford University Press.

Baddeley, A. D., & Hitch, G. (1974). Working memory. In G. H. Bower (Ed.), *The psychology of learning and motivation, Vol. 8* (pp. 17-90). Orlando, FL: Academic Press.

Baddeley, A. D., & Hitch, G. J. (1977). Recency re-examined. In S. Dornic (Ed.), *Attention and Performance* (Vol. 6, pp. 646-667). Hillsdale, NJ: Erlbaum.

Bahrick, H. P., Bahrick, P. O., & Wittlinger, R. P. (1975). Fifty years of memory for names and faces: A Cross-sectional approach. *Journal of Experimental Psychology: General, 104*, 54-75.

Bartlett, F. C. (1932). *Remembering: A study in experimental and social psychology.* Cambridge, UK: Cambridge University Press.

Blaney, P. H. (1986). Affect and memory: A review. *Psychological Bulletin, 99*, 229-246.

Bousfield, W. A. (1953). The occurrence of clustering in recall of randomly arranged associations. *Journal of General Psychology, 49*, 229-240.

Bower, G. H. (1981). Mood and memory. *American Psychologist, 36*, 129-148.

Bower, G. H., Black, J. B., & Turner, T. J. (1979). Scripts in memory for text. *Cognitive Psychology, 11*, 177-190.

Bower, G. H., & Clark, M. C. (1969). Narrative stories as mediators of serial learning. *Psychonomic Science, 14*, 181-182.

Brainerd, C. J., Reyna, V. F., Howe, M. L., & Kevershan, J. (1990). The last shall be first: How memory strength affects children's retrieval. *Psychological Science, 1*(4), 247-252.

Brewer, W. F., & Nakamura, G. V. (1984). The nature and function of schemas. In R. S. Wyer & T. K. Stroll (Eds.), *Handbook of social cognition.* Hillsdale, NJ: Erlbaum.

Brewer, W. F., & Treyens, J. C. (1981). Role of schemata in memory for places. *Cognitive Psychology, 13*, 207-230.

Brown, R., & Kulik, J. (1977). Flashbulb memories. *Cognition, 5*, 73-99.

Collins, A. M., & Loftus, E. R. (1975). A spreading-activation theory of semantic processing. *Psychological Review, 82*, 407-428.

Collins, A. M., & Quillian, M. R. (1969). Retrieval time from semantic memory. *Journal of Verbal Learning and Verbal Behavior, 8*, 240-248.

Craik, F. I. M., & Lockhart, R. S. (1972). Levels of processing: A framework for memory research. *Journal of Verbal Learning and Verbal Behavior, 11*, 671-684.

Craik, F. I. M., & Tulving, E. (1975). Depth of processing and the retention of words in episodic memory.

Journal of Experimental Psychology: General, 104, 268-294.

Egan, D. E., & Schwartz, B. J. (1979). Chunking in recall of circuit diagrams. *Memory & Cognition, 7*, 149-158.

Eich, J. E. (1980). State-dependent retrieval of information in human episodic memory. In I. M. Birnbaum & E. S. Parker (Eds.), *Alcohol and human memory*. Hillsdale, NJ: Erlbaum.

Ericsson, K. A., & Polson, P. G. (1988). An experimental analysis of the mechanisms of a memory skill. *Journal of Experimental Psychology: Learning, Memory and Cognition, 14*(2), 305-316.

Fisher, R. P., Geiselman, R. E., & Amador, M. (1989). Field test of the cognitive interview: Enhancing the recollection of actual victims and witnesses of crime. *Journal of Applied Psychology, 74*(5), 722-727.

Freud, S. (1901/1960). The Psychopathology of everyday life. In J. Strachey (Ed.), *The standard edition of the complete psychological works of Sigmund Freud* (Vol. 6). Sondon: Hogarth.

Godden, D. R., & Baddeley, A. D. (1975). Context dependent memory in two natural environments: On land and underwater. *British Journal of Psychology, 66*, 325-331.

Hyman, I. E., Husband, T. H., & Billings, F. G. (1995). False memories of childhood experiences, *Applied Cognitive Psychology, 9*, 181-197.

Jacoby, L. L., Kelley, C. M., Brown, J., & Jaseckko, J. (1989). Becoming famous overnight: Limits on the ability to avoid unconscious inference of the past. *Journal of Personality and Social Psychology, 56*, 326-338.

Jenkins, J. G., & Dallenbach, K. M. (1924). Oblivescence during sleep and waking. *American Journal of Psychology, 35*, 605-612.

Kintsch, W. (1994). Text comprehension, memory, and learning. *American Psychologist, 49*, 294-303.

Krueger, W. C. F. (1929). The effect of overlearning on retention. *Journal of Experimental Psychology, 12*, 71-78.

Loftus, E. F. (1979). *Eyewitness testimony*. Cambridge, MA: Harvard University Press.

Loftus, E. F. (1993). The reality of repressed memories. *American Psychologist, 48*, 518-537.

Loftus, E. F., & Palmer, J. C. (1974). Reconstruction of automobile destruction: An example of the interaction between language and memory. *Journal of Verbal Learning and Verbal Behavior, 13*, 585-589.

McDaniel, M. A., & Einstein, G. O. (1986). Bizarre imagery as an effective memory aid: The importance of distinctiveness. *Journal of Experimental Psychology: Learning, Memory, and Cognition, 12*, 54-65.

McGeoch, J. A., & McDonald, W. T. (1931). Meaningful relation and retroactive inhibition. *American Journal of Psychology, 43*, 579-588.

Meyer, D. E., & Schvaneveldt, R. W. (1976). Meaning, memory structure, and mental processes. *Science, 192*, 27-33.

Miller, G. A. (1956). The magical number seven, plus or minus two: Some limits on our capacity for processing information. *Psychological Review, 63*, 81-97.

Morris, C. D., Bransford, J. D., & Franks, J. J. (1977). Levels of processing versus transfer appropriate processing. *Journal of Verbal Learning and Verbal Behavior, 16*, 519-533.

Morris, P. E., Jones, S., & Hampson, P. (1978). An imagery mnemonic for the learning of people's names. *British Journal of Psychology, 69*, 335-336.

Paivio, A. (1986). The role of topic and vehicle imagery in metaphor comprehension. *Communication and Cognition, 19*(3/4), 367-387.

Penfield, W., & Perot, P. (1963). The brain's record of auditory and visual experience. *Brain, 86*, 595-696.

Peterson, L. R., & Peterson, M. J. (1959). Short-term retention of individual verbal items. *Journal of Experimental psychology, 58*, 193-198.

Roediger, H. L. (1990). Implicit memory: Retention without remembering. *American Psychologist, 45*, 1043-1056.

Rundus, D. (1971). Analysis of rehearsal processes in free recall. *Journal of Experimental Psychology, 89*, 63-77.

Schachter, D. L. (1987). Implicit memory: History and current status. *Journal of Experimental Psychology; Learning, Memory and Cognition, 14*(3), 501-518.

Schank, R. C., & Abelson, R. P. (1977). *Scripts, plans, goals and understanding.* Hillsdale, NJ: Erlbaum.

Simon, H. A. (1974). How big is a chunk? *Science, 183*, 482-488.

Sperling, G. (1960). The information available in brief visual presentations. *Psychological Monographs, 74*(1), 1-29.

Squire, L. R. (1987). ECT and memory loss. *American Journal of Psychiatry, 134*, 997-1001.

Thorndyke, P. W., & Hayes-Roth, B. (1979). The use of schemata in the acquisition and transfer of knowledge. *Cognitive Psychology, 11*, 83-106.

Tulving, E. (1962). Subjective organization in free recall of unrelated words. *Psychological Review, 69*, 344-354.

Tulving, E. (1986). What kind of a hypothesis is the distinction between episodic and semantic memory? *Journal of Experimental Psychology: Learning, Memory and Cognition, 12*, 307-311.

Tulving, E., & Thomson, D. M. (1973). Encoding specificity and retrieval processes in episodic memory. *Psychological Review, 80*, 352-373.

Warrington, E. K., & Weiskrantz, L. (1970). Amnesic syndrome: Consolidation or retrieval? *Nature, 228*, 629-630.

Winograd, T. (1975). Frame representations and the declarative-procedural controversy. In D. Bobrow & A. Collins (Eds.), *Representation and understanding: Studies in cognitive science.* New York: Academic Press.

Yu, B., Zhang, W., Jing, Q., Peng, R., Zhang, G., & Simon, H. A. (1985). STM capacity for Chinese and English language materials. *Memory and Cognition, 13*, 202-207.

Zechmeister, E. B., & Nyberg, S. E. (1982). *Human memory: An introduction to research and theory.* Pacific Grove, CA: Brooks/Cole.

6장 참고문헌

김성일, 이재호(1995). 통사적 제약과 화용적 제약이 문장의 표상과 기억접근에 미치는 효과. 인지과학, 6, 97-116.

이재호(1993). 대명사의 성별단서와 선행어격이 참조해결의 즉각성에 미치는 효과. 인지과학, 4, 51-86.

이재호, 김소영 공역(2007). 언어와 사고(Lund, N. 2003, Language and thought). 서울: 학지사.

이재호, 이정모, 김성일, 박태진(2002). 한국어 어휘의 언급순서가 문장 기억의 표상에 미치는 효과: 첫 언급, 최신 및 의미편향효과의 상호작용. 한국심리학회지: 실험 및 인지, 14, 409-427.

이재호, 조혜자, 방희정(2001). 성별 고정관념의 암묵적 표상구조: 성별단서, 범주전형성 및 성별선호도의 상호작용. 한국심리학회: 여성, 6, 49-68.

이정모(2001). 인지심리학: 형성사, 개념적 기초, 조망. 서울: 아카넷.

이정모, 이재호(1998). 글 이해의 심리적 과정. 이정모, 이재호(공편), 인지심리학의 제 문제 II: 언어와 인지. 서울: 학지사.

이정모, 이재호(2000). 대상과 행위의 개념적 표상 차이: 명명과제의 점화효과 비교. 한국심리학회지: 실험 및 인지, 12, 201-214.

최보라(1986). 약호화시의 스키마 활성화가 덩이글의 이해와 기억에 미치는 효과. 고려대학교 대학원 석사학위 논문.

Barsalou, L. W. (1992). *Cognitive psychology*. Hove, UK: LEA.

Berlin, B., & Kay, P. (1969). *Basic color terms: Their universality and evolution*. Berkeley and Los Angeles: University of California Press.

Boroditsky, L. (2003). Linguistic relativity. In L. Nadel (Ed.), *Encyclopedia of cognitive science* (pp. 917-921). London, UK: MacMillan Press.

Bowerman, M., & Choi, S. (2001). Shaping meanings for language: Universal and language-specific in the acquisition of spatial semantic categories. In M. Bowerman & S. C. Levinson (Eds.), *Language acquisition and conceptual development* (pp. 475-511). Cambridge: Cambridge University Press.

Carroll, D. W. (2004). *Psychology of language* (4th ed.). CA: Brooks/Cole.

Chomsky, N. (1957). *Syntactic structures*. The Hague: Mouton.

Duncker, K. (1945). On problem-solving (L. E. Lees, trans.). *Psychological Monographs, 58* (5, Whole No. 270). Ch. VII.

Ellis, H. C. (1973). Stimulus encoding processes in human learning and memory. In G. H. Bower (Ed.), *The psychology of learning and motivation* (Vol. 7). N.Y.: Academic Press.

Eysenck, M. W., & Keane, M. T. (2005). *Cognitive psychology: A student's handbook* (5th ed.). Hove, UK: LEA.

Green, G. M. (1996). *Pragmatics and language understanding*. N.J.: Lawrence Erlbaum Associates.

Greenberg, J. H. (1963). Some universals of grammar with particular reference to the order of meaningful elements. In J. H. Greenberg (Ed.), *Universals of language* (pp. 58-90). Cambridge, Mass.: MIT Press.

Grice, H. P. (1975). Logic and communication. In P. Cole & J. L. Morgan (Eds.), *Syntax and semantics: Vol. 3. Speech acts* (pp. 41-58). N.Y.: Seminar Press.

Haberlandt, K. (1997). *Cognitive psychology* (2nd ed.). Boston: Allyn and Bacon.

Harley, T. A. (2001). *The psychology of language: From data to theory* (2nd ed.). UK: Psychology Press.

Hayes, J. R. (1989). *The complete problem solver* (2nd ed.). Hillsdale, NJ: Erlbaum.

Hayes, J. R., & Flower, L. (1980). Identifying the organization of writing processes. In L. Gregg & E. R. Steinberg (Eds.), *Cognitive processes in writing* (pp. 3-30). Hillsdale, NJ: Erlbaum.

Hunt, E., & Agnoli, F. (1991). The Worfian hypothesis: A cognitive psychology perspective. *Psychological Review, 98*, 377-389.

Just, M. A., & Carpenter, P. A. (1987). *The psychology of reading and language comprehension*. Boston: Allyn and Bacon, Inc.

Kunda, Z. (1999). *Social cognition: Making sense of people*. Cambridge, Mass.: MIT Press.

Medin, D. L., Lynch, E. B., & Solomon, K. O. (2000). Are there kinds of concepts? *Annual Review of Psychology, 51*, 121-147.

Miller, G. A., & McNeill, D. (1969). Psycholinguistics. In G. Lindzey & E. Aronson (Eds.), *Handbook of social psychology (Vol. 3)*. Reading, Mass: Addison-Wesley.

Piaget, J. (1952). *The origins of intelligence in children*. New York: International Universities Press.

Pinker, S. (1994). *The language instinct*. N.Y.: Morrow.

Rosch, E. H. (1973). Natural categories. *Cognitive psychology, 4*, 328-350.

Solso, R. L. (1995). *Cognitive psychology* (4th ed.). Boston: Allyn and Bacon.

Solso, R. L., MacLin, M. K., & MacLin, O. H. (2005). *Cognitive psychology* (7th ed.). Boston: Allyn and Bacon.

Sternberg, R. J., & Lubart, T. (1996). Investing in creativity. *American Psychologists, 51*, 677-688.

Van Dijk, T. A., & Kintsch, W. (1983). *Strategies of discourse comprehension*. N.Y.: Academic Press.

Vygotsky, L. S. (1978). *Mind in society*. Cambridge, MA: Harvard University Press.

Wallas, G. (1926). *The art of thought*. N.Y.: Harcourt Brace.

Wason, P. C. (1966). Reasoning. In B. M. Foss (Ed.), *New horizons in psychology*. Harmondsworth, UK: Penguin.

Whorf, B. L. (1956). *Language, thought and reality. Selected writings*. Ed.: J. B. Carroll. MIT, New York: J. Wilky/London: Chapinaon & Hall.

7장 참고문헌

신주혜, 정윤경,(2013). 어머니의 정서관련 신념과 이에 따른 정서표현성 및 자녀의 부정정서 표현에 대한 반응. 한국심리학회지: 발달, 26(3), 71-98.

Ainsworth, M. D. S., Blehar, M. C., Waters, E., & Wall, S. (1978). Patterns of attachment: A psychological study of the strange situation. Hillsdale, NJ: Erlbaum.

Amato, P. R., Loomis, L. S., & Booth, A. (1995). Parental divorce, marital conflict, and offspring well-being during early adulthood. *Social Forces*, 73(3), 895-915.

Baillageon, R.(1987). Object permanence in $3\frac{1}{2}$-and $4\frac{1}{2}$-month-old infants. *Developmental Psychology, 23*, 655-664.

Baillargeon, R., & De Voss, J.(1991). Object permanence in young infants: further evidence. *Child Development, 62*(6), 1227-1246.

Baltes, P. B. (1979). Life-span developmental psychology: Some converging observations on history and theory. In P. B. Baltes & O. G. Brim, Jr. (Eds.), *Life-span development, and behavior* (Vol. 2). New York: Academic Press.

Baltes, P. B. (1987). Theoretical propositions of life-span developmental psychology: On the dynamics between growth and decline. *Developmental Psychology, 23*, 611-626.

Baltes, P. B. (1997). On the imcomplete architecture of human ontogeny: Selection, optimization, and compensation as foundations of developmental theory. *American Psychologist, 52*, 366-380.

Baltes, P. B., Linderberger, U., & Staunger, U. M. (1998). Life-span theory in developmental psychology. In W. Damon (Series Ed.) & U. M. Lerner (Vol. Ed.), *Handbook of child psychology: Vol. Theoretical models of human development* (5th ed., pp. 1029-1144). New York: Wiley.

Bates, J. E., Maslin, C. A., & Frankel, K. A. (1985). Attachment security, mother-child interaction, and temperament as predictors of behavior-problem ratings at age three years. *Monographs of the Society for Research in Child Development, 50*(1-2), 167-193.

Baumrind, D. (1971). Current patterns of parental authority. *Developmental Psychology Monographs, 4*(1-2).

Bouchard, T. J., Lykken, D. T., McGue, M., Segal, N. L., & Tellegen, A. (1990). Sources of psychological differences: The Minnesota study of twins reared apart. *Science, 250*, 223-228.

Bowlby, J. (1973). *Attachment and loss: Vol. 2. Separation.* New York: Basic Books.

Coie, J. D., & Dodge, K. A. (1998). Aggression and antisocial behavior. In W. Damon (Series Ed.) & N. Eisenberg (Vol. Ed.), *Handbook of child psychology. Vol. 3. Social, emotional, and personality development* (pp. 779-862). New York: Wiley.

Comstock G., & Scharrer, E. (2006). Media and popula culture. In K. A. Renninger & I. E. Sigel (Eds), *Handbook of child psychology: vol.4. Child Psychology in practice* (6th ed., pp817-863). Hoboken, NJ: Wiley.

Courage, M. L., & Howe, M. L., (2002). Advances in early memory development research: Insights of the dark side of the moon. *Developmental Review, 24*, 6-32.

Dodge, K. A., Murphy, R. R., & Buchsbaum, K. (1984). The assessment of intention-cue detection skills in children: Implications for developmental psychopathology. *Child Development, 55*, 163-173.

Eisenberg, N., Cumberland, A., & Spinard, T. L. (1998). Parental socialization of emotion. *Psychological Inquiry, 9,* 241-273.

Elicker, J., Englund, M., & Sroufe, L. A. (1992). Predicting peer competence and peer relationships in childhood from early parent child relationships. In R. D. Parke & G. W. Ladd (Eds.), *Family-peer relationships* (pp. 77-106). Hillsdale, NJ: Erlbaum.

El-Sheikh, M., Buckhalt, J., Mize, J., & Acebo, C. (2006). Marital conflict and disruption of children's sleep. *Child Devevelopment, 77*(1), 31-43.

Erel, O., & Burman, B. (1995). Interrelatedness of marital relations and parent-child relations: A meta-analytic review. *Psychological Bulletin, 118*, 108-132.

Erikson, E. H. (1963). *Childhood and society* (2nd ed.). New York: W. W. Norton.

Faggella, D. (2019). Examples of Artificial Intelligence in Education. Process Automation. Retrieved from emerj.com website: https://emerj.com/ai-sector-overviews/examples-of-artificial-intelligence-in-education/

Gelman, R. (1982) Accessing one-to-one correspondence: Still another paper about conservation. *British Journal of Psychology, 73*(2), 209-220.

Gelman, R., & Williams, E. M. (1998). Enabling constraints for cognitive development and learning: Domain-specificity and epigenesis. In D. Kuhl & R. S. Siegler (Vol. Eds.), *Cognition, perception, and language*, Vol 2 (pp. 575-630). W. Damon (Gen. Ed.), *Handbook of child psychology* (5th ed.). New York: John Wiley & Sons.

Gottlieb, G. (2007) Probabilistic epigenesis. *Developmental Science, 19*(1), 1-11.

Habermas, T., & Bluck, S. (2000). Getting a life: The emergence of the life story in adolescence. *Psychological Bulletin, 126*, 748-769.

Hetherington, E. M. (1989). Coping with family transitions. Winners, losers, and survivors. *Child Development, 60*, 1-14.

Hetherington, E. M., Stanley-Hagan, M., & Anderson, E. R. (1989). Marital transitions: A child's perspective. *American Psychologist, 44*, 303-312.

Huesmann, L. R. (1986). Psychological process promoting the relation between exposure to media violence and aggression behaviour by the viewer. *Journal of Social Issues, 42*(3), 125-139.

Kagan, J., Reznick, J. S., & Snidman, N. (1988). Biological bases of childhood shyness. *Science, 240*, 167-171.

Kagan, J. & Snidman, N. (1991). Temperamental factors in human development. *American Psychologist, 46*(8), 856-62.

Kochanska, G., Aksan, N., & Joy, M. E. (2007). Children's fearfulness as a moderator of parenting in early socialization: Two longitudinal studies. *Developmental Psychology, 43*, 222-237.

Lansford, J. E. (2009). Parental divorce and children's adjustment. *Perspectives in Psychological Science, 4*, 140-152.

Lansford, J. E., Malone, P. S., Castellino, D. R., Dodge, K. A., Pettit, G. S., & Bates, J. E. (2006). Trajectories of internalizing, externalizing, and grades for children who have and have not experienced their parents' divorce or separation. *Journal of Family Psychology, 20*, 292-301.

Masangkay, Z. S., Mccluskey, K. A., Mcintyre, C. W., Sims-Knight, J., Vaughn, B. E., Flavell, J. H. (1974). The early development of inferences about the visual percepts of others. *Child Development, 45*,

357–366.

Mayes, L. C. & Carter, A. S. (1990) Emerging social regu latory capacities as seen in the still-face situation. *Child Development, 61*(3), 754–763.

Miller, K. F., & Stigler, J. W. (1987). Counting in Chinese: Cultural variation in a basic cognitive skill. *Cognitive Development, 2*, 279–305.

Moss, E., Cyr, C., Bureau, J.-F., Tarabulsy, G. M., & Dubois-Comtois, K. (2005). Stability of attachment during the preschool period. *Developmental Psychology, 41*, 773–783.

Novotney, A. (2016). Smartphone=not-so-smart parenting? *Monitor on Psychology, 47(*2), 52–56.

Piaget, J. (1952). *The origins of intelligence in children*. New York: International Universities Press.

Piaget, J., & Inhelder, B. (1956). *The child's conception of space*. London: Routledge & Regan Paul.

Rogoff, B. (1998). Cognition as a collaborative process. In D. Kuhn & R. S. Siegler (Eds.), *Cognition, language, and perceptual development*, Vol. 2 of B. Damon (Gen. Ed.), *Handbook of child psychology*. New York: Wiley.

Roisman, G. I., Collins, W. A., Sroufe, L. A., & Egeland, B. (2005). Predictors of young adults' representations of and behavior in their current romantic relationship: Prospective tests of the prototype hypothesis. *Attachment and Human Development, 7*, 105–121.

Salvatore, J. E., Kuo, S. I. C., Steele, R. D., Simpson, J. A., & Collins, W. A. (2011). Recovering from conflict in romantic relationships: A developmental perspective. *Psychological Science, 22*(3), 376–383.

Schwartz, C. E., Wright, C. I., Shin, L. M., Kagan, J., & Rauch, S. L. (2003). Inhibited and uninhibited infants "grown up": Adult amygdalar response to novelty. *Science, 300*, 1952–1953.

Seifer, R., & Schiller, M. (1995). The role of parenting sensitivity, infant temperament, and dyadic interaction in attachment theory and assessment. *Monographs of the Society for Research in Child Development, 60*(2–3), 146–174.

Seifer, R., Schiller, M., Sameroff, A. J., Resnick, S., & Riordan, K. (1996). Attachment, maternal sensitivity, and infant temperament during the first year of life. *Developmental Psychology, 32*(1), 12–25.

Shinskey, J. L., & Munakata, Y. (2005). Familiarity breeds searching: Infants reverse their novelty preferences when reaching for hidden objects. *Psychological Science, 16*(8), 596–600.

Sternberg, K. J., Baradaran, L. P., Abbott, C. B., Lamb, M. E., & Guterman, E. (2006). Type of violence, age, and gender differences in the effects of family violence on children's behavior problems: A mega-analysis. *Developmental Review, 26*, 89–112.

Thompson, R. A. (1994). Emotion Regulation: A Thmem in search of definition. *Monographs of the Society for Research in Child Development, 59*(2), 25–52.

Van den Boom, D. C. (1995). Do first-year intervention effects endure? Follow-up during toddlerhood of a sample of Dutch irritable infants. *Child Development, 66*, 1798–1816.

Van IJzendoorn, M. H., Schuengel, C., & Bakermans-Kranenburg, M. J. (1999). Disorganized attachment in early childhood: Meta-analysis of precursors, concomitants, and sequelae. *Development and Psychopathology, 11*, 225–249.

Vygotsky, L. S. (1978). *Mind in society*. Cambridge, MA: Harvard University Press.

Wellman, H. M., & Gelman, S. A. (1998). Knowledge acquisition in foundational domains. In D. Kuhn & R. S. Siegler (Eds.), *Handbook of child psychology*, 523- 573.

Westlund, J. K. (2015). Telling Stories with Green the DragonBot: A Showcase of Children's Interactions Over Two Months. In HRI (Extended Abstracts) (p. 263).

8장 참고문헌

김아영. (2010). 학업동기: 이론, 연구와 적용. 서울: 학지사.

Ames, C., & Archer, J. (1988). Achievement goals in the classroom: Students' learning strategies and motivation processes. *Journal of educational psychology, 80*(3), 260.

Arnold, M. B. (1970). Perennial problems in the field of emotion. In M. B. Arnold (Ed.), *Feelings and emotions* (pp. 169-185). New York: Academic Press.

Atkinson, J. W. (1964). *An introduction to motivation.* New York: Van Nostand.

Bandura, A. (1977). Self-efficacy: Toward a unifying theory of behavioral change. *Psychological Review, 84*(2), 191.

Bandura, A. (1986). The explanatory and predictive scope of self-efficacy theory. *Journal of Social and Clinical Psychology, 4*(3), 359-373.

Bandura, A. (1997). The anatomy of stages of change. *American Journal of Health Promotion: AJHP, 12*(1), 8.

Barron, K. E., & Harackiewicz, J. M. (2001). Achievement goals and optimal motivation: Testing multiple goal models. *Journal of Personality and Social Psychology, 80*(5), 706.

Beck, R. C. (1990). *Motivation: Theories and principles* (3rd ed). New Jersey: Prentice-Hall.

Berkowitz, L. (1990). On the formation and regulation of anger and aggression: A cognitive neo-associationistic analysis. *American Psychologist, 45,* 494-503.

Berlyne, D. E. (1960). *Conflict, arousal, and curiosity.* New York: McGraw-Hill.

Carlson, J. G., & Harfield, E. (1992). *Psychology of emotion.* San Diego: Harcourt Brace Jovanovich.

Costa, P. T., & McCrae, R. R. (1980). Influence of extraversion and neuroticism on subjective well-being: Happy and unhappy people. *Journal of Personality and Social Psychology, 38,* 668-678.

Covington, M. V., & Omelich, C. L. (1979). It's best to be able and virtuous too: Student and teacher evaluative responses to successful effort. *Journal of Educational Psychology, 71*(5), 688.

Deci, E. L. (1972). Intrinsic motivation, extrinsic reinforcement, and inequity. *Journal of Personality and Social Psychology, 22*(1), 113.

Dollard, J., Miller, N. E., Doob, L. W., Mowrer, O. H., & Sears, R. R. (1939). *Frustration and aggression.* New Haven, CT: Yale University Press.

Dweck, C. S. (1986). Motivational processes affecting learning. *American Psychologist, 41*(10), 1040.

Eccles, J. S., & Wigfield, A. (1995). In the mind of the actor: The structure of adolescent's achievement task values and expectancy-related beliefs. *Personality and Social Psychology Bulletin, 21*(3), 215-225.

Edelmann, R. J., & McCusker, G. (1986). Introversion, neuroticism, empathy, and embarrassibility. *Personality and Individual Differences, 7*, 133-140.

Eden, D., & Aviram, A. (1993). Self-efficacy training to speed reemployment: Helping people to help themselves. *Journal of Applied Psychology, 78*(3), 352.

Ekman, P. (1992a). An argument for basic emotions. *Cognition & Emotion, 6*(3-4), 169-200.

Ekman, P. (1992b). Are there basic emotions? *Psychological Review, 99*(3), 550-553.

Ekman, P., & Friesen, W. V. (1978). Facial action coding system. Palo Alto, CA: Consulting Psychologists Press.

Elliot, A. J., & McGregor, H. A. (2001). A 2×2 achievement goal framework. *Journal of Personality and Social Psychology, 80*(3), 501.

Fehr, B., & Russell, J. A. (1984). Concept of emotion viewed from a prototype perspective. *Journal of Experimental Psychology: General, 113*, 464-486.

Festinger, L. (1957). *A theory of cognitive dissonance.* Evanston, IL: Row & Peterson.

Franken, R. (1994). *Human motivation.* Pacific Grove, CA: Brooks.

Fry, P. S. (1995). Perfectionism, humor, and optimism as moderators of health outcomes and determinants of coping styles of women executives. *Genetic, Social, and General Psychology Monographs, 121*, 213-245.

Gross, J. (2002). Emotional regulation: Affective, cognitive, and social consequences. *Psychophysiology, 39*, 281-291.

Hebb, D. O. (1955). Drives and the CNS (Conceptual Nervous System). *Psychological Review, 62*(4), 243.

Heider, F. (1958). *The psychology of interpersonal relations.* Hillsdale, NJ: Lawrence Erlbaum Associates.

Heine, S. J., Kitayama, S., & Lehman, D. R. (2001). Cultural differences in self-evaluation: Japanese readily accept negative self-relevant information. *Journal of Cross-Cultural Psychology, 32*, 434-443.

Hidi, S., Renninger, K. A., & Krapp, A. (1992). The present state of interest research. *The Role of Interest in Learning and Development,* 433-446.

Hull, C. L. (1943). *Principles of behavior* (Vol. 422). New York: Appleton-century-crofts.

Izard, C. E. (1977). *Human emotions.* New York: Plenum.

James, W. (1884). *The dilemma of determinism* (pp. 114-140). Kessinger Publishing.

Jerusalem, M., & Schwarzer, R. (1992). Self-efficacy as a resource factor in stress appraisal processes. *Self-efficacy: Thought Control of Action,* 195-213.

Kalat, J. W. & Shiota, M. N. (2007). *Emotion.* Belmont, CA: Thomson Wadsworth.

Kasser, T., & Ryan, R. M. (1993). A dark side of the American dream: Correlates of financial success as a central life aspiration. *Journal of Personality and Social Psychology, 65*(2), 410.

Kelley, H. H. (1971). *Attribution in social interaction.* New York: General Learning Press.

Krapp, A. (1999). Interest, motivation and learning: An educational-psychological perspective. *European Journal of Psychology of Education, 14*(1), 23-40.

Krapp, A., Hidi, S., & Renninger, K. A. (1992). Interest, learning and development. In A. Renninger, S.

Hidi, and A. Krapp (Eds.), *The role of interest in learning and development* (pp. 3-25) Erlbaum, Hillsdale, NJ.

Lange, C. G. (1885). The mechanism of the emotions. *The Classical Psychologists,* 672-684.

Larsen, R. J., & Ketelaar, T. (1989). Extraversion, neuroticism, and susceptibility to positive and negative mood induction procedures. *Personality and Individual Differences, 10,* 1221-1228.

Lazarus, R. S. (1991). *Emotion and adaptation.* New York: Oxford University Press.

Leary, M. R. (2001). Shyness and the self: Attentional, motivational, and cognitive self-processes in social anxiety and inhibition. In W. R. Crozier & L. E. Alden (Eds.), *International handbook of social anxiety* (pp. 218-234). Chichester, England: John Wiley.

LeDoux, J. (1996). *The emotional brain.* New York: Simon & Schuster.

Lefcourt, H. M. (2002). Humor. In C. R. Snyder & S. J. Lopez (Eds.), *Handbook of positive psychology* (pp. 619-631). New York: Oxford University Press.

Lepper, M. R., & Greene, D. (1978). Overjustification research and beyond: Toward a means-ends analysis of intrinsic and extrinsic motivation. *The hidden costs of reward: New perspectives on the psychology of human motivation,* 109-148.

Lepper, M. R., Greene, D., & Nisbett, R. E. (1973). Undermining children's intrinsic interest with extrinsic reward: A test of the "overjustification" hypothesis. *Journal of Personality and Social Psychology, 28*(1), 129.

Locke, E. A., & Latham, G. P. (2002). Building a practically useful theory of goal setting and task motivation: A 35-year odyssey. *American Psychologist, 57*(9), 705.

Locke, E. A., & Latham, G. P. (2006). New directions in goal-setting theory. *Current Directions in Psychological Science, 15*(5), 265-268.

Maltby, J., & Day, L. (2000). The reliability and validity of a susceptibility to embarrassment scale among adults. *Personality and Individual Differences, 29,* 746-756.

Markus, H. R., & Kitayama, S. (1991). Culture and the self: Implications for cognition, emotion, and motivation. *Psychological Bulletin, 98,* 224-253.

Maslow, A. H. (1943). A theory of human motivation. *Psychological Review, 50*(4), 370.

Matsumoto, D. (1996). *Unmasking Japan: Myths and realities about the emotions of the Japanese.* Stanford, CA: Stanford University Press.

McClelland, D. C., Atkinson, J. W., Clark, R. A., & Lowell, E. L. (1953). *The achievement motive.* New York: Appleton.

Much, N. C. (1997). A semiotic view of socialization, lifespan development and cultural psychology: With vignettes from the moral culture of traditional Hindu households. *Psychology and Developing Societies, 9,* 65-105.

Murray, H. A. (1938). *Explorations in personality: A clinical and experimental study of fifty men of college age.* New York: Oxford University Press.

Nicholls, J. G. (1984). Achievement motivation: Conceptions of ability, subjective experience, task choice, and performance. *Psychological Review, 91,* 328-346.

O'Connor, L. E., Berry, J. W., & Weiss, J. (1999). Interpersonal guilt, shame, and psychological problems. *Journal of Social and Clinical Psychology, 18,* 181-203.

Ohman, A., Eriksson, A., & Olofsson, C. (1975). One-trial learning and superior resistance to extinction of autonomic responses conditioned to potentially phobic objects. *Journal of Comparative and Physiological Psychology, 88,* 619-627.

Park, C. L., Moore, P. J., Turner, R. A., & Adler, N. E. (1997). The roles of constructive thinking and optimism in psychological and behavioral adjustment during pregnancy. *Journal of Personality and Social Psychology, 73,* 584-592.

Pintrich, P. R., & Schunk, D. H. (2002). *Motivation in education: Theory, research, and applications.* Prentice Hall.

Plutchik, R. (1980). A general psychoevolutionary theory of emotion. *In Theories of emotion* (pp. 3-33). Academic Press.

Rosenbaum, R. M., & Weiner, B. (1972). A dimensional analysis of the perceived causes of success and failure. Unpublished doctoral dissertation, University of California. A theory of motivation for some classroom experiences. *Journal of Educational Psychology, 71,* 3-25.

Rubin, Z. (1970). Measurement of romantic love. *Journal of Personality and Social Psychology, 16,* 265-273.

Russell, J. A. (1997). Reading emotions from and into faces: Resurrecting a dimensional-contextual perspective. In J. A. Russell & J. M. Fernandez-Dols (Eds.), *The psychology of facial expression* (pp. 295-320). Cambridge, England: Cambridge University Press.

Russell, J. A. (2003). Core affect and the psychological construction of emotion. *Psychological Review, 110,* 145-172.

Russell, J. A., & Bullock, M. (1985). Multidimensional scaling of emotional facial expressions: similarity from preschoolers to adults. *Journal of Personality and Social Psychology, 48*(5), 1290-1298.

Ryan, R. M., & Connell, J. P. (1989). Perceived locus of causality and internalization: Examining reasons for acting in two domains. *Journal of Personality and Social Psychology, 57*(5), 749.

Ryan, R. M., & Deci, E. L. (2000). Self-determination theory and the facilitation of intrinsic motivation, social development, and well-being. *American psychologist, 55*(1), 68.

Ryan, R. M., & Deci, E. L. (2002). Overview of self-determination theory: An organismic dialectical perspective. *Handbook of self-determination research* (pp. 3-33). The University of Rochester Press.

Scherer, K. R. (1997). The role of culture in emotion-antecedent appraisal. *Journal of Personality and Social Psychology, 73,* 902-922.

Scherer, K. R., & Wallbott, H. G. (1994). Evidence for universality and cultural variation of differential emotion response patterning. *Journal of Personality and Social Psychology, 66,* 310-328.

Skinner, B. F. (1938). The behavior or organism: An experimental analysis. New York: Appleton-Century.

Snyder, C. R., Sympson, S. C., Michael, S. T., & Cheavens, J. (2001). Optimism and hope constructs: Variants on a positive expectancy theme. In E. C. Chang (Ed.), *Optimism & pessimism: Implications for theory, research, and practice* (pp. 101-125). Washington, DC: American Psychological Association.

Stewart, M. E., Ebmeier, K. P., & Deary, I. J. (2005). Personality correlates of happiness and sadness: EPQ-R and TPQ compared. *Personality and Individual Differences, 38*(5), 1085-1096.

Stipek, D. (1998). Differences between Americans and Chinese in the circumstances evoking pride, shame, and guilt. *Journal of Cross-Cultural Psychology, 29*, 616-629.

Tangney, J. P., Burggraf, S. A., & Wagner, P. E. (1995). Shame-proneness, guilt-proneness, and psychological symptoms. In J. P. Tangney & K. W. Fischer (Eds.), *Self-conscious emotions: The psychology of shame, guilt, embarrassment, and pride* (pp. 343-367). Guilford Press.

Tolman, E. C. (1932). *Purposive behavior in animals and men.* Univ of California Press.

Triandis, H., McCusker, C., & Hui, C. (1990). Multimethod probes of individualism and collectivism. *Journal of Personality and Social Psychology, 59*, 1006-1020.

Weiner, B. (1972). Theories of motivation: From mechanism to cognition. Chicago: Rand McNally.

Weiner, B. (1992). *Human motivation: Metaphors, theories, and research*, Nuwbury Park, CA: Sage.

Weiner, B., Heckhausen, H., & Meyer, W. U. (1972). Causal ascriptions and achievement behavior: A conceptual analysis of effort and reanalysis of locus of control. *Journal of Personality and Social Psychology, 21*(2), 239.

Weiner, B., Russell, D., & Lerman, D. (1978). Affective consequences of causal ascriptions. *New Directions in Attribution Research, 2*, 59-90.

Williams, J. E. (1992). Effects of Test Anxiety and Self-Concept on Performance across Curricular Areas.

Wilson, G. S., Raglin, J. S., & Pritchard, M. E. (2002). Optimism, pessimism, and precompetition anxiety in college athletes. *Personality and Individual Differences, 32*, 893-902.

Woolfolk, A. E. (2001). *Educational psychology.* Boston: Allyn & Bacon.

Yik, M. S. M. & Russell, J. A. (2003). Chinese affect circumplex: I. Structure of recalled momentary affect. *Asian Journal of Social Psychology, 6*, 185-200.

Zajonc, R. B. (1980). Feeling and thinking: Preferences need no inferences. *American Psychologist, 35*(2), 151-175.

Zajonc, R. B. (1984). On the primacy of affect. *American Psychologist, 39*(2), 117-123.

9장 참고문헌

김상우 역(2009). 성격의 탄생: 뇌과학, 진화 심리학이 들려주는 성격의 모든 것. 서울: 와이즈 북.

민경환(2002). 성격심리학. 서울: 법문사.

윤순임(1995). 현대 상담·심리치료의 이론과 실제. 서울: 중앙적성.

정영숙, 조옥귀, 조현주, 장문선 공역(2013). 최신 연구에 기초한 성격심리학. 서울: 시그마프레스.

홍숙기(2000). 성격심리(상). 서울: 박영사.

Almagor, M., Tellegen, A., & Waller, N. G. (1995). The big seven model: A cross-cultural replication and further exploration of the basic dimensions of natural language trait descriptors. *Journal of Personality and Social Psychology, 69*(2), 300-307.

Ashton, M. C., & Lee, K. (2005). Honesty-humility, The Big Five, and the five-factor model. *Journal of Personality, 73*(3), 1321-1353.

Baumeister, R. F., Bushman, B. J., & Campbel, W. K. (2000). Self-esteem, narcissism, and aggression: Does violence result from low self esteem or from threatened egotism? *Current Directions in Psychological Science, 9*, 26-29.

Begley, S. (1998). You are OK, I'm terrific: "Self esteem" backfires. *Newsweek*, p. 69.

Block, J. (1993). Studying personality the long way. In D. C. Funder, R. D. Parke, C. Tomlinson-Keasey, & K. Widaman (Eds.), *Studying lives through time* (pp. 9-41). Washington, DC: American Psychological Association.

Bushman, B. J., & Baumeister, R. F. (1998). Threatened egotism, narcissism, self-esteern, and direct and displaced aggression: Does self-love or self-hate lead to violence? *Journal of Personality and Social Psychology, 75*, 219-229.

Corr, P. J. (2008). The Reinforcement Sensitivity Theory (RST): An introduction. In P. J. Corr (Ed.), *The reinforcement sensitivity theory of personality* (pp. 155-187). Cambridge, England: Cambridge University Press.

Costa, P. T., & McCrae, R. R. (1992). Revised NEO Personality Inventory (NEO-PI-R) and NEO Five-Factor Inventory (NEO-FFI) professional manual. Odessa, FL: Psychological Assessment Resources.

Feldman, R. S. (2002). *Understanding psychology* (6th ed.). New York: McGraw-Hill.

Gosling, S. D. (2008). *Snoop: What your stuff says about you*. New York: Basic Books.

Hjelle, L. A., & Ziegler, D. J. (1992). *Personality theories*. N.Y.: McGraw-Hill, INC.

John, O. P. (1990). The "Big Five" factor taxonomy: Dimensions of personality in the natural language and in questionaires. In L. A. Pervin (Ed.), *Handbook of personality: theory and research* (pp. 66-100). New York: Guilford press.

Liebert, R. M., & Liebert, L. L. (1998). *Personality: Strategies & issues*. Pacific Grove: Brooks/Cole Publishing Company.

Murray, H. A. (1938). *Explorations in personality: A clinical and experimental study of fifty men of college age*. New York: Oxford University Press.

Musson, D. M., & Helmreich, R. L. (2004). Personalty characteristics and trait clusters in final stage astronaut selection. *Aviation, Space, and Environmental Medicine, 75*(4), 342-349.

Pervin, L. A., & John, O. P. (2001). *Personality: Theory & research* (8th ed.). New York: John Wiely & Sons.

Plomin, R. (1990). The role of inheritance in behavior. *Science, 248*, 183-188.

Zuckerman, M. (2005). *Psychology of personality*. New York: Cambridge University Press.

10장 참고문헌

김동민 외(2013). 심리검사와 상담. 서울: 학지사.

김재환 외(2014). 임상심리검사의 이해(2판). 서울: 학지사.

김중술, 한경희, 임지영, 이정흠, 민병배, 문경주(2005). 다면적 인성검사 II 매뉴얼. 서울: 마음사랑.

민병배, 오현숙, 이주영(2007). 기질 및 성격검사 매뉴얼. 서울: 마음사랑.

박경, 김혜은(2017). 심리평가의 이해와 활용. 서울: 학지사.

박영숙(1998). 심리평가의 실제. 서울: 하나의학사.

박영숙 외(2010). 최신 심리평가: 아동 · 청소년 · 성인 대상. 서울: 하나의학사.

신민섭 외(2007). 그림을 통한 아동의 진단과 이해. 서울: 학지사.

유성진, 안도연, 하승수 공역(2020). MMPI-2 해설서. 서울: 학지사.

이우경, 이원혜(2012). 심리평가의 최신 흐름. 서울: 학지사.

이훈진, 문혜신, 박현진, 유성진, 김지영 공역(2010). MMPI-2 성격 및 정신병리 평가(4판). 서울: 시그마프레스.

최정윤(2016). 심리검사의 이해. 서울: 시그마프레스.

홍창희, 주영희, 민은정, 최성진, 김귀애, 이영미(2012). MMPI-2 평가의 핵심. 서울: 박학사.

황순택, 김지혜, 박광배, 최진영, 홍상화(2012). 한국판 웩슬러 성인용 지능검사 4판(K-WAIS-IV): 실시 및 채점요강. 대구: 한국심리연구소.

Binet, A. (1903). *L'edude experimentale de l'intelligence.* Schleicher.

Binet, A., & Simon, T. (1916). *The development of intelligence in children* (E. S. Kit Trans.). Baltimore, MD: William & Wilkins.

Buck, J. N. (1948). The H-T-P technique, a qualitative and quantitative scoring manual. *Journal of Clinical Psychology, 4*, 317-396.

Buck, J. N. & Hammer, E. F. (1969) *Advances in House-Tree-Person techniques: Variations and applications.* Los Angeles: Western Psychological Services.

Cattell, R. B. (1963). Theory of fluid and crystallized intelligence: A critical experiment. *Journal of Educational Psychology, 54*, 1-22.

Cloninger, R. C., Przybeck, T. R., Svrakic, D. M., & Wetzel, R. D. (1994). *The Temperament and Character Inventory (TCI): A guide to its development and use.* St. Louis, MO: Center for Psychobiology of Personality, Washington University.

Gardner, H. (1983). *Frame of mind: The theory of multiple intelligence.* New York: Basic Books.

Gardner, H. (1995). *Multiple intelligence: The theory in practice.* New York: Basic Books.

Lezak, M. D., Howieson, D. B., Bigler, E. D., & Tranel, D. (2012). *Neuropsychological assessment (5th ed.).* New York: Oxford University Press.

Rohde, A. (1946). Explorations in Personality by the Sentence Completion Method. *Journal of Applied Psychology, 30*, 169-181

Spearman, C. (1927). *The abilities of man: Their nature and measurement.* New York: Macmillan.

Thurstone, L. L. (1938). *Primary mental abilities*, Chicago, IL: University of Chicago Press.

Wechsler, D. (1939) *Measurement of adult intelligence*. Baltimore, MD: Williams & Wilkins.

Wechsler, D. (1958). *The measurement and appraisal of adult intelligence (4th ed.)*. Baltimore, MD: Williams & Wilkins.

Wechsler, D. (2008) *Wechsler Adult Intelligence Scale (4th ed.): Administration and scoring manual*. San Antonio, Hoboken, TX: Psychological Corporation.

11장 참고문헌

김진국(1988). 지역감정의 실상과 그 해소방안. 한국심리학회 편, 심리학에서 본 지역감정. 서울: 성원사.

김혜숙(1988). 지역간 고정관념과 편견의 실상. 한국심리학회 편, 심리학에서 본 지역감정. 서울: 성원사.

김혜숙, 김도영, 신희천, 이주연(2011). 다문화시대 한국인의 심리적 적응: 집단정체성, 문화적응 이데올로기와 접촉이 이주민에 대한 편견에 미치는 영향. 한국심리학회지: 사회 및 성격, 25(2), 51-89.

성한기(1991). 집단극화연구의 개관: 1961-1990. 한국심리학회지: 일반, 10(1), 20-42.

성한기, 한덕웅(1999). 정보출처의 집단범주 및 능력과 반응유형에 따른 집단극화 효과. 한국심리학회지: 사회 및 성격, 13(2), 107-129.

연합뉴스(2016. 11. 27.). 사상 최대 규모 촛불집회, 경찰 연행은 또 0명.

조긍호(2007). 동아시아 집단주의의 유학사상적 배경: 심리학적 접근. 서울: 지식산업사.

조선일보(2002. 7. 5.). 월드컵에서 활짝 핀 시민의식.

주간조선(1995. 7. 13.). 삼풍의 살인회의. 12-26.

최상진(2011). 한국인의 심리학. 서울: 학지사.

최상진, 윤호균, 한덕웅, 조긍호, 이수원(1999). 동양심리학: 서구심리학에 대한 대안 모색. 서울: 지식산업사.

한규석, 신수진(1999). 한국인의 선호가치 변화-수직적 집단주의에서 수평적 개인주의로. 한국심리학회지: 사회 및 성격, 13(2), 293-310.

한덕웅(1994). 퇴계심리학: 성격 및 사회심리학적 접근. 서울: 성균관대학교 출판부.

한덕웅(2003). 한국유학심리학. 서울: 시그마프레스.

Anderson, N. H. (1968). A simple model for information integration. In R. P. Abelson et al. (Eds.), *Theories of cognitive consistency: A sourcebook*. Chicago: Rand McNally.

Asch, S. E. (1955). Opinions and social pressure. *Scientific American, 19*, 31-35.

Bond, R., & Smith, P. B. (1996). Culture and conformity: A meta-analysis of studies using Asch's (1952,1956) line judgment task. *Psychological Bulletin, 119*, 111-137.

Brehm, S. S., Kassin, S., & Fein, S. (2005). *Social psychology* (6th ed.). Boston: Houghton Mifflin.

Brewer, M. B., & Kramer, R. M. (1986). Choice behavior in social dilemmas: Effects of social identity, group size, and decision framing. *Journal of Personality and Social Psychology, 50*, 543-549.

Brewer, M. B., & Miller, N. (1984). Beyond the contact hypothesis: Theoretical perspectives on desegregation. In N. Miller & M. B. Brewer (Eds.), *Group in contact: The psychology of desegregation*. New York: Academic Press.

Duncan, B. L. (1976). Differential social perception and attribution of intergroup violence: Testing the lower limits of stereotyping of blacks. *Journal of Personality and Social Psychology, 34*, 590-598.

Festinger, L. (1957). *A theory of cognitive dissonance*. Evanston, IL: Row & Peterson.

Festinger, L., & Carlsmith, J. M. (1959). Cognitive consequences of forced compliance. *Journal of Abnormal and Social Psychology, 58*, 203-210.

Festinger, L., Schachter, S., & Back, K. (1950). *Social pressures in informal groups: A study of human factors in housing*. Stanford University Press.

Fiske, S., T. & Taylor, S., E. (1991). *Social cognition*. (2nd ed.). New York: McGraw-Hill, Inc.

Greenberg, J., Schmader, T., Arndt, J., & Landau, M. (2015). *Social psychology: The science of everyday life*. New York: Worth Publishers.

Heider, F. (1958). *The psychology of interpersonal relations*. New York: John Wiley.

Janis, I. L. (1972). *Victims of groupthink*. Boston: Houghton-Mifflin.

Johnson, R. D., & Downing, L. L. (1979). Deindividuation and valence of cues: Effects on prosocial and antisocial behavior. *Journal of Personality and Social Psychology, 37*, 1532-1538.

Kahneman, D. (2011). *Thinking, fast and slow*. New York: Farrar, Strous and Giroux.

Kelley, H. H. (1967). Attribution theory in social psychology. In D. Levine (Ed.), *Nebraska symposium on motivation*. Lincoln: University of Nebraska Press.

LaPiere, R. T. (1934). Attitudes vs. actions. *Social Forces, 13*, 230-237.

Milgram, S. (1963). Behavioral study of obedience. *Journal of Abnormal and Social Psychology, 67*, 371-378.

Myers, D. G., & Lamm, H. (1976). The group polarization phenomenon. *Psychological Bulletin, 83*, 602-627.

Petty, R. E., & Cacioppo, J. T. (1986). *Communication and persuasion: Central and peripheral routes to attitude change*. New York: Springer-Verlag.

Rosenthal, R., & Jacobson, L. (1968). *Pygmalion in the classroom: Teacher expectation and pupils' intellectual development*. New York: Holt, Rinehart and Winston.

Rubin, Z. (1973). *Liking and loving: An invitation to social psychology*. New York: Holt, Rinehart and Winston.

Smith, P., & Bond, M. (1998). *Social psychology across culture* (2nd ed.). Boston: Allyn and Bacon.

Sternberg, R. J. (1986). A triangular theory of love. *Psychological Review, 93*, 119-135.

Tajfel, H. (1969). Cognitive aspects of prejudice. *Journal of Social Issues, 25*, 79-97.

Taylor, S. E. (1981). A categorization approach to stereotyping. In D. L. Hamilton (Ed.), *Cognitive processes in stereotyping and intergroup behavior*. Hillsdale, NJ: Erlbaum.

Triplett, N. (1898). The dynamogenic factors in pacemaking and competition. *American Journal of Psychology, 9*, 507-533.

Turner, J. C. (1985). Social categorization and self-concept: A social cognitive theory of group behavior. In E. J. Lawler (Ed.), *Advances in group processes: Theory and research* (Vol. 2). Greenwich, CT: JAI Press.

Worringham, C. J., & Messick, D. M. (1983). Social facilitation of running: An unobtrusive study. *Journal of Social Psychology, 121*, 23-29.

Zajonc, R. B. (1965). Social facilitation. *Science, 149*, 269-274.

12장 참고문헌

대한의사협회(2017). 대국민 건강선언문. 서울: 대한의사협회.

서수연, 박준호, 심은정, 조성근, 한경훈 공역(2016). 건강심리학. 서울: 시그마프레스.

정영숙, 조옥귀, 조현주, 장문선 공역(2013). 최신 연구에 기초한 성격심리학. 서울: 시그마프레스.

Deci, E. L., & Ryan, R. M. (1985). *Intrinsic motivation and self-determination in human behavior.* New York: Plenum.

Engel, G. L. (1977). The need for a new medical model: A challenge for biomedicine. *Science, 196*, 129-136.

Hochbaum, G. (1958). *Public participation in medical screening programs* (DHEW Publication No. 572, Public Health Service). Washington, DC: U.S. Government Printing Office.

Holmes, T. H., & Rahe, R. H. (1967). The Social Readjustment Rating Scale. *Journal of Psychosomatic Research, 11*(2), 213-218.

Lazaurs, R. S. (1995). *Stress and coping* (3rd ed). New York: Columbia University Press.

Prochaska, J. O., & DiClemente, C. C. (1986). Stages and processes of self-change of smoking: Toward an integrative model of change. *Journal of Consulting and Clinical Psychology, 51*, 390-395.

WHO (1948). Constitution. World Health Organization, Geneva.

13장 참고문헌

Abramson, L. Y., Seligman, M. E. P., & Teasdale, J. D. (1978). Learned helplessness in humans: Critique and reformulation. *Journal of Abnormal Psychology, 87*, 49-74.

Beck, A. T., & Freeman, A. (1990). *Cognitive therapy of personality disorders.* New York: Guilford Press.

Davidson, J. R. T., & Foa, E. B. (1991). Refining criteria for posttraumatic stress disorder. *Hospital and Community, 42*, 259-261.

Millon, T., & Everly, Jr. G. S. (1985). *Personality and its disorders: A biosocial learning approach.* New York: Wiley.

Nevid, J. S., Rathus, S. A., & Greene, B. (2018). *Abnormal psychology in a changing world* (10th ed.). New Jersey: Prentice Hall.

Seligman, M. E. P. (1975). *Helplessness: On depression, development, and death.* San Francisco: Freeman.

14장 참고문헌

김동주, 김미리혜(2020). 인공지능의 건강심리학 분야 응용. 한국심리학회지: 건강, 25(1), 1-15.

김동주, 김미리혜, 김정호, 김제중(2020). 가상현실 노출치료가 여대생의 이성불안에 미치는 영향. 한국심리학회지: 건강, 25(1), 17-31.

김미리혜, 김진영 외(2000). 심리치료: 절충-통합적 접근. 서울: 정민사.

방은별, 김미리혜, 김정호, 김제중(2019). 점진적 가상현실 노출치료가 여대생의 발표불안 및 자기초점적 주의에 미치는 효과. 한국심리학회지: 건강, 24(2), 293-309.

이든샘, 김미리혜, 김정호, 김제중(2017). 이완을 유도한 가상현실 프로그램이 치과불안에 미치는 효과. 한국심리학회지: 건강, 22(20), 257-269.

Bandura, A. Gruseck, J. E., & Menlove, F. L. (1967). Vicarious extinction of avoidance behavior. *Journal of Personality and Social Psychology, 5(1),* 16-23.

Ellis, A., & Harper, R. A. (1961). *A guide to rational living.* North Hollywood, CA: Wilshire.

Fitzpatrick, K. K., Darcy, A., & Vierhile, M. (2017). Delivering cognitive behavior therapy to young adults with symptoms of depression and anxiety using a fully automated conversational agent (Woebot): a randomized controlled trial. *JMIR Mental Health, 4*(2), e19.

Galatzer-Levy, R. M., & Cohler, B. J. (1993). *The essential other.* New York: Persus Books/Basic Books.

Holmes, D. S. (1997). *Abnormal psychology* (3rd ed.). New York: HarperCollins.

Jacobson, N. S. (1991). Behavioral versus insight-oriented marital therapy: Labels can be misleading. *Journal of Consulting and Clinical Psychology, 59,* 142

Kazdin, A. E. (1986). Comparative outcome studies of psychotherapy: Methodological issues and strategies. *Journal of Consulting and Clinical Psychology, 54,* 95-105.

Meador, B., & Rogers, C. R. (1984). Person-centered therapy. In R. J. Corsini (Ed.), *Current psychotherapies.* Itasca, Ill. (F. E. Peacock) 31984, 142-195.

Meichenbaum, D. (1993). Stress inoculation training: A 20 year update. In P. M. Leher & R. L. Woolfolk (Eds.), *Principles and pratice of stress management* (2nd ed.). New York: Guilford Press.

Rogers, C. R. (1942). *Counseling and psychotherapy.* Boston: Houghton Mifflin.

Schwartz, J., Stoessel, P. W., Baxter, L. R. et al. (1996). Systematic changes in cerebral glucose metabolic rate after successful behavior modification treatment of obsessive-compulsive disorder. *Archives of General Psychiatry, 53,* 109-113.

Seo, H. J., Choi, Y. H., Chung, Y. A., Rho, W., & Chae, J. H. (2014). Changes in cerebral blood flow after CBT in patients with panic disorder: a SPECT study. *Neuropsychiatric Disease & Treatment, 17,* 661-669.

Skinner, B. F. (1988, June). Skinner joins aversive debate. *American Psychological Association APA Monitor,* 22.

Valenstein, E. (1986). *Great and desperate cures.* New York: Basic Books.

Yalom, I. D. (1995). *The theory and practice of group psychotherapy* (4th ed.). New York: Basic Books.

15장 참고문헌

김명언, 김청택, 권기동(2003). 운전정밀검사 재표준화 및 예언타당도 검증연구. 서울대학교 심리과학연구소.

김청송 (2019). 현대청소년심리 및 상담. 서울: 싸이앤북스.

유태용 역(2016). 산업 및 조직심리학(11판). 서울: 시그마프레스.

이순철(2000). 교통심리학. 서울: 학지사.

이영호 역(2019). 사이버심리학. 서울: 학지사.

이장한 역(2013). 법정 및 범죄 심리학 입문. 서울: 학지사.

이훈구(2000). 사회문제와 심리학. 서울: 법문사.

전겸구, 한덕웅(1993). 건강심리학의 발전, 과제 및 전망. 한국심리학회지: 일반, 12, 98-133.

조성주(2007). 평가센터 구축의 실제: 대한민국 중앙인사위원회. 2007년도 한국 산업 및 조직심리학회 춘계학술대회 및 심포지엄 발표논문집, 57-63.

최민식, 이서진, 유재민, 전재성, 최윤석, 박민지, 유태용(2015). 한국기업의 신입사원 선발방법 실태조사: 2010년-2014년을 중심으로. 2015년도 한국 산업 및 조직심리학회 추계학술대회 발표논문집, 238-239.

최수찬(2005). 근로자 지원 프로그램(EAP)의 현황과 과제. 2005년도 한국 산업 및 조직심리학회 추계학술대회 및 심포지엄 발표논문집, 269-278.

한국 산업 및 조직심리학회 편(2000). 직업심리 및 상담. 서울: 학지사.

황상민, 한규석 편(1999). 사이버 공간의 심리. 서울: 박영사.

Buckhout, R. (1980). Nearly 2,000 witnesses can be wrong. *Bulletin of the Psychonomic Society, 16*, 307-310.

Campion, M. C., Campion, M. A., Campion, E. D., & Reider, M. H. (2016). Initial investigation into computer scoring of candidate essays for personnel selection. *Journal of Applied Psychology, 101*(7), 958-975.

Loftus, E. F. (1979). *Eyewitness testimony.* Cambridge, MA: Harvard University Press.

Wells, G. L., & Murray, D. M. (1983). What can psychology say about Neil vs. Biggers criteria for judging eyewitness accuracy? *Journal of Applied Psychology, 68*, 347-362.

찾아보기

내용

저자 소개 (집필순서)

곽금주(Kwak keumjoo, 제1장)
George Washington University 인간발달학과(Ed.S.)
연세대학교 심리학과(박사)
현재 서울대학교 심리학과 교수
〈저서·역서〉
영아발달(공저, 2014, 학지사)
발달심리학(저, 2016, 학지사)
School bullying in different cultures(공저, 2016,
　　Cambridge Univ. Press)
K-WISC-V 실시와 채점 지침서(공저, 2019, 인싸
　　이트 심리검사연구소)

현성용(Hyun Seongyong, 제2장)
고려대학교 심리학과(석사, 박사)
현재 대구대학교 심리학과 교수
〈저서·역서〉
동기와 정서의 이해(공역, 박학사, 2003)
생리심리학(공역, 박학사, 2008)
현대 심리학 입문(2판, 공저, 학지사, 2016)

한광희(Han Kwanghee, 제3장)
연세대학교 심리학과(석사, 박사)
University of California, Irvine Post-Doc.
현재 연세대학교 심리학과 교수
〈저서·역서〉
생각있는 디자인(공역, 학지사, 1998)
인지과학: 마음, 언어, 기계(공저, 학지사, 2000)
컬러리스트(공저, 도서출판 국제, 2002)
인지공학심리학: 인간-시스템 상호작용의 이해(공
　　저, 시그마프레스, 2007)
현대 심리학 입문(2판, 공저, 학지사, 2016)

윤병수(Yoon Byungsoo, 제4장)
부산대학교 심리학과(문학박사)
현재 대구가톨릭대학교 연구교수
〈저서·역서〉
동기와 정서의 이해(공역, 박학사, 2011)
현대 심리학의 이해(3판, 공저, 학지사, 2015)
생리심리학(공역, 박학사, 2016)
명상과학 입문(공저, 정문출판사, 2018)

진영선(Jin Youngsun, 제5장)
University of Florida 실험심리 박사
현재 경북대학교 심리학과 교수
〈저서·역서〉
마음·뇌·심리(공역, 학지사, 2011)
노년: 인생 제2막의 삶(저, 경북대학교출판부, 2014)
현대 심리학 입문(제2판, 공저, 학지사, 2016)
신경심리학의 기초(공역, 시그마프레스, 2018)

이재호(Lee Jaeho, 제6장)
고려대학교 심리학과(문학박사)
현재 계명대학교 심리학과 교수
〈저서·역서〉
인지심리학의 제 문제 II: 언어와 인지(공저, 학지사,
　　1998)
언어와 사고(공역, 학지사, 2007)
인지심리학(3판, 공저, 학지사, 2009)
니모놀로지(공역, 학지사, 2014)

정윤경(Jeong, Yoonkyung, 제7장)
서울대학교 심리학과(학사, 석사)
University of Chicago (Ph. D.)
현재 가톨릭대학교 심리학과 교수
〈저서·역서〉
여성심리학(공저, 학지사, 2015)
심리학개론(공역, 사회평론아카데미, 2017)
발달심리학(공저, 학지사, 2019)

임선영(Im Sunyoung, 제10장)
서울대학교 심리학과 박사(임상 및 상담심리학 전공)
현재 한림대학교 심리학과 교수
〈저서·역서〉
인생을 향유하기(공역, 학지사, 2010)
정서적 경험 활용하기(공역, 학지사, 2011)
노년기 정신장애(공저, 학지사, 2016)
외상 후 성장의 과학(공역, 학지사, 2018)

신종호(Shin Jongho, 제8장)
University of Minnesota 교육심리학과(철학박사)
현재 서울대학교 교육학과 교수(교육심리학)
〈저서·역서〉
학습동기(공역, 학지사, 2013)
학습심리학(9판, 공역, 학지사, 2015)
학습과학 II(공역, 학지사, 2020)

성한기(Seong Hangee, 제11장)
성균관대학교 심리학과 박사(사회심리학 전공)
현재 대구가톨릭대학교 심리학과 교수
〈저서·역서〉
스크린 속에 비춰진 인간의 심리(저, 학지사, 2003)
사회심리학(공저, 학지사, 2005)
현대 심리학의 이해(3판, 공저, 학지사, 2015)

이주일(Rie Juil, 제9장)
서울대학교 심리학과(성격 및 조직 심리학 박사)
현재 한림대학교 심리학과 교수(성격 및 조직 심리
　　학 전공)
〈저서·역서〉
신뢰와 배신의 심리학(역, 시그마프레스, 2001)
일과 영혼에 관한 심리학(역, 시그마프레스, 2005)
현대 심리학의 이해(3판, 공저, 학지사, 2015)
조직심리학(3판, 공역, 시그마프레스, 2017)
SPSS를 활용한 심리연구분석(공역, 시그마프레스,
　　2018)

조성근(Cho Sungkun, 제12장)
University of Hawaii at Manoa 심리학과(Ph. D.,
　　임상심리학 전공)
현재 충남대학교 심리학과 교수
〈저서·역서〉
인간행동과 심리학(4판, 공저, 학지사, 2015)
건강심리학(9판, 공역, 시그마프레스, 2016)
통증을 넘어선 새로운 삶의 시작: 수용전념치료(담
　　휼, 2017)
건강심리학(9판, 공역, 센게이지러닝, 2019)

이영호(Lee Youngho, 제13장)
서울대학교 심리학과(문학박사)
현재 가톨릭대학교 심리학과 교수
〈저서·역서〉
심리장애의 인지행동적 접근(공저, 교육과학사, 2000)
임상심리학 입문(역, 학지사, 2001)
긍정심리평가(공역, 학지사, 2008)
현대 심리학 입문(2판, 공저, 학지사, 2016)

김미리혜(Kim Mirihae, 제14장)
The State University of New York 심리학과 박사(임상심리학 전공)
현재 덕성여자대학교 심리학과 교수
〈저서·역서〉
심리치료: 절충·통합적 접근(공역, 정민사, 2000)
현대 심리학 입문(2판, 공저, 학지사, 2016)
건강심리학(공저, 시그마프레스, 2018)
이상심리학(2판, 공저, 학지사, 2019)

유태용(Yoo Taeyong, 제15장)
Iowa State University 심리학과(Ph. D., 산업 및 조직심리 전공)
현재 광운대학교 산업심리학과 교수
〈저서·역서〉
직업심리 및 상담(공저, 학지사, 2000)
한국인의 일자리 선택과 직업가치(공저, 도서출판 그린, 2015)
현대 심리학 입문(2판, 공저, 학지사, 2016)
산업 및 조직심리학(11판, 역, 시그마프레스, 2016)

현대 심리학의 이해 (4판)

2003년 2월 25일 1판 1쇄 발행
2008년 4월 20일 1판 12쇄 발행
2008년 9월 25일 2판 1쇄 발행
2014년 3월 10일 2판 11쇄 발행
2015년 3월 10일 3판 1쇄 발행
2019년 7월 10일 3판 6쇄 발행
2020년 8월 20일 4판 1쇄 발행
2025년 3월 25일 4판 6쇄 발행

지은이 • 현성용 · 곽금주 · 김미리혜 · 성한기 · 신종호
　　　　유태용 · 윤병수 · 이영호 · 이재호 · 이주일
　　　　임선영 · 정윤경 · 조성근 · 진영선 · 한광희

펴낸이 • 김 진 환

펴낸곳 • (주) 학지사

　　　　04031 서울특별시 마포구 양화로 15길 20 마인드월드빌딩 5층

대표전화 • 02) 330-5114　　팩스 • 02) 324-2345

등록번호 • 제313-2006-000265호

홈페이지 • http://www.hakjisa.co.kr
인스타그램 • https://www.instagram.com/hakjisabook

ISBN 978-89-997-2144-1　93180

정가 24,000원

출판미디어기업 학지사

간호보건의학출판 **학지사메디컬** www.hakjisamd.co.kr
심리검사연구소 **인싸이트** www.inpsyt.co.kr
학술논문서비스 **뉴논문** www.newnonmun.com
원격교육연수원 **카운피아** www.counpia.com
대학교재전자책플랫폼 **캠퍼스북** www.campusbook.co.kr